内部承包责任制下
建筑施工企业
风险识别与防范及实际施工人权利主张

江苏良筑律师事务所王世良团队 / 著

法律出版社
LAW PRESS · CHINA
北京

图书在版编目（CIP）数据

内部承包责任制下建筑施工企业风险识别与防范及实际施工人权利主张 / 江苏良筑律师事务所王世良团队著. --北京：法律出版社，2021
ISBN 978-7-5197-6104-2

Ⅰ.①内… Ⅱ.①江… Ⅲ.①建筑施工企业-风险管理-中国 Ⅳ.①D923.640.4

中国版本图书馆CIP数据核字（2021）第223670号

内部承包责任制下建筑施工企业风险识别与防范及实际施工人权利主张
NEIBU CHENGBAO ZERENZHI XIA JIANZHU SHIGONG QIYE FENGXIAN SHIBIE YU FANGFAN JI SHIJI SHIGONGREN QUANLI ZHUZHANG

江苏良筑律师事务所王世良团队 著

责任编辑 慕雪丹 章 雯
装帧设计 汪奇峰

出版发行 法律出版社
编辑统筹 法商出版分社
责任校对 赵明霞
责任印制 胡晓雅
经　　销 新华书店

开本 710毫米×1000毫米 1/16
印张 47.75 **字数** 753千
版本 2021年11月第1版
印次 2021年11月第1次印刷
印刷 三河市兴达印务有限公司

地址：北京市丰台区莲花池西里7号（100073）
网址：www.lawpress.com.cn
投稿邮箱：info@lawpress.com.cn
举报盗版邮箱：jbwq@lawpress.com.cn
销售电话：010-83938349
客服电话：010-83938350
咨询电话：010-63939796

书号：ISBN 978-7-5197-6104-2 **定价**：168.00元
凡购买本社图书，如有印装错误，我社负责退换。电话：010-83938349

编 委 会

本书撰稿人 王世良 王 剑 许 莉 张 健 夏 颖
彭慧玲 万梦强 刘 娟 顾苏婷 房晓玉
曾淑芹 张振扬 王 伟

顾 问 钱 涛 余存冬

序

内部承包责任制是大多数施工企业普遍采取的经营模式,这一模式在优化资源配置、充分发挥项目责任人主观能动性、降低管理成本等方面有着显著的优势。但不可否认的是,其也暴露出不少系统性缺陷及法律风险,如内部承包人以项目部名义签订买卖、借贷等经济合同,被法院或仲裁机构认定为表见代理的风险;内部承包人以实际施工人名义起诉要求施工企业承担工程款支付责任的风险;内部承包人挪用、侵占等经济违法犯罪风险;内部承包人个人行贿使施工企业被牵连认定单位行贿罪的风险等。我认为,施工企业的法律失控是导致这些法律风险增加的重要因素,防范施工企业内部承包责任制法律风险是施工企业的重大课题。由于建设工程涉及的领域专业性强,所涉及的部门法律也比较多,既包括行政、民商事及刑事方面的法律、法规、政策,也包括各种相关的司法解释。并且,随着社会的不断发展变化,法律也随之发生变化,建设工程领域的法律尤其如此。2021 年 1 月 1 日起施行的《民法典》在建设工程合同等各个方面均作了重大的修改和补充,相关的司法解释也随之作了修改,这一领域的法律实务问题可以说点多面广、坎多坑深、疑难复杂。

我读了王世良律师的这本书,觉得很好,其从施工企业内部承包责任制法律风险防控的角度出发,对内部承包责任制的固有风险予以分析,并提出相应的风险防控建议,可以推进施工企业内部风险防控体系的建立和完善,也给所有施工企业与实际施工人在内部承包责任制下的风险防范与权利主张带来很多警示与启发。我觉得这本书实用性强,内容全面,通俗易懂,是房地产与建设工程企业管理人员和法律工作者都可以借鉴参考的书籍，对于防范施工企业内部承包的法律风险具有重要的指导意义。

我认识世良律师十多年，他勤奋好学，刻苦钻研，取得了骄人的业绩和客户的认可，他和他领导的江苏良筑律师事务所已成为当地建筑与房地产法律服务的一面旗帜。“乘风破浪会有时，直挂云帆济沧海”，在这个催人奋进的时代中，期待着世良律师有更多的研究成果奉献给大家，给我们惊喜和学习。

周旭东

2021 年 10 月

凡　例

一、法律、法规

本书所涉及的法律及法规名称中带有“中华人民共和国”字样的，均统一省去，简写为《××法》《××条例》，例如，《中华人民共和国民法典》简称为《民法典》，《中华人民共和国招标投标法实施条例》简称为《招投标法实施条例》。

二、机构名称全称与简称对照

最高人民法院	最高院
最高人民检察院	最高检
××省高级人民法院	××高院
××市中级人民法院	××中院
住房和城乡建设部	住建部

三、司法解释以及其他工作文件全称与简称对照

《最高人民法院关于审理民间借贷案件适用法律若干问题的规定》	《民间借贷司法解释》
《最高人民法院关于适用〈中华人民共和国担保法〉若干问题的解释》	《担保法解释》
《最高人民法院关于审理建设工程施工合同纠纷案件适用法律问题的解释(一)》	《建设工程司法解释(一)》
《最高人民法院关于审理建设工程施工合同纠纷案件适用法律问题的解释》(已废止)	《建设工程司法解释》

续表

《最高人民法院关于审理建设工程施工合同纠纷案件适用法律问题的解释(二)》(已废止)	《建设工程司法解释(二)》
《最高人民法院关于审理人身损害赔偿案件适用法律若干问题的解释》	《人身损害赔偿司法解释》
《最高人民法院关于审理买卖合同纠纷案件适用法律问题的解释》	《买卖合同司法解释》
《最高人民法院关于人民法院办理执行异议和复议案件若干问题的规定》	《办理执行异议和复议司法解释》
《最高人民法院关于审理工伤保险行政案件若干问题的规定》	《审理工伤保险行政规定》
《最高人民法院关于审理劳动争议案件适用法律若干问题的解释(三)》	《劳动争议案件司法解释(三)》
《最高人民法院关于适用〈中华人民共和国民法典〉有关担保制度的解释》	《〈民法典〉有关担保制度司法解释》
《最高人民法院关于适用〈中华人民共和国民事诉讼法〉的解释》	《民事诉讼法司法解释》
《最高人民法院关于人民法院办理财产保全案件若干问题的规定》	《人民法院办理财产保全规定》
《最高人民法院关于铁路运输法院案件管辖范围的若干规定》	《最高院关于铁路运输法院管辖范围的规定》
《最高人民法院关于涉外民商事案件诉讼管辖若干问题的规定》	《最高院关于涉外民商事案件管辖的规定》
《最高人民法院关于适用〈中华人民共和国仲裁法〉若干问题的解释》	《仲裁法司法解释》
《最高人民法院关于审理涉及国有土地使用权合同纠纷案件适用法律问题的解释》	《国有土地使用权合同纠纷解释》
《最高人民法院关于适用〈中华人民共和国公司法〉若干问题的规定(三)》	《公司法规定(三)》
《全国法院民商事审判工作会议纪要》	《九民纪要》
《最高人民法院关于统一建设工程施工合同纠纷中"实际施工人"的司法认定条件的建议的答复》	《最高院关于实际施工人的答复》
《最高人民法院、最高人民检察院关于办理危害生产安全刑事案件适用法律若干问题的解释》	《危害生产安全刑事案件解释》
《最高人民检察院、公安部关于公安机关管辖的刑事案件立案追诉标准的规定(二)》	《刑事案件立案追诉标准(二)》

续表

《最高人民检察院、公安部关于公安机关管辖的刑事案件立案追诉标准的规定(二)的补充规定》	《刑事案件立案追诉标准(二)的补充规定》
《最高人民法院关于在经济犯罪审判中参照适用〈最高人民检察院、公安部关于公安机关管辖的刑事案件立案追诉标准的规定(二)〉的通知》	《最高院参照适用〈刑事案件立案追诉标准(二)〉的通知》
《最高人民检察院关于行贿罪立案标准的规定》	《行贿罪立案标准的规定》
《最高人民法院关于虚开增值税专用发票定罪量刑标准有关问题的通知》	《虚开增值税专用发票定罪量刑标准有关问题的通知》
《最高人民法院关于审理骗取出口退税刑事案件具体应用法律若干问题的解释》	《骗取出口退税刑事案件解释》
《最高人民法院关于审理拒不支付劳动报酬刑事案件适用法律若干问题的解释》	《拒不支付劳动报酬刑事案件解释》
住房和城乡建设部《房屋建筑和市政基础设施工程竣工验收规定》	《竣工验收规定》
《建筑工程施工发包与承包违法行为认定查处管理办法》(2019)	《发包与承包违法认定查处办法》
《建筑施工企业安全生产许可证动态监管暂行办法》(2008)	《安全生产许可证动态监管暂行办法(2008)》
住房和城乡建设部、国家发展改革委《房屋建筑和市政基础设施项目工程总承包管理办法》	《工程总承包管理办法》
《房屋建筑工程和市政基础设施工程竣工验收备案管理暂行办法》	《竣工验收备案管理办法》
住房城乡建设部《建设工程定额管理办法》	《定额管理办法》
《劳动和社会保障部关于确立劳动关系有关事项的通知》	《关于劳动关系的通知》
《建设工程质量管理条例》	《质量管理条例》
《保障农民工工资支付条例》	《工资支付条例》
住房城乡建设部《建筑业企业资质管理规定和资质标准实施意见》	《资质管理规定和标准实施意见》
《(GF—2017—0201)建设工程施工合同(示范文本)》	《17 建工合同示范文本》
《(GF—1999—0201)建设工程施工合同(示范文本)》	《99 建工合同示范文本》
《2013 工程量清单计价规范》(GB 50500 - 2013)	《13 清单计价规范》

续表

《江苏省高院关于审理建设工程施工合同纠纷案件若干问题的意见》(2008)	《江苏高院意见》(2008)
《江苏省高级人民法院关于审理建设工程施工合同纠纷案件若干问题的解答》	《江苏高院解答》
《江苏省高级人民法院建设工程施工合同案件审理指南》(2010)	《江苏高院 2010 指南》
《河北省高级人民法院建设工程施工合同案件审理指南》	《河北高院指南》
《安徽省高级人民法院关于审理建设工程施工合同纠纷案件适用法律问题的指导意见(二)》	《安徽高院意见(二)》
广东省高级人民法院《全省民事审判工作会议纪要》(2012)	《广东高院 2012 审判工作纪要》
《广东省高级人民法院关于审理建设工程合同纠纷案件疑难问题的解答》	《广东高院解答》
《山东省高级人民法院全省民事审判工作会议纪要》(2011)	《山东高院 2011 审判工作纪要》
《福建省高级人民法院关于审理建设工程施工合同纠纷案件疑难问题的解答》	《福建高院解答》
《浙江省高级人民法院民事审判第一庭关于审理建设工程施工合同纠纷案件若干疑难问题的解答》	《浙江高院解答》
《北京市高级人民法院关于审理建设工程施工合同纠纷案件若干疑难问题的解答》(2012)	《北京高院解答》(2012)
《江西省高级人民法院 2004 年全省法院民事审判工作座谈会纪要》	《江西高院 2004 审判工作纪要》
《四川省高级人民法院关于审理建设工程施工合同纠纷案件若干疑难问题的解答》	《四川高院解答》
《山东省高级人民法院关于审理建设工程施工合同纠纷案件若干问题的解答》	《山东高院解答》
《绍兴市中级人民法院民事审判庭关于审理建设工程施工合同纠纷案件若干问题的意见(试行)》	《绍兴中院意见(试行)》
《宣城市中级人民法院关于审理建设工程施工合同纠纷案件若干问题的指导意见(试行)》	《宣城中院意见(试行)》

前　言

“内部承包责任制”是目前建筑领域较普遍的一种经营模式。狭义的内部承包责任制仅指公司员工与公司之间的承包经营模式；广义的内部承包责任制包含公司与公司之间、外部人员与公司之间的承包经营模式，即广义的内部承包责任制包含以内部承包责任制之名行挂靠、转包、违法分包之实的承包经营模式。内部承包责任制因利润分配、项目管理权等问题导致实践中矛盾丛生，运行困难。鉴于除建筑施工企业对项目进行直营属于狭义的内部承包责任制，但狭义的内部承包制度在实践中并不多见，因此本书不局限于狭义的内部承包责任制，而是重点围绕广义的内部承包责任制的相关法律问题展开。

本书分为三篇，第一篇为“总述”部分，介绍了内部承包与挂靠、转包、违法分包之间的联系、区别、现状以及相应的各发承包主体的风险。第二篇为“内部承包责任制下建筑施工企业风险识别与防范”，围绕因实际施工人原因导致建筑施工企业产生的风险以及如何防范的问题展开，每个章节包括风险识别、要点解析、风险防范、操作指南四个部分。该篇不涉及具体的项目施工过程中产生的法律问题，只涉及实际施工人的管理对建筑施工企业产生的相关法律风险。第三篇为“实际施工人权利的主张”，围绕实际施工人如何主张工程款，如何应对质量、工期抗辩等展开，就实际施工人主张工程款的程序和实体问题进行阐述，明确应对方法和注意点。为了与实际施工人相对应，我们在后文中将直接与发包人签订建设工程施工合同的建筑施工企业统一称为总承包人。

建筑施工企业苦心经营多年，稍有不慎就会因为一个项目经理的不当作为陷入万劫不复的深渊，因项目经理导致建筑施工企业破产停业的例子数不胜数。由于施工项目管理的复杂性，建筑施工企业管理人员风险防范意识的缺乏，如何管理和控制项目经理在经营中产生的风险并不是一个轻松的问题，目前市面上也未见该类书籍。我们认为有必要对这方面的风险进行归纳和整理，给出操作意见，规避相应的风险，减少建筑施工企业的损失。

我们希望建筑施工企业管理人员通过本书，可以有效预防和规避经营管理中的风险，能够为企业保驾护航。我们希望实际施工人通过本书，可以在主张权利的时候少走弯路。我们希望本书能够成为建筑施工企业的管理用书及实际施工人的维权利器。

江苏良筑律师事务所自 2014 年成立以来，就专注于“建筑工程与房地产法律服务”，多年来处理了大量的涉及建筑施工企业因项目经理陷入纠纷的案件，也处理了大量实际施工人维护自身权益的纠纷。经过半年的努力和写作，终于将这些在实务处理中积累的经验进行总结归纳，希望能提供给建筑施工企业和实际施工人参考。

感谢参与本书写作的江苏良筑律师事务所的小伙伴这半年来的努力和付出。“不忘初心，方得始终”，让我们良筑人继续行走在专业化道路上，让我们一步步实现自己的梦想。

感谢各位小伙伴的支持，感谢小伙伴家人们的支持，正是因为有了你们的支持，我们才能全心全力逐步走在实现理想的道路上。感谢各位朋友、同仁对我们在写作过程中的支持，你们让我们在艰苦的写作过程中感到了温暖。感谢陈现安、蒋怡凡两位律师对本书的帮助。

良筑人在未来的道路上，一定会不畏艰难，继续砥砺前行，继续为社会主义建设添砖加瓦。

王世良

目录 CONTENTS

第一篇

总述

第一章 内部承包责任制概述

CHAPTER 01

1978年召开的十一届三中全会,作出了对于当代中国发展具有历史性影响的重大决策,开启了改革开放和集中力量进行社会主义现代化建设的历史新时期。为了推进改革开放的发展和社会主义现代化的建设,国务院在“七五”计划期间发布了《国务院关于深化企业改革增强企业活力的若干规定》(国发〔1986〕103号),该规定的第二条规定:“推行多种形式的经营承包责任制,给经营者以充分的经营自主权。根据企业所有权与经营权分离的原则,给经营者以充分的经营自主权,是深化企业改革、增强企业活力的重要内容……集体所有制企业仍由主管部门统负盈亏的,一律改为自负盈亏,不再上交合作事业基金。”

在此前提下,1987年,国家计划委员会、财政部、中国人民建设银行联合发布了《关于改革国营施工企业经营机制的若干规定》(计施〔1987〕1806号),其中第二条规定,“施工企业内部可以根据承包工程的不同情况,按照所有权与经营权适当分离的原则,实行多层次、多形式的内部承包经营责任制,以调动基层施工单位的积极性。可组织混合工种的小分队或专业承包队,按单位工程进行承包,实行内部独立核算;也可以由现行的施工队进行集体承包,队负盈亏。不论采取哪种承包方式,都必须签订承包合同,明确规定双方的责权利关系”。

故在经营承包责任制的发展下,结合经济浪潮的前进和建筑行业的特点,建筑企业内部承包责任制便应运而生并逐渐盛行。本章主要是结合法学理论及法律实践对内部承包责任制和内部承包责任制下的挂靠、转包、违法分包等情形进行统述和分析。即狭义的内部承包和广义的内部承包,狭义的内部承包责任制仅指公司员工与公司之间的承包经营模式,广义的内部承包责任制包含公司与公司之间、外部人员与公司之间的承包经营模式,即广义的内部承包责任制包含以内部承包责任制之名行挂靠、转包、违法分包之实的承包经营模式。

第一节　内部承包责任制

企业内部承包责任制是我国企业在进行转换经营方式过程中的一种尝试。由于内部承包在一定程度上能够解决企业所有权与经营权相分离,责、权、利相统一的问题,达到提高企业职工积极性、主动性,提高整个企业的生产经营效率和效益的目标,因而受到许多企业的青睐,近年来在建筑行业尤其盛行,建筑企业内部承包责任制便应运而生。准确来说,内部承包是一种内部经营方式,内部承包合同实际上是为明确公司与员工权利义务关系而进行的分工,且这种分工并不为法律和行政法规所禁止。内部承包责任制在建筑行业盛行的原因必然与建筑行业本身的特点息息相关,故笔者主要结合建筑施工企业的特点,对建筑行业内部承包责任制进行阐述。

一、内部承包责任制的概念

内部承包责任制本不是建筑企业所特有的制度,但由于近年来建筑施工企业的内部承包责任制下产生的相关纠纷较多,故引起了法律行业的广泛关注,本书也是基于此法律现状,对建筑企业内部承包责任制(以下简称内部承包)进行展述。要想对内部承包有一个全面的了解,首先需要对建筑施工企业的特点进行准确把握。

建筑施工企业是依据建造合同为客户进行工程施工的,其生产经营活动与工业企业的生产经营活动相比,具有显著的特点:(1)建筑施工企业施工的过程具有流动性。建筑施工企业所承接的每一项建筑工程必须在客户指定的地点进行施工,因而建筑施工企业的工作地点必须随着承包工程所在地点的转移而转移,建筑安装人员和施工机械设备都必须在各个工地上流动,这就需要合理安排施工人员,充分调动他们的积极性,重视施工机械设备和材料的管理。(2)建筑施工企业施工的产品具有单件性。建筑施工企业承接的每一建筑工程、安装工程都有独特的形式、结构和质量要求,需要单独设计图纸,采用不同施工方法和施工组织,是不可复制的。因此,建设工程中制作及留存的纸质材料在种类及数量上均居多。(3)建筑施工企业的施工过程危险大、突发性强、容易发生伤亡事故。建筑施工企业承接的建筑、安装工程主要在露天施工,往往有高空、地下、水下作业,且手工劳动及繁重体力劳动多,用工量大,危险因素较多,容易发生人身损害伤亡事件。(4)建筑施工企业的施工周期长。这是建筑施工企业区别于一般工业企业和劳务性企业的显著特点。建筑施工企业承接的建筑、安装工程通常规模较大,由于工程的位置固定在指定的地点,使施工生产只能局限于一定的工作场所,按照一定的施工顺序进行作业,并且施工生产往往会受各种气候条件的影响,因此施工周期较长,过程中的不确定因素也比较多。(5)建设工程一般体积较大、涉及的资金较多,支付周期较长。建设工程纠纷涉及的标的少则几百万元,多达几千万元,甚至上亿元,其所需资金之庞大即可见之。又因其建设体积大、所需时间长,所以其支付周期也较长,过程中容易产生纠纷。

建筑施工企业的以上特点决定了施工企业需以一定方式在促进企业发展的同时能合理分散风险,故内部承包成为目前建筑施工企业普遍采用的内部经营方式。实践中虽对其无明确的法律定义,但一般而言,是指建筑施工企业将其承接的工程项目全部或部分交给其内部职能部门或内部职工负责,由内部承包合同中的承包方组织人、财、物等完成施工,实行内部独立核算,自负盈亏,并向发包方缴纳一定管理费的经营方式。内部承包合同中的承包方一般包括企业内部员工、分公司、项目部、分支机构等具有隶属关系的企业内部部门或个人。其主要法律特征可概括为:(1)承包人是建筑企业的内部成员,双方存在上下级间行政隶属上的管理关系;(2)合同的内容系约定企业与员工之间的权利义务;(3)就建筑施工企业内部行政管理的角度而言,内部承包人还要接受施工企业的行政管理,遵守其规章制度,比如安全建设、劳动保险等方面的管理;(4)在资产所有权上,承包人承包经营的资产为企业所有;(5)承包人独立核算,自负盈亏。

二、内部承包责任制的法律分析

对于建筑施工领域普遍存在的内部承包经营方式,目前《民法典》《建筑法》

《招标投标法》等法律法规中对其并没有明确规定，又因其与挂靠、转包、违法分包等违法行为之间的界限不易划分，故目前理论实践中对其是否具有合法性存在不同的见解，主要通过对内部承包合同效力的认定存在不同观点来体现：

（一）有效说

名副其实，即项目经理与建筑企业存在合法有效的用工关系，双方对工作时间、工作地点、薪资报酬、休息休假、社会保险等事项在书面劳动合同中均做了明确约定。建筑企业为项目经理办理社会保险，通过规章制度等对项目经理进行约束，双方存在管理与被管理的上下级隶属关系，项目经理对建筑企业具有一定的人身依附性。该观点认为，内部承包符合公司法鼓励公司自治的立法理念，根据公司法自治的思想，在法律没有明文禁止的情况下，“法无禁止即可为”，任何公司均可选择适合自身情况的经营模式。只要发包公司与承包人自愿达成了意思表示真实的承包经营合同，且合同内容不违反法律、行政法规中的强制性规定，均属有效的契约行为。作为公司或者企业的一种经营方式，承包经营既适用于传统企业（如全民所有制企业、集体所有制企业），也适用于现代公司。

典型案例 1.1.1

安徽省某建设集团有限公司与潘某建设工程施工合同纠纷案①

案例要点：总包单位将承接的工程通过内部承包方式交予实际施工人施工并垫付相关工程款项，法院认为内部承包合法有效，实际施工人应将垫付款项超过审计工程款数额的部分予以返还。

案情介绍

2012 年 5 月 29 日，原告安徽省某建设集团有限公司与寿县某房地产开发有

---

① （2020）皖 0422 民初 2687 号。

限公司签订了《建设工程施工合同》,约定原告承建寿滨安置小区(二期)第四段及地下车库建设项目。2012 年 7 月 30 日,原告与被告潘某签订内部承包协议,约定原告将上述工程交予被告施工,原告只收取工程管理费。合同标价 135 200 000 元。此项目在施工期间,原告替被告支付工程款、材料款、工人工资等共计 130 434 808.3元,代付钢材款 10 690 092.2 元,合计 142 124 900.50 元。该工程竣工后,经审计工程款为 135 161 485.05 元。后双方就垫付款项返还产生纠纷诉至法院。

法院认为:原、被告双方签订的内部承包协议系当事人真实意思表示,亦不违反法律强制性规定,对其合法有效性予以确认,双方应按合同约定履行各自的义务。原告提供了财务收支明细表,被告对其中的原告代付工程款等费用 130 434 808.3元予以认可。关于原告为被告垫付钢材款 10 690 092.2 元的问题,因该钢材全部用于涉案工程,应视为原告为被告垫付的工程款。该工程竣工后,经审计原告支付给被告工程款为 135 161 485.05 元。综上,本院认定,原告支付给被告的工程款为 142 124 900.50 元,原告多支付给被告工程款 6 963 415.45 (142 124 900.50 - 135 161 485.05)元。原告诉请要求被告返还工程款,符合法律规定,本院予以支持。

点评分析:真实的内部承包合同合法有效,应对双方产生约束力。内部承包下"自负盈亏"的经营模式应对实际施工人产生效力,对总承包人多支付的工程款项应予以退还。

(二)无效说

有名无实,即以内部承包的方式来掩盖实际经营方式。如项目经理个人无承建相关建设工程的资质或资质等级不足,故将证书挂靠在某一建筑企业,形式上是建筑企业的员工,但双方实际并无用工关系,项目经理与建筑企业签订"内部承包协议"("承包协议书""内部承包责任书"等),目的是规避法律的限制性条款,通过转包、违法分包等方式,使项目经理在承接工程时,可以建筑公司名义签订建设工程施工合同。建设工程施工合同通常约定发包人将工程款直接支付至建筑企业账户,建筑企业不在资金、技术、设备、人力等方面提供支持,不承担相关法律责任,在扣取管理费后向项目经理支付工程款。然而不管双方以何种方式签订相关协议，其实质均是《民法典》第七百九十一条、《建设工程司法解释（一）》第一条规定的无效合同情形。

典型案例 1.1.2

通城公司与施某建设工程施工合同纠纷案[①]

案例要点：转承包人通过“名为内部承包实为转包”的方式将工程给实际施工人，法院认定实际合同无效，双方在工程竣工验收后就工程款项应当结算。

案情介绍

2013 年 5 月 13 日，通城公司（甲方）与施某（乙方）签订了《工程施工内部承包责任书》一份，约定甲方将其转承包而取得的位于南通市港闸区万顷良田内的建筑垃圾资源化处置中心配套道路工程以内部承包的方式交由乙方施工，合同价款为 20 189 988.58 元（以最终审计结算为准），合同工期 300 天，甲方收取管理费和招投标费。合同签订后，施某依约组织人员进场施工，并于 2014 年 2 月 28 日竣工，2015 年 1 月 23 日验收合格。后双方因工程款项是否应当结算产生纠纷。

一审法院认为：根据《合同法》[②]第二百七十二条第三款规定：禁止承包人将工程分包给不具备相应资质条件的单位。禁止分包单位将其承包的工程再分包。建设工程主体结构的施工必须由承包人自行完成。本案中，通城公司与施某签订的《工程施工内部承包责任书》，名为内部承包，实为转包，故《工程施工内部承包责任书》应认定无效。《建设工程司法解释》第二条规定：建设工程施工合同无效，但建设工程经竣工验收合格，承包人请求参照合同约定支付工程价款的，应予支持。案涉工程已竣工验收合格，经审计部门审计确定上述工程款核定金额为 19 818 393.46 元。通城公司应按约向施某支付工程款，施某亦应就此前已付工程款和应付工程款与通城公司进行结算。

---

① (2018)苏 06 民终 1298 号。

② 本书典型案例“法院认为”部分所涉法条等规定均为裁判作出时生效的规定。

二审法院认为：通城公司与施某之间名为内部承包关系，实为转包关系，施某不具备相应资质，内部承包责任书无效。施某应作为实际施工人和通城公司进行结算。故驳回上诉，维持原判。

典型案例 1.1.3

裕方公司与林某、蒋某建设工程施工合同纠纷案[①]

案例要点：总承包方通过内部承包的方式将承接的工程分包给实际施工人，后双方因工程款支付问题诉至法院，法院认定双方签订的“内部责任承包合同”无效。

案情介绍

2015 年 5 月 15 日，裕方公司中标妈祖城公司招标的莆田市妈祖城水厂工程，中标价为 34 920 772 元，履约保证金为合同金额的 10%。当月，裕方公司与林某、蒋某签订《内部责任承包合同》一份，约定裕方公司以包工包料、保质量、保安全的承包方式将莆田市妈祖城水厂工程承包给林某、蒋某施工，承包范围以裕方公司与案外人莆田市某自来水有限公司签订施工合同协议书为准，林某、蒋某一次性支付 5 万元给裕方公司作为承包施工管理费。后双方因工程款支付问题诉至法院。

法院认为：关于《内部责任承包合同》效力的问题。根据《合同法》第二百七十二条的规定，承包人不得将其承包的全部建设工程转包给第三人或者将其承包的全部建设工程肢解以后以分包的名义分别转包给第三人，禁止承包人将工程分包给不具备相应资质条件的单位；《建设工程司法解释》第一条规定，没有资质的实际施工人借用有资质的建筑施工企业名义的，应当根据《合同法》第五十二条第五项的规定，认定为无效。本案裕方公司中标涉案莆田市妈祖城水厂工程项目后，与林某、蒋某签订《内部合作协议书》将上述工程分包给林某、蒋某施工，系违法分包，该行为已违反法律的强制性规定，故裕方公司与林某、蒋某

① (2020)闽 03 民终 1880 号。

的转包行为无效。即裕方公司与林某、蒋某之间签订的《内部合作协议书》无效。

点评分析:法院在审判相关案件时,首要关注焦点就是合同的效力,通过梳理各方主体之间的往来判断相互之间的法律关系。本案中披着内部承包合法性的外衣实质为挂靠、转包、违法分包等行为,其实际施工人多无相应资质,违反了相关法律法规的强制性规定,签订的内部承包合同理应无效,造成这种无效的现状实则是因为"有名无实"。

(三)法律规定

虽然对于内部承包的效力在法律法规中并没有明确规定,但在部分部门规章释义及国家和地方法院发布的司法文件中有相关规定及表述,见表1-1:

表1-1　涉及内部承包的效力的相关规定及表述

名　称	表　述
《发包与承包违法认定查处办法》	第三条第三款　本办法所称的发包与承包违法行为具体是指违法发包、转包、违法分包及挂靠等违法行为
《北京高院解答》	第五问　如何认定建筑企业的内部承包行为:建设工程施工合同的承包人将其承包的全部或部分工程交由其下属的分支机构或在册的项目经理等企业职工个人承包施工,承包人对工程施工过程及质量进行管理,对外承担施工合同权利义务的,属于企业内部承包行为;发包人以内部承包人缺乏施工资质为由主张施工合同无效的,不予支持
《浙江高院解答》	第一问　如何认定内部承包合同?如何认定其效力?建设工程施工合同的承包人与其下属分支机构或在册职工签订合同,将其承包的全部或部分工程承包给其下属分支机构或职工施工,并在资金、技术、设备、人力等方面给予支持的,可认定为企业内部承包合同;当事人以内部承包合同的承包方无施工资质为由,主张该内部承包合同无效的,不予支持

续表

名　　称	表　　述
《福建高院解答》	第一问　如何认定施工企业内部承包合同的性质与效力？建设工程施工合同的承包人与其下属分支机构或职工就所承包的全部或部分工程施工所签订的承包合同为企业内部承包合同，属建筑施工企业的一种内部经营方式，法律和行政法规对此并不禁止，承包人仍应对工程施工过程及质量等进行管理，对外承担施工合同的权利义务。当事人以内部承包合同的承包方无施工资质为由主张合同无效的，不予支持
《安徽高院意见（二）》	第一条　建筑施工企业的内部人员对外以企业名义承包工程，对内与企业签订承包协议，企业只收取管理费，不在资金、技术、设备、人力等方面提供支持，不承担技术、质量监管和经济责任的，应当认定为借用资质，以建筑施工企业名义与发包人签订的建设工程施工合同无效
《河北高院指南》	第四条　建筑施工企业与其下属分支机构或在册职工签订合同，将其承包的全部或者部分工程分包给其下属分支机构或职工施工，并在资金、技术、设备、人力等方面给予支持的，可以认定为企业内部承包合同。判断是否为企业的在册职工应以书面劳动合同、社保缴纳凭证、工资发放证明等证据综合予以认定。企业内部职工和下属分支机构不得单独主张工程款。建筑施工企业与无施工资质的承包人签订的合同名为企业内部承包实为借用资质，当事人主张合同有效的，人民法院不予支持
《四川高院解答》	第六问　如何认定内部承包？建筑施工企业将其承包的全部或部分工程交由其下属分支机构或在册的项目经理等本企业职工个人承包施工，建筑施工企业对工程施工过程及质量进行管理，并在资金、技术、设备、人力等方面给予支持的，属于内部承包。内部承包的对外民事权利义务主体为该合同发包人建筑施工企业

故笔者认为，真正意义上的内部承包（狭义内部承包），即以内部承包协议的形式委托与其有隶属关系的非独立法人的分支机构、职能部门或职工承担工程施工任务，在资金、技术、设备、人力等方面提供支持，对外的责任和风险由总承包人或专业承包人承担的管理形式，其本质是一个独立法人企业内部对工程任

务的分工协作,具备合法性基础。实践中对其效力有争议的多是因挂靠、转包、违法分包等实质法律关系借用内部承包的外壳的行为,表面上的内部承包经营合同不具备合法性,实质是因为挂靠、转包、违法分包行为本身不具备合法性。

审判实践中,一般通过下列情形综合认定是否属于狭义有效的内部承包①:

1. 合同的发包人为建筑施工企业,承包人为建筑施工企业下属分支机构或在册的项目经理等本企业职工,两者之间存在管理与被管理的行政隶属关系的;

2. 发包给个人的,发、承包人之间有合法的劳动关系以及社会保险关系的;

3. 承包人使用建筑施工企业的建筑资质、商标及企业名称等是履行职责行为,在建筑施工企业的管理和监督下进行项目施工,承包人根据承包合同约定向建筑施工企业交纳承包合同保证金的;

4. 施工现场的项目经理或其他现场管理人员接受建筑施工企业的任免,调动和聘用的;

5. 承包人组织项目施工所需的人、财、物及资金,由建筑施工企业予以协调支持的;

6. 承包人在建筑施工企业统一管理和监督下独立核算、自负盈亏,承包人与建筑施工企业按照承包合同约定对经营利润进行分配的。

三、内部承包责任制的现状

近年来,随着建筑行业的不断发展,为企业带来很多机遇的同时也使其面临诸多挑战。由于企业资金不足而工程耗资大、耗时长、建筑业市场准入门槛低以及长期以来建筑市场供大于求的现状,许多资质等级低、信誉一般的建筑施工企业,或者包工头带领的没有资质的零散施工队伍,以联营、合作、内部承包等借名形式或挂靠、转包、违法分包等违法方式承揽建设工程。为了让违法实质具备合法外衣,内部承包便成为最合适的"挡箭牌",建筑施工企业通过该方式收取相关管理费、实际施工人通过该方式承建工程获得相关利润,在相安无事的前提下表面上达到了两全其美,然而在建筑水平良莠不齐的施工单位以及实际施工人的工程建设中,风险、问题是无法避免的。

---

① 《四川高院解答》第六条。

因此,在法律实践中,内部承包也产生了广义与狭义之分(狭义的内部承包仅指真正意义上的内部承包,广义的内部承包还包括披着内部承包外衣的挂靠、转包、违法分包情形)。实务中,因狭义的内部承包产生的纠纷不多,发包人、承包人、实际施工人之间多是因广义内部承包下的挂靠、转包、违法分包行为等产生纠纷,故本书的选题是结合法律实践对内部承包责任制下的建筑施工企业的风险识别与防范及实际施工人权利主张,而不仅仅限于狭义的内部承包责任制。也因狭义的内部承包责任制缺乏完善的法律体系支撑,且实践中与挂靠、转包、违法分包等违法行为界限比较难以区分和认定,其面临诸多风险。

(一)内部承包合同是否具备可诉性

实际生活中,内部承包合同通常设定了项目经理应当达到的绩效指标,按绩效指标的完成情况,施工企业给予项目经理一定比例的提成,或者规定项目经理上缴利润,给企业造成损失的给予一定的惩罚。签订内部承包合同纠纷是否具有可诉性,理论和实务中存在争议。有观点认为,企业内部承包是企业实行内部劳动管理、考核的一种方式,内部承包合同争议应属劳动争议。也有观点认为,内部承包合同的主体具有隶属性,而非平等主体之间的财产或人身关系,内部承包合同纠纷不属于人民法院民事诉讼受理范围。还有观点认为,内部承包合同一般涉及个人参与企业经营方面的权利义务、责任风险承担及利益归属,应系平等主体之间的民事法律关系。

笔者认为,内部承包经营是一种生产经营的激励机制,合理使用好内部承包经营有利于增进企业员工的生产经营积极性、责任性,促进企业生产经营水平的提升,如果将内部承包合同纠纷一概拒之诉讼之外,不利于促进内部承包经营制度的健康发展,也不利于双方的权利得到救济。但是,在处理内部承包合同纠纷时,应当贯彻权利与义务相一致以及充分保护劳动者的原则,总体而言,由承包人享有的权益应予充分保护,对企业要求承包人承担的义务明显不适当、责任过重的应予否定或调整。①

---

① 《江苏高院2010指南》。

（二）内部承包合同效力认定的法律风险

正因为建筑施工企业的内部承包经营方式与挂靠、非法转包之间的界限比较难以认定，因此承包合同的效力问题仍然是内部承包经营方式面临的首要法律风险。一旦内部承包行为被认定为名为内部承包，实为挂靠或非法转包、违法分包等行为，则建筑施工企业与承包人签订的承包合同必然会面临被认定为无效合同的问题。根据《民法典》第七百九十三条第一款的规定："建设工程施工合同无效，但是建设工程经验收合格的，可以参照合同关于工程价款的约定折价补偿承包人。"因此，如承包人已将工程完成并经竣工验收合格，虽合同无效但法律支持承包人参照合同相关工程结算和支付条款的约定要求建筑施工企业支付工程款的主张，而建筑施工企业则无法依据该合同的违约条款向承包人主张违约责任。且根据《江苏高院解答》第六条的规定，内部承包协议中约定的由施工企业收取的管理费也可能面临不被支持收取的风险。

（三）对总承包人的风险

1. 工程款支付风险。在项目施工过程中，总承包人要面临对上和对下两重工程款支付的风险。对上，可能面临建设单位无款支付、有款不付的风险；对下，可能面临建设单位直接将工程款支付给项目经理或者实际施工人，则总承包人不能实际控制所有款项，面临对项目资金失去管控的巨大法律风险。

2. 内部授权引起的风险。例如，企业印章、项目部印章管理不当，导致签订借款、担保、买卖、租赁等合同；且内部承包合同对项目经理或实际施工人的授权范围不明确，则面临其对外行为被认定为表见代理或职务行为，继而由总承包人承担相关责任的风险。

3. 承包人中途停工及离场风险。主要表现在承包人因各方面原因无法安排人员施工导致施工进度缓慢、停工或中途退场等情形，总承包人面临接盘、工期延误等被建设单位追究违约责任等风险。

4. 建筑施工企业用工风险。一方面是指项目部或承包人在劳务用工过程中，出现工伤或人身损害赔偿事故时，建筑施工企业需承担赔偿责任；另一方面是指如果承包人或者项目经理携款潜逃，则建筑施工企业面临农民工工资支付风险。

5. 安全事故带来的风险。因实际施工过程中发生相关安全事故,导致总承包人被行政处罚,如暂扣安全生产许可证,导致企业在一定时间内无法参与招投标,从而给企业造成无法估量的经济损失。除了民事、行政责任的承担,还有可能面临刑事责任风险。

6. 材料、设备采购款及租赁等费用的支付风险。如承包人、项目经理或其他工作人员签订虚假采购、租赁合同,但基于其内部承包人的身份,其行为构成表见代理或者职务行为,相关行为的法律后果由总承包人承担的法律风险。

7. 工程竣工、工程质量的风险。因实际施工人的施工建设等原因导致工程存在相关质量原因或无法通过竣工验收,以及竣工验收后不及时履行保修义务的风险。

(四)对实际施工人的风险

1. 多份合同效力认定的风险。因招投标、备案等与实际签订合同不同的需要,建设单位、总包单位、实际施工人之间往往存在着不止一份合同,对工期、价款支付等内容的约定自然也不尽相同,故合同效力的认定对实际施工人的权益有重大影响。

2. 实际施工人身份认定的风险。产生相关纠纷时,若要突破合同相对性进行权利主张首先需要的就是对实际施工人身份的认定,若无法认定相关身份则将面临权利主张不能的风险。

3. 工程款支付的风险。建设单位将相关工程款支付给总包单位,再由总包单位转付,若总包因资金周转紧张、破产等原因不能及时转付相关款项,将面临进度款、尾款等被拖欠的风险,会给实际施工人造成相关损失。

4. 不同款项支付方式带来的风险。在建设工程领域因资金量大,除常见的现金、转账等支付方式,还有承兑、以房抵债等支付方式,不同的支付方式面临不同的风险。如承兑汇票的贴息承担、承兑不能等问题,以房抵债签订协议后无法变现、协议被认定无效房屋收回等问题。

5. 非因己方原因造成工期延误、工程质量等违约责任承担的风险。如总包单位因其他工程建设与第三方产生纠纷后相关账户被采取保全措施(查封冻结)，导致工程款不能及时转付到位，相关进度不能及时开展导致工期延误，而被要求承担相关违约责任的风险。

6. 因总包人原因造成责任牵连的风险。如总包未经实际施工人确认对外支付相关材料设备采购的费用及租赁费用、因总包人原因导致实际施工人的优先受偿权受到侵害、因总包单位破产导致相关款项无法清偿等风险。

实践中挂靠、转包、违法分包等实质经营关系常常借用内部承包的外壳，使其违法行为拥有合法外衣，混淆视听，故导致内部承包与挂靠、转包、违法分包等行为的界限比较难以划分及认定。但随着近年来建设工程施工合同纠纷数量的不断增加，实践探索以及相关法律体系的构建和完善，大家逐渐可根据相关法律定义、法律特征、法律实践特点以及相互之间的关系对其进行区分，进而对违法发承包行为的本质进行把握，从而促进建筑行业的良性发展。

第二节　挂　　靠

虽然建筑行业市场的准入门槛不高，但承接工程的资质要求并不低，故实践中某些建筑施工企业虽具备承接相关工程的资质但不一定有能力承接到工程，而有能力承接到工程的企业又不一定具备承接相关工程的资质，故两者相互“结合”，便出现了有能力承接工程的个人或单位借着有资质的建筑施工企业的名义进入建筑市场的情况。

一、挂靠的法律定义及认定

挂靠本身是一个行业术语，全称是企业挂靠经营，指一个机构或组织从属或依附于另一机构或组织。虽然在《建设工程司法解释(一)》中并没有直接定义挂靠行为，而是在第一条第二项中表述为“借用”，即没有资质的实际施工人借用有资质的建筑施工企业名义从事施工，这里的“挂靠”与“借用”系同一概念。但在法律实践中，“挂靠”与“借用”还是存在区别的，如用其他企业资质办理相关手续叫挂靠，用建筑企业名义对外购买材料而获得施工企业同意的则属于借用、借名，挂靠一般针对资质而言，而借用则不仅仅限于资质。

其法律定义可参见《发包与承包违法认定查处办法》第九条:本办法所称挂靠,是指单位或个人以其他有资质的施工单位的名义承揽工程的行为。前款所称承揽工程,包括参与投标、订立合同、办理有关施工手续、从事施工等活动。故建设工程挂靠施工,一般是指为进行工程建设,不具有相应施工资质的施工人(挂靠人)借用有资质的建筑施工企业(被挂靠人)的资质,向被挂靠人交纳管理费、承揽工程并进行施工建设的行为,可以是有资质相互借用资质的挂靠行为,也可以是没有资质的借用有资质的挂靠行为。

根据《发包与承包违法认定查处办法》的规定,存在下列情形之一的,属于挂靠:(一)没有资质的单位或个人借用其他施工单位的资质承揽工程的;(二)有资质的施工单位相互借用资质承揽工程的,包括资质等级低的借用资质等级高的,资质等级高的借用资质等级低的,相同资质等级相互借用的;(三)本办法转包情形认定之第(三)至(九)项规定的情形,有证据证明属于挂靠的。

二、挂靠的法律特征

就建筑行业而言,是指一个施工企业允许其他企业或个人在一定期间内使用自己企业的名义对外承接工程的行为,允许他人使用自己名义的企业为被挂靠企业,相应的使用被挂靠企业名义从事经营活动的企业或个人为挂靠人。结合《建筑法》第二十六条对建筑行业挂靠行为明确作出的禁止性规定,即承包建筑工程的单位应当持有依法取得的资质证书,并在其资质等级许可的业务范围内承揽工程。禁止建筑施工企业超越本企业资质等级许可的业务范围或者以任何形式用其他建筑施工企业的名义承揽工程。禁止建筑施工企业以任何形式允许其他单位或者个人使用本企业的资质证书、营业执照,以本企业的名义承揽工程。挂靠的法律特征如下:

1. 挂靠人不具有从事建筑活动的主体资格,或者虽有从事建筑活动的主体资格但不具备与建设项目要求相适应的资质等级及业绩要求,故利用有相应资质的建筑企业的名义对外承接相关工程。资质等级是一个建筑企业民事行为能力的重要体现之一,它不仅代表建筑企业承接工程的能力级别,也代表该企业承担民事责任的能力强弱。

2. 挂靠人以被挂靠人的名义订立及履行建设工程施工合同。被挂靠的施工企业往往具有与建设项目要求相适应的资质等级证书却缺乏承接该工程项目的实际能力，包括但不限于社会资源的掌握与分配，而挂靠人往往具备承接该工程项目的实际能力却缺乏相应的资质等级，为了达到利益最大化，被挂靠人允许挂靠人使用自己的名义对外承建相关工程。

3. 被挂靠人通常以管理费、挂靠费等形式收取费用，但不实施具体建设工程管理及实际工程建设。挂靠人向被挂靠的施工企业交纳一定数额的“管理费”，被挂靠的施工企业配合挂靠人以自己的名义签订相关合同及办理各项手续，而不具体实施建设工程管理及实际工程建设，仅仅停留在形式上，不承担技术、质量、经济责任等。

4. 挂靠人与被挂靠人是独立的民事主体，地位平等。挂靠人的经营方式为独立核算、自主经营、自负盈亏，其是一个独立的民事主体，与被挂靠人的民事法律地位是平等的，不存在行政、人事、经济上的隶属或管理关系。挂靠人独自组织工程施工，对工程进行独立核算，是实体义务的履行者和权益的最终享有者。

5. 挂靠行为不具备合法性。因挂靠行为被法律明文禁止，违反强制性法律规定而无效，故实务中多数借内部承包等合法方式来掩盖违法事实，通过形式上的合法来逃避建设行政主管部门和发包人的审查与监督。

三、挂靠与内部承包的关系

从目前建筑市场行业的发展形式来看，内部承包与挂靠都是建筑市场中比较常见的经营手段。一般来说，施工单位内部承包主要是因建筑企业为了使企业更有活力而建立的一种内部竞争机制，而挂靠则是挂靠人借用被挂靠人的资质承揽建设工程，挂靠人与被挂靠企业间并不存在上下级的隶属或管理关系，主要是在没有相对资质的基础上，通过不同形式借用有资质建筑企业的名义承建工程的行为。虽然挂靠常常借用内部承包的合法外衣，两者存在一定的相似性，但两者还是存在本质区别的：

1. 是否存在隶属关系。通常情况下内部承包的承包者主要是企业职工，与企业存在着隶属关系，双方可能存在着领导与被领导的关系，或者管理与被管理的关系。而在挂靠中，挂靠方与被挂靠的施工企业不存在隶属关系，是平等的民事主体关系。挂靠方一般是合伙或者个人，也可能是资质比较差的建筑企业。

2. 是否存在劳动合同关系。隶属关系的主要体现就是劳动合同关系。内部承包方无论是个人还是职能部门的组成人员，都与企业存在劳动关系，接受企业的聘用、调动和任免制度；而挂靠人与被挂靠单位之间没有严格、规范的人事任免、调动、聘用制度，也不享受建筑企业提供的养老保险、社会福利待遇等，即不存在劳动关系。

3. 承包协议签订的时间点不同。从时间方面来看，内部承包合同承包人首先是企业员工，之后再与企业签订承包协议；而挂靠方与施工企业没有隶属关系，和被挂靠方是平等主体，协议签订具有临时性、随机性的特点。且承建项目一般是挂靠方的资源，挂靠方与被挂靠方接触的时间要早于建设工程施工合同签订的时间。

4. 资产关系的归属方面。内部承包方与企业之间是隶属关系，其使用的是企业的资产，或将资产以股份等方式划转到企业；而挂靠单位的资产没有以股份等方式划转给被挂靠单位，并办理相关法律手续。

5. 财务管理方面。建筑施工企业和内部承包人对经营利润约定进行分配，此约定不得对抗第三人；而挂靠人与被挂靠单位之间没有统一的财务管理制度，二者之间独立核算、利润单独分配。

6. 法律后果和责任承担方面。内部承包行为属于合法行为，属于企业内部自由管理形式的体现，不违反相关法律法规的强制性规定；而挂靠属于法律明令禁止的违法行为，不具备合法性，一般而言，被挂靠方与挂靠方可能需对外承担连带责任，特别情况下有例外。

四、挂靠的法律后果

（一）处罚

挂靠行为中存在挂靠者和被挂靠者，对两者的处罚是不尽相同的。

1. 对认定有挂靠行为的施工单位或个人（挂靠者），依据以下规定进行处罚。《招标投标法》第五十四条：投标人以他人名义投标或者以其他方式弄虚作假，骗取中标的，中标无效，给招标人造成损失的，依法承担赔偿责任；构成犯罪的，依法追究刑事责任。依法必须进行招标的项目的投标人有前款所列行为尚未构成犯罪的，处中标项目金额5‰以上10‰以下的罚款，对单位直接负责的主管人员和其他直接责任人员处单位罚款数额5%以上10%以下的罚款;有违法所得的,并处没收违法所得;情节严重的,取消其1年至3年内参加依法必须进行招标的项目的投标资格并予以公告,直至由工商行政管理机关吊销营业执照。《建筑法》第六十五条:超越本单位资质等级承揽工程的,责令停止违法行为,处以罚款,可以责令停业整顿,降低资质等级;情节严重的,吊销资质证书;有违法所得的,予以没收。未取得资质证书承揽工程的,予以取缔,并处罚款;有违法所得的,予以没收。以欺骗手段取得资质证书的,吊销资质证书,处以罚款;构成犯罪的,依法追究刑事责任。《质量管理条例》第六十条:违反本条例规定,勘察、设计、施工、工程监理单位超越本单位资质等级承揽工程的,责令停止违法行为,对勘察、设计单位或者工程监理单位处合同约定的勘察费、设计费或者监理酬金1倍以上2倍以下的罚款;对施工单位处工程合同价款2%以上4%以下的罚款,可以责令停业整顿,降低资质等级;情节严重的,吊销资质证书;有违法所得的,予以没收。未取得资质证书承揽工程的,予以取缔,依照前款规定处以罚款;有违法所得的,予以没收。以欺骗手段取得资质证书承揽工程的,吊销资质证书,依照本条第一款规定处以罚款;有违法所得的,予以没收。

2. 对认定有转让、出借资质证书或者以其他方式允许他人以本单位的名义承揽工程的施工单位(被挂靠者),依据以下规定进行处罚。《建筑法》第六十六条:建筑施工企业转让、出借资质证书或者以其他方式允许他人以本企业的名义承揽工程的,责令改正,没收违法所得,并处罚款,可以责令停业整顿,降低资质等级;情节严重的,吊销资质证书。对因该项承揽工程不符合规定的质量标准造成的损失,建筑施工企业与使用本企业名义的单位或者个人承担连带赔偿责任。《质量管理条例》第六十一条:违反本条例规定,勘察、设计、施工、工程监理单位允许其他单位或者个人以本单位名义承揽工程的,责令改正,没收违法所得,对勘察、设计单位和工程监理单位处合同约定的勘察费、设计费和监理酬金1倍以上2倍以下的罚款;对施工单位处工程合同价款2%以上4%以下的罚款;可以责令停业整顿,降低资质等级;情节严重的,吊销资质证书。

典型案例 1.2.1

兰溪某建设有限公司行政处罚决定书案①

案例要点：建设单位因出借资质给无资质的个人（挂靠）而被处以合同价款3%的罚款，直接负责的主管人员处以单位罚款数额8%的罚款。

案情介绍

建设单位兰溪某建设有限公司违法出借资质让人挂靠，允许个人以本单位名义承揽工程。同意黄某以本公司的名义于2015年6月在前仓镇人民政府办公室投中前仓镇麻车店村生活污水治理工程。中标后未安排招投标时所任命的项目经理、施工员、安全员等人员在该工程中从事施工管理，而是让不具备项目负责人资格的非公司人员黄某进行施工管理。兰溪某建设有限公司的行为违反了《建筑法》第二十六条第二款"禁止建筑施工企业以任何形式允许其他单位或者个人使用本企业的资质证书、营业执照，以本企业的名义承揽工程"及《质量管理条例》第二十五条第二款"禁止施工单位超越本单位资质等级许可的业务范围或者以其他施工单位的名义承揽工程。禁止施工单位允许其他单位或者个人以本单位的名义承揽工程"之规定，属违法行为。

处罚内容：我局根据《建筑法》第六十六条"建筑施工企业转让、出借资质证书或者以其他方式允许他人以本企业的名义承揽工程的，责令改正，没收违法所得，并处罚款，可以责令停业整顿，降低资质等级……"《质量管理条例》第六十一条"违反本条例规定……对施工单位处工程合同价款2%以上4%以下的罚款……"第七十三条"依照本条例规定，给予单位罚款处罚的，对单位直接负责的主管人员和其他直接责任人员处单位罚款数额5%以上10%以下的罚款"之规定进行处罚。具体行政处罚如下：

1. 对兰溪某建设有限公司处工程合同价款人民币：1 304 598.00元整（壹佰叁拾万肆仟伍佰玖拾捌元整）3%的罚款，计人民币：39 138.00元整（叁万玖仟壹佰叁拾捌元整）；

---

① 永建罚字(2016)3号。

2. 对兰溪某建设有限公司直接负责的主管人员黄某处单位罚款数额8%的罚款,计人民币:3131.00元整(叁仟壹佰叁拾壹元整)。

点评分析:对单位进行处罚的同时,根据相关规定,对单位直接负责的主管人员和其他直接责任人员也可处单位罚款数额5%以上10%以下的罚款,进行“双罚制”。

(二)合同被认定为无效

根据《建设工程司法解释(一)》第一条的规定,建设工程施工合同具有下列情形之一的,应当依据《民法典》第一百五十三条第一款的规定,认定无效:(一)承包人未取得建筑业企业资质或者超越资质等级的;(二)没有资质的实际施工人借用有资质的建筑施工企业名义的。故挂靠行为下的建设工程施工合同无效。合同无效将导致双方当事人不能依照合同约定来进行权利主张,无论是工程款支付、违约金索赔等都将受到限制,如《民法典》第七百九十三条的规定,承包人在建设工程施工合同无效的前提下,工程须经竣工验收合格才可主张参照合同关于工程价款的约定折价补偿,若验收不合格则无权主张,若工程系经维修后才验收合格的,发包人是可以请求承包人承担修复费用的。

(三)连带责任承担

根据《建设工程司法解释(一)》第七条的规定:缺乏资质的单位或者个人借用有资质的建筑施工企业名义签订建设工程施工合同,发包人请求出借方与借用方对建设工程质量不合格等因出借资质造成的损失承担连带赔偿责任的,人民法院应予支持。除工程质量之外,挂靠人对外产生的材料费、人工费、租赁费、工程款等费用,被挂靠人也有可能面临承担连带责任的风险。挂靠人在实际施工过程中,若以被挂靠人名义与第三人签订合同,那么与上述人员形成合同关系的便是被挂靠人。如果挂靠人违约,不按时支付材料费、人工费、租赁费、工程款等费用,根据合同相对性原则,第三人便可以向被挂靠人主张承担责任。至于挂靠人与被挂靠人之间的挂靠关系是不能对抗善意第三人的。依据是《江苏高院意见》(2008)第二十五条的规定:挂靠人以被挂靠人名义订立建设工程施工合同,因履行该合同产生的民事责任,挂靠人与被挂靠人应当承担连带责任;《民事诉讼法司法解释》第五十四条:以挂靠形式从事民事活动,当事人请求由挂靠人和被挂靠人依法承担民事责任的,该挂靠人和被挂靠人为共同诉讼人。上述法律规定将挂靠人和被挂靠人列为共同诉讼人,共同对外承担连带责任,这既是对被挂靠人允许他人以自己的名义挂靠经营归责的程序回应,也是规范市场主体、治理非法挂靠的法律举措。

由于建设工程项目工地上人员流动性大、安全隐患较多,故出现人员伤亡的概率极高,被挂靠人也面临着相关人身损害赔偿的责任承担问题。除此之外,根据上述《建筑法》第六十六条等法律规定,被挂靠者还要承担没收违法所得、罚款、停业整顿、降低资质、吊销资质等行政责任。

第三节 转 包

转包一般是有能力、有条件接到建设工程的建筑施工企业,由于资金不足、能力有限,或者是有其他单位需要业务等原因,将其承接的工程再转包出去或者支解为几个工程全部分包出去,中间赚取管理费,却并不实际参与该工程的施工管理。

一、转包的法律定义及认定

关于对转包的界定,我国法律、法规及部门规章中均有涉及。早在建设部1992年颁发的《工程总承包企业资质管理暂行规定》中第十六条规定:工程总承包企业不得倒手转包建设工程项目。前款所称的倒手转包,是指将建设项目转包给其他单位承包,只收取管理费,不派项目管理班子对建设项目进行管理,不承担技术经济责任的行为。这里的倒手转包就是建设工程实务中的转包行为。1998年颁布施行的《建筑法》第二十八条规定:禁止承包单位将其承包的全部建筑工程转包给他人,禁止承包单位将其承包的全部建筑工程支解以后以分包的名义分别转包给他人。1999年颁布施行的《合同法》(已废止)第二百七十二条第二款进一步规定:承包人不得将其承包的全部建设工程转包给第三人或者将其承包的全部建设工程支解以后以分包的名义分别转包给第三人。2021年施行的《民法典》第七百九十一条第二款:承包人不得将其承包的全部建设工程转包给第三人或者将其承包的全部建设工程支解以后以分包的名义分别转包给第三人。以上条文虽然没有明确规定转包的定义,但却明确规定了法律禁止的两种转包行为,即一是将承包的工程全部转包给他人,二是以分包的名义将工程支解后分别转包给他人。

随后依据《建筑法》等法律法规制定的《质量管理条例》以及《发包与承包违法认定查处办法》,在转包行为界定的基础上明确对转包的定义作出了界定。《质量管理条例》第七十八条第三款:本条例所称转包,是指承包单位承包建设工程后,不履行合同约定的责任和义务,将其承包的全部建设工程转给他人或者将其承包的全部建设工程支解以后以分包的名义分别转给其他单位承包的行为。《发包与承包违法认定查处办法》第七条:本办法所称转包,是指承包单位承包工程后,不履行合同约定的责任和义务,将其承包的全部工程或者将其承包的全部工程支解后以分包的名义分别转给其他单位或个人施工的行为。

存在下列情形之一的,应当认定为转包,但有证据证明属于挂靠或者其他违法行为的除外:

1. 承包单位将其承包的全部工程转给其他单位(包括母公司承接建筑工程后将所承接工程交由具有独立法人资格的子公司施工的情形)或个人施工的;

2. 承包单位将其承包的全部工程支解以后,以分包的名义分别转给其他单位或个人施工的;

3. 施工总承包单位或专业承包单位未派驻项目负责人、技术负责人、质量管理负责人、安全管理负责人等主要管理人员,或派驻的项目负责人、技术负责人、质量管理负责人、安全管理负责人中一人及以上与施工单位没有订立劳动合同且没有建立劳动工资和社会养老保险关系,或派驻的项目负责人未对该工程的施工活动进行组织管理,又不能进行合理解释并提供相应证明的;

4. 合同约定由承包单位负责采购的主要建筑材料、构配件及工程设备或租赁的施工机械设备,由其他单位或个人采购、租赁,或施工单位不能提供有关采购、租赁合同及发票等证明,又不能进行合理解释并提供相应证明的;

5. 专业作业承包人承包的范围是承包单位承包的全部工程,专业作业承包人计取的是除上缴给承包单位“管理费”之外的全部工程价款的;

6. 承包单位通过采取合作、联营、个人承包等形式或名义,直接或变相将其承包的全部工程转给其他单位或个人施工的；

7. 专业工程的发包单位不是该工程的施工总承包或专业承包单位的，但建设单位依约作为发包单位的除外；

8. 专业作业的发包单位不是该工程承包单位的；

9. 施工合同主体之间没有工程款收付关系，或者承包单位收到款项后又将款项转拨给其他单位和个人，又不能进行合理解释并提供材料证明的；

10. 两个以上的单位组成联合体承包工程，在联合体分工协议中约定或者在项目实际实施过程中，联合体一方不进行施工也未对施工活动进行组织管理的，并且向联合体其他方收取管理费或者其他类似费用的，视为联合体一方将承包的工程转包给联合体其他方。

二、转包的法律特征

转包是指工程承包单位承包建设工程后，不履行合同约定的责任和义务，未获得发包方同意，以营利为目的，将其承包的全部建设工程转给他人或者将其承包的全部建设工程肢解并以分包的名义分别转给其他单位承包，且对所承包工程的技术、管理、质量、经济等不承担责任的行为。转包的基本特征如下：

1. 转包人不履行建设工程合同全部义务，不履行施工、管理、技术指导等技术经济责任。转包人在承包工程后，并不成立项目经理部，也不委派技术人员和管理人员对工程建设进行管理和技术指导，往往以收取总包管理费等方式，将全部工程转让给转承包人，转包人不履行建设工程合同中应由承包人（转包人）履行的全部义务。

2. 转包人将合同权利与义务全部转让给转承包人，转承包人与原合同发包人之间建立了新的事实合同关系。转包后，转包人不履行原合同约定的全部建设工程任务，全部的建设工程均由转承包人完成，这样在转承包人与原合同发包人之间就建立了新的事实合同关系。

3. 转包人对转承包人的履行行为承担连带责任。我国法律规定明令禁止转包行为，承包单位对因转包工程或者违法分包的工程不符合规定的质量标准造成的损失，与接受转包或者分包的单位承担连带赔偿责任。工程转包后，在转包人并不退出原合同关系的前提下，转承包人与原合同发包人建立了新的事实合同关系，转承包人应就建设工程的质量、工期、安全对原合同发包人承担责任。

4. 转包行为不具备合法性。转包行为被法律明文禁止，因违反强制性法律规定而无效。

三、转包与挂靠的关系

转包和内部承包的主要区别与挂靠和内部承包的主要区别绝大部分相似，此处不再赘述。司法实践中，难以区分的是转包与挂靠，特别是全部转包和挂靠之间具有的不容否认的外观相似性，即使在《发包与承包违法认定查处办法》中明确规定了各自的认定标准。其相似性主要体现在以下几个方面：[①]

1. 主体上具有相似性。都存在名义上的承包人和实际施工人。虽然转包的认定不以接受转包方没有相应资质为条件，但事实上在转包的情形下，实际施工人几乎都是没有相应资质的，和挂靠人的情况一样。

2. 人事上的相似性。不管是转包还是挂靠，工程都由实际施工人负责，实践中均不会与名义承包人之间存在劳动关系，也不存在隶属关系以及管理与被管理的关系。

3. 财务上的相似性。转包人与接受转包人之间，以及被挂靠人和挂靠人之间，都是相对独立的经济主体，都不可避免地存在账目上的独立核算。而且不论是转包还是挂靠，发包人往往对此并非不知情，也普遍存在发包人与实际施工人之间的款项支付关系。此外，接受转包人和挂靠人作为实际施工人，都存在以自己名义直接对外发生诸如购买建材等财务关系的情况。

4. 利润形式的相似性。虽然转包人的利润通过差价实现，而被挂靠人的利润则通过诸如管理费等各种名目实现，但二者往往均表现为工程价款的一个固定比例。

5. 合同形式的相似性。由于转包和挂靠本身都是违法行为，故都需要合法的外衣，如签订所谓的内部承包合同。

虽然转包与挂靠存在诸多相似性，但因两者的法律后果和责任承担大相径

---

① 观点借鉴李峰、朱静媛：《建设工程挂靠施工情形几个审判实务问题》，载微信公众号“审判研究”2020 年 10 月 20 日。

庭,区分两者仍具有重要意义。经过诸多实践案例的探讨,甄别转包和挂靠最为有效的方法是名义承包人的合同相对人对工程承接环节的介入,称之为工程承接标准,该标准可以细分为以下几点:

1. 介入工程承接环节的时间点。转包一般是由转包人承接到工程,取得承包权后再转包给接受转包人,而挂靠则是挂靠人在工程承接前或承接时即已介入,并且通常是挂靠人现行获得工程发包的信息,与发包人初步接洽后,再寻觅或联系合适的被挂靠人。

2. 在工程承接工作中的作用与地位。转包的情况下是由转包人主导工程的承接工作,而在挂靠的情况下,是否承接工程、以什么价格和什么方式承接工程,主要是由挂靠人决定的,被挂靠人只是负责资质上的配合。

3. 工程承接费用的承担。与发包人接洽承包工程是需要成本的,在正式的招标投标程序中,还有投标保证金、招标文件购置费、投标文件编制费等支出。在转包的情况下,由于是转包人负责承接工程,所以这些成本均由转包人承担。而在挂靠的情况下,这些成本实质上由挂靠人承担。

4. 名义承包人参与工程管理的程度。虽然转包和挂靠在人事上往往均表现为项目管理人员与名义承包人之间没有劳动关系,而由实际施工人负责,但一般而言,转包人的目的在于追求转手的差价,通常在转包后并不参与工程管理,而挂靠则因为存在资质借用,挂靠人和被挂靠人之间实际上是一种合作的关系,所以被挂靠人参与工程管理的程度一般比转包更深。

四、转包的法律后果

(一)处罚

对认定有转包、违法分包违法行为的施工单位,依据以下规定进行处罚。《建筑法》第六十七条第一款:承包单位将承包的工程转包的,或者违反本法规定进行分包的,责令改正,没收违法所得,并处罚款,可以责令停业整顿,降低资质等级;情节严重的,吊销资质证书。《质量管理条例》第六十二条:违反本条例规定,承包单位将承包的工程转包或者违法分包的,责令改正,没收违法所得,对勘察、设计单位处合同约定的勘察费、设计费25%以上50%以下的罚款;对施工单位处工程合同价款0.5%以上1%以下的罚款;可以责令停业整顿,降低资质等级;情节严重的,吊销资质证书。工程监理单位转让工程监理业务的,责令改正,没收违法所得,处合同约定的监理酬金25%以上50%以下的罚款;可以责令停业整顿,降低资质等级;情节严重的,吊销资质证书。《招标投标法》第五十八条规定,中标人将中标项目转让给他人的,将中标项目肢解后分别转让给他人的,违反本法规定将中标项目的部分主体、关键性工作分包给他人的,或者分包人再次分包的,转让、分包无效,处转让、分包项目金额5‰以上10‰以下的罚款;有违法所得的,并处没收违法所得;可以责令停业整顿;情节严重的,由工商行政管理机关吊销营业执照。

典型案例1.3.1

温州某公司行政处罚决定书案[①]

案例要点:总承包单位将承接的工程非法转包给第三人,被处以工程合同价款0.6%的罚款。

案情介绍

2018年7月2日,温州市瓯海区住建局收到温州市公安局瓯海区分局经济犯罪侦查大队移交的资料,资料中发现瓯海区郭溪街道塘下村经济合作社等八个村三产返回安置房(塘下村F-17地块)一期二期建设附属工程涉嫌存在违法转包的情况,该工程的施工单位为温州某公司。并于2018年7月3日对该公司涉嫌存在违法转包予以立案。经查,瓯海区郭溪街道塘下村经济合作社等八个村三产返回安置房(塘下村F-17地块)一期二期建设附属工程建设地点为瓯海区郭溪街道,工程内容为景观绿化、围墙、道路、室外管网等,工程建设单位为温州某安置房建设公司,施工单位为温州某公司。涉案工程经公开招标,中标价格为15 755 341元,工期90日历天。2017年3月27日建设单位与施工单位签订了建设工程施工合同,合同确定了温州某公司负责瓯海区郭溪街道塘下村经济合作社等八个村三产返回安置房(塘下村F-17地块)一期二期建设附属工程的施

① 温瓯住建罚决字(2018)第19-1号。

工内容。2017 年 4 月 1 日，温州某公司与李某（非该公司员工）签订了郭溪街道塘下村经济合作社等八个村三产返回安置房（塘下村 F－17 地块）一期二期建设附属工程项目内部承包合同，就涉案工程达成协议，协议明确了由李某担任该工程的项目承包人，并组建项目经理部对本工程实行项目全过程管理。在随后施工过程中，工人工资发放、建筑材料购买等也都是由李某负责。工程于 2017 年 3 月进场施工，2017 年 8 月 28 日竣工验收。

处罚内容：温州市瓯海区住建局认为，温州某公司不履行施工合同约定的责任和义务，将其承包的涉案工程违法转包给李某（非该公司员工），项某作为该公司的法定代表人，对公司的违法转包行为负主要责任。温州某公司和项某的行为违反了《建筑法》第二十八条“禁止承包单位将其承包的全部建筑工程转包给他人，禁止承包单位将其承包的全部建筑工程肢解以后以分包的名义分别转包给他人”、《质量管理条例》第二十五条第三款“施工单位不得转包或者违法分包工程”的规定。依据《行政处罚法》第三十一条、第三十二条、第四十二条之规定，温州市瓯海区住建局于 2018 年 7 月 12 日向当事人发出了《行政处罚事先告知书》［温瓯住建罚先告字（2018）第 19－1 号］，当事人在规定的期限内未要求进行陈述、申辩和听证。现涉案工程已竣工验收，尚没有出现质量安全问题，鉴于当事人初次违法且主动交代案情，根据《质量管理条例》第六十二条“违反本条例规定，承包单位将承包的工程转包或者违法分包的，责令改正……对施工单位处工程合同价款 0.5% 以上 1% 以下的罚款”、第七十三条“依照本条例规定，给予单位罚款处罚的，对单位直接负责的主管人员和其他直接责任人员处单位罚款数额 5% 以上 10% 以下的罚款”的规定，结合《瓯海区住建局常用项目行政处罚自由裁量权指导标准（试行）》，决定对温州某公司处工程合同价款（15 755 341 元）0.6% 的罚款，即人民币玖万肆仟伍佰叁拾贰元零伍分（94 532.05 元）。请当事人在收到本处罚决定书之日起 15 日内，把所处罚款交到温州银行瓯海支行。逾期不缴纳，每日按罚款数额的 3% 加处罚款。

点评分析：该案中虽然最后仅处罚了公司，但根据相关法律规定，对单位直接负责的主管人员和其他直接责任人员也可进行处罚，公司法定代表人作为公司的主要负责人也需注意公司在运营过程中对相关违法发承包行为的规避。

(二)合同被认定为无效

根据《建设工程司法解释(一)》第一条第二款的规定:承包人因转包、违法分包建设工程与他人签订的建设工程施工合同,应当依据《民法典》第一百五十三条第一款及第七百九十一条第二款、第三款的规定,认定无效。故转包情形下签订的建设工程施工合同是无效的。而根据《民法典》第一百五十七条的规定:民事法律行为无效、被撤销或者确定不发生效力后,行为人因该行为取得的财产,应当予以返还;不能返还或者没有必要返还的,应当折价补偿。有过错的一方应当赔偿对方由此所受到的损失;各方都有过错的,应当各自承担相应的责任。法律另有规定的,依照其规定。除无效合同的一般规定外,建设工程施工合同也会面临类似于上述挂靠下无效合同所面临的工程款支付、违约金索赔、质量维修费用承担等责任承担的问题。

(三)连带责任承担

根据《建筑法》第六十七条第二款的规定:承包单位有前款规定的违法行为的,对因转包工程或者违法分包的工程不符合规定的质量标准造成的损失,与接受转包或者分包的单位承担连带赔偿责任。《建设工程司法解释(一)》第四十三条:实际施工人以转包人、违法分包人为被告起诉的,人民法院应当依法受理。实际施工人以发包人为被告主张权利的,人民法院应当追加转包人或者违法分包人为本案第三人,在查明发包人欠付转包人或者违法分包人建设工程价款的数额后,判决发包人在欠付建设工程价款范围内对实际施工人承担责任。除此之外,根据上述《建筑法》第六十七条等法律规定,被挂靠者还要承担没收违法所得、罚款、停业整顿、降低资质、吊销资质等行政责任。

第四节　违 法 分 包

有能力有条件接到建设工程的建筑施工企业,出于成本控制、人员管理等原因,会将其承接的工程分包给报价偏低的不具有相应资质的分包单位或个人,施工过程中多数会疏于管理。

一、违法分包的法律定义及认定

从广义上讲,分包在内容上分为专业工程分包(简称专业分包)和劳务分包。专业工程分包,指建筑工程总承包单位根据总承包合同的约定或者经建设单位的允许,将承包工程中的专业性较强的专业工程发包给具有相应资质的其他建筑企业完成的活动。劳务分包,指施工承包单位或者专业分包单位将其承揽工程中的劳务作业发包给具有相应资质的劳务分包单位完成的活动。在法律效力上分为合法分包和违法分包,合法分包是法律允许的、有效的,违法分包是法律禁止的、无效的。本书主要就专业工程违法分包(以下简称违法分包)进行展述。

根据《质量管理条例》的规定,下列行为属于违法分包:(1)总承包单位将建设工程分包给不具备相应资质条件的单位的;(2)建设工程总承包合同中未有约定,又未经建设单位认可,承包单位将其承包的部分建设工程交由其他单位完成的;(3)施工总承包单位将建设工程主体结构的施工分包给其他单位的;(4)分包单位将其承包的建设工程再分包的。

根据《发包与承包违法认定查处办法》的规定,违法分包是指承包单位承包工程后违反法律法规规定,把单位工程或部分项工程分包给其他单位或个人施工的行为。存在下列情形之一的,属于违法分包:(1)承包单位将其承包的工程分包给个人的;(2)施工总承包单位或专业承包单位将工程分包给不具备相应资质单位的;(3)施工总承包单位将施工总承包合同范围内工程主体结构的施工分包给其他单位的,钢结构工程除外;(4)专业分包单位将其承包的专业工程中非劳务作业部分再分包的;(5)专业作业承包人将其承包的劳务再分包的;(6)专业作业承包人除计取劳务作业费用外,还计取主要建筑材料款和大中型施工机械设备、主要周转材料费用的。

二、违法分包的法律特征

根据上述法律规定,违法分包的法律特征主要有以下几点:

1. 分包给不具备资质的单位。建设工程因标的大、建设周期长等特点,往往需要大量的人力、物力、财力相配合,为了实现利益最大化,总包往往会将部分工程分包给建筑市场上没有资质的单位或个人。

2. 未经约定或认可的分包。分包有合法分包、违法分包之分,合同中有约定或者经建设单位认可的分包是有效的,反之则是违法分包。

3. 将主体结构施工分包。因主体结构涉及整个工程的设计、质量等主要方面,而建设单位主要是信任总包单位的相关承建能力才与其签订建设工程施工合同,若总包单位将主体结构施工分包出去,是不符专业市场的相关规则的。

4. 二次分包。建筑市场为了追逐利益,往往会出现层层转包、层层分包的情形,而在此情形中又会出现缺乏建设资质、建设资金克扣等问题,违反相关法律规定也不利于市场的良性发展。

三、非法转包与违法分包的区别

违法分包和内部承包的主要区别与挂靠和内部承包的主要区别类似,此处同样不再赘述。实践中,常遇到转包后再层层分包甚至是多层转包后再层层分包的情形,因转包是法律明令禁止的,本身就是非法的,故常称为非法转包。而违法分包才是法律明令禁止的,合法分包是允许的,故实践中需要区分的是非法转包与违法分包。非法转包与违法分包的区别主要体现在以下几个方面:

1. 主体不同。转包发生在总承包人和转承包人之间;分包则发生在总承包人与分包人之间。

2. 对象不同。转包的对象是施工合同的全部工程;而分包仅指主体工程外的分部分项工程,是承发包合同中的一部分。

3. 合同效力不同。转包属于法律法规所明确禁止的无效行为;违法分包为法律所禁止,而建设工程总承包合同中有明确约定可以分包或者经建设单位认可的分包则属合法行为。

4. 对工程建设的介入程度不同。转包合同中,总承包人一般不介入工程的建设,不履行施工、管理、技术指导等责任,主要由转承包人负责;而分包合同中,总承包人一般会派出专业技术人员对分承包人的工作内容进行监督、管理和指导。

四、违法分包的法律后果

因违法分包与非法转包的法律后果大多一致,详见上文阐述,此处不再赘述。对相关违法发承包行为的区分，有利于梳理实务中建筑领域各方主体之间的法律关系，明确各方的权利义务，在产生相关纠纷时能够切实解决各方矛盾，也有利于促进建筑行业的良性竞争及健康发展。

除上述相关规定外，在《发包与承包违法认定查处办法》中对以上违法发承包行为还有如下规定。对建设单位、施工单位给予单位罚款处罚的，依据《质量管理条例》第七十三条（依照本条例规定，给予单位罚款处罚的，对单位直接负责的主管人员和其他直接责任人员处单位罚款数额5%以上10%以下的罚款）、《招标投标法》第四十九条、《招标投标法实施条例》第六十四条的规定，对单位直接负责的主管人员和其他直接责任人员进行处罚。

对认定有转包、违法分包、挂靠、转让出借资质证书或者以其他方式允许他人以本单位的名义承揽工程等违法行为的施工单位，可依法限制其参加工程投标活动、承揽新的工程项目，并对其企业资质是否满足资质标准条件进行核查，对达不到资质标准要求的限期整改，整改后仍达不到要求的，资质审批机关撤回其资质证书。对两年内发生两次及以上转包、违法分包、挂靠、转让出借资质证书或者以其他方式允许他人以本单位的名义承揽工程的施工单位，应当依法按照情节严重程度给予处罚。因违法发包、转包、违法分包、挂靠等违法行为导致发生质量安全事故的，应当依法按照情节严重程度给予处罚。县级以上人民政府住房和城乡建设主管部门应将查处的违法发包、转包、违法分包、挂靠等违法行为和处罚结果记入相关单位或个人信用档案，同时向社会公示，并逐级上报至住建部，在全国建筑市场监管公共服务平台公示。

上述违法发承包行为的处罚途径主要有以下几方面：

1. 举报。根据住建部发布的《发包与承包违法认定查处办法》规定，任何单位和个人发现违法发包、转包、分包及挂靠等行为的，均可向工程所在地县级以上人民政府住房和城乡建设主管部门进行举报。接到举报的住房和城乡建设主管部门应当依法受理、调查、认定和处理，除无法告知举报人的情况外，应当及时将查处结果告知举报人。

2. 其他机关或部门移送。县级以上地方人民政府住房和城乡建设主管部门如接到人民法院、检察机关、仲裁机构、审计机关、纪检监察等部门转交或移送的涉及本行政区域内建筑工程发包与承包违法行为的建议或相关案件的线索或证据，应当依法受理、调查、认定和处理，并把处理结果及时反馈给转交或移送机构。

3. 依法查处。县级以上人民政府住房和城乡建设主管部门对本行政区域内发现的违法发包、转包、分包及挂靠等行为，应当依法进行调查，按照本办法进行认定，并依法予以行政处罚。

实务中，基于各方主体追逐利益的现状，挂靠、转包、违法分包等违法发承包行为还是比较普遍的，其又具有极强的隐蔽性，一般来说，如果不是因各方主体在产生纠纷后主动“暴露”于众，外人很难发现实情，且相关部门在规范市场行为的纠查中也容易被表里不一的而是假象欺瞒。故本书对违法发承包行为本身的行政责任承担不具体进行展述，主要针对违法发承包行为的施工过程中，因实际施工人原因导致建筑施工企业所面临的风险识别和防范，以及相关民事责任、行政责任、刑事责任的承担予以阐释。

第二章 内部承包责任制下各主体及项目的风险识别与防范

CHAPTER 02

在建设工程施工领域，内部承包模式的管理方式非常普遍，一方面能够调动所属施工部门的工作积极性，提高施工效率；另一方面也可使施工企业管理趋于节约化、简单化，降低一定的经营风险，控制管理成本。在实践中，这种模式逐渐变化、衍生出特殊性质，看似仍为内部承包模式，但其各方主体的权利义务已然出现重大变化，法律关系也趋于复杂化，选择合作伙伴时考虑的风险问题也不再是那么单纯。本章就实践中普遍存在的演变情况进行分析，就各合作主体优化选择的必要性以及选择要点予以比较，以便识别工程项目的风险及作出项目选择。

第一节 建设工程施工领域内部承包管理模式简介

本节主要分析内部承包模式下参与工程项目合作的各方主体及其在整个项目合作过程中的影响。

一、各方主体

内部承包模式下的主体主要包括发包人、总承包人及实际施工人，发包人与一般施工合同下的发包人权利义务基本相同，在一些特殊情况下发包人直接与实际施工人建立承发包合同关系,总承包人在这种特殊模式下一般仅提供主体资格及施工资质,不实际组织施工,工程施工由实际施工人完成,司法实践也支持实际施工人实际享有工程款权益。

(一)发包人

发包人一般指具有工程发包主体资格和支付工程价款能力的当事人,发包人有时称发包单位、建设单位或业主、项目法人。《民法典》第七百八十八条第一款规定:"建设工程合同是承包人进行工程建设,发包人支付价款的合同。"正常情况下发包人的合同相对方只是承包人,承发包双方根据合同约定及法律规定承担义务,享有权利。

内部承包模式是建筑工程市场发展过程中产生的,其已然具有一定的普遍性,不同的内部承包人在合同履行中的地位和参与度均存在差异,这给本就复杂的工程施工法律关系增添了更多的疑难情节。实践中,发包人与实际施工人的关系是多种多样的,工程由总承包人转包给实际施工人施工的情况下,发包人一般是不知道实际施工人的存在的;在发包人指定实际施工人的情况下,总承包人一般是实际施工人联系的仅用于备案的主体,此时真正与发包人建立承发包关系的是实际施工人;实际施工人借用总承包人资质中标的,此时发包人对于实际施工人的挂靠情况也不能说是完全不知情的,知情与否对各方权利义务也有着一定的影响。

(二)承包人(总承包人)

承包人一般指被发包人接受的具有工程施工承包主体资格的当事人。承包人有时也称承包单位、施工企业、施工人。

一般而言,总承包人在建设工程施工合同中的主要义务是进行工程施工,交付合格工程,在内部承包模式下,项目的施工由实际施工人完成,总承包人收取一定比例的费用,这种模式下总承包人需要承担多种多样的风险,本书将在第二篇就内部承包模式下总承包人的各类风险予以归纳总结。

(三)内部承包人(实际施工人)

一般来讲,内部承包是指企业作为发包方与其内部的生产职能部门、分支机构、职工之间为实现一定的经济目的,而就特定的生产资料及相关的经营管理权所达成的双方权利义务的约定。笔者将这种真正意义上的内部承包称为狭义的内部承包,这种模式下承包人一般不需要承担项目管理的全部义务,也不能享有项目的全部权益。实践中,本质上完全符合内部承包本来意义的工程项目管理模式微乎其微,甚至已经不存在。与狭义的内部承包相比,实践中普遍存在的是以内部承包形式实施的项目管理模式,笔者将其称为以内部承包为名的施工管理模式,这种模式下的承包人是项目的实际施工人,享有全部项目权益。

前文已有分析,广义的内部承包包括了狭义的内部承包和以内部承包为名的施工管理模式,本书仅分析以内部承包为名的施工管理模式下各方的权利、义务、风险及防范。同时笔者认为,内部承包人可以分为狭义的内部承包人和以内部承包形式实际施工的内部承包人,本书主要分析的是后一种内部承包人。

狭义的内部承包人是指施工企业内部的生产职能部门、分支机构、职工与施工企业签订协议,约定完成工程项目施工时各自应当承担的权利和义务。在这种情况下,内部承包人主张权利、承担义务的相对方仅为施工总承包企业,不会扩大到发包人,集中采购、外包的管理模式下内部承包人一般不会产生对外负债,也就谈不上连累总承包人。

以内部承包形式实际施工的内部承包人完全属于实际施工人的概念范畴,实际施工人还可以包括其他没有以内部承包为形式参与工程施工的主体,这里暂不予考虑,本书仅仅分析以内部承包形式实际施工的内部承包人。

最高院在某机械厂与某开发公司等建设工程施工合同纠纷案①中对实际施工人做了定义,实际施工人是指因转包、违法分包、支解合同等违法行为,施工合同被认定为无效,实际从事工程建设的主体为实际施工人,为有别于施工人、承包人、建筑施工企业等法定施工主体的表述方式,《建设工程司法解释》使用了实际施工人概念。实际施工人可能是自然人、超资质等级施工的建筑施工企业、超资质许可施工范围从事工程基础或结构建设的劳务分包企业等。从实际施工人的人员构成看,在施工现场实际从事施工作业的人员多为农民工。实际施工人与其发包人形成了施工合同关系,实际施工人内部法律关系为劳动合同关系或

---

① (2015)民申字第919号。

劳务合同关系，农民工工资或劳务报酬在工程款中的占比很高，多为农民工的基本生活保障费用。

实际施工人参与到工程项目施工，会致使承发包施工合同关系趋于复杂化。这里我们着重讨论实际施工人参与施工的模式下，发包人、总承包人以及实际施工人的风险识别和防控，分析如何正确选择合作方以降低合作风险。

二、各方合作能力的影响

各方的合作能力，一定程度上决定了内部承包管理模式的工程施工能否顺利完成，决定了合作各方能否取得预期利益，决定了合作各方权益能否不受损失。

（一）发包人合作能力不足问题

发包人产生危机的情况下，轻则导致工程项目不能顺利施工，严重的还可能造成项目停工、被取消，出现前期工程产值支付不能的情况。此时实际施工人的前期投入以及预期可以取得的利润将无法获取。总承包人除了不能依约定取得管理费外，本不会产生其他损失，但此时实际施工人及其分包人、劳务用工权利人、材料采购权利人、机械租赁权利人均有可能将总承包人诉至人民法院，这不但会给总承包人带来诉讼麻烦，人民法院根据相关证据依法判决由总承包人支付相关款项的案件也是屡见不鲜。

（二）总承包人合作能力不足问题

总承包人在这个生态领域中也是非常重要的，正因为其承担着各种潜在的风险，这些风险引起总承包人危机甚至破产也是可能的。一旦总承包人出现相关不良情况，施工合同正在履行中，发包人及实际施工人均会因此产生风险，使发包人的施工合同履行没有保障，实际施工人的工程款没有保障，甚至自己的投入会变成他人的执行款。

（三）实际施工人合作能力不足问题

当实际施工人能力不足、跑路、不能正常推进工程进度导致项目停滞的情况下，与发包人签订施工合同的总承包人必然要履行合同的全部义务、承担合同的全部违约责任，经总承包人努力能够完成施工、交付工程的还好，不会带来太大的损失。但如果因实际施工人的施工产生了工期、质量等问题，造成无法挽回的巨额损失，或者实际施工人将工程款领取一空，欠付巨额分包工程款、材料款、劳务费、租赁费，则会给总承包人带来巨额损失，甚至导致总承包人破产。

由上可知，相关纠纷产生的主要原因是参与主体一方或者多方的履约能力不足，企业经营状况不佳，融资能力差，使其不能履行约定的义务，从而产生纠纷。为了控制风险产生的概率，在合作前需要对合作相对方的企业及个人状况进行调查、分析，以降低相关风险。

在以下几节中，笔者将从不同的角度就相关主体的风险识别和防范以及如何选择优质的发包人、合适的总承包人、靠谱的实际施工人进行简要分析，以供参考。

第二节 选择一个“优质”的发包人

发包人在工程项目合作过程中的地位非常重要，选择一个优质的发包人，不管是对总承包人还是对实际施工人来讲都是非常重要的，实践中笔者也总结出一些选择优质发包人所需要考虑的要点，以供参考。

一、选择优质发包人的必要性

发包人是项目的建设主体，负责资金筹集、项目运转，如发包人出现问题，可导致项目不能顺利实施，造成总承包人、实际施工人产生巨额损失。发包人在合同签订后投资能力不足，项目不能顺利开工，最终导致项目“流产”的，将造成总承包人、实际施工人产生投标费用损失、前期准备施工的其他费用损失；发包人在施工过程中履约能力不足，会出现不能依约及时支付工程款的情况，严重的将导致项目“烂尾”，造成总承包人、实际施工人产生前期投入损失；项目施工结束后，发包人履约能力不足的，给总承包人、实际施工人造成的损失可能会更大。不同阶段发包人的履约能力问题均会引发总承包人、实际施工人之间以及与第三方之间的矛盾纠纷，一但发包人破产的，总承包人或者实际施工人的损失将无法挽回，所以选择一个优质的发包人是非常有必要的。

典型案例 2.2.1

山东某建设有限公司、某建设集团股份有限公司机械化市政工程分公司建设工程分包合同纠纷案[①]

案例要点：总承包人从发包人处承接工程后进行分包，合同履行过程中，因发包人原因导致工程停工，最终发包人破产。此时总承包人一方面不能从发包人处全额获取应得工程款，另一方面还需承担工程施工的全部成本支出并要依约对外支付分包工程款，最终因发包人履约能力不足导致总承包人产生不可挽回的经济损失。

案情介绍

2008 年 6 月 7 日，某建设公司与某船业公司签订威海某船业 6 工厂钢结构制作合同。同年 9 月 1 日，双方又签订威海某船业 6 工厂车间土建施工及钢结构安装施工合同。2008 年 9 月 29 日，某建设公司与某船业公司签订建设工程施工专业分包合同。合同签订后，某市政分公司按约定进行了部分施工，后因发包人某船业公司的原因，某市政分公司及某建设公司均停止了工程施工。某船业公司已破产重整，某建设公司因前述两份工程施工合同形成的债权未得到全额清偿，按重整方案，某建设公司仅可能再获得总计 1 546 578.14 元工程款，至一审辩论终结前某建设公司尚未获得该笔工程款。

一审法院认为：某船业公司破产后某建设公司无法取得的工程款，其应向某市政公司支付。

一审判决：山东某建设有限公司于判决生效之日起 10 日内偿还某建设集团股份有限公司机械化市政工程分公司工程款 1 005 639.38 元。

① (2017)鲁 10 民终 246 号。

二审法院认为：基于合同相对性原则，某船业公司发生重整事宜后，某建设公司亦不应依据该条款拒绝向某市政公司给付工程款。

判决：驳回上诉，维持原判。

点评分析：总承包人与发包人签订施工合同后，将工程项目对外进行分包，施工过程中因发包人原因工程停止施工，发包人进入破产程序，总承包人一方面不能取回自己的全部投资，虽然判决发包人尚欠约1400余万元，但通过破产程序最终能够取回的只有154余万元。另一方面分包人起诉主张工程款，根据合同的相对性，总承包人要向分包单位支付欠付的1000余万元的分包工程款。本案因发包人原因导致总承包人产生巨额经济损失。

虽然本案未涉及实际施工人，不足以说明发包人破产对实际施工人也会产生相应的影响，但实践中一旦有实际施工人参与工程施工，负责项目的现场管理及筹集资金组织人员进行施工，所有的投入均由实际施工人先行垫付，如发包人出现问题导致停工，甚至破产，工程款没有了来源，在实际施工人与总承包人以及其他第三方之间必然会引起经济纠纷，造成经济损失。所以总承包人及实际施工人均须要选择一个优质的发包人。

二、容易导致发包人产生履约风险的要素及影响

发包人作为一个项目的建设主体，其自身商业信誉、经济状况、项目状况、管理模式、实际控制人情况、投资人情况均会对建设项目产生影响，有些影响是其主观原因引发的，有些影响是因其客观境遇造成的，对总承包人及实际施工人的影响效果是截然不同的。

（一）发包人主观原因引发的履约风险

这一类风险主要是指因发包人主观原因给总承包人及实际施工人带来影响的风险，简单地讲就是发包人“能为而不为”的情况。比如，施工过程中发包人有能力支付，但其拒绝根据合同约定支付工程款。这种风险并不是绝对影响权利造成损失的风险，在发包人“能为而不为”的情况下，权利人可以通过司法途径维护权益，最终还是能够保障权利的。这种风险的发生具有一定的隐蔽性，在承接项目之初很难发现，所以该类型的风险很难在接洽阶段作出识别。

比如,总承包人A公司承接发包人B公司的工程项目进行施工,A公司将项目转包给实际施工人C进行施工,施工完毕,经竣工验收合格后,B公司一直不予进行竣工结算,拖延支付工程款,B公司经营好,流动资金充裕。

这种情况下,总承包人及实际施工人不能依约如期取得工程款,确实存在一定的利益损失,但是不结算、不支付仅仅是发包人的主观拖延,只需启动诉讼等司法维权程序,总承包人及实际施工人即可取得应得权益。

发包人主观原因引发的风险一般包括以下情况:

1. 中标后发包人拒绝签订书面施工合同。

2. 满足进场施工情况下,发包人不通知或拒绝承包人进场施工。

3. 发包人不予办理工程项目签证资料、变更手续等。

4. 发包人不批复进度款申请、不支付进度款。

5. 发包人不配合进行分部分项工程验收、工程竣工验收,不办理工程移交手续。

6. 发包人不进行结算、不在约定期限内结算,不支付结算款。

(二)发包人客观境遇引发的履约风险

这类风险是指发包人因为客观境遇给总承包人及实际施工人带来不可控制、不可制止、不可挽回损失的风险,该类风险一旦发生,客观上必然会造成总承包人及实际施工人损失的发生。比如,发包人因为经营不善导致资金不足、破产等情况,不能依约定支付工程款的情况。这种风险一旦发生,一般很难通过有效方法和途径避免损失产生,所以非常有必要通过对一些风险要素进行有效识别,对该类风险实现有效的防范。

比如,总承包人A公司承接发包人B公司的工程项目进行施工,A公司将项目转包给实际施工人C进行施工,施工过程中B公司资金链断裂,没有后续投资资金,即使启动破产程序,总承包人或实际施工人前期投入资金也得不到偿还。这种情况下,便会给总承包人或实际施工人造成不可挽回的损失。

发包人客观境遇引发的风险一般包括以下情况:

1. 发包人不具有法定开发资质,导致工程项目不能顺利实施。

2. 发包人项目立项审批手续不全且不能弥补,导致项目不能合法继续推进。

3. 发包人阶段性流动资金不足，拖延支付工程款的。

4. 发包人项目开发失败，项目销售不良，投资人决策止损，停止项目进一步开发的。

5. 发包人投资资金不足，经营不善最终破产的。

现实纠纷中，发包人主观原因及客观原因引起的风险均会发生，因客观原因导致的风险一旦发生便不能妥善解决，所以要重点关注客观原因风险的事前识别、防控，杜绝该类风险的发生，切实保障自身合法权益。该类风险在合作初期便会有蛛丝马迹可循，只需在合作之初收集相关资料信息，进行科学分析，便会在很大程度上降低该类风险，当然履约过程中的持续关注也是不可或缺的。

三、选择优质发包人的方法

项目合作前对发包人的了解是非常有限的，能够获取的发包人信息也不多，需要收集、整理行政机关、司法机关公布的与发包人相关的情况和信息，通过分析相关信息和资料，研判发包人资质、资金、运营状态等履约能力，综合分析发包人是否能依约履行合同义务。相关信息、资料可以通过以下途径获取：

1. 通过工商行政管理机关公布的登记信息，了解发包人公司类型、注册资本、实缴资本、经营范围等情况，是否为新设立公司，了解发包人股东以及股东的股东情况，调查相关股东商誉、信誉、资金实力，核实发包人是否具备相关合作项目的开发资质。必要时可至发包人注册地工商行政主管部门申请查询发包人公司内档信息，更进一步地了解企业信息。

2. 核实发包人的工程项目资金筹集情况。要求建设单位提供相关资金证明、付款保函、担保文件，通过充分的材料证明建设单位用于项目建设的资金实力。

3. 调查建设单位被行政处罚、涉诉、失信、被执行等状况，分析发包人的诚信度、商誉优劣。通过查询工商行政主管部门公布行政处罚信息，查询发包人是否存在被处罚信息。通过“中国裁判文书网”查询是否存在与发包人相关的判决文书，了解相关判决情况，是否需要承担相关付款责任。通过“中国执行信息公开网”查询是否有与发包人相关的未履行的判决、查询发包人是否为失信被执行人、查询发包人是否为限制消费人员等。通过“全国建筑市场监管公共服务平台”查询建设单位以前的建设项目信息，相关项目的现状如何。询问相关项目的总承包人，了解发包人履约能力。

4. 了解发包人报批手续情况，弄清楚相关手续是否完备。签订建设工程施工合同后，施工单位就要进行施工，如果手续不全，必然造成延期施工，产生损失。

5. 通过核实、评估建设单位是否能够顺利取得施工许可证。

申请领取施工许可证的义务主体是发包人，在承接工程前需要核查其相关准备是否妥当，能否顺利获得施工许可证，这是工程项目顺利建设的关键。除应当由施工单位提供的材料外，还应核查建筑工程用地批准手续、建设工程规划许可证、施工场地条件、房屋征收进度、技术资料审查、施工图审查、设计文件审查、建设资金落实承诺等内容。

总之，发包人引起的风险会导致总承包人、实际施工人产生损失，与发包人进行合作、实施项目前，不管是总承包人，还是实际施工人均要认真对发包人的情况进行调查，分析是否存在合作风险。若是总承包人带项目与实际施工人进行洽谈项目合作事宜，实际施工人对于发包人的资信考察可以从很大程度上避免风险的发生。如果是实际施工人带来的一个工程项目，总承包人准备与其合作承接该建设工程项目前，先要核实该项目是否真实存在，避免因欺骗造成企业损失；然后分析项目是否经过合法手续批准，防止因为手续不全不能实现施工目的；最后要调查发包人是否有履行施工合同的资金实力和商业信誉，如发现发包人存在合作风险，则应当慎重考虑合作事宜，避免造成不可挽回的损失。

第三节　选择一个“合适”的总承包人

项目的总承包人与发包人签订建设工程施工合同承接案涉工程，其履行合同义务和承担责任的能力非常重要，关系到发包人合法权益的实现。而在内部承包模式下，因为实际施工主体的加入，则使总承包人承担责任的能力关系到发包人及实际施工人两个方面的合法权益，一旦总承包人负债累累，发包人、实际施工人均会面临承担损失的风险。

一、选择合适总承包人的必要性

实践中,根据不同情况,总承包人可以是由发包人选择的,也可能是由实际施工人选择的,不管是发包人还是实际施工人都必须选择一个合适的总承包人,否则后患无穷。

当总承包人资质不符合项目要求时,需要重新选择总承包人,严重的会导致项目“流产”,造成前期费用损失;总承包人存在轻微资金问题时,总承包人挪用发包人支付的工程预付款、进度款,导致相关款项不能全部用于项目建设,致使项目进度缓慢,产生系统性支付纠纷,严重的导致项目烂尾;总承包人经营不善,出现严重的债务问题、涉及诉讼、被保全、被执行时,账户会被冻结,不能正常进行工程款的收付,发包人处工程款会被强制执行,不能用于项目建设,影响项目进度,此时实际施工人作为工程款的实际权利人尚可向总承包人进行追偿,但如果总承包人进入破产程序,实际施工人的境遇将不再乐观。总承包人出现问题对发包人及实际施工人都会有不小的危害。

典型案例2.3.1

沈某与国产实业(苏州)某建材有限公司、某1公司、江苏某建设集团有限公司建设工程施工合同纠纷案[①]

案例要点:总承包人将工程交由实际施工人进行施工,总承包人经营不善导致破产,因总承包人对外欠款,人民法院根据生效判决及债权人申请对发包人处工程款进行了强制执行,该执行款被认定为发包人已付工程款,导致实际施工人产生巨额损失。

案情介绍

2011年5月18日,沈某与江苏某建设集团有限公司(甲方)签订《内部承包

① (2019)苏05民再92号。

协议》。2011 年 5 月 25 日，某 1 公司（发包人）与江苏某建设集团有限公司（承包人）签订《建设工程施工合同》一份。

一审法院再审认为：虽然江苏某建设集团有限公司已进入破产清算阶段，但并不影响沈某作为实际施工人向发包人某 1 公司主张工程价款的权利。因此，比照企业破产法上述规定的立法精神，因承包人破产，实际施工人依照破产清算程序未受清偿的债权，当然有权要求发包人承担相应的清偿责任。因此，某 1 公司应在欠付江苏某建设集团有限公司工程款范围内向沈某承担责任。故某 1 公司承担责任的范围应局限于其欠付江苏某建设集团有限公司的工程款范围。吴中法院、园区法院依据协助执行通知书，已先后划扣某 1 公司银行存款 5 100 000 元和 12 764 82.66 元。某 1 公司实际欠付的工程款为 3 064 000（9 440 482.66 - 5 100 000 - 1 276 482.66）元，某 1 公司应在此金额范围内承担责任。综上，一审法院确认江苏某建设集团有限公司欠付沈某某工程款 9 440 482.66 元，某 1 公司在欠付某公司工程款 3 064 000 元范围内向沈某承担责任。

一审法院再审判决：（1）确认江苏某建设集团有限公司欠付沈某工程款 9 440 482.66元；（2）太仓某 1 公司于判决生效后 10 日内在 3 064 000 元范围内向沈某承担清偿责任。

二审本院认为：沈某为实际施工人，某 1 公司为发包人，依法在欠付工程价款范围内对实际施工人沈某承担责任。江苏某建设集团有限公司破产与否，不影响某 1 公司上述义务承担的范围……某 1 公司实际欠付的工程款为 3 064 000（9 440 482.66 - 5 100 000 - 1 276 482.66）元，某 1 公司在此金额范围内对实际施工人沈某承担责任，原审法院对此认定正确。

二审判决：驳回上诉，维持原判。

点评分析：总承包人将工程交由实际施工人进行施工，施工过程中总承包人经营不善导致破产，此时实际施工人尚可依法要求发包人在欠付工程款范围内承担付款责任，相关工程款不会被列为总承包人破产财产。但是此前，因总承包人对外欠款，人民法院根据生效判决及债权人申请对发包人处工程款进行了强制执行，导致发包人欠付总承包人工程款金额减少几百万元之多，该欠债实际是总承包人应当承担的，但是因其是案涉项目的总承包人，发包人根据合同约定需向其支付工程款，配合法院执行也是符合法律规定的，实际是用实际施工人的工程款偿还了总承包人的债务,实际施工人可以依法追偿,但是总承包人已经破产,偿还能力严重不足,导致实际施工人产生巨额损失。

二、总承包人可能引起的风险

法律规定工程项目必须由拥有合法资质的施工企业进行施工,这是产生挂靠、转包等实际情况的一个重要原因。总承包人引起的风险主要包括不具有承包工程施工的合法资质和资金状况差这两个方面,对发包人及实际施工人均可能造成巨大风险。

(一)资质不符

总承包人的资质不符合法律规定的,不能合法承接工程项目,不能完成项目备案手续,导致工程不能正常进行施工。

总承包人只能承接与其资质等级相对应的工程项目,等级不符的不能承接工程项目,违反规定承发包的,轻则要被处以行政处罚、承担民事责任,重则会被追究刑事责任。《建筑法》第十三条规定:"从事建筑活动的建筑施工企业、勘察单位、设计单位和工程监理单位,按照其拥有的注册资本、专业技术人员、技术装备和已完成的建筑工程业绩等资质条件,划分为不同的资质等级,经资质审查合格,取得相应等级的资质证书后,方可在其资质等级许可的范围内从事建筑活动。"

对于该问题,在工程承发包过程中,发包人大多会对总承包人的资质进行严格的审查,确保总承包人的资质符合法律规定,适用于工程项目。但是,总承包人在经营过程中,会因为违规等原因导致资质被取消,致使其资质不符合承包目标工程项目的规定要求,导致项目不能正常按期施工,产生停工损失。

(二)履约能力差

在"内部承包制"下总承包人最重要的履约能力就是资金能力,如果总承包人资金运转不良,对外产生欠款甚至破产的,对发包人及实际施工人来讲均是较为严重的风险。

工程款一般均由发包方直接付至总承包人账户,然后再由总承包人进行分配使用，如总承包人资金状况差，一方面，不能保障工程款全部用于标的工程项目的建设，导致项目烂尾；另一方面，工程款进入总承包人账户后被其债权人通过合法程序领走，造成实际施工人合法权益的损失。

三、选择合适总承包人的方法

根据前面的风险类型分析，对总承包人的风险识别也主要考虑以下两个方面的调查与核实：

（一）资质真伪及等级的核实

总承包人的资质是否符合项目的具体要求、是否真实存在，是进行资质调查核实的两个主要方面。《建筑业企业资质标准》规定了12类施工总承包资质、36类专业承包资质以及施工劳务资质的资质标准及施工范围，需要根据该规定，弄清楚各类、各规模工程项目所需要的企业资质，确保企业资质符合法规要求，特别是在资质改革期间具体的工程项目需要什么样的企业资质存在一定的不确定性。2020年11月11日，国务院常务会议审议通过了《建设工程企业资质管理制度改革方案》，改革方案将10类施工总承包企业特级资质调整为施工综合资质，可承担各行业、各等级施工总承包业务；保留12类施工总承包资质，将民航工程的专业承包资质整合为施工总承包资质；将36类专业承包资质整合为18类；将施工劳务企业资质改为专业作业资质，由审批制改为备案制。综合资质和专业作业资质不分等级；施工总承包资质、专业承包资质等级原则上压减为甲、乙两级（部分专业承包资质不分等级），其中，施工总承包甲级资质在本行业内承揽业务规模不受限制。

合同签订前需对施工企业的资质是否符合项目规模进行核查。《建筑业企业资质管理规定》第十六条规定，“资质许可机关应当及时将资质许可决定向社会公开，并为公众查询提供便利”。各级建设行政主管部门网站均设有查询途径，输入公司主体信息即可查询到企业的资质类型、登记及许可时间等信息。

1. 全国建筑市场监管公共服务平台。

2. 江苏省建筑市场监管与诚信信息一体化平台。

在施工过程中也要时刻保持对总承包人资质的关注，防止因资质原因影响正常施工的情况发生。

（二）履约能力调查分析

通过对总承包人履约能力的调查，分析总承包人的资信情况能否保障项目顺利实施、能否保证实际施工人顺利获取工程收益。在签订合同前，通过查询、核实是否存在涉诉、涉案、被执行等情况，识别总承包人在合作时是否存在严重的资信问题，相关信息、质量的获取途径、方法与第二节获取发包人信息、资料的途径相同，不再重复。

值得注意的是，即使通过调查核实，也仅仅展现的是当时的情况，并不能完全杜绝因总承包人资信问题导致项目产生纠纷，所以在施工过程中要持续关注总承包人的资信状况。

1. 持续关注总承包人其他项目施工情况、涉诉情况、债权债务情况。

2. 持续关注本项目发包方支付的每一笔工程款，总承包人是否能够及时投入本项目的建设施工中，是否存在挪作他用的情况。

总承包人在“内部承包模式”下一般不实际享有合同权利、也不实际承担合同约定的主要义务，但其对于发包人、实际施工人的权利会产生很大的影响，也能影响项目的正常实施和推进，所以对总承包人的选择非常重要。通过上述方式方法能够有效地发现总承包人存在的潜在风险，防止错误选择总承包人，导致项目不能顺利实施，造成不可挽回的经济损失。同时需要指出，实际情况是在不停地变化的，合作前调查状况是好的并不能说明合作后的状况会一直好，所以在履约过程中要时刻关注总承包人的状况，避免产生不可挽回的损失。

第四节　选择一个“靠谱”的实际施工人

总承包人的工程项目管理根据企业与实际施工人的合作模式的不同，会存在不同的风险，其中大部分的风险与实际施工人存在一定的关联，可以是因为实际施工人之前的行为带来的风险，如其在外欠下巨额债务、存在违法犯罪的情况等；也可以是因为实际施工人的个人能力不足，现场管理不善引发的风险。为此,要防范与实际施工人相关的风险,就要在与实际施工人合作之前对其进行全面、详细的了解、分析,如发现不适宜进一步合作的情况,要果断停止相关合作事宜,避免引发风险,同时合作过程中也要持续关注实际施工人,及时发现问题,避免损失的产生。

一、选择靠谱实际施工人的必要性

如果实际施工人选用不当,会产生各种各样的风险,会给发包人及总承包人带来以下风险:

1. 实际施工人不具有施工能力,项目承接后迟迟不能开展施工,影响项目进度,或者施工质量不符合法律及合同约定导致返工的。因总承包人与发包人签订施工合同,总承包人需承担实际施工人引起的违约责任。

2. 实际施工人资金状况差,项目承接后无项目启动资金,导致项目迟迟未开工或者长时间停工,总承包人需接手工程履行全部合同义务。

3. 实际施工人施工过程中将领取的工程进度款用作个人消费、挪作他用,不优先保障项目施工,最终导致项目无法继续推进,出现烂尾的情况,会给发包方及总承包人带来无法挽回的损失。

4. 实际施工人拖欠材料款、人工费、机械租赁费等,结算并收取工程款后不及时予以支付或者已不能支付的,总承包人将要承担相关付款责任,特殊情况下发包人也要承担付款责任。

可以说,选择一个合适的实际施工人,对发包人及总承包人均是非常重要的,其能从根本上确保项目正常实施,防范相关风险。

二、"问题实际施工人"的普遍特性

资金的问题是实际施工人最大的问题,实际施工人是为了赚取高额回报而来,赚没赚钱他都会离开,赚到钱了他就离开得潇洒点,赚不到钱,他必然会给发包人和总承包人留下"烂摊子",问题实际施工人具有以下普遍特性:

(一)垫资能力差

根据合同约定,发包人按节点支付工程款,工程款未达到支付条件的,总承包人一般很难取得发包人的款项。总承包人仅仅按约定收取“管理费”，非特殊情况下也不会为工程施工进行垫资。在项目进场施工后，实际施工人需要垫付前期产生的人工费、购买材料设备货款、机械租赁费等款项，如果实际施工人资金不足，无力垫付上述款项，欠付或者采取融资方法勉强推进施工，将会产生高额的利息，缩小利润空间，为引发相关纠纷埋下隐患。更有甚者，实际施工人即使愿意承担融资费用，也不能顺利推进项目施工的，将导致项目停工，产生纠纷。

（二）擅自挪用资金

大部分项目利润本是丰厚的，但是经不住实际施工人不正当的消费、无限制的挪用。施工过程看似正常推进，最终工程也顺利完工了。但是实际施工人如若未将领取的工程款用在正途，而是用作“吃喝玩乐”、私藏、填平前债，没有用来支付项目建设成本费用的，这些权利人也不会善罢甘休，遂引起纠纷。

（三）项目管理能力差

若因项目管理不善产生了较多的额外费用，降低了实际施工人的利润额，此时实际施工人为保障自己的利润，不支付对外欠款，甚至为了“止损”停止推进项目施工，均会给发包人和总承包人带来麻烦，引起纠纷。

（四）抗压能力差

在项目施工过程中，往往会出现签订合同时不可预见的事件，这些事件有可能“压倒”抗压能力差的实际施工人，导致项目不能正常推进。而一个综合实力较强的实际施工人，即使一时遇到什么不可预见的情况，也会解决好，顺利推进施工，实现盈利。

综上，实际施工人“不惹麻烦”是不容易的，发包人、总承包人在选取实际施工人合作时，要严格审查挑选“好苗子”，这样才能在起步阶段防范风险，从而避免危机。通过对实际施工人合作前的个人情况以及履行能力的评估，可以在很大程度上避免遇到“问题实际施工人”。

三、评估实际施工人合作前的个人情况

总承包人在调查了解实际施工人是否有对外欠债，是否有正在进行的诉讼

以及项目进展情况，是否存在已判案件及被执行相关情况。了解其之前有无参与项目施工管理的经验，管理过哪些项目，与哪些总承包人有过合作，与其他总承包人合作的过程如何，有无因合作产生纠纷给施工企业带来诉讼的情况。

1. 与实际施工人进行有效沟通，了解其个人资产、资金能力，是否存在欠债。总承包人与实际施工人合作一般是通过中间人介绍的，存在一定的合作基础，可以在前期接洽过程中通过有效的沟通，了解实际施工人的信用状况。

2. 通过“中国裁判文书网”查询是否存在与实际施工人相关的判决文书，了解相关判决情况，查明其是否需要承担相关付款责任。

3. 通过“中国执行信息公开网”查询实际施工人是否有未履行的判决、是否为失信被执行人、是否为限制高消费人员等。

4. 如有必要，通过向公安机关等国家机关申请调查实际施工人是否存在违法犯罪的情况。

通过对上述信息的了解，如发现实际施工人存在信用风险，则要慎重考虑合作，即使其为经验丰富的工程现场管理人，但是其自身存在信用风险，必然会影响到合作事宜，引发不必要的纠纷，增加企业经营风险。

四、评估实际施工人履行合作义务的能力

实际施工人如果没有施工管理经验，资金能力不足，在项目进行过程中存在“撂挑子”的可能性，总承包人必然要为其收拾“烂摊子”，所以能力的考察也很重要。通过沟通、询问了解实际施工人的学历、资质、施工管理经验、资金实力等情况，评价其是否可以胜任工程的施工管理，从而再决定合作事宜。

1. 通过沟通，了解实际施工人的学历、专业，个人是否拥有工程类专业资格证书，具有一定的工程管理理论知识，询问其个人工程项目管理经验，曾经做过的项目。了解其个人对双方合作降低债务风险的个人见解，是否具备基本的法律常识。

2. 根据其自述参与相关项目的施工管理情况，与相关工程的总承包人沟通了解该实际施工人的项目管理能力，判断是否会存在能力不足而引发工程管理各类纠纷的风险。

内部承包模式下实际施工人真正负责组织项目的施工，是项目顺利推进的

关键,如通过调查分析,认为准备合作的实际施工人存在合作风险,各方不应存在侥幸心理,应果断停止相关合作事宜,将风险“扼杀在摇篮里”。

第五节 工程项目的风险识别与防范

在经营管理过程中,往往会有实际施工人主动联系总承包人,希望借用其资质承接工程项目,此时总承包人对项目的情况是不了解的。同样,实际施工人承接总承包人承包的工程项目时,其对项目的具体情况也是不清楚的。总承包人、实际施工人除了需要进行相互调查外,还需要对目标项目进行调查,既要调查工程项目的真实性,看其是否取得正规建设手续,同时也要调查发包人的资金实力、经营状况等,根据充分调查进行详细分析,考虑承接该项目会不会因为发包人原因出现“烂尾”,或者因为审批手续不全不能继续合法施工等情况,如存在相关风险则不宜盲目承接。

一、工程项目不良的情况

(一)虚假项目

工程项目根本就不存在,是虚构的。虚构项目的目的就是骗取金钱,不管是总承包人还是实际施工人,一旦因为这种“虚假项目”签订合同协议,必然会带来经济上的损失。

在肖某合同诈骗案①中,肖某在公司注册资金未实际缴纳,没有投资资金到账且用地手续及项目规划报建手续均未办理的情况下,其明知无履行投资协议的能力,仍以公司名义与他人签订了土石方工程、厂房建设工程等合同,并收取对方当事人的保证金,明知合同不可能继续履行仍不退还收取的钱款,法院最终认定肖某的行为构成诈骗罪。

虽然最终肖某的行为因为触犯刑法,人民法院将其绳之以法,但是与他签订

① (2013)皖刑终字第00049号。

合同的人就有可能白白损失一笔保证金，如果他们能够及早发现项目的手续尚未办理完成，也许这笔损失就可以避免。

（二）手续不全项目

审批手续不全的，合同签订后不能正常进行施工，甚至最终会因为手续不全，导致项目被取消，施工全面停止。在手续不全的情况下进行施工，发生事故的，还有可能触犯刑法构成犯罪。

在河南某分公司与某房地产开发公司建设工程施工合同纠纷案①中，河南某分公司、某房地产开发公司于2014年签订《建设工程施工合同》，河南某分公司支付保证金100万元。但是合同签订后某房地产开发公司一直没有取得规划许可证，也没有取得施工许可证，最终项目已经无法继续推进，施工合同的目的已经不能实现。河南某分公司起诉后，虽然人民法院支持了河南某分公司解除合同、返还100万元履约保证金、支付占用期间利息的诉讼请求，但是这样的纠纷不仅给河南某分公司带来了较多的烦恼，牵扯了较多的管理资源，而且即使有生效判决最终仍有可能难以收回已付保证金。如果能在签订合同前对项目进行严格的考察及科学的风险评估，这样的风险是可以避免的，总承包人也能留下更多的精力放在优质项目的管理上，创造更多的财富价值。

在施工手续不全的情况下，发包人往往还会私下"催促"总承包人进行施工，这种违法、违规施工的行为，轻则受到行政处罚，一旦发生事故的还将触犯刑法，构成刑事犯罪。所以，对于承包人来讲，一个好的施工项目一定是一个手续合法、齐全的项目，承接工程项目需要根据各地规章进行严格的审查。

（三）不盈利项目

合同约定的工程造价明显偏低，承接施工后会直接造成亏损。原资质借用人借用总承包人资质进行投标，因投标失误导致中标价格明显低于施工所需支出的成本，借用人发现后会想方设法减少损失，将项目"转包"出去，此时如不认真考察项目价格，很容易将"烫手山芋"揽入怀中。

---

① （2016）豫01民终8938号。

二、建设工程项目应当具备的条件

工程建设项目是指各类房屋建筑、土木工程、设备安装、管道线路敷设、装饰装修等固定资产投资的新建、扩建、改建以及技改等建设项目。工程建设项目必须履行报建手续,未报建的不得办理招投标手续、不发放施工许可证。若总承包人承接未报建项目,则不能顺利办理施工许可证。

《工程建设项目报建管理办法》第二条规定,"凡在我国境内投资兴建的工程建设项目,都必须实行报建制度"。第九条规定,"凡未报建的工程建设项目,不得办理招投标手续和发放施工许可证,设计、施工单位不得承接该项工程的设计和施工任务"。

只有合法的、手续齐全的建设工程项目,才不会在建设施工阶段因为不符合政策规定而出现"烂尾",导致不能施工。一项建设工程能够顺利办理施工许可证需要满足以下条件:工程项目可行性研究报告或其他立项文件获得有权机关批准,取得相关批准文件;依法应当办理用地批准手续的,已经办理该建筑工程用地批准手续;依法应当办理建设工程规划许可证的,已经取得建设工程规划许可证;施工场地已经基本具备施工条件,需要征收房屋的,其进度符合施工要求;已经确定施工企业(按照规定应当招标的工程没有招标,应当公开招标的工程没有公开招标,或者支解发包工程,以及将工程发包给不具备相应资质条件的企业的,所确定的施工企业无效);有满足施工需要的资金安排、施工图纸及技术资料,建设单位应当提供建设资金已经落实承诺书,施工图设计文件已按规定审查合格;有保证工程质量和安全的具体措施;施工企业编制的施工组织设计中有根据建筑工程特点制定的相应质量、安全技术措施;建立工程质量安全责任制并落实到人;专业性较强的工程项目编制了专项质量、安全施工组织设计,并按照规定办理了工程质量、安全监督手续;建设资金安排到位,有保障,不会出现资金不足引发拖欠工程款的情况;根据各地方具体政策规定要求的其他应当具备的条件。能够通过审查的施工项目,合法合规,资金有保障,这样的工程项目盈利才有保障。

三、调查建设工程项目是否具备施工发包的条件

(一)调查施工项目的真实性

通过实地勘察、现场工作洽谈会议等形式,了解该项目的工程名称、建设地

点、投资规模、资金来源、当年投资额、工程规模、开工、竣工日期、发包方式、工程筹建等情况，确保项目的真实性。

通过“全国建筑市场监管公共服务平台”等官方平台，查询土地拍卖、项目立项审批、环评信息等项目信息，评估项目的可信性。询问相关项目的总承包人，了解发包人履约情况。

（二）核实工程项目资金筹集情况

要求发包人提供相关资金证明、付款保函、担保文件，通过充分的材料证明发包人用于项目建设的资金实力。

（三）分析施工项目的合法性

通过调查分析，核查项目各项审批手续是否齐全，有无影响施工，造成拖延项目进展的风险，确保施工合同签订后不会因为手续不全而无法顺利合法施工。了解发包人报批手续情况，是否能够顺利办理施工许可证。签订建设工程施工合同后，总承包人就要进行施工，如果手续不全，必然造成延期施工，产生损失。因此，应通过相关资料的收集、核实，评估发包人是否能够顺利取得施工许可证。

申请领取施工许可证的义务主体是发包人，在承接工程前需要核查其相关准备是否妥当，能否顺利获得施工许可证，这是工程项目能否顺利建设的关键。除应当由总承包人提供的材料外，主要核查建筑工程用地批准手续、建设工程规划许可证、施工场地条件、房屋征收进度、技术资料审查、施工图审查、设计文件审查、建设资金落实承诺等内容。

总之，实际施工人带来一个工程项目合作，总承包人准备与其合作；或者总承包人准备将一项工程交予实际施工人施工的，实际施工人承接该建设工程项目前，各方都要先核实工程项目是否真实存在，避免因被欺骗造成权益损失，然后分析项目是否经过合法手续批准，防止因为手续不全不能实现施工目的，最后要调查发包人是否有履行施工合同的资金实力和商业信誉，如发现拟合作项目存在问题则应当慎重考虑合作事宜。

第二篇

内部承包责任制下建筑施工企业风险识别与防范

第三章

工程承接过程中的风险识别与防范

CHAPTER 03

总承包人经过前期认真的调查、分析，确定工程项目各合作主体具有相应的履约能力，项目也是真实可靠的且具有一定的盈利空间，可以放心合作，正准备"一口吃下"的时候，要保持清醒的头脑，做充分准备，认真对待接下来的合同缔约过程，发包人及实际施工人亦是如此，从准备签订合同开始，才真正进入各方权利义务的博弈阶段。在准备签订合同的阶段，不管是通过招投标还是直接确定承包人，对于总承包人来讲，这其中隐藏着诸多风险，比如违反行政法规受到行政处罚、触犯刑法构成犯罪、约定不清造成权益损失、侵害权益承担赔偿责任等，如不能及时发现风险并予以妥善处理，将会造成无法挽回的损失。

本章考虑的是"内部承包制"下在工程承接过程中，因实际施工人原因给总承包人带来权益损失的风险识别与防范，主要包括了招投标过程中的民事、行政、刑事风险及总承包人向实际施工人收取履约保证金风险、实际施工人向下游承包人收取履约保证金风险以及实际施工人不进场施工风险的识别与防范。

第一节　招投标过程中民事风险识别与防范

通过招投标方式签订合同与直接签订合同的过程中产生的风险具有一定的相通性，但招投标方式还具有一定特殊性，本章第一、二、三节分别就在招投标过程中总承包人可能面临的民事责任风险、行政处罚风险、刑事犯罪风险进行分析。

本节分析在实际施工人参与的招投标过程中,因为实际施工人的投标行为可能导致的总承包人与实际施工人之间、与第三方民事主体之间产生的民事纠纷,最终需由总承包人承担民事责任的风险。

一、风险识别

(一)实际施工人委托总承包人参与投标,全部费用由总承包人先行垫付后,实际施工人拒绝支付垫付费用造成总承包人投标费用损失的风险

总承包人代实际施工人参与过程项目投标,全部费用均由实际施工人承担,一般情况下是由实际施工人先向总承包人支付相关费用,如果双方协商由总承包人先行垫付,事后实际施工人却不予支付的,则会造成总承包人无法挽回的损失。

(二)实际施工人以总承包人名义实施投标,负责具体投标事宜,因总承包人提供的资质、业绩等资料、文件存在不足,产生投标费用损失,会面临实际施工人向总承包人追偿的风险

在李某与江苏某水利工程有限公司合同纠纷案①中,虽然法院最终没有认定总承包人存在导致未中标的过错,未要求总承包人承担违约赔偿责任,但是对于接受实际施工人委托直接办理投标事宜或者仅向实际施工人提供投标资料的总承包人来讲,未中标后,面对实际施工人的这种"无理取闹"需要提前做好预防工作,防止产生损失。实际施工人委托总承包人参与投标,因总承包人的原因导致未成功投标、投标后未中标的,实际施工人要求总承包人返还已支付的投标费用、赔偿实际施工人损失的风险是存在的,实践中需要引起高度重视。

(三)招标文件中载明招标费用由总承包人承担,招标代理机构向总承包人主张招标费用的风险

在云南某建设有限公司、云南某招投标代理有限公司委托合同纠纷案②中,

---

① (2019)黑0804民初95号。

② (2020)云05民终124号。

某招投标代理有限公司以招标文件中载明“投标人应承担参加本招投标活动所涉及的一切费用”为由起诉云南某建设有限公司，一审法院予以支持，二审予以驳回。本案涉及招标代理费的承担问题，实践中招标人的招标代理费出于内部政策、规定等原因，一般没有纳入预算，招标代理费的承担一般会安排由中标人承担，中标人一般也会“欣然接受”。根据招标须知中的表述以及中标人投标的事实，一审法院认为投标即是接受和认可，需依约支付招标代理费，二审法院则认为，相关事实不能成为招标代理人向中标人收取招标代理费的依据。但细究其法理，正如本案二审认定的那样，招标代理人与中标人之间未签订代理合同，除非中标人事后明确表示同意，仅依据投标人投标这一事实就认定由其承担招标代理费是欠妥的。值得注意的是，招标人的招标清单内是否包含招标代理费这一项目，也就是招标人与中标人将来进行结算时，是否将招标代理费向中标人进行支付，若包含了，中标人也就很乐意支付该笔招标代理费。

（四）因实际施工人故意或者过失导致中标无效，总承包人承担招标人重新招标损失的风险

导致中标无效的不当投标行为是多种多样的，严重的不当行为还会导致行政违法和刑事犯罪。中标无效后招标人必然要重新启动招标工作，如果投标保证金不足以弥补相关损失，招标人必然会要求总承包人承担赔偿责任，造成总承包人损失。

（五）实际施工人原因导致低价中标，其不愿签订合同，总承包人承担招标人重新招标损失的风险

实际施工人实施投标活动中标后，如果其不愿以中标人名义与招标人签订合同，明确拒绝进场施工、履行合同其他义务，则总承包人有两个选择：一个是接手，另一个是放弃中标。若接手会产生损失则只能选择放弃中标，而放弃中标后会使招标人重新招标产生新的招标费用，还可能因中标金额差异导致招标人产生其他损失，而这些损失招标人均可依法向总承包人主张赔偿，总承包人赔偿后又无法向实际施工人追偿或者追偿不能，则只能自己承担损失。

某政府投资建设工程管理中心与某市水泵厂、某风机有限公司招标投标买

卖合同纠纷案①中，法院认为某市水泵厂、某风机有限公司组成联合体参与竞标，签收中标通知书后又放弃中标资格，客观上造成某政府投资建设工程管理中心目的无法实现，应按照招标文件的规定承担废除中标的违约责任。根据《招标投标法》第四十五条第二款的规定，中标人放弃中标项目的，应当依法承担法律责任。最终法院判决某市水泵厂赔偿某政府投资建设工程管理中心重新招标的损失。总承包人承担赔偿责任后如果不能成功追偿弥补损失，即会造成不可挽回的损失。

二、要点解析

（一）投标费用的承担

1. 按合同约定处理

合同认定为有效的情况下，双方就投标费用承担主体有明确约定的，按照双方约定处理。

在江苏某建设集团有限公司与某市政建设集团有限公司、江苏某农业科技园区发展有限公司建设工程施工合同纠纷案②中，实际施工单位江苏某建设集团有限公司与某市政建设集团有限公司合同约定某市政建设集团有限公司前期投标产生的相关费用均由江苏某建设集团有限公司承担，具体包括了招标代理费、市场服务费、造价咨询费、报名费、打印费等，法院认为江苏某建设集团有限公司与某市政建设集团有限公司合同不违反法律法规的相关规定，合法有效，根据双方签订的合同，该项费用已经明确约定由原告承担，原告的该项请求无合同依据，最终驳回其诉讼请求。该案例中三方主体签订了两份施工合同，最终法院认定两份合同均有效。分包合同的承发包双方约定投标费用由江苏某建设集团有限公司承担，原告起诉主张返还不符合双方约定，法院予以驳回。作为总承包人承接工程需支付一定的投标费用，这笔费用本应当在施工成本中列支，但如果总承包人将工程转包出去，除需收取管理费以外还需要约定相关投标费用的承担，防止产生不必要的损失，造成利润的降低。

2. 认定为转包、挂靠、违法分包时投标费用的约定无效

如果实际施工人与总承包人之间是转包关系，因违反法律规定协议关于投

① (2015)珠斗法民二初字第102号。

② (2020)苏0804民初1492号。

标费用承担的约定无效,总承包人要求实际施工人支付投标费用的主张法院不予支持。

在张某、陈某合同纠纷案[①]中,张某与陈某签订协议约定张某负责工程中标,陈某负责工程的施工,所有费用及相应的风险均由陈某承担,另案法院认为张某挂靠某达公司与某洋公司签订合同后将工程转包给陈某,认定陈某与张某之间存在转包合同关系,陈某系案涉工程的实际施工人。法院认为张某与陈某之间只存在名为合作实为转包的关系,在该转包关系经生效法律文书认定为无效的情况下,双方关于50万元前期投标费用的约定亦属无效,张某请求陈某支付该款项的请求缺乏依据。这属于典型的居间介绍获取“资源费”的合作模式。但是实践中留下的证据以及各自陈述,使人民法院最终认定张某与陈某之间是转包法律关系,双方之间的约定归于无效,中间人的“辛苦费”也就得不到法律的支持。

3. 根据施工内容按比例承担投标费用

总承包人、实际施工人各自完成部分工程的施工,投标费用需按施工比例分担,这也是符合公平原则的。总承包人参与部分工程施工,可能是与实际施工人协商后进行的分配,承担投标费用无可厚非。但是如果因实际施工人中途停工退出,总承包人为避免承担违约责任,被迫完成剩余部分工程的施工,本就可能因为项目不盈利产生损失,还不得不为此承担投标费用。

在张某、某建设工程集团公司与某交通运输局建设工程施工合同纠纷案[②]中,法院认为《协议书》虽约定投标费用由张某承担,但03标段已完工程系由张某、某建设工程集团公司分别施工,依据公平原则,已经发生的投标费用理应由双方按各自完成工程量的比例共同分担。本案中实际施工人承接工程施工,中途退出,某建设工程集团公司接手完成了剩余部分施工,但是人民法院根据公平原则判决双方按比例分担。

4. 已收管理费的不应再收投标费用

实际施工人向总承包人支付管理费后,投标费用不属于施工成本,根据公平

① (2020)闽02民终31号。
② (2020)吉06民终342号。

原则，实际施工人不承担这部分费用。

在某第六建筑工程有限责任公司与蒋某一建设工程施工合同纠纷案[1]中，蒋某属于典型的内部承包模式下的实际施工人，双方明确约定了管理费的支付标准以及税费、投标费用的承担。但是在诉讼中法院认为总承包人在收取管理费的情况下，再主张由实际施工人承担前期投标费用、标书制作费有违公平原则，未支持总承包人的抗辩理由。笔者认为，这里值得注意的是，蒋某是未参与招投标过程的，总承包人承接工程项目后再将工程项目转包给实际施工人施工，前期费用应由总承包人直接支付。如果实际施工人主导投标事宜，一般则由实际施工人直接支付。

（二）借用资质中标的中介费不予支持

实际施工人借施工企业资质投标中标后，协商约定总承包人向其支付中介费后由总承包人自行施工。总承包人的法定代表人代表总承包人向其出具借条，法定代表人个人无须承担付款责任，同时又因违反法律规定该中介费亦得不到法院的支持。

在张某与许某居间合同纠纷案[2]及许某与某建设集团有限公司居间合同纠纷案[3]中，许某一直与某建设集团有限公司有业务往来，案涉项目本意是以某建设集团有限公司的名义中标组织施工，但是真的中标后，某建设集团有限公司法定代表人张某反悔了，某建设集团有限公司自己进行了施工。许某前期投标肯定有费用支出，协商某建设集团有限公司补偿许某 400 万元，某建设集团有限公司支付 200 万元后，张某出具一张 200 万元的借条。许某先起诉张某，一审支持了其诉讼请求，但二审认为张某是代理某建设集团有限公司出具的借条，在张某不认可其是居间报酬支付主体的情况下，法院驳回了许某对张某的起诉。后许某又起诉某建设集团有限公司，法院认为该居间行为违反法律强制性规定而无效，驳回了许某的诉讼请求。许某的这种情况也不是什么特例，实践中这种情况非常多。

---

① （2019）兵 03 民终 136 号。
② （2019）苏 04 民终 3113 号。
③ （2020）苏 0481 民初 269 号。

（三）放弃中标，投标保证金不予返还

通过投标中标工程项目后，总承包人无故不按合同约定组织进场施工的，已缴纳的投标保证金不予退还。

在成都某建筑工程有限公司与四川省某工业职业技术学校建设工程施工合同纠纷案[1]中，法院认为成都某建筑工程有限公司作为中标单位，中标后不进场施工的理由不成立，根据《招标投标法》第六十条之规定：中标人不履行与招标人订立的合同的，履行保证金不予退还。因此，对成都某建筑工程有限公司诉请要求四川省某工业职业技术学校退还履行保证金以及利息和损失的诉请，法院不予支持。总承包人在中标后无故不依约定进场施工，已缴纳的履约保证金不能主张发包人予以退还，已花费的投标费用亦得不到赔偿。本案例看似未涉及实际施工人，所有费用均可能是实际施工人通过总承包人账户支出，在发包人依法不予退还的情况下，实际施工人凭其付款记录向总承包人主张返还，若总承包人不能合理说明相关损失的责任及承担问题，就会面临损失。

三、风险防范

（一）与实际施工人签订完备的投标协议

合作参与投标前，通过协议详细、明确约定各方投标活动中的权利义务，以供各方共同遵守，也有利于产生纠纷时顺利解决。

权利义务约定不清晰，往往是纠纷产生的主要原因。承接工程项目前，不会有利润分配纠纷，有的只是需要支出的费用以及需要承担的责任，参与各方如未就此进行约定或者约定不清，后期责任承担时便会产生纠纷，所以事前对相关事项进行明确的约定对各方都是有益的。

（二）规范投标制度，规范投标行为

不管是由实际施工人实施投标活动还是接受委托代实际施工人参与投标，总承包人是名义上的投标主体，需要制定科学的投标制度，通过规范程序对投标

---

① （2017）川1502民初4416号。

文件、资料进行审核，防止因总承包人原因产生投标损失。

(三)约定全部费用由实际施工人先行支付

参与投标必然会产生投标保证金、标书制作费等投标费用，为了避免造成总承包人投标费用的损失，可要求全部费用由实际施工人先行支付。

(四)约定全部损失由实际施工人承担

投标过程中因为实际施工人不当的投标行为会造成总承包人及第三方权益的受损，可要求实际施工人签署承诺书，承诺全部损失由其承担。同时为了防止实际施工人不愿赔偿或者赔偿不能，可要求其缴纳一定金额的保证金予以保障。

四、操作指南

借用资质参与投标的，要与借用人签订书面协议约定好各方权利义务、费用承担、损失赔偿、费用支付途径等内容，降低双方因没有约定或者约定不明产生纠纷的风险。

(一)投标费用支付、承担约定

委托投标协议书中应明确约定："就投标所产生的相关费用由乙方承担，与甲方无关，相关费用由乙方先行支付，投标保证金待招标人退还甲方后再归还乙方，招标人没有归还或者归还不能的风险由乙方自行承担，造成甲方损失的由乙方承担赔偿责任。"

(二)承诺自愿承担全部损失

应让实际施工人签署承诺书载明"(1)××自愿承担投标活动中造成的××全部损失及造成第三方的全部损失，均由我承担，我同意在缴纳的保证金内直接予以扣减，不足部分我三日内向××支付。(2)我投标项目如特别低价中标，我保证自行组织施工，承担全部损失。××无法联系我时，工程相关事宜我同意由××全权决策，××因此支出全部费用及因此造成××损失的，我自愿承担全部赔偿责任”。

实际施工人以总承包人的名义参与投标时，总承包人很难全面、及时地控制实际施工人的行为，对于实际施工人的思想更是难以揣测和把握。一方面总承包人可能会与实际施工人产生权益纠纷，另一方面总承包人可能会因为实际施工人的行为侵害第三方权益等而承担损失，因此总承包人需要做好事前防范，降低企业风险。

第二节 招投标过程中行政风险识别与防范

本节分析的总承包人在招投标环节因违反行政法规受到行政处罚的风险，主要是指实际施工人借用总承包人资质或者接受总承包人的委托代表总承包人参与投标，由实际施工人具体实施投标活动的情况下，因实际施工人实施的行为违反了相关行政法规，导致总承包人受到行政处罚的风险，也包括实际施工人具体实施投标活动的过程中，招标人原因导致总承包人可能受到行政处罚的风险。

一、风险识别

（一）实际施工人在实施具体投标活动过程中，与其他投标人串通投标的，总承包人将要承担行政处罚责任

根据《招标投标法》第五十三条的规定，投标人相互串通投标未构成犯罪的，行政机关可按中标金额的5‰以上10‰以下对总承包人进行罚款，有违法所得的，并处没收违法所得，有其他严重情节的，可将总承包人的投标资格取消1年至2年，还可以吊销总承包人的营业执照。

典型案例 3.2.1

江西某建设工程有限公司、某县住房和城乡建设局城乡建设行政管理案①

案例要点：投标活动实际由实际施工人操作的情况下，因实际施工人与其他第三方实施串通投标的行为，经查实后，行政机关依法对总承包人予以行政处罚。

案情介绍

2017 年 2 月 16 日，某县人民医院发布招标编号：赣建石招字〔2017〕004 号"三合一"工程项目招标公告。陈某 1、温某 1、温某 2、陈某 2 等人知悉后，为承建该工程项目，遂各自联系符合资质要求的建筑公司参与该项目的投标。温某 1、陈某 2、黄某、温某 2 等人商定，以其联系的某公司、江西某建设工程有限公司等十多家公司共同参与"三合一"工程项目的围标，约定前述公司无论哪一家公司中标，参与人都共同承建该工程项目，或者由中标的人支付好处费给没有中标的人。2019 年 10 月 22 日作出石住建罚字(2019)007 号《行政处罚决定书》，并邮寄送达给江西某建设工程有限公司。

一审法院认为："'三合一'工程项目招标公告公布后，温某 2 便联系多家建筑公司进行围标。上述事实可以认定王某代表原告江西某建设工程有限公司明知此次围标串标的意思表示并参与了此次投标。被告出借企业资质，参与串标。案涉处罚决定处罚结果并无不当。"

一审判决："驳回原告江西某建设工程有限公司要求撤销被告某县住房和城乡建设局于 2019 年 10 月 22 日作出的石住建罚字(2019)007 号《行政处罚决定书》的诉讼请求。"

二审法院认为："上诉人江西某建设工程有限公司在赣州市域范围内的代理人王某参与了温某 2 等人以各自借用的企业相互联合进行'围标'的行为并从中

---

① (2020)赣 07 行终 280 号。

获取了相应的违法所得。上诉人江西某建设工程有限公司实施建筑施工企业转让、出借资质证书行为符合《招标投标法》第五十三条规定的相互串标行为,被上诉人某县住房城乡建设局作出的石住建罚字(2019)007 号《行政处罚决定书》作出的处罚决定符合上述法律规定。驳回上诉,维持原判。”

典型案例 3.2.2

石某县康复医院、残疾人康复中心、内科住院楼“三合一”工程项目串通投标案[①]

案情介绍

行政行为:江西某建设工程有限公司出借本企业资质给他人参与某县康复医院、残疾人康复中心、内科住院楼“三合一”工程项目投标,资质借用人在投标过程中与其他部分投标人相互联合,并在中标后进行利益分配,其行为涉嫌违反了《招标投标法》第三十二条、《建筑法》第二十六条、《招标投标法实施条例》第三十九条之规定,应予处罚,建议立案调查。

处理结果:给予江西某建设工程有限公司处以(1)某县康复医院、残疾人康复中心、内科住院楼“三合一”工程项目最终中标合同价款 33 508 360 元 10‰的罚款,共计人民币 335 083.60 元。(2)没收江西某建设工程有限公司违法所得人民币 7000 元整。

点评分析:虽然在实践中存在“出借资质”的总承包人对违法违规的投标行为确实不知的情况,但是“出借资质”仅是出借人与借用人之间的意思表示,而且投标时提交授权委托书、投标文件等行为均说明了总承包人对投标事项是清楚明知的,相关行政违法责任一般应当由总承包人承担,所以相关违法违规的投标行为一旦被查实,行政机关处罚的是“出借资质”的总承包人。本案中江西某建设工程有限公司并未实际参与投标活动,投标全部由第三人代理,但其最终承担

① 2020 年 11 月 26 日,在石城县人民政府网站公布“石城县康复医院、残疾人康复中心、内科住院楼‘三合一’工程项目串通投标案处罚信息”。

了罚款人民币335 083.60元、没收违法所得人民币7000元整的行政处罚，可谓损失重大，那么这个损失是不是可以预防，在实际发生后又应当如何挽回损失呢？对于总承包人的损失，出借人与借用人之间应当进行具体约定，出于对总承包人有利的角度来考虑，可以要求借用人预交一定的保证金，一方面可以约束借用人规范投标行为，以防范相关风险发生；另一方面在因借用人原因受到行政处罚时可用该保证金弥补一些损失。应当注意的是因为资质借用缺乏合法性基础，收取相关保证金时也要注意方式方法，才能真正实现防范风险的目的。

（二）实际施工人在实施具体投标活动过程中与招标人串通投标的，总承包人将要承担行政处罚责任

根据《招标投标法》第五十三条的规定，投标人与招标人串通投标未构成犯罪的，行政机关可按中标金额的5‰以上10‰以下对总承包人进行罚款，有违法所得的，并处没收违法所得，有其他严重情节的，可将总承包人的投标资格取消1年至2年，还可以吊销总承包人的营业执照。

投标人与招标人串通投标的情况不多见，当实际施工人事先获取项目信息，借用企业资质承接工程时，很可能是实际施工人与招标人已经协商一致，仅仅是借用资质完成投标程序，此时很可能构成与招标人的串通投标行为。

（三）实际施工人在实施具体投标活动过程中，以向招标人或者评标委员会成员行贿的手段谋取中标的，总承包人将要承担行政处罚责任

根据《招标投标法》第五十三条的规定，投标人以向招标人或者评标委员会成员行贿的手段谋取中标的，行政机关可按中标金额的5‰以上10‰以下对总承包人进行罚款，有违法所得的，并处没收违法所得，有其他严重情节的，可将总承包人的投标资格取消1年至2年，还可以吊销总承包人的营业执照。

实际施工人实施具体投标行为，参与投标的过程中很有可能为了中标向招标人、评标委员会成员行贿，该行为一旦被行政机关查实，最终也将要由总承包人承担行政处罚责任。

（四）实际施工人在实施具体投标活动过程中，弄虚作假骗取中标的，总承包人将要承担行政处罚责任

根据《招标投标法》第五十四条的规定，投标人以其他方式弄虚作假，骗取中标尚不构成犯罪的，行政机关可按中标金额的5‰以上10‰以下对总承包人进行罚款，有违法所得的，并处没收违法所得，有其他严重情节的，可将总承包人的投标资格取消1年至3年，还可以吊销总承包人的营业执照。

典型案例 3.2.3

闽建告字〔2020〕99号文件通报的案例6[①]

案例要点：投标人提交的项目负责人的信息造假，属于法律规定的弄虚作假行为，查实的会依法受到行政处罚。

案情介绍

"案例6：投标人广州某文化科技有限公司在某市非物质文化遗产展示馆EPC总承包项目中，投标提供的项目负责人高级工程师造假，被某市住房和城市建设局予以行政处罚。"

点评分析：本行政处罚案例中投标人提交的投标文件存在造假情况，被依法予以行政处罚。实践中总承包人的投标文件及其他投标资料均由实际施工人准备，总承包人很难进行具体掌握是否存在虚假情况，若疏于管理，最终将可能承担被行政机关处以行政处罚的风险，所以必须对实际施工人向招标人提交的文件、资料进行审核，防范相关风险的发生。

① 2020年7月30日，福建省住房和城乡建设厅发布《福建省住房和城乡建设厅关于公布10起招投标违法违规典型案例的通知》（闽建告字〔2020〕99号）。

（五）实际施工人实施具体投标活动，项目中标后实际施工人将中标项目转让给第三人、支解后分别转让给其他各方，或者将中标项目的主体、关键性工作分包给第三人，又或者分包人再次分包的，总承包人将要承担行政处罚责任

根据《招标投标法》第五十八条的规定，中标人将中标项目转让给他人的，将中标项目支解后分别转让给他人的，违反本法规定将中标项目的部分主体、关键性工作分包给他人的，或者分包人再次分包的，行政机关可按项目金额的5‰以上10‰以下对总承包人进行罚款，有违法所得的，并处没收违法所得，可责令总承包人停业整顿，有其他严重情节的，还可以吊销总承包人的营业执照。

非法转包、违法分包是法律明确禁止的，但在实践中也是很难杜绝的，实际施工人借用资质投标中标后，也完全可能将项目对外进行转包、分包，一旦被行政机关查实，总承包人将面临被行政处罚的风险。

（六）实际施工人实施具体投标活动中标后，代表中标人与招标人订立的协议背离中标合同实质性内容的，总承包人将要承担行政处罚责任

根据《招标投标法》第五十九条的规定，中标人与招标人订立背离合同实质性内容的协议的，行政机关可按项目金额的5‰以上10‰以下对总承包人进行罚款。

实际施工人在投标过程中可能会与招标人达成“中标后签订与中标合同实质性内容不符协议”的约定，该行为因会侵害其他投标主体的合法权益，被法律予以明确否定，一旦实际施工人代表总承包人与招标人签订了相关违法协议，总承包人将会面临被行政处罚的风险。

（七）实际施工人实施具体投标活动中标后，不按照与招标人订立的合同履行义务的，总承包人将要承担行政处罚责任

根据《招标投标法》第六十条的规定，中标人不按照与招标人订立的合同履行义务的，行政机关可取消总承包人投标资格2～5年，还可以吊销总承包人的营业执照。

实际施工人进行投标，可能会发生一种情况，即实际施工人过失导致中标价格低于一般市场价格，如果按投标价施工完成的，必然会产生一定的损失，此时实际施工人可能会放弃工程，拒绝进场施工，如果总承包人不及时组织施工，一方面会承担合同违约责任，另一方面还会受到行政机关的行政处罚。

二、要点解析

（一）总承包人承担行政责任

总承包人自己承接工程进行投标，若因存在违法行为受到行政处罚，那么是为了企业利益承受的风险，也是因为自己的行为遭受到处罚，笔者认为无可厚非，只要对相关行为进行规范即可。

在总承包人受实际施工人委托，对某一项目实施投标活动的情况下，具体的投标活动也是由总承包人自己操作、把控的，因自己的违法行为承担行政处罚，要注意提前与实际施工人就相关损失的承担进行明确的约定。

现实中常见的操作是实际施工人借用总承包人名义投标，总承包人不参与具体投标事宜，只提供必需的文件资料，具体投标事宜均由实际施工人自己办理，中标后项目由实际施工人施工，总承包人只收取相关费用。这种情况下，总承包人在受到行政处罚的时候，往往会抗辩相关违法行为不是总承包人实施的，与总承包人无关，但是相关投标文件、资料显示的内容对总承包人是完全不利的，行政机关亦不会放弃大量事实证据转而相信总承包人的片面之词，又因为行政处罚很难对实际施工主体产生规制作用，大多情况下总承包人不得不承受行政处罚。

（二）投标人相互串通投标的认定

1. 投标人相互串通投标的情形

《招标投标法实施条例》第三十九条规定了五种投标人相互串通投标的情形，符合其中任意一种情形的即可认定为投标人相互串通投标。包括：投标人之间协商投标报价等投标文件的实质性内容；投标人之间约定中标人；投标人之间约定部分投标人放弃投标或者中标；属于同一集团、协会、商会等组织成员的投标人按照该组织要求协同投标；投标人之间为谋取中标或者排斥特定投标人而采取的其他联合行动。

《工程建设项目施工招标投标办法》第四十六条将投标人串通投标报价的行为具体规定为:投标人之间相互约定抬高或压低投标报价;投标人之间相互约定,在招标项目中分别以高、中、低价位报价;投标人之间先进行内部竞价,内定中标人,然后再参加投标;投标人之间其他串通投标报价的行为。

2. 视为投标人相互串通投标的情形

根据《招标投标法实施条例》第四十条的规定,如果出现不同投标人的投标文件由同一单位或者个人编制;不同投标人委托同一单位或者个人办理投标事宜;不同投标人的投标文件载明的项目管理成员为同一人;不同投标人的投标文件异常一致或者投标报价呈规律性差异;不同投标人的投标文件相互混装;不同投标人的投标保证金从同一单位或者个人的账户转出等情形的,即应当视为投标人相互串通投标。

(三)招标人与投标人串通投标的认定

《招标投标法实施条例》第四十一条对招标人与投标人的串通投标行为进行了列举规定,主要包括:招标人在开标前开启投标文件并将有关信息泄露给其他投标人;招标人直接或者间接向投标人泄露标底、评标委员会成员等信息;招标人明示或者暗示投标人压低或者抬高投标报价;招标人授意投标人撤换、修改投标文件;招标人明示或者暗示投标人为特定投标人中标提供方便;招标人与投标人为谋求特定投标人中标而采取的其他串通行为。《工程建设项目施工招标投标办法》第四十七条也作出了类似规定。

(四)弄虚作假骗取中标的认定

《招标投标法实施条例》第四十二条对《招标投标法》第三十三条规定的以其他方式弄虚作假的行为进行了详细的规定,“以其他方式弄虚作假的行为”主要包括:使用伪造、变造的许可证件;提供虚假的财务状况或者业绩;提供虚假的项目负责人或者主要技术人员简历、劳动关系证明;提供虚假的信用状况及其他弄虚作假的行为。

由实际施工人具体实施投标事宜的情况下,总承包人需要对实际施工人编制的向招标人提交的投标文件、资料进行严格的审查，以及时发现相关问题，予以解决。

三、风险防范

（一）合作参与投标前，明确要求实际施工人在实施具体投标活动时不得违反相关法律法规，要求实际施工人签署守法承诺书

在授权实际施工人参与投标，委托其实施具体投标行为前要向其告知依法投标的重要性以及违法的严重后果，要求其严格依法参与投标活动、依法提交投标文件，以使实际施工人树立守法投标的意识，避免因实际施工人过失导致违反相关法律规定。同时要求实际施工人签署承诺书，承诺愿意承担因其投标行为所引起的全部法律责任，总承包人出现损失的由实际施工人负责全额赔偿，以促使实际施工人守法投标，防止其故意实施违法投标行为。

（二）准确把握法律规定，持续关注实际施工人的投标行为，审核相关投标文件，防止因实际施工人的违法投标行为而承担行政法律责任

总承包人要时刻监督投标活动，防范实际施工人实施违法投标的行为。经常询问实际施工人投标进展、情况，要求实际施工人如实汇报具体投标情况，实际施工人提交投标文件前，总承包人要对投标文件进行严格的审查，防止存在虚假情况，绝对不能在授权后对相关投标事宜不管不顾。尤其是借用资质的情况下，出借资质的企业对借用资质的主体要进行严格的审查，谨慎授权，防范授权风险。

（三）正规各项企业管理制度措施，通过制度控制违法风险

实际施工人在投标过程中需要提供总承包人加盖印章的文件资料，通过总承包人缴纳投标保证金等，总承包人需要对相关事宜提出要求，并作出明确规定，形成完备的公司制度，通过制度化的管理降低相关风险的发生，如针对每个项目实施具体的监控措施，一方面是工作量大，另一方面由于精力有限、事务繁忙难免会出现疏忽，通过一系列的制度措施防范相关风险，既可提高管控效率又能减少错误的发生。

（四）要求实际施工人作出承诺，自愿承担违法风险，愿意赔偿全部损失，缴纳守法保证金约束实际施工人的投标行为

要求实际施工人向总承包人缴纳与风险相适应金额的守法保证金，一旦因实际施工人导致总承包人被处以行政处罚，相关损失即由实际施工人承担，总承包人可从其守法保证金内直接扣除。

四、操作指南

就实践操作来讲，总承包人首先要着重事前防范，实际施工人借用企业资质参与投标的，需明确要求实际施工人依法参与投标，不得做出违法行为，与其约定清楚损失承担问题。在投标过程中总承包人要持续关注实际施工人的投标行为，不能放任不管，一旦发现违法违规的行为要即刻停止授权，防范违法风险的发生。同时，应注意收集能够免除自己责任的证据资料，以备不时之需。

（一）总承包人与借用人签订书面协议，约定借用人应依法参与投标事宜，或者要求实际施工人签署保证依法投标的书面承诺书

委托投标协议书中应明确约定，“（1）乙方承诺，接受甲方委托后，不得再接受其他任何单位就同一项目的投标委托，也不得就该项目使用其他单位资质进行串标、围标，严格遵守法律法规参与投标，否则产生的全部后果均由乙方自行承担。（2）乙方投标项目特别低价中标的，乙方保证自行组织施工，全部损失由乙方自行承担。（3）因乙方的投标行为违法违规，使甲方遭受行政处罚的，乙方承担全部赔偿责任”。

（二）对外出具授权委托书时，要明确相对主体、被授权人信息、授权权限、授权期限、不可转委托等内容

授权委托书需包括如下内容：“本人××系××公司的法定代表人，现委托（姓名）××（身份证号码）××为我方代理人。就（代理事项）××一事，代理人根据授权，以我公司名义（代理权限）××，其法律后果由我方承担。代理期限：××年××月××日至××年××月××日。代理人无转委托权，不得转委托

第三人代理。”

（三）投标过程中，要持续深入关注，一旦发现问题，必须及时解除对授权人的委托，防止风险进一步扩大

解除委托通知需包括如下内容，“就（代理事项）××一事，××公司××年××月××日出具《授权委托书》，委托××以我公司名义（代理权限）××，其法律后果由我方承担。根据我公司安排，现取消××年××月××日《授权委托书》对××的全部授权，终止该委托。贵××公司自收到该通知之日起，就（代理事项）一事的全部合作事项均应当直接与我公司直接书面（电话、××、××）沟通”。

实际施工人以总承包人的名义参与投标，一旦实际施工人实施了违法行为，总承包人将面临被处以行政处罚的风险，为此总承包人一方面要明确要求实际施工人依法参与投标，要求实际施工人缴纳守法保证金；另一方面在投标的全过程中要持续关注投标相关事宜，及时发现、制止、化解违法投标的行为。

第三节　招投标过程中刑事风险识别与防范

在招投标过程中，因总承包人的不当行为触犯刑法，一般会存在构成串通投标罪、受贿罪、行贿罪、诈骗罪等犯罪的风险。本节主要围绕实际施工人参与投标的情况下，因实际施工人的不当行为，最终致使总承包人构成犯罪承担刑事责任的情况进行阐述，通过梳理不同的风险类型，分析相关焦点法律问题，有针对性地提出防范建议及具体操作方法，以供总承包人借鉴。

一、风险识别

（一）借用资质的实际施工人实施了串通投标行为，总承包人需承担串通投标犯罪的刑事处罚

串通投标罪是指投标人相互串通，损害招标人或者其他投标人利益，或者投标人与招标人串通，损害国家、集体、公民合法权益，情节达到严重标准的行为。

实际施工人以总承包人名义参与投标时，其个人行为与总承包人的行为很难严格区分，一旦实际施工人实施了串通投标的违法行为，最终很可能会牵连总承包人。

典型案例 3.3.1

某建设集团有限公司串通投标罪案①

案例要点：实际施工人借用总承包人资质参与投标，在投标过程中实际施工人实施了串通投标行为，但是以总承包人的名义实施的，法院认为总承包人因疏于管理导致串通投标行为的发生，应承担单位犯罪的刑事责任。

案情介绍

2014 年 4 月 11 日，某公司的项目经理江某、董某得知某公司入围投标某项目工程后，分别找到某公司的主要负责人陈某要求参与建设该工程项目。为了达到让某公司中标的目的，江某、董某商定，二人以共同购买其他参与投标备案的公司资格的方式开展围标、串标。2014 年 5 月 15 日，在江某、董某、何某、胡某的操作下，某公司作为第一中标人，以 124 268 505.13 元人民币的报价中标，后江某、董某以某公司的名义承接建设了某项目工程，并将该项目建设工程量以 5500 余万元、4800 余万元进行分配。某公司在收到建设单位工程款后，收取了 200 万元管理费。

一审法院认为：某公司明知江某、董某不具备招投标工程的资质，仍将公司资质借给二人，江某、董某作为某公司的项目经理，对外以公司名义竞投该项目，为达到中标目的，使用贿赂手段购买其他公司入围的资质，以多个投标人的名义进行围标，胡某作为某公司经营部经理，具体分管招投标工作，从中联系，帮助二人共同实施串通投标行为，最终使某公司中标，江某、董某顺利承接该工程，某公司为江某等人实施串通投标行为提供了便利条件，且工程款由建设方拨付到某公司对公账户，某公司亦按照事先的约定收取了 200 万元管理费，作为管理者，

① （2019）鄂 11 刑终 114 号。

某公司有责任和义务对公司项目经理、经营部经理以公司名义投标工程、承建工程的行为进行监督管理,但由于某公司疏于管理,导致串通投标案的发生,严重损害了招标人的利益,侵犯了其他投标人和国家的合法权益,又侵犯了社会主义市场经济的自由贸易和公平竞争的秩序,情节严重,其行为构成串通投标罪的共犯,应承担单位犯罪的刑事责任。

一审判决:(1)被告单位某建设集团有限公司犯串通投标罪,判处罚金人民币20万元;(2)对某建设集团有限公司被扣押的违法所得200万元,依法予以没收,上缴国库。

二审法院认为:原审被告单位某公司在建筑工程招投标过程中,伙同他人与其他投标人串通投标报价,损害招标人或其他投标人利益,情节严重,其行为构成串通投标罪。原判认定事实清楚,证据确实充分,量刑适当,审判程序合法。

二审裁定:驳回上诉,维持原判。

点评分析:本案实施投标活动的是实际施工人,中标后也是由实际施工人施工完成,总承包人仅仅收取了管理费,法院基于总承包人负责招投标工作的经理部经理胡某参与了部分投标活动,同时总承包人的投标相关文件也是胡某负责制作并提交的,认定其是为了总承包人利益而实施的职务行为,故而认定总承包人构成犯罪。实践中施工人借用总承包人资质参与投标的情况时有发生,总承包人对具体的投标行为也经常缺乏关注,甚至有时还提供帮助,总承包人因此构成违法犯罪的风险较高。

(二)实际施工人以总承包人分公司的名义实施了行贿行为,总承包人分公司需承担单位行贿罪的刑事处罚

这里的单位行贿罪是指总承包人为谋取不正当利益而行贿或者违反法律法规给予国家工作人员回扣、手续费,情节达到严重标准的行为。实际施工人实施行贿行为时,很难区分是代表其个人还是代表总承包人的,如果根据查明事实及证据认定实际施工人是为了总承包人的利益实施的,系代表总承包人实施的行贿行为,总承包人将很有可能构成单位行贿罪。

典型案例 3.3.2

某建设集团有限公司中山分公司、梁某单位行贿罪案[①]

案例要点：总承包人以财务独立核算、自负盈亏的模式设立分公司，项目负责人以分公司名义在外承接工程，在工程招投标过程中为了项目中标，项目负责人实施了行贿行为，人民法院判决总承包人分公司构成单位行贿罪，依法判处刑罚。

案情介绍

被告单位广东某建设集团有限公司中山分公司系广东某建设集团有限公司的分公司，自2007年1月1日起，实行内部独立核算、自负盈亏。2009年1月16日至2012年1月15日，被告人梁某担任某建设中山分公司副经理，代表某建设中山分公司洽谈业务，承接工程项目。2009年10月至2010年3月，被告人梁某经朋友周某介绍，与时任中共珠海市委副书记钱某2的弟弟钱某1（另案处理）商谈投标珠海港商业中心建设项目工程的事宜，商定由钱某1协调政府关系，帮助梁某中标该项目工程……中标珠海港商业中心建设项目工程后，被告人梁某通过周某1将约定的好处费共人民币350万元给予钱某1。

根据被告人梁某的供述，“某公司中山分公司，副经理是我也只有一个，公司还设项目部，如我承揽了珠海高栏港大厦工程建设项目，我就是项目部负责人。中山分公司是财务独立核算，自负盈亏的，我们每年给总公司广东某建设集团有限公司一部分管理费，总公司不干涉我们分公司的经营管理。我为某公司中山分公司承接项目后，获得的项目利润归某分公司，某公司中山分公司再将一部分利润分给项目部，项目部再把相应的项目提成给我”。

法院认为：被告单位广东某建设集团有限公司中山分公司在工程招投标过程中，为谋取单位不正当利益给予国家工作人员以财物，情节严重，其行为已构成单位行贿罪。

判决：被告单位广东某建设集团有限公司中山分公司犯单位行贿罪，判处罚

① （2017）粤13刑初115号。

金人民币 40 万元。

点评分析：首先总承包人以独立核算，自负盈亏的模式设立分公司，从某种程度上就是一种挂靠模式，这种分公司的设立风险在后面的章节会专门分析。本案中梁某不是分公司负责人，据其供述仅是以分公司名义在外承接工程项目的实际施工人，承接工程后其就是项目负责人。梁某在承接工程项目过程中实施了行贿行为，但是最终法院认定总承包人的分公司构成了单位行贿罪，判处了罚金人民币 40 万元。行贿行为除了可能使总承包人构成犯罪受到刑事处罚以外，还会对总承包人的信誉造成严重影响，给总承包人承接工程带来负面效果。类似的项目承接模式是普遍的，总承包人对于这类风险也应予以高度重视。

因实际施工人的违法行为最终导致总承包人触犯刑法构成犯罪的风险还有许多，这里我们仅列举了普遍存在的串通投标罪和单位行贿罪，不代表不存在其他刑事犯罪风险。

二、要点解析

（一）串通投标罪

1. 串通投标行为的认定

刑法对串通投标行为的认定与行政处罚中对串通投标行为的认定基本一致，也是根据《招标投标法实施条例》第三十九条、第四十条、第四十一条的规定进行认定的，对此第一节已就相关认定标准进行阐述，这里不再累述。实际施工人实施的串通投标行为是构成行政违法还是刑事犯罪，需要从串通投标行为的危害程度的不同来加以区分。

2. “情节严重”的认定

根据《刑法》第二百二十三条第一款的规定，投标人串通投标损害招标人或者其他投标人利益的情况达到情节严重标准的才会构成串通投标罪，没有达到情节严重标准的串通投标行为一般会认定为行政违法。依据《刑事案件立案追诉标准（二）》第七十六条的规定，达到以下标准的即可认定为情节严重，包括：损害招标人、投标人或者国家、集体、公民的合法利益，造成直接经济损失数额在 50 万元以上的；违法所得数额在 10 万元以上的；中标项目金额在 200 万元以上的；采取威胁、欺骗或者贿赂等非法手段的；虽未达到上述数额标准，但两年内因串通投标,受过行政处罚二次以上,又串通投标的;其他情节严重的情形。需要特别指出的是,投标人与招标人串通投标损害国家、集体、公民合法权益的即构成串通投标罪,不需要达到上述标准。

《最高院参照适用〈刑事案件立案追诉标准(二)〉的通知》明确人民法院在审理经济犯罪案件时可以参照适用相关标准。

3.单位构成犯罪

根据《刑法》第二百三十一条的规定,总承包人可以成为串通投标罪的犯罪主体,总承包人构成犯罪的,依法可对总承包人判处罚金。

实际施工人对外以总承包人名义参与投标,实施了串通投标的行为,总承包人虽然自认为没有实际参与项目的投标也没有实施串通投标的行为,但是综合相关证据表现出来的客观事实并非如此,总承包人配合办理投标事宜、提供投标文件、支付投标费用、收取项目管理费等事实均可成为认定总承包人构成串通投标罪的定罪依据。

实际施工人实施串通投标的行为,总承包人、法定代表人及其工作人员参与程度不同,决定了企业是否构成串通投标罪。在只出借资质,实际投标行为由实际施工人实施的情况下,总承包人一般不会被认定构成串通投标罪。但如果总承包人的工作人员参与了具体投标活动,实施了违法行为的,也会被判处承担刑事责任,由企业承担罚款责任,个人则会被判处有期徒刑、罚金等刑罚。

(二)单位行贿罪

1.“为谋取不正当利益”的认定

在投标过程中,对于总承包人而言“不正当利益”主要是指以期望的价格中标。“为谋取不正当利益”既包括客观上已经获得了不正当利益,就是总承包人已经中标的情况下即可认定其具有“为谋取不正当利益”的主观目的;也包括主观上具有谋取不正当利益的目的,是指总承包人虽然尚未中标,但其实施行贿、给予回扣或者手续费的行为是为了以期望的价格中标。

2.“情节严重”的认定

根据《刑法》第三百九十三条的规定,总承包人为谋求中标或谋取其他不正当利益而行贿,以及违反国家规定给予国家工作人员回扣、手续费的,只有达到情节严重标准的，总承包人才会构成刑事犯罪。《行贿罪立案标准的规定》对单位行贿罪的立案标予以规定，主要包括两类：一类是单位行贿数额在 20 万元以上的。另一类是单位行贿数额达到10 万元以上但不满20 万元时，属于为谋取非法利益而行贿；向三人以上行贿；向党政领导、司法工作人员、行政执法人员行贿；致使国家或者社会利益遭受重大损失情形之一的。

三、风险防范

刑事犯罪一般是违法行为达到刑法规定的严重程度后才会构成，如果总承包人对实际施工人在投标阶段的行为加以管控，一般也不会构成刑事犯罪。本书对于总承包人在投标阶段的刑事风险防范，提出以下建议：

（一）在与实际施工人合作参与投标前，告知实际施工人在投标活动中很可能触犯的刑事犯罪类型及违法犯罪的危害，要求其签署守法承诺书

该措施与第一节行政违法的预防措施可以合并进行，承诺书需罗列具体的刑法规定，让实际施工人仔细阅读，一方面可以通过承诺书的签订让实际施工人知晓哪些行为会构成犯罪，防止其因法律意识淡薄而犯罪；另一方面通过承诺书的签订让实际施工人知晓实施犯罪行为将要受到的刑事处罚，促使其依法实施投标活动。通过承诺书的签订也能说明总承包人实施了一定的管理措施，过错程度有一点的减轻。

（二）与实际施工人签订协议并要求其缴纳保证金。协议应约定如因刑事犯罪导致总承包人产生经济损失的，实际施工人要全额赔偿，同时还需承担违约责任

一般情况下，即使认定单位构成犯罪，单位负责人没有实施相关犯罪行为的则不会构成相关犯罪，对单位的刑罚也仅能处以罚金，只会对总承包人造成一定的经济损失。通过约定实际施工人的赔偿责任、缴纳保证金等方式能够在经济损失方面起到一定的弥补作用，当然也是对实际施工人的一种约束，能够起到一定的防范作用。

（三）持续监督实际施工人的投标活动，正规各项企业管理制度措施，及时发现问题并加以制止

签订协议及承诺书、缴纳保证金只能是对实际施工人实施违法行为的一种预防措施，并不能完全防止其实施违法行为。整个投标过程中总承包人还需要时刻监督实际施工人的行为，防范其实施违法犯罪行为，及时发现问题，解决问题。

四、操作指南

（一）向实际施工人告知投标过程中易导致单位构成犯罪的罪名及构成标准

“本人××已知晓在投标活动中会因为我的不当行为使单位触犯刑法，构成以下犯罪：(1)《刑法》第二百二十三条规定投标人相互串通投标报价，损害招标人或者其他投标人利益，情节严重的，处三年以下有期徒刑或者拘役，并处或者单处罚金；(2)《刑法》第三百九十三条规定单位为谋取不正当利益而行贿，或者违反国家规定，给予国家工作人员回扣、手续费，情节严重的，对单位判处罚金，并对其直接负责的主管人员和其他直接责任人员，处五年以下有期徒刑或者拘役，并处罚金××；(3)××。”

（二）要求实际施工人签署承诺书，保证坚决不实施违法犯罪活动

“本人××向××公司承诺，在以贵公司名义实施投标活动过程中严格遵守法律法规，坚决不实施违法行为，否则愿意承担全部责任。”

（三）总承包人与实际施工人签订协议时约定相关事宜

“(1)乙方保证在实施投标活动的过程中严格遵守法律法规；(2)本协议签订之日起，乙方向甲方缴纳保证金××万元，如因乙方原因导致甲方受到刑事处罚的，全部损失均由乙方承担，直接从保证金内予以扣除，不足部分由乙方承担；(3)乙方违反本协议约定的，乙方需向甲方支付××万元违约金。”

第四节 收取实际施工人履约保证金的风险识别与防范

为了保证实际施工人按双方约定完成工程项目的施工，总承包人一般均会向实际施工人收取履约保证金。在挂靠或者转包等情形下，多数情况是因为发包人向总承包人收取了履约保证金，总承包人转而向实际施工人收取履约保证金，又或者是实际施工人通过总承包人向发包人支付履约保证金。项目施工结束或项目不能进场施工时，该笔保证金的退还问题往往会在各方主体之间产生错综复杂的纠纷。本节仅讨论为保障履行施工合同收取的履约保证金，不包括投标保证金，就收取的这笔款项在实践中可能给总承包人带来的风险和损失。

一、风险识别

（一）总承包人先行垫付履约保证金风险

项目未进场施工或者中途退出，即使发包人尚未退还履约保证金，总承包人需先向实际施工人返还已收取履约保证金的风险。

典型案例3.4.1

洪某与浙江某市政园林建设有限公司建设工程合同纠纷案[①]

案例要点：总承包人承包工程项目后转包给实际施工人，实际施工人筹集履约保证金后通过总承包人账户向发包人缴纳，后因项目未顺利实施，实际施工人要求总承包人退还履约保证金的不以发包人已经退还为前提条件。

① (2015)浙杭民终字第1179号。

案情介绍

2013年10月26日,某公司与某禅寺签订一份《补充协议》一份,约定某公司应于签订合同时支付给某禅寺履约保证金60万元。后经吴某介绍,某公司与洪某口头约定由某公司将案涉工程转包给洪某,并由洪某支付600 000元履约保证金和50 000元垫付款。2013年10月29日、10月30日,洪某分两次将650 000元支付至某公司账户。由于工程无法开展,洪某向某公司催要其先前支付的案涉工程履约保证金及垫付款。

一审法院认为:洪某与某公司口头约定案涉工程由某公司转包给洪某施工,并约定履约保证金的支付事宜等,但洪某系不具有建筑施工资质的个人,故双方之间系违法转包关系,应认定无效。某公司对收到600 000元履约保证金的事实亦无异议,故某公司应将收取的履约保证金予以返还。

一审判决:某公司返还给洪某履约保证金50 000元。

二审法院认为:某公司与洪某约定,将案涉工程转包给洪某施工,相关合同应认定无效。某公司因案涉工程收取的履约保证金应予返还。

二审判决:驳回上诉,维持原判。

点评分析:本案总承包人与发包方签订合同后再将工程转包给洪某,并向洪某收取履约保证金60万元,后付至发包人处,项目并未正常开工。总承包人起诉发包人时洪某也是知道的,所以洪某没有同时起诉总承包人,但是在得知要求发包人退还保证金存在困难时,洪某立即起诉总承包人要求退还履约保证金,最终法院支持了洪某的部分诉讼请求,对于总承包人来讲这是一笔不小的损失。

(二)承担履约保证金损失风险

发包人不能返还履约保证金的,总承包人仍需承担向实际施工人返还履约保证金的风险。实际施工人中途退出,因解除合同或者合同履行完毕,实际施工人向总承包人索要履约保证金,即使总承包人已经将该笔保证金支付给了发包人,且无法从发包人处要回,也将可能被要求向实际施工人返还保证金并支付占用期间的利息。

二、要点解析

（一）总承包人责任承担

1. 根据证据认定实际施工人与总承包人之间存在挂靠关系的情况下，在发包人尚未向总承包人返还履约保证金时，实际施工人不能向总承包人主张返还履约保证金。

挂靠情况下，实际施工人是工程项目的实际权利人，总承包人只是将资质借给实际施工人使用，总承包人仅依约享有收取管理费的权利，不享有其他工程款权利，所以应当由工程项目的权利人实际施工人承担工程施工过程中面临的全部风险，包括发包人不能返还履约保证金的风险，才更加符合公平原则。在某些特殊情况下，发包人对于实际施工人挂靠施工的事实是明知的，虽然其是以总承包人的名义与发包人签订书面合同，但是将该合同认定为发包人与实际施工人之间达成的意思表示更加合理。这种情况下以“总承包人收到发包人退回履约保证金”为总承包人向实际施工人返还履约保证金的前提是合理的。

2. 根据证据认定实际施工人与总承包人之间存在转包关系的情况下，发包人尚未向总承包人返还履约保证金的，不影响实际施工人向总承包人主张返还履约保证金。

如果是总承包人将工程项目转包给实际施工人的，那么笔者认为则存在两个合同关系：一个是发包人与总承包人之间的合同关系，另一个是总承包人与实际施工人之间的承发包关系，因为总承包人依据合同享有合法的权利，转包一般均会获取一定的收益，因此应当由总承包人承担相应的风险、责任。此种情况下，即使发包人未向总承包人退还履约保证金，也不影响实际施工人向总承包人主张履约保证金。

（二）履约保证金的性质

履约保证金的性质认定，影响着实际施工人能否主张发包人在欠付总承包人工程款范围内就履约保证金承担责任。

1. 履约保证金是实际施工人缴纳的为保证依约定履行合同的担保金，一旦出现违约，造成合同相对方损失的，即可以该履约保证金进行赔偿，履约保证金以保障实际施工人的违约赔偿能力为目的。

工程款是基于承包人施工完成并交付合格工程后，发包人依法向承包人支付的合同对价，包括了承包人为完成工程施工支付的材料、人工、机械、规费、税金等费用，还包括了应得的合理利润。

2. 司法解释中，实际施工人以发包人为被告主张的权利，一般认为只应当是工程款及其附属权利，不包括实际施工人预交的应由总承包人予以退还的履约保证金。

《建设工程司法解释（一）》第四十三条第二款规定："实际施工人以发包人为被告主张权利的……判决发包人在欠付建设工程价款范围内对实际施工人承担责任"，《建设工程司法解释》《建设工程司法解释（二）》规定了相似的内容。

如果认为该条规定的"权利"包括了总承包人应当向实际施工人返还的履约保证金，则依据该解释，发包人是需要在欠付总承包人工程款范围内承担责任的。笔者认为这里的"权利"应当做限制性解释，不能无限扩大"权利"的范围，如果扩大到履约保证金，那么借款也是可以要求发包人在欠付范围内承担责任的，这是不合理的。所以，笔者认为该权利应当仅以实际施工人应当获取的工程款及其附属权利为限。

（三）履约保证金利息

履约保证金的利息承担以及起算时间、利息标准的认定也很重要。关于利息的主张，通常情况下要看双方的约定，一般均约定无息返还。在一些特殊情况下，占有人应当返还履约保证金但迟迟不肯归还的，需要承担违约责任，支付占用期间的利息，2019 年 8 月 20 日前按照中国人民银行发布的同期同类贷款利率计算，2019 年 8 月 20 日起按全国银行间同业拆借中心公布的利率标准计算。

双方合同约定返还时间或者条件的，在满足约定的返还时间期满或者条件时，收取履约保证金的一方就应当向支付一方返还。但是因为某种原因，合同解除的情况下，在双方解除合同时收取方就应及时返还，原合同约定的条件已经因为合同解除而不能成就，所以不能以合同约定的返还条件未达成为由拒绝返还。

三、风险防范

1. 总承包人要注意收取履约保证金的途径、方式，确保自身权利不受损害。从本节分析可以看出，在实际施工人向总承包人主张返还履约保证金的司法实践中，法院对履约保证金的支付时间、金额均需予以查明。基于实际施工人提交的转账记录、收条等证据的存在，总承包人对于收取履约保证金的事实是难以否认的，如果实际施工人不能提供相关证据则不能证明相关事实，其诉讼请求将很难得到法院的支持。

2. 注意区分并充分了解总承包人与实际施工人的不同关系在履约保证金的返还和责任承担上的不同，建立合理的合作关系，并保留好相关文件、资料。

3. 总承包人与实际施工人签订协议时，对履约保证金的收取、退还时间、退还条件、是否计息、损失承担等内容需进行详细的约定。

四、操作指南

1. 总承包人与实际施工人签订的协议中应约定履约保证金的退还时间、条件。例如，作出如下约定："甲方收取的履约保证金，在发包方向甲方返还全部履约保证金并支付全部工程款后再由甲方向乙方返还。"

2. 总承包人与实际施工人签订的协议中约定履约保证金占用期间不计息，包括约定交纳期间和逾期返还期间。例如，作出如下约定"甲方收取的履约保证金，从乙方实际缴纳到退还条件达到甲方退还给乙方期间不计算任何利息费用，甲方按原收取金额退还给乙方，逾期退还的，乙方自愿放弃向甲方主张占用期间的利息"。

3. 总承包人与实际施工人签订的协议中约定该履约保证金实际由发包人收取，实际施工人系通过总承包人账户向发包人缴纳的，在发包人向总承包人退还之前实际施工人不向总承包人主张任何权利，发包人不退还的损失由实际施工人自己承担。例如，作出如下约定："发包人未返还履约保证金的损失，由乙方自己承担。"因为发包人会向总承包人收取履约保证金，所以不管总承包人与实际施工人是何种合作模式，总承包人均会通过向实际施工人收取履约保证金来应对发包人收取的履约保证金，用以填补这部分的资金缺口。但是在发包人不予退还履约保证金或者无力退还的情况下，实际施工人通常会直接向总承包人主张退还履约保证金的权利，此时总承包人将面临承担履约保证金损失的风险，因此必须做好相关措施防范风险。

第五节　实际施工人收取履约保证金、定金等的风险识别与防范

不管是什么形式的“内部承包”，从表面上看，总承包人始终是项目的承包人，实际施工人在安排施工过程中，大多也会将工程项目按专业、标段等进行划分，再分包给下游承包人。在进行项目分包时，实际施工人出于管理、融资等方面的考虑，也会向下游承包人收取履约保证金。正常运转的情况下，项目施工完成，各自退还各自收取的履约保证金，一般不会出现纠纷，但是在实际施工人不能及时返还其收取的履约保证金时，下游承包人为了维护自己的权益，会向总承包人主张返还履约保证金。

实际施工人对外收取的履约保证金需由总承包人返还的风险，主要是在实际施工人状况欠佳、中途“撂挑子”的情况下发生的，下游承包人一般会向总承包人主张返还保证金，总承包人予以支付后也很难向实际施工人追偿，即使追偿诉讼得到法院支持，也可能会因为执行困难从而面临损失。

一、风险识别

（一）实际施工人向下游承包人收取履约保证金的行为被认定为职务行为的，总承包人需承担返还履约保证金责任的风险

实际施工人与总承包人之间的关系非常微妙，如果有证据表明实际施工人与总承包人之间存在劳动合同关系，实际施工人收取履约保证金的行为很可能被认定为职务行为，总承包人依法需承担责任。

典型案例 3.5.1

贵州某集团第六建筑工程有限责任公司、安某劳务合同纠纷案[①]

案例要点：总承包人与员工之间形成“内部承包”关系，实际施工人向下游承包人收取履约保证金的行为被认定为职务行为，总承包人需承担返还的责任。

案情介绍

2013 年 10 月 11 日，某公司将贵州省某城南新区德江勇创多维国际城市综合体Ⅲ期项目工程发包给贵州某集团第六建筑工程有限责任公司，贵州某集团第六建筑工程有限责任公司以内部承包方式将该工程承包给员工马某。原告安某承包该工程模板制作安装（木工部分）劳务，原告在承包该项工程时预交了马某保证金 80 万元，工程完工后退还原告 40 万元。

一审法院认为：原告安某依约完成了劳务，且案涉工程已完工并投入使用，马某与原告安某对劳务款进行了结算，对尚欠劳务款和剩余未退 40 万元保证金无异议，故贵州某集团第六建筑工程有限责任公司依法应当承担尚欠劳务款支付责任和退还剩余保证金义务。

判决：贵州某集团第六建筑工程有限责任公司在本判决生效后 15 日内支付尚欠安某模板承包劳务款 644 527.12 元，尚欠退还保证金 400 000 元。

二审法院认为：马某是贵州某集团第六建筑工程有限责任公司的职工，案涉工程以内部承包方式承包给马某。马某作为案涉工程项目的管理者，对外代表贵州某集团第六建筑工程有限责任公司。马某作为贵州某集团第六建筑工程有限责任公司的内部承包人对外收取保证金的行为系职务行为，马某收取保证金虽然没有经过贵州某集团第六建筑工程有限责任公司授权同意，但安某有理由相信马某有代理权，马某的行为对贵州某集团第六建筑工程有限责任公司发生法律效力。

---

① （2019）黔 06 民终 1262 号。

判决:驳回上诉,维持原判。

点评分析:法院根据证据及当事人陈述,认定本案工程是总承包人将工程项目承包给单位内部员工的,笔者认为事实上可能是以内部承包为名的转包关系。在这种情况下,总承包人与实际施工人的关系还比较好,实际施工人也还有工程款可以用以抵扣该笔履约保证金损失,总承包人出于内部承包的合法性考虑认可了与实际施工人的内部承包关系,而非转包关系。既然实际施工人是总承包人的员工且有代理权,那么其收取履约保证金的行为就是职务行为,应由总承包人向下游承包人承担保证金返还责任。

(二)实际施工人挂靠施工的情况下,以总承包人项目部的名义对外收取履约保证金的,总承包人需承担连带责任的风险

实际施工人与总承包人之间系挂靠关系,实际施工人实施项目施工和管理系为了自己的利益,返还保证金的责任应由其自己承担,但考虑到总承包人违法挂靠的过错,可要求其承担连带责任。

典型案例3.5.2

信阳市某房地产有限责任公司、李某、张某、丁某劳务合同纠纷案①

案例要点:根据事实认定实际施工人与总承包人系挂靠关系,这种情况下实际施工人向下游承包人收取的履约保证金仍应当由实际施工人负责返还,但是总承包人对实际施工人的返还义务需承担连带责任。

案情介绍

2014 年 7 月 23 日,第三人丁某与原告李某(丁某 1)签订了《建设工程劳务承包商合同》。2014 年 8 月 21 日,被告张某以信阳市某房地产有限责任公司羊

① (2018)豫 15 民终 908 号。

山新区前进九组安置小区项目部名义，与第三人丁某（许某）签订了一份《建设工程协议书》，约定李某转给丁某100万元保证金。丁某将李某交的100万元保证金转给了张某，张某在《收条》签名处加盖有项目部财务专用公章。

一审法院认为：由于该项目部是张某挂靠于被告某公司的一个临时施工机构，且未经工商注册，项目部没有独立对外承担民事责任的能力，且张某是履行某发公司项目部的职务行为。因此，由张某挂靠的某公司承担退款责任。

一审判决：被告信阳市某房地产有限责任公司于本判决生效之日起10日内，退还原告李某履约保证金100万元，并从项目部收款的2014年8月22日起至退还之日止，按月息2%计付占用期间利息。

二审法院认为：被上诉人张某与原审被告某公司的行为以及与其对外承担的责任，应属连带责任。鉴于本案的《建设工程劳务承包商合同》已无法实际履行，因此，被上诉人张某与原审被告某公司应当连带承担100万元工程保证金的退还责任。

判决：变更信阳市平桥区人民法院（2017）豫1503民初21号民事判决为：被上诉人张某于本判决生效之日起10日内退还上诉人李某履约保证金100万元，并从项目部收款2014年8月22日起至退还之日止，按月息2%计付占用期间利息；原审被告信阳市某房地产有限责任公司对上述款项承担连带清偿责任。

点评分析：挂靠人张某挂靠总承包人承接工程项目，并对外进行转包、分包收取履约保证金，这种行为对总承包人来讲风险特别大，就本案查明的事实来看，履约保证金最终是由张某收取的，并未进入总承包人账户内，也就是实际上总承包人没有收到该笔履约保证金，但是法院根据案件事实及法律规定判决总承包人承担了连带清偿责任，如果能够向张某追偿还好，如果张某经济状况不好，总承包人不得不为这笔损失买单。本案还有一点值得注意，就是法院支持了原告的利息请求，且利率标准达到月息2%，在双方没有约定的情况下，这也是十分罕见的。

（三）实际施工人收取下游承包人履约保证金的行为，构成对总承包人的表见代理时，总承包人承担向下游承包人返还履约保证金责任的风险

实际施工人与总承包人形成挂靠关系，以总承包人的名义与下游承包人签

订施工合同转包工程并收取履约保证金，如法院根据事实认为实际施工人签订合同、收取履约保证金的行为构成表见代理的，总承包人要承担退还履约保证金并支付利息的责任。

（四）施工过程中变更总承包人，办理履约保证金变更手续后，新的总承包人对实际施工人返还履约保证金的义务承担连带责任的风险

典型案例 3.5.3

重庆某建筑安装工程有限公司、杨某、周某、宜宾某发展有限公司建设工程施工合同纠纷案①

案例要点：实际施工人挂靠原总承包人承包项目，收取下游承包人履约保证金，后因原总承包人资质不符合要求，实际施工人寻找新总承包人挂靠施工，并将向原总承包人缴纳的履约保证金转至新总承包人名下，下游承包人主张返还履约保证金的，实际施工人需承担返还履约保证金的责任，新总承包人对此承担连带责任。

案情介绍

2015年8月10日，宜宾某公司与某公司签订《施工合同书》及《补充协议》，后某公司向宜宾某公司缴纳300万元的履约保证金。某公司指定赖某负责该工程，后赖某将该工程中的二号楼幕墙工程分包给杨某、周某施工。2016年7月22日，赖某向周某出具一张《收条》，载明：今收到周某班组交来人民币贰拾万元整（200 000.00元整）。某公司浙商宜宾新天地项目部在《收条》上加盖印章。后某公司也出具一份《授权委托书说明》，载明同意将我公司支付给宜宾某公司的叁佰万圆履约保证金作为重庆某公司向宜宾某公司缴纳的履约保证金。2016年9月18日，宜宾某公司（甲方）与某公司签订《终止合同协议书》，赖某在某公司处签字。同日，发包人宜宾某公司（甲方）与承包人重庆某公司（乙方）签订《建设

① （2020）川15民终305号。

工程施工合同》。

一审法院认为：虽然重庆某公司并未与杨某、周某签订施工合同，但赖某系重庆某公司案涉工程的负责人，其有权代理重庆某公司处理工程事项。20 万元的履约保证金虽然系杨某、周某交纳给某公司的，但某公司亦向业主方宜宾某公司缴纳了 300 万元的履约保证金，其中包含杨某、周某交纳的二号楼工程的履约保证金 20 万元。现案涉工程已投入使用，赖某应将 20 万元履约保证金退还杨某、周某，重庆某公司对该 20 万元承担连带清偿责任。

一审判决：重庆某建筑安装工程有限公司对上述款项承担连带清偿责任。

二审法院认为，本案中，赖某将原挂靠在某公司时缴纳的保证金 300 万元，转为重庆某公司缴纳的保证金，该保证金中包含有杨某、周某缴纳的 20 万元，现案涉工程已经竣工验收，符合退还保证金的情形，故一审判决重庆某公司对杨某、周某缴纳的 20 万元保证金承担连带责任正确。

二审判决：驳回上诉，维持原判。

点评分析：本案实际施工人向原总承包人承接案涉工程后向下游进行分包，实际施工人向下游承包人收取了履约保证金，同时以原总承包人的名义交至发包人处。因原总承包人资质不合格，实际施工人找来新总承包人，解除原合同签订新合同，办理履约保证金权利转移手续。工程项目竣工验收合格后，下游承包人因一直未收到退还履约保证金，遂将实际施工人、新总承包人一起起诉至人民法院，就新总承包人是否要承担返还履约保证金的问题，法院认为，因为履约保证金系从原总承包人转移至新总承包人名下的，且原总承包人缴纳的履约保证金是包括下游承包人所交的该笔保证金的，最终判决新总承包人需承担连带清偿责任。

（五）爆破工程存在一定的特殊性，根据约定总承包人需向发包人支付爆破残值款，总承包人没有工程款作为制约实际施工人的手段，项目结束后，总承包人存在向实际施工人退还已交履约保证金的风险

爆破工程项目中，实际施工人向下游承包人收取履约保证金后，通过总承包人向发包人缴纳的履约保证金在项目结束后一般会直接予以抵扣，不再退还，此时实际施工人以转账凭证及相关协议向总承包人主张返还已抵为残值款的履约

保证金，总承包人很可能需要承担返还该履约保证金的义务。

（六）实际施工人无可供执行财产，总承包人向实际施工人追偿不能的风险

法院判决总承包人直接承担向下游承包人返还履约保证金的责任，总承包人基于判决向下游承包人支付履约保证金后，根据与实际施工人的约定向实际施工人追偿履约保证金及相关诉讼费、利息损失的予以支持，但是执行特别困难，可见总承包人在替实际施工人支付履约保证金后，即使法院判决支持了追偿，但是已经注定了这笔损失也很难再挽回。

二、要点解析

（一）总承包人的法律责任

不同情况下，总承包人对实际施工人收取的履约保证金承担不同的法律责任。法院在审理过程中，根据各方提交的证据材料，如果能够认定实际施工人收取履约保证金的行为构成对总承包人表见代理的，即使履约保证金实际由实际施工人收取，未转入总承包人的账户，总承包人也是要承担返还责任的，法院一般会判决总承包人承担直接的付款责任。在认定实际施工人与总承包人是挂靠与被挂靠关系时，法院一般会判令实际施工人承担向下游承包人返还履约保证金的义务，同时要求总承包人对实际施工人的付款义务承担连带责任。也有法院根据合同的相对性原则，严格区分履约保证金的返还义务主体，驳回了下游承包人对总承包人的诉讼请求。

（二）追偿方案

总承包人根据判决向下游承包人支付履约保证金的情况有两类：一类是总承包人直接向下游承包人承担责任，另一类是总承包人承担连带责任，不同情况下，总承包人的追偿方案有一定的区别。

1. 总承包人直接承担向下游承包人返还履约保证金责任的追偿

这种情况下的追偿需要总承包人与实际施工人之间存在明确的约定。原判决根据证据及当事人陈述认定总承包人是最终的返还义务主体，如总承包人与

实际施工人就责任承担没有明确的约定，而直接起诉要求实际施工人返还的，存在被驳回诉讼请求的风险。

2. 与实际施工人承担连带返还责任的追偿

原判决要求总承包人承担的是连带责任，而需要承担最终责任的是实际施工人。总承包人根据法院判决向下游承包人返还履约保证金后，可以依法提起诉讼向实际施工人进行追偿，法院一般均能支持该诉讼请求，但是最终能否执行到位就要看实际施工人的偿还能力了，所以在合作之前对实际施工人的考察还是很必要的。

3. 追偿范围

总承包人向实际施工人追偿时，可向实际施工人主张履行判决，要求其支付履约保证金的损失、支付利息的损失、支付诉讼费的损失等。关于总承包人履行判决对外支付履约保证金的损失，首先就是履约保证金本身，支付了多少金额，即可向实际施工人主张多少，其次就是支付履约保证金的同时向下游承包人支付的占用期间的利息，最后还通常包括了相关案件判决要求总承包人承担的诉讼费用。当然还可以向实际施工人主张律师费、差旅费等维权费用。

在履约保证金与工程款一并判决由总承包人向下游承包人支付的情况下，由于工程款系总承包人应当支付的，超付的情况除外，通常总承包人仅追偿支付的履约保证金及相关利息，诉讼费根据履约保证金所占比例按比例追偿。

三、风险防范

（一）加强对实际施工人的管理和监督，规范其对外收取履约保证金的流程、要求，防范承担返还责任

注意对实际施工人的规范管理，注意各种法律文书的制发；要求实际施工人不得对外转包、分包，不得对外收取履约保证金；要求实际施工人不得以总承包人的名义对外收取履约保证金；对外收取的履约保证金要如实登记，暂扣对应金额的工程款以作为担保，总承包人要做到心中有数，及时与相关下游承包人沟通履约保证金返还事宜，督促实际施工人及时予以返还。

（二）针对实际施工人对外进行转包、分包时收取履约保证金的权利义务进行明确约定，约定损失承担及追偿原则

与实际施工人签订协议时或者相关问题已经发生时，为了保障在对外承担责任后能够向实际施工人追偿，需要通过协议或者承诺书的形式明确约定实际施工人自愿承担对外收取履约保证金的责任，若造成总承包人损失的，总承包人即可向实际施工人追偿。

（三）让实际施工人提供必要的担保、暂扣部分工程款，待相关履约保证金的问题解决好后再向实际施工人返还，以争取主动，轻松化解支付风险

实际施工人状况不好时，即使行使追偿权成功，还可能面临不能执行的风险。可以在与实际施工人建立合作关系时让其提供必要的担保，以保障其前期履约行为，项目施工过程中可对工程款的支付比例进行一定的控制，这样能够取得主动，有效防范这类风险。

四、操作指南

1. 总承包人与实际施工人签订具体合作协议时约定实际施工人不得以总承包人的名义对外收取履约保证金的条款，同时应就追偿、赔偿等内容约定清楚。例如："乙方承包甲方工程项目后，应严格按照双方约定履行全部合同义务，不得对外再转包、分包，不得对外收取履约保证金，如乙方违反本约定的，需承担违约责任，造成甲方损失的，乙方自愿承担全部责任，赔偿甲方全部损失（包括但不限于：履约保证金损失、利息损失、诉讼费、律师费、差旅费等）。上述款项由甲方直接从乙方缴纳的履约保证金中扣减，不足部分从乙方应得工程款内予以扣减，再不足部分由乙方 3 日内转账支付至甲方银行账户内。"

2. 要求实际施工人提供不动产、车辆办理抵押登记，防范风险。

3. 情况允许的情况下要求下游承包人出具不向总承包人主张履约保证金权利的承诺书。例如："本人从 × × 处承接工程项目，根据双方约定我向 × × 缴纳履约保证金 × × 万元，根据 × × 指示，履约保证金交至 × × 公司账户内，该保证

金由××向我返还(期内及逾期后均不计利息)。该履约保证金不是××公司向我收取的,本人保证该履约保证金是本人缴纳的,本人是权利人,同时本人保证不向××公司主张返还。"

实际施工人对外收取的履约保证金,从朴素的公平理念分析就应当由实际施工人返还,但是实践中出于挂靠、转包、违法分包的违法性考虑,同时实际施工人处于不同的法律关系中,总承包人承担对外返还履约保证金责任的风险很高,向实际施工人追偿也存在得不到支持、执行不到的风险,总承包人对这个风险必须要予以高度重视。

第六节 实际施工人未按约组织人员进场施工的风险识别与防范

总承包人采用"内部承包"模式进行工程项目施工管理,将工程项目交由实际施工人施工,需同时向发包人和实际施工人履行两方面的义务,但享有的权利却是很少的,不管是发包人违约还是实际施工人违约均会给施工企业带来风险。

实际施工人承接工程项目后,不安排人员进场施工的,必然会影响到工期。发包人因为与总承包人签订了建设工程施工合同,如出现此类违约情形可追究总承包人的责任,发包人一般不会产生损失,发包人依约依法要求总承包人承担违约责任即可。而总承包人如不及时妥善处理,便会产生不可避免的损失,本节主要站在总承包人的角度讨论该类风险的识别与防范。

一、风险识别

(一)实际施工人未按合同约定组织人员进场施工,由总承包人承担违约责任的风险

与发包人签订建设工程施工合同的是总承包人,如果实际施工人不依约定进场施工,发包人一定会向总承包人主张权利,在没有充足理由的情况下,总承包人一般需依约、依法承担违约责任。

典型案例3.6.1

河北某房地产开发有限公司与新乐某建设工程有限公司、王某某、葛某建设工程施工合同纠纷案①

案例要点：实际施工人挂靠于总承包人与发包人签订合同，后实际施工人未组织人员进场施工。经发包人发函催促后仍未进场施工的，发包人可起诉要求解除合同，并要求总承包人根据合同约定支付违约金，为不影响发包人另行组织施工，还可要求总承包人清理施工现场，拆除施工设施、设备。

案情介绍

原告某公司与被告新乐某公司就无极县中央公馆东区地下车库（二）工程项目于2017年4月2日签订了《施工承包协议》。协议签订后，被告王某、葛某（实际施工人）开始组织施工。被告没有按照《施工承包协议》的约定将工程按期完工。原告于2018年3月13日、2018年5月18日两次向被告新乐某公司发出催告函，督促被告早日组织工人进场施工。但被告没有组织人员进行施工，致使工程至今没有完工。原告遂诉至法院。

法院认为：应当认定原告某公司和被告新乐某公司之间签订了《施工承包协议》。原告两次向被告发出催告函，要求被告组织人员施工，但是，其至今没有组织人员施工。故原告要求解除合同的诉讼请求，本院应予支持。因原被告之间的《施工承包协议》应当予以解除，为不影响原告另行组织施工，被告应当清理施工现场，拆除其施工设施、设备。被告应当按照约定向原告支付违约金。

判决：（1）解除原告河北某房地产开发有限公司与被告新乐某建设工程有限公司之间的《无极县中央公馆东区地下车库（二）工程项目施工承包协议》。（2）被告新乐某建设工程有限公司、王某、葛某自本判决生效之日起10日内立即清理施工现场，拆除施工设施、设备。（3）被告新乐某建设工程有限公司、王某、葛某自本判决生效之日起10日内向原告河北某房地产开发有限公司支付违约金1 855 340元。

① （2018）冀0130民初1306号。

点评分析：根据当事人陈述可以看出，案涉工程项目系实际施工人直接联系的，仅是需要签订施工合同时才找到了总承包人，但是总承包人并未料到将要为此承担巨额损失。从法院认定的事实来看，总承包人及实际施工人在签订合同后未及时进场施工，经发包人两次发函催促后仍未进场施工，法院依法支持了发包人解除双方合同的诉讼请求。法院还认为，合同关于在总承包人违约的情况下，对完成的工程量不予结算的约定违反法律规定，系无效条款。关于违约金的确定，因双方协议约定“甲方有权要求乙方承担合同总价10%的违约金”，本合同总价为18 553 484元，最终法院也支持了发包人的诉讼请求，造成了总承包人的实际损失。

（二）在总承包人已经收取发包人预付款的情况下，总承包人不按约定组织人员进场施工的，总承包人需承担向发包人返还预付款并计付利息的风险

典型案例3.6.2

天津某置地发展有限公司与北京某停车设备科技有限公司建设工程施工合同纠纷案[①]

案例要点：承发包双方签订书面合同，发包人已按约定向总承包人支付预付款，但总承包人未按约定组织进场施工的，发包人可依法解除合同，主张总承包人返还预付款并自合同解除之日起计付利息。

案情介绍

2018年1月20日，原被告双方签订《锦尚佳苑住宅小区地库交通设施采购安装工程合同》。被告并未按原告通知时间如期进场。原告先后于2018年10月12日、13日两次发函催促被告于2日内进场施工，否则将解除合同。2018年10月16日22时，原告以电子邮件形式通知被告解除合同。

① (2018)津0115民初9792号。

法院认为：原告于2018年9月30日通知被告2018年10月8日进场施工，已经为被告履约预留了履约准备时间，但被告并未按照约定时间进场施工，后经原告多次催告直至工期近半仍未施工，足以使原告对被告的履约诚意及能力产生怀疑。原告存在逾期交房的极高风险，故因被告延迟施工，原告解除与被告签订的地库交通设施采购安装合同，并无不当。被告已收取原告预付款70 000元，涉诉合同并未履行且已经解除，预付款应由被告返还原告。原告主张被告按合同总价款10%支付违约金23 550元，具有事实及法律依据，本院予以支持。涉诉合同已于2018年10月16日解除，原告主张被告自2018年10月21日起，按中国人民银行同期贷款利率支付预付款利息，符合法律规定，本院予以支持。

判决：(1)被告北京某停车设备科技有限公司于判决生效后10日内返还原告天津某置地发展有限公司预付款70 000元，并自2018年10月21日起至实际付清之日止，按照中国人民银行同期贷款利率支付利息；(2)被告北京某停车设备科技有限公司于判决生效后10日内支付原告天津某置地发展有限公司违约金23 550元。

点评分析：本案总承包人合同签订后收取了发包人的预付款，但是未按约定组织进场施工，经发包人催告后仍不依约定履行义务，需承担违约责任，发包人可依法解除合同，总承包人已收取的预付款应当及时返还，逾期返还的应当自合同解除之日计付利息。双方的合同对违约责任进行了约定“任何一方不按合同约定履行义务，或发生使合同无法履行的行为，应承担违约责任，向对方支付合同总价款10%的违约金”，法院根据合同暂定总价确定了违约金的数额，对于发包人所主张的其他损失，因已经主张了违约金，不能证明违约金不足以弥补相关损失，所以没有再支持相关诉讼请求。

二、要点解析

（一）发包人合同解除权

实际施工人未组织人员进场施工，达到约定条件或者法定条件时，发包人即享有解除合同的权力。

1. 约定解除权

《民法典》第五百六十二条规定了合同主体的约定解除权，就是在签订合同时通过协商约定解除合同的具体事由、具体情况，当这些事由、情况发生的时候，约定享有解除权的一方就可以依法解除合同。

总承包人与发包人签订的施工合同中通常都会约定“乙方未按约定时间组织人员进场施工的，经通知仍未组织人员进场施工，甲方可以解除合同，乙方承担违约责任”。合同签订后，总承包人未组织人员进场施工，经发包人发函通知后仍不组织人员进场施工的，此时发包人有权根据合同约定解除合同，通过发函作出解除合同的意思表示即可。

2. 法定解除权

《民法典》第五百六十三条规定了法定解除权，主要列举了合同履行过程中如果发生了这些情况，合同主体即拥有解除合同的权利。其中第三项、第四项均涉及一方迟延履行的问题，第三项是一方迟延履行经另一方催告后仍未履行的情况，第四项是一方迟延履行或者其他违约行为致使合同目的不能实现的情况。

总承包人及实际施工人如果没有合法、合理依据，不组织人员进场施工的，一般不会直接致使合同目的不能实现，所以第四项不能适用。发包人如果需适用法定解除权，就需在总承包人出现未组织人员进场施工的情况时，通过有效方式发函催告总承包人，发出通知催告后，总承包人仍不组织人员进场施工的，发包人即享有法定解除权。

（二）合同解除后的处理原则

发包人解除施工合同后，发包人可依法请求总承包人恢复原状，又因总承包人存在违约情况，发包人可以依法请求总承包人承担违约责任。

《民法典》第五百六十六条规定了合同解除后的几个处理原则，第一就是在解除合同时还没有履行的即终止履行，第二是解除合同时已经履行了的，根据不同情况，一方当事人可以请求另一方当事人将“具体的事物”恢复到签订合同前的状态，不能恢复的采取其他补救措施，同时守约方有权要求违约方赔偿为此遭受的损失。

发包人解除合同后，要求返还预付款、清理施工现场、拆除施工设施设备等请求就是法律所规定的恢复原状请求。因总承包人未组织人员进场施工给发包人带来最直接的损失就是重新选择承包人的损失，重新组织招标的需要支付招标费用，还会因为耽误时间产生一些损失。通常发包人会在合同中约定违约金，一般占到合同总价的10%，这个比例法院大多会支持。在支持了违约金的情况下，如果没有充分证据证明违约金明显低于实际损失的，发包人再向总承包人主张其他损失赔偿的，法院一般不予支持。

三、风险防范

（一）实际施工人无力进场的防范及处理

实际施工人缺乏进场施工的能力，主要是缺乏资金能力和施工队伍的组织能力，对上述情况的处理，笔者认为，还是要从事前、事中、事后三个方面进行妥善处理。

1. 防范此种情况的发生，还是要在事前对实际施工人的能力、资信进行严格的调查、审核，本章第一节已对识别要素及方法进行了详细阐述，此处不再累述。

2. 发生此种情况后，总承包人需要进行全面分析，然后与实际施工主体进行有效沟通，了解其原因，提出有针对性的且不损害自身权益的解决方案。

（1）评估工程项目盈亏情况，根据合同约定及投标情况，评估项目施工完成后，施工主体是否能够获取一定的收益。该分析结论是提出解决方案的前提和基础，如存在盈利前景，不管是支持实际施工人施工还是自行施工均能保障权益。

（2）分析实际施工人无力进场施工的具体原因，唯有了解具体原因，才能提出行之有效的解决方案。弄清楚实际施工人是因为缺乏资金还是不能组织施工队伍，抑或是其他原因导致的不能进场施工。

（3）与实际施工主体协商具体解决方案，签订协议。如是实际施工人缺乏资金的，可以约定由总承包人向实际施工人出借资金，保障其顺利进场施工。但要注意出借资金的安全性，一般要求实际施工人提供担保，工程款必须由总承包人的银行账户收取，到账后本金及利息一并及时扣还。

如是实际施工人缺乏施工队伍、技术人员，不能进场施工，总承包人可为其介绍相关人员、队伍，由其直接洽谈分包，分包工程款由实际施工人承担，同时施工过程中要注意相关分包单位的工程款领取情况，确保不会产生纠纷，影响企业信誉。

当然不管什么原因导致的无法施工，只要实际施工人同意，总承包人完全可以接替其完成施工，但是要厘清与实际施工人之间的权利义务，以防止后期产生纠纷。

最难处理的情形为在预计项目缺乏盈利能力时，因为不管总承包人如何处理，最终均会出现亏损，该部分亏损的承担也会触发纠纷。笔者认为，如项目盈利能力差，就应当及时止损，向实际施工主体说明情况，尽量付出最小的代价与甲方解除施工合同。

（二）实际施工人不愿进场施工的防范及处理

如前所述，实际施工人拒绝进场施工，主要的风险责任主体是总承包人，所以该情况是总承包人应当予以高度关注的。因引起实际施工人不愿进场施工的诱因不同，可分为实际施工人因发包人原因拒绝进场和实际施工人因总承包人原因拒绝进场。下面我们逐一分析具体情况下总承包人的应对策略。

1. 实际施工人与发包人存在意见分歧，拒绝进场施工的防范和处理

与发包人在进场前就发生意见分歧，拒绝进场施工的情况不多，可能是因为施工现场的移交、工程现场实际情况导致工程量及价款发生了变化、发包人出现违约等其他影响到其权利义务的情况。

（1）对该情况的防范主要是在项目承接、合同签订过程中，总承包人要进行实地勘察，详实调查和分析项目及发包人，仔细地审核合同条款，明确约定不明的或者没有约定的事项，降低产生纠纷的概率。

（2）合同签订后，总承包人要根据具体情况，分析实际施工人的主张是否合法，是否可能导致违约。

通过分析，实际施工人的主张符合合同约定及法律规定的，完全可以与实际施工人站在同一立场，为其权益主张提供支持，同时也可为化解实际施工人与发包人矛盾从中调和。其间，一定要注意与实际施工人完善相关手续，确保总承包人不会产生损失。

如实际施工人不进场施工的理由不充分、不合理,没有法律依据,继续拒绝进场施工,将要承担合同违约责任时,总承包人需及时与实际施工人沟通,要求其按约定进场施工,必要时应依法解除双方合约,结算清楚后,重新组织施工队伍进场施工,避免违约责任的承担。

2. 实际施工人与总承包人存在意见分歧,拒绝进场施工的

双方商谈实际施工事宜时应充分协商,对各自权利义务约定清楚,避免在进场施工时爆发矛盾,产生纠纷。双方签订协议时要求实际施工人缴纳保证金是一个比较有效的方法,出于保证金的制约,没有遇到非常突出的矛盾时实际施工人一般不会与总承包人产生矛盾。

四、操作指南

1. 总承包人收到发包人发出的要求及时组织进场施工的通知后,需及时向实际施工人发出有效通知。通知实际施工人的内容(仅供参考):“我司××年××月××日收到××公司发送的《关于××项目××的通知》,通知指出我司至今未组织人员进场施工,存在严重的违约情况,要求我司在××年××月××日之前组织人员进场施工,通知要求我司承担违约赔偿责任。因该通知与你存在重大利益关联,特向你通知如下:1. 及时、全面向我司汇报相关情况,提交你所掌握的全部文件、资料等。2. 及时与我司进行沟通协商处理方案,妥善处理相关问题。3. 如你不积极参与相关事宜的处理,为保障我司合法权益,我司将根据现有资料、文件处理相关问题,我司为此支出的全部费用及损失均由你承担,如你权益受损均由你自己承担。”

2. 通知实际施工人后,总承包人需与其进行有效沟通,根据情况协商下一步工作方案,要求实际施工人确认方案,对方案负责,愿意承担全部损失,明确总承包人如遭受损失的由实际施工人承担、赔偿。与实际施工人确定处理方案:“就××公司发送的《关于××项目××的通知》所指出的未组织人员进场施工一事,经与××公司积极沟通,通过与贵司协商最终确定如下方案:(1)××;(2)××;(3)××。本人同意执行上述方案妥善处理相关未组织人员进场施工的问题,请贵司予以配合。本人自愿承担此方案可能产生的全部责任,全部费用、损失均由我承担,如造成贵司损失的由我负责赔偿全部损失,特此承诺!”

3. 经过与发包方协商，如形成具体方案一定要经实际施工人确认后方可实施，全部支出由实际施工人承担。

4. 如总承包人经与实际施工人协商，实际施工人不愿继续施工，由总承包人继续组织其他人员进场的，应当与实际施工人做好前期结算，由实际施工人作出承诺。

纠纷产生后，总承包人会面临两个方面的问题，一方面会因为迟迟不能进场施工，需向发包人承担违约责任；另一方面会因为与实际施工人不能协商一致，而产生损失。此时如能协商处理的，应尽量协商处理，如不能协商的，笔者认为在项目可盈利的情况下，总承包人应当及时安排新的队伍进场施工，先要避免对发包方的违约，承担违约责任。与实际施工人之间可通过协商解除合作、结算的方式处理，实际施工人不予配合的，亦通过司法途径解决争议。

CHAPTER 04

第四章 施工过程中的风险识别与防范

一个建筑项目落地后，实际施工人通常会设立“某某公司某某项目部”开始组织生产建设，经总承包人的授权许可刻制项目专用章，开展建设工作。在整个施工过程中，承担经营管理责任的是实际施工人，总承包人往往视项目的体量、周期以及内部承包合作协议的约定负责部分的监督管理，以及与发包人、实际施工人及各个分包单位的工程款项的往来收付。一个项目从合同达成、进场施工到竣工验收，短则三四个月，长则几年，在较为漫长的施工过程中，总承包人往往难以面面俱到地约束和管控实际施工人。若实际施工人不当经营，或与总承包人的合作发生争议或分歧，有可能发生不配合验收、不提供发票，滥用、甚至伪造项目章，签订多模板合同，不归还总承包人借款等风险。本章主要聚焦于施工过程中可能发生的各类风险的识别与防范。

第一节 总承包人出借资金给实际施工人的风险识别与防范

众所周知，建设工程伊始通常需要大量的资金，一般由实际施工人自行垫资，自筹资金。但是在实际施工人资金困难的情况下，总承包人为了工程项目顺利实施，或基于风险防范的考虑，即使是收取利息也会向实际施工人出借资金；

另外，若实际施工人与总承包人合作关系良好，实际施工人也会以非项目用途的名义向总承包人融资借款。不论处于何种目的借款，若实际施工人无能力依约还款或者要求总承包人在工程款中抵扣借款，总承包人就会面临借款本息无法偿还，或者实际施工人结算后的工程款不够偿付的风险。

一、风险识别

（一）实际施工人无论以何种原因向总承包人借款，在总承包人给付借款后，实际施工人可能无法偿还到期债务，总承包人的债权会面临无法实现的风险

实际施工人承接工程后，在组织施工过程中，若遇资金周转不灵，导致项目不能如常进行，甚至停工的，总承包人也会如坐针毡。要么自己组织施工，要么予以资金支持，总归要保证工程的顺利开展，直至如期交付。

但出借款项后，不确定因素也会出现，若实际施工人未将借款用于承接的工程，或者是即使用于承接的工程也未必能保持顺利施工的情形的，最终仍会留下了“半拉子”工程一走了之。对总承包人而言，不仅难以向实际施工人追回借款本金利息，甚至还会承担因其工程亏损导致的多种债务。

（二）实际施工人非以本人名义向总承包人借款，或者总承包人非以本人名义向实际施工人出借款项的，实践中主流观点是依据合同相对性原则，总承包人无法向实际施工人要求偿还本息

1. 实际施工人合伙经营的，若与总承包人签订相关承包协议的是其中一名合伙人，实际现场管理的又是另一名合伙人，向总承包人出具欠条或者借款协议的与签订承包协议的非同一人的，总承包人在没有证据证明两者合伙的情形下，要求合伙经营的其他方承担连带付款责任的，恐难获得支持。相应地，要求在与实际施工人结算中扣除该部分借款的也不会获得支持。

2. 实际施工人以项目部等其他名义向总承包人借款的，在双方合作顺利的情况下，基本可默认以工程款抵销债务。但发生争议和纠纷后，若实际施工人否认其是借款主体，总承包人诉请实际施工人偿还本金的，可能因为证据不足难获支持。

在湖南某建设公司与刘某、任某民间借贷纠纷案①中，实际施工人刘某多次向湖南某建设公司借款，并出具借条、收据及承诺书，但是借款人的落款是“某标项目部刘某”，刘某据此抗辩项目部并非刘某个人，并提供工资表、证人证言等证据抗辩其借款行为属于职务行为。再审法院认为，项目部是工程施工单位为完成某一具体项目的施工而特意成立的一种临时管理部门，对施工单位而言，其仅仅是临时职能部门，随工程的开始而成立，随工程的竣工而完成使命被解散或者撤销。项目部没有法律上的主体资格，其对外的民事权利由施工单位享有，义务亦由施工单位承担。对内而言，则由项目负责人根据其与施工单位的约定来承担相应的责任。根据总承包人与实际施工签订的独立运营、自负盈亏的协议书，刘某系协议书乙方唯一签字的具备独立承担民事责任的民事主体，故其是借贷的相对方。

上述案件中判决最终认定的实际施工人就是借款的债务人，但如果实际施工人在借款时是以其他主体名义借款的，比如自己开设的其他公司，或者近亲属，总承包人基于对实际施工人的信任而借款，若届时债务人不还款，总承包人的风险就会急剧增加且难以向实际施工人主张权利。

3. 实际施工人向总承包人借款，总承包人的法定代表人或者其实际控制人、负责人或者法定代表人授意的其他人为出借人的，总承包人要求实际施工人偿还本息或者要求在与实际施工人结算中要求扣除该部分借款的，亦有可能不获支持。例如，在江苏某建设公司与胡某建设工程施工合同纠纷案②中，承包人江苏某建设公司认为实际施工人胡某多次与江苏某建设公司法定代表人的配偶鲍某借款，加之鲍某是江苏某建设公司的会计，其个人债务与公司债务存在混同的情形，因此胡某向鲍某借款的行为可以推定为江苏某建设公司与胡某之间的债务已经抵销或灭失；对此二审法院认为胡某与鲍某之间的借款关系与本案没有关联性，江苏某建设公司仍应支付工程款。

---

① （2018）湘民再330号。

② （2020）苏03民终4066号。

（三）总承包人以各种形式向实际施工人出借款项，若相关手续不全，或因双方没有借贷合意，经法院审理认为“借贷关系不成立”，导致总承包人不能依据民间借贷要求实际施工人承担利息等

1. 总承包人虽然有向实际施工人出借款项的事实，但是由于没有相关借条、欠条或者约定不明，且可能存在借款经由实际施工人指示支付至与其发承包工程相关的债权人处的，或给付、还款账目不清，在纠纷产生的时候双方各执一词，则总承包人支付给实际施工人的相关款项不被认定为借款。

2. 即使有借条等书面凭证，经法院审理认定发承包双方不存在借贷合意等不构成民间借贷关系的情形的，总承包人诉请可能会被驳回。

典型案例 4.1.1

江苏某新能源公司与刘某民间借贷纠纷案①

案例要点： 实际施工人虽然向付款人出具借条，但付款人是代承包人向实际施工人支付工程款的，基于双方没有借贷合意，付款人与实际施工人之间不存在民间借贷关系。

案情介绍

江苏某新能源公司持有刘某签名的借条打印件一份，落款时间为 2016 年 11 月 17 日，载明：“今借到江苏某新能源公司人民币贰佰万元，立此为据！注：该笔借款于春节前付定边工程款时予以扣除，利息按月利率 1.86% 计算。”

同日，江苏某新能源公司通过银行汇款方式将上述款项汇入刘某账户，刘某对收到该笔款项无异议。

2019 年 1 月 15 日，江苏天航公司向刘某发出“督促归还借款函”，要求刘某归还借款 200 万元及利息 967 200 元，将该款汇至江苏天航公司法定代表人查某银行账户。

① （2020）苏 04 民终 1824 号。

陕西某新能源公司是由江苏某新能源公司原法定代表人朱某实际控制的，江苏某新能源公司与陕西某新能源公司账面上有款项往来。

一审法院认为：双方当事人之间不构成民间借贷法律关系，江苏某新能源公司诉讼请求不能成立。理由如下：江苏某新能源公司提交的借条能够证明款项交付的事实，但不足以证明双方之间有借贷合意。朱某，时任江苏某新能源公司法定代表人、陕西某新能源公司实际控制人，刘某作为陕西某新能源公司的债权人，陕西某新能源公司要求江苏某新能源公司向刘某履行债务，江苏天航公司按照陕西某新能源公司按指示将案涉款项交付刘某，可见两公司对于该款项并非借贷，而是江苏某新能源公司代陕西某新能源公司支付工程款。

一审判决：驳回江苏某新能源公司的全部诉请，江苏某新能源公司不服提出上诉。

二审法院认为：本案所涉款项虽以出具借条的形式予以确认，但实际性质是江苏某新能源公司代陕西某新能源公司向刘某支付工程款，该款在2017年春节前在陕西某新能源公司支付定边（刘某）工程款时予以扣除。

二审判决：驳回上诉，维持原判。

点评分析：民间借贷纠纷案件，要综合双方当事人的借贷合意、交付情况、借贷发生的原因等予以综合把握。

在宁夏某劳务公司与唐某民间借贷纠纷案①中，一审法院认为：建设过程中，工程承包人与发包人在工程施工过程中，常常通过借支的形式先行支付部分费用，以保证工程施工正常进行。被告唐某无法从发包方直接借支相应费用，须通过挂靠单位即本案原告向发包人借支费用，唐某出具借条是其与原告结算费用的财务凭证，符合财务做账惯例。二审法院在此基础上认为：唐某虽签署借条，但实际上是向建设单位提前预支工程款并发放给了农民工。上诉人宁夏某劳务公司没有出借的事实，被上诉人唐某亦没有借贷的真实意思表示，双方不构成民间借贷法律关系。

总承包人与实际施工人之间关系密切，甚至对外存在着一体性，双方之间资金往来频繁，如果欠条、借条等约定草率，比如写“借款200万元，用于支付工人

① （2014）银民终字第20号。

工资，该款结算后多退少补”，看起来表述为借款，但是结合语义推敲，这个“借款”极有可能表述为工程款的结算，那么这个“借款”也有可能被认定为“借支”的工程款。

故而，若相关纠纷存在借款与应付工程款项交织在一起，一方主张为借款，另一方抗辩系工程款的，应逐笔分析，逐笔认定。

（四）实际施工人要求总承包人支付工程款，总承包人要求出借款项在案件中予以一并处理的，可能面临被要求另案主张或者予以一并处理两种截然不同的司法意见

尤其是实际施工人与总承包人工程款未有结算的情形下，若实际施工人抗辩称借款属于民间借贷，应付工程款属建设工程合同，两者不是同一法律关系，其不同意一并处理的情形下，司法实践中会要求实际施工人另案主张返还借款权利。

当然也有案例将借款一并处理，支持了总承包人将出借款项在应付工程款中预提扣除。如在湖南某建设公司与李某建设工程分包合同纠纷案①中，关于“借款”是否应该在本案中一并处理的问题，二审法院认为：“借款”的实质是田某代湖南某建设公司与李某协商，案涉工程由李某垫资进行施工，而不是典型意义上的借贷；加之为减少当事人诉累及节约司法资源考虑，宜在本案在一并处理。

（五）即使实际施工人同意总承包人在应付工程进度款的时候直接扣除借款，但若实际施工人欠款、欠付农民工工资导致发生群体性事件的，总承包人实际无法直接以工程款抵扣借款，甚至可能超额支付

鉴于总承包人往往掌握着实际施工人收取工程款的“命脉”，可以直接以发包人支付的工程款抵扣借款，但直接抵扣款项有可能引起实际施工人的抵触。实际施工人可能组织或授意农民工停工闹事，或以总承包人扣款为由拒不支付农民工工资或者其他欠款等，通过不正当形式“逼迫”总承包人，尤其是当相关建设行政主管部门介入后，通常总承包人会被要求直接向农民工支付款项。

当然，即使实际施工人同意在应付工程进度款的时候直接扣除借款的，若因

① （2020）湘02民终1522号。

其没有能力支付农民工工资的,同样会发生农民工集体讨薪或停工等团体事件,若实际施工人再“跑路”,总承包人面临的风险会更多。

(六)总承包人通常会以发包人支付的工程款抵销借款本息,同时双方之间还存在着管理费、税费等费用的结算,甚至双方之间存在多个工程的合作和经营,在债权债务抵销时,会导致总承包人面临无法收取利息的风险

总承包人基于与实际施工人的信赖关系,多次出借给实际施工人款项,若实际施工人能正常完成施工,且不存在高负债等情形的,债权债务相抵后余额充足,总承包人既能收到管理费、税费等费用,又能收到利息,可谓一举多得。但若两两相抵后不够的,总承包人可能不仅仅无法收到利息,甚至无法收到借款本金、管理费、相关税费等。若实际施工人资金状况严重恶化的,还要为其施工过程中的欠款承担付款责任。

(七)总承包人以转贷牟利为目的,套取金融机构信贷资金再高利转贷给他人的,涉嫌高利转贷罪,将受到刑罚处罚

实际施工人向总承包人借款,总承包人往往掌握着实际施工人收取工程款的“命脉”,其对实际施工人的还款能力相对有把握,所以总承包人亦愿意向实际施工人出借款项,并收取利息。总承包人可以以其自有资金出资,也可能以其他来源的资金出借,若此处的“其他来源的资金”属于套取金融机构信贷资金的,则有可能构成高利转贷罪。

典型案例 4.1.2

安徽某消防公司及其法定代表人江某涉嫌高利转贷案[①]

案例要点:总承包人及其实际负责人贷款后转借并牟利的,构成高利转贷罪。

---

① (2014)宣中刑终字第00159号。

案情介绍

2012年9月28日，时任安徽某消防公司法定代表人的江某以安徽某消防公司的名义与中国建设银行有限公司某支行签订《人民币流动资金贷款合同》，借款金额为1000万元，期限12个月。

同日，安徽某消防公司与新纽公司签订《借款协议》，借款金额为1000万元，期限是18个月，借款利率为月息2%。次日，建行状元路支行向宣城消防公司发放贷款1000万元后，安徽某消防公司将该1000万元为新纽公司向宣城某建筑公司1、宣城某渣土运输公司、阜阳某建筑公司、宣城某建筑公司2分别付工程款100万元、100万元、300万元、500万元。

2012年11月至2013年5月，安徽某消防公司从新纽公司获取1000万元的借款利息130万元，同时为1000万元借款支付银行利息38.908 335万元、咨询费6万元、税费6.802万元，违法所得78.289 665万元。

法院认为：被告单位安徽某消防公司以牟利为目的，套取金融机构信贷资金高利转贷他人，违法所得78.289 665万元，其行为已构成高利转贷罪。被告人江某作为安徽某消防公司的法定代表人、执行董事兼总经理，直接负责套取金融机构信贷资金高利转贷他人，其行为构成高利转贷罪。

法院判决：(1)被告单位安徽某消防公司犯高利转贷罪，判处罚金235万元。(2)被告人江某犯高利转贷罪，判处有期徒刑1年6个月；犯职务侵占罪，判处有期徒刑14年，并处没收财产100万元；决定执行有期徒刑14年6个月，并处没收财产100万元。(3)被告单位安徽某消防公司的违法所得78.289 665万元，予以追缴；被告人江某的违法所得692.837 98万元，予以追缴。

点评分析：《刑法》第一百七十五条高利转贷罪规定：以转贷牟利为目的，套取金融机构信贷资金高利转贷他人，违法所得数额较大的，处3年以下有期徒刑或者拘役，并处违法所得1倍以上5倍以下罚金；数额巨大的，处3年以上7年以下有期徒刑，并处违法所得1倍以上5倍以下罚金。

单位犯前款罪的，对单位判处罚金，并对其直接负责的主管人员和其他直接责任人员，处3年以下有期徒刑或者拘役。

在本案中，安徽某消防公司因为将金融机构信贷资金转借给新纽公司，并收取了高额的利息被定罪处罚，全部违法所得依法予以追缴并被判处罚金，公司实际负责人还被判处有期徒刑。

近年来,民间借贷案件处于高压查处阶段,因为民间借贷可能涉及违法犯罪的概率非常高,如职业放贷人、高利贷等行为,即使不构成违法犯罪,亦严重扰乱了正常的民间借贷市场,所以在民间借贷案件中,发现有违法犯罪线索的,承办法院可以直接移送到公安部门立案正常。就高利转贷而言,实际生活中少有以自有资金从事高利贷行业的,很多高利贷的主要资金来源是银行贷款,因其披着合法借贷的外衣,不易被查处。然而这种行为严重地破坏了金融秩序,有很大的社会危害性,司法实践中对高利转贷罪的查处力度也较大。

二、要点解析

总承包人出借资金给实际施工人的情形,归根结底是民间借贷的一种,但是由于双方本就发承包工程有债权关系或者代付款关系存在,故双方民间借贷关系成立与否的认定,需具体情况具体分析。

(一)无争议借款关系的认定

总承包人与实际施工人之间因履行内部承包合同产生的借款与其他借款无异,实际施工人应当依约清偿。

1. 实际施工人不因其与总承包人之间存在发承包关系而特殊化

实际施工人在民事法律关系中,作为一般民事主体存在。虽然其与总承包人之间存在挂靠、转包或违法分包情形下的发承包关系,但就民间借贷关系而言,二者是平等主体。

2. 借贷关系合法有效前提下,借款独立于工程款

国家鼓励民间资本的市场化流动,以缓解中小微企业融资的困难。但是由于总承包人与实际施工人之间多了一层合同关系,所以借贷关系的确立应从借贷发生的原因、时间、地点、款项来源、交付方式、款项流向以及借贷双方的关系、经济状况等事实出发,综合判断。

(1)总承包人所依据的事实和理由明显不符合常理,或者实际施工人有合理解释的;

(2)总承包人不能提供合法有效的欠条、借条等的;

(3)实际施工人借款去向明确,且总承包人向实际债权人支付的;

(4)总承包人套取金融机构信贷资金又高利转贷给实际施工人,实际施工人事先知道或者应当知道的;

(5)总承包人未以任何方式向实际施工人交付的;

(6)实际施工人违法犯罪的。

总承包人与实际施工人就借款存在争议时,应予以重点核查以上事实。

若经审查,确系实际施工人资金周转等需要实际发生,总承包人向实际施工人完成交付或者按照实际施工人的指示予以交付,双方有明确的债权凭证的情形下,双方民间借贷关系即成立,其独立于双方其他合同关系,即借款独立于工程款。

(二)借款与应付款混同,借款给付与代付行为混同

总承包人与实际施工人之间签订的名为借款实为工程款确认或结算的相关协议,不能证明双方之间存在借贷关系,总承包人要求实际施工人偿还本息的不予支持,应在其与实际施工人应付的工程款中予以一并处理。

总承包人要求实际施工人偿还本息,而实际施工人主张是应付工程款的,其故意进行全部或部分混淆,若总承包人与实际施工人就借款的合意不能以书面的形式明确表达,或没有实际交付借款,则总承包人就有可能承担败诉的法律风险。

还有一种情形,即总承包人的借款也有可能是基于需要代付款项而出借,总承包人往往会应实际施工人的要求直接给付第三方,如无明确的证据证明付款行为是出借款项,那么只能按照追偿权来主张。追偿权和债权主张的法律依据完全不同,总承包人有可能基于自己的过错而承担部分责任,无法全额主张到全部款项。

(三)债务抵销

总承包人对实际施工人有支付工程款的义务,实际施工人有偿还总承包人借款本息的义务,两者同属金钱之债,一方主张抵销到期债务的,可以抵销。

《民法典》第五百六十八条规定,当事人互负债务,该债务的标的物种类、品

质相同的，任何一方可以将自己的债务与对方的到期债务抵销；但是，根据债务性质、按照当事人约定或者依照法律规定不得抵销的除外。当事人主张抵销的，应当通知对方。通知自到达对方时生效。抵销不得附条件或者附期限。第五百四十九条规定，有下列情形之一的，债务人可以向受让人主张抵销：(1)债务人接到债权转让通知时，债务人对让与人享有债权，且债务人的债权先于转让的债权到期或者同时到期；(2)债务人的债权与转让的债权是基于同一合同产生。

工程款的给付以及债权的实现均属于金钱之债，标的物一致，可以抵销。且总承包人往往也会在借款协议中约定：如无法依约履行债务，债权人有权直接以应付工程款抵扣借款。但此时需要注意的是借款期限是否届满，以及工程款的应付时间和条件，若工程款的付款条件已成就，但借款的还款期未能到期时，则不能随意抵销。

(四)出借资金来源

总承包人作为出借人，其出借资金的来源亦是判断民间借贷关系成立与否的重要依据。

总承包人如以自有资金出借给实际施工人，一般就借款的真实性和性质上不存在争议。但在我国当前市场经济蓬勃发展的趋势下，“借杠杆”也成了投资、融资的常态。总承包人有可能为获“利差”，自愿贷款后再转借给实际施工人，也有可能实际施工人自身无法满足银行贷款的条件，提出以总承包人名义贷款后再向总承包人借款。

以自有资金出借与将金融机构信贷资金高利转贷，两种区别甚大。根据最高院《九民纪要》【高利转贷】民间借贷中，出借人的资金必须是自有资金。出借人套取金融机构信贷资金又高利转贷给借款人的民间借贷行为，既增加了融资成本，又扰乱了信贷秩序，根据《民间借贷司法解释》第十四条第一项的规定，应当认定此类民间借贷行为无效。人民法院在适用该条规定时，应当注意把握以下几点：一是要审查出借人的资金来源。借款人能够举证证明在签订借款合同时出借人尚欠银行贷款未还的，一般可以推定为出借人套取信贷资金，但出借人能够举反证予以推翻的除外；二是从宽认定“高利”转贷行为的标准，只要出借人通过转贷行为牟利的，就可以认定为是“高利”转贷行为；三是对该条规定的“借款人事先知道或者应当知道的”要件，不宜把握过苛。实践中，只要出借人在签订借款合同时存在尚欠银行贷款未还事实的，一般可以认为满足了该条规定的“借款人事先知道或者应当知道”这一要件。

由此可见，若总承包人以向金融机构信贷的资金出借的，借贷合同无效。总承包人不仅会丧失利息、维权费用等权利的胜诉权，更有可能被追究刑事责任。

（五）合伙人共同债务、夫妻共同债务的认定

若实际施工人可以是一个人，抑或多个合伙人合伙经营，又或者夫妻共同经营的组织；对于总承包人而言，在实际施工人无力偿还其本息的情形下，越多人承担责任，对其债权的实现越有利。

1. 合伙经营情形下债务承担

在总承包人没有相关证据证明实际施工人是合伙经营的前提下，其要求其他合伙人就借款承担连带付款责任的，根据合同相对性原则，不予支持。

2. 夫妻共同债务

实际施工人不乏“夫妻店”，“男主外”负责项目的统筹管理安排，“女主内”经手款项的开支发放。在该种情况下，实际施工人的借款债务如发生于夫妻关系存续期间，而且另一方对借款债务的产生也共同参与，譬如签字、收取款项，担任项目会计、负责人、经办人等，则案涉借款债务应属夫妻共同债务，由夫妻双方共同承担。

但若除以上情形外，总承包人要求实际施工人配偶承担连带付款责任的，应当根据《最高人民法院关于审理涉及夫妻债务纠纷案件适用法律有关问题的解释》予以认定。根据该司法解释，实际施工人所负债务，通常会被认定为个人债务，除非总承包人对“该债务用于夫妻共同生活、共同生产经营或者基于夫妻双方共同意思表示”予以证明。

（六）借款利息标准

随着国家对民间借贷的宏观调控，民间借贷利息的上限也经过了多次修改，

以避免民间借贷过于市场化而出现无序状态，维护民间借贷市场稳定。

首先，双方未约定利息的，视为无息。其次，约定利息有上限要求。最高院《九民纪要》第50条规定，人民法院在审理借款合同纠纷案件过程中，要根据防范化解重大金融风险、金融服务实体经济、降低融资成本的精神，区别对待金融借贷与民间借贷，并适用不同规则与利率标准。要依法否定高利转贷行为、职业放贷行为的效力，充分发挥司法的示范、引导作用，促进金融服务实体经济。需要注意的是，为深化利率市场化改革，推动降低实体利率水平，自2019年8月20日起，中国人民银行已经授权全国银行间同业拆借中心于每月20日（遇节假日顺延）9时30分公布贷款市场报价利率（LPR），中国人民银行贷款基准利率这一标准已经取消。因此，自此之后人民法院裁判贷款利息的基本标准应改为全国银行间同业拆借中心公布的贷款市场报价利率。应予注意的是，贷款利率标准尽管发生了变化，但存款基准利率并未发生相应变化，相关标准仍可适用。

也就是说，关于民间借贷相关的法律规定都应当适用，从目前的司法解释和裁判实践来看，一般借款利息支持的上限是四倍的LPR。

（七）法律规定

南通中院对于审理涉建设工程借贷纠纷案件给出了较为明确的指导意见。其指出应对借款是否实际发生及借款本金数额的真实性予以严格审查。譬如，对数额较大的借贷案件，建筑单位或实际施工人辩称借款未实际发生或债权凭证载明的借款本金数额包含利息，且提供的证据足以使法官对债权凭证或债权凭证载明本金数额的真实性产生合理怀疑的，应由相对人就借款是否实际发生及借款本金数额的真实性承担举证责任。相对人应对签订的借贷合同、出具债权凭证时间、地点及所涉资金的来源、交付方式、时间、地点等订立履行合同的因素承担举证责任。

三、风险防范

首先应规范承包工程的付款方式，即要求发包人按照与总承包人的建设工程施工合同约定的付款方式付款，并明确约定其他任何付款方式都不属于向总承包人支付工程款的义务。

1. 总承包人出借款项给实际施工人的，实际施工人承建工程的收益将直接影响借款本息，总承包人应当在资金管控、工程分包、材料采购设备租赁、施工组织、以及与发包人的关系协调上深度参与，实时掌握工程进展及项目收支情况，避免对实际施工人的资金状况过于陌生。

2. 总承包人出借款项给实际施工人的，必须明确借贷双方的主体，签订借款协议，对借款事由予以明确，对借款的每一笔往来，支付的方式明确出具收条或制作对账单，由双方签字确认，避免借款与应付款的混同、给付方式与代付、垫付和应付款项混同、借款被认定为应付工程款。

3. 总承包人出借款项给实际施工人的，应要求实际施工人对借款提供必要的担保，包括担保人、抵押担保等方式，如提供人保，应当尽可能地扩大、明确担保的范围，并明确担保人承担的是连带保证责任，约定较长的保证期间；若是抵押担保，应当及时办理抵押登记，保证抵押权的生效。通过提供担保，可避免实际施工人资金困难导致无力偿债。

4. 总承包人出借款项给实际施工人的，必须以自有资金出借，量力而行，不可为了赚取利息，用任何方式借款或抵押转借，更不要贷款转借。以防因违反法律的强制性规定而导致借款无效。

5. 总承包人出借款项给实际施工人的，应在相应借条或欠条中明确利息，同时要注意利息约定需合法，不宜过高；并同时对违约而产生的维权费用明确约定由违约方承担。

6. 若作为实际施工人一方的，存在多个个人或组织合伙经营，或者是夫妻共同承包经营的，应要求所有合伙人或夫妻双方均在相关承包协议和欠条、借条上签字确认，避免主体不清晰导致无法要求其他合伙人承担偿还本息。

7. 总承包人出借款项给实际施工人的，若实际施工人与总承包人有多个项目合作的情形的，应尽量做到随着单个项目工程款结算时，一并予以结算，避免债务久远复杂，导致账目混乱，无法获偿。

四、操作指南

1. 相关借款的标题为《借条》或《欠条》。《借条》或《欠条》内容应包括借款主体，借款的用途、金额、期限、利息标准，载明借款人的身份证号、联系方式等，要求全部实际施工人均作为借款人签字并标注日期,尽量扩大债务人的范围;将身份证复印件作为附件。

2. 签订明确有效且有利的书面的担保条款或者担保协议。担保条款或协议中明确:保证人承担的是连带保证责任,由担保人面签,并提供必要的担保财产,比如房产证、银行存款,车辆行驶证等,证明其真实的担保意愿和履行能力。

3. 与实际施工人在《借条》或《欠条》中,或者直接在与实际施工人签的相关承包协议中明确,总承包人出借给实际施工人的所有款项,可以由总承包人在实际施工人当期应付工程款中予以分期或者一次性扣除。

4.《借条》或《欠条》签订后再行支付出借款项,或者是以双方约定的形式支付借款,避免现金交易,避免向实际施工人以外的其他第三方尤其是与发承包工程由债权的第三方支付。付款后要保留好相关付款凭证,并要求实际施工人出具《收条》。

第二节　提供材料发票的民事风险识别与防范

发票的使用和管理是企业经营管理中非常重要的工作,与企业的经营收入有着重要的关系,总承包人希望获得更多的发票来降低企业税负,同时也要重视取得发票行为及发票本身的合法性,真实反映企业成本,防范企业发票相关风险。在总承包人将工程交给实际施工人施工的情况下,总承包人为了获取较多的发票,往往会与实际施工人在内部承包协议中约定,实际施工人需向总承包人提供一定金额的发票。实践中会因为实际施工人未按约定金额提交发票、取得发票的行为不合适、发票本身存在问题等原因,给企业带来民事、行政和刑事法律风险,本章第二节、第三节、第四节将对相关风险的识别和防范进行分析,本节主要讨论与实际施工人发票问题相关的民事法律风险的识别和防范。

一、风险识别

（一）实际施工人未按约定的时间、金额提交发票，导致相关增值税进项税额不能得到合法抵扣、相关成本不能依法税前扣除，总承包人需承担高额税费的风险

发票是证明总承包人增值税进项税额、生产经营成本的有效原始凭证，如没有取得相关发票，即使交易实际发生了，也不能依法进行抵扣和税前扣除，必然会带来税费的增加，造成总承包人损失。

（二）总承包人起诉要求实际施工人依约开具发票，法院不予立案、驳回起诉的风险

关于总承包人起诉要求开票的问题，是否属于法院的受理范围有很大的争议，部分法院不予受理或者驳回起诉，也会有部分法院判令实际施工人开具发票给总承包人。

典型案例 4.2.1

蒋某与江苏某建设集团有限公司建设工程施工合同纠纷案[①]

案例要点：总承包人将承接的工程肢解后分包给了实际施工人，双方签订的协议中约定实际施工人需提交相应金额的发票给总承包人，因实际施工人未提交，总承包人起诉实际施工人要求其交付发票的请求，法院予以了支持。

案情介绍

2010 年 8 月 25 日，江苏某建设集团有限公司承接了紫园项目的土建、水电安装工程。后由蒋某等六个小组以责任制承包方式分别施工，其中蒋某系第一施工小组实际施工人，双方签订的《项目责任人的承诺》约定，“责任人负责施工

① (2020)苏 11 民终 1347 号。

的上述工程,必须承担以下费用:所负责施工工程上缴工程结算总价(含甲供材、规费、税金)的5.5%为公司管理费用;税金、个人所得税、省、市建管费、招投标、印花税等其他各项费用由责任人负责","各项材料发票必须与支付款额相符"。江苏某建设集团有限公司起诉以审定价11 501 119.78元的70%计算蒋某应承担的发票金额为805.078万元。

一审法院认为:本案中,蒋某作为涉案工程的承包方,在收取工程款后开具工程款发票是税法上的义务,另,在其签署的《项目责任人的承诺》中也有提供发票的明确约定,故某建设公司向蒋某主张发票,既符合法律规定,也符合双方约定,一审法院予以支持。

一审判决:蒋某向江苏某建设集团有限公司交付金额为334.133万元的增值税发票。

二审法院认为:蒋某应当根据江苏某建设集团有限公司提供的开票信息向其开具符合国家政策的发票。故一审法院判决蒋某应提供增值税发票,并无不当。

二审判决:驳回上诉,维持原判。

点评分析:法院认为当事人开具发票事宜既是行政法律法规调整的范围,也是当事人履行民商事合同中的合同附随义务,法院遵循了当事人关于提供与支付款项金额相符的材料发票的约定,对总承包人的诉讼请求予以了支持,笔者赞同法院的处理方式。司法实践中,也有法院认为此事项不属于法院受理范围或者以判决后无强制履行性,不予处理的。在安徽某建设集团有限公司与陈某建设工程施工合同纠纷案①中,法院认为安徽某建设集团有限公司诉请陈某为其开具发票的请求不具有强制履行性,驳回了诉讼请求。一旦诉请被法院驳回后,总承包人则会面临巨额税金损失,需予以高度重视。

(三)内部承包协议中未约定实际施工人承担开票义务的,起诉要求其开票、承担税金等损失的,缺乏事实依据,法院不予支持的风险

在某装饰工程有限公司与四川省某劳务有限公司乐山分公司合同纠纷案②

---

① 2020)皖01民终1622号。

② (2018)川民申5250号。

中，某装饰工程有限公司主张代开发票支出162 400元，因双方在劳务分包合同和材料采购委托合同中均没有代开发票的约定，某装饰工程有限公司也没有证据证明其在付款后要求四川省某劳务有限公司乐山分公司提供发票而四川省某劳务有限公司乐山分公司拒绝提供的情形。因此，某装饰工程有限公司要求四川省某劳务有限公司乐山分公司承担其代开发票支出162 400元的请求，理由不能成立，二审法院不予支持，并无不当。

（四）内部承包协议中约定实际施工人承担开票义务的，总承包人起诉要求实际施工人承担开票税金等损失的，因总承包人不能提供证据充分证明其损失的实际数额，法院不予支持的风险

在某建安公司与程某合同纠纷案①中，建安公司要求程某支付其开票税金1 532 859.4元。法院认为，涉案《内部施工合同》约定建安公司将工程交由不具备建筑施工资质的程某实际施工，违反了法律强制性规定，应属无效，但涉案工程已竣工验收合格，程某有权请求建安公司参照该合同约定支付工程价款，建安公司因履行该合同产生的税金损失亦有权向程某主张。但建安公司未能提供充分证据证明其税金损失的实际数额，故本院对其诉讼请求不予支持。从该案例中可以得出，若双方在合同中约定提供相应材料发票，而实际施工人未提供的，总承包人即可要求履行实际施工人承担开票税金的义务，如能够证明相应的税金金额，得到支持的可能性就较大。

（五）因实际施工人提交问题发票，导致总承包人承担罚款、罚金，最终向实际施工人追偿不能的风险

总承包人和实际施工人协议约定开票事宜，实际施工人提交了问题发票，因相关问题发票导致总承包人受到行政处罚，产生罚款、税金、滞纳金等损失，总承包人就相关损失向实际施工人进行追偿，法院不予支持的，会导致总承包人的损失无法挽回。

---

① （2020）皖1103民初3557号。

典型案例4.2.2

浙江某建设有限公司与严某财产损害追偿权纠纷案①

案例要点：总承包人将承接的工程交由没有资质的个人施工，是违反行政法律法规的行为，具有过错，其就罚款、税款及相关损失向实际施工人追偿并无法律依据，法院驳回了总承包人的诉请。

案情介绍

2015年11月22日，浙江某建设有限公司与案外人某纺织公司签订《建设工程施工合同》，某纺织公司将其“车间一、地下水池及水泵房”工程发包给浙江某建设公司承包施工，合同价为324 840 000元。12月1日，浙江某建设公司与被告严某签订《建筑工程内部承包协议》，将上述工程以内部承包的方式转包给被告施工，固定总价为24 840 000元，严某支付工程总价5.8%的管理费及税金，并约定严某应在购买主材、地材等材料时，积极主动收集材料发票（发票必须是税务机关印制的正规发票，能够通过税务机关发票真伪查询系统验证），并将收集到的材料发票在办理工程款拨付手续时交到公司财务部，严某提供的材料发票金额达到工程总造价的70%和工资单的30%。严某在承包施工过程中，将购买建材的增值税普通发票交付浙江某建设公司，公司财务部门对发票真伪进行了查验。2019年5月21日至9月6日，税务局查明浙江某建设公司取得虚开的增值税普通发票20份，涉及金额2 008 092元；对浙江某建设公司知道或应当知道是非法取得的发票而受让的违法行为处罚款200 000元。遂总承包人向法院起诉要求：(1)赔偿罚款200 000元；(2)协助原告配合税务局《税务检查通知书》中涉及被告提交的发票的税务检查，并承担税务违法的罚款暂计875 000元；(3)被告承担税务部门代开成本发票税款290 269元和126 135.92元。

法院认为：原告存在违反行政法律法规的行为，具有过错，其就罚款、税款及相关损失向被告追偿并无法律依据。综上所述，原告不享有民事追偿权，其请求被告承担行政罚款、代开发票税款及所谓的相关损失无事实和法律依据。

---

① (2020)浙0411民初2854号。

法院判决：驳回原告浙江某建设有限公司的诉讼请求。

点评分析：本案中总承包人要求实际施工人提供发票，因实际施工人提供的发票是虚开的，导致总承包人被税务机关罚款，总承包人进行追偿。该案例法院认为总承包人存在过错故而不予支持总承包人的诉请。也有法院认为，实际施工人虚开发票存在过错，总承包人不知道发票系虚开，因此造成补缴税款并被罚款的后果，过错在于实际施工人，其行为违反相关的法律法规，应由实际施工人承担相关的法律责任。如在南京某建筑安装工程有限公司与祝某合同纠纷案①中，法院认为工程施工结束后，祝某向南京某建筑安装工程有限公司提供了涉案发票，按照双方的约定，祝某虽然向南京某建筑安装工程有限公司提供了发票，但涉案发票系祝某找他人代开所得，属于虚开发票，祝某存在过错。祝某无证据证明南京某建筑安装工程有限公司指使祝某虚开发票或某友业公司明知发票系虚开，因此造成补缴税款并被罚款的后果，过错在于祝某一人，产生的损失应由祝某一人承担，所以判决祝某给付南京某建筑安装工程有限公司税款并赔偿损失。这是基本相同的案件事实，判决结果却截然相反的两个案例。司法实践中，也有法院判决认定总承包人入账时未进行审核，总承包人有过错，而实际施工人提供虚开的发票，也有过错，所以判决总承包人和实际施工人各自承担一半的罚款。所以，对于虚开发票导致总承包人受损的，损失能否得到法院支持，不同法院对此判决不一，总承包人对此应引起重视。

实际施工人与第三人发生买卖合同关系，而第三人开具了总承包人抬头的发票，且总承包人也入账了，第三人拿着开具给总承包人的发票到法院起诉要求总承包人支付货款，对于总承包人来说也是一个风险，此时就要看实际施工人的行为是否构成职务行为或是表见代理。关于对此问题的探讨，详见第六章第二节对外拖欠材料款、租赁费的风险识别与防范。

二、要点解析

总承包人与实际施工人签订内部承包协议，约定实际施工人需提交一定比例的发票，在实际施工人不依约提交发票时，总承包人会产生损失，实际施工人

① (2016)苏01民终4721号。

提交问题发票时，总承包人也会产生损失。就相关损失的范围、追偿途径和方法是这类风险防范的关键要点。

（一）损失的确定

1. 多缴增值税损失

根据《营业税改征增值税试点实施办法》第十八条的规定，应纳增值税税额为当期增值税销项税额抵扣当期增值税进项税额后的余额。如实际施工人不能提交实际经营中应当获取的增值税专用发票，导致没有增值税进项税额予以抵扣，会直接增加总承包人需缴纳的增值税税额，从而产生损失。

2. 多缴附加税损失

根据《城市维护建设税暂行条例》第二条、第三条、第四条及《征收教育费附加的暂行规定》第二条、第三条等法律法规的规定，总承包人需根据增值税税额缴纳城市维护建设税、教育费附加税等附加税，因没有增值税进项税额予以抵扣直接使增值税增加，则间接增加了相关附加税税额，从而产生损失。

3. 多缴企业所得税损失

根据《企业所得税法》第四条、第五条、第八条的规定，企业应纳税所得额是扣除合理的支出后的余额，直接影响企业所得税的税额。发票是计算企业合理支出的有效原始凭证，若实际施工人未提交发票，会导致应当税前扣除的成本不能扣除，应纳税所得金额提高，增加企业所得税税额，从而产生损失。

4. 罚金、罚款损失

罚金、罚款损失可根据人民法院判决书确定的罚金数额以及行政机关行政处罚决定书确定的罚款金额确定。

除上述损失外，总承包人还可以向实际施工人主张差旅费、住宿费、律师费等为维权所支出的合理费用。

（二）要求实际施工人开票的可诉性

实践中要求实际施工人开具发票的诉请，是否属于法院受理范围存在较大争议，且各地法院对此处理方式也不同，有的法院认为这属于税务机关的事宜，法院不处理；有的法院认为要求实际施工人开具发票不具有强制履行性，进而不予处理；当然有的法院也判决支持了开票的诉请。

《民法典》第五百九十九条规定出卖人应当按照约定或者交易习惯向买受人交付提取标的物单证以外的有关单证和资料。《买卖合同司法解释》第四条规定“提取标的物单证以外的有关单证和资料”主要包括保险单、保修单、普通发票、增值税专用发票、产品合格证、质量保证书、质量鉴定书、品质检验证书、产品进出口检疫书、原产地证明书、使用说明书、装箱单等。从相关规定可以看出，交付发票是卖方的附随义务，也即开具发票事宜既属于行政法律法规调整的范围，同时也是当事人应履行的民商事合同中的合同附随义务，所以法院有义务对当事人要求开票的诉请予以处理。

笔者认为，一方付款，另外一方开票，是权利义务相一致的体现，若合同约定开票，则开票既是合同义务也是法定义务；在开票是一方的合同义务情况下，对方起诉要求付款，则另外一方应当有权提起反诉要求开票，这样才公平；只有要求纳税义务人开具发票，才能有效防止纳税义务人偷税漏税，保证国家税收收入。法院作为维护国家公平正义的部门，有义务维护国家的利益，维护国家正常收取税收。在一方要求对方开具发票不能，无奈之下通过诉讼途径维权时，法院应依法对此予以处理，如以开具发票系税务部门管理的事务为由而将该项请求拒之门外，则会使总承包人利益无法得到保护。

三、风险防范

1. 总承包人应遵守法律、法规，杜绝挂靠、转包及违法分包，只有在源头上合法了，才会规避一系列的风险，包括发票的风险。

2. 总承包人与实际施工人签订的内部承包协议中，应约定实际施工人提供一定比例的材料发票，若实际施工人不依法依约提供发票，实际施工人应承担因此增加的税金及其他损失，同意总承包人在支付工程款中直接予以扣减。

3. 总承包人可要求实际施工人缴纳一定比例的发票保证金，如实际施工人提供的发票系虚开发票导致总承包人受损的，相应的损失由实际施工人承担，在保证金中予以扣除，如保证金不能补偿损失的，可向实际施工人追偿。

4. 对于实际施工人提供的发票，应由实际施工人在发票复印件上签字，以确认每张发票的提供者，以便后期追偿。总承包人应审查实际施工人提供的发票，对虚开发票要拒绝接收，并退回给实际施工人，要求其重新提供发票。

5. 要求实际施工人出具相应的承诺书，保证其提供的发票是真实有效的，否则导致总承包人损失的，则全部由实际施工人承担，总承包人有权向实际施工人追偿。

6. 总承包人可与实际施工人签订材料、机械设备的委托代付协议，由总承包人凭实际施工人提供的合同，材料、设备的结算单等直接进行代付，由材料、机械设备商提供相应的发票给总承包人。

四、操作指南

在与实际施工人签订的内部承包协议中约定如下条款：

1. "乙方在申请支付工程款时，需向甲方提供申请金额70%的发票（其中增值税专用发票××%，普通发票××%），如不能提供，乙方同意甲方扣除应付款的××%作为开票成本。"

2. "若乙方不能提供约定发票，乙方自愿承担申请付款金额××%的开票税金，该款由甲方在应付乙方款项中直接予以扣除。"

3. "乙方向甲方缴纳工程款金额××%的发票保证金，如因乙方未提供发票或者提供的发票不合法导致甲方产生损失的，甲方有权在该保证金中扣除，如保证金不足以弥补甲方损失的，甲方可向乙方追偿。"

4. 要求实际施工人出具承诺书。"本人保证根据双方约定提交发票，确保提供的发票（增值税专用发票）是真实的，如因本人未提交发票或者提供的发票不合法，导致××公司产生多缴税损失及被税务机关罚款、追缴税金、滞纳金等损失的，全部由本人承担。"

第三节　提供材料发票的行政风险识别与防范

由实际施工人向总承包人提供发票时，如果其开具发票的行为、发票本身及使用发票的行为存在违法违规的情况，而实践中很难区分实施违法行为的主体是实际施工人还是总承包人，此时总承包人将可能面临行政处罚，产生经济损失，严重的还会影响总承包人的声誉。本节主要讨论实际施工人提供问题发票导致总承包人承担行政处罚的风险识别与防范。

一、风险识别

（一）实际施工人通过实施虚开发票的行为取得发票，将相关发票提交给总承包人，总承包人存在承担行政处罚责任的风险

根据《发票管理办法》第二十条、第二十一条、第二十二条、第三十七条的规定，总承包人在取得发票时，不得要求变更品名和金额。取得的发票不符合规定的，不得作为财务报销凭证。发票应当如实开具，不得让他人为自己开具与实际经营业务情况不符的发票。虚开发票的，由税务机关予以行政处罚。

典型案例 4.3.1

营口某工程有限公司与某地方税务局稽查局行政诉讼案[①]

案例要点：实际施工人虚开并提交发票的行为，如果被认定为“总承包人让他人为自己开具与实际经营业务情况不符的发票”的，行政机关会对总承包人作出行政处罚。

案情介绍

被告作出某地税稽罚〔2016〕150070 号税务行政处罚决定书，内容为：你单位存在违法事实及处罚决定如下：一、违法事实：你单位于 2015 年 2 月 12 日让“某建筑工程服务有限公司”为自己开具与实际经营业务情况不符的建筑业发票 54.5115万元。二、处罚决定：根据《发票管理办法》第三十七条的规定对你单位虚开发票的违法行为处 5 万元罚款。原告对此决定不服，向本院提起诉讼。

一审法院认为：经审查被告作出的某地税稽罚〔2016〕150070 号税务行政处罚决定事实清楚，证据充分，程序合法，适用法律正确。

① (2020)渝 0112 行审 949 号。

一审判决：驳回原告营口某工程有限公司的诉讼请求。

二审法院认为：法律中的"让"字，从文义解释的方法看，汉语中"让"具有容许或者听任的含义。本案中，上诉人虽没有指使他人为自己开具与实际经营业务情况不符的发票，但容许和听任了该行为，所以被上诉人适用该条法律进行处罚并无不当。

二审判决：驳回上诉，维持原判。

点评分析：从法院查明的事实来看，法院认为营口某工程有限公司作为总承包人实施了"让他人为自己开具与实际经营业务情况不符的建筑业发票"的行为，行政机关的处罚是正确的，依法驳回了总承包人的诉讼请求。值得指出的是，法院认为法律条文中的"让"具有容许或者听任的含义，即使总承包人没有指使他人为自己开具与实际经营业务情况不符的发票，但总承包人存在容许、听任情况的，也构成虚开发票的行为。

（二）实际施工人提交的发票存在问题，会导致总承包人被行政机关依法向社会公告，严重影响总承包人的企业形象和商业信誉

根据《发票管理办法》第四十条的规定，如果总承包人违反发票管理规定2次以上或者达到情节严重的标准，税务机关可以将相关情况向社会进行公告。这会对总承包人的商业信誉、企业形象造成不可挽回的影响。

（三）总承包人取得实际施工人提交的发票后，将相关发票使用、入账导致未缴、少缴应纳税款构成偷税的，总承包人将要承担行政处罚责任

根据《税收征收管理法》第六十三条的规定，总承包人将从实际施工人处取得的发票使用、入账，符合"纳税人伪造、变造、隐匿、擅自销毁帐簿、记帐凭证，或者在帐簿上多列支出或者不列、少列收入，或者经税务机关通知申报而拒不申报或者进行虚假的纳税申报，不缴或者少缴应纳税款"认定标准的，属于偷税。税务机关将会依职权向总承包人追缴其不缴或者少缴的税款、滞纳金，还可以并处罚款。罚款的金额为总承包人不缴或者少缴税款的50%以上5倍以下。

典型案例 4.3.2

苏州某电力建设发展有限公司与江苏省苏州某国家税务局稽查局行政处罚案①

案例要点：总承包人将虚开的发票，入账抵扣了成本，符合偷税的认定标准，被依法处以少缴税款50%的罚款，追缴企业所得税并加收滞纳金。

案情介绍

2008年1月1日至2011年12月31日，苏州某电力建设发展有限公司虚开增值税普通发票共计584份，票面金额32 249 303元，并在相应年度进行了税前列支，国税稽查局认为苏州某电力建设发展有限公司少缴企业所得税的行为构成偷税，作出国税稽罚(2014)29号税务行政处罚决定，对苏州某电力建设发展有限公司处少缴的企业所得税税款0.5倍罚款，共计4 031 162.88元(8 062 325.75元×0.5)……国税稽查局决定追缴苏州某电力建设发展有限公司2008年至2011年度企业所得税8 062 325.75元，并加收滞纳金4 976 340.25元。

一审法院认为：本案苏州某电力建设发展有限公司将584份虚开的发票全部计入企业成本，并在企业所得税纳税申报前进行抵扣，造成少缴应纳税款的客观结果，符合法律规定的在账簿上多列支出进行虚假的纳税申报、少缴应纳税款的情形，构成《税收征收管理法》规定的偷税行为，依法应予处罚。

一审判决：驳回苏州某电力建设发展有限公司的诉讼请求。

二审法院认为：上诉人将584份虚开的发票全部计入企业成本，并在企业所得税纳税申报前进行抵扣，造成少缴应纳税款的客观结果，故其行为构成前述规定的偷税行为。

二审判决：驳回上诉，维持原判。

点评分析：该案中企业以虚开的增值税专用发票入账，且进行抵扣，以达到少交税的目的，违反了《税收征收管理法》的相关规定，被税务机关处以罚款并追

① (2015)苏中行终字第00225号。

缴相应的企业所得税，法院也支持了税务机关的做法。实际施工人开具发票时，可能存在真实的交易，但是真实交易的相对方因各种原因无法开具合法发票，故而实际施工人违规获取发票，导致开具发票的相对方不是真实交易的相对方。总承包人将这些虚开的、虚假的发票进行入账处理，必然会导致多列支出，造成不缴或者少缴应纳税款的违法后果，行政机关对此种违法行为的处罚还是比较严厉的，总承包人一定要慎重审核、使用实际施工人提交的发票。

（四）为配合开具、使用发票，实际施工人存在编造虚假计税依据行为的，总承包人会面临承担行政处罚责任的风险

根据《税收征收管理法》第六十四条的规定，总承包人编造虚假计税依据的，税务机关可责令限期改正并处5万元以下的罚款。实践中，实际施工人实施违规开票行为时，开票单位为了规避违法风险，采用与收票单位签订虚假合同作为记账依据，虚构交易事实。总承包人收取发票后，也会将相关虚假合同作为原始凭证编制财务账册，形成虚假计税依据，一旦被查实，即使总承包人没有少缴税款，也要承担行政处罚责任。

二、要点解析

（一）虚开发票的行为

根据《发票管理办法》第二十二条的规定，虚开发票行为主要包括：

1. 为他人、为自己开具与实际经营业务情况不符的发票。

2. 让他人为自己开具与实际经营业务情况不符的发票。

3. 介绍他人开具与实际经营业务情况不符的发票。

就实际施工人向总承包人提交发票而言，因实际施工人不当获取发票的行为，最容易导致总承包人符合“让他人为自己开具与实际经营业务情况不符的发票”的情况，总承包人需着重加以防范。

（二）虚开发票的行政处罚

根据《发票管理办法》第三十七条的规定，若总承包人构成虚开发票的行政违法行为，税务机关将没收其违法所得。在总承包人构成“让他人为自己开具与

实际经营业务情况不符的发票”时，一般不会存在“收取开票费用”性质的违法所得，其违法所得应该仅是使用发票后少缴的税款，由税务机关依法予以追缴，若还存在其他违法所得，则由税务机关予以没收。

虚开发票的，除了需没收违法所得，《发票管理办法》还根据虚开金额的不同，规定了两级不同的罚款标准。同时还明确构成犯罪的，依法追究刑事责任。

1. 虚开发票金额在1万元以下的，税务机关可以并处5万元以下的罚款。

2. 虚开发票金额超过1万元的，税务机关可以并处5万元以上50万元以下的罚款。

（三）偷税的行政处罚

总承包人将实际施工人提交的虚假的、虚开的发票入账，会导致总承包人构成偷税的行政违法行为，根据《税收征收管理法》第六十三条的规定，由税务机关追缴总承包人少缴的税款、滞纳金，同时还可以对总承包人处以罚款。罚款的标准为总承包人少缴税款的50%以上5倍以下。

三、风险防范

（一）协议约定由实际施工人向总承包人提交一定比例发票时，需同时明确要求实际施工人依法、依规开具并提供发票

总承包人与实际施工人签订协议时，为了控制项目税金成本，根据实践总结的经验，总承包人会与实际施工人约定由实际施工人提交一定比例的发票，但是通常对于实际施工人取得发票的方式及其提交发票的合法性没有提出任何要求。一方面会使实际施工人忽略相关法律规定，作出不合适的开票行为；另一方面如果对发票的合法性不作要求，相关协议约定即符合“让他人为自己开票”的行为认定。

（二）向实际施工人普及发票相关的法律知识，要求其缴纳发票保证金，承诺提交合法发票，否则承担总承包人因其提交发票遭受的全部损失

实际施工人提交发票相关行政风险的事前防范，关键还是在实际施工人，通

过法律法规的告知，要求其出具承诺书，能够有效防止实际施工人因过失或者疏忽大意提交问题发票。要求其缴纳发票保证金，则能保证总承包人在受到损失后顺利向实际施工人进行追偿，以弥补损失。

（三）对实际施工人提交的发票进行严格的审查、核实，不符合法律规定的发票不得入账使用，防范因使用相关发票产生违法风险

总承包人收取实际施工人提交的发票后，通过审查发现存在虚假、虚开情况，不得入账使用，即能够有效防范问题发票相关行政处罚。只要总承包人未将问题发票入账使用，一般情况下就不能认定总承包人构成虚开发票行为，也不能认定其构成逃税行为。总承包人收取发票入账使用的行为非常关键，不管是故意的还是过失的使用，只要将相关违法发票入账使用，即会成为认定总承包人实施违法行为的重要事实。

四、操作指南

（一）总承包人与实际施工人在内部承包协议中对提供发票行为的合法性作出明确要求

“乙方向甲方提交的发票需符合法律规定，不得提交违法途径取得的发票，否则由乙方承担全部法律责任。”

（二）要求实际施工人出具承诺书，约束实际施工人的开票行为

“本人已知晓《发票管理办法》第二十条、第二十一条、第二十二条、第三十七条以及《税收征收管理法》第六十四条的规定。本人承诺依约、依法向××公司提交合法票据，严格依法规范开票行为、途径，坚决杜绝虚开发票的行为。如因本人提交的发票导致××公司违反法律，受到行政处罚的，本人愿意承担全部损失，××公司可直接从本人缴纳的保证金内予以扣除，不足以弥补的由本人3日内支付。”

(三)通过官方网站核验等途径、方式对发票的真实性进行核实,防止错误使用虚假发票。与出票方进行沟通,了解发票记载交易事项的真实性,防范错误使用虚开发票

实际施工人实际参与施工,材料采购、设备租赁、人员安排均由其组织实施,实际施工人是取得相关合法发票的直接主体,其提交的发票应当是项目上真实交易产生的,使用真实发票,总承包人一般不存在违法的风险。实践中,因为税率差、材料价差等原因,使得有些交易没有开票,实际施工人为了降低缴税成本,就会采取不正当的途径获取问题发票,总承包人如果没有及时发现而将其使用入账的,就会存在违法风险。有时实际施工人提交的问题发票被总承包人入账使用后,还会成为实际施工人与总承包人谈判的筹码,使总承包人处于被动。总承包人面对此类风险,首先要予以高度重视;其次在协议中应明确要求实际施工人提交合法票据,约定实际施工人承担因问题发票带来的损失;最后总承包人要对实际施工人提交的每一张发票的合法性予以审核,确保入账的每一张发票都是真实的、合法的。

第四节　提供材料发票的刑事风险识别与防范

实际施工人根据约定向总承包人提供的材料发票,有可能是实际施工人通过不正当方法、途径取得的,总承包人接受这些问题发票后,一般会作为原始凭证编入财务账册,据此编制财务报表作为计税依据,这会造成使得相关违法责任在实际施工人和总承包人之间难以区分,总承包人存在触犯刑法构成犯罪的风险。

一、风险识别

(一)实际施工人实施了虚开增值税专用发票的行为,总承包人会受到虚开增值税专用发票罪的刑事处罚

虚开增值税专用发票,是指为他人虚开、为自己虚开、让他人为自己虚开、介

绍他人虚开增值税专用发票的行为。实际施工人向总承包人提交增值税专用发票的行为,很可能符合总承包人让他人为自己虚开增值税专用发票的情形。

典型案例 4.4.1

浙江某建设工程有限公司、汤某虚开增值税专用发票、用于骗取出口退税、抵扣税款发票罪案[①]

案例要点:浙江某建设工程有限公司收取汤某非法取得的增值税专用发票后,全部入账并申报抵扣税款,构成虚开增值税专用发票罪。

案情介绍

2019 年 6 月至 11 月,被告人汤某为抵扣税款,伙同他人以支付开票费的方式,在没有实际货物交付的情况下,取得浙江某物流有限公司、浙江某 1 物流有限公司向浙江某建设工程有限公司开具的增值税专用发票 157 张,税额共计人民币 1 272 463.84 元,并已全部申报抵扣税款。

法院认为:被告单位浙江某建设工程有限公司违反增值税专用发票管理规定,让他人为自己虚开增值税专用发票用于抵扣税款,数额较大,被告人汤某系直接负责的主管人员、直接责任人员,被告单位浙江某建设工程有限公司、被告人汤某均构成虚开增值税专用发票罪,系单位犯罪、共同犯罪。

判决:被告单位浙江某建设工程有限公司犯虚开增值税专用发票罪,判处罚金 20 万元。

点评分析:虽然法院未查明汤某与浙江某建设工程有限公司之间的关系,但笔者认为,汤某极有可能是以浙江某建设工程有限公司名义参与工程施工的实际施工人,为了领取工程款才在外开具发票的。本案实际施工人为了抵扣税款,降低施工成本,以向他人支付开票费用的方式违法取得增值税专用发票,总承包人收取这些发票后全部入账并申报抵扣税款,法院认为总承包人违法让他人为

① (2020)浙 0109 刑初 1152 号。

自己虚开增值税专用发票用于抵扣税款，数额较大，构成虚开增值税专用发票罪，系单位犯罪，判处罚金20万元。实践中这种情况非常普遍，很少有总承包人对增值税专用发票的合法取得进行严格的管理，而增值税专用发票抵扣税款的行为是总承包人构成犯罪的关键情节，总承包人因此构成犯罪的风险较高。

（二）实际施工人实施了虚开普通发票的行为，总承包人需受到虚开发票罪的刑事处罚

虚开普通发票，是指为他人虚开、为自己虚开、让他人为自己虚开、介绍他人虚开“增值税专用发票或者用于骗取出口退税、抵扣税款的其他发票”以外其他发票的行为。实际施工人向总承包人提交了虚开的普通发票，总承包人收取这些发票后并入账，很可能符合总承包人让他人为自己虚开普通发票的情形。

典型案例 4.4.2

杭州某建设工程有限公司、章某虚开发票罪案①

案例要点：张某实施虚开发票行为，杭州某建设工程有限公司收取这些发票后，均以成本入账，构成虚开发票罪。

案情介绍

2012年年初的一天，被告人章某为被告单位杭州某建设工程有限公司成本入账需要，在杭州市萧山区某安置小区工地上，以支付票面金额2.5%开票费的形式，向前来兜售发票的“周某”（真实身份不详）购买增值税普通发票，后该“周某”开具了开票单位为杭州某贸易有限公司的增值税普通发票2份、开票单位为杭州某建材有限公司的增值税普通发票7份给受票被告单位杭州某建设工程有限公司。上述九份发票金额共计6 646 652.61元，被告单位杭州某建设工程有限公司均以成本入账。

法院认为：被告单位杭州某建设工程有限公司、被告人章某让他人为自己虚

① （2018）苏04刑终269号。

开增值税普通发票，情节特别严重，其行为均已构成虚开发票罪，系单位犯罪、共同犯罪。公诉机关指控罪名成立。

判决：被告单位杭州某建设工程有限公司犯虚开发票罪，判处罚金 3 万元。

点评分析：本案例与前一案例的情形相似，就是实践中普遍存在的，实际施工人向总承包人提交发票，然后总承包人将发票予以入账的情形，两个案例唯一的区别就是发票的种类不同，这使得总承包人所涉罪名不同、处罚也不相同。本节分析的是实际施工人向总承包人提交虚假发票的行为导致总承包人构成犯罪的风险。总承包人构成“让他人为自己虚开”的标准，是认定总承包人构成此类犯罪的关键，总承包人是否存在“让他人为自己虚开”的意思表示非常重要，司法实践中一般会根据实际施工人与总承包人之间的关系以及总承包人是否将虚假发票予以入账等情形加以认定。

（三）总承包人收取、使用虚开的、虚假的发票，符合采取欺骗、隐瞒手段逃避缴纳税款的，总承包人需要承担逃税罪的刑事处罚

总承包人接受并使用实际施工人交付的增值税专用发票及普通发票，均会使总承包人少交税款，如果相关发票是虚假的，总承包人就有可能构成逃税罪。使用增值税专用发票可抵扣总承包人真实发生的增值税销项税额，使总承包人少交增值税。使用普通发票，能够增加依法可在税前扣除的成本、费用金额，降低总承包人应纳税所得额，使总承包人少交企业所得税。总承包人接受的实际施工人的发票如果是虚开的，实践中一般按相关虚开发票犯罪予以处理；如果是虚假的，则总承包人很可能构成逃税罪，总承包人必须予以重视，防范此类风险的发生。

二、要点解析

（一）虚开增值税专用发票罪

1. 虚开增值税专用发票行为

根据《刑法》第二百零五条的规定，虚开增值税专用发票就是指有为他人虚开、为自己虚开、让他人为自己虚开、介绍他人虚开增值税专用发票的行为。收取实际施工人提交的发票时，总承包人最容易“让他人为自己虚开”，具体包括总

承包人没有买入货物、没有接受应税劳务时让他人为自己开具增值税专用发票；总承包人有买入货物或者接受了应税劳务但让他人为自己开具数量或者金额不实的增值税专用发票。

2. 追诉标准的认定

《刑事案件立案追诉标准(二)》第六十一条规定，虚开增值税专用发票的税款数额在1万元以上或者致使国家税款被骗数额在5000元以上的，应予立案追诉。

3. 量刑等级

根据《刑法》第二百零五条的规定，总承包人构成虚开增值税专用发票罪时，量刑分为以下三个等级标准：

(1)单位构成犯罪的，对单位判处2万元以上20万元以下罚金，并对其直接负责的主管人员和其他直接责任人员，处3年以下有期徒刑或者拘役。

(2)虚开的税款数额较大或者有其他严重情节的，对单位判处5万元以上50万元以下罚金，并对其直接负责的主管人员和其他直接责任人员，处3年以上10年以下有期徒刑。

(3)虚开的税款数额巨大或者有其他特别严重情节的，对单位判处5万元以上50万元以下罚金或者没收财产，并对其直接负责的主管人员和其他直接责任人员，处10年以上有期徒刑或者无期徒刑。

4. 量刑等级认定标准

根据2018年《虚开增值税专用发票定罪量刑标准有关问题的通知》的第二条通知内容，对虚开增值税专用发票刑事案件定罪量刑的数额标准参照《骗取出口退税刑事案件解释》第三条的规定。

(1)虚开的税款金额在5万元以上的，以虚开增值税专用发票罪处3年以下有期徒刑或者拘役。

(2)虚开的税款金额在50万元以上的，认定为“数额较大”。

(3)虚开的税款金额在250万元以上的，认定为“数额巨大”。

(二)虚开发票罪

1. 虚开发票行为

根据《刑法》第二百零五条之一的规定，虚开发票是特指为他人虚开、为自己虚开、让他人为自己虚开、介绍他人虚开“增值税专用发票或者用于骗取出口退税、抵扣税款的其他发票”以外其他发票的行为。

2. 追诉标准

《刑法》第二百零五条之一规定达到情节严重标准才构成犯罪，处以刑罚。《刑事案件立案追诉标准（二）的补充规定》第二条规定，达到以下标准之一的才可立案追诉：虚开发票100份以上或者虚开金额累计在40万元以上的；虽未达到上述数额标准，但五年内因虚开发票行为受过行政处罚二次以上，又虚开发票的；其他情节严重的情形。

（三）虚开增值税发票罪与虚开发票罪的区别

虚开增值税专用发票与虚开发票罪的区别在于发票本身的性质，如开具的是增值税专用发票，总承包人也进行了税额抵扣，则构成《刑法》第二百零五条规定的虚开增值税专用发票罪。如不是“增值税专用发票或者用于骗取出口退税、抵扣税款的其他发票”，则总承包人构成《刑法》第二百零五条之一规定的虚开发票罪。

两罪的刑罚也是存在较大的差异的，虚开增值税专用发票罪最高量刑是无期徒刑、没收财产，虚开发票罪最高量刑是7年有期徒刑。

（四）逃税罪

1. 追诉标准的认定

根据《刑法》第二百零一条的规定，实施违法行为，逃避缴纳税款达到数额较大标准并且占应纳税额10%以上的才构成逃税罪。《刑事案件立案追诉标准（二）》第五十七条对逃税罪的立案追诉标准进行了明确规定，符合下列情形之一的予以立案追诉：

（1）实施违法行为，逃避缴纳税款数额在5万元以上并且占各税种应纳税总额10%以上，经税务机关依法下达追缴通知后，不补缴应纳税款、不缴纳滞纳金或者不接受行政处罚的。

（2）纳税人五年内因逃避缴纳税款受过刑事处罚或者被税务机关给予二次以上行政处罚，又逃避缴纳税款，数额在5万元以上并且占各税种应纳税总额

10%以上的。

(3)扣缴义务人采取欺骗、隐瞒手段，不缴或者少缴已扣、已收税款，数额在5万元以上的。

2. 量刑等级

根据《刑法》第二百零一条的规定，逃税罪的刑罚主要包括两个等级。

(1)逃避缴纳税款数额较大并且占应纳税额10%以上的，处3年以下有期徒刑或者拘役，并处罚金。

(2)逃避缴纳税款数额巨大并且占应纳税额30%以上的，处3年以上7年以下有期徒刑，并处罚金。

值得注意的是，如存在多次实施违法行为且未被处理的，定罪量刑时逃避缴纳税款的数额按照累计数额计算。

在建筑领域中虚开增值税专用发票、虚开发票的情况是普遍存在的，总承包人要求实际施工人提交发票时，如果实际施工人提交不符合规定开具的发票，总承包人接受并使用后，便会存在构成相关犯罪的风险。

三、风险防范

总承包人收取实际施工人的发票构成犯罪的风险非常大，因此，总承包人在与实际施工人签订合同时直到接受实际施工人提交的发票并入账这个期间，必须做好相关工作，防止构成此类犯罪。

1. 约定由实际施工人收集并提交发票时，需告知其相关法律规定，并明确要求其提交合法发票。

2. 要求实际施工人出具承诺书，保证依法开具发票，如因其提交的发票导致总承包人构成犯罪的，其自愿承担全部罚金损失并承担违约责任。

3. 总承包人收取实际施工人提交的发票时，要核对相关票据的真实性，防止将虚假的发票计入账册，形成虚假财务账册，导致少缴税款。

4. 总承包人收取实际施工人提交的发票时，还需核实相关交易是否真实发生，相关款项是否已经实际支付，防止将虚开的发票计入账册，构成犯罪。

5. 如税务机关依法向总承包人下达追缴通知的，总承包人应当及时补缴应纳税款、滞纳金，积极配合税务机关的调查，防止构成刑事犯罪。

四、操作指南

1. 协议中约定实际施工人向总承包人提交的发票必须是真实的，不能提交虚假、虚开的发票。可以作如下约定："(1)在项目管理过程中，乙方依法要求相关开票义务人依法开具发票，乙方需收集相关合法发票并及时提交给甲方；(2)乙方对发票的真实性、合法性负责。"

2. 要求实际施工人出具承诺书、缴纳保证金，保证依法提供合法发票，承担全部违法责任。"本人知晓发票相关法律规定，承诺向××公司提交的发票全部是真实的、合法的，如因我提交的发票给××公司带来损失，我愿意赔偿全部损失。我自愿向××公司缴纳保证金××万元，××公司遭受损失的可直接从保证金内予以扣减，以弥补损失"。

3. 收取实际施工人提交的发票时，应要求实际施工人在其提交的发票上签字，以确定发票的来源，如果发票存在问题，则可以证明是实际施工人提交的，全部法律责任均由其承担，遭受的损失也可向其追偿。

4. 根据发票记载信息，联系开票单位，询问实际交易情况、货物交付情况、款项支付情况，核实发票及交易的真实性，及时发现虚假、虚开发票。

总承包人收取实际施工人提交的发票，会因为发票虚假、虚开导致总承包人构成犯罪，总承包人需向实际施工人作出要求，明确其不能提交违法发票，否则要承担全部损失及违约责任，同时要求实际施工人缴纳保证金、出具承诺书。收取发票后总承包人应进行严格的审核，及时发现虚假、虚开发票，采取妥善措施，及时防范犯罪风险。

第五节　项目章引发的风险识别与防范

项目部通常会在工程开始前成立，该项目部不仅是总承包人的派出机构，也是项目上的决策机构。但是，总承包人的备案公章不可能交由项目部使用，在项目的实施过程中，又肯定存在必要事务的用章，故就具体的工程，项目部往往会刻制项目章，注明总承包人施工单位的名称和项目的名称。从建筑行业现实情况来看，往往会涉及使用项目章的效力和管理问题，一个工程的项目章必然有着总承包人的授权，否则实际施工人无法有效有序地开展工作，但是这个授权的范围和尺度的边界在哪里？如果实际施工人恶意滥用项目章，该如何处理？

一、风险识别

（一）实际施工人超出项目章授权用章，可能会构成表见代理，导致总承包人承担责任

在总承包人与实际施工人明确约定项目章授权范围的情况下，实际施工人仍可能将项目章用于未授权的协议、签证等，比如在《内部承包协议》中明确限制项目章使用的范围仅限于本项目分包合同的签订、材料采购和设备租赁，但是实际施工人用章的时候，以项目部的名义以垫资等理由对外借款或者聘用咨询管理人员等，有可能构成有效或表见代理，导致总承包人承担给付或赔偿责任。

（二）实际施工人刻制多枚项目章，导致总承包人无法有效管理项目章的风险

若实际施工人管理不善甚至存在恶意或故意，而总承包人监管不到位，一个项目有可能存在多枚项目章并用的情况，导致无法有效区分具体用章的效力，总承包人承担的给付责任存在被扩大的风险。

（三）项目章未回收销毁的风险

在项目结束后，若未能及时收回或销毁项目章，实际施工人仍有可能持章使用，甚至在项目章被收回后私刻项目章，此情况下，如果使用的合同相对方被认定为善意的，则会导致总承包人存在对外给付风险。

（四）越过总承包人使用项目章与发包人直接沟通的风险

通常实际施工人与发包人的确认都需要总承包人的授权和许可，但是实际施工人有可能使用项目章与业主进行结算，修改合同条款而损害总承包人利益，或者越过总承包人向发包人请款，直接领取工程款，导致总承包人的管理失控。

(五)资料章、财务章也有可能等同于项目章的效力

除项目章外,若资料章、财务章管理和使用不善,也有可能令总承包人面临对外承担法律责任的风险。

二、要点解析

(一)项目章和公章的区别与联系

根据《民法典》第七百八十九条的规定,建设工程合同应当采用书面形式。既然明确了合同的形式,那么势必涉及一个签章和授权的效力问题。建设工程合同通常较为复杂,且因工程涉及公众安全,为了维护公共利益,也为了规范建筑市场秩序,保护合同相对人的合法权益。我国相关部门发布了建设工程示范文本,向全国建筑行业推荐使用。此类合同也就是常常所说的备案合同,合同当事人系业主和总承包人,双方也一定会使用公章进行签章。但是在项目的实际施工中,普遍应用的往往是项目章,而项目章的使用范围一般限于工程项目范围内,譬如分包协议、材料采购、设备租赁、劳务款确认等,项目部的往来函件、公告、联系单、联系函也往往以加盖项目章的形式发出,总承包人通常不会授权许可实际施工人以总承包人名义对外借款、担保,更不会认可此类合同文件上加盖的项目章的效力。但是在生产过程及司法实践中,实际施工人以总承包人名义使用项目章借款、担保,形成债权债务关系的情形也并不鲜见。对在借条上加盖项目部印章的行为,总承包人是否应该承担责任,应结合出具人的职务及其日常管理行为、出借款项的流向等因素综合认定。

(二)授权明确的项目章效力约等于公章

在有明确授权,并将授权范围公示的情况下,在公示范围内使用项目章的效力几乎可以视为总承包人的公章。

《国务院关于国家行政机关和企业事业单位社会团体印章的规定》第二十二条规定“国家行政机关和企业事业单位、社会团体的其他专用印章(包括经济合同章、财务专用章等),在名称、式样上应与单位正式印章有所区别,经本单位领导批准后可以刻制。”第二十三条规定:“印章制发机关应规范和加强印章制发的

管理,严格办理程序和审批手续。国家行政机关和企业事业单位、社会团体刻印印章,应到当地公安机关指定的刻章单位刻制。”

若项目章属于总承包人授权刻制使用的,实际施工人或者用章管理员工需在职务范围内使用项目章,总承包人应对其对外活动负责,承担法律责任和义务。如果总承包人和实际使用人以授权为前提并结合有效的用章管理制度,实际上并不易发生争议和风险,即使发生项目章的滥用,也可基于授权范围的公示效力而免责,但在此情况下对项目章的管理和使用有较高要求,即使总承包人能够证明员工具有故意或重大过失,若无法取得合同或事务相对方的恶意串通的证据,也只能先承担合同义务和法律责任,事后向滥用公章的实际施工人或员工追偿。

(三)授权委托事项过于宽泛的项目章,同样也有可能被视为总承包人的公章,用章后果由企业承担

实践中,很多总承包人往往在授权时只写“全权代理”或以“等”字概括,甚至根本不办理、不出具授权委托手续,不明确的授权会使总承包人处于被动和权利被滥用的处境之下。合同相对方或实际施工人往往只需要提供项目章使用的合理事由和相关证据,项目章往往也会被视为总承包人公章,总承包人则需要对外承担责任。

(四)未明确授权的项目章甚至资料章,在相对人可以证明合理性的前提下,总承包人同样也有可能需承担责任

这种情况多发于实际施工人使用项目章借款、采购以及进行与项目关联不大的事务时,即使总承包人事后予以否认,仍有可能需要承担责任。因为项目部是由总承包人设立的,是整个工程项目的决策机构,总承包人不可能全部否认项目部,特别是项目部负责人的全部决策。如果是总承包人和实际施工人之间的争议,总承包人往往持有约定明确的合同或协议,实际施工人也会作出相应的承诺。如发生这类情况,显而易见的是实际施工人越权滥用了项目章,如果争议和纠纷仅发生于总承包人和实际施工人之间,那么问题是相对容易解决和处理的,这种情况下,会因为无授权而无效。

但是，实际施工人或项目部的员工越权、无权使用项目章、资料章的时候，往往还有第三人，这个时候就涉及代理权限的问题了，是属于无权代理还是构成表见代理，决定着总承包人是否需要承担责任。

《民法典》第一百七十一条规定："行为人没有代理权、超越代理权或者代理权终止后，仍然实施代理行为，未经被代理人追认的，对被代理人不发生效力。

相对人可以催告被代理人自收到通知之日起三十日内予以追认。被代理人未作表示的，视为拒绝追认。行为人实施的行为被追认前，善意相对人有撤销的权利。撤销应当以通知的方式做出。

行为人实施的行为未被追认的，善意相对人有权请求行为人履行债务或者就其受到的损害请求行为人赔偿。但是，赔偿的范围不得超过被代理人追认时相对人所能获得的利益。

相对人知道或者应当知道行为人无权代理的，相对人和行为人按照各自的过错承担责任。"

第一百七十二条规定："行为人没有代理权、超越代理权或者代理权终止后，仍然实施代理行为，相对人有理由相信行为人有代理权的，代理行为有效。"

故项目部的用章虽然是无权代理的行为，但是项目部的行为不是孤立的，只要第三方相对人有合理的理由相信代理权成立，总承包人就很有可能承担责任，而且即使合理事由不充分，但是总承包人往往也需要承担管理不善、监管不严等赔偿责任。而若想免责，往往需要证明相对人应当明知或应当取得项目章的授权内容，或者证明相对人存在恶意，这在司法实践中的难度极大。

1. 如果协议上仅加盖项目章，但是合同的相对人不能提供其他证据证明合同履行事实发生的，总承包人可以不承担给付责任。

在杭州富阳区某保温材料商行与被告杭州某工程有限公司买卖合同纠纷一案①中，原告某商行以一份加盖有总承包人园林公司项目章的《供货合同》向其主张付款责任，但是这个合同的采购方即总承包人某工程公司仅加盖了"杭州某工程有限公司富阳市富春街道某小区工程Ⅰ标段项目部"章，没有代表签名。在整个审理过程中，原告无法证明被告接收、采购了相应货物，更无法证明被告公

① （2016）浙0111民初9476号。

司刻制使用过该枚项目章，其对合同履行事实的表述及举证，仅限于一个案外人，笔者猜测这个案外人就是项目的实际施工人，但是在总承包人不承认、案外人“失联”的情况下，原告无法实现其举证目的，最终其诉讼请求被全部驳回。

2. 即使总承包人没有明确的授权，但相对人可以证明加盖的项目章，甚至资料的合同存在合理性并实际履行的，用章行为亦有可能被认定为有权代表总承包人。

在实际的施工中，很多以总承包人名义对外签订协议的并不是实际施工人，加盖用章除了项目章之外，还包括“资料章”，但是在合同相对人有证据证明其实际履行了合同，并且加盖印章为总承包人授权使用的前提下，这些用章行为仍有可能被认定为构成有效代理或表见代理，导致总承包人不得不承担给付责任。

例如，在某租赁公司与某建筑公司的租赁合同纠纷案①中，作为原告的租赁公司提供的钢管租赁合同就仅加盖了被告建设公司的“资料章”，而被告应诉时不但否认该章的存在，也否认租赁的事实。但是原告方其在提供合同的同时，可以证明实际施工人张某和李某系借用总承包人的身份进行的交易，并且可以证明两人接受租赁物的事实，最终法院据此支持了其诉请。

（五）项目章在刻制的时候，在合同或章体上明确对授权内容进行限制，可以有效地对抗合同相对人

就项目章的授权，应在协议中约定明确并予以公示，但是公示的操作和范围往往受限，而且在实际生产和管理中，也会因应用和管理不善而致项目章被滥用，导致总承包人承担授权范围之外的法律责任。那么在项目章上，明确刻上“项目部该章涉及合同债务无效”“盖章不用于任何款项确认”“资料章仅限于资料使用不做他用”这样的小字体，是否可以限制对方用章的效力呢？现从以下案例来进行分析。

① （2015）浙温商终字第1796。

典型案例 4.5.1

河南某建筑劳务有限公司与中建某集团股份有限公司建设工程合同纠纷案①

案例要点：总承包人同意刻制的项目章如明确载明“项目部盖章涉及合同债务无效”的内容，可以有效对抗包括分包单位在内的债权主张，但在分包单位或其他实际施工人确实承建、施工的情况下，总承包人仍需承担合同无效后的付款责任。

案情介绍

原告河南某建筑劳务有限公司（以下简称劳务公司）诉称，2015 年 3 月底，被告中建某集团股份有限公司（以下简称建设公司）作为新密市某工程项目总承包人，将该工程的基础、主体、二次结构等劳务分包给原告，签订有《劳务承包协议书》，协议书上均有双方公章及代表人签字。

施工过程中，被告因资金周转困难，向原告借款 30 万元，并约定了借款期限、利息及违约责任。后工程长期停工，另外有多份结算单、签章对劳务费、停工损失费进行了确认。但是收据和多份签章、结算单上加盖的均是劳务公司的项目章，项目章的内容为“河南某建设集团有限公司新密市某项目部该章涉及合同债务无效”。

一审、二审法院认为：《劳务承包协议书》该协议系双方真实意思表示，且不违反法律的强制性规定，故本院对该协议的合法性予以认可。现原告要求解除合同，予以支持。

原告所提交的《结算清单》、现场签证单、停工损失签证单上只加盖有“涉及合同债务无效”的项目章印章及实际施工人周某的签字，而无被告的任何其他印章。原告作为合同一方当事人，应当及时对《结算清单》中涉及的各项费用、印章与被告公司进行核实、确认，但是原告却没有提供任何证据证明其尽到上述义

① （2019）豫民再 225 号。

务。故原告仅依据《结算清单》、现场签证单、停工损失签证单,要求被告支付其劳务费以及相应的损失的主张,缺乏具体事实依据,对原告的该项诉求不予支持。

一审法院判决、二审维持原判如下:(1)解除原告劳务公司与建设公司签订的《劳务承包协议书》;(2)驳回原告其他诉讼请求。

再审法院认为:关于劳务承包协议的效力问题。该协议签订于2015年4月11日,因当时工程尚未取得建设工程规划许可证而无效。虽然无效,但是劳务公司已经实际施工部分主张的劳务费仍应予以支持。

劳务公司要求按照周某签字的结算单、停工损失单主张,但这两份仅加盖项目章的文件,未经建设公司认可。根据咨询有限公司鉴定意见,合同内劳务费1 238 404.15元……本院参照该鉴定结论,按照4257.44平方米×单价280元×施工比例0.73,计算该项劳务费为870 220.74元。

关于结算清单上停工损失264 225元和工程造价鉴定意见中停工损失264 225元,该项损失费用均来源于周某的签证,并无建设公司的认可,劳务公司的该项主张证据不足,本院不予支持。

再审法院判决如下:(1)撤销河南省郑州市中级人民法院(2018)豫01民终1323号民事判决和新密市人民法院(2017)豫0183民初2638号民事判决;(2)《劳务承包协议书》无效;(3)建设公司于本判决生效之日起10日内向劳务公司支付1 123 382.94元及利息;(4)驳回河南某建筑劳务有限公司的其他诉讼请求。

点评分析:本案历经多次审理,并经过司法鉴定,但对项目章的认定实际并无变化,一审、二审基于该章的内容和形成过程,以完全未取得总承包人的授权为由而驳回了对应的全部诉讼请求;再审过程中,通过原告举证证明自己的实际施工情况,并通过鉴定,实际上是以证明实际工程量的方式,而非签订、结算单确认的方式证明了部分诉请的主张。故而可知,对项目章的使用范围明确约束和限制的方式,是可以较为有效地对抗合同相对人的。

（六）项目章被盗用的，总承包人不需要承担责任，但举证困难，可能需要依靠刑事侦查手段突破困境

若项目章被盗用或私刻使用，总承包人不需要承担法律责任，且盗用或私刻人还有可能涉嫌违法犯罪，或可能构成合同诈骗罪，伪造公司、企业、事业单位、人民团体印章罪等罪名，但该种情况下，总承包人的举证难度和侦查难度都较大。

典型案例 4.5.2

某架业公司与某建设有限公司签订建设工程施工合同纠纷案①

案例要点：本案是一个典型的民事、刑事交叉的案件，总承包人在民事诉讼中败诉，但在刑事追责中查明了项目章被盗用的事实，有效止损。在民事审理过程中，若总承包人无法证明项目章是被盗用的，而原告方可以证明该项目章用于具体项目工程的实际使用，总承包人有可能承担败诉的风险；同时，盗盖、盗用往往需要报警处理，但是刑事侦查的难度较大，立案相对困难，不过一旦可以查明被盗用的事实，总承包人最终可以推翻项目章的使用效力，只是在这一过程中，漫长的诉讼时间、维权开支的成本和风险是无法避免的。

案情介绍

1. 案件民事诉讼处理情况概述

2017 年 9 月 15 日，某架业公司与某建设公司签订建设工程施工合同一份，约定某建设公司将其中的脚手架工程分包给某架业公司，两公司签订有《脚手架劳务分包合同》，合同内款项约 660 万元，该合同加盖的是双方公司公章。在诉讼过程中，某架业公司提供了多份仅加盖有某建筑公司项目章的签证，主张合同

① （2019）浙 0282 民初 3266 号民事判决，（2019）浙 02 民终 5361 号。

外款项高达440万余元，在诉讼中，某建筑公司抗辩该项目章未使用或未及时使用，也不真实，项目章很有可能是被盗盖、盗用的，但是未能举证证明。

法院认为：证据A1、A11、A15、A16、A19具有真实性，本院予以确认。被告某建筑公司对证据A2的真实性不认可，被告某建设公司先是认为其在案涉项目仅刻制一枚椭圆形项目章，未曾刻制圆形项目章，在原告进一步提供被告某建筑公司存在曾使用圆形项目章的记录后，被告某建设公司进一步提出认为圆形章非由某建设公司刻制、使用以及原告提供证据材料中使用的圆形项目章也与A19中圆形项目章存在不同的意见，被告某建设公司质证意见前后不一，且未提供证据佐证其意见，本院难以采信。本院审查认为，原告提供了证据原件供核对，且提供证据（A19）证明被告在向其他行政机关提供的材料中存在使用圆形项目章的情形，因此对证据A2真实性应予确认。证据A5、A6与证据A2相同，加盖有项目章，原告提供原件供核对，对其真实性予以确认。

法院判决：基于认定证据A1、A11、A15、A16、A19具有真实性，支持了原告上述仅加盖有项目章的多张签章的诉讼请求，约440万元。2020年6月，二审亦维持原判。

2. 案件刑事控告处理进展

在民事案件审理的同时，某建设公司已自查项目管理问题以及项目章的使用，确认确实不存在上述加盖了项目章的签证。因此，对方持有的材料极大可能是盗盖的。故向公安机关报案。

虽然本案涉案金额巨大，但是“盗盖”行为的证明和侦查难度很大，直至该案进入执行程序，刑事侦查才取得突破。为此，检察机关向某建筑公司发出了《刑事风险提示函》，明确告知风险事实为：某架业公司的实际负责人黄某、工程现场管理人员桂某因认为该项目成本支出很可能亏损，在某建筑公司不知情的情况下，制作脚手架双包超期证据、合同外签证证明、增加钢管等费用签证单，并至某建筑公司项目部，乘工作人员不在场之际偷盖项目部印章，并据此提起诉讼。

点评分析：这个案件淋漓尽致地反映了，在公司的日常工作中如果对项目章疏于管理，持章员工的风险和法律意识薄弱，导致被居心不良者趁虚而入，则有可能给项目和总承包人带来极大的损失。而且刑事控告、侦查的难度很大，且无法立刻中止或终止民事诉讼的审理程序，总承包人存在败诉风险。

本案中，正义最终还能得以彰显，但是实践中，建设行业在项目上的办公场所往往相对简陋，人员流动性大，外来人员多。而且很多项目工作人员会在实际施工人知情或默许的情况下，为了工作方便等其他因素自行刻制多枚项目章使用，而公章的用途往往非常广泛，在很大的可能性上，多枚公章都会被盖在不同的有效力的文件上，笔者甚至在项目部提交业主的材料里发现项目章用章存在显著区别的情况，而证明“私刻”最关键的在于用章的比对。如果管理跟不上，证明私刻的难度就会大大增加，同比风险也就层层上升。私刻的项目章还可以进行比对，盗用的项目章则无法比对，盗用事实的证明难度也更大，必须防患于未然。

（七）实际施工人私刻公章使用的，总承包人无须承担责任

《最高人民法院关于在审理经济纠纷案件中涉及经济犯罪嫌疑若干问题的规定》第五条规定：行为人盗窃、盗用单位的公章、业务介绍信、盖有公章的空白合同书，或者私刻单位的公章签订经济合同，骗取财物归个人占有、使用、处分或者进行其他犯罪活动构成犯罪的，单位对行为人该犯罪行为所造成的经济损失不承担民事责任。

行为人私刻单位公章或者擅自使用单位公章、业务介绍信、盖有公章的空白合同书以签订经济合同的方法进行的犯罪行为，单位有明显过错，且该过错行为与被害人的经济损失之间具有因果关系的，单位对该犯罪行为所造成的经济损失，依法应当承担赔偿责任。

根据上述规定，行为人盗用、私刻公章订立的合同，总承包人对所造成的经济损失不承担责任，除非总承包人存在着重大过失或者故意行为。而且擅自刻制项目章使用，有可能构成伪造公司、企业、事业单位、人民团体印章罪。

在戴某、陈某伪造公司、企业、事业单位、人民团体印章罪案①中，就有公司的分公司负责人和实际上施工人知法犯法，在公司已经收回了全部项目章，并且有明确用章管理规定的情况下，私刻印章用于商事活动，该私刻印章被用于借据和合同上使用，造成公司成为多项民事诉讼的被告方，带来信誉和经济上的重大损

---

① （2017）粤0902刑初200号案件。

失。后被公安机关立案侦查，公诉机关认为两人行为已触犯《刑法》第二百八十条第二款之规定①，以伪造公司印章罪追究其二人的刑事责任，最终两人分别被判处有期徒刑8个月、7个月，并处罚金，为此付出了沉重的代价。在该案中，陈某是总承包人分公司的负责人，也就是实际意义上的施工人，也曾持有过授权合法的项目章，但是其持有的公章已明确被收回作废。其在明知刻制项目章应当“根据××公司的管理制度，该公司授权使用项目印章时，必须由法定代表人签字书面授权并加盖公司印章，然后以书面形式明确印章使用的范围、期限等事项”，仍擅自刻制使用，并将项目章用于借款，导致总承包人被第三方追诉。经总承包人报案后，陈某被追究刑事责任。

三、风险防范

由上可见，在使用项目章时，员工若有不合规的行为，无论是否获得授权，单位都需承担责任；如果发生盗盖、偷盖，虽然企业不用担责，但是证明难度极大。因此针对项目章的管理问题，总承包人应该严加管理。实践中，可参考以下两项减少项目印章带来的法律风险。

（一）项目章管理规范化，授权明示化，权限公示化

总承包人与实际施工人应当就项目章的使用规范、使用流程以及授权范围做明确的约定和限制；应对项目业主及合同相对方（含项目业主、施工相关单位及合同相对方）公告该项目印章的使用范围和使用程序，以利于相对人判断项目印章的使用范围，减少企业可能承担的风险。

（二）加强对项目章的管理和登记程序，完善责任追究制度，强化印章使用程序和管理制度，实行责任制等

总承包人在授权时应明确项目章可以使用的范围，如规定只能在内部文件中使用，不能在与第三方有业务关系的资料中使用。还需建立严格的审查制度，

① 《刑法》第二百八十条第二款：伪造公司、企业、事业单位、人民团体的印章的，处三年以下有期徒刑、拘役、管制或者剥夺政治权利，并处罚金。

规定在使用公章时必须经过项目章管理人员的登记。

四、操作指南

总承包人在刻制、使用项目章的时候,可以进行如下操作和安排:

1. 在签署合同时,使用规范版本,可以在合同中明确约定,实际施工人应当告知第三人以公司章确认为准或直接告知该项目组所拥有的职权。

2. 以会议纪要、项目部微信群组公示的方式公示项目章的图样,并明确公示授权范围、持章人员、用章流程。可避免他人私刻、盗用项目章给企业带来损失,也可避免因授权不明造成的超越权限问题。

3. 在与实际施工人的协议中明确约定限制项目章的用途,例如,“仅限于文件签收,不对合同、债务、担保承诺”,“不得用于劳动招工、投资招商等”。

4. 在项目结束后,及时收回并妥善保管,并在工程质保期满后销毁项目章。

5. 如项目章系实际施工人私刻,引发相关纠纷时,以私刻印章罪进行报案,迫使实际施工人自行处理对外的欠款等纠纷。

6. 项目章被盗用的处理措施。若项目部门印章被盗用,会给企业带来极大的安全隐患,对此,要及时采取果断措施:

(1)立即报警。

(2)登报宣告遗失。对他人盗用或伪造、冒用项目部门印章的,若总承包人予以追认,则由总承包人承担相应的法律责任;若总承包人明知而未予否认的,相对方仍能追究建筑企业承担连带责任或补充赔偿责任,故应对公司项目章遗失失效一事尽快以登报的方式进行公示。

(3)依法向责任人追偿。如总承包人在向相对人承担赔偿责任后,可以依法追究他人盗用、伪造、冒用印章的民事乃至刑事责任。

由于报警处理、登报公告遗失尚需要一定时间处理,而在此前被盗印章已被他人使用的,即使企业否认其效力,如本文载明的案例一样,企业恐怕也难免其责,若未能查明事实,也可能会为企业带来损失,因此,加强防范才是根本之举。

附：

项目章管理规范

为保证××公司的合法权益和项目运营和建设，落实项目部的管理责任，便于项目章管理规范化、制度化，特别作出以下承诺：

1. 项目部所有人员未经公司许可严禁私刻任何公司或印章；

2. 项目章专人专管，使用需申报审批，项目部所有人员未经公司流程审批，不得加盖使用项目部或公司印章；

3. 根据公司流程审批使用项目章的对外事宜，必须同时由具体经办人签字，同时手写书面签章日期；

4. 对每一份用印资料进行登记备案，公司随时抽查监管；与备案材料不一致或未备案登记的文件，公司不予认可。

本承诺书由××项目部负责人代表××项目部全体人员作出以下承诺，并由××项目部负责人具体落实全员的培训告知。任何人员违反以上规定，违规当事人及项目部负责人愿意承担由此造成的一切法律后果。给公司造成损失的，愿意承担损失赔偿责任。

承诺人（ 项目部经理）：

签署日期：

第六节　实际施工人不配合竣工验收及备案的风险识别与防范

房地产行业作为资金密集型和受国家经济调控影响较大的行业，是我国经济发展的重要贡献力量，也是我国建筑业的主导产业。近年来，随着“供给侧结构性改革”政策的提出，房地产企业去库存和资金压力很大，建设单位在签订建设工程施工合同时往往处于优势地位，一般倾向于将相关压力转移给施工单位，尤其体现在工程款迟延支付与拖延结算方面。当项目进入履约阶段，施工单位则通常会以不配合竣工验收及备案为手段,要求发包人支付相关工程款项。站在发包人的角度,工程施工完毕后必须经过竣工验收,才能提交人民政府建设行政主管部门备案,而后才能向业主交付并依法申请相关的产权证书;站在总承包人的角度,配合发包人办理竣工验收及备案是处于其可控的最后环节,也是挽回其弱势地位的最后途径;站在实际施工人的角度,其掌握的相关技术档案、施工管理资料、材料实验报告及质量合格文件等是其与"上家"谈判的有力保障,故工程竣工验收及备案是项目重中之重的环节,稍有不慎则容易引起发包人与承包人之间的尖锐冲突。

一、风险识别

实务中,常常存在挂靠、转包、分包等情形,虽然竣工验收及备案的材料掌握在实际施工人手上,但与发包人存在直接合同关系的是总承包人,且施工合同中约定的提供竣工验收及备案资料系总承包人的义务,故若发包人无法完成工程竣工验收及备案手续,往往会要求总承包人承担相关责任。

(一)实际施工人不配合竣工验收及备案,发包人起诉总承包人要求其协助办理竣工验收备案手续,提供相应的施工资料及验收资料

因竣工验收及备案所需的材料复杂,发包人起诉时一般是一个概述性的诉讼请求,即要求承包人提供竣工验收或备案所需的材料,配合履行相关手续。但因实务存在概述性的诉讼请求不符合明确具体的条件而不具有可诉性及可执行性的争议,如在杭州市下城区法院审理的卓业公司与杰立公司建设工程施工合同纠纷案①中,原告卓业公司(发包人)诉请判令被告杰立公司(总承包人)立即配合卓业公司启动工程竣工验收工作,但法院认为,"原告要求被告立即配合原告启动工程竣工验收工作,但对于如何启动竣工验收,被告应如何配合,原告并未提出具体的诉求,且工程竣工验收具有非常专业、严格的流程,需要在专业机构的参与下进行。根据民事诉讼法的规定,当事人起诉必须有明确的诉讼请求和事实、理由,而原告的该项诉求不符合起诉的条件,故本院不予支持"。故在

① (2016)浙0103民初00722号。

个案中,发包人为避免类似情况的发生,也会明确所需的具体材料名称及份数。

典型案例 4.6.1

广东某房地产公司与上海某建工集团公司建设工程施工合同纠纷案①

案例要点:发包人起诉总承包人要求其在工程竣工验收合格后,提供具体的施工资料及验收资料以协助办理竣工验收备案手续,总承包人虽以已履行竣工验收义务、发包人拖欠大量工程款、竣工备案所需资料非己方一方持有等为由进行抗辩,然而两级人民法院仍判决总承包人需履行相关义务。

案情介绍

2015 年 3 月 23 日,原告广东某房地产公司与被告上海某建工集团公司签订了《建设工程标准施工合同》,约定原告将位于佛山市南海区狮山镇黄洞村禾粤尚德居几栋工程等交由被告施工,合同工期 400 天。2015 年 5 月 14 日,原、被告又签订了《禾粤尚德居(B 区)项目二标段及地下室工程工程承包补充协议》,该协议第二条约定:"包工、包料、包工期……包竣工验收(包整体竣工资料的整理和移交档案馆的一切手续、取得备案验收合格证明)……"第六条约定:"4. 工程进度计划:(1)要求在 2016 年 6 月 30 日前档案、竣工资料移交至联合竣工验收完成。……8. 本合同规定的竣工日期是指本合同约定工程承包内容全部完工,并通过政府职能部门组织的竣工验收之日。"第十二条约定:"乙方权利及义务(20)竣工资料的整理和交付:……"施工合同及补充协议签订之后,原告依约履行合同,按时支付工程进度款,至 2016 年 10 月 24 日共支付工程进度款 100 349 000元。被告签订合同后,被告未能按约定投入人力、物力,导致施工实际进度严重慢于合同约定。原告多次函件催促被告抓紧工期完成备案手续。被

① (2017)粤 06 民终 10977 号。

告虽屡次承诺将按期完工,但无一能按期履行。按照合同约定被告需在2016年6月30日前完工及竣工验收备案,但被告至今未完成竣工验收备案,未按政府规定提交备案所需的资料包括但不限于混凝土合格证在内的资料,并在相关的备案文件上加盖公章。后原告诉至法院要求被告需在判决生效后5天内完成佛山市南海区狮山镇黄洞村禾粤尚德居工程的竣工验收备案手续,该竣工验收备案手续具体包括:(1)被告在原告提供的《房屋建筑工程市政基础设施竣工验收备案表》一式四份上盖章并提交给原告;(2)被告在原告提供的《建筑工程竣工验收报告》一式四份上盖章并提交给原告;(3)被告在原告提供的《房屋建筑工程质量保修书》一式两份上盖章并提交给原告;(4)被告向原告提交南海区散装水泥管理办公室出具的《建设工程使用商品砼情况核查表》原件一式一份、《建设工程使用预拌砂浆情况核查表》原件一式一份。

法院认为:原、被告签订的施工合同和补充协议是系签约各方当事人真实意思表示,内容未违反法律强制性规定,为合法有效合同,各方当事人均应按照合同约定履行义务。关于被告是否应协助原告办理禾粤尚德居工程的竣工验收备案手续,本院分析如下:

1. 禾粤尚德居工程本身是否符合竣工验收的条件;被告分别提供的禾粤尚德居的《建筑工程竣工验收报告》显示上述工程符合竣工验收条件,经设计、监理、施工、建设、勘察等单位共同验收,一致同意工程通过验收,质量合格,观感好。该工程的建设单位、监理单位、施工单位、勘察单位及设计单位均在上述《建筑工程竣工验收报告》上盖章确认,故禾粤尚德居工程本身已经符合竣工验收的条件。现除被告持有建设单位、监理单位、施工单位、勘察单位及设计单位共同盖章确认的《建筑工程竣工验收报告》,未有证据显示建设单位、监理单位、勘察单位及设计单位持有各单位共同盖章确认的《建筑工程竣工验收报告》,且被告亦未提供其已将施工单位盖章确认的《建筑工程竣工验收报告》提交给原告的证据材料,被告作为施工单位,在其承建的工程符合竣工验收条件的情况下,有义务在《建筑工程竣工验收报告》上盖章并提交给原告,故本院对该项诉讼请求予以支持;被告认为其已履行在《建筑工程竣工验收报告》盖章的义务没有事实依据,本院依法不予采纳。

2. 被告是否已履行在《房屋建筑工程质量保修书》上盖章的义务;原、被告签订的施工合同约定合同工程具备竣工验收条件的，承包人应向发包人提交符合要求的完整竣工资料，现被告确认《房屋建筑工程质量保修书》属于完整竣工资料的组成部分，且在禾粤尚德居符合竣工验收条件后，被告并未提供证据证明其曾在《房屋建筑工程质量保修书》上盖章并提交给原告，故本院对原告该项诉讼请求予以支持；原、被告签订的施工合同和补充协议虽有被告盖章的工程质量保修书，但该工程质量保修书是作为施工合同和补充协议的附件而签订的，属于施工合同和补充协议的组成部分，并非竣工资料，被告认为施工合同和补充协议中有工程质量保修书即认为其已履行盖章的义务没有事实依据，本院依法不予采纳。

3. 被告能否以原告未足额支付进度款为由抗辩：首先，被告是否享有先履行抗辩权。原告作为建设单位有依约足额支付工程款的义务，被告作为施工单位，在工程具备竣工验收条件的情况下，负有协助建设单位办理竣工验收备案手续的义务，原、被告签订的施工合同和补充协议并未对两者的履行顺序进行约定，被告认为原告未向其足额支付工程进度款，故其具有先履行抗辩权有权拒绝的辩解没有事实依据，本院不予采纳。其次，被告是否享有同时履行抗辩权。一方面，原告向被告支付工程款的义务与被告协助原告办理竣工验收备案手续，二者在经济上并不具有对价性或对等性；另一方面，原、被告各自负有的义务是彼此独立的，两者并无牵连，被告协助原告办理禾粤尚德居的竣工验收备案手续并不会导致其失去取得工程款的保障，被告认为其有权行使同时履行抗辩权没有事实和法律依据，本院依法不予采纳。最后，被告是否享有不安抗辩权。被告并未提供证据证明原告存在经营状况严重恶化，转移财产、抽逃资金以逃避债务，丧失商业信誉等有丧失或可能丧失履行债务能力的其他情形，被告主张其具有不安抗辩权的辩解没有事实依据，本院依法不予采纳。

综上，被告因其承建的工程与原告就工程款问题产生的纠纷，可另行提起诉讼，主张权利。发包人未按合同约定支付工程款不得进行竣工验收，并非法律和行政法规作出的禁止性规定，被告认为原告欠付工程款违反工程竣工验收相关规定的，可向相关的行政主管部门反映要求处理，但并不影响被告作为施工单位履行协助原告办理禾粤尚德居竣工验收备案手续的义务。判决支持了原告的诉讼请求。

点评分析:这是一起发包人起诉总承包人要求其履行协助办理竣工验收备案手续的案件,该案中虽然总承包人抗辩理由为:(1)在工程竣工验收合格之后办理竣工验收备案手续的法定主体为建设单位,案涉工程已经进行了竣工验收并通过了竣工验收,表明被告已向发包人提交了"符合要求的完整竣工资料";(2)办理竣工验收备案手续过程中所需提交的备案资料,大部分(包括规划、消防、环保等验收资料)均需要由其他单位提供或出具,施工单位无法自行提供或出具;(3)发包人未按时支付工程进度款及剩余工程款项,其享有相应的履行抗辩权。但一、二审法院均根据双方约定及法律规定,判决总承包人承担相应协助办理备案手续的责任,系总承包人应履行的义务。

(二)实际施工人不配合竣工验收及备案,发包人起诉总承包人要求其履行协助办理竣工验收及备案手续的义务,并赔偿因此给发包人造成的相关损失

发包人在起诉总承包人要求履行协助办理竣工验收及备案手续的义务的同时,往往还会要求总承包人承担因延迟或拒绝履行相关义务给其造成的相关损失,包括但不限于逾期交房、不能给业主办理产权证书等损失责任。

典型案例 4.6.2

新邦公司与正国公司建设工程施工合同纠纷案①

案例要点:总承包人起诉发包人承担工程款支付责任,发包人以总承包人未及时配合竣工验收备案为反诉理由要求总承包人承担对其造成的相应损失,因相关损失系发包人自身原因导致的,诉请未得到法院的支持。

案情介绍

2010 年 4 月 13 日,新邦公司与正国公司签订一份建设工程施工合同,约定:正国公司开发建设的瑞安市塘下镇中心区 B-8-1、B-6-4 地块(国际名都)

① (2017)浙 03 民终 3263 号。

工程由新邦公司承包施工。竣工验收后15天内，承包人提供八份竣工图及所需技术档案资料四份。2014年9月3日，以正国公司作为甲方，新邦公司作为乙方，签订了一份国际名都项目补充协议，协议记载：因甲方资金问题无法及时支付工程款导致工期至今仍未竣工验收，甲方同意工期延至实际竣工验收之日；工程结算书由乙方在2014年9月20日前报送甲方审核办理结算，在工程竣工验收后20天内办理完毕并确认，如在竣工验收后20天内未审核完毕工程结算书，视为甲方默认按乙方送审的工程结算结算价款；甲方尚欠工程款，乙方同意延至工程竣工验收后30天内支付，但欠款利息和起算时间仍按原合同约定执行。2015年10月9日，新邦公司与正国公司又签订了一份补充协议，约定：国际名都项目已完成，已具备全面竣工验收条件，乙方（新邦公司）必须无条件配合甲方（正国公司）竣工验收及准备相关备案资料，如果乙方未及时配合办理相关手续并提供竣工验收资料的，则甲方有权顺延或暂停支付工程款；在竣工验收后20天内办理完毕竣工结算，如在竣工验收后20天内，双方不能达成一致，可诉诸法律途径解决，款项需一次性付清，如竣工验收20天内结算完毕，按双方约定进行分期付款方式支付。涉案工程于2015年10月15日经竣工验收合格，但至今未办理竣工验收备案手续及权属登记手续。后双方因工程款支付及竣工验收备案手续等问题诉至法院，新邦公司起诉正国公司承担相关工程款、利息及违约金责任，正国公司反诉要求新邦公司履行工程竣工验收确认手续并交付归档和办理房产证所需的必要档案资料四套及因违约不履行竣工验收、交付资料致正国公司不能办理房屋产权证而造成的损失，以每天121 449.27元计算，从2015年11月6日起至新邦公司完成办理房屋产权所需的资料和手续之日止。

法院认为：新邦公司与正国公司之间订立的建设工程施工合同及相关补充协议，系当事人真实的意思表示，没有违反法律强制性规定，属有效合同。新邦公司作为施工方有义务履行建设工程施工合同的附随义务，协助正国公司办理竣工验收备案手续及提交办理权属登记所需的相关技术档案资料。办理竣工验收备案手续及权属登记是作为建设方的正国公司的责任，新邦公司作为施工方仅需提供协助，正国公司未提供证据证明其在办理权属登记中自己应履行的相关义务已履行完毕，事实上办理权属登记所需缴纳的相关税费，正国公司因资金困难至今未予缴纳，因此本案尚不能确定是因新邦公司未履行协助义务而导致权属证书不能办理，正国公司无权就此要求新邦公司赔偿其损失。故一审判决新邦公司在判决生效后10日内协助正国公司办理瑞安市塘下镇中心区B－8－1、B－6－4地块(国际名都)工程竣工验收备案手续及提交办理权属登记所需的相关技术档案资料。

点评分析：发包人要求总承包人承担因其未履行工程竣工验收确认手续、交付归档和办理房产证所需必要档案资料的义务，导致不能办理房屋产权证而造成的损失(不能办理权属登记的损失，即向购房户支付的逾期办理权属登记的违约金)，虽然本案因发包人自身的其他原因对该项损失不予支持，但若该损失仅因总承包人未配合协助相关手续导致，则总承包人也可能面临承担相关损失的风险。且该案中双方签订的补充协议中明确载明：如果乙方未及时配合办理相关手续并提供竣工验收资料的，则甲方有权顺延或暂停支付工程款，总承包人也将面临工程款项支付节点后延的风险。故除了可能承担相关损失的风险，还可能因此面临在博弈过程中作出相关让步的风险。

(三)实际施工人不配合竣工验收及备案，发包人起诉总承包人及实际施工人要求其履行协助办理竣工验收及备案手续的义务，并赔偿因此给发包人造成的相关损失

法律层面规定的竣工验收及备案所涉及的义务主体是发包人与总承包人，但实务中多存在违法发承包的情形，故多数材料掌握于实际施工人手上，虽然发包人与其没有直接的合同关系，但出于实际判决的履行，个案中也可能将其一并列为被告，便于权利主张。

典型案例4.6.3

安瑞公司与鹏达公司、何某建设工程施工合同纠纷案①

案例要点：发包人在工程未经竣工验收的情况下入驻使用，后起诉总承包人

① (2019)皖02民终2313号。

与实际施工人要求履行竣工验收备案的义务并赔偿因此给发包人造成的损失，因相关损失无法提供证据证明而未得到法院支持。

案情介绍

安瑞公司拟通过招投标的方式，于2011年4月26日与鹏达公司签订《建设工程施工合同》，何某挂靠于鹏达公司，系案涉工程的实际施工人。合同约定工程具备竣工验收条件的，承包人（鹏达公司）应当按照国家工程竣工验收有关规定向发包人（安瑞公司）提供竣工资料及竣工验收报告，安瑞公司应当在收到竣工验收报告后28天内组织有关单位验收，并在验收后14天内给出认定或提出修改意见，鹏达公司应当按要求修改并承担由自身原因造成的修改费用；安瑞公司收到竣工验收报告后28天内不组织验收的或在验收后14天内未提出修改意见的，视为认可竣工验收报告。工程未经竣工验收或竣工验收未通过的，安瑞公司不得使用，若强行使用由此发生的质量问题及其他问题需自行承担责任；竣工验收报告经安瑞公司认可后28天内，鹏达公司递交竣工结算报告及完整的结算资料，双方依约结算，安瑞公司收到竣工结算报告及结算资料后28天内进行核实，给予确认或提出修改意见。该合同上有安瑞公司及鹏达公司签章及何某签名。2012年1月11日，案涉工程在安瑞公司及鹏达公司及监理单位的共同参与下进行预验收，经预验收明确案涉工程存在部分未施工完成及需整改的项目。后案涉工程一直未进行正式的竣工验收，2012年9月18日，安瑞公司在案涉工程未竣工验收的情况入驻案涉工程。后安瑞公司起诉要求鹏达公司、何某交付符合规定的应由施工方提供的全部竣工验收备案资料，并协助安瑞公司办理验收备案手续以及因此给安瑞公司造成的损失1 000 000元。

法院认为：根据《质量管理条例》第十六条的规定，建设工程完工后，承包单位应当按照国家竣工验收的有关规定，向建设单位提供完整的竣工资料和竣工验收报告，请建设单位组织竣工验收。按照合同约定，工程具备竣工验收条件的，鹏达公司应当按照国家工程竣工验收有关规定向安瑞公司提供竣工资料及竣工验收报告，竣工验收报告经安瑞公司认可后28天内，鹏达公司递交竣工结算报告及完整的结算资料，双方依约结算。2014年3月4日，鹏达公司向安瑞公司提交了案涉工程的结算报告及结算资料，安瑞公司盖章签收，并写明未审核资料完整性。由此可见，鹏达公司只向安瑞公司提交了结算报告及结算资料，而并未按照约定向安瑞公司提交竣工资料及竣工验收报告。鹏达公司不提交竣工资料及竣工验收报告的行为违反合同约定,应当承担继续履行的法律责任,何某作为实际施工人,应履行协助义务。安瑞公司关于因未提交相关资料导致其不能办理产权证,给其造成损失1 000 000元的请求,因安瑞公司未能提交损失的相关证据,故对其主张的损失部分不予支持。故判决鹏达公司于判决生效之日起30日内向安瑞公司提交工程竣工验收报告、质量保修书等国家竣工验收规定所需的材料,鹏达公司、何某配合其办理备案登记手续。

点评分析:该案中实际施工人借用总承包人的资质与发包人签订相关施工合同及补充协议,总承包人实际不参与工程的建设,也不掌握工程竣工验收及备案所需的工程资料。后发包人因缺乏相应资料不能完成相关竣工验收及备案手续,将总承包人与实际施工人一并起诉至法院要求其承担相关责任。总承包人不仅要解决提供相应资料的问题还有可能面临承担相关损失赔偿责任的风险。

二、要点解析

实务中,常常存在挂靠、转包、分包等情形,虽然竣工验收及备案的材料掌握在实际施工人手上,但与发包人存在直接合同关系的是总承包人,且施工合同中约定提供竣工验收及备案资料系总承包人的义务,故若发包人无法完成工程竣工验收及备案手续,往往会起诉总承包人要求其承担相关责任。

(一)分析配合竣工验收及竣工验收备案是否为总承包人应履行的义务,义务内容及范围的界定

首先,需要明确的是竣工验收与竣工验收备案是两种不同的行为。竣工验收指的是建设工程项目竣工后,经投资主管部门会同建设、设计、施工、设备供应单位及工程质量监督等部门,对该项目是否符合规划设计要求以及对建筑施工和设备安装质量进行全面检验后,取得竣工合格资料、数据和凭证的过程。竣工验收备案指的是建设单位在建设工程竣工验收后,将建设工程竣工验收报告和规划、公安消防、环保等部门出具的认可文件或者准许使用文件报建设行政主管部门审核的行为。其流程一般为工程施工完毕后,施工单位向建设单位提交建设工程竣工报告,建设单位收到报告后组织设计、施工、工程监理等有关单位进

行竣工验收,即通说的“五方责任主体”竣工验收,竣工验收合格后再提交建设行政主管部门备案,即竣工验收备案。

其次,配合竣工验收属于总承包人的法定义务。《建筑法》第六十一条规定:“交付竣工验收的建筑工程,必须符合规定的建筑工程质量标准,有完整的工程技术经济资料和经签署的工程保修书,并具备国家规定的其他竣工条件。建筑工程竣工经验收合格后,方可交付使用;未经验收或者验收不合格的,不得交付使用”,可见总承包人应向发包人交付竣工验收合格的建筑工程,除交付工程实体外还应交付工程的技术档案资料。相关技术资料范围可参见《质量管理条例》第十六条的规定:“建设单位收到建设工程竣工报告后,应当组织设计、施工、工程监理等有关单位进行竣工验收。建设工程竣工验收应当具备下列条件:(一)完成建设工程设计和合同约定的各项内容;(二)有完整的技术档案和施工管理资料;(三)有工程使用的主要建筑材料、建筑构配件和设备的进场试验报告;(四)有勘察、设计、施工、工程监理等单位分别签署的质量合格文件;(五)有施工单位签署的工程保修书。建设工程经验收合格的,方可交付使用。”

最后,竣工验收备案虽是发包人的法定义务,但双方多在合同中约定,总承包人有配合协助的义务,因此配合竣工验收备案属于总承包人的合同义务。根据《竣工验收备案管理办法》第四条的规定:建设单位应当自工程竣工验收合格之日起15日内,依照本办法规定,向工程所在地的县级以上地方人民政府建设行政主管部门(以下简称备案机关)备案。可见,竣工验收备案属于建设单位的法定义务。但竣工验收备案所需的大量材料掌握在总承包人与实际施工人的手上,单靠建设单位的一己之力是无法完成竣工验收备案的,实践中一般会在双方的建设工程施工合同中对总承包人配合竣工验收及备案作出约定,系总承包人应履行的合同义务。具体范围可参见《竣工验收备案管理办法》第五条第一款规定:“建设单位办理工程竣工验收备案应当提交下列文件:(一)工程竣工验收备案表;(二)工程竣工验收报告。竣工验收报告应当包括工程报建日期,施工许可证号,施工图设计文件审查意见,勘察、设计、施工、工程监理等单位分别签署的质量合格文件及验收人员签署的竣工验收原始文件,市政基础设施的有关质量检测和功能性试验资料以及备案机关认为需要提供的有关资料;(三)法律、行政法规规定应当由规划、公安消防、环保等部门出具的认可文件或者准许使用文件;(四)施工单位签署的工程质量保修书;(五)法规、规章规定必须提供的其他文件。”

(二)发包人起诉总承包人要求协助履行竣工验收与竣工验收备案的可诉性及可执行性分析

经查阅、总结中国裁判文书网上大量的相关案例,少数案件中法院认为发包人要求总承包人立即配合启动工程竣工验收工作,但对于如何启动竣工验收、如何配合,发包人并未提出具体的诉求,且工程竣工验收具有非常专业、严格的流程,需要在专业机构的参与下进行。根据《民事诉讼法》的规定,当事人起诉必须有明确的诉讼请求和事实、理由,而发包人的该项诉求并不明确,不符合起诉的条件,故不予支持。基于此理由,在其他被支持案件中总承包人也以该项判决不明确而无法执行为由进行抗辩。但结合多数案件及相关法律规定来看,其具体内容通过庭审双方对相关事实的确认是可以明确的,也是可以执行的,法院在大多数合理情况下对该项要求也是予以支持的,在少数案件中存在特殊情况时才会不予支持。

(三)竣工结算是否为总承包人协助发包人竣工验收及备案的前提或总承包人是否可以发包人未支付工程款为由拒绝提供相关验收材料

根据《竣工验收规定》第五条的规定,建设单位已按合同约定支付工程款后方可进行竣工验收,故在实务中总承包人会以双方未进行竣工结算或发包人未按约定支付工程款项为由主张先履行抗辩权或不安履行抗辩权,拒绝履行相关义务。但法院认为竣工结算与竣工验收及备案没有必然的联系,竣工结算不是竣工验收的前提条件,对于发包人、总承包人来说应按合同约定履行各自的义务,如有违反合同约定的亦应按约定追究各自的责任,总承包人不应以未办理竣工结算为由拒绝履行配合竣工验收及备案的义务。工程款支付与竣工验收及备案也不具有权利义务上的对等性,对于工程款支付问题总承包人可以另案主张。

（四）竣工验收是否为竣工验收备案的前提条件，如工程未经竣工验收或发包人未经竣工验收而实际使用后，发包人是否可以要求总承包人履行协助竣工验收备案义务

严格意义上来讲，建设工程竣工验收是建设单位依法组织施工单位等实施的建设工程合同内的行为，不涉及行政机关，应属于民事行为；而竣工验收备案由建设工程行政主管机关完成，是主管部门的权力和职责，不是施工单位的权利，也不是建设单位该向施工单位履行的义务，两者完全不同。且竣工验收与竣工验收备案也是两种不同的程序，并非同一程序中的前后阶段。若工程项目未经竣工验收或实际完工并交付使用多年，并不影响对竣工验收及备案手续的办理，在个别地方的法律文件中也有规定，如《东莞市建设局关于工程竣工验收备案纠纷的处理办法》第三条第三款的规定：施工单位拒不提交有关竣工验收资料的，建设单位可以委托有司法鉴定资格的鉴定机构出具房屋建筑安全性鉴定报告。以安全性鉴定报告代替竣工验收报告办理竣工验收备案。

（五）总承包人是否可以工程已经竣工验收合格或已交付使用为由主张已履行协助竣工验收备案义务

虽然竣工验收系法定义务，竣工验收备案系协助义务，但如前文所述，竣工验收与竣工验收备案是两种不同的行为，其所需材料也不尽相同，竣工验收合格也不等于完成竣工验收备案，故若发包人在工程竣工验收合格后要求总承包人履行配合协助工程竣工验收备案义务的，总承包人应协助提供相关资料。

（六）发包人是否可以要求总承包人承担因不配合协助竣工验收及竣工验收备案给其造成的损失，包括但不限于违约金、逾期交房、无法办理产权证等相关损失

根据相关法律规定，竣工验收合格一般是总承包人向发包人交付工程实体的前提条件，在双方的建设工程施工合同中对工期、工程款支付比例的约定也与竣工验收合格息息相关，正常情况下施工单位均会积极配合建设单位进行竣工验收，以防造成工期延误、工程款支付节点延迟的情况，在此情况下发包人是有

权依照合同约定进行相关违约金主张的。

我国《消防法》《环保法》《规划法》等法律中都明确了房地产开发交付使用时必须要通过消防、环保、规划、人防等相关部门的验收，也就是说，工程竣工验收后是交付给建设单位，但若建设单位将工程交付给业主使用还需经过验收备案，如商品房买卖合同中约定商品房取得“一证两书”（《竣工验收备案证》《商品房使用说明书》《商品房保修证明书》）才可以交付使用。此外，根据《关于加强住宅工程质量管理的若干意见》（建质〔2004〕18 号）第 3.4 条的规定：各地建设行政主管部门要加强对住宅工程竣工验收备案工作的管理，将竣工验收备案情况及时向社会公布。单体住宅工程未经竣工验收备案的，不得进行住宅小区的综合验收。住宅工程经竣工验收备案后，方可办理产权证。可见，建设工程验收备案是建设单位办理产权的前提条件，若因此造成建设单位无法在约定时间内向业主交房或为业主办理房屋产权证书，相关损失若有合同约定，建设单位也是可以据实主张的。但若发包人主张该部分损失，法院对其举证责任要求比较高，因总承包人对于竣工验收备案系协助义务，而非负责主体，且参与备案的主体及材料较验收更多，其不能完成备案的原因也是多样的。

三、风险防范

对于该部分的行政责任承担，法律主要规范的是建设单位，如《竣工验收备案管理办法》第八条至第十一条的规定，施工单位主要承担的是依据双方合同约定的民事责任。且竣工验收与竣工验收备案系两种不同行为，故总承包人除需在施工过程中注意相关资料的保存以积极配合竣工验收及竣工验收备案，还需在与发包人以及实际施工人签订相关施工合同时审慎相关条款约定。

1. 尽量避免挂靠、转包、违法分包的行为。且不论这些行为本身不具备合法性固有的风险，总承包人将工程发包出去后其就不再是实际施工人，相关工程的进程和施工资料主要由实际施工人负责，如果实际施工人不配合提交相关资料，总承包人相对就会处于被动的地位。

2. 注意施工过程中相关资料的制作及留存。根据《质量管理条例》《竣工验收规定》等相关法律规定，除了完整的技术档案和施工管理资料，还应提供工程使用的主要建筑材料、建筑构配件和设备的进场试验报告及质量合格文件等相关资料,文件缺少的将无法完成竣工验收及竣工验收备案,故相关资料的制作和留存一定要及时、完整、全面。

3. 在与发包人签订的施工合同及补充协议中应尽量避免相关违约金及损失承担的责任。法律对发包人与总承包人之间因竣工验收及竣工验收备案产生的违约责任没有强制性规定,实践中也没有一定的参照标准,其违约责任主要是根据双方的合同约定,若无法避免则应尽量降低相关标准以维护己方权利。

4. 在与实际施工人签订施工合同时要注意添加对实际施工人移交相关资料的制约条款。实务中总承包人不是实际施工人的情况还是比较常见的,此情况下的相关资料多数掌握在实际施工人手中,故总承包人在签订合同时须注意增加实际施工人对相关资料的制作、留存及转交的条款要求,将己方义务进行合理分配。

5. 尽量争取将竣工验收及竣工验收备案义务与工程款支付条件形成良性制约。虽然竣工验收及竣工验收备案义务与工程款支付义务不具有对等性,但在没有进入诉讼阶段的履约过程中,双方秉着友好合作的目的一般是倾向于遵守合同约定的,可以将工程款支付时间作为相关资料转移时间的参照,在更大程度上取得对己方合法权益的维护。

四、操作指南

1. 与建设单位签订的《建设工程施工合同》一般为示范文本,可操作性不高,但一般双方会签订相关补充协议,可将竣工结算与竣工验收相结合,以防建设单位在收取相关资料后,一直不进行竣工结算,拖延支付相关工程款,例如,工程结算书由乙方制作并报送甲方审核办理结算,在工程竣工验收后 20 天内办理完毕并确认,如在竣工验收后 20 天内未审核完毕工程结算书,视为甲方默认按乙方送审的工程结算价款。

2. 在与实际施工人签订施工合同时,可在内部承包协议书增加相应条款将工程款支付作为制约条款,以督促实际施工人履行相关义务:乙方应向甲方提交完整、全面的工程技术档案资料,包括但不限于材料、设备的试验报告及质量合格报告,否则甲方有权缓付工程款项且不就未支付的工程款项承担任何违约责任。

第五章 与工程款相关的风险识别与防范

CHAPTER 05

总承包人掌控好工程款的流向就能很大程度地制约实际施工人、降低施工过程中的风险。如果总承包人无法控制工程款,则不仅无法牵制实际施工人,而且一旦实际施工人造成总承包人损失的,总承包人挽回损失的手段和渠道也会很少。

发包人是否付款、是否有能力付款、实际施工人能否直接收取发包人支付的工程款以及总承包人收取税金管理费的方式等都是直接与工程款相关的,总承包人只有把握好这些方面,确保了资金的来源,才能更好地管理好施工项目及有效规避相应的风险。本章主要围绕与工程款相关的风险如何识别与防范进行阐述。

第一节 发包人无力支付工程款的风险识别与防范

支付工程款的最主要义务人是发包人,总承包人在收到工程款后应转付给实际施工人。在发包人未付款的情况下,总承包人也不会替发包人垫付工程款,一旦出现发包人因破产或资不抵债导致无能力支付工程款时,该部分的工程款损失就会产生。实际施工人为了挽回自己的损失,会想方设法让总承包人承担该部分损失。

一、风险识别

(一)总承包人向发包人主张工程款并获胜诉判决,因发包人履行能力问题导致判决无法执行,实际施工人以胜诉判决确定的造价为依据要求总承包人承担付款责任的,最终由总承包人支付全部工程款项

若发包人不支付工程款,实际施工人首先想到的即是向发包人主张,此时实际施工人与总承包人尚处于同一“战壕”,如果通过诉讼能够使发包人支付工程款的,则皆大欢喜。但往往发包人会因各种原因无法履行生效裁判,导致实际施工人无法从发包人处获得工程款。实际施工人为维护自身的利益,可能会转而向总承包人主张工程款。

典型案例 5.1.1

刘某与江苏某建设有限公司建设工程施工合同纠纷案①

案例要点:实际施工人以总承包人名义对发包人提起工程款诉讼并获胜诉判决,但是因发包人的资产状况导致执行不能。实际施工人转而又对总承包人提起工程款诉讼,总承包人因被认定为转包而承担全部发包人未能支付的工程款。

案情介绍

2012 年 7 月 5 日,谢某与刘某分别代表甲乙双方签订《双包工程施工合同》一份,合同头部载明,甲方为江苏某建设有限公司(以下简称建设公司),乙方(施工队)为建设公司尚东分部(刘某)。合同主文载明:“兹有甲方总承包的龙之梦大酒店客房、餐厅改造装饰、零星土建工程决定选择乙方双包施工……一、施工范围及内容:承担甲方与业主方所签施工合同约定范围内的所有客房、餐厅改造装饰及零星土建工程……五、本工程合同总价:1. 本双包合同总价暂按甲方工程合同价的80%计算,最终以经业主审定的甲方审定价的80%决算……六、其他约

① (2018)苏0581民初4411号、(2019)苏05民终5944号。

定:……7. 付款方法:……(2)施工期间,根据甲方与业主方施工合同约定付款计划同比例支付乙方本工程双包范围内的工程进度款(具体支付方式按照公司财务约定)。(3)工程款支付计划:……余款分别在2013年半年度与年终根据甲方付款情况分批支付完毕……

另查明:2013年1月12日,各方确认工程的合同价4 000 000.17元,已付工程款1 500 000元,尚应付工程款2 500 000.17元,增补项目金额合计2 962 321.81元,工程总造价6 962 321.98元,累计尚应付工程款5 462 321.98元。

常熟市人民法院于2013年4月15日作出(2013)熟民初字第0230号民事调解书,调解协议主要内容为:被告业主单位支付原告建设公司工程款5 462 321.98元及利息。

建设公司于2013年6月19日向法院申请执行,并于2015年年初取得分配执行款1 699 821元。剩余400余万元工程款因发包人无任何资产而终结执行。随后,刘某向常熟市人民法院起诉建设公司要求支付工程款。

一审法院认为:承包单位承包工程后,不履行合同约定的责任和义务,将其承包的全部工程转给其他单位或个人施工的行为,属转包行为。工程转包系法律明确禁止的违法行为,行为人应依法承担不利法律后果。经审查,本案工程系由被告建设公司转包原告刘某施工,被告建设公司与原告刘某之间就涉案工程施工构成转包。被告建设公司抗辩主张属于内部承包给建设公司尚东分部,但并未能举证证明实际施工活动是该尚东分部组织实施,施工所需的人、财、物及资金由其予以协调支持等符合内部承包核心要件的事实情形,对于尚东分部人员结构、业务经营等方面,建设公司也均未能证明,审理中被告自认就涉案工程并没有该尚东分部名义的相关书面材料,对施工未提供资金、设备、人力等方面的支持,故被告抗辩意见缺乏事实依据,本院碍难采信。

转包合同违反法律禁止性规定,属于无效合同。涉案工程已于2012年12月经过竣工验收合格并交付使用,原告刘某作为实际施工人主张工程款,符合相关规定,应予支持。关于被告抗辩所提仅为转付工程款的意见,与其和原告之间的转包关系性质不符,也并无明确特别约定,依据不足。

判决如下:被告建设公司应于本判决生效之日起10日内支付原告刘某工程款2 310 857.58元及利息。

二审法院认为:本案二审争议焦点在于,建设公司、刘某就诉争工程之间构成转包关系还是挂靠关系。对此本院认为,发包人就诉争工程与江苏某有限公司签订《建设工程施工合同》,后建设公司就诉争工程与刘某另行签订《双包工程施工合同》,诉争工程结算由发包人与建设公司直接进行,再由建设公司收到款项后支付给刘某,发包人并未直接支付工程款给刘某,结合上述施工合同的签订过程及结算方式综合考量,一审认定建设公司、刘某之间就诉争工程构成转包关系并无不当,建设公司主张其与刘某之间是挂靠关系,事实依据不充分,且与建设公司于一审中否认其与刘某之间是挂靠关系的陈述相矛盾,本院碍难采信。

点评分析:因发包人未付工程款,实际施工人以总承包人的名义进行诉讼,判决未能完全得到履行后,实际施工人转而向总承包人主张工程款。一审中,总承包人抗辩与实际施工人是内部承包关系,基于内部结算而不能主张工程款,实际施工人主张与总承包人属于转包关系。因实际施工人不属于总承包人的员工,且结算方式为发包人与总承包人结算价的80%,实际施工人与总承包人签订的是《双包工程施工合同》,故一审法院认定双方系转包的法律关系。二审中,总承包人进而提出与实际施工人系挂靠关系的主张,但是基于与发包人的总包合同在前,工程款均经过总承包人支付给实际施工人,且一审中总承包人否认与实际施工人系挂靠关系,故二审法院仍认定双方构成转包关系并判令总承包人承担向实际施工人支付工程款的义务。

一审中,总承包人也提出了合同中存在"背靠背条款",即总承包人仅承担转付义务,对于发包人未能支付的工程款没有支付义务的抗辩理由。对于该抗辩理由能否成立,涉及"背靠背条款"效力的认定,司法实践中的认定情况需结合具体案情分析。

(二)当发包人因破产、资不抵债等导致无力支付总承包人工程款时,实际施工人明知发包人无履行能力,故只要求总承包人承担支付工程款义务,总承包人承担付款义务后,亦无法再向发包人进行追偿

发包人一旦宣布破产的,必然出现偿债比例低,对于不能偿付的工程款部

分，实际施工人与总承包人迟早会爆发矛盾。

典型案例 5.1.2

孙某、陈某等与江苏某建设公司、江苏某房地产公司建设工程施工合同纠纷案[①]

案例要点：发包人破产后，实际施工人起诉总承包人要求其承担付款责任，法院认定实际施工人与总承包人之间为挂靠关系。法院认为因挂靠协议约定总承包人向发包人收取工程款为协助义务，总承包人因未收到款项而付款条件未成就，故不予支持实际施工人向总承包人主张工程款的请求。

案情介绍

2011 年 8 月 11 日，陈某 1 与江苏某建设有限公司（以下简称建设公司）南京分公司签订《项目经营管理合同》及补充协议，项目经营管理内容为建设公司南京分公司与发包方签订的《建设工程施工合同》的全部内容。2014 年 7 月，陈某 1 病故。孙某、陈某系陈某 1 妻子、女儿。南京中院于 2018 年 5 月 28 日作出(2018)苏 01 破 9 号民事裁定书，裁定对江苏某房地产公司（以下简称房产公司）提出破产清算申请。后因工程款支付问题孙某、陈某向一审法院起诉请求判令建设公司支付工程款 17 536 461.47 元及利息，房产公司在欠付工程款范围内对上述请求承担连带责任。

法院认为：因陈某 1 与建设公司就案涉工程形成挂靠关系，借用资质的挂靠人可以依据其与出借资质的被挂靠人之间的协议向被挂靠人主张权利。但因房产公司已进入破产清算程序，房产公司并未就案涉工程向建设公司支付工程款，建设公司已向房产公司破产管理人申报了相应债权。根据陈某 1 与建设公司的约定，建设公司协助陈某 1 向发包方收取工程款，对已经到位的工程款及时按比例向陈某 1 支付，故孙某、陈某在本案中要求建设公司支付的工程款，付款条件

① (2020)苏 01 民终 3486 号。

并未成就。孙某、陈某可在建设公司取得案涉工程款后,依据陈某1与建设公司南京分公司签订的《项目经营管理合同》及补充协议进行结算。原告请求无事实及法律依据,一审法院不予支持。二审法院以同样理由驳回上诉,维持原判。

点评分析:发包人破产后,债权的受偿比例往往会很低。实际施工人可能会将索要工程款的重点对准总承包人,在法院认定双方为挂靠关系且双方的协议约定总承包人仅为转付义务的情况下,法院很有可能会驳回实际施工人的相关请求。总承包人可以以此为由进行抗辩,规避总承包人的风险。

就目前工程领域在挂靠情形下是否需要被挂靠的总承包人承担付款义务,各地法院存在不同的处理方式,比如在武汉市东西湖区人民法院审理的白某与胡某、齐某建设工程合同纠纷案①、九江中院审理的九江某混凝土有限公司与李某执行异议案②、通化中院审理的通化某建筑安装有限责任公司与任某、王某、通化市某房地产开发有限公司、贺某建设工程施工合同纠纷案③,均判令被挂靠人承担相应的付款义务。

(三)发包人因破产、资不抵债等导致无力支付总承包人工程款时,实际施工人可能要求总承包人与发包人承担连带付款责任。因发包人无履行能力,有履行能力的总承包人被迫支付工程款,但总承包人再向发包人追偿则不具备可操作性

实际施工人起诉要求总承包人与发包人承担连带责任是常见的诉讼策略,法院判决总承包人与发包人对工程款承担连带责任的情况也极为普遍。执行过程中,一旦发包人无履行能力,则会先执行总承包人。总承包人被执行后,总承包人还需要与发包人另行诉讼,因为发包人无履行能力,另行诉讼的结果也难料,故而总承包人最终承担相应工程款的概率就比较大。

---

① (2016)鄂0112民初870号。
② (2018)赣04民终2278号。
③ (2015)通中民一终字第313号。

(四)挂靠人向被挂靠人、发包人一并主张工程款,因挂靠人与被挂靠人属挂靠关系而不能适用《建设工程司法解释(一)》第四十三条要求发包人承担责任,故挂靠人有时只能向被挂靠人主张工程款

有法院认为挂靠人不能要求发包人在欠款范围内承担付款责任,而且一旦认定挂靠人与发包人没有直接合同关系,挂靠人就只能向总承包人主张工程款。被挂靠的总承包人即使将来能够向发包人主张到工程款,也要承担诉讼费用和利息损失,如果主张不能得到支持,则损失更大。

二、要点解析

在发包人面临破产、经济状况不佳等情形下,实际施工人一旦将矛头调转向总承包人,要求总承包人支付工程款的,总承包人是否要承担责任,则应区分不同的情况。

(一)转包关系中的总承包人责任承担

认定实际施工人与总承包人为转包合同关系的,总承包人需要承担相应的付款责任。发包人具备偿付能力的情况下还好,一旦发包人偿付能力弱,总承包人则可能会面临巨额损失。

《建设工程司法解释(一)》第一条规定,因工程转包而签订的建设工程施工合同应根据《民法典》第一百五十三条第一款及第七百九十一条第二款、第三款的规定,认定无效。同时,《建筑法》也有关于禁止工程转包的相关规定,所以在转包情形下,建设工程施工合同会被认定为无效。

虽然建设工程施工合同无效,但是根据《民法典》第七百九十三条的规定,无效的建设工程施工合同可以参照合同约定结算工程款。实际施工人与总承包人在转包关系中,是合同的双方主体,一旦法院认定双方为转包关系的,总承包人必然要向实际施工人承担相应的付款义务。

在转包情形下,发包人与总承包人之间的建设工程施工合同关系不因后续总承包人的转包行为而无效,但是根据《民法典》第八百零六条的规定,存在总承包人转包情形的,发包人可以解除与总承包人签订的建设工程施工合同。

除了发包人与总承包人签订的总承包合同外，还存在总承包人与实际施工人签订的无效的工程转包合同。虽然以上两个合同是独立的，但是工程转包合同中往往会沿用总承包合同中的相关约定，总承包人往往也会以收取固定比例管理费的形式签订相关的转包合同。此时，两份合同间就存在着紧密的联系，转包合同以总承包合同约定的条款为基础。

（二）转包关系中有背靠背条款下，总承包人的付款义务

转包合同下，总承包人对实际施工人而言就是“发包人”，“发包人”有支付工程款的义务。因为总承包人是转接的发包人的工程，应由发包人先行支付工程款给总承包人，转包合同会出现不同的关于付款时间和付款条件的约定，而每种约定方式又会产生不一样的法律后果。

如果在转包合同中写明：“工程款付款时间同总承包合同。”该约定一般理解为转包合同的付款时间根据总承包合同的付款时间来确定，发包人到了付款期限未付款给总承包人的，总承包人不能以此为由作为拒绝对实际施工人付款的抗辩。

如果在转包合同中写明“总承包人在收到发包人工程款后支付”，通常称这样的条款为“背靠背条款”，这样的条款可能会被认定为附条件合同或者为附期限合同。将发包人支付工程款作为支付实际施工人工程款的前提条件的，就是附条件合同。等发包人付款后，总承包人方才付款的，称之为附期限的合同。该条款是否可以规避发包人不能付款产生的风险呢？因为转包导致建设工程施工合同无效，无效后工程款的结算参照合同约定，而付款条件和付款期限是否也要参照合同约定在实践中则会出现不统一。如果认为该条款也应当参照，法院就可以不具备付款条件或者付款期限未到为由驳回实际施工人的诉讼请求。但是有的法院则会认为因为合同无效，该条款也无效，从保护农民工的角度认为该条款不能成为总承包人不支付工程款的抗辩理由。

还有一种情况为在合同中明确约定：“发包人未支付工程款的，承包人有权拒绝支付实际施工人工程款。”这更多地会被认定为附条件的合同，其法律后果和上一种约定的情形类似。

(三)被挂靠的总承包人责任承担

实践中,挂靠中存在的各类合同是何种法律关系,各主体之间应当如何分配权利义务均存在争议,理解和适用法律的不同会导致不同的结果。挂靠中的总承包人是否需要承担责任的,应当首先弄清楚以下几个问题:

1. 挂靠性质的内部承包协议能否认定为建设工程施工合同

合同的性质应当根据双方约定的内容来确定,《民法典》第七百八十八条规定:"建设工程合同是承包人进行工程建设,发包人支付价款的合同。"而挂靠协议中总承包人主要的义务是出借资质,权利是收取管理费或者挂靠费。挂靠协议对于工程建设、价款支付等往往不会进行约定,所以笔者认为不能简单地将挂靠协议认定为建设工程施工合同,因为其并未约定建设工程施工合同中双方应当约定的权利义务。

如果挂靠协议不被定性为建设工程施工合同,那么总承包人支付工程款的发包人身份就不存在了,双方的权利义务应当严格按照双方的约定进行,不能任意超出合同约定。但是实践中,因挂靠协议签订模式、使用错误的合同模板等问题,具有被法院认定为建设工程施工合同的风险,进而总承包人就可能会变成"发包人"身份从而需要支付工程款给挂靠人。

2. 挂靠情形下总承包合同的效力

根据《建设工程司法解释(一)》的第一条第二款的规定,有一种观点认为该条款已经很明确规定挂靠情形下,建设工程施工合同无效。而另一种观点认为只有违反效力性规范才会导致合同无效,禁止挂靠并不是效力性规范,不会导致合同无效。

还有一种观点认为,将《建设工程司法解释(一)》第一条第二款中的建设工程施工合同理解为总承包人与实际施工人签订的那份挂靠协议,则总承包合同就不能依据《建设工程司法解释(一)》第一条第二款认定无效。同时,如果一味地因存在挂靠就认定总承包合同无效,对于没有任何过错的发包人是不公平的,而且如此规定,会使总承包人要想主张合同无效时,只需披露存在挂靠情形即可,那么出借资质的总承包人就可以掌控合同的效力。

根据《民法典》相关规定,民事行为有效的条件之一是意思表示真实,虚假的意思表示会导致合同无效。而挂靠关系中，总承包人是没有签订合同并履行合同的意思表示的，其签订合同是出于出借资质为目的的虚假意思表示。需要注意的是，这里是总承包人单方没有签订合同的意思表示，但是发包人则是存在签订合同的意思表示。如果是单方进行虚伪意思表示，对方并不知情，则该意思表示并不因此无效。[①]在发包人明知存在挂靠的情形下，则发包人和承包人都存在虚假的意思表示，此时的总承包合同原则上都会被认定无效。需要注意的是，此时总承包合同是否有效要看发包人的态度，因为要举证发包人明知挂靠往往很难，只能靠发包人自认。

就目前司法实践来看，大多数情况下会认定存在挂靠情形下的总承包合同有效，也有少数法院直接因为存在挂靠而认定总承包合同无效。但是当能够证明发包人明知挂靠时，则会普遍认为总承包合同无效。

3. 挂靠情形下，法院认定发包人与实际施工人直接构成合同关系的法律基础

因为总承包人没有履行合同的意思表示，实际施工人只是借用了总承包人的名义，总承包合同中所有权利义务均是实际施工人与发包人履行的，所以总承包人与发包人之间那份建设工程施工合同并未实际履行，而实际施工人按照总承包合同条款内容实际履行了一份并未书面签订的建设工程施工合同。

有观点认为挂靠是一种隐名代理，只是因为实际施工人本身不具备资质，为了规避监管或者获得承接工程的机会而为之。总承包人是代理人，实际施工人是被代理人。而代理签订的总承包合同，权利义务最终由被代理人承受。

因此，认定挂靠人与发包人直接存在建设工程施工合同关系不存在法律障碍，但是司法实践中比较保守，不太会轻易作出这样的认定。

在最高院审理的四川某建设工程有限公司、朱某建设工程施工合同纠纷案中[②]，一、二审法院均适用《建设工程司法解释》第二十六条的规定，判决发包人乌兰县国土资源局应在欠付四川某建设工程有限公司工程款范围内承担连带责任。最高院再审后认为四川某建设工程有限公司系被挂靠方，不能适用《建设工程司法解释》第二十六条的规定。朱某借用四川某建设工程有限公司的资质与

① 最高人民法院民法典贯彻实施工作领导小组主编：《民法典总则篇理解与适用》，人民法院出版社 2020 年版，第 729 页。

② （2019）最高法民再 329 号。

乌兰县国土资源局签订案涉施工合同，四川某建设工程有限公司作为被借用资质方，欠缺与发包人乌兰县国土资源局订立施工合同的真实意思表示，四川某公司与乌兰县国土资源局不存在实质性的法律关系。朱某作为案涉工程的实际施工人与发包人乌兰县国土资源局在订立和履行施工合同的过程中，形成了事实上的合同关系。

实践中较为普遍的观点认为，若发包人明知存在挂靠，法院倾向于认定挂靠人与发包人存在直接的建设工程施工合同关系，不能认定发包人明知存在挂靠的，则较难认定挂靠人与发包人形成直接的施工合同关系。

4. 挂靠情形下，能否适用《建设工程司法解释（一）》第四十三条的规定，要求发包人承担付款责任

《建设工程司法解释（一）》第四十三条的适用情形是转包人和违法分包人，并未提到挂靠中的实际施工人，所以单从条款理解来看，是不应当包括挂靠情形的，也就是挂靠不应当适用《建设工程司法解释（一）》第四十三条。实践中，大多数法院仍会按照上述《建设工程司法解释（一）》第四十三条处理挂靠的情形，因为挂靠也是实际施工人，且目前司法解释并未单独规定挂靠情形下的处理方式。

典型案例 5.1.3

明某建筑工程有限公司、方某建筑工程有限公司建设工程合同纠纷案[1]

案例要点：承包人、总承包人、发包人均为被告，法院认定实际施工人与承包人系挂靠关系，不能适用《建设工程司法解释》第二十六条和《建设工程司法解释（二）》第二十四条[2]的规定，要求发包人与总承包人承担责任。法院认为实际施

① （2020）粤 01 民终 10970 号。

② 现为《建设工程司法解释（一）》第四十三条：实际施工人以转包人、违法分包人为被告起诉的，人民法院应当依法受理。实际施工人以发包人为被告主张权利的，人民法院应当追加转包人或者违法分包人为本案第三人，在查明发包人欠付转包人或者违法分包人建设工程价款的数额后，判决发包人在欠付建设工程价款范围内对实际施工人承担责任。

工人仅由与其有直接合同关系的被挂靠人(承包人)向其承担付款责任(总承包人、发包人均不承担付款责任)。

案情介绍

2016年,万达公司作为发包方、中建二局作为总承包商签订《广州万达文化旅游城酒店群项目》施工合同,约定万达公司将项目采购—施工总承包工程发包给中建二局。2017年7月28日,方某公司(发包方、甲方)、明某公司(承包方、乙方)以及剑某公司(协作方、丙方)签订一份合作协议书,约定三方就广州万达文化旅游城六星酒店、五星A、五星B酒店坡屋面钢结构制作安装工程协商一致,订立本协议。2017年12月21日,中建二局(甲方)与方阳公司(乙方)签订一份《工程专业分包合同书》及附件1-9,约定甲方将其总承包的广州万达文化旅游城酒店群项目工程中的屋面钢结构分包工程以包干价分包给乙方。后2019年因工程款支付问题,明某公司作为实际施工人向一审法院起诉请求:一、方某公司、剑某公司、中建二局向明某公司支付工程款5 205 807.72元及工程款利息;二、万达公司在未付工程价款范围内承担连带支付责任。

一审法院认为:明某公司不具备钢结构施工资质,签订相关合同时系借用方某公司具备的相应施工资质,属典型的挂靠行为。剑某公司并非明某公司所称的涉案工程共同的发包方,中建二局与明某公司之间并不存在合同关系,且中建二局并不欠付工程进度款,因此明某公司要求剑某公司、中建二局承担付款责任的依据不足,一审法院不予支持。明某公司依照《建设工程司法解释》第二十六条的规定,认为其是作为实际施工人要求发包人万达公司承担连带责任的。一审法院认为该条款的规定是旨在保护处于弱势地位的建筑工人权益,其本意是,由发包人在欠付工程价款范围内向劳务分包合同的承包人,即劳务企业或者包工头承担责任,因此对于实际施工人的范围不宜做扩大解释。本案中,根据明某公司提交的证据显示,其借用方某公司的资质取得涉案工程后又将劳务工程分包给了罗建兵、雷某等人,因此明某公司并非该条款中的"实际施工人",其无权要求万达公司在未付款范围内承担连带清偿责任。故判决方某公司向明某公司承担支付工程款及利息的责任,驳回明某公司的其他诉讼请求。

二审法院认为:涉案工程由明某公司实际施工,明某公司为涉案工程的实际施工人。虽然明某公司以方某公司名义与中建二局签订《工程专业分包合同》,

但明某公司也一直以方某公司名义履行与中建二局签订的合同，现没有证据证明中建二局对该合同的签订及履行知情、认可，故明某公司与中建二局并不成立建设工程施工合同法律关系。明某公司并非《工程专业分包合同》的当事人，其无权直接向该合同当事人中建二局主张建设工程合同权利。故明某公司在本案主张中建二局承担责任，缺乏合同和法律依据，本院不予支持。《建设工程司法解释（二）》第二十四条规定："实际施工人以发包人为被告主张权利的，人民法院应当追加转包人或者违法分包人为本案第三人，在查明发包人欠付转包人或者违法分包人建设工程价款的数额后，判决发包人在欠付建设工程价款范围内对实际施工人承担责任。"该条只规定了转包合同的承包人和违法分包合同的承包人的权益保护，对于借用有资质的建筑施工企业名义与他人签订建筑工程施工合同的承包人权益保护没有涉及，故该规定不适用于借用资质的实际施工人。本案中，明某公司借用方某公司资质，以方某公司名义与中建二局签订建设工程专业分包合同，明某公司虽是涉案工程的实际施工人，但不属于上述司法解释规定的可向发包人主张欠付工程价款的实际施工人，故明某公司请求万达公司应在欠付工程款范围内对明某公司承担连带责任，缺乏法律依据，本院不予支持。

点评分析：在这起案例中，总承包人将工程分包给实际施工人挂靠的承包人，后因工程款纠纷，实际施工人将承包人、总承包人、发包人一并起诉。法院认为因实际施工人与总承包人、发包人没有直接的合同关系，同时也不能适用《建设工程司法解释（一）》第四十三条，故仅能认定由与实际施工人有合同关系的被挂靠人（承包人）承担付款责任。该案例中还提到了中建二局并非明知明某公司挂靠，由此可见法院在认定挂靠关系中合同主体时，发包人是否明知会成为衡量的一个重要标准。

认定挂靠关系后，就总承包人是否需要承担责任，发包人是否需要承担责任，总承包合同是否有效等均会存在争议。也有实际施工人以被挂靠的总承包人存在过错为由要求总承包人承担过错责任的。在江苏高院崔某与鑫某公司、龙某公司建设工程施工合同纠纷案中①，崔某借用鑫某公司资质承接龙某公司工程，一审法院认为鑫某公司出借资质违法，存在过错，故判决鑫某公司承担连带

① （2016）苏民终46号。

责任。二审法院认为一审判决鑫某公司承担连带责任缺乏法律依据而予以改判。

(四)狭义的内部承包关系下总承包人的责任承担

狭义的内部承包是一种合法的承包经营模式,首先需要明确的是内部承包合同不是建设工程施工合同,内部承包既然合法有效,那么就应该按照内部承包的约定处理双方的权利义务关系,对于发包人不能付款的风险根据内部承包协议的约定进行处理。

实践中,有的观点认为,内部承包关系不应适用合同法的相关规定处理,因为内部承包人属于总承包人的职工、股东等,具有人身属性,更应该适用劳动法等相关规定。

(五)挂靠与转包的区分标准

区分挂靠与转包关系的关键在于实际施工人的介入时间,如果实际施工人以自己的资源人脉等承接工程,或者直接借用总承包人资质进行投标,就会被认定为挂靠。而总承包人承接工程后,实际施工人才介入,则更多地被认定为转包。这也就导致了很多时候法院根据总承包合同和内部承包协议的签订时间顺序来认定双方系挂靠关系还是转包关系。但在实践中,内部承包协议往往在承接工程以后才会签订,在前期承接工程过程中不会签订协议,从而出现本应是挂靠关系很可能最终被法院认定为转包关系的情况。

区分挂靠关系和转包关系的另外一点则在于收取管理费的高低,如果是转包,总承包往往人会收取更高标准的管理费,但法院通常不会以这个标准来区分是挂靠关系还是转包关系。

(六)部分地方法院意见小结

北京高院、徐州中院曾出具意见,认为挂靠中的实际施工人可以直接起诉发包人,但应追加被挂靠人为当事人。

广东高院曾出具意见,明确挂靠人要求被挂靠人承担支付工程款义务,除非挂靠人和被挂靠人之间的合同明确约定被挂靠人承担支付工程款义务的,否则被挂靠人不承担支付工程款义务。

北京高院认可“背靠背条款”的效力，但是总承包人拖延结算或者怠于行使到期债权致使分包人不能及时取得工程款的，需要承担付款责任。

毫无疑问，面对发包人不能偿付工程款的风险，实际施工人与总承包人构成转包关系是对总承包人最不利的，转包情形下总承包人付款几乎成了必然，除非合同中明确有“背靠背条款”还有一线可能。

如果认定为挂靠，则总承包人就很有可能不需要承担相应的责任，此时就看如何梳理法律关系，如果承包协议中还有发包人付款作为总承包人支付前提条件的，则总承包人规避风险的概率会更大，但因为挂靠合同无效，各地法院的处理方式可能会略有差别。

如果认定为狭义的内部承包关系，则内部承包人不能主张全部工程款，仅能根据内部承包协议的约定主张权利。

三、风险防范

首先应该避免挂靠、转包等行为的发生。一旦发生类似纠纷时，应当尽早收集对自己有利的证据，总承包人尽快制定相应的策略应对已经发生或者将来可能发生的状况，努力将风险和损失降到最低。

1. 在签订内部承包协议、合作协议的过程中加入明确工程承接过程或者双方为挂靠关系的合同条款，可以确保发生相应风险时不会被认定为转包等其他法律关系。

2. 可以由实际施工人单方出具承诺书，明确合同的签订过程或者双方的关系，确认发生纠纷时会被法院认定为相应的挂靠关系。

3. 签订合同时对发包人的状况进行调查核实，确保发包人能够有足够的履行能力，在施工及后期结算等整个过程中要时刻关注发包人的经济状况，一旦发包人存在不能偿付工程款的风险，应立即会同实际施工人协商对策，及时作出应对，只要发包人不出现偿付问题，其他的风险都可以应对。

4. 在签订内部承包协议等条款中要注明总承包人仅有转付工程款的义务，没有直接支付工程款的义务，同时还要注明在发包人未支付工程款的情况下，承包人无须支付工程款，在发包人无法偿付工程款的情况下，承包人也不需要支付实际施工人的工程款。

5. 实际施工人因发包人长时间不支付工程款准备诉讼时，总承包人需要聘请专业人士判断总承包人面临的风险，并采取相应的应对措施。比如要求实际施工人签订不要求总承包人支付工程款的承诺书，或者将债权转让给实际施工人进行起诉，并明确将来不论是否履行到位，均与总承包人无关。

6. 实际施工人需要以总承包人名义进行诉讼的，总承包人应当尽力配合并积极引导。因为总承包人一旦拒绝配合，则可能面临实际施工人将总承包人列为第一被告的诉讼风险。

实际施工人主导的以总承包人名义进行的诉讼中，总承包人也应当争取委派维护总承包人利益的律师进行处理。因为实际施工人委派的律师代理总承包人时，可能会在庭审中作出对总承包人不利而对实际施工人有利的陈述。即使总承包人不能委派律师的，也应当让实际施工人明确其委派的律师不得陈述任何对总承包人不利的事宜，否则该陈述不能约束总承包人。

7. 实际施工人起诉总承包人和发包人时，应首先判断建设工程价款优先权对将来发包人偿付能力的影响，如果优先权影响到发包人偿付能力，则应当通过与实际施工人协商将优先权转让进行诉讼或者在实际施工人不配合的情况下可另行诉讼确保优先权，以此降低风险。

8. 在总承包人被实际施工人起诉败诉后，应积极通过向发包人主张权利的方式减少自己的损失。

四、操作指南

1. 签订完内部承包协议后，让实际施工人出具含有如下条款的承诺书：“××工程系本人挂靠承接，所有发包人不能支付工程款的风险由本人承担，发包人未支付工程款的情况下，本人不能向总承包人主张任何工程款。”

2. 在内部承包协议书中明确含有以下条款：“本工程由乙方实际承接，总承包人无支付工程款义务，仅为收到发包人工程款后的转付义务，发包人未支付或者不能支付工程款的风险由乙方自行承担。”

3. 在发包人未付工程款时拟以总承包人名义进行诉讼时，约定以下条款：“诉讼中产生的一切费用，包括但不限于律师费、诉讼费、鉴定费等，诉讼中代理人为实际施工人聘请，案件中任何对总包人不利的陈述都不得用来约束总承包人,诉讼款项到位后总承包人扣除相应费用后支付。执行款项到位前或未能执行到款项的,实际施工人不得向总承包人主张任何款项,回款风险由实际施工人自行承担。”

4. 如签订债权转让协议的,应明确含有以下条款:“债权转让后,实际施工人与总承包人不存在任何权利义务关系,实际施工人是否能主张到款项与总承包人没有任何关系。”

第二节　发包人不支付工程款的风险识别与防范

发包人因为客观上的资金紧张、主观上的消极拖延或者由于其他原因不付或不及时支付工程款,使总承包人不能受偿工程款,会引发总承包人拖欠分包款、材料设备款、租赁款等连锁反应。发包人不付工程款,实际施工人又不垫付应付款项的,会给总承包人带来巨大的经济压力和风险。

一、风险识别

1. 发包人不付工程款,总承包人大多也会拖欠对外应付款项。总承包人对外欠付分包工程款、劳务费、租赁费、材料货款等,下游的分包人、供货商、出租人等若通过诉讼或仲裁方式向总承包人主张权利的,则总承包人不但要支付劳务费、租赁费、分包工程款等应付款项的本金,还可能会被要求支付违约金或利息及诉讼费用。

例如,某园林公司承接陕西某国有煤矿景观绿化工程系列案,即为发包人不付工程款导致总承包人接连被起诉的典型案例。因发包人拖欠工程款,实际施工人又不及时清偿债务,导致园林公司先是被一个苗木栽植分包人起诉,被法院执行工程款,此后,从几千元到几万元不等的小标的诉讼案件一个接一个。由于拿不到发包人主动支付的工程款,而园林公司又不想用自己的自有资金清偿这些对外欠款,园林公司向法院起诉要求发包人支付工程款。最终,园林公司诉发包人、各债权人诉园林公司的案件全部经法院调解。调解后,发包人分期将款项付至法院,园林公司向法院出具指示/委托付款声明,由法院直接向各债权人代付，剩余部分返还给园林公司。

园林公司的一系列案件就是因为发包人拖欠工程款而引发，实际施工人不向总承包人汇报欠款情况，导致多个债权人起诉。如果发包人按施工合同约定付款，总承包人园林公司即可及时付款，诉园林公司的这些案件也都可以避免。

2. 下游分包人、供货商、出租人起诉总承包人时申请冻结总承包人的基本存款账户及其他账户，导致总承包人无法投标新的工程项目。另外，被保全的账户在保全限额内的资金无法正常使用。

典型案例 5.2.1

江苏某市政公司与安徽某建设公司建设工程分包合同纠纷案①

案例要点：因发包人未付款，总承包人未及时向分包人支付款项，总承包人被分包人起诉并被冻结银行账户，使总承包人经营陷入困难。

案情介绍

江苏某市政公司在云南承接的工程，由于发包人未付工程款，市政公司也欠分包人部分款项未付，分包人向法院起诉申请冻结了市政公司的基本存款账户600余万元，市政公司无法对外支付，也不能投标。虽然法院只判决支持某建设公司200余万元，但是总承包人被冻结的金额仍然是600余万元。

点评分析：法律规定原告可以申请财产保全，且实践中只要申请人提供担保，法院一般不会拒绝。企业银行账户被冻结后，除了将与财产保全金额相等的现金存款凭证交到法院，没有其他更好的办法解除对银行账户的冻结。账户被冻结对企业的生产经营会造成实质影响。

3. 下游分包人、供货商、出租人起诉时申请冻结发包人处未付的工程款，发包人本来就拖延、不付款，法院冻结时会明确要求发包人不能向总承包人支付，

① （2020）云0523民初863号。

这样一来,发包人更加有理由不支付工程款。

4. 因发包人不付工程款,如果总承包人在法定诉讼时效期间内不发函、不起诉、不仲裁,那么,超过诉讼时效期间起诉发包人时,一旦发包人提出已过诉讼时效期间的抗辩,经查明确已超过诉讼时效期间的,则总承包人的诉讼请求将被法院驳回。

5. 发包人不付款,总承包人如果超过建设工程价款优先受偿权的期限主张权利,将丧失工程款优先受偿权。如果遇发包人资金链断裂或破产,由于没有优先权,总承包人未受清偿的工程款将陷入最终无法清偿的不利境地。

典型案例 5.2.2

西安某房地产实业有限公司、某建设集团有限公司建设工程施工合同纠纷案[①]

案例要点:发包人不付工程款,总承包人怠于行使权利,过了优先权期限后才主张权利,丧失工程款优先受偿权。

案情介绍

2012 年 12 月 6 日,某建设集团有限公司与某房地产实业有限公司签订《陕西省建设工程施工合同》,约定:航天星苑经济适用房小区 1#、2#、3#楼由某建设集团有限公司承建。2017 年 9 月 4 日,工程验收合格。因拖欠工程款,某建设集团有限公司起诉某房地产实业有限公司。

法院认为:《建设工程司法解释(二)》第二十二条规定:"承包人行使建设工程价款优先受偿权的期限为六个月,自发包人应当给付建设工程价款之日起算。"从双方合同约定的应付工程款时间看,总承包人合同范围内工作内容完成,并经总承包人、发包人、监理、设计等四方责任主体单位竣工验收合格之日起一周内,付至总造价的 97%;剩余工程总价的 3% 为工程质量保修金,工程保修 2 年期满之日起 14 天内,发包人付清工程质量保修金。工程设计变更、现场签证、材

① (2020)最高法民终 846 号。

料价格调差等在工程竣工验收合格之日起一个月内双方结算完成并付清该款项。可见除工程质量保修金外的工程价款最迟应当在竣工验收合格之日起一个月内付清。本案中,上述司法解释规定的行使工程价款优先受偿权的起算时间应从工程竣工验收合格之日起一个月即2017年10月4日起计算为宜。某建设集团有限公司2019年4月起诉主张建设工程优先受偿权,显然超出了上述规定的行使期限。

点评分析:建设工程价款优先受偿权是不变期间,不因任何原因可中止、中断或延长,总承包人应当在合理期限内行使建设工程价款优先受偿权。原规定为6个月,现规定最长不得超过18个月,自发包人应当给付建设工程价款之日起算。

6. 发包人不付工程款,总承包人拖欠工人工资,导致工人集体维权事件发生,总承包人可能被限制市场准入,如在一定期限内被限制在某地承接新工程。例如,宜兴某工程中,因发包人未付工程款,实际施工人拖欠农民工工资引发农民工维权、投诉,最终总承包人被限制市场准入。党和国家多次强调要多管齐下,多措并举,切实保障农民工工资支付。如果该建筑公司不清偿农民工工资,不办理清欠手续,没有结清凭证,工人仍然向政府施压,不但不能解除对总承包人的限制准入,可能还会导致限制期限被延长。

7. 总承包人贷款(或帮实际施工人担保)进行工程建设,若因发包人不付工程款总承包人无力偿还银行贷款的,被银行起诉后,除了本金外,贷款期内利息、逾期还款利息、律师费、保险费、诉讼费等均需由总承包人承担,总承包人融资成本增加。例如,苏北某工程中,总承包人帮实际施工人担保,因发包人不付工程款,实际施工人无力偿还借款被银行、小贷公司起诉,总承包人被判决需承担连带保证责任。发包人不付工程款,借款人无力偿还借款,总承包人提供保证担保的,最终需承担连带责任。

8. 如本章第一节所述,发包人不付工程款,直接导致实际施工人的投入没有回报,实际施工人则可能向总承包人主张工程款,这是总承包人会面临的最大风险。

二、要点解析

(一)发包人不付款能否成为总承包人拒付下游应付款的理由

《民法典》第五百九十三条规定,当事人一方因第三人的原因造成违约的,应当依法向对方承担违约责任。当事人一方和第三人之间的纠纷，依照法律规定或者按照约定处理。

除非总承包人与下游各方所签的合同约定，待发包人付款后总承包人再付工程款，否则，一般情况下发包人不付款不能成为总承包人不付款的理由。但是，总承包人与下游各方签订合同约定发包人付款后再支付的可能性很小。下游合同当事人对自己签订合同有切实预期，接受发包人付款作为总承包人付款前提的可能性极低。

合同有相对性，不同的合同有不同的当事人，总承包人与发包人所签的建设工程施工合同中权利义务人是总承包人和发包人；总承包人与分包人的分包合同，权利义务人是总承包人和分包人，分包合同与总承包人和发包人的总包合同分属不同的法律关系。第三人不履行合同不能成为合同一方当事人拒绝履行合同义务的理由和借口。

（二）债权人起诉总承包人时可申请财产保全，冻结银行账户和对第三人享有的债权

《民事诉讼法》第一百条规定，人民法院对于可能因当事人一方的行为或者其他原因，使判决难以执行或者造成当事人其他损害的案件，根据对方当事人的申请，可以裁定对其财产进行保全、责令其做出一定行为或者禁止其做出一定行为；当事人没有提出申请的，人民法院在必要时也可以裁定采取保全措施。

也就是说，权利人在起诉时可以申请对总承包人的财产进行保全，保全的形式大多为冻结银行账户，也有保全第三方债权或其他财产的，如发包人处未付的工程款，当然还有房屋、土地等不动产以及机动车辆等经过登记的动产。

1. 冻结基本存款账户对投标的影响

《招标投标法实施条例》第二十六条第二款规定，依法必须进行招标的项目的境内投标单位，以现金或者支票形式提交的投标保证金应当从其基本账户转出。

发包人不付款，总承包人也不付款的，会导致分包人或其他债权人起诉总承包人并申请财产保全，要求冻结总承包人的银行账户。如果总承包人被冻结的是基本账户，除非冻结金额以外有多余资金，否则，当账户内资金小于等于被冻

结金额时，投标保证金无法从基本账户转出，无法提交投标保证金，也就无法参与投标。

2. 债权人申请冻结发包人未付的工程款债权

发包人不付工程款导致总承包人也不付款的，分包人可在起诉时申请冻结发包人处未付的工程款债权，冻结后，发包人不得擅自向总承包人支付，否则法院可追究发包人妨害司法的责任。

《民事诉讼法司法解释》第五百零一条规定，人民法院执行被执行人对他人的到期债权，可以作出冻结债权的裁定，并通知该他人向申请执行人履行。《执行工作若干问题的规定（试行）》第 61 项被执行人不能清偿债务，但对本案以外的第三人享有到期债权的，人民法院可以依申请执行人或被执行人的申请，向第三人发出履行到期债务的通知。第 67 项第三人收到人民法院要求其履行到期债务的通知后，擅自向被执行人履行，造成已向被执行人履行的财产不能追回的，除在已履行的财产范围内与被执行人承担连带清偿责任外，还可以追究其妨害执行的责任。

（三）诉讼时效

《民法典》第一百八十八条规定，向人民法院请求保护民事权利的诉讼时效期间为 3 年。法律另有规定的，依照其规定。可见，民事主体主张权利是有时间限制的，如果没有在法定期限内主张权利，最终将丧失该权利。所以，总承包人向发包人主张权利，一定要及时，不能超过诉讼时间期间。

（四）工程款优先受偿权

《建设工程司法解释（一）》第四十一条规定，总承包人应当在合理期限内行使建设工程价款优先受偿权，但最长不得超过 18 个月，自发包人应当给付建设工程价款之日起算。如果总承包人超过法定期限才主张，那么，工程价款优先受偿权这个被誉为工程款权利上的“明珠”或“救命稻草”将不复存在。

（五）总承包人被联合惩戒，限制市场准入

《工资支付条例》第四十八条规定，用人单位拖欠农民工工资，情节严重或者

造成严重不良社会影响的，有关部门应当将该用人单位及其法定代表人或者主要负责人、直接负责的主管人员和其他直接责任人员列入拖欠农民工工资失信联合惩戒对象名单，在政府资金支持、政府采购、招投标、融资贷款、市场准入、税收优惠、评优评先、交通出行等方面依法依规予以限制。

《国务院办公厅关于促进建筑业持续健康发展的意见》（国办发〔2017〕19号）第五项优化建筑市场环境第（十三）条专门提出保护工人合法权益。明确要求，将存在拖欠工资行为的企业列入黑名单，对其采取限制市场准入等惩戒措施，情节严重的降低资质等级。国务院文件明确将存在拖欠工资行为的企业列入黑名单，对其采取限制市场准入等惩戒措施，不可谓不严厉，而且情节严重的企业可能被降低资质等级，对其未来承接工程会造成实质影响。

（六）因工程所欠银行借款及其他借款

《民法典》第五百零九条第一款规定，"当事人应当按照约定全面履行自己的义务"。第五百七十七条规定，"当事人一方不履行合同义务或者履行合同义务不符合约定的，应当承担继续履行、采取补救措施或者赔偿损失等违约责任"。

发包人不付款导致总承包人不能如期偿还借款，总承包人对出借人构成违约的，出借人依法可向总承包人主张权利，总承包人除了要返还本金，还应支付利息、罚息以及诉讼费、保全保险费、律师费等债权人实现债权的费用。

（七）实际施工人向总承包人主张权利

实际施工人与总承包人签订内部承包合同或协议，双方互为合同相对方和合同的权利义务人。当发包人不支付工程款时，实际施工人投入的资金无法收回或无法全部收回，实际施工人则可能向总承包人主张权利。即便借用资质挂靠、非法转包的行为无效，总承包人也可能承担相应责任。《民法典》第一百五十七条规定，民事法律行为无效、被撤销或者确定不发生效力后，行为人因该行为取得的财产，应当予以返还；不能返还或者没有必要返还的，应当折价补偿。有过错的一方应当赔偿对方由此所受到的损失；各方都有过错的，应当各自承担相应的责任。法律另有规定的，依照其规定。

三、风险防范

1. 与发包人洽谈、签订合同时。总承包人与发包人洽谈、签订合同时，有关工程的计量计价依据、合同价款形式必须明确；按施工形象进度付还是按月付或是按年付等付款节点必须清晰，不按约定节点付款时发包人应承担何种违约责任必须在合同中约定清楚。

笔者处理过一起纠纷，合同版本是由总承包人提供的，除了承发包双方的名称和管辖约定，其他内容均与工程和合同双方没有任何关系。原《合同法》第十二条（现《民法典》第四百七十条）规定，合同内容应当包含标的、数量、质量、价款或报酬、履行期限、地点和方式、违约责任等内容。长达6页的合同对这些合同主要条款均没有约定，只有双方当事人的名称和解决争议的管辖条款，约定的还是在双方住所地和工程所在地以外的其他城市的一个国际经济贸易仲裁委员会。经了解，原来该合同是从网上下载的，相关措辞是英美法系的版本翻译过来的，虽然合同是中文版本，但完全不符合中国人的语言习惯，整篇合同没有约定任何实质内容。

所以，签订合同是第一道关口，双方一定要仔细推敲合同条款和内容，关键的合同条款一定要约定清楚。

2. 要求发包人提供工程款支付担保。虽然目前仍是发包人市场，但是《工资支付条例》第二十四条规定发包人应当向总承包人提供工程款支付担保。

3. 施工过程中严格按照合同约定的节点申报工程款，至少一式两份，总承包人自己务必留存一份发包人签批的完整的工程款支付证书（或支付申请书）原件。如果发包人拖延、不及时签认、不按合同约定付款，可进行催告，催告后仍不付的，可通知发包人暂停施工。

4. 合同外变更、增加的工程量应及时办理签证，在最近一期申报工程款时一并申报。如果发包人拒绝签认，那么，下一次发包人要求实施合同外的工程时，应先要求发包人将前一次已经完成施工但尚未签认的合同外增加、变更的施工内容进行签认。发包人不签认，总承包人可不实施新的额外工作。即旧债不清，新债不接。这样一来，发包人未签认的部分就会很少，用后一次不积极作为敦促、约束发包人将前一次工作已完成但未签证的工作内容书面签认，把遗留的问题减至最少。

5. 在能够协商一致的情况下,可与分包人约定与总包合同同比例支付分包工程款或发包人支付工程款后一定期限内,总承包人再向分包人支付工程款。否则,在发包人工程款支付不到位的情况下,总承包人不能对抗分包人行使权利,需先行用自有资金清偿分包工程款及其他债务。

6. 一旦发现发包人持续性、习惯性迟延付款,总承包人应当及时主张权利,行使工程款诉权和工程款优先受偿权。不能等到发包人已经完全没有清偿能力时再主张,否则,工程款的执行将遥遥无期甚至根本无法实现。

四、操作指南

1. 总包合同中,发包人迟延付款违约条款可约定:"发包人迟延支付预付款、进度款、结算款、质保金的,自每次应当付款之日起,发包人向总承包人按年利率×%(或月利率×%、日利率×%)支付迟延付款利息,直至付清应付工程款为止。如发包人××日内不付清当期应付工程款,总承包人可停止施工,停止施工期间发包人应按××元/日的标准向总承包人支付停工损失。"

2. 内部承包合同中,付款条件可约定:"总承包人只是就发包人已经支付的款项向内部承包人转付或按内部承包人的指示/委托对外支付。发包人未支付的工程款,内部承包人不得向总承包人主张。若发包人发生资不抵债、破产等不利情形,导致工程款无法清偿的风险和不利后果由内部承包人承担,内部承包人不得向总承包人主张工程款及其他权利。"避免发包人无力清偿时总承包人成为发包人的"背锅侠"。

3. 分包合同中,付款条件可约定:"1. 在总承包人将分包工程款可按分包合同约定支付到位的情况下,分包人应确保农民工工资、材料款等支付到位,承担因农民工工资、材料款不到位而引发的一切责任。如果总承包人按分包合同约定支付的分包款项(包含农民工工资)小于分包人与班组或农民工约定的应付工资标准,差额部分应由分包人承担并支付给农民工,分包人不得因此向总承包人提出要求。如果分包人或其所聘人员向总承包人索要超过分包合同约定之外的款项,分包人应向总承包人赔偿合同价款×%的损失。2. 如果分包人中途擅自停工,应自总承包人催告之日起××日内与总承包人结算,否则以总承包人核算的结算金额为分包合同最终结算价款。3. 分包人理解并同意，总承包人的所有付款应在总承包人收到发包人的足额付款后支付。分包人承诺：因发包人未及时足额向总承包人支付项目相应时点工程款，导致总承包人未能按照分包合同约定足额向分包人支付相应时点的工程款时，分包人表示理解，不视为总承包人违约，分包人不得就此向总承包人提起追索工程款及违约赔偿责任之诉讼。"

第三节　总承包人收取管理费、税金的风险识别与防范

我国现有法律中对工程管理费并没有直接的规定，建设工程领域中的管理费，通常是指建设单位从项目筹建开始至工程竣工验收合格或交付使用为止发生的项目建设管理费用。这是指广义的建设工程领域的管理费，而在违法分包、挂靠情形下收取的管理费，指的是转包、违法分包、挂靠情形下截留一定比例或者金额的"工程款"。之所以会收取管理费，一方面的原因在于承接工程需要资质，而国家对资质管控严格，实际施工人能够接触到大量项目，但无承接工程的资质，只能寻求有资质的施工单位进行挂靠；另一方面的原因在于市场监管的缺失，虽存在大量的挂靠、转包情形，但只要未出现安全事故和质量事故，施工企业不会被处罚，施工单位出借资质不仅无须付出成本，反而可以从中盈利，积累业绩升级资质。

就目前的建筑工程施工领域来说，违法分包、挂靠情形下收取的管理费比例通常在5%～20%，有些收取的管理费中包含税金，有些收取的管理费中不包含。法院在处理管理费纠纷时进行调整的临界点通常为10%，超过10%收取管理费的，会综合考虑合同双方关于管理费的约定，即是否包含税金，是否实际缴纳，总承包人是否实际投入工程管理，以及依诚实信用原则和公平公正原则对管理费进行适度调整，将管理费调整到5%～10%，避免利益失衡。

一、风险识别

（一）总承包人接受挂靠、转包、违法分包，向实际施工人收取管理费（含税金），双方对管理费有明确约定时，已收取的管理费会面临被调整或被退还的风险；未收取的管理费不得收取

因挂靠、转包、违法分包均是违反法律规定的，所以即使承包人与实际施工人对管理费、税金作出明确约定，也属于无效条款。考虑到总承包人实际对工程进行了管理，支出了相应成本，以及工程实际履行情况，双方过错程度等因素，一些法院会对管理费、税金的约定标准予以调整，适当下浮，确保总承包人不会因此获利。比如在最高院审理的江苏某公司与孙某建设工程施工合同纠纷案①中，法院认为因合同无效系因约定内容违反禁止违法转包的强制性规定。实际施工人并不具备施工资质而借用名义，对违反禁止转包明知，其不应从违法行为中获利。对于总承包人主张按照协议约定收取管理费的依据不足，根据合同履行的实际情况等因素，将管理费比例进行了调整。

合同无效时，关于管理费的约定也无效，总承包人也就无权基于无效条款来主张收取管理费，一些法院在权衡之后直接不予支持总承包人关于管理费的主张，实际施工人要求总承包人返还已收取的管理费时，法院也会予以支持。比如在威海中院审理的郑州某公司与河南某公司建设工程施工合同纠纷案②中、沈阳中院胡某与四川某公司建设工程施工合同纠纷案③中，法院均认为总承包人向实际施工人出借资质，违反法律规定，合同无效，总承包人收取的管理费属于非法所得，应当予以退还。当然，实践中对于已经收取的管理费，法院支持予以返还的并不多。上述案件之所以支持返还是因为法院认为该种情形下收取的管理费属于非法所得，管理费的约定不是基于管理义务，总承包人仅是为了获利，没有正当事由予以收取，故而应予以返还。

基于任何人均不能从无效合同中获利的原则，合同无效后，未收取的管理费

---

① （2019）最高法民终1779号。

② （2018）最高法民终391号。

③ （2020）鲁10民终11号。

也不支持再收取,实际施工人可拒绝缴纳管理费。

(二)合同约定不明时,实际施工人不予认可部分的管理费、税金,总承包人无法收取

总承包人接受挂靠、违法分包,向实际施工人收取管理费(含税金),双方对管理费没有明确约定时,若无相关证据证明管理费的收取标准以及税金的缴纳比例,实际施工人不予认可的部分法院不予支持。

典型案例 5.3.1

李某与河北某建设有限公司建设工程施工合同纠纷案[①]

案例要点:合同被认定为无效,总承包人未与实际施工人对管理费、税金进行明确约定,且无证据证明其主张,总承包人应承担举证不能的责任,只能按实际施工人认可的管理费标准计算管理费,按实际缴纳的税金计算税金。

案情介绍

河北某建设有限公司(以下简称建设公司)将其承包的案涉工程分包给实际施工人李某,双方未对管理费、税金等进行书面约定,后发生纠纷。实际施工人称其向建设公司支付的5%管理费中已包含税金,所以实际施工人不需要承担发票费用;如果实际施工人提供发票,就不需要支付相应税金;建设公司认为双方已经约定了管理费为工程总造价的8%;按工程总造价的75%返材料成本发票;按工程总造价的17%返人工费发票。该约定达成后,才同意李某承建案涉工程。

法院认为:关于发票款及管理费问题。因李某、建设公司未签订书面协议,因此无法确定施工之初双方对于该项权利义务是如何约定的。实际施工人提供的录音证据可以证明双方在此次谈话前曾对此问题进行过协商,本次谈话主要涉及工程款及利息计算问题,其中提到了发票款及管理费。建设公司据此主张

① (2020)辽01民终10697号。

实际施工人的工程款应扣除320万元的管理费及100万元的发票款。对此,本院认为,因该份录音只是双方沟通工程款及利息结算等事宜中的一个意见,该录音中也多处提到其他数据,但最终没有形成合意,故建设公司该项主张,本院不予支持。审理中,实际施工人对向建设公司交纳税金及管理费问题不持异议,双方争议的只是比例问题。实际施工人主张税金比例为3.5%,但从建设公司实际缴纳的税费看,远超出该比例,故税金应按建设公司实际缴纳数额2 091 958.31元认定。管理费实际施工人同意按1.5%计算,被告虽有异议,但未能提供有效的证据予以证明,故应按实际施工人认可的1.5%比例计算为595 235.9元=39 682 393.51元×1.5%。关于被告主张扣除100万元发票款问题。根据《发票管理办法》第十九条的规定,销售商品、提供服务以及从事其他经营活动的单位和个人,对外发生经营业务收取款项,收款方应当向付款方开具发票。实际施工人系案涉工程的实际施工人,其以个人名义从事建筑经营活动,并以此主张工程款,根据上述法律规定,实际施工人负有开具发票的义务;另外,实际施工人依据鉴定结论主张工程款,而该鉴定结论中的工程造价中包含相应税费,故实际施工人应向付款方开具发票。现建设公司是在提供了成本发票后才按上述比例向税务机关缴纳的税金。否则,如不能提供成本发票,税金要超出上述比例,且扣除成本费用纳税符合税法的规定,建设公司也未从中受益。综上,因实际施工人未能提供发票,故建设公司支出的相应税费100万元应由李某承担,从建设公司应付李某工程款中扣除。

点评分析:当总承包人与实际施工人对管理费没有约定或者约定不明时,主张要收取管理费的总承包人必须举证证明双方有收取管理费的合意以及约定的收取标准,总承包人无法举证的,往往就会面临败诉的风险。相对于管理费来说,税金的主张较为容易,总承包人代实际施工人缴纳税金,税务机关都会出具收据或发票,有据可依,即使对于税金部分的约定不明,也可变更诉讼请求按实际缴纳的税金金额进行主张,要求实际施工人予以支付。

(三)总承包人因收取了管理费,需要与实际施工人一起承担连带责任

总承包人虽不参与施工,只出借资质协助实际施工人完成竣工备案,但是因

实际施工人是以总承包人名义对外承接工程的,且总承包人从中获取了利益,收取了实际施工人上缴的管理费,在实际施工人被起诉时,则需要与实际施工人一起承担连带责任。

典型案件 5.3.2

严某与程某、青海某公司建设工程施工合同纠纷案[①]

案例要点:总承包人出借资质,收取管理费,需要与实际施工人一起对外承担付款责任。

案情介绍

2015 年 3 月 1 日,青海某公司承接了园区建设基础工程,后由程某借用该公司资质情况进行施工,约定青海某公司在收到工程款后收取 6% 的管理费,不承担工程管理及技术质量、经济责任。后程某又将工程分包给实际施工人严某施工,2016 年 10 月 9 日,程某向实际施工人严某出具《欠条》一份,载明:"兹有青海广厦就藏青工业园区项目共欠严某工程款 4 440 000 元整(肆佰肆拾肆万元整),于 2016 年年底还清。"2018 年 7 月 30 日,程某在该欠条中改写时间为 2018 年 7 月 30 日,并加写"共分两次付清"。因程某未按时支付,故实际施工人严某起诉要求青海某公司和程某连带支付工程款。

青海某公司辩称存在程某借用青海某公司资质情况,青海某公司只收取管理费,不承担工程管理及技术质量、经济责任,青海某公司仅与程某有关系,与实际施工人严某无合同关系。

法院认为:与青海某公司实际形成挂靠关系的为程某,青海某公司与程某之间的挂靠行为违反了《建筑法》第二十六条禁止性规定,双方达成的挂靠协议无效。由于工程项目实际上挂靠在青海某公司名下,青海某公司收取管理费,虽然青海某公司不参与具体施工活动,但工程项目部在对内对外交往中,必定要使用到印章,故程某委托高某以青海某公司项目部与实际施工人严某签订合同,实际

① (2019)青 2801 民初 2721 号。

施工人严某有理由相信高某是有代理权的，该代理行为有效，由此产生的后果应由青海某公司来承担。根据《民事诉讼法司法解释》第五十四条“以挂靠形式从事民事活动，当事人请求由挂靠人和被挂靠人依法承担民事责任的，该挂靠人和被挂靠人为共同诉讼人”的规定，青海某公司和程某为共同诉讼人。青海某公司认为其仅与程某有关，与实际施工人严某并无合同关系的抗辩意见，本院不予采信，故实际施工人严某要求被告程某、青海某公司连带支付实际施工人严某的工程款的诉讼请求，本院予以支持。

点评分析：实际施工人借用总承包人的资质承接工程，进行施工。在施工过程中，也通常以总承包人名义进行签订相应的材料购买合同。当实际施工人未如约履行合同而被起诉时，总承包人也不可避免地要承担连带责任。总承包人接受挂靠，从中收取管理费，给自己带来利益的同时也带来了风险，必须予以防范。

（四）总承包人在无合同约定的情形下，可能无法以税率上涨等理由要求调整管理费

施工过程中，常常会发生政策变更、税率上调或者工程价款变更等情况，因总承包人的管理费通常按照工程造价来计取，在工程造价上涨时，很多总承包人也会相应要求调整管理费，而在无合同明确约定的情况下，法院通常不会支持管理费的调整。

典型案例 5.3.3

倪某与五河县某公司建筑工程施工合同纠纷案[①]

案例要点：因施工过程中发生变化是常有之事，总承包人在约定管理费时就应当考虑到工程可能发生变更导致工程价款变化所带来管理费相应调整的商业风险，而双方未约定因税率上涨税费增加可进行管理费调整时，法院不会支持总

① (2020)皖03民终55号。

承包人要求调整的诉讼请求。

案情介绍

2014年5月,安徽某公司将淮畔明珠一期工程发包给五河县某公司承包建设,双方分别签订了《建设施工合同》、《施工补充协议》和《补充修正协议》,约定承包范围:26#、27#、28#、29#、30#楼约4.3万平方米。2014年5月12日,五河县某公司与实际施工人倪某签订了《内部承包协议》,协议第四条约定:"实际施工人倪某应按工程施工合同实际造价的6%作为管理费及税费上缴给五河县某公司并于工程竣工后据此缴清上述工程费用。五河县某公司主张扣除的管理费和税费。五河县某公司主张其与实际施工人倪某签订《内部承包协议》时,建筑企业应纳营业税的综合税率为4.39%,2014年9月1日后,建筑企业应纳营业税的综合税率变为5.39%,税率上涨1%,结合《内部承包协议》第四条约定,实际施工人倪某应当承担的税金和管理费应为工程总造价的7%,即3 755 223.43元。实际施工人倪某认为双方所签协议未明确约定因政策原因导致税费增加就要调整取费比例,且该内部承包协议系格式合同,收取6%管理费及税费是签订合同时双方商议填写,对格式合同的理解应当有利于实际施工人倪某才符合法律规定。

法院认为:经审查,关于税金和管理费扣除问题,双方签订的《内部承包协议》虽然无效,但双方在工程内容、造价工期及质量标准条款中明确约定了管理费和税金的承担方式,故其中关于税金和管理费的约定内容,构成双方结算工程价款的组成部分。依照《建设工程司法解释》第二条的规定,建设工程施工合同无效,但建设工程经竣工验收合格,承包人请求参照合同约定支付工程价款的,应予支持。实际施工人倪某主张按照《内部承包协议》的约定扣除管理费和税费,本院予以支持。诉讼中,实际施工人倪某提供了政府相关文件,证明案涉工地为"创市级安全文明标准化工地",并主张应按5.8%计算。一审据此从实际施工人倪某应得工程价款中按工程造价5.8%扣除管理费和税费计3 111 470元,于法有据,本院予以确认。五河县某公司主张按7%扣除管理费和税金,依据不足,本院不予支持。

点评分析:通过上述案例可知,约定的管理费的标准很难因为政策变化或者合同履行变化而发生变更,因施工中工程量发生变更是常有之事,转包人、违法分包人作为建筑施工企业在约定管理费时就应当考虑到工程可能发生变更导致工程价款变化所带来管理费相应调整的商业风险,仅约定管理费的比例,而未明确约定因政策原因/合同履行原因等发生变化就要调整取费比例,在将来主张要求调整时就很难获得法院支持。

二、要点解析

(一)管理费处理方式出现差异的原因

各地法院关于管理费的处理方式之所以会出现差异,除了公平原则和自由裁量权以外,主要出于对管理费的性质认定,即其是否被视作工程款。有些法院认为,在转包、违法分包、挂靠合同中,总承包人的主要目的是通过转包、违法分包、出借资质承接工程赚取管理费差价,则此种情况下合同约定的管理费就不属于工程款,不应当支持实际施工人要求返还管理费的主张。有些法院则认为,在转包、违法分包、挂靠合同中,若总承包人实际履行了约定的管理义务,并约定了管理方管理费的收费标准,即使合同无效,但可以认定总承包人不具有通过转包、违法分包、出借资质承接工程赚取管理费差价的主观恶意。再根据无效合同中的约定及当事人履行情况,确定此种情形下管理费属于工程价款的一部分,实际施工人因实际上享受了总承包人的管理劳务,应当支付总承包人的劳务对价,法院不支持实际施工人要求返还管理费的主张。

(二)工程价款变更后管理费、税金的调整原则

建设工程施工过程通常比较长,履行期内常常会出现政策变动、价格涨跌等情况,导致利益失衡。实际施工人通常会要求调整合同价款,或者要求进行鉴定据实结算,这时,转包人、违法分包人往往也会提起反诉,要求变更管理费、税金的收取比例,管理费、税金是否应按工程价款的变更而做调整?

答案是否定的,在司法实践中,约定的管理费、税金的标准很难因为政策变化或者合同履行变化而发生变更,主要原因在于施工过程中发生政策变化是常有之事,总承包人作为建筑施工企业对此应当明知,既然签订合同时未考虑该风险,实际发生时也不应进行主张。在双方已有约定的情况下,应当按照约定进行处理,双方若未达成新的合意,就不应支持进行调整。

（三）实际施工人是否有权获得包含管理费、税金等在内的全部工程款

实践中，层层转包或者出借资质情况下约定的管理费的收取方式多是在工程款中同比例扣除后再支付给实际施工人，后期发生纠纷陷入诉讼时，实际施工人也多半主张合同无效，要求返还管理费。实际施工人是否有权获得包含管理费在内的全部工程款？

有些法院认为，当出现转包、违法分包、挂靠等行为导致合同无效时，法院会保护实际施工人的利益，认为转包人、挂靠人具有主观过错，应当承担责任，不予支持管理费，要求转包人、挂靠人进行返还；也有些法院会进行综合考虑，认为不论是合同的哪一方，均不能因合同被确认无效而获得超出合同有效所可能获得的利益，基于过错和自由裁量权确定管理费数额；或者是出于利益平衡，考虑到转包人、挂靠人实际进行了管理工作并产生一定的成本，酌情裁定按照一定比例将管理费款项分摊给双方。

（四）管理费的收缴

《建设工程司法解释》第四条对违法分包、挂靠情形下的管理费进行了比较模糊的规定，即“承包人非法转包、违法分包建设工程或者没有资质的实际施工人借用有资质的建筑施工企业名义与他人签订建设工程施工合同的行为无效。人民法院可以根据民法通则第一百三十四条规定，收缴当事人已经取得的非法所得”。故在司法实践中，部分法院会根据此条对管理费进行收缴。但自2021年1月1日起，《建设工程司法解释（一）》开始施行，新的司法解释中根据《民法典》对引用法条做了调整，删除了“人民法院可以依法收缴当事人已经取得的非法所得”。人民法院据以收缴非法所得的法律基础已不复存在，预计将来不会再出现人民法院进行收缴的案例。

但是，行政机关仍有权没收违法所得，《建筑法》第六十七条第一款规定：“承包单位将承包的工程转包的，或者违反本法规定进行分包的，责令改正，没收违法所得，并处罚款，可以责令停业整顿，降低资质等级；情节严重的，吊销资质证书。”根据建筑法的规定，对于进行转包、分包或接受挂靠的总承包人，一旦被举报查证属实，行政主管机关仍有权没收违法所得即管理人收取的管理费。在《建

设工程司法解释(一)》施行前,人民法院尚可进行收缴;施行后,收缴权仍归行政机关,由行政机关依照职权进行处罚。

(五)未支付的管理费的处理原则

以上讨论情形的前提都是管理费已经支付后,会面临的被收缴、退还、调整等风险。当约定的管理费尚未支付时,其处理原则相对统一,就是不予支持未支付的管理费。因借用资质、违法转包、分包等行为违反了相关法律法规,其合同归于无效,管理费的约定也是无效的,无效情形下任何人不能从其违法行为中获得利益,所以当管理费尚未支付时,不论一方是否投入管理成本进行管理,请求支付管理费的要求法院不会予以支持。

(六)部分省市意见

江苏高院、重庆高院曾出具意见认为出借资质的一方或者转包人要求按照合同约定支付管理费的,不予支持。重庆高院的意见更加详细,还做了进一步的细化,已经被实际施工人取得的管理费,总承包人不得要求支付;已经被总承包人取得的管理费,实际施工人也不得要求返还。

广东高院曾出具意见认为总承包人在施工过程中履行了管理义务,代交了税金的,有权要求实际施工人予以支付。当然,实际施工人有证据证明约定标准过高的,可予以调整。

就目前的司法实际来说,对于管理费、税金纠纷没有统一的裁判准则,通常,总承包人已经取得的管理费实际施工人无权要求返还;总承包人未取得的管理费,实际施工人可拒绝进行支付;总承包人在向实际施工人支付工程款时预先扣除管理费的,收取的管理费可能会被退还或者被调整。税金部分则基本按照实际缴纳金额由实际施工人承担。

三、风险防范

从规范建筑市场,保证建筑工程质量,进而保证人民生命、财产安全的角度考虑,应当严厉打击借用资质、违法转包、违法分包等情形,杜绝该类情形的发生。但是一旦因管理费、税金纠纷进入诉讼程序时,总承包人应当积极应对,尽可能地维护自身权益。总承包人可从以下几个方面入手：

1. 在与实际施工人签订的协议中明确约定管理费、税金的收取标准、调整标准，避免在发生纠纷时无据可依。

2. 在协议中对管理费、税金的支付方式、支付时间进行明确约定，出现实际施工人未及时支付的情况时及时应对处理，避免管理费无法收取。

3. 在施工过程中，对工程进行实际管理，避免"挂而不管"，被认定为未对工程进行投入管理只收取费用进行获利。保留好对工程进行管理的支出记录，保留好进行管理的证据，保存好缴纳税金的凭证。一旦出现纠纷时，及时主张权利。

四、操作指南

总承包人在与实际施工人签订协议时，应当明确以下条款：

1. "本工程由实际施工人按照总承包人与发包人签订的工程总价的××%收取管理费和税金，实际结算价格超过约定工程总价的15%的，应进行管理费、税金调整。"

2. "实际施工人需分次支付管理费、税金，实际施工人应当按照每次收取进度款的××%向总承包人支付管理费、税金；逾期未支付的，每日按照应付金额的1‰承担违约金。"

3. "总承包人若因实际施工人原因被起诉，且被要求承担责任的，总承包人承担责任后，实际施工人需返还总承包人实际支出的费用，并按实际支出费用的1%向总承包人进行补偿。"

第四节　实际施工人直接领取工程款的风险识别与防范

一般来说，无论实际施工人与总承包人达成何种类型的协议或合同，为保证建筑工程施工合同的有效性，通常会由总承包人作为承包方与发包人签订建设工程施工合同，应付工程款也由发包人先付至总承包人，再由总承包人以各种方式直接或间接支付给实际施工人。实际施工人往往很乐意能够越过总承包人，直接从发包人处领取工程款，因为其可以直接获得工程款用于资金周转，而不用再经总承包人转手，从而避免总承包人随意克扣、罚款或预留部分工程款、支付管理费等造成的资金短缺。但是这种情况会给总承包人带来严重的资金风险，甚至会导致管理失控，产生亏损。

一、风险识别

（一）实际施工人直接从发包人处领取工程款，会导致总承包人丧失制约实际施工人的措施；在实际施工人对外欠款或违约时，总承包人将面临严重的风险

在实务中，总承包人向实际施工人收取比例不高的“管理费或挂靠费”，有部分实际施工人以总承包人名义对外发生的民商事行为，需要由总承包人履行付款义务，而这些费用往往由总承包人在发包人支付的工程款中直接扣除；且总承包人通常也是通过控制工程款的发放，对实际施工人的施工、安全、质量、工期等进行监督、管控。

如果直接由实际施工人领取工程款，那么该款项的用途、去向将彻底失控；实际施工人一旦亏损，“接盘”的就是总承包人。在实际施工人对外欠款或者存在违约行为时，总承包人无法对此进行有效制约；甚至承建工程施工过程中，实际施工人卷款跑路，杳无音讯，总承包人不仅需要对实际施工人施工过程中产生的材料款、租赁费、分包工程款，甚至工伤赔偿款、农民工工资、借款等欠款买单，还要及时安排施工班组，保证追赶工期，避免对发包人构成违约而承担违约责任。

（二）总承包人向实际施工人出具授权委托书等书面手续，经总承包人事前授权或事后追认发包人直接付款实际施工人的，发包人支付给实际施工人的款项，视为支付给总承包人的工程款，在结算款中予以扣除，总承包人不能重复主张

虽然建设工程施工合同的主体是总承包人与发包人，对应收款方是总承包人，但是在实际施工人施工的情形下，若总承包人基于对实际施工人的信任，或

者总承包人因未参与经营管理对于工程进度款不清晰,或者发包人处付款手续复杂,又或者实际施工人与发包人关系熟悉等,总承包人会主动或被动地向实际施工人出具接收工程款的委托书,指示付款,载明对其收款行为予以认可,或者在实际施工人直接从发包人处领取工程款后对其行为予以追认。此种情形下,总承包人对自己权利处分的行为被认定为有效,发包人支付给实际施工人的款项,应当被认定为支付给总承包人的工程款。

然而,此种事前授权或事后追认,对总承包人来说风险极高。前文已述,总承包人对工程款的控制可以达到对实际施工人的施工、安全、质量、工期等进行监督、管控的目的;若款项都由实际施工人直接受领,一旦其发生资金周转问题,会给总承包人造成难以估量的风险。

反过来说,如果总承包人对于发包人直接付款给实际施工人的行为没有事前允许或者事后追认的,则可能被法院认定为不是支付给总承包人的工程款,那对总承包人而言就较为有利。

典型案例 5.4.1

宁波某工业有限公司与浙江某建设有限公司建设工程施工合同纠纷案①

案例要点:发包人事前未经总承包人授权,事后亦未取得总承包人追认,直接向实际施工人支付款项的行为,不被认定为向总承包人履行付款义务。总承包人要求发包人依照合同约定要求发包人支付未付工程款的,法院予以支持。

案情介绍

宁波某工业有限公司与浙江某建设有限公司于2007年9月25日签订《建设工程施工合同》一份,将生产线一期厂房包括附属工程发包给浙江某建设有限公

① 案号(2017)浙民再46号。

司,承包方项目经理为韩某,工程合计总造价为38 811 720元。

宁波某工业有限公司自2008年2月1日起至2013年7月26日止,合计支付浙江某建设有限公司工程款为31 118 087元。

争议焦点之一为:实际施工人章某直接自宁波某工业有限公司领取6 040 981.72元,且款项并全部用于案涉工程,是否应当被认定为宁波某工业公司向浙江某建设有限公司履行合同义务。

原审一、二审的判决中未将这600余万元款项计入已付工程款。

一审判决:宁波某工业有限公司于判决生效之日起30日内支付浙江某建设有限公司工程余款7 450 357元及利息,二审亦维持原判。

宁波某工业有限公司不服,向检察机关申诉。浙江省人民检察院向浙江高院提出抗诉。浙江高院作出(2016)浙民抗46号民事裁定,提审本案。

浙江高院再审认为:依法成立的合同,对当事人具有法律约束力;当事人应当按照约定履行自己的义务,不得擅自变更或者解除合同。本案建设工程施工合同真实有效,签订双方系宁波某工业有限公司和浙江某建设有限公司,且内容明确约定承包人向发包人承诺按照合同约定进行施工、竣工并在质量保修期内承担工程质量保修责任;发包人向承包人承诺按照合同约定的期限和方式支付合同价款及其他应当支付的款项,依据上述法律规定及双方合同约定,浙江某建设有限公司作为承包人应当向宁波某工业有限公司履行施工、竣工并在质量保修期内承担工程质量保修责任的合同义务;同时,宁波某工业有限公司作为发包人应当向浙江某建设有限公司履行支付工程价款的合同义务。

《建设工程司法解释》第二十六条突破合同相对性,系出于保护实际施工人,特别是其背后农民工的利益所作的特殊规定,不能随意扩大适用范围或加以任意解释。该条只是规定实际施工人在一定条件下可以向发包人主张权利,不适用于本案争议款项认定的情形,也不能由此得出发包人在没有合同约定或未经合同相对方承包人认可的情况下,可以直接向合同以外的实际施工人支付工程款的结论。宁波某工业公司以《建设工程司法解释》第二十六条未予禁止为由,主张其作为发包人有权在建设工程施工过程中,直接向实际施工人章某支付工程款,不符合该司法解释的制定本意。章某虽系案涉工程实际施工人,但宁波某工业有限公司与浙江某建设有限公司签订的建设工程施工合同中未约定其有权领取工程款或者宁波某工业有限公司可以向其支付工程款，宁波某工业有限公司也未提供证据证明浙江某建设有限公司曾授予章某领取工程款的权利。

事实上，宁波某工业有限公司主张由章某领取的6 040 981.72元款项事前未征得浙江某建设有限公司同意，事后亦未取得该公司的追认。且浙江某建设有限公司与章某之间的工程款结算中不包括该款项的事实也表明，浙江某建设有限公司并不认可已将该款作为本案工程款领取并支付给章某。因此，宁波某工业有限公司以章某系案涉工程实际施工人的身份为由，主张由章某领取的6 040 981.72元系该公司履行向浙江某建设有限公司支付工程款的合同义务，依据不足。

浙江高院再审判决结果：抗诉机关的抗诉意见及宁波某工业有限公司的申诉理由均不能成立，相关再审请求不予支持。原判认定事实清楚，适用法律正确，实体处理并无不当，予以维持。

点评分析：这是一起发包人未经承包人同意将款项直接支付给实际施工人的案件。在本案中，核心的争议焦点就是发包人未经承包人同意，将工程款直接支付给了实际施工人章某的行为是否构成有效支付。就最终判决而言，承包人与发包人之间的建设工程施工合同合法且真实有效，应对合同双方具有约束力，发包人无权擅自变更合同履行的方式；即使存在实际施工人，但其不是合同的相对方。虽然法律赋予其未拿到工程款时可以向发包人要求在欠付范围内承担付款责任，但是不等于发包人可以向实际施工人直接付款。

本案中的司法观点坚守了合同相对性的原则，并对《建设工程司法解释》第二十六条作了解读，即对于没有得到总承包人事前授权、事后追认的发包人直接支付给实际施工人的付款行为，不予认定其支付的有效性。

（三）实际施工人越过总承包人直接从发包人处领取工程款的行为，部分法院会予以认可

各地法院对于此种情形下，发包人直接支付给实际施工人的工程款的性质有不同的观点，有的予以附条件的认可，导致总承包人不能重复主张工程款。

发包人与承包人之间的建设工程施工合同具有相对性的，在承包人主张

工程款时，法律未有特殊规定时不可以突破合同相对性。发、承包人应按照合同履行各自的权利与义务，故对于发包人而言，其应将相应对价付至合同相对方，即承包人，若发包人径自将工程款支付给实际施工人的，该支付属于无效支付，对承包人没有法律效力，所以此时，总承包人要求抵扣的主张难以得到法律支持。

但实际施工人才是案涉工程的实际投资人，其负责工程施工管理，自然有获得工程款的权利，《建设工程司法解释(一)》第四十三条规定实际施工人在工程款得不到支付的情形下，发包人在欠付工程款范围内承担连带付款责任，也是对于实际施工人可以从发包人处获得对价的一种保护。所以各地司法实践中，对实际施工人身份明确的前提下，对于其直接从发包人处领取款项的行为进行了附条件的认可，总承包人因此会面临对于款项不获支持的风险。

典型案例 5.4.2

巢湖水利公司与中铁某局集团有限公司建设工程施工合同纠纷案[①]

案例要点：总承包人起诉要求发包人支付工程款，发包人以“已向实际施工人支付的工程款”为由主张抵扣的，法院不予支持，但发包人能够证明其有正当理由向实际施工人支付的除外。

案情介绍

2011 年 3 月 18 日，查某代表巢湖水利公司某分公司与中铁某局集团巴达铁路指挥部签订《分项工程劳务承包协议书》，由巢湖水利公司某分公司承建巴达铁路Ⅱ标路基、桥涵项目的部分工序劳务。

2011 年 5 月 13 日，孙某代表巢湖水利公司某分公司与王某、刘某、陈某签订《协议书》，约定由王某等人承包巴达铁路Ⅱ标桥三座桥梁。

① (2020)京 04 民终 259 号。

孙某发系中铁某局集团巴达铁路工程指挥部第七经理部(第七分部)副经理。在施工过程中,孙某和孙某发在王某等人的《工程量签证单》《工程量变更签证单》等签证上签字确认工程款及误工费。

后,王某、刘某、陈某起诉巢湖水利公司及中铁某局集团有限公司(以下简称中铁某局公司),要求两公司支付涉案工程剩余工程款及误工费等。成都铁路运输中级法院出具(2017)川71民终25号民事判决书,判决中铁某局公司向王某、刘某、陈某支付工程款334 674元,材料费413 224元。

一审庭审中,双方均认可涉案工程的工程款共计3 006 329元。但巢湖水利公司对中铁某局公司已支付工程款2 170 940元有异议,分别为:由查某收取工程款1 469 015元,由孙某代收工程款580 380元,代付工人工资、运输费等费用共121 545元。

一、二审法院认为:关于中铁某局公司主张已支付的工程款2 170 940元,应予以认可;

中铁某局公司支付给查某的1 469 015元款项,因查某系代表巢湖水利公司某分公司签订案涉《分包协议》的人员,且系工程项目实际负责人员,中铁某局公司向其支付相关款项有合同依据;

中铁某局公司主张需扣除的甲供材料费125 758元、代购材料费327 913元、甲供电费47 044元,根据《会议纪要》第三项记载:"查某施工队所承担的由指挥部供应的材料,费用由物资部核定;所扣电费由设备部核定。"在会议纪要中明确约定,属于当事人另有约定,本院予以采纳。

中铁某局公司在巢湖水利公司某分公司、查某躲避责任的情况下,经文崇镇政府多次协调,向孙某、潘某等人直接支付工程款、劳务费亦属合理。故对中铁某局公司关于支付孙某580 380元工程款,支付何某、潘某等人工资劳务费用121 545元,抵扣支付给巢湖水利公司工程款。

一审判决驳回巢湖水利公司的全部诉请,二审予以维持。

点评分析:这个案例代表了一种"附条件的认可"的观点:当事人另有约定、生效判决、仲裁裁决予以确认或发包人有证据证明其有正当理由向实际施工人支付的情形下,发包人直接支付给实际施工人的款项被认定属于支付给总承包人的工程款。

但是在巢湖水利公司明确其未施工,与中铁某局公司无合同关系的前提下,实际施工人代表承包人签订的合同等手续、会议纪要等补充约定、生效法律文书等,均属于有正当理由。此时,中铁某局公司已尽到审慎注意义务,且从社会公平正义角度出发,发包人并未违反法律规定,故而不需要其再承担付款责任;相较而言,是承包人将自己置于风险之中,其应当承担相应的风险。

典型案例 5.4.3

江苏某建工公司与沭阳某房产公司、朱某建设工程施工合同纠纷案[①]

案例要点:实际施工人挂靠总承包人施工的,其以借款、以房抵款、代付工人工资等形式,从发包人处领取的款项,承包人没有证据证明实际施工人与发包人恶意串通的,均被认定为发包人支付给总承包人的工程款,可在总承包人诉请欠付的工程款范围内,予以扣除。

案情介绍

2010 年 8 月 1 日,江苏某建工公司某分公司与朱某签订劳动合同,以完成"沭阳蓝天公寓"工作任务为劳动合同,基本工资为每月 2000 元。2010 年 8 月 2 日,江苏某建工公司与沭阳某房产公司就沭阳蓝天公寓签订《建设工程施工合同》。

2010 年 8 月 17 日,江苏某建工公司某分公司与朱某签订《内部工程项目承包协议》,将涉案工程承包给朱某,方式为包工包料,以承包项目的工程结算造价为基数,朱某向江苏某建工公司某分公司按固定比例 2% 上缴承包利润。后朱某组织施工至 2013 年 5 月,尾部工程由江苏某建工公司接手施工。

2014 年 1 月 3 日,江苏某建工公司将涉案工程交付沭阳某房产公司。经沭阳某房产公司委托宿迁市某管理公司对涉案工程确定合计审定结算价为

① (2017)苏 13 民终 2587 号。

158 991 815.5元，江苏某建工公司对此亦予以认可。

庭审中，有异议的已付款部分异议如下：

1. 2010年11月3日朱某向沭阳某房产公司出具3 130 000元收条一份，江苏某建工公司主张仅收到同日转账汇款的2 580 000元，余款550 000元未曾收到；光中房产公司于2010年11月1日向沭阳县劳动监察大队转账汇款500 000元的江苏银行进账单及转账支票、2010年11月3日光中房产公司垫付江苏某建工公司50 000元工程款的收据加以证明。本院认为，上述证据能够综合印证光中房产公司向江苏某建工公司付款3 130 000元的事实，且该笔付款得到朱某的当庭确认，予以确认。

2. 2011年12月12日朱某向沭阳某房产公司出具200 000元借条一份，2012年10月1日朱某向沭阳某房产公司出具1 090 000元借条一份，江苏某建工公司对此不予认可；本院认为，朱某作为实际施工人在施工过程中向沭阳某房产公司借款用于支付材料款及发放农民工工资，该部分价款应从涉案工程款中予以抵扣。朱某对上述两笔借款金额已予确认，应予确认。

3. 沭阳某房产公司主张向朱某以房抵款29 364 103元，江苏某建工公司认为：双方合同并未约定以房抵款；以房抵款系朱某的单方陈述，无充分事实依据；即便存在以房抵款事宜，因未得到江苏某建工公司的授权及追认，故对江苏某建工公司无法律约束力。沭阳某房产公司称：沭阳某房产公司与朱某已实际办理以房抵款手续，原审中已提供抵房明细等证据加以证实。本院认为，承包人根据建设工程施工合同要求发包人支付工程款，发包人要求对已经向实际施工人支付的部分进行抵扣的，人民法院应予支持，但承包人有证据证明发包人与实际施工人恶意串通的除外。本案中，江苏某建工公司虽质疑以房抵款的真实性，但其二审中提供的沭阳县房地产管理处的情况说明所载内容与沭阳某房产公司提供的以房抵款承诺书载明的房号及业主姓名一致，能够印证以房抵款的事实客观存在。在建设工程领域，双方协商以商品房折抵工程价款，因双方意思表示一致，且不违反法律法规的强制性规定，应予准许。现实际施工人朱某对以房抵款的事实不持异议，应予确认；

故而，一、二审法院对以上付款予以确认，应在江苏某建工公司与沭阳某房产公司的工程款中予以扣除。

点评分析：这个案例代表了另一种"附条件认可"的观点：总承包人根据建设工程施工合同要求发包人支付工程款，发包人直接支付给实际施工人的款项原则上可认定为向总承包人支付的工程款，但总承包人有证据证明发包人与实际施工人恶意串通的除外。

案涉工程在施工过程中，由实际施工人负责施工，后由江苏某建工公司进行收尾工作，庭审中，发包人明知转包事实，实际施工人身份明确。人民法院对实际施工人对其直接从发包人处领取的款项作出了对总承包人有效的认可，是结合款项的用途以及支付的合理性角度的一种"附条件认可"。此时，总承包人会很被动，因为司法实践中很难有有效证据证明发包人与实际施工人之间恶意串通，故通常总承包人也只能面对工程款被实际施工人领取的事实。

（四）实际施工人擅自从发包人处领取的工程款可能会被酌情认定部分为已付工程款

实际施工人在没有总承包人的事前授权、事后追认的情形下，从发包人处直接领取工程款被认为支付给总承包人的工程款，其中部分有正当理由、合法依据，但部分确系没有证据，或者实际施工人与发包人之间存在其他合同关系，或者实际施工人不予认可时，发包人、总承包人对已付款金额有争议的，法院予以酌情认定。

例如，在镇江中院审理的常州某建筑公司与丹阳某房地产公司、上海某房地产公司建设工程施工合同纠纷案①中，实际施工人陈某于2016年1月19日、1月29日、2月3日、2月4日先后出具收条显示收到丹阳某房地产公司1000万元。但常州某建筑公司认可实际由镇政府向欠薪民工发放了200万元工资。法院酌情确定丹阳某房地产公司于2016年1月至2月支付给陈某的1000万元款项中的200万元属用于支付本案所涉工程的民工工资，认定为已付工程款，符合情理，并无不当。

实践中，还会存在需要实际施工人到庭配合调查，但实际施工人不予配合的情况，导致发包人与总承包人争议的已付款部分的事实难以查清，均没有相关证据

---

① （2019）苏民终245号。

予以证明的，法院只能予以酌情认定，当然这也是“附条件认可”的一种司法观点。

(五)实际施工人领取工程款的方式有很多种，不同的领取方式，对总承包人的风险不同

实际施工人在没有总承包人事前授权、事后追认的情形下，直接找到发包人要求领取工程款的，无论发包人基于何种原因愿意支付的，实际施工人都会被要求走一定的流程。常见的方式为以总承包人的名义或者是项目部的名义领取，这样的情形可能构成表见代理；还存在以借款、以房抵款，甚至以指示交付的形式等，总承包人对不同情形的抗辩理由也是不一样的。

(六)总承包人要求发包人支付工程款，由于实际施工人对外有债务，其债权人申请法院冻结实际施工人的工程款的，该款项可能会被认定为发包人应直接支付给实际施工人的工程款而予以冻结

实际施工人施工过程中，通常会因材料款、租赁费、分包工程款，甚至工伤赔偿款、农民工工资，借款等发生争议。就法律责任而言，会存在由总承包人先予承担的情形，但这些问题的发生往往具有滞后性。作为实际施工人的债权人，其在知晓实际施工人有未收到的工程款的情形下，当然会设法了解相关情况，申请法院对此债权予以查封冻结，避免生效判决无法执行。

如在伊金霍洛旗人民法院审理的内蒙古某建设公司与杨某、李某执行异议纠纷案①中，法院于2019年3月依杨某的申请，诉前保全冻结了李某以内蒙古某建设公司名义施工、鄂尔多斯市某公司欠付的工程款105万元。后内蒙古某建设公司提出书面异议后被驳回，法院认为：《办理执行异议和复议司法解释》第二十四条规定：“对案外人提出的排除执行异议，人民法院应当审查下列内容：(一)案外人是否系权利人；(二)该权利的合法性与真实性；(三)该权利能否排除执行。”本案中内蒙古某建设公司主张不予执行鄂尔多斯市某公司账上属于内蒙古某建设公司所有的工程款105万元并要求解除对上述款项的冻结，但李某是负责案涉工程的施工管理的实际负责人，具体负责工程材料采购及付款、工人

① (2020)内0627执异10号。

雇佣及工人工资支付、工程款接收等事项。鄂尔多斯市某公司将案涉工程已付工程款共计390万元全部支付至李某的个人账户。内蒙古某建设公司仅提供了案涉工程的施工合同及付款相关材料(其中付款材料显示案涉工程已付工程款全部支付至李某的个人账户),现有证据不足以证实内蒙古某建设公司享有足以排除强制执行上述被扣留工程款的权益,内蒙古某建设公司的异议请求不成立。

根据法院进行的详实的调查,内蒙古某建设公司委托实际施工人接收工程款,李某有收款权限,且明确了李某的实际施工人的身份。法院驳回请求的主要依据是实际施工人的全部收款事实,并且通过一系列的证据和审查认定实际施工人对承包人的工程款享有所有权,进而认定转包人(承包人)不具有排除执行的权利。

(七)实际施工人自发包人处直接领取工程款后,其不能开票或者不提供有效发票,会导致税务业务的倒挂,税务机关只会向总承包人下发通知,情况严重时,总承包人可能面临税务处罚

总承包人在履行与发包人的建设工程施工合同的过程中,还有一个重要的义务,即开票义务。

实际施工人一般是个人,或者是无法人资格的分公司或项目部,或者无施工资质的公司、个体经商户,若允许工程款部分或者全部被实际施工人直接领取,因其没有开票资格或者不能开具符合总承包人与发包人签订的建设工程施工合同约定的发票,而总承包人由于未收到相应工程款自然也不会向发包人开具合同约定的发票。

发包人在与总承包人签订建设工程施工合同时,往往存在较为复杂的税务,应缴应付税款和发票的提供也需要符合税法基本的“三流合一”的规定。但总承包人与实际施工人的合同中往往约定税费由实际施工人承担,而总承包人与发包人签订的总包合同的价格往往是含税价,即税费由总承包人承担。如果实际施工人从发包人处直接领取工程款后不开发票或者不提供有效发票,则会导致税务业务的倒挂,税务机关只会向总承包人下发通知,但是总承包人可以以未收款为由拒不开票,情况严重时,总承包人可能面临税务部门的行政处罚。

而且,若发包人支付给实际施工人的工程款被认定为有效支付,那么该部分

工程款只能由总承包人向实际施工人另行追偿，若此时实际施工人失联或者没有偿付能力，总承包人还得向发包人提供发票、承担税费，对总承包人而言无疑是雪上加霜。

二、要点解析

在实际施工人从发包人处直接领取工程款的情形下，该工程款是否属于发包人对总承包人的已付款，司法实践中的观点并不一致。其中，哪些付款可被认定为已付款，哪些付款不能被认定为已付款，应区分讨论。

（一）合同相对性原则为合同关系中权利义务承担的基本原则

发包人在合同未约定或未有生效裁决之前直接向实际施工人支付工程款的行为，突破了合同相对性，部分地区法院认为属于违反合同约定，亦没有法律依据，对该付款行为不予认定。

根据《民法典》第五百零九条的规定，当事人应当按照约定全面履行自己的义务。当事人应当遵循诚信原则，根据合同的性质、目的和交易习惯履行通知、协助、保密等义务。第五百七十七条规定，当事人一方不履行合同义务或者履行合同义务不符合约定的，应当承担继续履行、采取补救措施或者赔偿损失等违约责任。发包人和承包人才是建设工程合同的主体，承包人按照合同约定组织施工、交付建设工程，发包人按照合同约定支付对应工程款。对此，除非有法律明确规定不宜突破，建设工程施工合同也不例外。

发包人与总承包人之间，通常是有合法有效的建设工程合同予以支撑的。且所谓的转包、挂靠、违法分包等行为导致出现实际施工人的情形，具有违法性和隐蔽性，不在发包人预见范围内，因此，对于发包人而言，合同相对方就是总承包人，其应当按照双方之间的合同约定，履行向总承包人支付工程款的合同义务。

《建设工程司法解释（一）》第四十三条规定：实际施工人以转包人、违法分包人为被告起诉的，人民法院应当依法受理。实际施工人以发包人为被告主张权利的，人民法院应当追加转包人或者违法分包人为本案第三人，在查明发包人欠付转包人或者违法分包人建设工程价款的数额后，判决发包人在欠付建设工程价款范围内对实际施工人承担责任。该条文突破合同相对性，系出于保护实际施工人,特别是保护其背后农民工的利益所做的特殊规定,不能随意扩大适用范围或加以任意解释。该条只是规定实际施工人在一定条件下可以向发包人主张权利,不能由此得出发包人在没有合同约定或未经合同相对方承包人认可的情况下,可以直接向合同以外的实际施工人支付工程款的结论。根据最高院的审判案例,该司法解释中赋予实际施工人突破合同相对性的情形并不当然适用于没有通过诉讼或仲裁的情形,司法解释明确的是查明发包人欠付转包人或者违法分包人建设工程价款的数额的基础上,其中还有一个查明的过程。

再者,即使实际施工人与总承包人之间的合同无效,如果符合施工合同的条件,仍应参照合同约定进行结算。而承包人和发包人之间是按照双方之间签订的合同进行结算的。两者的结算条件并不相同,不应允许实际施工人取代总承包人而直接与发包人进行结算支付。

(二)无效合同可能会导致突破合同相对性

发包人直接向实际施工人支付工程款的行为,虽然突破了合同相对性,但有司法观点认为发包人和总承包人之间的合同应属无效,实际施工人才是承建工程的实际履约方,因为其劳动成果物化在承建工程中,其才真正有权获得劳动对价,所以实际施工人本就属于承建工程的最终受益人,其有权直接从发包人处领取工程款,因此,发包人直接向实际施工人付款的应当被认定为已付款。

根据该观点,存在实际施工人的情形下,实际上,总承包人与发包人之间的建设工程施工合同应属无效,其只是形式上的合同关系,并不是总承包人与发包人真实的意思表示;而实际施工人与发包人之间,虽然不具有合同关系,但是实际施工人因实际上代总承包人履行了合同义务,其提供的劳动成果已然物化在承建工程之中,尤其是在各方对此明知的情形下,反倒是实际施工人存在与发包人建立合同的真实意思表示,且工程项目也是由实际施工人在实际履行。

例如,在天长市人民法院审理的中扶某建设公司某分公司与天长某房地产公司建设工程合同纠纷案①中,法院认为:涉案《建设工程施工合同》尽管形式上

---

① (2017)皖1181民初663号。

是由原、被告签订，但实际上系无资质的案外人卫某、陆某借用有资质的中扶某建设公司名义签订。在借用资质的情况下，因为实际施工人与被挂靠人之间的合同，以及被挂靠人与发包人之间的合同均归于无效，因此，实际施工人、被挂靠人和发包人之间均不存在合同关系。严格说来，没有合法有效的合同，也就没有合同相对性可言，更谈不上突破相对性，除非将合同相对性原则扩大解释适用至无效合同导致的缔约过失责任等情形。

（三）发包人向实际施工人直接付款的有条件认可

在总承包人起诉发包人要求支付工程款时，发包人以"已向实际施工人支付的工程款"为由主张抵扣的，部分司法观点是"有条件的认可"。

通常，实际施工人与总承包人之间存在相对信赖的关系，实际施工人的身份甚至是一直隐藏的，对外，其始终是以总承包人的名义进行活动，表现为有权代理或者表见代理。同样，实际施工人与发包人之间也可能存在着千丝万缕的联系或者特殊的关系，才可以承接到相关工程。而且，在施工过程中，实际施工人投资、采买、组织施工中，遇到突发情况，总承包人"包而不管"、拒绝垫资，实际施工人资金周转困难要求发包人付款的情形时有发生。毕竟，尽快组织施工，完成竣工验收才是重中之重，所以实际施工人以各种形式自发包人处领取工程款的情形也就出现了。

若轻易认可发包人将"已向实际施工人支付的工程款"用以抵扣其应支付给总承包人的工程款，极有可能导致发包人与实际施工人恶意串通，损害总承包人的利益；而且会助长实际施工人借助身份优势越过总承包人直接领取工程款。那么总承包人的管理费、工程款，包括保修、质保金等可能面临无法获得支付的风险，从而产生各种隐患，所以对之应慎重把握。

我国司法实践中对此观点不尽一致，通常对发包人向实际施工人直接付款作出"有条件的予以认可"。

1. 需要发包人证明向实际施工人支付工程款的合理性

此种情形下，将举证责任分配给作为被告的发包人，则发包人应就其直接付款给实际施工人的行为的合理性、正当性加以举证，这对总承包人足额获得工程款更为有利。

2. 由总承包人证明发包人与实际施工人之间存在恶意串通

此种情形下，将举证责任分配给作为原告的总承包人，要求其证明发包人与实际施工人之间恶意串通的，这对总承包人来说无疑是难上加难。

3. 发包人未经承包人同意向实际施工人支付的超出其应得工程款以外的部分不予认可

此种情形下，法院将举证责任就分配给发承包双方，双方就总承包人根据合同约定应支付的工程款进行充分举证，明确已付款数额。发包人向实际施工人的已付款超过其与总承包人的结算款的，超出的部分不予认可。此种情形对总承包人来说，很难认定何为“实际施工人应得的工程款”，分包单位的工程款、材料供应商的货款、总承包人的管理费等是不是应当剔除。司法实践中这样的情形并不多见。但该司法观点对总承包人也是较为不利的，不区分支付背后的原因，只以结果论，总承包人的工程款不能得到完全支付。

4. 实际施工人是承包人任命或承认的讼争工程项目负责人或者项目经理

此种情形下也就是对实际施工人做了一种限定，由发包人举证证明其直接支付工程款的相对人是总承包人直接任命或承认的实际负责人；相对而言，若发承包人在双方的建设工程施工合同中明确约定×××为合同负责人等情形的，发包人向其支付工程价款的，应当视为发包人对承包人的直接付款行为。

（四）实际施工人自发包人处直接领取工程款的形式及对应的法律后果

前文所述，发包人对实际施工人直接支付工程款的方式多种多样，应根据其付款原因、付款依据以及实际付款情况予以区别对待，下述情形可能构成表见代理或者有权代理，进而被认定为有效支付。

1. 接受总承包人的收款委托或者经总承包人的事后追认

总承包人向实际施工人出具委托书，认可其有权利代总承包人自发包人处接收工程款，或者总承包人事后对实际施工人的直接领款行为予以书面等确认。此种情形下，发包人支付给实际施工人的工程款，自然属于支付给总承包人的工程款。

2. 以总承包人的名义或者是项目部的名义领取工程款

实际施工人在没有总承包人关于接收进度款、工程款的直接委托授权的情形下，以总承包人的名义或者是项目部的名义在发包人处直接领取的工程款，若发包人有合理理由相信其是能代表总承包人的，如代表总承包人在建设工程施工合同上签字的、有过总承包人委托授权的、代表过总承包人接收款项的，又或者是明确作为项目经理等现场实际负责人进行现场管理的。此种情形下，实际施工人的行为可能构成表见代理，其直接领取的工程款即被认定为发包人已支付给总承包人的工程款。

3. 垫付农民工工资

农民工工资一直是建设工程领域重点保护的对象，虽然《工资支付条例》中，将农民工工资支付的主体责任较多地归于总承包人，但是发包人亦会存在垫付农民工工资的情形。例如，农民工至清欠办等劳动监察部门反映情况，要求支付农民工工资的，发包人亦会被要求承担付款责任。此种情形下，发包人垫付的农民工工资，自然属于支付给总承包人的工程款。

4. 借款

实际施工人向发包人要求支付工程款的，发包人要求实际施工人以借款形式领取其工程款。此种情形下，双方并不存在真实的借贷合意，两者之间亦不属于借贷法律关系，此时的"借款"，是否能认定为支付给总承包人的工程款，需根据进一步举证的情况判断。

5. 垫付材料款、租赁费

除非实际施工人予以书面确认，否则垫付的材料款或租赁费不能被认定为支付给总承包人的工程款。

6. 以房抵款

以房抵款也是建设工程合同履行过程中较为常见的发包人付款形式，因其属于双方意思表示一致，且不违反法律法规的强制性规定，应予准许；但是由于以房抵款不同于一般的付款形式，区别在于其权利的完全实现有待于用作抵款的房屋的产权能否过户至实际施工人名下或者是实际施工人指定的人名下。若在总承包人提起诉讼要求发包人付款的情形下，未能完成过户的房屋是否可以作价扣除，应一案一议，通常在相关部门进行备案登记后即有可能做有效认定。

7. 银行承兑、商业承兑

银行承兑、商业承兑也是建设工程合同履行过程中发包人较为常见的付款形式，由实际施工人直接领取的银行承兑、商业承兑等，在入账单位非总承包人的情形下，是否认定为支付给总承包人的工程款，且入账金额是否扣除贴息费用等，都应进一步举证。

8. 指示交付

实际施工人也会要求发包人将应付的工程款支付到某个指定账户，在实际施工人认可的情形下，只是收款账户形式不同，具体人民法院认定的标准还要根据各地司法观点。

（五）能否向实际施工人追偿

发包人直接支付给实际施工人的工程款若被认定为是向总承包人应付的工程款的，必然发生发包人在与总承包人的结算款项中予以相应扣除。

总承包人在此情形下，直接向实际施工人追偿没有法律依据，但若双方另有约定的除外。此时，相对来说，主动权就在实际施工人处，即便是发包人尚需向总承包人支付部分工程款，实际施工人可能已经完全获得了合同对价。总承包人对于实际施工人施工过程中的垫付款、税费、管理费等只能提供结算工程款的形式，作为总承包人提起诉讼或仲裁的，工程价款等举证责任由总承包人承担，总承包人或将面临管理费不获支持抑或开票义务等无法落实等风险。

（六）部分省市意见

江苏高院意见：对于实际施工人直接从承包人处领取的工程款部分，应当视为发包人支付给总承包人的工程款，除非承包人能提供证据证明发包人与实际施工人恶意串通。

广东高院意见：对于实际施工人直接从承包人处领取的工程款部分，应当视为发包人支付给总承包人的工程款，但发包人未经承包人同意向实际施工人支付的超出其应得工程款以外的部分除外。

重庆高院明确：根据合同相对性原则，发包人与承包人之间签订的合同对双方具有拘束力，合同效力一般不能及于第三人，合同中另有约定的除外。发包人向承包人任命或承认的讼争工程项目负责人或者项目经理支付工程价款的，应当视为发包人对承包人的直接付款行为。发包人未经承包人同意将工程价款直接支付给第三人,并主张抵扣承包人的工程款的,人民法院不予支付。但是,有下列情形的除外:(1)发包人、承包人之间另有约定的;(2)人民法院、仲裁委员会的生效判决书、裁决书判令发包人向第三人支付工程价款的;(3)承包人欠付农民工工资、材料款等,进而发生严重阻工等群体性事件,经政府主管部门协调并决定由发包人直接支付的。

北京高院明确:对于实际施工人直接从承包人处领取的工程款部分,不属于发包人支付给承包人的工程款;但当事人另有约定、生效判决、仲裁裁决予以确认或发包人有证据证明其有正当理由向实际施工人支付的除外。

各地法院对发包人直接向总承包人付款的行为的有效性认定并不一致,有的地方司法观点甚至是截然相反的。所以,总承包人一定要规制在前,先发制人。

三、风险防范

实际施工人直接领取的工程款,无论是否被认定为支付给总承包人的工程款,都与实际施工人的身份有着千丝万缕的联系,故而首先应当避免挂靠、转包、违法分包行为的发生。一旦发生纠纷,总承包人应当尽早收集对自己有利的证据,尽快制定相应的策略应对已经发生或者将来可能发生的状况,努力将风险和损失降到最低。

1. 总承包人与发包人在建设工程施工合同中应明确约定工程款的支付方式,并明确禁止除总承包人外的单位或个人直接领取工程款,避免因此导致的总承包人被动处境,相关工程款权益无法得到保障。

2. 总承包人应尽量避免给实际施工人出具转包、违法分包及挂靠的相关书面协议,要求发包人将工程款付至本单位账户,不向实际施工人出具证明其实际施工人身份的相关书面材料及委托付款相关材料;或者由实际施工人单方出具承诺书,明确合同的签订过程或者双方的关系,确认发生纠纷时不会被法院认定为相应的挂靠关系;避免实际施工人利用其身份直接从发包人处领取工程款。

3. 若不可控制实际施工人直接领取工程款的或者确实需要实际施工人代收工程款的,总承包人应要求三方签字确认,保证款项用于项目工程。

4. 总承包人应定期向发包人问询付款情形,实时监督,避免实际施工人以各种形式越过总承包人直接领取工程款，进而保证足额收取到工程款及管理费等。

5. 总承包人发现相关工程已经存在发包人向实际施工人直接支付工程款的情形的，应立即通过发承包双方约定的形式书面函告发包人停止支付，避免损失进一步扩大。

6. 总承包人根据建设工程施工合同要求发包人支付工程款，发包人以其已经向实际施工人支付的部分进行抵扣获得法院支持后，总承包人应及时向实际施工人追偿。

四、操作指南

1. 总承包人应与发包人在建设工程施工合同中明确约定工程款的支付方式、指定专户，并明确除此之外的支付方式，必须经总承包人的书面确认，否则都不发生向总承包人支付工程款的效力。

2. 对于总承包人来说，如果确实需要将工程款支付给实际施工人的，应当出具明确的单次书面授权，明确载明"××有权代表我公司收取××项目的款项××元"。

3. 要求实际施工人出具书面承诺书，明确："本人承诺不以任何理由、任何方式向发包人要求支付工程款，若存在本人未经总承包人书面授权直接自发包人处领取工程款的，就已经领取的部分，向总承包人支付已领取款项的5%的违约金。"

4. 严格管理公章、项目章，对项目用资料专用章或技术专用章，不授权实际施工人领款。

第六章

CHAPTER 06

实际施工人对外欠款的风险识别与防范

实践中,总承包人与实际施工人一旦达成内部承包合作后,工程项目的管理、生产调度,分包单位的选择,材料的采购,机械设备的租用,现场管理人员的选聘,劳务公司、劳务班组甚至工人的安排和组织往往由实际施工人"一揽子"负责,工程项目所需要的材料买卖合同签订及劳务分包合同等的商务洽谈、款项支付,也亦由实际施工人负责及承担。但是,在实际施工人与上述第三方的合作经营中,有可能会出现实际上施工人不支付合同款项的情形,包括拖欠材料款、租赁费;拖欠分包单位工程款;不支付工伤赔偿;拖欠农民工工资等,这会导致总承包人面临对外欠款的风险。

在这种情况下,第三人为了维护自己的权利和利益,弥补损失,往往会向总承包人主张权利,将实际施工人的付款责任转嫁至总承包人。本章即针对此类风险进行详解,并作出针对性的防范建议。

第一节　农民工发生工伤的风险识别与防范

建筑行业是典型的劳动密集型行业,根据江苏省住建厅发布的统计数据,2019 年度江苏省全省建筑业从业人员达 852 万人,其中农民工约为 560 万人,约占总数的 65.7%,外省进苏农民工总数占建筑业农民工总数的 53.4%。2019 年全省建筑业人均劳动报酬6.17万元。① 上述数据属于较新的江苏地区数据统计，具有一定的代表性，其可以间接反映出建筑业用工群体体量庞大。同时也体现了建筑工地用工需求大、劳动报酬高的特点，因此建筑行业隐藏的用工法律风险也很高。

虽然根据数据显示，农民工的年龄层主体超半数是“80后”，但是超过50岁的从业人员数量也在日益增加。就工伤风险而言，建筑业是高危行业，建筑工地用工具有其独特性：劳动密集、人员复杂、人员流动性大、准入低、绝大多数为农民工、安全生产意识薄弱、用工模式混杂，这些因素综合导致安全事故高发，发生工伤事故的比例同比其他行业更高。

就目前建筑业的发展环境来看，国家和地方各级政府、建设行政主管部门对待农民工问题以维稳为主。从大环境讲，党和政府在提倡建立和谐社会，改善民生的同时，更加关注保障和维护农民工的权益。作为高素质、高资质的建筑施工企业也必须从企业长远发展的高度看待农民工工伤问题。

一、风险识别

（一）总承包人往往会被认定为建筑业农民工工伤赔偿主体，进而承担赔偿责任

在建设工地的施工过程中，如实际施工人不对遭受工伤的农民工予以赔偿，受伤工人的矛头则会指向总承包人。除了通过劳务公司、人力公司组织用工之外，也有很多工人是互相介绍到工地上岗的，用工者多数为小包工头或者是个人分包的老板。一旦发生事故，农民工通常会第一时间“找老板”，但如果双方协商不成，进入司法程序，工人更容易找“看得见”的总承包人作为提起劳动仲裁的对象，因为有些老板明确是个人，无法启动劳动仲裁程序。还有的农民工则是因为虽然受雇于劳务公司，但是工人往往没有取得劳动或劳务合同，无法证明自己的用工身份。而仲裁或起诉总承包人时只需要证明在总承包人承接的项目上受伤的即可。

① 载《江苏工人报》2020年8月14日，第2版。

例如，在张某与江苏某建设集团、常州某劳务公司工伤待遇赔偿纠纷案①中，申请人张某在襄阳某项目上从事木工工作，其实际是常州某劳务公司安排的务工人员，该项目总承包人为江苏某建设集团。张其受伤后，常州某劳务公司仅垫付了张某的医疗费，但是没有支付张某工伤赔偿，张某遂以总承包人江苏某建设集团为被申请人申请工伤认定。襄阳市人力资源和社会保障局作出认定：张某构成工伤，用人单位为江苏某建设集团。襄阳市高新区劳动人事争议仲裁委认定：常州某劳务公司支付各项工伤赔偿，江苏某建设集团承担连带赔偿责任。

（二）总承包人垫付工伤赔偿后，可能无法向实际施工人全额追偿

在总承包人或合法分包单位通过调解等形式垫付了赔偿款后，若没有妥善的处置机制，在向实际施工人追偿时则比较困难，如果被法院、仲裁机关认定为存在过错需要承担部分甚至全部的赔偿责任，则会无法弥补全部损失。

典型案例6.1.1

甲公司诉陕西某建设公司、高某、孟某、乙公司、丙公司等追偿权纠纷案②

案例要点：死者张某系某项目工程塔吊安装施工人员，因塔吊操作问题发生工亡。劳务公司在赔偿了张某79万元后，起诉总承包人、塔吊经营公司及塔吊公司法定代表人，追偿赔偿款。因赔偿未经过其他单位和个人的同意或认可，同时劳务合同中免除责任条款的约定被认定为无效，法院最终按照各方过错比例判决各方共同承担赔偿责任。

案情介绍

死者张某受雇于原告甲公司，该公司是项目的劳务承包方，是塔吊拆除施工

① 襄高劳人仲裁字(2020)091号。

② (2016)陕0103民初3661号，(2017)陕01民终2945号。

人员，在其施工操作过程中，不慎发生意外死亡。甲公司向其家属赔偿了79万元后，就赔偿款项起诉总承包人陕西某建设公司、塔吊实际经营者乙公司，乙公司的实际经营者高某、孟某，合同上载明的拆除义务人、涉案塔吊登记在册的产权单位乙公司以及建筑起重机使用登记证记载的安装单位丙公司，要求各个单位和个人共同承担赔偿责任。

法院认为：张某坠亡事件既是安全责任事故，亦是工伤事故，工伤赔偿问题应由用人单位负责解决。甲公司与张某之间无劳动关系，该公司不是工伤保险或工伤赔偿法律关系的一方当事人。甲公司向张某直系亲属支付79万元款项，是在涉案的用人单位不明，该公司基于安全责任事故中的责任而对工亡赔偿金的垫付行为，属于一种替代责任。甲公司作为涉案安全责任事故的责任人之一，其在承担了全部垫付责任后，有权要求其他责任人分担赔偿。

法院认定及判决分担比例如下：

甲公司作为案涉项目劳务承包方，是涉案工地安全管理的直接责任单位，但其对塔吊拆除方资质审核不到位，使得不具备塔吊拆除安全作业能力的魏某2工队违章作业，其现场管理人员未能按照施工方案监督施工，未能有效督促落实施工人员的安全防护措施，导致事故发生，原告负有主要的安全管理责任，承担40%的赔偿责任。

陕西某建设公司作为某广场项目总承包方，对该项目施工现场的安全生产负总责，故事故的发生亦负有重大的责任，承担20%的赔偿责任。

塔吊所有人高某、孟某作为塔吊的实际经营者，对魏某1持有的丙公司的资质审核不严，雇用不具备安全生产能力的魏某2工队进行塔吊的拆除工作，对事故的发生亦负有重大的责任，承担20%的赔偿责任。

乙公司作为涉案塔吊登记在册的产权单位，在该塔吊挂靠期间，其对塔吊所有人实际经营过程中的安全管理制度负有制定、落实、检查、监督职责，其对塔吊安全责任事故亦负有一定的责任，承担10%的赔偿责任。

丙公司作为建筑起重机使用登记证记载的安装单位，对魏某1、魏某2持有其资质进行施工的行为，负有一定责任，对该塔吊安全责任事故亦应负一定的责任，承担10%的赔偿责任。

安全生产责任属重大的社会责任，生产经营单位应承担的安全生产责任由安全生产法等法律及相关行政法规予以规定，该责任不属当事人自由约定的范围，甲公司与陕西某建设公司关于陕西某建设公司不承担安全事故责任的约定与国家安全生产法律制度相抵触，该约定没有法律效力，陕西某建设公司应承担涉案安全责任事故中的相应责任，以及基于安全事故责任而应分担的垫付责任。

点评分析：该案件属于较为典型的事后追偿，且各方之间没有签订关于事故处理的协议，法院应在审查各方过错、应承担的责任和侵权的程度上，判决各方承担赔偿的比例。

（三）总承包人是建设工程现场安全生产管理的第一责任人

总承包人有责任依法及时上报安全生产事故，不得瞒报、谎报，若伤亡事故严重，不但会受到安全事故的调查和处罚，同时也有可能构成安全生产责任事故罪，需承担刑事责任。

《生产安全事故报告和调查处理条例》（国务院令第493号）规定，根据生产安全事故（以下简称事故）造成的人员伤亡或者直接经济损失，事故一般分为以下等级：

1. 特别重大事故，是指造成30人以上死亡，或者100人以上重伤（包括急性工业中毒，下同），或者1亿元以上直接经济损失的事故；

2. 重大事故，是指造成10人以上30人以下死亡，或者50人以上100人以下重伤，或者5000万元以上1亿元以下直接经济损失的事故；

3. 较大事故，是指造成3人以上10人以下死亡，或者10人以上50人以下重伤，或者1000万元以上5000万元以下直接经济损失的事故；

4. 一般事故，是指造成3人以下死亡，或者10人以下重伤，或者1000万元以下直接经济损失的事故。

国务院安全生产监督管理部门可以会同国务院有关部门，制定事故等级划分的补充性规定。

本条第一款所称的“以上”包括本数，所称的“以下”不包括本数。

根据《安全生产法》第一百一四十条①的规定，如发生生产安全事故，对负有责任的生产经营单位除要求其依法承担相应的赔偿等责任外，根据事故的严重程度，处以不同程度的罚款。

但是在实际处理中，特别是较轻的事故中，总承包人因为顾及工程形象以及不希望停工检查等，普遍存在瞒报、谎报的情形。

（四）农民工也常常会采用报警、投诉、家属聚众维权等突破性手段、途径来主张赔偿款，如果事态严重，可能会给项目工程的形象造成不良的影响

国家保障和维护农民工权益的决心和力度非常大。公安、安监、劳动监察部门甚至包括项目所在地的街道办事处都可以介入处理农民工工伤纠纷，基本上各个途径和渠道都一定受理和处理农民工工伤问题，即使没有裁决处理权限，也愿意配合参与调解、调查。

但是实践中很多工人受伤后，往往认为司法途径比较慢，或者不能实现“理想”的赔偿效果，而是采取比较过激的手段或途径维权。特别是在工亡事故中，即使总承包人愿意按照法定标准进行赔付和赔偿，但如果家属对赔偿金额不满意，单位赔付合法的，如果再投诉、举报或者报警，其超额诉求也不会得到支持，比较常见的手段是聚集多人家属、亲友到项目部“维权”，扫黑除恶活动前，有一些地方“携尸以胁”甚至形成了产业链。时至今日，则逐步演变成了聚众示威，扰乱项目部正常工作和生产等模式，以期达到裹胁目的，争取超额的赔偿。

在这种情况下，总承包人为了避免项目生产工期和工人情绪受影响，一定程度上会被裹胁；同时要考虑项目的形象，故最终给出的实际赔偿金额会远高于法

---

① 《安全生产法》第一百一十四条规定：“发生生产安全事故，对负有责任的生产经营单位除要求其依法承担相应的赔偿等责任外，由应急管理部门依照下列规定处以罚款：

（一）发生一般事故的，处三十万元以上一百万元以下的罚款；

（二）发生较大事故的，处一百万元以上二百万元以下的罚款；

（三）发生重大事故的，处二百万元以上一千万元以下的罚款；

（四）发生特别重大事故的，处一千万元以上二千万元以下的罚款。

发生生产安全事故，情节特别严重、影响特别恶劣的，应急管理部门可以按照前款罚款数额的二倍以上五倍以下对负有责任的生产经营单位处以罚款。”

定金额。故而，在严重事故处理时，更应注意方式方法，做好自纠自查，排除安全生产隐患，配合安监部门调查，如分歧确实过大，可以引导工人和家属通过劳动仲裁或诉讼的法律途径处理纠纷。

（五）建筑工程中总承包人购买的保险保额不高，甚至没有购买保险，由此导致事故发生时，总承包人需自行支付赔偿款

根据《关于进一步做好建筑业工伤保险工作的意见》（人社部发〔2014〕103号）①：建筑施工企业应依法参加工伤保险。虽然国家有强制保险购买规定，但是在一些小项目或零星项目中，工伤保险往往无法全面覆盖所有用工人员。总承包人、分包单位乃至分包老板在保险的选择上也更重保费、轻保额，更轻理赔条件，经常在事故发生后才追悔莫及。

（六）在工伤处理过程中，与工人达成了赔偿金额过低的和解协议，但是因为显失公平而被撤销

在工伤事故处理中，笔者总体上是鼓励调解的，因为调解能最大程度地解决矛盾，不但可以让伤者尽早获赔，调解达成的赔付金额通常也能低于法定赔偿标准，可以在一定程度上减轻总承包人的责任。需要注意的是，赔偿金额最好不要显著低于法定标准，否则调解协议会被司法机关认定为显失公平而撤销，导致总承包人面临二次赔偿。

（七）有时在非工伤事故中，总承包人也需要承担赔付责任

在建设项目中，很多工人食宿都在工地，经常发生很多明显不属于工伤或者工亡的情况，包括在工作期间突发疾病超过 48 小时后救治死亡的，在午休时间不服从管理安排喝醉后踏空窨井盖死亡的，在停工期间睡眠中猝死的，休息时间（非上下班途中）外出交通事故死亡的，甚至还包括工地上打架受伤等。特别是死亡事故的发生，就法定责任而言，总承包人不需要承担工伤/工亡赔偿责任，然

① 人力资源和社会保障部、住房城乡建设部、国家安全生产监督管理总局、全国总工会《关于进一步做好建筑业工伤保险工作的意见》。

而，因为工人被视为弱势群体且通常无法脱离工作场所，总承包人容易被“道德绑架”或者“裹胁”而支付高昂的人道主义赔偿。

例如，笔者曾经处理过一起伤亡事故。某工程项目因为大雪天气而不得不短暂停工，该工程上的施工人员还继续食宿在工地上。某天清晨一名工人被工友发现已经过世，施工单位当即报警并通知了家属。家属不能接受亲人突然离世的事实，全然不顾真实原因，即向施工单位索要赔偿金160万元。即使公安部门向家属出示的调查结果显示该工人的死亡原因与施工单位无关，家属仍然聚集了多名亲友围堵项目部，继续索要赔偿金。最终，施工单位考虑到企业形象和不良影响，以人道主义赔偿20万元处理了本次意外。

二、要点解析

建筑项目上的工人管理往往是个难题，用工人员多来自人力资源公司招聘、劳务公司招聘，更多的是以各个小包工头、班组的形式介绍的。总承包人对工人的管理和约束力往往不强，主要靠实际施工人和分包单位的具体责任人或者包工头、班组长实际管理。在工伤事故发生的时候，总承包人的责任承担方式如下：

（一）认定工伤的情形及标准

建筑业工伤及视同工伤的认定与其他行业的工伤认定一致，但是在实践中，因为现场监管的不到位等各项因素，往往会存在只要在项目工地受伤的，即被认定为工伤的情况。

《工伤保险条例》第十四条①规定了工伤认定的情形，同时第十五条规定了视同工伤的情形如下，“（一）在工作时间和工作岗位，突发疾病死亡或者在48小时之内经抢救无效死亡的；（二）在抢险救灾等维护国家利益、公共利益活动中受

① 《工伤保险条例》第十四条规定：“职工有下列情形之一的，应当认定为工伤：（一）在工作时间和工作场所内，因工作原因受到事故伤害的；（二）工作时间前后在工作场所内，从事与工作有关的预备性或者收尾性工作受到事故伤害的；（三）在工作时间和工作场所内，因履行工作职责受到暴力等意外伤害的；（四）患职业病的；（五）因工外出期间，由于工作原因受到伤害或者发生事故下落不明的；（六）在上下班途中，受到非本人主要责任的交通事故或者城市轨道交通、客运轮渡、火车事故伤害的；（七）法律、行政法规规定应当认定为工伤的其他情形。”

到伤害的;(三)职工原在军队服役,因战、因公负伤致残,已取得革命伤残军人证,到用人单位后旧伤复发的”。

建筑行业区别于其他行业,工人往往作业时间较长,很多工人食宿都在工地,因此比较难以区分工作时间和非工作时间,也出现了很多明显不属于工伤或者工亡的情况,比如睡梦中猝死,突发疾病在 48 小时之后死亡,休息的时候醉酒摔伤,等等。因为工人生活住所和工作场所难以区分,如果事发第一时间的申报调查没有记录清楚,则很难查明具体事实,工人通常会主张工伤、工亡的赔偿。并且很多工人之间存在亲友关系,即使在明知受伤者不符合工伤标准的情况下,也会采取“人海战术”,围堵项目部、工地甚至售楼处,帮助受伤者争取“工伤认定”,以获得赔偿或补偿。

(二)总承包人会被认定为建筑业农民工工伤赔偿主体

在内部承包责任制的前提下,实际施工人招用的劳动者/农民工请求确认与具有用工主体资格的总承包人之间存在劳动关系的,法院不予支持,但是总承包人要承担工伤保险的赔偿责任。

工伤的赔偿主体是用工单位,其他行业中,多以劳动合同或实际的劳动用工关系为认定工伤的基础。但是在建筑行业中,因农民工流动性极大、施工企业管理不规范,在农民工发生意外事故后,由谁承担赔偿责任,成为实践中的难题。最高院出台的相关规定实际上就突破了劳动关系的相对性,实际上是追责制,即在内部承包责任制度下,若没有进行合法的劳务分包,劳动关系无法确认,则实际上赔偿的主体和责任单位为总承包人。

最高院《全国民事审判工作会议纪要》(法办〔2011〕442 号)第 59 条规定:“建设单位将工程发包给承包人,承包人又非法转包或者违法分包给实际施工人,实际施工人招用的劳动者请求确认与具有用工主体资格的发包人之间存在劳动关系的,不予支持。”最高院 2014 年 4 月 11 日发布的《对最高人民法院〈全国民事审判工作会议纪要〉第 59 条作出进一步释明的答复》进一步指出:承包人、分包人或转包人违反了《建筑法》的相关规定,应当承担相应的行政责任或民事责任。不能为了达到制裁这种违法发包、分包或者转包行为的目的,就可以任意超越《劳动合同法》的有关规定,强行认定本来不存在的劳动关系。

《审理工伤保险行政规定》第三条规定："社会保险行政部门认定下列单位为承担工伤保险责任单位的，人民法院应予支持：……（四）用工单位违反法律、法规规定将承包业务转包给不具备用工主体资格的组织或者自然人，该组织或者自然人聘用的职工从事承包业务时因工伤亡的，用工单位为承担工伤保险责任的单位。（五）个人挂靠其他单位对外经营，其聘用的人员因工伤亡的，被挂靠单位为承担工伤保险责任的单位。前款第（四）、（五）项明确的承担工伤保险责任的单位承担赔偿责任或者社会保险经办机构从工伤保险基金支付工伤保险待遇后，有权向相关组织、单位和个人追偿。"

换言之，对于存在转包、违法分包、挂靠等情形下不具有用工主体资格的包工头所雇用的人员因工伤亡的，亲属可以向社会保险行政部门申请，要求具备用工主体资格的用工单位承担工伤保险责任，而并不以双方存在劳动关系为前提。

建筑行业中普遍存在工程转包、分包、挂靠情形以及作为实际施工人的包工头，特别是在内部承包责任制度下，用工主体和实际责任人存在分离，对工人的赔偿责任上，既存在一致性又存在冲突性，一致性表现为各方主体都一致希望妥善处理工伤事故，冲突性体现在总承包人更注重快速解决事故而实际施工人更注重降低赔偿金额。根据法律规定，事故责任的主体是"用人单位"及总承包人，而根据内部承包责任制度的通常约定，大部分的赔偿责任往往会落在实际施工人头上。总承包人更多考虑工伤事故对工程进展、工期进度以及对总承包人企业形象的影响，如避免住房和城乡建设部、安监部门、劳动监察管理部门对公司的调查，避免因诉讼导致裁判文书上网公开等。而实际施工人比起事故对企业的影响，则更关心赔偿给付的金额。因各方立场不一，若不能协商一致妥善处理，很可能会产生以下不利影响：(1)总承包人越过实际施工人直接处理工伤赔偿，赔偿金额未经实际施工人同意但是直接从应付款中扣除的，导致双方产生争议；(2)实际施工人为了实现"少赔钱"的目的，拖延工伤事故赔偿的处理，情况严重时，有可能引发群体性维权事件，影响工程进展和形象。

根据《工伤保险条例》第二条和第十四条等的规定，认定工伤须以存在劳动关系为前提，此种情形表面上突破了工伤认定必须以存在劳动关系为前提条件的限制；但由于我国禁止将建设工程转包、违法分包，上述行为因违反我国《建筑法》《合同法》而无效。为了保护受害人的利益，因此作为例外，要求具备用工主体资格的单位对受害者承担工伤保险责任，并允许其在承担完工伤保险责任后可以向有关责任人追偿。

《人民法院报》2014年8月21日第4版发表的《〈审理工伤保险行政规定〉的理解与适用》一文也称：这种责任“不以是否存在真实劳动关系为前提，这是对工伤保险条例将劳动关系作为工伤认定前提的一般规定之外的特殊情形处理”。

结合上述法律规定，合法的用工主体是关键，企业用工可以通过有资质的劳务分包或者专业分包规避相应风险，但如果无法实现合法用工时，在内部承包责任制的情况下，承包人需要做好成为赔偿责任主体的准备和相应的风险防范。

（三）农民工工伤事故的救济途径多

目前，我国司法实践中对农民工伤害救济途径的指向不明确，但是可以明确的是，总体上农民工就工伤事故的救济途径非常广，在事故发生后，总承包人和实际施工人将应对农民工各个途径的维权措施。

根据劳动和社会保障部、建设部、全国总工会《关于加强建设等行业农民工劳动合同管理的通知》（劳社部发〔2005〕9号）第二项规定：“用人单位使用农民工，应当依法与农民工签订书面劳动合同，并向劳动保障行政部门进行用工备案”；“劳动合同必须由具备用工主体资格的用人单位与农民工本人直接签订，不得由他人代签。建筑领域工程项目部、项目经理、施工作业班组、包工头等都不具备用工主体资格，不能作为用工主体与农民工签订劳动合同”。但是实践中，所谓的劳动合同往往是后补的，实际合法签订劳动合同的数量远远没有达到国家规定的理想水平。

实践中，农民工伤害的权利救济存在工伤赔偿和人身损害赔偿竞合。工伤保险属于社会保障范畴，实行无过错归责原则，而且工伤适用的劳动能力鉴定标准，实际上也更容易认定伤残。所以，农民工受伤后通常会选择提起工伤赔偿的请求，就社会保障渠道和途径而言，工伤赔偿也确实可以更有效、全面地实现对农民工伤害的救济。

1. 在司法实践中，农民工如按照正常的司法程序主张工伤赔偿较为烦琐，各地行政管理机关落实政策的情况不一致，出现法律规定与实际情况的脱节，这在一定程度上反而有利于企业及实际施工人与工人达成协商和调解

《工伤保险条例》规定提出工伤认定申请应提交与用人单位存在劳动关系(包括事实劳动关系)的证明材料,社会保险行政部门通常以工伤认定需以建立劳动关系为前提要求农民工先通过劳动仲裁确认劳动关系。在2014年4月11日最高院《院长信箱》对《2011年全国民事审判工作会议纪要》第五十九条作出进一步释明的答复中明确实际施工人的前一手——具有用工主体资格的承包人、分包人或转包人与劳动者不具有劳动关系的意见后,各地法院逐渐采纳对建筑行业转包、违法分包下的农民工与具备用工主体资格的建筑施工企业不存在劳动关系的裁判观点,致使农民工在司法程序中确认劳动关系不能,工伤认定程序陷入困境。尽管《审理工伤保险行政规定》第三条规定承担工伤保险责任不以存在实际劳动关系为前提,但社会保险行政部门并未及时配套出台认定“承担工伤保险责任主体”的实务操作规范,行政程序与司法程序不能有效衔接,造成司法实践中农民工工伤认定程序混乱,甚至因不能确认劳动关系而无法认定工伤①。

这一情况并非罕见,事实上农民工在工作时几乎不会持有书面的劳动协议或劳务协议,甚至只知道工作场地的地址,对项目名称、业主、总承包人和施工单位的情况全然不知,大部分只认识包工头,在工伤认定事实时,如果用工单位不配合再遇上部分仲裁部门机械适用法律规定,导致农民工工伤救济途径和渠道非常烦琐。

(1)一般途径

确认存在劳动关系—工伤认定—劳动能力等级鉴定—劳动仲裁(工伤赔偿)—一审—二审。

如果出现任一环节不顺利,农民工实际得到赔付时间会更长。

(2)较为快捷的途径

直接申请劳动仲裁,请求用人单位承担工伤保险责任(可以自行委托劳动能力鉴定或在仲裁、诉讼的过程中申请司法鉴定)。但是在某些地区,未必可以受理这类型仲裁,又因为劳动争议仲裁前置的规定,农民工无法直接提起诉讼。但实践中因为劳动者自身能力和资源的限制,他们经常直接起诉总承包人,若总承

---

① 万军、周万春:《当前农民工工伤认定工作中存在的主要问题及对策》,载中国法院网。

包人能拿出合法的分包协议，上述程序就需要重新走一遍。在这一情况下，实际上是工人维权受到了障碍，但是一定程度上会有利于用人单位及实际施工人、包括包工头与伤者工伤赔偿金额的谈判。很多工人基于对复杂司法程序的畏难情绪，而愿意让渡一些赔偿金额。

2. 农民工也常常会采用报警、投诉、家属聚众维权等突破性手段、途径来主张赔偿款

实践中，许多农民工不会直接采取法律手段（仲裁或诉讼）主张赔偿。通常的操作流程是先治疗就医，医疗费大多数是由包工头或实际施工人垫付，待伤者出院好转后，再与老板进行赔偿协商，直至协商无果时下才会仲裁或诉讼。而工人往往在受伤开始就有途径和渠道接受法律帮助与援助，虽然会因为知识水平的受限产生一定的信息不对称，但是农民工维权的意识和概念还是非常清晰的。

工人只需要证明受伤是在工地上工作时发生的，就可以获得赔偿，后续实际赔偿的难题是赔偿责任主体的认定。而工人为了明确责任主体，通常会通过公告牌查阅、报警、向劳动监察大队投诉等途径获取总承包人信息。特别是劳动监察部门，会直接要求业主及总承包人提供相应的合同资料，包括分包合同、工资发放清单等，并制作工友的证人证言，鉴于建筑业的工作具有工资日计、流动性大且工人之间同乡朋友抱团性强的特点，取得证人证言的难度远低于其他行业，故明确事故责任人实非难事。

3. 农民工可以直接向法院起诉，主张人身损害赔偿，相关案由包括：提供劳务者受害/致害责任纠纷，生命权健康权纠纷等

《民法典》第一千一百九十二条规定："个人之间形成劳务关系，提供劳务一方因劳务造成他人损害的，由接受劳务一方承担侵权责任。接受劳务一方承担侵权责任后，可以向有故意或者重大过失的提供劳务一方追偿。提供劳务一方因劳务受到损害的，根据双方各自的过错承担相应的责任。

提供劳务期间，因第三人的行为造成提供劳务一方损害的，提供劳务一方有权请求第三人承担侵权责任，也有权请求接受劳务一方给予补偿。接受劳务一方补偿后，可以向第三人追偿。"

农民工的很多老板实际上都是包工头个人，据上述法条的规定，农民工可以符合"提供劳务者"的身份将包工头、分包人、总承包人甚至发包人一并起诉主张

侵权责任赔偿,而分包人、总承包人甚至发包人有可能基于过错承担赔偿责任,也有可能因管理责任等被认定为侵权的第三人。

典型案例 6.1.2

陈某某诉包工头王某、江苏某工程公司提供劳务损害赔偿纠纷案①

案例要点:受伤工人以包工头、总承包人为共同被告,向人民法院提起提供劳务者受害责任诉讼,总承包人和包工头会被判决承担连带赔偿责任。

案情介绍

受伤工人陈某在某项目工地上摔伤后,没有进行工伤认定和鉴定,以向人民法院起诉的方式起诉了陈某的包工头王某,同时起诉了项目总承包人江苏某工程公司。

法院认为:公民的生命、健康权受法律保护。本案原告陈某与被告王某个人间形成劳务关系。依照法律规定,个人之间形成劳务关系,提供劳务一方因劳务自己受到损害的,根据双方各自的过错承担相应的责任。结合本案现有证据及当事人的庭审陈述综合分析,原告不具备安装作业的相应资质,在高空作业时虽佩戴了安全帽,但未系安全带,其作为多年从事安装作业的人员,应当预见到在高空作业会存在相应的风险,且其未能提供其受伤原因与其自身操作行为无关的有效证据,故可认定原告对其受伤的后果具有一定过错,应承担相应责任。被告王某作为接受劳务一方,其系劳务活动的组织者、指挥者、监督者和管理者,也是劳务活动过程中风险的防控者,对提供劳务者的劳务活动负有安全注意和劳动保护的义务。由于王某未能提供必要的安全保护设施,事发时也未在施工现场进行有效监督管理,故其对损害后果的发生具有过错。综合当事人的过错程度和衡平利益的角度考虑,可由原告自行承担20%的责任,由被告王某承担80%

① (2016)苏0412民初7767号。

的责任。法律规定,雇员在从事雇佣活动中因安全生产事故遭受人身损害,发包人、分包人知道或者应当知道接受发包或者分包业务的雇主没有相应资质或者安全生产条件的,应当与雇主承担连带责任。本案工程公司将工程发包给没有相应资质的王某施工,故某工程公司对王某的赔偿应负连带责任。对王某已支付的款项124 028.53元,可从应赔总额中予以扣除。

点评分析:受伤工人在无法获得赔偿时,可以直接向人民法院起诉主张权利,案由通常包括"健康权、生命权纠纷""提供劳务者受害责任纠纷"等,区别于工伤的无过错责任,法院一般会根据过错责任裁判赔偿比例,总承包人如果是违法分包,则需要和分包单位或者包工头个人承担连带赔偿责任。

因工受伤的劳动者如果认为选择工伤认定程序风险大、时间长,会直接向法院起诉,向包含包工头在内的实际施工人和/或用工单位主张人身损害赔偿,以提供劳务者人身损害为由要求被告承担赔偿责任。这种情况下,伤者要求包工头+"单位"甚至+业主共同承担责任,而非仅仅由包工头承担。究其原因,一是"单位"经济实力更有保障,执行法院判决更容易;二是伤者与包工头间往往存在"私交"等因素,不便商讨赔偿事宜。鉴于侵权诉讼属于普通的民事诉讼,在原告及伤者自认是雇佣关系的提前下,法院在立案阶段往往不会要求审查原被告双方是否存在劳动关系,是否需要进入劳动仲裁程序的前置,对被告的身份不会设置用人单位的限制,而且很多法院基于保护伤者考量,还设立了专门的法庭和程序处理此类纠纷,故效率较高,很多工人也会采取这种方式进行"一勺烩",即将包括总承包人、分包人、包工头、小包工老板一并起诉。

此类纠纷区别于工伤的无过错原则,适用的是过错责任原则,工人受伤除了安全措施不到位以外,往往也是因自身不遵守安全操作规范造成的,如没有佩戴安全帽、没有落实操作规范,或者未尽到必要的安全谨慎义务。故法院在裁判的时候通常也会认定工人存在部分过错,判决其承担次要责任,对实际施工人和总承包人而言,可以减少10%~30%的赔偿金额。

(四)易发工伤人群分析

鉴于建筑行业用工人数多,流动性大,劳务成本逐年上涨且实际施工人通常需要自行垫资,很多项目上经常通过聘用童工、中老人或其他没有经验的劳务人员以降低用工成本。然而,上述人员通常体能和工作能力达不到作业强度要求,因此工作中更容易受伤。

法律明确禁止企业招用未满16周岁的未成年人以及超过60周岁的老年人:

《劳动法》第十五条规定:禁止用人单位招用未满16周岁的未成年人。文艺、体育和特种工艺单位除外。第九十四条规定:用人单位非法招用未满16周岁的未成年人的,由劳动行政部门责令改正,处以罚款;情节严重的,由工商行政管理部门吊销营业执照。

建筑工程上基本是强体力的工作,且作业环境艰苦,远非未满16周岁的未成年人可以胜任。

超过60周岁,并不是一个法定红线,而是一个高风险线。这个年龄以上的工人,基本体能和精力大大下降,有些人还伴随有其他疾病,如果是长期外出务工的,还会伴随有劳损性疾病,并不适合从事繁重的体力劳动岗位。

根据《劳动争议案件司法解释(三)》第七条的规定:用人单位与其招用的已经依法享受养老保险待遇或领取退休金的人员发生用工争议,向人民法院提起诉讼的,人民法院应当按劳务关系处理。对于用人单位与其招用的已达退休年龄但未享受养老保险待遇或领取退休金的人员发生用工争议,双方之间用工情形符合劳动关系特征的,应按劳动关系特殊情形处理。

建筑业用工容易出现工伤的基本都是操作施工岗位,少见于管理岗位,受伤工人90%以上基本没有参加社保缴纳,也就是说,不论年龄多大,均不具备享有退休保险待遇的前提,因此,可以适用工伤赔偿赔付标准。

并且,这两类群体基本被排除在建筑业可购买理赔的保险范围之外(包括社会保险和商业保险),一旦发生事故,用人单位的赔偿责任没有其他分担的途径和渠道。

(五)协商的赔偿标准及赔付后的追偿

1. 协商达成和解的效果最好,谈定的赔偿金额应当符合法定标准,可以适当减少,但是不宜过低,否则会因显失公平被撤销

根据《民法典》第一百五十一条的规定,一方利用对方处于危困状态、缺乏判断能力等情形,致使民事法律行为成立时显失公平的,受损害方有权请求人民法

院或者仲裁机构予以撤销。

在计算工伤赔偿款时，除了各省市发布的工伤赔偿标准以外，也可以适当参考最高院、最高检、公安部等联合发布的关于《人体损伤致残程度分级》，该标准通常认定伤残难度较工伤标准较高，而且赔偿标准是根据不同地域的经济收入水平按照人身损害的赔偿标准计算的。我国幅员辽阔，各个地区的经济状况发展水平不一，同样的伤残，在不同的地区适用的标准不同，工伤及人身损害的计算方法和赔偿标准也完全不一样。因此，受伤的工人会衡量工伤获赔和法院起诉获赔之间的高低，选择适合自己的方式。

总体而言，国家对建筑业工伤的保护力度较其他行业明显要高。在这种情况下，即要求建筑企业及承包人，包括各实际施工人具备高度社会责任感，敢承担、愿处理，积极妥善处理此类纠纷。故在各方能够协商解决的情况下，可以适当地少赔，但是赔偿金额不宜过低，否则伤者很有可能在获赔后请求撤销原赔偿协议，继续按照法定标准主张赔偿款项。

2. 垫付/代付赔偿款后的追偿

根据最高人民法院明确规定，用人单位违反法律、法规规定将承包业务转包给不具备用工主体资格的组织或者自然人时，用工单位为承担工伤保险责任的单位。个人挂靠其他单位对外经营时，被挂靠单位为承担工伤保险责任的单位。在这两种突破劳动合同相对性的规定下，承担工伤保险责任的单位支付赔偿款后有权向相关组织、单位和个人追偿。

关于事故承担责任的比例及用人单位的责任，笔者也在前文中阐述了书面合同约定的详细内容。但是即使约定明确，也会产生种种纠纷，如发包人垫付了赔偿并约定了相应赔偿扣除保险部分，全部由实际施工人承担，而且有权直接从工程款中扣除，但是结算时发现工程款已经结清的，则需要追偿；或者实际施工人与分包人、包工老板就补偿金额事先有约定，如由分包单位垫付医疗费，除保险理赔外，赔偿款各自承担 50%，但是分包单位事后拒不垫付款项也不处理事故，严重时甚至“跑路”的；或者总承包人与实际施工人约定了用人规则，明确不得聘用童工但还是有班组违规雇佣并发生工伤的，等等。在这种情况下，如果无法协商一致，就会涉及追偿权之诉。

(六)总承包人在项目施工中可以选择投保如下保险

1. 建筑业工伤保险

该保险为强制保险,未依法参加工伤保险的农民工可直接主张建筑施工企业承担连带支付工伤保险待遇责任。

人力资源和社会保障部、住建部、国家安全生产监督管理总局、全国总工会《关于进一步做好建筑业工伤保险工作的意见》(人社部发〔2014〕103 号):"一、建筑施工企业应依法参加工伤保险。针对建筑行业的特点,建筑施工企业对相对固定的职工,应按用人单位参加工伤保险;对不能按用人单位参保、建筑项目使用的建筑业职工特别是农民工,按项目参加工伤保险。……建设单位在办理施工许可手续时,应当提交建设项目工伤保险参保证明,作为保证工程安全施工的具体措施之一;安全施工措施未落实的项目,各地住房城乡建设主管部门不予核发施工许可证……"

《工伤保险条例》第六十二条第二款规定:"依照本条例规定应当参加工伤保险而未参加工伤保险的用人单位职工发生工伤的,由该用人单位按照本条例规定的工伤保险待遇项目和标准支付费用。"

建筑业工伤保险区别于一般企业的社保(五险,即养老保险、医疗保险、失业保险和生育保险、工伤保险),允许用工单位单独购买工伤保险而不需要参保其他社会保险险种(养老保险、医疗保险、失业保险和生育保险),且是有国家主导的强制性保险,保险费用应当计入工程成本,企业、项目只需要按规定落实即可,一旦工伤发生,可以很大程度上缓解企业的赔付压力。

但是这类保险的缺点也很明显,理赔周期长,要求复杂和难度较高,而且存在着明显的区域政策不平衡,在经济发达地区的适用情况较好。并且参保要求机械不够灵活,往往需要以企业用工名录为准,这对企业及项目经理的管理提出了较高要求。

以浙江省《慈溪市建筑施工企业从业人员参加工伤保险暂行办法》为例,该办法明确要求,"建设项目工地因工作需要临时增加或者调用人员、未及时将从业人员名册输入人力社保部门申报系统的,从业人员在发生工伤事故之日起两个工作日内,由受伤人员劳动关系所在建筑施工企业如实填报《参保建设项目未及时申报名册之中工伤按参保职工处理申请确认表》,并提供受伤职工招录用情况说明、记工考勤卡等有效证明和建设项目总承包企业出具的证明,向建设行政主管部门和人力社保部门提出确认申请,经核实确认后,可视同意参加工伤保险”。该地区的工伤保险接受理赔人员首先应当在名录内,如不在名录内,则需要在事故发生之日起2 日内提交申报材料。建筑企业人员流动非常大,而且实际用工关系复杂,如果没有高效和规范的管理制度,很容易漏报、错报人员名单。且事故发生一般以受伤工人的出诊记录为准,对时间和政策的要求性非常高,而项目上处理此类事务的一般是行政工作人员,并不能第一时间掌握全部信息,很难及时完成材料的申报。

笔者亲历的一起工亡事故中,伤亡工人已在事发项目工地上工作月余,但由于其班组长没有及时提交人员手册,该工人一直未被录入从业人员名录。项目安全员、施工员明知上述情况,却因为管理和衔接疏忽没有及时处理,负责登记的行政人员不在项目上工作,对这个情况也不知情。工亡事故发生后,家属情绪极其激动,聚众围堵项目部。用工企业与家属调解协商费时三天,支付赔偿后才着手办理工伤理赔事项。此时已经超过理赔登记时效而被拒赔。公司行政和安全员仅知道有购买有工伤保险的事实, 对重要的保险条例、具体实施办法并不了解,也未参加相关培训学习,对人员名录更新的及时性以及未录入人员的处理均不了解,最终失去了获得工伤保险理赔的机会,导致全部的赔偿责任全部由企业承担。

上述还是发达地区的保险实施办法,暴露的主要是企业的管理问题。在我国,更有相当一部分地区的企业,存在农民工的工伤参保率较低,逃保、漏保现象严重,甚至有些企业在严重的事故发生后,选择跑路,不处理工伤事故。

2. 施工企业安全生产责任险

2017 年 12 月 12 日,国家安监总局、保监会、财政部颁发安监总办〔2017〕140 号文《安全生产责任保险实施办法》,其中明确规定,自 2018 年 1 月 1 日起,建筑施工业的生产经营单位应当投保此安全生产责任保险。

所谓安全生产责任保险,是指保险机构对投保的生产经营单位发生的生产安全事故造成的人员伤亡和有关经济损失等予以赔偿,并且为投保的生产经营单位提供生产安全事故预防服务的商业保险。该保险的参保不影响参保的生产经营单位从业人员(含劳务派遣人员)依法请求工伤保险赔偿的权利。在保险期间内,被保险人的雇员在本保险合同明确约定的区域范围内,从事与被保险人建筑安装工程业务有关的工作时,因遭受自然灾害、意外事故或者患与业务有关的国家规定的职业性疾病致伤、残疾或死亡的,依据中华人民共和国法律应由被保险人承担的医疗费用及经济赔偿责任,保险人依据本保险合同的约定负责赔偿。

该保险范围涵盖人员伤亡和因伤亡造成的经济损失,对工伤保险是很好的补充。但是条例实施至今,因该保险的投保要求较高,对企业资质和安全审查较为严格,实际购买使用该保险的施工企业并不多。

3. 建筑施工企业雇主责任险

雇主责任险,是指被保险人所雇佣的员工在受雇过程中从事与保险单所载明的与被保险人业务有关的工作而遭受意外或患与业务有关的国家规定的职业性疾病,所致伤、残或死亡的,被保险人根据《劳动法》及劳动合同应承担的医药费用及经济赔偿责任,包括应支出的诉讼费用,由保险人在规定的赔偿限额内负责赔偿的一种保险。而建筑施工企业雇主责任险是基于建筑企业的性质,由保险公司特别设置的一款险种。通常来说,雇主责任险是很多不购买社保,特别是不购买工伤保险的企业的替代性选择。也有很多建筑施工企业,因项目不购买或无法购买建筑业工伤保险,而采用此类保险作为替代。笔者建议企业将此类保险可以作为工伤保险理赔的补充而不是替代工伤保险。此类保险的保额往往由承包人自行选择,而因建筑业属于高危行业,在保险职业类别分类中属于4类中度危险职业以上,有些工种甚至可能被认定为5~6类职业,高危就意味着保费较高、承保和理赔难度也较高。很多企业在购买此类保险的时候,通常因为保费过高选择了较低的保额,导致出现工人工伤的时候,获得的理赔金额也较少,无法完全弥补损失。

但该类保险的显著优势为保险标的是雇主承担的赔偿责任,也就是说,理赔金是可以直接赔偿给雇主的,直接承担的是雇主应当承担的赔偿责任,且不需要经过工人同意,只需要证明存在雇佣关系就可以投保。

4. 施工人员意外险

《建设工程安全生产管理条例》第三十八条规定:施工单位应当为施工现场从事危险作业的人员办理意外伤害保险。

意外伤害保险费由施工单位支付。实行施工总承包的，由总承包单位支付。意外伤害保险期限自建设工程开工之日起至竣工验收合格止。

施工人员意外险属于人身意外伤害保险的一种，实践中这类保险反而是最广泛采用的保险种类，它的非常明显优势为保费较低，企业负担不重，通常项目上会以班组或分包单位作为一个团体购买团体意外险，之后只需要及时更新名单，在事故发生时，即可获得理赔。但是意外险的显著缺点为这类保险的被保险人是施工人员，保障的是其本人因遭受意外伤害而造成的人身损失，保险金的受益人亦是工人本人，如发生被保险人身亡，受益人则是其法定继承人。其区别于雇主责任险和安全生产责任险，意外险直接保障工人的意外伤害损失，而非企业责任。也就是说，虽然此类保险的保费由实际施工人乃至各个分包人、包工头承担，但是保险金在属于工人个人，并不免除实际施工人的赔偿责任。

在实践中，很多施工企业会利用信息差的优势，直接为工人购买保险并办理理赔，而工人只要能够获得赔偿即可，并不了解保险的内容和目的，以为保险公司的赔偿就是单位的赔偿。保险公司通常也愿意配合施工企业办理理赔手续，在办理过程中，只要被保险员工写下保险权益转让的文件或承诺，即可以实现理赔。

在这种情况下，如果工人伤情不很严重，保险公司核保材料要求并不高，工人对赔偿的心理预期为尽早获得赔款，多数会配合文件签署并办理理赔手续，施工人和企业可以用这种方式替代赔偿款的支出。但是，如果工人的伤情严重，甚至发生工亡，在此情况下，因为理赔款金额高昂，保险公司核保程序会更加严格和慎重，通常需要和工人本人核实甚至面签，此时，施工人极有可能面临“双赔”风险，即意外险的赔偿款由保险公司支付给工人后，因该保险承保的是工人遭受意外造成的损失，并不因此免除企业责任，那么工人因为工伤发生的赔偿，施工企业仍然需要支付。企业虽支付了保费，却没有实现风险规避的目的。

在此，笔者建议施工企业与各位工人在事前应就保险的理赔进行书面的约定，载明此类保险保费系由实际施工人支付，目的在于减少工伤事故施工人的实际赔偿责任，意外险的理赔款计入赔偿款总额。

5. 保险种类的选择

建筑业工伤保险是强制保险，该保险属于施工企业的必选项。其他各类保险，各有利弊，如雇主责任险，虽然可以确保转嫁赔偿责任，但是保费比较高；建筑业雇主责任意外险，保费比较便宜，实践中处理得当可以一定减轻赔偿责任，但是实际上并不能免除企业的赔付义务；安全生产责任险是人身及财产的双赔险，但保费明显高出前两项很多。

鉴于此，实际施工人应综合考量施工项目的体量和施工的难度、风险，在工伤保险的基础上，选择1～2项商业险作为补充为宜。

三、风险防范建议

建筑行业属于高危、高风险行业，项目经理等现场管理人员应该具备良好的管理能力和风险防范意识，防微杜渐，从源头上减少和控制安全事故的发生。

（一）总承包人和内部承包人就处理工伤事故而言，虽然是利益共同体，但也存在较大的矛盾冲突，应当事前在合同中就事故的处理流程和责任分担作出明确的约定

同时需要注意的是，建筑企业作为生产经营单位应承担安全生产责任，这是安全生产法等法律及相关行政法规规定的，该责任不完全属于当事人自由约定的范围，相关约定最好不要完全排除和免除责任单位的应负责任，在未尽职履责的情况下，完全不承担安全事故责任的约定与国家安全生产法律制度相抵触，会导致约定无效。

（二）建筑施工企业应建立一套高质量、高标准、与国家法律法规及企业实际情况相契合的保障农民工职业安全的管理体系

企业和各个项目内部可以借鉴先进企业的经验和做法，设置职业安全管理机构，加大对安全生产管理的投入，适当提高损害农民工人身健康的违规行为成本，分析影响农民工职业安全和健康保障的常见事故成因，有针对性地加强企业内部生产安全管理。企业应该重视施工现场人员和设施的运营细节管理，杜绝

由于人员违规操作和设备的不安全状态造成的安全生产事故①。

（三）尽量不录用、聘用、临时雇用不符合劳动能力和条件的人进场施工

不招用未满16周岁的未成年人以及超过60周岁的老年人，在招工用人时，应当建立严格的审查程序，登记身份信息，如果必须招用上述类型人员务工的，可以安排在工作强度不大的岗位，如负责材料保管等工作，并要求员工进行入职体检。

（四）制定并严格执行用工守则，培训劳务队伍，增强靠谱劳务公司、劳务班组的黏性，按要求应当持证上岗的工种和岗位必须持证上岗

一些项目部在选招人的时候，没有慎重比选队伍和人工，为工伤和结算均埋下隐患。对此，企业应当健全制度，落实劳务队伍业绩管理档案，可以规定对劳务班组的人员进行抽查和考核，包括营业执照、资质证书、施工人员技术水平、人员素质（有无职业技能资格证书）的审查，机械设备的使用和保管、安全质量、履约能力的考核等。只有把好人员管理第一关，才可以很大程度上避免安全隐患。

（五）分包给有用工资质的劳务用工主体

在内部承包的项目中，依法可以进行劳务分包的项目，可以总承包人的名义分包给劳务公司，即由劳务公司承担相应的用工风险；或者在分包工程中，严格杜绝非法分包，应依法分包给有施工资质的企业，即可阻断劳动者的追诉。

（六）落实社会责任，加强自身管理和建设，在各个项目的分包协议上，使用书面协议明确约定赔偿责任，并落实工伤事务处理流程

可以根据项目的不同，在协议中明确约定保险购买的种类、保费的承担、工伤事故的赔偿责任比例，同时可以落实事故的管理规范和责任，制定应急管理策略和机制，并约定违约责任。明确责任职责，不但可以有效地处理工伤事务，更

① 赵见阳、孙国帅、左娜：《建筑业农民工安全生产管理现状与对策》，载《辽宁工业大学学报》（社会科学版）2020年第4期。

可以防止责任分配不清。

(七)选择恰当的保险

作为建筑企业,施工前的第一要务就是参保,首先必须购买建筑业工伤保险,并且应当分析项目的用工风险,在资金允许的情况下同时购买商业保险作为补充。这样不仅可以有效地保障工人权益,更能降低企业乃至每一层责任人的赔偿风险。

四、操作指南

发包人和实际施工人在保证企业效益的同时,担负着维护农民工劳动和社会保障权益的社会职能,建筑施工企业应具备良好的诚信守法信誉和高尚的社会责任感,同时应科学预防相应风险,能够在风险发生后,积极有效地处置应对。

1. 企业根据实际情况,选择恰当的保险,可以采取“强制保险为主,商业险补充”的形式,保证保额充足,事故发生无理赔忧虑,尽可能地减少企业的赔付压力。

2. 应依法维护企业及农民工合法权益,第一时间救治和处理工伤事务。企业因根据项目设置的工伤处理规定及预案,第一时间报告事故发生的时间地点、初步情况,工人姓名、岗位、受伤原因,落实负责人等,拨打120保证救治处理及时。落实伤者的医疗费和基本的生活费、护理费的垫付承担责任主体。

3. 以工伤保险条例制定的标准作为商谈经济补偿标准的依据。对确需承担经济补偿、赔偿责任的,应区分不同情况,按照法定标准执行。投保过工伤保险的,应及时做工伤认定和劳动能力鉴定,鉴定结论完成后,根据工伤等级,积极主动地和伤者协商补偿待遇并办理保险理赔手续。如投保其他商业保险的,应当及时提交保险材料。

4. 若补偿款与受伤工人有重大分歧的解决方案:工伤事故的发生是谁都不愿意见到的,作为有社会责任的企业和施工人,应当主动积极地承担相应的责任和义务,不但要及时救治受伤工人,也应做到及时赔付,保障工人的基本生命权和健康权。如果由于种种原因,双方就补偿的数额产生分歧,或者就事故的责任原因有分歧,这种情况下,企业可先垫付全部的治疗费用并支付基本的生活费,之后通过司法途径解决纠纷。

5. 在发生明显不属于工伤,特别是工亡时,可以考虑以合理的金额给予人道主义赔偿。此类事故的处理,建议在事发时应第一时间做好记录,包括视频记录,负责人登记。及时拨打120,必要时拨打110,从人道主义的角度出发安抚家属,给予适当赔偿,既能体现企业的人道主义关怀,也可将事故对项目和工程形象的影响降至最低。

第二节　对外拖欠材料款、租赁费的风险识别与防范

承建工程开工后,除甲方自行提供的材料(甲供材)、总承包人指定供应商或出租人的,实际施工人为了承建工程的施工,必然需要采购建筑材料及部分机械设备或租赁机械设备,即对外从事买卖、租赁民事行为。一旦实际施工人拖欠供应商、出租人材料款或租金时,债权人都会尽量将总承包人列为被告,要求总承包人承担付款责任,有的债权人也会选择将实际施工人及总承包人列为共同被告,要求其承担共同付款责任或者连带付款责任。

一、风险识别

(一)实际施工人未与供应商、出租人签订书面买卖合同、租赁合同而拖欠材料款、租金的,基于总承包人存在法律禁止的转包、违法分包、挂靠等行为,存在过错,总承包人可能需要承担连带付款责任

实际施工人在施工过程中就承接的工程需要的材料、机械设备等,若未与供应商、出租人签订书面合同,而是口头磋商,交易证据就是送货单或对账单等。若因拖欠材料款、租金发生纠纷的,交易相对人主张总承包人存在违法行为,并强调其所供材料等用于总承包人承包的工程的,可能会基于总承包人的违法行为被法院判处承担连带责任。

如在广安市中级人民法院审理的杨某诉何某、王某、汪某、四川某建设公司

租赁合同纠纷案①中，法院认为四川某建设公司与何某签订的《内部承包合同》违反关于“禁止承包人将工程分包给不具有相应资质条件的单位”的法律强制性规定而无效，四川某建设公司将工程违法转包给他人，基于该无效合同而从中获取利益；且四川某建设公司与何某名为内部承包，实为挂靠关系，何某为实际施工人，四川某建设公司为名义施工人；杨某的租赁物实际用于四川某建设公司承包的工程，故四川某建设公司应当承担本案的连带责任。

当然上述一审法院的观点显然不具有说服力，因为租赁合同双方是没有争议的，应当根据合同相对性，由合同相对方承担相应的权利义务。故本案二审法院认为：连带责任应有法律规定或者当事人约定，杨某无证据证明何某的行为对四川某建设公司构成表见代理，当事人之间也未约定四川某建设公司对何某的债务承担连带责任，故杨某要求四川某建设公司承担连带责任的主张无法律及合同依据。

故二审法院改判总承包人无责，但本案中实际施工人认可其是与出租人建立的合同关系，若实际施工人称其能够以总承包人名义签订的合同，并能够提交证据予以证明构成表见代理时，本案或许就是维持一审判决了。

（二）实际施工人以总承包人名义与供应商、出租人签订书面买卖合同、租赁合同且有盖章或项目部章的，其拖欠材料款、租金时，可能由总承包人承担对应付款责任

随着行政部门监管的不断加强，总承包人会要求实际施工人对外签订民商事合同后，必须回转到总承包人处盖章，由总承包人进行付款走账。因此，由实际施工人以总承包人名义对外签订的合同并有总承包人盖章确认的情形下，总承包人就是合同的相对方，由总承包人承担付款责任。

供应商、出租人或者实际施工人出于各种原因，会在双方书面签订的合同中盖具项目部章、技术专用章或资料专用章。不同的印章产生的法律效力亦不相同，对此本书第四章第五节有详细阐述。

---

① （2020）川16民终479号。

（三）实际施工人以总承包人名义与供应商、出租人签订书面买卖合同或租赁合同，但欠缺总承包人直接盖章，拖欠材料款、租金的，若实际施工人属于有权代理，由总承包人承担付款责任

如在最高院审理的某建设公司与王某买卖合同纠纷再审纠纷案①中，实际施工人刘某持有总承包人就案涉建设工程购买钢材事宜盖章的授权委托书，其以总承包人名义向钢材供应商王某购买钢材，一审、二审、再审人民法院均认定实际施工人为有权代理，其代理行为效力归于被代理人即总承包人某建设公司，由总承包人承担付款责任。根据《民法典》第一百六十二条的规定，代理人在代理权限内，以被代理人名义实施的民事法律行为，对被代理人发生效力。故认定刘某的民事行为的法律后果归于某建设公司，即由某建设公司对其授权委托人确认的债务承担付款责任。

（四）实际施工人以总承包人名义与供应商、出租人签订书面买卖合同、租赁合同，欠缺总承包人直接盖章，拖欠材料款、租金的，若实际施工人构成表见代理的，由总承包人承担付款责任；若不构成的，仍由实际施工人承担付款责任

总承包人有挂靠、转包、违法分包情形的，通常“以包代管”，不参与施工管理。所以很多时候，实际施工人对外签订民商事合同时，供应商、出租人通常也会对实际施工人进行一些初步的了解，尤其是当相关合同是在施工现场签订的，很容易让供应商、出租人认为与之磋商的实际施工人即是代表总承包人的。此种情形下，对于是否构成表见代理，司法实践中虽无统一认定，但总体从严认定。

如在江苏省高院审理的某建设公司与某混凝土公司、张某买卖合同纠纷案②中，因为实际施工人先前有代理权，曾以总承包人名义与供应商签订书面买卖合同。后实际施工人与供应商之间以原班人马继续使用原套交易方式，且在结算中有总承包人项目部章，就另一处项目形成事实上的买卖关系。其间，供应商已

① （2019）最高法民再 380 号。
② （2019）苏民申 327 号。

经尽到审慎义务，在此种情形下，其有理由相信实际施工人有代理权，实际施工人的行为构成表见代理，故而其行为效力归于总承包人。

由此可见，司法实践中对表见代理的认定非常谨慎，会要求相对人进行充分说理，就实际施工人取得代理权的过程是首先要审查认定的。然司法实践中亦不乏不构成表见代理的案件。

典型案例6.2.1

常州某商贸公司与常州某建筑公司、戚某买卖合同纠纷案[①]

案例要点：钢材供应商与总承包人之间没有签订书面买卖合同，钢材供应商以向其承包的工地上送货并开具价值相当的增值税发票为由，主张双方形成买卖合同关系，要求总承包人、实际施工人承担共同付款责任。一审法院判决承包人承担付款责任，实际施工人不承担责任，二审法院经审理认为认定双方之间存在买卖合同关系不足，且实际施工人的行为既不构成职务行为，也不构成表见代理，故二审判决撤销一审判决，改由实际施工人承担付款责任。

案情介绍

2011年7月9日，常州某建筑公司与案外人东渊公司签订《建设工程施工合同》一份，约定常州某建筑公司承接东渊公司的车间一和车间三建造工程。协议签订后，该工程实际由戚某负责施工。经戚某与案外人沈某联系，由常州某商贸公司向该工地供应钢材，价值共计1 047 292元，并由常州某商贸公司开具金额为1 039 244.3元的增值税发票给常州某建筑公司。

2013年3月1日，戚某与案外人沈某（常州某商贸公司业务员，负责送货、结算）进行对账，确认"学府二期、通力橡塑、横林东渊、安徽郎溪"工地共计结欠钢材款830 478元，同日由戚某的员工吴某（采购员）出具结算单一份，载明其中横林东渊工地常州某建筑公司结欠常州某商贸公司钢材款804 992元。

① （2016）苏04民终字第173号。

一审法院认为：常州某商贸公司与常州某建筑公司之间虽未签订书面的买卖合同，但常州某商贸公司向常州某建筑公司承接的本案工地供应了相应价值的钢材并开具了增值税发票给常州某建筑公司，应认定常州某商贸公司与常州某建筑公司之间形成了买卖合同关系。现常州某建筑公司承接本案工程的实际负责人戚某与常州某商贸公司的业务员沈某进行了结算，同日戚某的员工吴某也出具结算单确认本案工程常州某建筑公司结欠常州某商贸公司的钢材款为804 992 元，该款理应由常州某建筑公司承担相应的付款义务。戚某作为常州某建筑公司在该工程的负责人，其行为的后果应由常州某建筑公司承担，其个人不承担付款责任。

一审判决后，常州某建筑公司不服提起上诉，并补充举证：第一组证据：付款明细 2 张。证明戚某向沈某付款明细。第二组证据：常州市武进区人民法院(2014)武横商初字第 103 号庭审笔录，被上诉人的证人沈某出庭时明确承认其在供钢材给横林工地时已经知道戚某挂靠在常州某建筑公司。

二审法院认为：常州某商贸公司主张与常州某建筑公司之间存在买卖钢材的合同关系依据不足。第一，戚某不构成职务行为，从本案调查的事实来看，常州某建筑公司与戚某之间存在挂靠与被挂靠的关系。戚某还挂靠其他公司承接另外三个工程，在与沈某经手的钢材买卖往来时，是四个工程一并供货、结算。第二，戚某不构成表见代理，由于沈某作为经手人与戚某之间买卖钢材的往来是四个工地一并供货，一并结算的，而其在常州某商贸公司第一次起诉时的庭审笔录中确认在供应钢材之前就知道戚某是挂靠的，故相对人在主观上并非善意且无过失，故戚某不能构成表见代理。第三，仅凭发票并不能作为认定双方存在买卖合同关系的依据，常州某商贸公司提供的送货单也未有常州某建筑公司工作人员的签收依据。

二审判决：撤销一审判决，改判戚某应于本判决生效之日起 15 日内支付常州某商贸公司价款人民币 804 992 元。

点评分析：未签订书面买卖合同，供应商要求总承包人承担付款责任的，其应就双方存在买卖合同关系予以充分举证，以及实际施工人能否代表总承包人进行充分举证；法院应对实际施工人的身份予以充分调查，不能仅仅认为实际施工人是总承包人的现场负责人，材料送到现场实际使用，且总承包人开具对应发票就认定成立买卖合同关系。

本案中由于供应商对于实际施工人挂靠身份是明知的，即对于合同相对方的身份属于明知，且存在多工地合作。因此，实际施工人的行为就不能构成职务行为，也不构成表见代理。继而无法发生认定其行为对总承包人发生法律效力。

（五）总承包人因不掌握实际施工人实际已付款金额，而导致总承包人承担债务欠款额外的损失

总承包人通常不是直接的、事实上的合同相对方，即使是合同相对方，但由于不实际参与承建工程的施工与管理，故而并不掌握相关合同的签订、价格的合理性、实际履行情况。尤其是相关诉讼具有滞后性，若实际施工人工程款已基本付清又或是实际施工人项目亏损的情形下，总承包人承担付款责任后的追偿权则很难实现。

（六）实际施工人与供应商、出租人恶意串通，提高交易价格或增加交易量，侵害总承包人的合法权益，甚至捏造交易事实，构成虚假诉讼的，需承担刑事责任

若实际施工人与供应商、出租人具有以上主观意愿，相关行为则具有隐蔽性，尤其是若总承包人不重视或者任由实际施工人与供应商、出租人调解结案的，总承包人在承担高昂的付款责任后将面临无法追偿的风险。

如在安徽省高级人民法院审理的合肥某建筑公司与赵某、高某买卖合同纠纷案[①]中，合肥某建筑公司中标某县道路工程（二标段）施工工程，后将该工程转包给高某，由高某负责组织施工。赵某以与高某买卖石子的口头协议，高某未付材料款为由诉至法院，一审法院认为：口头协议应为有效；合肥某建筑公司非法转包具有明显的过错责任，且合肥某建筑公司对高某自己组织资金在某县道路工程二标段以项目部的名义实际施工并对外采购施工材料是明知的，却未予以制止，故合肥某建筑公司应承担相应的法律责任。即使合肥某建筑公司不承担偿还欠款的责任，也应向实际施工人对工程的投入支付工程款，合肥某建筑公司

① （2019）皖12民再1号、（2020）皖12刑终193号。

有能力管控实际施工人应得工程款。综上所述,依据公平原则,合肥某建筑公司对高某因实际施工所拖欠的材料款也应承担连带还款责任。二审法院维持了一审判决。后经刑事案件查明,高某系因无力偿还对赵某等人的欠款,赵某得知某县道路工程的工程款尚未付清,意图让合肥某建筑公司偿还高某借款,便与高某恶意串通,通过伪造结算清单、收料单等书证并指使他人作伪证等形式,捏造了本案起诉的事实,法院认为:赵某、高某伙同他人以捏造的事实提起民事诉讼,妨害司法秩序,严重干扰正常司法活动,严重损害司法公信力,严重侵害他人合法权益,其行为构成虚假诉讼罪,依法判处有期徒刑并处罚金。

案例中实际施工人无法偿还借款,历时 4 年,虽然正义得以彰显,但对合肥某建筑公司应该是血淋淋的教训。实际施工人在施工过程中,由于种种原因导致资金周转不了,无力继续施工的情形并不罕见。然而,在实践中,若此时实际施工人在与供应商、出租人签订相关民商事合同时,恶意提高价格或者确定数量,即使总承包人在应诉中认为不合理,但实际施工人可能对于款项结算部分做得更加隐蔽,更加"真实",使总承包人无从获取证据而只能为此买单。

二、要点解析

实际施工人拖欠供应商、出租人材料款、租金时,供应商、出租人作为债权人会根据买卖合同、租赁合同等主张材料款、租金,也会包括利息、律师费等费用。在此类纠纷中,债权人都会尽量将总承包人列为被告,要求总承包人承担付款责任,有的债权人会选择将实际施工人及总承包人列为共同被告,要求其承担共同付款责任或者连带付款责任。

(一)合同相对性是承担责任的第一准则

根据《民法典》第四百六十五条第二款的规定,依法成立的合同,仅对当事人具有法律约束力,但是法律另有约定的除外。本条是合同相对性原则的法律依据。合同相对性,包括主体的相对性,内容的相对性,责任的相对性,效力判断的相对性。

总承包人明确授权或盖章确认的合同,通常由总承包人承担付款责任,除非总承包人、实际施工人或债权人之间对此另有约定;同理,事实证明是由实际施工人以自己名义，或者虽然以总承包人（含项目部）名义但是未经总承包人（含项目部）确认的，此时与供应商、出租人签订的相关民商事合同，合同相对方也是实际施工人，应由实际施工人承担付款责任。

在法院审判中，也有部分法院认为：挂靠是被挂靠人允许挂靠人借用其资质的行为，应视为被挂靠人是同意挂靠人以其名义对外从事民事行为的，挂靠人的行为属于有权代理，其效果直接归于被挂靠人。对此，有司法观点持否定态度，虽然存在挂靠事实，但挂靠违反的是建筑法律法规的规定，应追究被挂靠人的行政管理责任，与买卖合同责任不属于同一法律规范约束，现行法律法规中也没有关于要求被挂靠企业承担挂靠人未经授权所行使民事买卖行为责任的明文规定，故此种情形下，挂靠不应成为总承包人承担责任的理由。

在最高院审理的合肥某物资公司与安徽某建筑公司、霍邱某房地产公司、张某等买卖合同纠纷案①中，最高院认为：合肥某物资公司主张由他人对实际施工人张某的债务承担连带清偿责任，必须基于合同约定或法律规定。合肥某物资公司与总承包人安徽某建筑公司和霍邱某房地产公司没有合同关系，张某与安徽某建筑公司之间是否存在挂靠关系、张某购买的钢材用于何处，均与合肥某物资公司和张某之间的债权债务没有法律上的关联性。合肥某物资公司主张由安徽某建筑公司、霍邱某房地产公司对张某的债务承担连带责任，缺乏事实依据和法律根据。

（二）实际施工人“有权代理”情形下总承包人的责任承担

随着建筑行业行政主管部门的监管力度不断加强，以及从业人员法律意识的提高，合同相对方主观上更倾向于与总承包人签订书面买卖合同、租赁合同，以避免实际施工人的欠款风险；但建筑行业非法转包、违法分包、挂靠现象等长期、普遍存在，加之市场竞争、人情关系等原因，不签合同、由他人代签、随意加盖真章假章的情形比比皆是。这就是涉及实际施工人的买卖合同、租赁合同纠纷的争议焦点之一——如何确定责任主体。

通常地方基层法院、中级人民法院处理此类纠纷，一般从是否构成职务行为

① （2015）民申字第1664号。

或者表见代理着手，进而判决是否由总承包人承担付款责任。

1. 职务代理

《民法典》第一百七十条规定：执行法人或者非法人组织工作任务的人员，就其职权范围内的事项，以法人或者非法人组织的名义实施的民事法律行为，对法人或者非法人组织发生效力。法人或者非法人组织对执行其工作任务的人员职权范围的限制，不得对抗善意相对人。

2. 职务代理行为与委托代理、代表行为

职务代理是指代理人根据其在法人或者非法人组织中所担任职务，依据其职权对外实施民事法律行为的代理。它不同于一般的委托代理，因为职务代理行为的代理人是工作人员，受到劳动法律关系约束，且具有一定的稳定性、持续性。职务代理也不同于代表行为，代表行为是指法人的董事或其他代表机关对外依法行使民事权利和承担民事义务，代表人的行为即是法人的行为。

3. 项目经理与实际施工人身份重合

具体到建工领域，经常行使职务代理行为的人是项目经理。建筑施工企业项目经理，是指取得建造师资格证书（前称项目经理资质证书）、受聘并注册于一个建筑公司，受该建筑公司法定代表人委托对工程项目施工过程全面负责的项目管理者，是建筑施工企业法定代表人在工程项目上的代表人。实践中，必然存在实际施工人是总承包人备案的项目经理的情形，此时，两者身份重合，具有更强的隐蔽性。

此种情形下，总承包人需要承担付款责任的风险更高。因为根据《建筑施工企业项目经理资质管理办法》的相关规定，项目经理具有以下主要职权：(1)组织项目管理班子；(2)以企业法定代表人的代表身份处理与所承担的工程项目有关的外部关系，受委托签署有关合同；(3)指挥工程项目建设的生产经营活动，调配并管理进入工程项目的人力、资金、物资、机械设备等生产要素；(4)选择施工作业队伍；(5)进行合理的经济分配；(6)企业法定代表人授予的其他管理权力。可见，作为备案在册的项目经理，其在工程项目上具有人、财、物等方面全方位的管理权限。故，若实际施工人兼具项目经理身份的，其以总承包人的名义对外签订商事合同的行为（包括买卖合同、租赁合同等），属于职务行为，其行为的法律后果应对总承包人具有约束力，由总承包人对外承担民事责任。

（三）实际施工人“无权代理”情形下总承包人的责任承担

随着建筑行业行政主管部门的监管力度不断加强，总承包人备案的项目经理等人员，必须符合法律规定，持有相关从业资格证书，而实际施工人的身份可能在该建设工程备案资料上从未体现，或者仅仅是以联系人等形式出现，有的出现在办公室张贴的人事信息中。此种情形下，实际施工人无总承包人的合法授权，以总承包人（含项目部）的名义对外与合同向对方签订买卖合同、租赁合同的行为，是否对总承包人有约束力通常取决于其是否构成表见代理。

1. 表见代理

根据《民法典》第一百七十二条的规定：行为人没有代理权、超越代理权或者代理权终止后，仍然实施代理行为，相对人有理由相信行为人有代理权的，代理行为有效。因此，若实际施工人的行为能被认定为表见代理，该合同仍然对总承包人发生约束力。

2. 实际施工人构成表见代理的要件

（1）实际施工人形式上没有总承包人的代理权限，没有授权委托书亦没有任何书面形式予以直接证明，但实际施工人以总承包人（含项目部）的名义对外与供应商、出租人签订买卖合同、租赁合同。

（2）签订合同之时具有使合同相对人相信实际施工人具有代理权的事实或理由。

合同相对人并不会听信实际施工人一面之词，其有理由相信实际施工人具有代理权，必然是基于实际施工人的行为与权利外观与总承包人具有一定的牵连性，即总承包人具有一定的过错。总承包人将其总承包的工程无论以何种方式交由实际施工人，也是由实际施工人对施工现场进行施工管理，在总承包人总包的工地上，接收和使用建材、周材、租赁物。

司法实践中会从以下证据角度出发，来综合认定“足以使合同相对人有理由相信”：在总承包合同中实际施工人的身份信息，是否有其他由总承包人盖章确认的身份证明文件、签证单等；该实际施工人是否与总承包人有过几次或多次合作项目，有过其他建设工程的代理权；信息公示牌中列明的实际施工人的身份信息，是否存在总承包人知道实际施工人的无权代理行为而不表示反对；有代付款或者代收增值税专用发票等行为;以及是否有其他足以使合同相对人产生合理信赖的身份证据。

需要注意的是,总承包人的授权表象必须是在签订合同时就具备,合同履行过程中及履行完成后取得的授权表象不能构成表见代理。实践中,主张构成表见代理一方会拿出建设工程总承包合同或者实际施工人签字的其他工程资料证明授权表象。因此对于这些资料的取得时间的查明就至关重要,只有签订合同时或之前取得的,才需要去审查是否构成授权表象。

(3)合同相对人善意且无过失地尽到了对实际施工人有无代理权的合理注意义务。

判断供应商、出租人主观上是否属于善意且无过失时,应当结合代理原则、经验法则以及建工领域的具体情况,综合判断合同相对人是否尽到合理注意义务。对合同相对人主观上是否善意无过失的认定,应采取客观认知标准,包括知道或者根据市场规则、生活常识可以推定的应当知道。原则上不认可因个体认知能力不同影响的判断结果的差异性。

(4)实际施工人与材料商、出租人签订的合同应具备合同有效的一般条件,即不具有无效和可撤销的内容。

通常,实际施工人与材料商、出租人基于真实意思表示,在不违反法律、行政法规的强制性规定,不违背公序良俗的情形下,签订的合同即属于有效的合同。

根据《民法典》相关规定,无效的情形主要包括:①行为人与相对人以虚假的意思表示实施的民事法律行为;②违反法律、行政法规的强制性规定的民事法律行为;③违背公序良俗的民事法律行为;④行为人与相对人恶意串通,损害他人合法权益的民事法律行为。

可撤销的情形主要包括:①基于重大误解实施的民事法律行为;②一方以欺诈手段,使对方在违背真实意思的情况下实施的民事法律行为;③第三人实施欺诈行为,使一方在违背真实意思的情形下实施的民事法律行为,对方知道或者应当知道该欺诈行为的;④一方或者第三人以胁迫手段,使对方在违背真实意思的情况下实施的民事法律行为;⑤一方利用对方处于危困状态、缺乏判断能力等情形,致使民事法律行为成立时显失公平的。

典型案例 6.2.2

陈某与江苏某建设公司某分公司、江苏某建设公司、钮某买卖合同纠纷案①

案例要点：实际施工人无总承包人授权，其在与供应商签订买卖合同时，没有足以使供应商相信其有权代理总承包人的事实和理由，且出卖方在签约和履约过错中均有过失，故实际施工人的行为不构成表见代理，其拖欠供应商的货款应由实际施工人承担付款责任，总承包人不承担付款责任。

案情介绍

2010 年 9 月 28 日，江苏某建设公司与某房产公司就体育城工程签订了一份建设工程施工合同，实际施工人为江苏某建设公司某分公司。江苏某建设公司某分公司将工程的土建部分转包给青原公司，青原公司实际承包人赵某又将部分工程转包给钮某。

2011 年 3 月 27 日，钮某以江苏某建设公司名义与陈某经营的某经营部签订买卖合同，约定由某经营部向江苏某建设公司承建的体育城工程工地供应木方、模板等材料，合同尾部需方及保证人栏均为钮某个人签字确认，江苏某建设公司未加盖印章。陈某按约履行供货义务后，江苏某建设公司及某分公司尚欠货款未结清。陈某遂诉至法院，要求江苏某建设公司、某分公司归还欠款，钮某承担担保责任。陈某提交了其在施工工地钮某办公室所拍摄的显示钮某为工程质量领导小组及安全领导小组成员的铭牌照片、工程项目部向钮某施工队所发的要求确保在规定的时间节点完成工程进度的通知等证据，主张江苏某建设公司、某分公司应承担买卖合同的付款义务。

钮某对于欠款的事实予以认可，但认为该款系其个人所欠，与江苏某建设公司、某分公司无关；且其订立合同时即向陈某明示系其个人购买建材，并已支付货款 8.5 万元；所购建材绝大部分用于体育城施工工地。

① (2011)锡滨商初字第 0197 号。

一审认为,钮某的行为构成表见代理。首先,钮某系以江苏某建设公司的名义与陈某签订合同,且钮某同时作为需方代表及担保方在该合同中签字,如果确如钮某所言其在签署合同时已告知陈某签订合同、收货、付款均是其个人行为,则钮某没有必要以江苏某建设公司的名义与陈某签订合同,更没有必要同时作为需方代表及担保方在合同上签字,其为自身提供担保不合逻辑。其次,体育城项目部向钮某施工队所发通知中,对钮某施工队的具体施工进度提出要求,说明体育城项目部直接对钮某的施工队进行了管理、监督。再次,陈某在涉案合同订立及履行过程中对某分公司已将土建部分工程转包给青原公司的事实并不知情。最后,陈某签署买卖合同以及供货均在涉案工程施工期间,钮某亦确认上述建材已实际用至涉案工程,鉴于该工程系由江苏某建设公司中标,某分公司具体施工,陈某有理由相信钮某代表江苏某建设公司。陈某举证了施工工地上钮某办公室内的铭牌照片以及体育城项目部向钮某出具的通知,可以视为已经尽到合理的注意义务。

江苏某建设公司、某分公司不服一审判决,提起上诉。二审法院认为,钮某的行为构成表见代理,判决驳回上诉,维持原判。江苏某建设公司、某分公司不服二审判决,向本院申请再审。本院经复查,指令江苏省无锡市中级人民法院再审本案。

江苏省高院审判委员会第 19 次会议讨论了本案,就该案中当事人钮某的行为是否构成表见代理问题形成意见:

钮某的行为是无权代理行为。本案中,虽然买卖合同的需方填写的是江苏某建设公司,但最终签字确认的是钮某个人,江苏某建设公司并未签章;签约时钮某亦未向陈某出示其代表江苏某建设公司或受江苏某建设公司委托订立买卖合同的授权委托书。因此,钮某以江苏某建设公司的名义与陈某签订买卖合同的行为是无权代理行为。

钮某与陈某签订合同时,不具有足以使陈某相信其有权代理江苏某建设公司的事实和理由。陈某主张钮某代表江苏某建设公司的主要证据是,体育城项目部向钮某施工队所发的通知、函告以及陈某称其在钮某办公室所拍摄的铭牌照片(江苏某建设公司对照片的真实性不予认可)。通知及铭牌照片等证据仅能表明钮某的身份是“钮某施工队”负责人和工程项目质量领导小组及安全领导小组的成员，并不具有代表江苏某建设公司对外购买建材的权限，且上述通知及照片均系陈某于合同订立之后的供货期间取得。因此，没有证据证明陈某在订立合同时相信钮某有权代表江苏某建设公司。

陈某具有过失。陈某在与钮某签订合同时，既不审查核实钮某身份及有无代理权，又不要求江苏某建设公司在合同上加盖印章；在合同履行过程中，也未要求江苏某建设公司予以确认或追认，具有明显过错。

综上，钮某的行为不符合表见代理构成要件，不构成表见代理。

点评分析：该案例对于表见代理的构成要件，做了进一步的实质性解读，江苏省高院的相关意见对于处理同类型案件有着重要的指导意义。在无权代理中，债权人主张实际施工人的行为构成表见代理的，其应就“足以相信其有权代理江苏某建设公司的事实和理由”进行充分举证，且法院应就其主观是否善意无过失进行审查。

3. 构成表见代理的举证责任

从总承包人角度，其抗辩实际施工人属于无权代理，应对此承担举证责任；比如，实际施工人不是本单位工作人员、合同公章系盗用或私刻，或者实际施工人违反本单位关于授权限制的明确规定等。总承包人亦应抗辩合同相对人不属于善意且无过失，就合同相对人是否为恶意或在缔约过程中是否存在重大过失进行举证。比如，合同相对人明知实际施工人没有代理权限的，未有任何公章等代表本单位的客观证据等。

从合同相对人角度，合同相对人承担证明信赖实际施工人有代理权且该信赖是有理由的举证责任。这里的“有理由相信”是指合同相对人善意且无过失地相信实际施工人有代理权，即合同相对人在不知道实际施工人无代理权方面不存在疏忽或懈怠，并为此承担举证责任。比如，实际施工人所持公章、介绍信、其他与涉工程相关的合同书系真实的，或者行为人确实做过被代理人的代理人，总承包人有付款行为、有用其提供的增值税发票进行税务抵扣行为等。

举证是递进的、交叉进行的过程，需根据具体情况综合判断。

（四）总承包人承担连带付款责任

根据《民事诉讼法司法解释》第五十四条的规定，以挂靠形式从事民事活动，当事人请求由挂靠人和被挂靠人依法承担民事责任的，该挂靠人和被挂靠人为共同诉讼人。这是此类案件在诉讼中的程序性规定，但该司法解释并不是因挂靠行为由被挂靠人承担连带责任的法律规定。经庭审查明，或者是总承包人作为合同相对方承担付款责任；或者是实际施工人作为合同相对方承担付款责任；或者是实际施工人构成有权代理、职务行为或表见代理时，相关付款责任由总承包人承担，此时的实际施工人不承担责任。

但是，也有司法观点认为：挂靠为总承包人授权实际施工人以自己的名义对外进行工程建设，那么实际施工人以总承包人名义订立合同，可以理解为总承包人同意借名下构成的，进而该行为被认定为有权代理或者总承包人是基于其违法行为承担连带付款责任。

总体而言，在总承包人转包、非法分包、挂靠的情形下，我国现行法律法规中没有关于要求总承包人基于该行政违法行为承担连带责任作出的明确成文规定。故而，各方无合同另行约定的，总承包人承担的是付款责任，而非连带付款责任。

（五）供应商、出租人若明知总承包人与实际施工人之间是非法转包、违法分包、挂靠关系情形下的总承包人责任承担

首先，在总承包人对买卖合同、租赁合同予以确认的情形下，供应商、出租人是否明知“总承包人与实际施工人之间是非法转包、违法分包、挂靠的关系”，对总承包人的责任认定并无二样。

在没有总承包人盖章确认或者明确授权的情形下，若供应商、出租人明知总承包人与实际施工人之间存在非法转包、违法分包、挂靠的关系，比如前文案例，供应商明知实际施工人是挂靠总承包人施工的，二者存在长期合作，同时为实际施工人承接的工地供应钢材，此时，应认定为其明知合同相对方是实际施工人，也就是说双方合意在此。若转到表见代理的构成要件部分，供应商就不属于善意且无过失。故而，实际施工人不构成表见代理，总承包人不需要承担付款责任。

在实践中，总承包人以供应商或出租人对于实际施工人的身份“明知”提出抗辩的，须对此承担举证责任，实际上该举证是较难实现的。

（六）部分省市意见

各省市为了统一本省市法院的裁判尺度，规范建筑市场秩序，兼顾善意相对人和建筑单位的合法利益，对于此内容的相关规定散见于各地司法解释。有的地方法院甚至专门就此出具相关解答意见，由此可见，此类纠纷数量之庞大。

《江苏高院2010指南》"关于项目经理"部分，就项目经理的职责权限、项目经理行为的对外、对内法律责任给出指引；江苏南通中院于就关于建设工程实际施工人对外从事商事行为引发纠纷责任认定问题发布专门的指导意见，苏州市中院关于涉建工程中项目经理等对外从事买卖、租赁合同等民事行为的责任认定给出意见。

福建高院认为：挂靠人以自己的名义将工程转包或者与材料设备供应商签订购销合同，实际施工人或者材料设备供应商起诉要求被挂靠单位承担合同责任的，不予支持；挂靠人以被挂靠单位的名义将工程转包或者与材料设备供应商签订购销合同的，一般应由被挂靠单位承担合同责任，但实际施工人或者材料设备供应商签订合同时明知挂靠的事实，并起诉要求挂靠人承担合同责任的，由挂靠人承担责任。

河北高院认为：挂靠人以自己名义与材料设备供应商签订买卖合同，材料设备供应商起诉要求被挂靠单位承担合同责任的，不予支持。挂靠人以被挂靠单位名义签订合同，一般应由被挂靠单位和挂靠人共同承担责任，但材料设备供应商签订合同时明知挂靠的事实，并起诉要求被挂靠人承担合同责任的，人民法院不予支持。

总结：对此各省市司法意见并不相同，相对来说，是否构成表见代理是处理此类案件的主要争议焦点，若构成表见代理，则可归责于总承包人。

三、风险防范

总承包人由于不是案涉相关买卖合同、租赁合同的实际相对人，故其对于相关合同的签订、履行可能知之甚少，有的甚至"以包代管"；一旦发生纠纷，总承包人除了抗辩称案涉工程已经分包、发包给了某某，其不是合同相对方，不应承担付款责任；在判决承担付款责任后，总承包人即会在实际施工人处扣除工程款或者向实际施工人追偿。但是能否实际扣除工程款，追偿后执行能否实现等都是风险，甚至当实际施工人与供应商、出租人恶意串通的等，还会导致总承包人利益受损。

1. 要求实际施工人将承接工程需要签订的相关买卖合同、租赁合同及时报备，对合同内容进行审核，并根据总承包人的内部管理需要，以确定合同签订主体，是否予以盖章，这样可避免不签合同却因为盖章行为而直接承担付款责任。

2. 任何加盖总承包人公章的行为必须符合总承包人内部管理的规定要求，就项目部公章、技术章、资料专用章等的使用范围予以明确，避免因为使用此类公章构成表见代理。

3. 加强项目部现场管理，根据总承包人内部管理的需要，对买卖合同中的送货单、接收人员、验收人员等进行有效管理，对租赁合同中的进退场时间、数量、接收人员、验收人员等进行有效管理，按月或按工程进度对其进行应付款、已付款审查，监督其付款情况。这样不仅可以把握工程款的放发，还可以避免实际施工人长期拖欠材料费、租赁费累计的风险，避免实际施工人与总承包人恶意串通导致实际施工人多付款；也能避免若累计诉讼，债权人只起诉总承包人的情形下，相关债权债务无处查证的风险。

4. 发现实际施工人长期拖欠供应商、出租人材料费、租赁费的，应督促其及时付款，避免实际施工人挪作他用，也避免由此产生的违约责任，如高额利息、诉讼费、保全费、律师费等相关费用。

5. 在内部承包等相关协议中与实际施工人就因为实际施工人与供应商、出租人原因导致任何垫资的行为，除直接在发包人来款中予以扣除外，还应视情况约定违约责任。避免因为实际施工人拖欠材料款、租赁费等产生诉讼，导致总承包人账户被冻结的风险，尤其是在年底需要大量资金周转时。

6. 由于材料款、租赁费相关纠纷的出现具有滞后性，有的甚至工程已经竣工验收交付使用了，此时总承包人不仅面临承担付款责任后无法追偿的风险，还面临一系列其他类似的风险，故而对此风险必须防范。

7. 对于只起诉总承包人的诉讼，对此存在争议的，应申请追加实际施工人为被告或第三人，便于法院查清事实，也便于与实际施工人确认好相关合同的履行情况、结算情况，以便总承包人承担付款责任后，能够及时向实际施工人追偿。

8. 收集材料供应商、出租人明知实际施工人挂靠总承包人的证据。

四、操作指南

一个严谨的总承包人在实际操作过程中也会严格通过行政、财务部门把控实际施工人对外签订的各种经济合同，控制好付款流程，避免因为实际施工人在施工过程中发生的各类民事纠纷（买卖、租赁合同等）。

1. 建立健全实际施工人对外签订买卖合同、租赁合同等民商事合同的相关制度，要求实际施工人将与签订、履行、结算、终止有关的包括合同（含补充协议等）、送货单、结算单、发票、付款申请等资料，定期上报至总承包人处。

2. 在与实际施工人的内部承包相关协议中明确约定由总承包人代付款，且要求相对方出具等额合法发票。

3. 在与实际施工人的内部承包相关协议中明确约定定期审核相关买卖合同、租赁合同的履约情况、付款情况。

4. 要求实际施工人签署相关结算书或欠款，作为债务加入，就拖欠的材料款、租赁费承担连带清偿责任。

5. 根据实际施工人提供的与承建工程相关的买卖合同、租赁合同等，要求供应商、出租人每次收款后 出具收款证明、最终结算前提供结算清单（含送货单/进退场单等）、最终结算付款后出具《结清确认书》;《结清确认书》载明:“经确认，××公司就××工程上涉及的所有应付款项均已全部结清，本人/本公司确认不再向总承包人或其他任何第三方主张该工程相关应付款项，本人/本公司确认就该工程无其他可主张权益或纠纷。”

第三节　对外拖欠分包工程款的风险识别与防范

一般而言，实际施工人的履约能力低于总承包人，建设工程耗资巨大，仅靠实际施工人自身是较难完成的。实际施工人自接到承建工程起开始着手施工内容的安排，根据不同的施工内容对外进行分包，组织下游分包人协作施工。一旦实际施工人拖欠下游分包人工程款时,下游分包人必然会寻找责任承担主体。本书上节讨论了买卖合同和租赁合同,本节继续讨论分包合同。

司法实践中,商事合同更强调合同相对性,然而建设工程分包合同纠纷却经常有法院允许突破合同相对性,判决非合同相对方的总承包人承担付款责任;要么,依据允许挂靠等过错,要么基于《建设工程司法解释(一)》第四十三条的规定"实际施工人以发包人为被告主张权利的,人民法院应当追加转包人或者违法分包人为本案第三人,在查明发包人欠付转包人或者违法分包人建设工程价款的数额后,判决发包人在欠付建设工程价款范围内对实际施工人承担责任",要求总承包人承担付款责任,连带付款责任,或者是在欠付工程款范围内承担连带责任。

一、风险识别

(一)实际施工人以自己名义,或者虽然以总承包人名义但未盖总承包人公章或者未经总承包人依法授权,与下游分包人签订书面建设工程分包合同,拖欠下游分包人工程款的,通常基于合同相对性由实际施工人承担付款责任,总承包人不承担付款责任

实际施工人以自己名义与下游分包人就从总承包人处承包的工程签订相关分包合同,此种情形下,即使分包合同无效,权利义务仍只发生在合同双方,即实际施工人与分包人,不涉及无合同关系的总承包人。

实际施工人以总承包人项目部名义与下游分包人就总承包人承包的工程签订相关分包合同,没有加盖总承包人公章且未经总承包人授权,有司法观点认为:实际施工人签字行为应视为个人行为,即使存在总承包人向下游分包人付款的事实,也应根据合同相对性,只由实际施工人参照分包合同约定,承担付款责任;总承包人不承担付款责任。

如在杭州市中级人民法院审理的骆某与李某建设工程分包合同纠纷案[1]中,法院认为,根据合同相对性原则,工程款的支付主体应当是建设工程施工合同的相对方。然而实践中,由于总承包人以包代管,疏于管理,导致公章、项目部章管

① (2020)浙01民终4696号。

理混乱，或者实际施工人以委托代理人身份在多处合同中出现等，亦会使得其具有代理权表象，最终法院可能判决总承包人承担相应责任。

（二）实际施工人以总承包人名义与下游分包人签订书面建设工程分包合同且有盖章或项目部章等的，拖欠下游分包人工程款时，会由总承包人承担对应付款责任

此时，实际施工人基于有权代理，分包合同关系发生于总承包人与下游分包人之间，总承包人需要对欠付的工程款承担付款责任。

（三）总承包人与下游分包人之间不存在合同关系，但因为总承包人存在转包、违法分包的情形，在实际施工人拖欠下游分包人工程款时，总承包人可能承担付款责任或者连带付款责任，即使总承包人已经付清了所有工程款

总承包人将承建工程转包、违法分包后，实际施工人再行分包后拖欠下游分包人工程款的，下游分包人起诉无合同关系的总承包人承担责任，或者起诉实际施工人并要求总承包人承担连带付款责任的，有司法观点认为总承包人应在欠付工程款范围内承担连带责任。

如在南京市六合区人民法院审理的龚某与江苏某建筑公司、刘某、南京某置业有限公司建设工程分包合同纠纷案①中，一审法院认为：江苏某建筑公司将涉案工程转包给没有施工资质的刘某，刘某又将其中的水电工程分包给同样没有施工资质的龚某，各方之间形成的建设工程施工合同关系均属无效。合同虽然无效，但涉案工程已竣工验收合格并交付使用，龚某作为实际施工人有权要求刘某向其支付相应工程款。江苏某建筑公司将涉案工程非法转包给刘某，依法应对刘某的上述工程欠款承担连带责任。但根据江苏某建筑公司举证证明向刘某已付工程款的情况，可以相应免除其给付义务，故江苏某建筑公司应在欠付刘某工程款 242 969. 43 元的范围内对涉案工程欠款向龚某承担连带责任。

---

① （2017）苏 0116 民初 8646 号。

一审法院认可下游分包人的“实际施工人”身份，总承包人对于下游分包人来说，亦是“发包人”，故判决其在欠付工程款范围内承担连带责任。

另外，也有司法观点认为，不以总承包人有无与实际施工人之间完成结算为前提，判决由总承包人承担连带责任。如在北京市第一中级人民法院审理的重庆某建筑公司与孙某、北京某装饰公司劳务合同纠纷案[①]中，一审法院认为：重庆某建筑公司在承包涉案工程后，未经发包人同意，将工程分包给不具备装饰资质的北京某装饰公司，重庆某建筑公司的行为属违法分包，重庆某建筑公司提供的证据不足以证明其已向何某公司足额支付了工程价款。综上，法院认为重庆某建筑公司应对何某公司所欠孙某 48 万元劳务费承担连带给付责任。二审法院认为：重庆某建筑公司分别与建投甲公司、建投乙公司及案外人建银实业公司签订《合同协议书》承包涉案工程，但重庆某建筑公司未经发包人同意，将其承包的工程分包给不具备施工资质的何某公司属违法分包。故重庆某建筑公司无论是否与何某公司结算完毕，均应当对何某公司欠付孙某的劳务费承担连带责任。

虽然一审、二审都支持了连带责任，但两者说理部分并不相同，总承包人需要引起重视。案例中，由于实际施工人并未到庭，由于其未与下游分包人签订书面合同，故而，对于实际施工人找到下游分包人的时候，是以谁的名义无法查清，对于下游分包人是否知晓挂靠事实亦无法查清；因为若认定明知挂靠事实，根据当地的审判观点是“由挂靠者承担责任，被挂靠者承担补充的民事责任”。对此，该举证责任分配给了实际施工人或者承包人。但重庆某建筑公司作为总承包人，几乎无法对此予以举证。二审法院正是考虑了这点，所以才认为欠付不是前提，承包人均应对实际施工人的工程欠款承担连带责任。

还有司法观点认为总承包人将承建工程进行转包，实际施工人再分包后拖欠下游分包人工程款的，总承包人不承担责任。

---

① (2020)京01民终708号。

典型案例6.3.1

湖北某建筑公司与左某、冯某、成都某置业公司建设工程分包合同纠纷案[①]

案例要点：总承包人将承建工程进行转包，实际施工人再分包后拖欠下游分包人工程款的，下游分包人要求总承包人基于违法发包行为承担连带付款责任的，不予支持。

案情介绍

2012年11月28日，成都某置业公司与湖北某建筑公司就湖北某建筑公司承包国际花园城项目签订《建设工程施工合同》。

2013年2月1日，湖北某建筑公司与左某签订《建筑安装工程劳务分包合同》，将国际花园城项目26#楼建筑安装劳务工程分包给左某。后，冯某组织工人在左某分包的国际花园城项目26#楼进行涂料部分的劳务工作并实际完工。

2015年9月20日，左某就冯某所完成的工程出具结算单据载明：东立国际花园城项目26#楼内涂班组冯某完成涂料面积260 00m^2 ×22元 = 572 000元，减去借支220 000元，下欠350 000元。但截至目前，冯某尚有140 000元工程劳务款仍未收到。

冯某诉请：1. 请求判令左某向冯某支付欠付劳务报酬140 000元及利息；2. 请求判令湖北某建筑公司、成都某置业公司对上述左某的应付款项承担连带支付责任。

一审法院认为：《建设工程司法解释》第二十六条所规定的发包人，应当为建设工程的建设单位，不应扩大理解为转包人、违法下游分包人等中间环节的相对发包人。本案的建设工程建设方为成都某置业公司，湖北某建筑公司系该建设工程的总承包单位，故冯某依据《建设工程司法解释》第二十六条主张湖北某建筑公司应在欠付左某工程款的范围内向其承担连带支付责任的主张于法无据。

① （2020）川01民终12851号。

二审予以维持。

点评分析:本案法院观点十分明确,即对《建设工程司法解释》第二十六条不应做扩大解释,总承包人不因为其存在层层转包、分包行为,就变成发包人,进而适用该解释承担付款责任。

实际上本案最终结果为总承包人承担了付款责任,但是基于其在处理农民工工资问题时确认的《协调会议记录》载明:"如左某迟迟未能归案,湖北某建筑公司同意于2016年6月30日前,只对前期受理的十四个班组剩余欠款进行垫付",构成债的加入从而需承担共同清偿责任。故总承包人在处理农民工工资事宜时,不应就工程款予以直接确认,否则会被视为债务加入,构成承担责任的事实依据。

(四)总承包人与下游分包人之间不存在合同关系,因实际施工人挂靠总承包人经营,在实际施工人拖欠下游分包人工程款的情形下,下游分包人会诉请要求总承包人承担付款责任或者连带付款责任

首先,要排除一种情形,就是下游分包人在与实际施工人订立分包合同时,明知存在挂靠事实,比如下游分包人与实际施工人熟识,抑或通过其他途径了解到挂靠事实,此种情形下,有司法观点认为:下游分包人与实际施工人之间形成了合同成立的意思表示,应由实际施工人承担付款责任,如在合肥中院审理的某建设集团公司、合肥某公司与汪某建设工程分包合同纠纷案①中,一审法院认为:汪某的行为构成了表见代理,其代理行为的后果应由某建设集团公司承担;二审法院认为:关于下游分包人合肥某公司的合同相对方问题,首先,从合同签订方面看,案涉桥梁架设合同中甲方签字人为汪某,加盖某建设集团公司项目部印章,印章上同时刻有代签合同无效字样。根据某建设集团公司与枞阳某公司签订的《桥梁工程施工承包合同》可知,某建设集团公司将案涉桥梁工程承包给枞阳白湖公司,汪某为枞阳白湖公司的签字代表,故汪某并没有权利代表某建设集团公司签订合同。项目部印章上有代签合同无效字样,故项目部印章也不具有代表某建设集团公司签订合同的效力。从合肥某公司签订合同时的签字代表以

① (2019)皖01民终6079号。

及当时该公司负责人李某向一审法院陈述内容看,其知晓汪某和某建设集团公司之间的工程承包关系。其次,一审期间某建设集团公司提供的枞阳某公司、汪某委托付款材料上有李某的签字,且李某予以认可,故合肥某公司对于某建设集团公司的付款系接受委托付款亦应属明知。最后,因某建设集团公司已经将工程对外分包,不能仅凭其接受施工工程就推定其与实际施工人之间建立直接的合同关系。故,合肥某公司在本案中据以主张权利的桥梁架设合同是与汪某签订的,其合同相对方应为汪某。

然而在司法实践中,下游分包人并不会深究对接签合同的人的真实身份,实际施工人通常以总承包人名义对外再行分包,故而实际施工人与总承包人的关系通常具有隐蔽性。涉及诉讼时,总承包人很难证明承包单位的"明知"。若实际施工人挂靠总承包人后再行分包,导致拖欠工程款的,也有司法观点支持无合同关系的总承包人向下游分包人承担连带责任。

如在桂林中院审理的罗某与江苏某建设公司、南通某建设公司、桂林某房地产公司建设工程分包合同纠纷案①中,一审法院认为:根据《建设工程司法解释》第二十六条的规定:实际施工人以转包人、违法下游分包人为被告起诉的,人民法院应当依法受理。实际施工人以发包人为被告主张权利的,人民法院可以追加转包人或者违法下游分包人为本案当事人。发包人只在欠付工程价款范围内对实际施工人承担责任。本案中,桂林某房地产公司为桂林某江湾项目的发包方,江苏某建设公司为总承包方,南通某建设公司借用江苏某建设公司的名义进行施工,并将涉案项目交给罗某施工,且未提供证据表明罗某有相应资质,故罗某要求桂林某房地产公司、江苏某建设公司承担连带责任符合法律规定。

二、要点解析

对于总承包人存在转包、违法分包、挂靠情形下,下游发包人因实际施工人拖欠工程款诉至法院的,总承包人是否承担付款责任,承担责任的类型,各地司法审判实践意见不一。分包中构成表见代理和职务行为时总承包人是必须要承担责任的,此部分在上一节已经讨论,本节不再展开。

---

① (2020)桂03民终1542号。

（一）下游分包人主张与总承包人存在合同关系的情形下总承包人的责任承担

1.实际施工人以总承包人名义与下游分包人签订相关合同，加盖总承包人公章或者持有总承包人委托授权材料，此时，应认定总承包人与下游分包人之间存在分包合同关系，或者实际施工人的行为构成职务代理，其行为对总承包人具有法律效力，根据合同相对性总承包人应承担付款责任。此部分内容可参照上一节关于表见代理的相关解析。

2.实际施工人以总承包人名义与下游分包人签订的相关合同，但没有总承包人盖章或者持有总承包人委托授权相关材料的，应视具体情形处理。

（1）下游分包人若要求总承包人承担付款责任的，需由下游分包人证明实际施工人的行为构成表见代理。若被认定构成表见代理的，则实际施工人的行为亦对总承包人具有法律效力，总承包人应承担付款责任。此部分内容，参照上一节关于表见代理的相关解析。

但是，建设工程分包合同纠纷又不同于买卖合同、租赁合同纠纷，在其构成表见代理的情形下，总承包人承担的责任可能是直接付款责任（实际施工人不承担责任），也可能是与实际施工人承担连带付款责任，对此各省市的意见并不统一。

（2）下游分包人明知实际施工人挂靠的

由于下游分包人明知存在挂靠事实，即属于主观非善意且有过失，其对于合同实际的权利义务主体是明知的，此种情形下，实际施工人行为不构成表见代理。多数地方司法实践中认可此观点。例如，《绍兴中院意见（试行）》中第九点：关于转包、违法分包、借用资质的实际施工人行为与表见代理的认定。转包、违法分包、借用资质的实际施工人以建筑施工企业名义与合同相对人签订合同，合同相对人对代理表象应尽合理注意义务，实际施工人的行为构成表见代理的，由建筑施工企业承担责任。但合同相对人知道工程已转包、违法分包或者系出借资质的，应根据合同相对性原则确定责任人。

但也有例外规定，《北京高院解答》（2012）第20条规定，挂靠人承揽工程后，以被挂靠人名义将工程分包、转包给他人施工，施工人主张欠付工程款的，合同相对人如果对于挂靠事实不明知，由挂靠者与被挂靠者承担连带民事责任，如果合同相对人对于挂靠事实明知，首先由挂靠者承担责任，被挂靠者承担补充的民事责任。

（二）下游分包人与总承包人不存在合同关系，总承包人与实际施工人存在转包、违法分包情形下总承包人的责任承担

通常，此种情形下，判决总承包人承担责任，通常援引《建设工程司法解释（一）》第四十三条的规定，即“实际施工人以转包人、违法分包人为被告起诉的，人民法院应当依法受理。实际施工人以发包人为被告主张权利的，人民法院应当追加转包人或者违法分包人为本案第三人，在查明发包人欠付转包人或者违法分包人建设工程价款的数额后，判决发包人在欠付建设工程价款范围内对实际施工人承担责任”。

然而，2015 年《全国民事审判工作会议纪要》第七点关于建设工程施工合同纠纷案件第 50 条规定，对实际施工人向与其没有合同关系的转包人、分包人、总承包人、发包人提起的诉讼，要严格依照法律、司法解释的规定进行审查，不能随意扩大《建设工程司法解释》第二十六条第二款的适用范围，并且要严格根据相关司法解释规定明确发包人只在欠付工程价款范围内对实际施工人承担责任。但是，该意见并没有改变司法实践中对该条的执行的不统一状况。

1. 此条是否适用层层转包、违法分包的情形

通常，将“发包人”的理解为业主，但由于实际施工人在组织施工过程中，又进行转包、违法分包，对于下游分包人来说，此时的总承包人就处于一个类似发包人的地位，所以对该解释中发包人的准确认定，对于指导司法实践有着重要意义。

有司法观点认为：该条同样适用于层层转包、违法分包的情形，总承包人在此种情形下处在相当于发包人的地位，应认可其发包人身份，并在此类纠纷中，要求总承包人在欠付工程款范围内承担付款责任。

有司法观点认为：此处的发包人不应做扩大化解释，仅应认定为建设工程的业主，因此在此类纠纷中，不得要求总承包人承担责任。如《四川高院解答》第二点诉讼主体的确定第 13 条规定：……建设工程施工合同无效，实际施工人要求

未与其建立合同关系的转包人、违法分包人对工程欠款承担支付责任的，不予支持。

最高院负责人就《建设工程司法解释》答记者问中指出，《建设工程司法解释》第二十六条第二款的立法目的主要在于解决由农民工组成的实际施工人在与其有合同关系的相对人，因下落不明、破产、资信状况恶化等原因导致其缺乏支付能力，实际施工人又投诉无门的情况下，为实际施工人主张工程价款提供的特殊救济途径，即准许实际施工人突破合同相对性，提起以发包人、施工总承包人为被告的诉讼。可见，原则上不准许实际施工人提起以不具备合同关系的发包人为被告的诉讼；只有在实际施工人的合同相对人破产、下落不明等情况下，实际施工人不提起以发包人为被告的诉讼就难以保障权利实现时，才准许实际施工人提起以没有合同关系的发包人为被告的诉讼。但实践中，并没有司法机关特别强调此点，所以若认可总承包人的相对发包人身份，下游分包人仍可直接将总承包人列为被告要求其承担付款责任。

2. 此处发包人只在欠付工程价款范围内对实际施工人承担的责任类型

司法实践中存在三种观点，即直接付款责任、连带付款责任、补充责任。

直接付款责任，是作为合同相对方承担的一种责任，笔者认为，将总承包人责任认定为直接付款责任的，不符合该司法解释对于合同相对性的前提，故不予考虑。

多数法院观点支持连带付款责任，如《广东高院解答》中第 24 条："发包人只在欠付工程价款范围内对实际施工人承担责任"应定性为连带责任。将总承包人责任认定为连带责任，更有利于对实际施工人（此种情形下的下游分包人）的权利保护，尤其是在前手合同未结算的情形下，先确定其与合同相对方（实际施工人）的付款责任，后另案起诉相对发包人（如总承包人）在欠付工程价款范围内支付工程款。

但此处还得提及《北京高院解答》（2012）第 20 条规定，挂靠人承揽工程后，以被挂靠人名义将工程分包、转包给他人施工，施工人组织欠付工程款的，合同相对人如果对于挂靠事实不明知，由挂靠者与被挂靠者承担连带民事责任，如果合同相对人对于挂靠事实明知，首先由挂靠者承担责任，被挂靠者承担补充的民事责任。

（三）判决总承包人在工程款范围内承担付款责任时的举证责任

1.举证责任分配

作为总承包人，其向实际施工人付清工程款的，则无须承担付款责任。司法实践中，通常由总承包人证明其已与实际施工人之间完成了结算，并已付清工程款，或者是虽未完成结算，但是根据其与实际施工人的合同约定付清了工程款，不存在欠付情形。但也有部分法院在审理中，将此举证责任分配给下游分包人的情形，因为是下游分包人主张总承包人在欠付工程款范围内连带的，就应当由下游分包人负责举证，此时，若庭审中总承包人与实际施工人均已明确付清工程款的，下游分包人若不能举证的，则应承担举证不能的法律后果。

2.总承包人与实际施工人尚未进行结算，对于欠付范围尚不明确，不具备判决总承包人在具体金额范围内向下游分包人支付工程款的条件

实务中，总承包人与实际施工人就所涉工程的工程款也会发生争议，按照合同约定不能结算清楚等情形，总承包人与实际施工人在当前诉讼中尚无法明确欠付工程款的具体金额。此种情形下，有的法院会直接判决总承包人在欠付实际施工人工程款范围内承担付款责任。但笔者认为这样的司法判决不够严谨，也缺乏可操作性，可能会导致执行困难。

对此，《河北高院指南》第五点实际施工人的认定及权利行使问题中，第31条“实际施工人向与其没有合同关系的转包人、分包人、总承包人、发包人提起的诉讼，发包人与承包人就工程款问题尚未结算的，原则上仍应坚持合同相对性，由与实际施工人有合同关系的前手承包人给付工程款。如果发包人与承包人已就工程款进行结算或虽尚未结算，但欠款范围明确，可以确定发包人欠付承包人的工程款数额大于承包人欠付实际施工人的工程款数额，可以直接判决发包人对实际施工人在承包人欠付实际施工人的工程款数额范围内承担连带给付责任。欠付工程款范围明确是指判决中必须明确发包人承担连带责任的范围和数额，不能简单表述为发包人在欠付工程款范围内承担连带责任”。该司法观点明确了此时总承包人的付款责任为连带付款责任，实际施工人可以在前手结算后另行起诉总承包人。当然，这样的处理对于实际施工人而言，可能会面临结算造成的时间风险，进一步增加其诉讼成本。

（四）挂靠情形下，总承包人的责任承担

挂靠情形是被排除在现《建设工程司法解释（一）》第四十三条之外的，因为该条司法解释陈述的是“转包人或违法分包人”，没有将挂靠人包含在内。

实际施工人挂靠总承包人施工，再行分包给下游分包人后拖欠下游单位工程款的，判决总承包人需要承担连带付款责任并没有明确的法律依据。但是各省市的司法实践中不乏判决总承包人承担连带付款责任的案例。

浙江中院民一庭认为：挂靠人作为实际施工主体应当对自己的施工承担相应的法律后果，被挂靠人虽未直接参与工程施工，但允许他人以自己名义承揽施工，也应负担该施工行为产生的法律后果。因此，对下游分包人要求被挂靠人（总承包人）承担连带付款责任的，一般予以支持。

该观点是从挂靠本质进行的解析，是较为主流的司法观点。再如，《江苏高院意见》（2008）第二十五条也有类似规定：挂靠人以被挂靠人名义订立建设工程施工合同，因履行该合同产生的民事责任，挂靠人与被挂靠人承担连带责任。

三、风险防范

1. 总承包人应严格审核实际施工人的履约能力，实际施工人通常不具备独立施工的能力，其分包工程是必然。但是其是否以转包代分包或违法分包，总承包人若不能把握，则会导致下游分包人在实际施工人欠付工程款时，要求总承包人代为付款。故而，应要求实际施工人提交并审核实际施工人对外签订的分包合同，并与对应的下游分包人的负责人进行核实。

2. 根据总承包人的内部管理需要，以确定相关合同签订主体，是否予以盖章，这样可避免因为盖章行为而直接承担付款责任。也应视情形，向下游分包人披露总承包人与实际施工人之间的关系。

3. 任何加盖总承包人公章的行为必须符合总承包人内部管理的规定要求，就项目部公章、技术章、资料专用章等的使用范围予以明确，避免因为使用此类公章构成表见代理。

4. 加强项目部现场管理，根据总承包人内部管理的需要，对下游分包人的结算单、增改项签证、维修费用等予以掌握，严格进度款、工程款申报相关流程，把

控工程款的发放进度,可以避免实际施工人长期拖欠下游分包人工程款的风险,也可避免实际施工人与下游分包人恶意串通导致总承包人多付款。

5. 发现实际施工人长期拖欠下游分包人工程款的,应督促其及时付款,避免实际施工人将该款挪作他用,尤其是要警惕由此产生的农民工集体讨薪事件。

6. 在内部承包等相关协议中与实际施工人就因为实际施工人与下游分包人的合同导致任何垫资的行为,除直接在发包人来款中直接予以扣除外,还应视情况约定违约责任。避免因为实际施工人拖欠工程款产生诉讼导致总承包人账户被冻结的风险,尤其是在年底需要大量资金周转时。

7. 严格要求实际施工人按照总承包人的内部规定申报进度款,并做好相关资料存档,同时与实际施工人约定明确的进度款支付方式,以避免因未付清工程款,被要求在未付清范围内承担连带责任。

8. 由于工程款相关纠纷的出现具有滞后性,有的甚至工程已经竣工验收交付使用了,此时总承包人不仅面临承担付款责任后无法追偿的风险,还会面临一系列其他类似的风险,故而对此类应有防范。

四、操作指南

一个严谨的总承包人,在实际操作过程中,需要通过行政、财务部门严格把控实际施工人对外分包的情形,控制好付款流程,避免因为实际施工人在施工过程中因分包发生的纠纷。

1. 建立健全实际施工人对外发包的相关制度,要求实际施工人将与下游分包人的选择、签订、履行、结算、终止有关的包括合同(含补充协议等)、送货单、结算单、发票、付款申请等资料,要求定期上报至总承包人处。

2. 在与实际施工人的内部承包相关协议中明确约定由总承包人代付款,且要求相对方出具等额合法发票。

3. 在与实际施工人的内部承包相关协议中明确约定定期审核相关分包合同的履约情况、付款情况。

4. 要求实际施工人签署相关结算书或欠款,作为债务加入,就下游分包人的工程款承担连带清偿责任。

5. 根据实际施工人提供的与承建工程相关的分包合同等,要求下游分包人每次收款后出具收款证明、最终结算前提供结算清单、最终结算付款后出具《结清确认书》;《结清确认书》载明:“经确认,××公司就××工程上涉及的所有应付款项均已全部结清,本人/本公司确认不再向总承包人或其他任何第三方主张该工程相关应付款项,本人/本公司确认就该工程无其他可主张权益或纠纷。”

第四节　现场管理人员产生的风险识别与防范

根据住建部《资质管理规定和标准实施意见》第三十八条第三款“现场管理人员是指与企业依法签订1年以上劳动合同,由企业依法为其缴纳社会保险,并按规定取得省级住房城乡建设主管部门或有关部门颁发的相应岗位证书的人员,以及住房城乡建设部或国务院有关部门认可的行业协会颁发的相应岗位证书的人员”的规定,现场管理人员主要包括项目负责人、技术负责人、安全生产管理人员等施工管理人员。因本书讨论的是内部承包责任制下的风险识别与防范,故现场管理人员可以分为总承包人派驻在现场的管理人员和实际施工人安排的现场管理人员。本节主要分析实际施工人安排在现场的管理人员可能会对总承包人产生的风险。

现场管理人员可能会对总承包人产生的风险主要包括工资支付以及授权方面的风险。一方面,现场管理人员往往是由实际施工人安排在现场的,其工资也应当由实际施工人承担,如果现场管理人员没有与实际施工人签订合同,或者实际施工人借用总承包人的名义与管理人员签订合同,当实际施工人无法或不愿意支付现场管理人员工资时,总承包人就会面临需要支付管理人员工资的风险。另一方面,管理人员作为被授权的对象,如果其对外产生的行为被认定为职务行为,作为授权人的实际施工人应当受该行为约束,而总承包人是否需要承担责任也是总承包人需要探讨的。

一、风险识别

（一）若实际施工人未与管理人员签订合同，或直接以总承包人的名义与管理人员签订合同，或通过总承包人账户向管理人员支付工资，可能会被法院认定为总承包人与管理人员存在事实劳动关系，总承包人就会面临需支付管理人员工资的风险

实际施工人往往是不具备施工资质的个人或单位，其可能对相关债务没有清偿能力，当管理人员无法从实际施工人处取得工资时，就会转而向总承包人主张劳务报酬。因为总承包人是整个项目的承包方，虽然管理人员是实际施工人聘请的，但是管理人的外在表现仍然是为该项目提供劳务，其劳动成果也由该工程项目享有，因此管理人员向总承包人主张工程款有比较充分的依据。

典型案例 6.4.1

重庆某公司与石某追索劳动报酬纠纷案①

案例要点：总承包人将工程分包给不具有施工资质的单位后，该项目被个人违法承包的，管理人员作为项目部的负责人，其工作成果由总承包人享有，因此法院认定总承包人与管理人员之间存在劳动关系，总承包人应当支付管理人员劳动报酬。

案情介绍

2014 年 5 月，某酒店公司（合同中称“发包人”）与重庆某公司（合同中称“总承包人方”）签订《建设工程施工合同》，约定：某酒店公司将重庆某项目改造工程发包给重庆某公司施工，合同中明确约定了工程地点、内容、价款等。曹某作为重庆某公司的委托代表人在该合同落款处签字，并加盖了重庆某公司合同专用章。2014 年 5 月 4 日，石某开始在重庆某项目改造工程项目部工作，担任负责

---

① （2017）渝 0103 民初 5167 号。

人，项目部的其余人员由曹某和石某管理。2016 年 8 月下旬，重庆某项目改造工程停工。在此期间，石某未与重庆某公司或其他公司和个人办理任何进入或离开的书面手续。2016 年 9 月，石某与重庆某公司因工资发生争议申请劳动仲裁，要求重庆某公司支付工资并支付拖欠工资的经济补偿。2017 年 1 月，重庆市渝中区劳动人事争议仲裁委员会作出《仲裁裁决书》，认为石某与重庆某公司存在劳动关系。重庆某公司不服该仲裁裁决，起诉至法院，请求法院判决无须向被告石某支付 2016 年 1 月至 9 月的工资。

一审法院认为：本案的争议焦点为原、被告双方是否存在劳动关系。根据劳动和社会保障部《关于确立劳动关系有关事项的通知》（劳社部发〔2005〕12 号）第一条的规定，原、被告双方均符合劳动法律法规规定的主体资格，根据本案查明的事实，原告系重庆某项目改造工程的总承包方，被告于 2014 年 5 月 4 日开始在该工程项目部工作，提供的劳动成果归属原告，其亦接受原告该工程项目部的管理，原告及其项目部亦向被告支付工资，同时，被告作为原告该项目部的管理人员，还以单位负责人的名义在原告盖章的《安全管理机构人员名单》上签字，并以委托代理人的身份在原告盖章的《买卖合同》上签字，根据上述法律规定，原告与被告之间存在事实劳动关系。

至于原告诉称被告与某劳务公司存在劳动关系，或与曹某个人存在雇佣关系。庭审中，原告自认某劳务公司只有劳务资质，并无施工资质，且不清楚施工现场有无某劳务公司的标识和人员，也不清楚在工程的相关文件材料上有无某劳务公司的盖章，原告作为工程总承包人方，该陈述明显不符合常理。并且，原告自认曹某系该工程的实际管理人，而曹某作为原告的委托代理人在《建设工程施工合同》中签字，其在项目部通讯录中职务为公司分管副总经理，据此，曹某在该项目中代表的是原告，其行为后果应归属原告，而非其个人，其也未与被告签订过劳务合同。故原告举示的《建设工程分包合同》《工程承包合同》与本案查明的事实不符，原告的上述说法，本院依法不予采信。

判决原告重庆某公司在本判决生效后立即支付被告石某 2016 年 1 月至 9 月的工资 128 691 元。

点评分析：本案应注意以下几点：(1) 重庆某公司将工程分包给不具有施工资质，仅有劳务资质的单位，违反了法律规定。(2) 曹某虽然是实际施工人，但对外表现为项目部的管理人员、委托代理人，对外产生的行为属于职务行为，项目部受其行为的约束。(3)在无法查明石某到底是谁聘请的情况下，只能看石某接受谁的管理，由谁支付工资。石某作为项目部的第二负责人，接受项目部管理，由项目部直接支付工资。但项目部的成果都由总承包人享有，因此也就认定总承包人与石某之间存在劳动关系。

（二）在挂靠、转包、违法分包的情况下，即使法院认定管理人员与实际施工人之间存在着明确的劳动关系，如果实际施工人难以支付工资时，管理人员也可以向总承包人主张劳动报酬，要求总承包人与实际施工人承担连带付款责任

一般而言，若法院认定管理人员与实际施工人之间存在劳动关系，那么劳动报酬的支付主体就是实际施工人。但可能会存在实际施工人不愿意或者无力支付的情况，此时，管理人员就会选择向清偿能力更高的总承包人主张劳动报酬。

典型案例 6.4.2

刘某与周某、自贡某建筑公司劳务合同纠纷案①

案例要点：管理人员虽然未与实际施工人签订劳动合同，但法院综合各项证据后认定管理人员与实际施工人之间形成了事实劳务关系，因实际施工人挂靠总承包人，法院判决总承包人对实际施工人应当支付给管理人员的劳动报酬承担连带清偿责任。

案情介绍

2015 年 11 月 20 日，宜宾某公司（发包人）与自贡某建筑公司（承包人）签订中国西南机械装备贸易城机动车综合服务市场工程《施工合同》，由自贡某建筑公司承建中国西南机械装备贸易城机动车综合服务市场工程。同年 12 月 3 日，自贡某建筑公司（甲方）与周某（乙方）签订《工程项目内部承包责任合同》，将上

① （2019）川 1502 民初 3480 号。

述工程项目承包给周某施工，该工程项目经理部由周某等五人组成，并由周某任工程项目负责人。周某根据承包费用向自贡某建筑公司缴纳管理费1%。

2015年10月，被告周某聘请原告刘某到该项目工作，担任现场施工管理人。双方未签订书面协议。刘某的工资由周某通过银行转账到刘某账户。

因被告未付原告工资，原告诉至法院，请求法院支持原告的诉讼请求：1.判令被告周某支付原告工资。2.判令被告自贡某建筑公司对上述债务承担连带清偿责任。

法院认为：自贡某建筑公司承建案涉工程后与周某签订《工程项目内部承包责任合同》，将整个工程项目全部承包给周某施工，周某作为该工程的实际承包人聘请刘某作为工地的现场管理人员，双方虽然没有签订书面协议，但周某与刘某形成了事实劳务关系。原告依约为被告提供了劳务并代为垫付了工程款和材料款，有情况说明、结算单、收条等证据为证，被告虽辩解该情况说明系受胁迫出具的，但未提供任何证据予以证明，应承担相应的不利后果。故对原告诉请被告周某支付原告工资、标线款及材料款的请求，本院依法予以支持。

对原告要求被告自贡某建筑公司对周某上述债务承担连带清偿责任的诉讼请求，根据查明事实，周某与自贡某建筑公司签订的协议虽为《内部承包责任合同》，但周某根据工程总价款向自贡某建筑公司缴纳管理费，该项目也是由周某负责组织人员施工并对其进行管理的，因此双方实为挂靠关系。根据《民事诉讼法司法解释》第五十四条“以挂靠形式从事民事活动，当事人请求由挂靠人和被挂靠人依法承担民事责任的，该挂靠人和被挂靠人为共同诉讼人”之规定，自贡某建筑公司作为被挂靠人，应就周某对刘某的劳务费用承担连带清偿责任。

点评分析：本案是一起管理人员向实际施工人和总承包人索要劳动报酬的案例。关于管理人员与实际施工人之间的劳动关系问题，即使双方没有签订劳动合同，若存在管理人员提供劳务、实际施工人定期支付工资的行为，法院即可据此认定形成事实劳务关系。关于管理人员要求总承包人对劳动报酬承担连带责任的请求，即使总承包人与实际施工人签订的是内部承包合同，但双方在合同中明确约定了实际施工人应当向总承包人缴纳管理费，可认定本案名为内部承包，实为挂靠，总承包人作为被挂靠人，应当就挂靠人拖欠的劳动报酬承担连带责任。

但并非所有法院都支持总承包人对管理人员的劳务报酬承担连带责任，比如在杭州市中级人民法院审理的李某与某建设公司劳动争议案[①]中,法院认为:某建设公司与徐某之间就案涉工程系转包关系,徐某招用李某进入工地协助工作,工资报酬系徐某与李某商定,双方之前在其他工程中也有过合作,故李某应当知道徐某系案涉工程的实际施工人,亦应当知道系徐某聘用其从事工地管理工作而非公司聘用其工作。因此,徐某聘用李某的行为对公司不具有约束力。综上所述,李某与公司之间并不存在事实劳动关系。李某要求公司承担支付拖欠工资及补贴等用人单位责任,无事实和法律依据,法院不予支持。该司法观点认为,在转包的情形下,管理人员明知用人单位是谁却恶意向总承包人主张用人责任的,无法得到法院的支持。

(三)现场管理人员作为实际施工人聘请在工地的相关负责人,具有一定的管理职责,对外签订对账单、确认欠款、支付材料款等行为属于职务行为,实际施工人应当受管理人员职务行为的约束。在挂靠、转包、违法分包的情形下,总承包人可能需要对管理人员确认的对外债务承担责任

实际施工人聘请管理人员在工地负责相关事宜,授予其一定的权限,权限范围内的结算、确认已付款欠款等行为,都属于职务行为,实际施工人应当受到该职务行为约束。但总承包人是否受到管理人员职务行为的约束呢?除非管理人员有总承包人授权或其行为构成表见代理时,总承包人才需要对管理人员的职务行为负责。比如在南昌中院审理的某建设公司与宋某民间借贷纠纷案[②]中,实际施工人就是现场的管理人员,为了工程的顺利进行,其对外欠款用于涉案工程的,属于职务行为,作为授权方的总承包人应当承担还款责任。如果管理人员并没有总承包人的明确授权,只是在实际施工人的授权范围内进行的职务活动,总承包人可以其非合同相对人为由进行抗辩。再如在湖州市吴兴区法院审理的单某与陈某、浙江某建设公司承揽合同纠纷案[③]中,法院就采纳了总承包人的抗辩观点。但是,在挂靠、转包、违法分包的情况下,大多数法院会认定总承包人应当对实际施工人的债务承担连带责任。

---

① (2014)浙杭民终字第2365号。
② (2017)赣01民终2245号。
③ (2019)浙0502民初5194号。

典型案例6.4.3

周某与龙某建设工程施工合同纠纷案[①]

案例要点：管理人员对外结算属于职务行为，实际施工人受该结算行为的约束。在挂靠的情形下，总承包人应当对结算后的工程款承担连带责任。

案情介绍

2016年10月30日，某益公司作为甲方，任某作为乙方签订《建筑工程劳务承包合同》，该合同约定将甲方承包的邦东村民房建设工程转包给任某进行施工，周某在合同末尾的“甲方”后签字并加盖个人私章。2016年10月30日与2016年11月8日，龙某与任某分别签订《建筑工程劳务承包合同》和《劳务分包协议》，任某将从某益公司转包来的部分邦东民房建设工程分包给龙某进行施工。杨某作为某益公司代表人与龙某签订《工程合同》，约定龙某承包毡帽寨和邦东景颇寨卜都弄的民房工程，合同尾部加盖某益公司公章。2019年1月24日，任某、龙某、杨某三人对龙某所施工工程进行了结算。经查明，周某借用某益公司资质施工，双方系挂靠关系。杨某系周某雇佣的工地管理人员。现龙某向一审法院起诉要求周某、杨某、任某共同支付工程款778 315元及违约金50 000元；并且要求某益公司承担连带责任。

一审法院认为：本案中，龙某就涉案建房工程与任某及周某雇用的管理人员杨某进行了结算，在无证据推翻双方结算清单的情况下，双方均应当按照结算的金额依法履行各自的义务。对于周某，因上述两份合同指向的工程是周某转包给任某后，任某再转包给龙某的，且周某的管理人员杨某在结算单中对结算金额进行了签字确认，并与龙某达成了支付工程款的调解协议，鉴于此，周某应当按照调解协议的约定以及结算单中的金额与任某共同支付龙某工程款2 958 530元。龙某提交的关于杨某2等5户民房建设的《工程合同》由杨某代笔，并盖有某益公司的公章，而杨某系周某的管理人员，且周某系借用公司资质，因此，该合同应当视为系周某与龙某签订的合同，周某应当按照约定支付龙某工程款。

① (2020)云31民终325号。

二审法院认为：杨某系周某雇用的涉案工程的管理人员，其对案涉工程管理行为的后果应由周某承担。杨某向龙某出具《结算单》及在杨某2等5户农户民房建设的《工程合同》上作为某益公司代表人签名并加盖某益公司印章，其行为后果对周某、某益公司均具有法律约束力。周某向某益公司借用其公司资质承包案涉工程，双方系违法挂靠关系，均应对尚欠龙某的工程款承担连带支付责任。

点评分析：本案中周某借用某益公司的资质承接工程，属于违法挂靠，某益公司应当对周某关于案涉项目的债务承担连带责任。杨某作为周某聘请的管理人员，对外与龙某的结算属于职务行为，周某应当受该结算约束，某益公司也应当对此工程款承担连带责任。另外杨某作为某益公司的代表人与龙某签订合同并加盖某益公司公章，属于职务行为，对某益公司和周某均有约束力。

由承包人聘请的现场管理人员，其对涉案工程的管理行为均属于职务行为，后果应当由承包人承担。因此本案中，管理人员与他人的结算对承包人有约束力。并且如果管理人员持有项目部或者公司印章，对外签订合同的行为也属于职务行为，承包人应当受该合同的约束。承包人借用总承包人的资质，属于违法挂靠关系，总承包人应当对承包人债务承担连带责任。

二、要点解析

（一）总承包人与管理人员之间存在劳动关系的法律认定

关于实际施工人聘请的管理人员与总承包人之间是否存在劳动关系，主要有两种观点。① 一种观点认为，实际施工人与其雇用的管理人员之间应当认定为雇佣关系，而具有用工资格的总承包人与管理人员之间既不存在雇佣关系，也不存在劳动关系。理由是总承包人与管理人员并不存在劳动关系或雇佣关系的合意，如果简单地认定挂靠、转包、违法分包关系下总承包人与管理人员之间都存在劳动关系，那么反而利于实际施工人逃避责任。另一种观点则认为，出于对劳动者的保护，应当认定总承包人与管理人员之间存在劳动关系。

实际上，当实际施工人与管理人员之间没有签订书面劳动合同时，通常外在表现为总承包人与管理人员之间存在劳动关系。一般而言，法院认定双方当事

---

① 《对最高人民法院〈全国民事审判工作会议纪要〉第59条作出进一步释明的答复》。

人之间是否存在劳动关系，主要参照《关于劳动关系的通知》①。当双方当事人均符合法律法规规定的主体资格时，劳动者受用人单位的管理，从事的劳动属于用人单位业务，劳动成果由用人单位享有，用人单位向劳动者支付相应的劳动报酬，即使双方没有签订书面的劳动合同，也可以认定双方形成了事实劳动关系。

当管理人员的用人单位到底是实际施工人还是总承包人无法根据现有证据确认，上述法律规定难以适用时，有些法院认为，管理人员是项目部聘请的，接受项目部的管理，其劳动成果由项目部享有。但项目部并非一个独立的个体，是由总承包人成立的，项目部不具有合法的用人资格，其成果由总承包人享有，所以应当认定管理人员与总承包人之间存在劳动关系。有些法院参照最高人民法院《全国民事审判工作会议纪要（2011）》第五十九条"建设单位将工程发包给承包人，承包人又非法转包或者违法分包给实际施工人，实际施工人招用的劳动者请求确认与具有用工主体资格的发包人之间存在劳动关系的，不予支持"的规定，认定总承包人与管理人员不存在劳动关系，不需要支付劳动报酬。

（二）职务行为

管理人员对外产生的职务行为对实际施工人有约束力，此处不再赘述。那么管理人员对外的行为对总承包人来说是否属于职务行为呢？笔者认为可以借助实际施工人的行为对总承包人有无效力这一点来讨论。如果实际施工人以总承包人的名义对外实施了签订合同等商业行为，责任分配到底在实际施工人，还是总承包人，抑或由双方承担连带责任？应根据实际施工人是否构成表见代理来认定。如果善意的第三人有足够的理由相信实际施工人能够代表总承包人的，则应由总承包人承担责任。相应地，如果管理人员对外实施商业行为时，善意的第三人有足够的理由相信管理人员是代表总承包人进行商业行为的，那么总承包人应当对此承担责任，具体表现为管理人员持有总承包人的介绍信、委托书，或持有总承包人的印章等。

---

① 《关于劳动关系的通知》第一条规定："用人单位招用劳动者未订立书面劳动合同，但同时具备下列情形的，劳动关系成立：（一）用人单位和劳动者符合法律、法规规定的主体资格；（二）用人单位依法制定的各项劳动规章制度适用于劳动者，劳动者受用人单位的劳动管理，从事用人单位安排的有报酬的劳动；（三）劳动者提供的劳动是用人单位业务的组成部分。"

（三）总承包人对借款责任的承担

管理人员对外借款，总承包人是否需要承担还款义务？根据《江苏高院解答》，管理人员不具有对外借款的职权，如果以施工企业名义对外借款的，出借人原则上不得要求施工企业承担还款责任。只有在特定的情况下，施工企业才承担还款责任：出借人能够证明管理人员经过施工企业授权，或者款项进入施工企业账户，或者确实用于施工工程，其确实有理由相信管理人具有代理权的。也就是说，如果管理人员确实经过了总承包人授权，或者款项进入了总承包人账户，则总承包人需要对管理人员对外借款承担还款责任。

三、风险防范

（一）工资支付引起的风险

尽量避免实际施工人借用总承包人名义与管理人员签订合同，或者通过总承包人账户向管理人员支付工资，这容易引起误解，法院可能会据此认定总承包人与管理人员之间存在劳动关系。总承包人可以要求实际施工人提供与管理人员的劳动合同。

如果在挂靠的情形下，确实需要借用总承包人名义与管理人员签订劳动合同，可以要求管理人员出具承诺书，明确管理人员受实际施工人管理，由实际施工人授权。

建立内部追偿制度、工资保证金制度，在与实际施工人签订合同时，总承包人应当明确不存在垫付管理人员工资的情形，管理人员工资属于实际施工人内部的经营费用，与总承包人无关。如果发生总承包人代为支付劳动报酬的情况，总承包人有权向实际施工人追偿、扣除相应的工程款数额。

（二）授权的风险

管理人员作为工地现场的负责人、管理人，本身是经过实际施工人授权的，因此其对外签订合同、结算、确认欠款等行为均属于职务行为，对实际施工人均有法律约束力。一旦实际施工人无法支付，只要法院认定总承包人与实际施工人之间是挂靠、转包关系，总承包人就需要对实际施工人关于案涉项目的对外债务承担连带责任。

如果管理人员持有盖项目部或总承包人的单位章的空白授权委托书，则其对外行为可能被认定为经过项目部或总承包人授权，属于职务行为，项目部或总承包人需要对此承担相应的责任。

四、操作指南

1. 如确需通过总承包人账户向管理人员支付工资的，可在转账中备注“代付××工资”。

2. 总承包人与实际施工人之间的合同中可注明：“乙方（实际施工人）自行聘请的现场管理人员与甲方（总承包人）无关，不能代表甲方，未经甲方明确授权不得进行任何加重甲方义务的行为，包括但不限于对外结算、签订对账单、付款等。”

3. 要求实际施工人提供全部现场管理人员的名册和劳动合同，劳动合同中的甲方必须是实际施工人。

4. 要求管理人员签订《承诺书》：“本人担任××项目的现场管理人员，在××项目现场负责××工作，由××（实际施工人）聘请，接受××（实际施工人）管理，经××（实际施工人）授权。”并将承诺书原件交由总承包人。

5. 尽量避免在空白授权委托书上盖章，确需授权的，应明确注明授权范围：“兹授权××办理××项目××事宜，委托权限为××，委托时间为××××年××月××日至××××年××月××日。”

第五节 实际施工人对外借款产生的风险识别与防范

实际施工人在承建工程过程中，有可能签订的垫资协议，需要前期自行垫资开展工程建设，也有可能由于发包方未按协议进度付款，或总承包人在某些情况下扣款不付，导致实际施工人在资金不到位的情况下施工。如果实际施工人自有资金不足，其为了保障工期和项目进展，通常对外借款用于施工，借款往往也会以项目部的名义或以总承包人的名义进行。实践中,很多债权人也是基于实际工程项目的存在才会出借款项。

若在此情况下实际施工人未能按时还款,债权人出于实际施工人偿还能力的考量,通常会将实际施工人和总承包人,甚至仅将总承包人诉至法院。此时总承包人就会面临债务承担的风险。

甚至有些项目部、实际施工人对外借款时,打着项目建设的旗号,以工程建设的名目和总承包人的名义对外借款,但是实际借款的用途却与工程无关。这种情况下,债务责任承担的认定以及总承包人会面临的风险将在下文阐述。

一、风险识别

(一)出借人起诉总承包人,主张实际施工人的借款属于职务行为,要求总承包人承担付款责任

公司正式员工的职务借款行为一般争议不大,实务中有争议的是与公司没有劳动合同关系,也不是公司的员工,但出于其他种种原因与公司存在着千丝万缕的联系的人以公司名义对外借款,且出借人出示的证据能够证明其借款属于职务行为,有权代表公司。

典型案例 6.5.1

伟赫公司与韩某、姜某、伟赫分公司等民间借贷纠纷案[①]

案例要点:借款人郑某以挂靠的形式实际施工,依靠其实际施工人的身份以借用保证金的名义向出借人(债权人)借款 100 万元,借条上加盖了被挂靠人即总承包人伟赫分公司的公章,借款人提供了总承包人出具的授权委托书,足以证明借款人可以代表总承包人借款,法院最终判决总承包人承担连带还款责任。

---

① (2020)陕01民终15435号。

案情介绍

姜某经韩某介绍认识郑某，郑某挂靠伟赫分公司，借用其资质在外承包工程。2014 年 7 月，郑某以要缴纳其所承建的陕西美科专修学院公寓楼项目工程保证金为由向姜某借款，姜某以现金交付方式分两次向郑某交付款项 50 万元，共计 100 万元整，利息按月息 2% 计算。2014 年 8 月 18 日，郑某向姜某出具了借条，载明“今借到姜某现金借款壹佰万元整，借期叁个月（自 2014 年 8 月 18 日至 2014 年 11 月 17 日止），如到期无法归还，借款人有权处理郑某爱人名下位于××路××苑××号××单元××室房屋，相关责任由本人承担。借款人：郑某。担保人：韩某，”公司地址处加盖了该公司公章。2014 年 8 月 22 日，姜某与郑某及伟赫分公司再次就案涉借款签订《借款协议》，该协议载明“因甲方（郑某及伟赫分公司）实施陕西美科专修学院学生公寓工程资金周转困难，在担保人韩某的担保下，达成如下协议：一、乙方（姜某）愿从银行为甲方抵押贷款壹百万元整，甲方同意（已执行）；二、由担保人韩某经手，汇入甲方指定账号；三、贷款双方约定期限为三个月，2014 年 8 月 18 日至 2014 年 11 月 17 日止；四、利率乙方已扣除（三个月）；五、甲方须在约定期限一次性归还本金一百万元，否则，应一次性承担乙方三个月违约金，即 21 万元，直至还清为止……”（2018）陕 01 民终 1301 号民事判决书认定伟赫分公司于 2015 年 3 月 29 日出具授权委托书，授权郑某负责分公司生产经营活动，签署的相关文件分公司均予以认可并承担由此产生的全部法律和经济责任。

在此情况下，一审法院认可郑某实际施工人的身份，其先后出具的借条均加盖有伟赫分公司公章。因此判决伟赫公司承担连带还款责任，二审亦维持原判。

法院认为：在该案中，姜某提供了郑某及伟赫分公司出具的借条及借款协议，伟赫公司及伟赫分公司虽不认可但并无证据予以反驳。姜某提交的借条及借款协议虽然存在部分内容不一致，但是结合郑某出具给姜某的情况说明及授权委托书，可以说明姜某、郑某及伟赫分公司之间借款合同系双方真实、自愿的意思表示，内容合法，故依法认定该借款合同有效。关于本案所涉借款的还款责任人问题，本案中借条及借款协议的出具人系郑某及其所代表的伟赫分公司，而根据双方在庭审中所述，郑某系挂靠伟赫分公司，借用伟赫分公司的资质在外承揽工程并向伟赫分公司缴纳管理费，且郑某在 2015 年 5 月 6 日前一直持有伟赫分公司的公章，伟赫公司亦向其出具授权委托书，授权郑某负责分公司生产经营活动，对郑某签署的相关文件分公司均予以认可并承担由此产生的全部法律和经济责任。因此，一审法院认定郑某与伟赫分公司系挂靠关系，郑某系案涉借款的实际使用人，其将从姜某处所借款项投入其所实际承揽的工程，因此郑某应为本案还款责任人，伟赫分公司应就偿还借款向姜某承担连带责任，但因分公司不具有法人资格，其民事责任应由总公司承担，其还款责任应由其总公司即伟赫公司承担。

二审审理认为：根据姜某一审提供的证据，能证明郑某、伟赫分公司除向姜某出具有涉案借款收据及借条、借款协议外，在姜某索要涉案借款时，郑某、伟赫分公司将陕西美科专修学院与伟赫分公司的《施工协议书》及结算单交给姜某，给姜某出具情况说明及授权委托书，委托姜某向陕西美科专修学院索款。因此认定姜某与郑某、伟赫分公司之间存在借款关系具有合理性和有可信性。关于伟赫公司应否承担连带清偿责任，因本案双方对郑某挂靠伟赫分公司事实均无异议，伟赫公司及伟赫分公司二审承认郑某自2014年即持有伟赫分公司公章和财务专用章，涉案借条、借款协议、施工协议等上所加盖的是伟赫分公司的真实印章。故判决维持原判。

点评分析：该案中总承包人虽然对借款不予承认，但其并未提供相关证据予以证明，且实际施工人挂靠该单位系事实，总承包人对加盖的伟赫分公司公章及财务专用章的真实性也没有提出异议。再结合当时的情况说明及授权委托书，认定借款关系具有合理性和可信性，且该款项也实际用于案涉工程，故总承包人需要承担还款责任。

（二）出借人起诉总承包人，主张实际施工人的借款属于表见代理，要求总承包人承担付款责任

除有权代理的“职务行为”外，实践中常见的是实际施工人依据其项目工地施工的身份，再结合总承包人的名义来明示或者暗示其有“后台”，以展示自己的实力，让出借人相信自己有代理权，从而消除出借人的后顾之忧。实际上往往是假借总承包人名义达到自身借款的目的。

典型案例 6.5.2

安徽建工与成业公司分期付款买卖合同纠纷案[①]

案例要点：实际施工人以总承包人的名义对外借款，债权人即出借人需证明实际施工人具有代理权的外观，且其主观上对于代理权的存在具有善意且无过失信赖时，才可主张构成表见代理，要求总承包人承担还款责任。本案法院最终驳回了出借人对总承包人的全部诉讼请求。

案情介绍

安徽建工中标亳州市丁家坑综合改造房建工程，由李某担任该项目的实际施工人，以安徽建工丁家坑项目部的名义施工。成业公司为安徽建工丁家坑项目部向双隆公司购买钢材垫资共计1230.26万元，为此，李某代表买受人安徽建工丁家坑项目部向成业公司出具借条12份。成业公司向亳州中院起诉要求安徽建工支付尚未清偿的欠款及利息，一审法院支持了其诉请。安徽建工不服，向安徽高院提出上诉，认为一审认定构成表见代理错误，应驳回原告诉请。二审法院认为上诉理由成立，并依法改判，认定李某不构成表见代理，安徽建工不必承担还款责任。成业公司向最高院申请再审，主张李某系安徽建工项目部的实际施工人，其借款行为构成表见代理，应由安徽建工对欠款承担责任，最高院驳回其再审申请。

法院认为：本案的争议焦点之一是作为实际施工人的李某代表买受人安徽建工丁家坑项目部向成业公司出具借条的行为是否构成表见代理，安徽建工也就是建筑公司是否应对李某的行为承担责任。一审法院认为李某是案涉项目的实际施工人，有权代表安徽建工丁家坑项目部购买钢材，构成表见代理，应由安徽建工承担责任。二审、再审法院不同意上述观点，理由在于：

根据《最高人民法院印发〈关于当前形势下审理民商事合同纠纷案件若干问题的指导意见〉的通知》第十三条之规定，主张构成表见代理的合同相对人应当证明如下两方面内容：其一，存在外表授权，即存在有代理权授予的外观，代理行

① (2019)最高法民申687号，(2017)皖民终732号。

为外观上有相对人相信行为人有代理权的事实。其二,相对人对行为人有代理权形成了合理信赖。相对人对外表授权信赖是否合理,应当以是否有正当理由作为判断标准。

本案中,李某出具的案涉12份借条在出具时没有加盖印章,均系事后补盖,且该印章与安徽建工提交的项目部经备案使用的印章不一致,成业公司提供的证据不足以证明签订合同时,李某具有安徽建工授权表象的形式要素。此外,由于成业公司在签订合同时未审查李某授权,未要求安徽建工盖章,没有尽到注意义务,并非善意无过失。综上,李某以安徽建工丁家坑项目部的名义对外借款,不构成表见代理,安徽建工不承担还款责任。

审理中查明:关于成业公司再审申请时提交的安徽省高院(2017)皖民申486号民事裁定书能否认定李某系安徽建工项目实际施工人,李某与安徽建工是否存在内部承包关系的问题。成业公司再审主张安徽建工与李某签订有《工程项目承包协议书》,李某系安徽建工亳州市丁家坑综合改造房建工程项目部的实际施工人,安徽建工对其上述主张事实在另案中已自认,无须成业公司承担举证责任,且该事实也被(2017)皖民申486号民事裁定书认定。成业公司在原审中对其上述主张仅提交了一份《工程项目承包协议书》复印件,而该份协议书复印件系成业公司从一审法院审理另案中的复印件复印而来,并且是在一审法院2015年7月17日第二次开庭审理时才提交到法院的,由此可见,成业公司与李某在签订《钢材销售合同》时,并不知晓李某取得该《工程项目承包协议书》。《工程项目承包协议书》没有原件加以核对,且安徽建工在另案庭审陈述中否认与李某存在承包关系,也没有安徽建工关于李某系其公司项目实际施工人的自认。结合原审查明的成业公司于2014年12月23日起诉时提交的《钢材销售合同》复印件的乙方安徽建工丁家坑项目部处没有加盖印章,以及成业公司对如何识别李某实际施工人身份的陈述前后又不一致的事实,案中现有证据不能认定李某与安徽建工存在内部承包关系。

点评分析:该案一审法院认定形成表见代理,二审改判认为不构成表见代理,最高院再审驳回了原告成业公司的全部诉讼请求,关键在于债权人持有的实际施工人出具的借条,向建筑公司提起诉讼主张欠条上载明的款项,并不符合表见代理的构成要件,因此被驳回全部诉讼请求。

（三）出借人起诉实际施工人与总承包人，主张实际施工人的借款用于工程建设，要求总承包人承担连带付款责任

实务中，若出借人无法通过主张系职务行为或构成表见代理行为来达到要求总承包人承担还款的目的，则会辅以款项的支付方式、支付对象以及款项用途来进行权利主张，法官在案件审理中也会结合款项的实际用途作出综合分析，以维护各方当事人的合法权益。

典型案例6.5.3

朱某与湖北某公司民间借贷纠纷案[①]

案例要点：实际施工人借用企业资质承包工程期间因资金不足导致拖欠农民工工资，故向债权人借款。后债权人因实际施工人偿还不能，将总承包人与实际施工人诉至法院，要求共同承担付款责任。

案情介绍

2013年11月2日，湖北某公司承包了南漳县鲢鱼潭水库中型灌区节水配套改造项目工程，杨某在合同乙方签章处签名。2015年年关将近时湖北某公司因拖欠农民工工资导致集体上访，南漳县委、县政府责令南漳县农发办督促湖北某公司尽快解决问题。2015年2月14日，经南漳县农发办领导做工作并担保，朱某向湖北某公司出借现金人民币30万元整。双方约定，按月利率1%计算利息，借款期限为2个月。湖北某公司收到朱某款项后即支付了农民工工资和各种拖欠费用，平息了年关上访事件，以上事实有施工合同、借款条据、转账票据、支付拖欠明细等证据证明。借款到期后，湖北某公司未按约定偿还本息，经朱某多次催要，湖北某公司在2015年5月27日通过转账还款15万元，其中利息10 300元，其余还本，至此湖北某公司仍拖欠朱某本金160 300元。后经朱某及县农发办多次催要，湖北某公司均以资金周转困难为由不予还款。故朱某诉至法院要

① （2018）鄂06民终814号。

求湖北某公司、杨某承担还款责任。

法院认为：诉争借款的性质认定问题。第一，从《借款协议》内容来看，“本人在农发办莲鱼潭项目工程欠农民工工资，因资金困难，本人不能兑付农民工工资，请求农发办领导帮助协调解决资金问题，现向朱某同志借款叁拾万元整(300 000.00元)以解燃眉之急，本人将按月息1分(10/1000)支付利息……”其间并无湖北某公司借款或借款用于湖北某公司经营的相关表述，借款人处也仅有杨某个人签字，并未加盖湖北某公司的公章或注明杨某与湖北某公司之间的关系。第二，虽然杨某代表湖北某公司与南漳县鲢鱼潭水库中型灌区节水配套改造项目建设管理办公室签订《土地治理项目建设工程施工合同》，但不能仅据此行为就当然推定出湖北某公司明确杨某负责案涉工程的所有事项包括对外借款，且从其他在卷证据来看，湖北某公司为案涉工程指定了项目经理，工程款也由发包方按合同约定向湖北某公司直接发放，而朱某并未进一步提供充分证据证明杨某系湖北某公司职员，或湖北某公司认可杨某就案涉工程项目享有代表该公司对外借款的权限。第三，在诉争《借款协议》出具后，朱某与同时具备诉争借款介绍人、担保人及知晓案涉工程具体情况的发包方管理人员身份的尹某、王某均未对协议内容提出异议，在卷证据也未显示杨某当时向朱某出示了案涉发包合同，杨某亦陈述借款时并未提及工程承包方身份。第四，杨某认可诉争借款系其个人向朱某所借，与湖北某公司无关，在朱某催其还款时，其委托其侄子王某还款15万元，而从查明的事实来看，收款账户确实是杨某个人账户而非湖北某公司账户，湖北某公司至今亦对诉争借款不予追认，在此情况下，朱某并未进一步提供充分证据证明该借款实际用于支付湖北某公司拖欠的农民工工资，以及朱某亦认可的王某的还款系受湖北某公司委托所为。综合分析上述情形，朱某主张杨某的借款行为系履行职务行为或具有表见代理特征，依据不足，一审法院根据合同相对性原则认定本案借款应由杨某向朱某偿还，并无不当，本院予以支持。

点评分析：实际施工人借用企业资质承包工程期间发生的对外借款，若并无总承包人委托对外借款的明确授权，借款协议中也无总承包人签章，借款资金亦流入实际施工人个人账户，嗣后借款也未得到总承包人追认的，该借款不能认定为总承包人与出借人达成的借款合意，而仍应依照合同相对性原则，由协议约定的借款人承担还款责任。虽然本案中因流入实际施工人个人账户而未被认定，但不难看出法官的审判思路中将此项作为综合考虑分析点，若实际流入总承包人账户并用于工程建设，总承包人则还是有面临承担还款责任的风险的。

二、要点解析

（一）实际施工人以个人名义对外借款时一般系个人行为，由其个人承担法律责任

实际施工人或者项目经理以个人名义借款，没有总承包人明确的授权（包括授权委托书、项目章或公章），该类型的借款在实际发生的时候，足以清晰明确实际施工人的借款用途和认知是以自己为主体的，而不是以总承包人为借款主体的，总承包人不应承担还款责任。

在民法范畴上，职务行为通常是指工作人员行使职务的行为，是履行职责的活动。在挂靠、转包、违法分包情形多发的实务中，实际施工人与建筑公司之间不存在劳动关系，其大概率也不是建筑公司的职工。建筑项目的借款中，实际施工人在大额借款前为打消债权人的顾虑，多数会如实告知其实际施工人的身份，在发生个人借款时，债权人其实是可以明确债务人主体的。

在这种情况下，实际施工人和建筑企业应是横向平等的财产关系，不存在纵向管理与被管理之关系，应认定双方是民事关系而非劳动关系，故实际施工人的个人名义借款，即使是打着建设项目之用的旗号，也应由实际施工人自行承担还款责任。

（二）实际施工人对外借款与出借人签订的借款合同，应遵从合同相对性原则，实际施工人应独自承担付款责任

合同相对性是指合同项下的权利义务只能赋予当事人双方，合同只能对合同当事人产生约束力，而不能约束非合同当事人。合同相对性表现在主体相对性、内容相对性、责任相对性。

首先，从主体上讲，签订借款合同的双方是实际施工人和出借方，不是建筑公司。其次，从内容上讲，借款合同内容的是双方协商，对合同双方具有约束力。最后，从责任上讲，若双方不履行该借款合同，承担违约责任的是签订合同的

双方。

通过上述分析可以看出,实际施工人应独自承担付款责任。理由是工程的实际施工人不仅取得了工程的实际承包资格,而且工程承包经营的盈亏结果也是由实际施工人负最终责任的,而且对外借款合同的主体也是实际施工人,依据合同相对性原则,债权人也只能向工程的实际施工人追索项款。

(三)实际施工人以公司的名义或者以自己和公司名义共同借款的,需有构成职务行为或表见代理的特征,且债权人应为善意且无过失

此种情况下,根据“谁主张,谁举证”的原则,债权人有责任证明实际施工人对外借款的行为构成职务行为或表见代理,且其为善意且无过失。在债权人无法证明的情况下,总承包人不承担还款责任。表见代理是指代理人之代理虽无代理权,但有可使相对人相信其有代理权的事由,因而法律强制要求被代理人对无过失的相对人承担责任的一种特殊的无权代理。

在实务中,表见代理的证明是复杂而多变的,实际施工人有可能以公司名义对外借款,或者以自己和公司的名义共同借款,债权人若可以证明其是建筑公司员工、负责人,且借款为其职权范围内的事项,则构成职务代理,公司为借款人,应当承担还款责任。若非其职权范围内事项,则仅在其行为构成表见代理时由公司承担责任。具言之,当其具有行使代理权的权利外观且债权人对此具有善意、无过失的合理信赖时,才构成表见代理,此时总承包人被认定为借款人,承担还款责任。在这种情况下,就要综合整个借款的过程论证实际施工人的借款行为是否能够代表建筑公司。

(四)借款的支付方式及借款用途对借款实质的影响

除上述职务行为、表见代理、善意第三人相关证据的审查外,在争议案件中,法官也会对借款的支付方式及借款的实际用途予以调查,进而综合判断该笔款项是否应由总承包人承担责任。在无法明确实际施工人是否有权代理总承包人或者债权人是否为善意相对人的情况下,可以结合借款的支付方式及用途在一定程度上进行推断,如该笔款项是支付到公司账户还是实际施工人的个人账户,款项实际是用于案涉工程建设还是实际施工人个人生活。实务中,也有实际施

工人以个人名义借款后将款项用于工程建设的，但根据合同相对性原则应由其个人承担还款责任，故其借款性质的认定并非单一因素决定的，仍需结合案涉其他证据材料进行综合判断。

三、风险防范

在现行的建筑行业中，实际施工人制度是把"双刃剑"，既能给总承包人带来经济效益，也可能带来风险。很多建筑公司只关注管理费的提取和税费的缴纳，认为只要能够完成工程就万事大吉，没有必要管太多，浪费时间和精力。然而，缺乏对实际施工人、项目部管理有效的监督，会给建筑企业带来很大的风险。实际施工人的施工行为缺乏透明度，将导致企业在发生争议后难以有效应对和快速解决，因此形成规范化管理才能更好地维护总承包人的利益。

1. 应加强对实际施工人的综合考量，特别是对其人品、业务综合素质、以往业绩等的综合考量。设立有效的监督、监管制度，尤其应当严格审查实际施工人的经营能力和资金能力，不能一味地信赖介绍和关系。

2. 严格控制单位公章、项目部公章等的使用，所有对外出具的盖章文件必须进行备案登记。对重要文件需要加盖公章，应由实际施工人交由公司审核后方予以盖章认可，以防止施工人暗箱操作。

3. 规范承包合同，使之对实际施工人具有真正约束力。许多承包合同由于制定得不严谨，往往被法院认定为无效或部分无效，从而导致无法追究实际施工人的违约责任。有效的合同管理，是可以对实际施工人起到真正约束作用的。承包合同应对公章管理、合同的审查与备案、授权的范围、项目质量安全管理、对施工合同履行的要求等方面作出详细规定。

4. 在项目中应有效地对实际施工人的权限进行明确约定和公示，明确禁止或限制实际施工人对外以公司名义或自己与公司联合的名义出具借条、对外借款。

5. 对公司账户上的往来主体需予以明确，除有合同关系的实际施工人之外，对不明身份第三人的转账需审慎对待。

四、操作指南

1. 设立专门的章、印、合同等管理部门，并对印章、合同严格管理。且对外出具授权委托书、情况说明等相关材料时需由专业人士进行把关。

2. 在与实际施工人的合同中进行条款约定："未经甲方同意，乙方（实际施工人）不得以甲方名义对外借款，否则相关责任由乙方个人承担，与甲方没有任何关系。"

3. 规范公司账户款项往来记录，对不具有合同关系的主体款项往来需明确，必要时可通过有合同关系的主体转付。

第六节　实际施工人拖欠农民工工资的民事风险识别与防范

建筑行业是典型的劳动密集型行业，2018 年年底，建筑业从业人数 5563.30 万人，比上年年末增加 26.40 万人，增长 0.48%。建筑业从业人数占全社会就业人员总数的 7.17%，比上年提高 0.04 个百分点，占比再创新高。建筑业在吸纳农村转移人口就业、推进新型城镇化建设和维护社会稳定等方面继续发挥显著作用①。那么从民生角度讲，保障农民工劳有所得，劳有所获，不但是建筑企业保障经济效益的基础，更是企业社会价值的体现。

但是区别于制造业等劳动密集型企业，建筑行业的产能和产值并不能立即实现，建筑工人工资往往需要实际施工人"垫资"支付，并且普遍存在"低生活费"+"年底结算总工资"的工资发放模式，这导致年底工人工资纠纷频发，如果实际施工人无法足额支付工人工资，通常会产生大量的民事争议，本节主要针对由此引发的总承包人的民事风险进行阐述。

一、风险识别

（一）总承包人存在超付工程款的风险

在实际施工人或分包人足额收取总承包人款项但拒不支付工人工资的情况

---

① 《2021－2026 年中国建筑业市场前景与投资战略规划分析报告》。

下，总承包人若垫付工人工资，则会存在超付工程款的风险。

（二）总承包人会面临工人主张工人工资的诉讼

当实际施工人“下落不明”后或者避不见面时，农民工讨薪无门，通常会直接向总承包人追索劳动报酬。

例如，在王某某等与庆阳市西峰某建筑公司追索劳动报酬的六起案件①中，2012 年，庆阳市某项目工地的多名工人，因为项目部经理赵某欠付其工资，在赵某下落不明后，多名工人到当地法院提起诉讼，工人越过实际施工人，直接向项目总承包人主张工程款。经法院审理后，各名工人与总承包人方达成调解，工人放弃利息主张，总承包人据实向工人支付工资。虽然上述案件以调解结案，但是可以显著预见的风险是，在实际施工人逃避付款责任的情况下，总承包人势必要承担支付农民工工资的责任。

（三）总承包人垫付工人工资后，会存在工程款超付、无法主张追偿的风险

总承包人垫付、超付工人工资后可向实际施工人追偿，但如果实际施工人资不抵债或恶意转移资产，则总承包人不得不面临实际经济损失。

（四）涉工人工资的民事纠纷裁判文书会在网上公开，影响总承包人的企业形象和信誉

根据法律规定，建筑行业中很多项目是必须要进行招投标的，参加招投标需要总承包人有资质、资金和信誉，更需要其有良好的企业形象和社会责任感。很多项目在招投标的时候都会通过裁判文书网审查总承包人的涉案情况，其中涉农民工工资案件是招标单位审查的重点。有的企业仅仅因为裁判文书网上显示有涉及农民工工资的案件，并不考虑案件处理结果，也不考虑可能是撤诉、调解或执行完毕的情形，就直接限制其投标。

---

① （2012）庆西民初字第 0043 – 0048 号六起案件。

二、要点解析

实际施工人拖欠、拒不支付工人工资,工人往往会将维权对象指向总承包人,直接向总承包人讨要工人工资。该种情况下总承包人的责任承担视具体情形而定。

(一)劳务分包中,支付工人工资的责任主体劳务单位

《工资支付条例》中明确了付款义务人为用人单位,总承包人有管理责任。劳务分包中,支付工人工资的责任主体为劳务单位,发包人如未按约定及时足额向农民工工资专用账户拨付工程款的,则会面临处罚和罚款,对此总承包人应当及时上报。

首先,《工资支付条例》明确了劳务分包中付款义务单位为用人单位;其次,关于农民工工资的管理程序,特别是专款专用账户的开设管理,明确了总承包人有落实管理义务;最后,在整治惩处拖欠农民工工资的违法行为方面多项措施并举,包括实施信用惩戒、对失职失责行为的惩处,情节严重的行为入罪。可见,如发生实际施工人拖欠农民工工资的情况,因总承包人等用人单位在此方面有着严格的管理义务和责任,其不仅有可能要面临重复发放工人工资的风险,同时会面临被信用惩戒的风险。

(二)劳务分包单位对实名制管理及工资支付负直接责任,总承包人承担补充责任

《工资支付条例》第三十条规定,劳务分包单位对所招用农民工的实名制管理和工资支付负直接责任。也即,劳务分包单位应对其招用的农民工地进行实名制管理,并支付工资。只有在拖欠分包的农民工工资时,才会产生总承包人的清偿责任,也即总承包人对农民工工资所负的责任为补充责任,第一责任仍然是由劳务分包单位承担。

(三)总承包人被农民工以集体诉讼方式主张工人工资时的责任承担

在欠薪集体事件发生时,工人讨薪的路径会先易后难,在投诉举报无果,且总承包人农民工工资专户中无可划扣的保障款项的情况下,工人有可能会以集

体诉讼的方式直接向总承包人讨薪。

典型案例6.6.1

9名工人起诉江苏某建设公司、采某、帅某支付劳动报酬纠纷案①

案例要点：工人越过自己的"老板"小包工头，直接起诉总承包人和实际施工人，会给总承包人造成经济损失。并且此类集体诉讼会造成恶劣的社会影响，容易对总承包人的商誉造成极坏影响。

案情介绍

总承包人江苏某建设公司将某项目的水电安装工程双包分包给帅某，帅某又将劳务工程分包给采某，采某又将劳务项目分包给多个小包工头或班组长，在劳务亏本的情况下，工人越过小包工头直接起诉总承包人及双包、劳务单包的实际施工人，目前法院受理该案的形式是诉前调解，有9名原告以个人名义起诉，但证据资料为同一套，但笔者了解到，实际上法院已经收到的诉前调解的材料有90余名工人，合计主张的工人工资为190余万元，目前案件仍在调解处理中，但总承包人已经因上述纠纷上了欠薪警示名单。

点评分析：总包方因拖欠农民工工资被诉，虽然很有可能是分包单位甚至是包工头欠付工资，但是已经造成了极差的社会影响，总承包人的商誉和信誉均受到了严重损害。而且就多名原告提交的证据显示，总承包人违法转包证据清晰明确，势必难逃给付义务。同时因实际施工人管理不善，分包劳务亏损严重，总承包人在给付款项后，即使可以向实际施工人追偿，但是考虑到实际施工人的给付能力，恐怕难以挽回损失。

（四）在各种情况下，总承包人给付工资义务的履行

无论合同情况，总承包人都应在与实际施工人的协议中明确约定追偿权，并

① （2021）浙0424民诉前调1039号等案件。

由拖欠农民工工资方即违约方承担农民工维权的费用及开支。

1. 先由总承包人清偿，清偿后再向分包单位追偿，具体情形有：

情形一：合法分包模式——《工资支付条例》第三十条规定：分包单位拖欠农民工工资的，由施工总承包单位先行清偿，再依法进行追偿。

情形二：转包模式——《工资支付条例》第三十条规定：工程建设项目转包，拖欠农民工工资的，由施工总承包单位先行清偿，再依法进行追偿。

也就是说，总承包人将工程合法分包或者转包的情况下，发生拖欠农民工工资的，均由总承包人先行清偿，再向相关单位进行追偿。

2. 由总承包人清偿，并未规定总承包人清偿后是否有权再向分包单位追偿

情形一：违法分包模式——《工资支付条例》第三十六条规定：施工总承包单位将建设工程分包给个人或者不具备合法经营资格的单位，导致拖欠农民工工资的，由施工总承包单位清偿。

情形二：挂靠模式——《工资支付条例》第三十六条规定：施工单位允许其他单位和个人以施工单位的名义对外承揽建设工程，导致拖欠农民工工资的，由施工单位清偿。

也即总承包人将工程违法分包的，或者允许他人挂靠的，导致拖欠农民工工资的，由总承包人清偿。

（五）总承包人的追偿权

对总承包人来说，如果因实际施工人逃避给付责任，而为其代付了工人工资，通常可以通过事后追偿的方式挽回损失。但是《工资支付条例》系国务院出台的法规性文件，与法律是有区别的，其出台的目的旨在解决和保障工人权益，故仅有清偿规定，而无追偿规定。那么，总承包人清偿工人工资后应如何追偿呢？

对于转包和合法分包产生拖欠的，由总承包人先行清偿再向分包人追偿，也就是说，清偿垫付的工人工资可通过向分包单位追偿再要回来。但是对于挂靠及违法分包的，仅直接规定了总承包人的清偿责任，至于清偿后能否通过追偿再要回来，《工资支付条例》并未规定，有以下原因①：

---

① 余存冬、曾淑芹：《〈保障农民工工资支付条例〉九大亮点》，载《良筑论建》。

1. 转包后的承包人仍具备经营资格和建筑资质，而违法分包给个人或无资质单位的则不然，后者风险、管理能力弱，违法性质重，因此对应总承包人承担的责任也重。

转包虽然在承发包模式上具有违法性，但毕竟转包后的承包人是具有经营主体资格和建筑法所要求的资质条件的施工单位，而《工资支付条例》规定的违法分包是指分包给个人或不具备生产资格的单位，即要么是个人不具备经营主体资格，要么是单位虽然有经营资格，但缺少建筑资质。具备经营资格和建筑资质的单位和个人，通常在抗风险能力、企业管理能力上更强，管理成本也更高，同时意味着对农民工工资的支付、施工质量安全的保障能力更强。所以总承包人选择个人或不具备生产资格的单位作为分包时，主观上即为放任风险的发生，意在获取更多的利润空间（因为违法分包管理成本低、报价低、总承包人议价空间大），所以《工资支付条例》对此类情形规定了总承包人承担相对于转包情形下更为严格的责任，即由总承包人承担清偿责任，且未赋予总承包人清偿后的追偿权。

2. 挂靠的特殊在于违法性行为的前移，在与发包方招投标签约谈判阶段就已产生违法行为，区别于转包发生于承接工程的后端。且上位法对挂靠的处罚力度也重，所以总承包人对挂靠行为承担更为严格的责任。

从违法行为发生阶段看，挂靠在最前端的工程承接阶段就已经违法了，挂靠方在与发包方招投标签约谈判阶段承接工程时就介入了工程项目的洽谈磋商，借用有资质的总承包人进行挂靠，对外以总承包人的名义签订合同及施工。所以对于总承包人来讲，此时出借资质的行为不仅扰乱了招投标人管理秩序，也扰乱了国家对于工程资质的管理秩序，所以《工资支付条例》规定了挂靠导致拖欠农民工工资的，由总承包人进行清偿，且未赋予总承包人清偿后的追偿权，间接达到遏制总承包人出借资质的违法行为。

从处罚力度上看，挂靠上位法的处罚力度也重于转包。《建设工程质量管理条例》第六十一条规定：勘察、设计、施工、工程监理单位允许其他单位或者个人以本单位名义承揽工程的，责令改正，没收违法所得，对勘察、设计单位和工程监理单位处合同约定的勘察费、设计费和监理酬金1倍以上2倍以下的罚款；对施工单位处工程合同价款2%以上4%以下的罚款；可以责令停业整顿，降低资质等级；情节严重的，吊销资质证书。第六十二条规定：违反本条例规定，承包单位将承包的工程转包或者违法分包的，责令改正，没收违法所得，对勘察、设计单位处合同约定的勘察费、设计费25%以上50%以下的罚款；对施工单位处工程合同价款0.5%以上1%以下的罚款；可以责令停业整顿，降低资质等级；情节严重的，吊销资质证书。

虽然挂靠和违法分包长期存在于建设领域，但从价值导向和市场规范角度，总承包人应规范承发包模式，避免违法分包情形发生。

在本书所述的内部承包模式下，应将实际施工人的人事及社保关系纳入公司管理，规范工程款支付走账流程，控制好资金走向。对于个人或无资质单位做分包单位的，可要求其设立劳务公司，或分包给具备资质的专业承包商，将合同相对方指向合法主体，以规避违法分包所带来的风险。

同时，在协议中明确垫付工资后有权追偿的条款，《工资支付条例》只是未规定违法分包和挂靠的追偿权利，但并未否定或者明确剥夺总承包人的追偿权利。同时《工资支付条例》毕竟是国务院的行政法规，着重从政府行政管理的职能需要去解决建设领域的问题。而追偿权毕竟是民事权利，应交由发事主体去约定处分和行使，政府不会过于干涉。

因此，总承包人还应在涉及的协议中，约定追偿条款，即拖欠工资后垫付的有权追偿，以合理规避垫付、代付及超付的风险。

（六）发包人有依约付款的责任与义务，不及时付款时，总承包人应当及时主张权利并优先保障工人工资的发放

劳务分包单位是支付工人工资的第一责任人，但发包人同样有依约付款的责任与义务，如应当有满足施工所需要的资金安排。若建设单位不付款或延期付款的，总承包人应当及时主张权益，并优先保障工人工资的支付。

《工资支付条例》第二十三条规定："建设单位应当有满足施工所需要的资金安排。没有满足施工所需要的资金安排的，工程建设项目不得开工建设；依法需要办理施工许可证的，相关行业工程建设主管部门不予颁发施工许可证。政府投资项目所需资金，应当按照国家有关规定落实到位，不得由施工单位垫资建设。"本条虽然是价值性倡导条款，强调业主的建设资金安排应满足施工需要，否则不得开工，不得办理施工许可证，但是对施工单位也有着积极意义，此条明确

落实了建设单位的付款责任和义务。

《江苏省建筑市场管理条例》第十二条规定:发包人不得要求承包人以垫资、变相垫资或者其他不合理条件承包工程。施工单位相对于建设单位而言总体处于弱势一方,多数施工单位主观上不愿垫资建设,但是为了获得工程或迫于发包人压力不得不先垫资。对此类工程,总承包人在承接时就应考虑自身能力和将来可能面临的风险。

根据相关规定,对于建设资金不到位、违法违规开工建设的社会投资工程建设项目拖欠农民工工资的,由人力资源社会保障行政部门、其他有关部门按照职责依法对建设单位进行处罚;同时对建设单位负责人依法依规给予处分。

三、风险防范

(一)落实《工资支付条例》,做项目的管理者,不托管更不脱管

项目的管理往往由实际施工人控制和负责,《工资支付条例》的落实需要好的管理者,如果总承包人脱管,不能对工程有效监控和管理,则很容易导致工程失控。

(二)就支付工人工资的方式,建议推行总承包人代发制

总承包人代发制在保障农民工按时获得工资的同时,可以大大降低实际施工人、分包人及其他用工主体挪用人工费的风险。该制度要求分包单位每月编制有农民工签字的工资表交给总承包人,总承包人通过农民工工资专用账户支付到农民工的银行卡中,然后向分包单位提供代发凭证。

1. 该制度以农民工的实名制落实为前提

《工资支付条例》规定对农民工进行实名制登记和管理,没有签订劳动合同和没有实名登记的人员,不得进入现场施工。只有对农民工进行实名制登记,才有助于项目的管理,也才能保证总承包人能将农民工的工资发到其本人的银行卡。

2. 分包单位编制工资支付表,经农民工签字确认,作为总承包人代发的依据

《工资支付条例》第五十六条规定:分包单位未按月考核农民工工作量、编制工资支付表并经农民工本人签字确认,由人力资源社会保障行政部门、相关行业

工程建设主管部门按照职责责令限期改正;逾期不改正的,处5万元以上10万元以下的罚款。因此根据前述规定,分包单位应要按月考核农民工的工程量,并编制工资支付表,农民工要对自己的工资进行确认,否则分包单位会被处罚款。

3. 农民工的工资卡由农民工本人保管,任何人不得扣押或者变相扣押

为了防止农民工的卡被分包单位或其他人扣押,农民工拿不到工资,《工资支付条例》第五十四条规定:扣押或者变相扣押用于支付农民工工资的银行账户所绑定的农民工本人社会保障卡或者银行卡,由人力资源社会保障行政部门责令限期改正;逾期不改正的,对单位处2万元以上5万元以下的罚款,对法定代表人或者主要负责人、直接负责的主管人员和其他直接责任人员处1万元以上3万元以下的罚款。

(三)配置劳资专管员,专人专岗管理

总承包人应在项目上配备劳资专管员,设置专用岗位。由劳资专管员对分包单位劳动用工实施监督管理,掌握施工现场用工、考勤、工资支付等情况,审核分包单位编制的农民工工资支付表,并负责和分包单位配合对接,管控工资支付风险。

由劳资专员负责建立、管理、保存用工管理台账,保存期限至少3年。如有问题或纠纷,可以溯源解决,并纠正防范。

具体用工管理台账规范可参照《广东省劳动保障监察条例》第十四条的规定:(1)劳动合同;(2)职工名册,载明劳动者的详细的身份信息,用工形式,起止时间,期限,岗位职能;(3)录用登记,填写入职登记表;(4)考勤记录;(5)工资支付台账及清单,需要载明支付周期,支付日期,应发工资项目及数额,代扣、代缴、扣除项目和数额,实发工资数额,银行代发工资凭证或者农民工签字等内容。

四、操作指南

欠付工人工资的风险非常高,总承包人除设置劳资专岗和建立有效的管理系统外,还可采取以下措施予以防范风险:

(一)工人工资付至农民工工资专用账户内

根据《工资支付条例》第二十九条,建设单位应当按照合同约定及时拨付工

程款，并将人工费用及时足额拨付至农民工工资专用账户的规定，人工费由建设单位支付至总承包人的农民工工资专用账户内。

工程款与人工费分开进行支付，工程款的支付周期、比例、支付账户应按照合同的约定进行支付。

（二）根据条例规定设置和落实工人工资支付流程

建设单位应将人工费支付至总承包人的农民工工资专用账户，总承包人可将人工费支付给分包单位，也可按照《工资支付条例》的规定，由总承包人代发分包单位的农民工工资。

从专款账户支付有两种途径，笔者建议，总承包人建立工人实名管理的制度后，采取代发的方式直接发放至各个农民工的工资卡中。

（三）足额支付工人工资

根据《工资支付条例》第二十四条，建设单位应保障农民工工资按时足额支付。

1. 总承包人按月上报工程量，由建设单位对工程量进行审核，按照当期已完造价中的一定比例确定人工费，将该人工费汇至总承包人开设的农民工工资专用账户中。

人工费的确定及发放可按照以下方式进行：

（1）总承包人将制作好的当月的农民工工资清单提交给建设方，由建设方进行审核。建设方可采用定额确定人工的数量再结合市场价计算出来人工费作为参考依据。

（2）总承包人需要出具承诺书，承诺所汇至农民工工资专用账户中的人工费已可以足额发放所有农民工的工资，如有拖欠与建设方无关，由总承包人自行承担。

（3）总承包人发放完成后，还应将发放的凭证交给建设方。

2. 人工费与总承包人和农民工劳动合同中的工资数额的关系

笔者认为，发包方也可按照劳动合同中的工资数额计算人工费总额，按照此标准支付给总承包人。

3. 对于建设工程领域的垫资问题，因《工资支付条例》规定建设单位每月均要拨付人工费，人工费也是总承包人工程款的组成部分，工程款的支付按照合同约定的时间及比例另行支付,则意味着总承包人每月都有款项进账,这在一定程度上也解决了施工单位的垫资问题。

4. 合同约定的月人工费数额,和总承包人实际需当月支付的数额产生冲突的处理。笔者认为,应当按照《工资支付条例》中规定的保障足额支付的要求支付人工费,只要能保障足额支付即可。

(四)按月支付工人工资

根据《工资支付条例》第二十四条的规定,人工费用拨付周期不得超过 1 个月,应每月支付人工费。

第七节　实际施工人拖欠农民工工资的行政风险识别与防范

近年来,国家各级政府对整治和管理欠付农民工工资问题出台了一系列相关文件,力求全面落实和保障农民工权益。实际施工人拖欠农民工工资的,农民工往往会采取集体投诉、举报、上访等形式讨要工资,维护自身权益。实践中因此引发的群体性事件,不仅会使总承包人面临先行支付工资的民事责任,若总承包人没有及时、妥善处理的,其还可能面临行政处罚。

一、风险识别

(一)未缴付农民工工资保证金会被行政处罚

总承包人需要缴付农民工工资保证金,如不按照工资支付条例的管理要求要求变更项目管理方式方法,可能会面临整改及处罚;

2018 年 8 月,大庆市某建筑安装有限公司承建的大庆市某项目花园二期二标段项目中,未按照 3% 比例足额补缴农民工工资保障金案中①,某建筑公司被

---

① 高新劳监罚字(2018)第 001 号。

处以 5 万元的罚款。

(二)总承包人是行政管理部门的首要检查和问责对象

若实际施工人拖欠农民工工资,工人会通过多种渠道主张权利。目前《工资支付条例》规定的是首问负责制,即总承包人会直接受到各个部门的调查和检查。

(三)未能及时足额支付农民工工资,会面临行政处罚

如实际施工人不能及时足额支付农民工工资,总承包人又拒不垫付的,行政处罚会落到总承包人身上。

典型案例 6.7.1

江苏某建筑有限公司被行政处罚案[①]

案情介绍

2018 年 10 月,江苏某建筑有限公司因拖欠农民工工资,经劳动保障行政部门责令改正拒不改正,最终被处以 2 万元罚款。

典型案例 6.7.2

河北某建筑安装工程有限公司被行政处罚案[②]

案情介绍

2020 年 4 月,河北某建筑安装工程有限公司拖欠王某某等 13 名农民工工资 110 080 元,经责令改正拒不改正,被石家庄市裕华区人社局处以 2 万元罚款。

---

① 泰人社监罚(2018)第 1 号。

② 石裕人社罚字(2020)第 G202 号。

点评分析：在行政部门的管理实践中，特别是行政管理部门的监督管理中，如果建设工地上发生农民工工资纠纷，人社、劳动监察保证部门往往将用工责任落在总承包人身上，根据《劳动保障监察条例》第六条的规定，用人单位应当遵守劳动保障法律、法规和规章，接受并配合劳动保障监察；第三十条规定，有下列行为之一的，由劳动保障行政部门责令改正；对有第一项、第二项或者第三项规定的行为的，处2000元以上2万元以下的罚款：(1)无理抗拒、阻挠劳动保障行政部门依照本条例的规定实施劳动保障监察的；(2)不按照劳动保障行政部门的要求报送书面材料，隐瞒事实真相，出具伪证或者隐匿、毁灭证据的；(3)经劳动保障行政部门责令改正拒不改正，或者拒不履行劳动保障行政部门的行政处理决定的；(4)打击报复举报人、投诉人的。违反前款规定，构成违反治安管理行为的，由公安机关依法给予治安管理处罚；构成犯罪的，依法追究刑事责任。

总承包人若出现上述案例及保障工资支付条例载明的相关情况，即会受到行政处罚，且该处罚是经公示的，对企业的商誉、信誉以及之后的招投标都会产生不利影响。

二、要点解析

在农民工集体、聚众讨薪的群体事件中，围堵工程项目部、总承包人公司、售楼处的情况并不罕见。工人代表、小分包人作为债权人更都会想尽办法通过种种途径维权，要求总承包人支付工人工资。该情况下，为维护社会稳定，劳动保障部门、住建部门、公安、安监部门都有可能对总承包人进行调查。

(一)《工资支付条例》的颁布和我国重点整治欠薪问题的司法现状

2020年11月11日，国务院根治拖欠农民工工资工作领导小组办公室印发《关于开展根治欠薪冬季专项行动的通知》(以下简称《通知》)，《通知》决定从2020年11月6日至2021年春节前，在全国组织开展根治欠薪冬季专项行动。《通知》指出，以招用农民工较多的工程建设领域和劳动密集型加工制造及受疫情影响严重的行业为重点，对根治欠薪法律法规政策贯彻落实情况进行集中排查，主要包括：一是用人单位依法按时足额支付农民工工资情况；二是政府投资工程项目、国企项目及各类政府与社会资本合作项目审批管理、资金监管和工程款(人工费)按期足额拨付情况;三是工程建设领域落实农民工工资专用账户、施工总承包单位代发工资、农民工实名制管理、工资保证金存储、维权信息公示等保障工资支付制度情况;四是依法处置拖欠农民工工资违法行为,严厉打击拒不支付劳动报酬犯罪情况;五是对欠薪违法行为依法依规实施信用惩戒情况;六是对根治欠薪工作失职失责行为依法依规追究责任情况。

《通知》要求,对查实的欠薪违法行为,做到"两清零"目标,即 2020 年发生的政府投资工程项目、国企项目以及各类政府与社会资本合作项目拖欠农民工工资案件在 2020 年年底前全部清零,其他欠薪案件在 2021 年春节前动态清零。通过这个通知,完全可以明确国家对拖欠农民工工资的态度,用词为"根治",可见整治力度之强和决心之大。

此外,《工资支付条例》于 2019 年 12 月 30 日发布,并将于 2020 年 5 月 1 日起实施。这是国务院以行政法规的形式为保障农民工能拿到工资所出台的工资支付条例。国务院办公厅此前相继出台了《关于全面治理拖欠农民工工资问题的意见》《2019 年度保障农民工工资支付工作考核细则》,还专门成立了国务院根治拖欠农民工工资工作领导小组,充分体现了国务院根治欠薪问题的决心,也说明国家为维护农民工的利益一直在不断地努力。期待该工资支付条例的出台能从根源上解决农民工的欠薪问题。总承包人应当依法落实工资支付条例的各项规定,避免实际施工人挪用或欠付工人工资。

在此情况下,若实际施工人拖欠农民工工资、或以农民工工资名义向各个主管部门主张工程款,建筑企业特别是总承包人会被确定为支付农民工工资的第一责任人。

(二)解决农民工工资问题采用首问负责制,国家各行政部门及社会各方面均鼎力保证工人救济渠道畅通

《工资支付条例》第十条第三款规定:人力资源社会保障行政部门和其他有关部门应当公开举报投诉电话、网站等渠道,依法接受对拖欠农民工工资行为的举报、投诉。对于举报、投诉的处理实行首问负责制,属于本部门受理的,应当依法及时处理;不属于本部门受理的,应当及时转送相关部门,相关部门应当依法及时处理,并将处理结果告知举报、投诉人。

根据该条规定，对于投诉举报的，属于本部门受理的，应及时进行处理；不属于本部门受理的，也要将资料收下后转送有关部门，不能以不属于本部门受理为由而不收取资料。首问负责制，是指最先收到拖欠农民工工资相关投诉举报的政府行政主管部门，即使发现本部门无权管辖的，也不得推诿而将投诉举报拒之门外，而是应将及时相关材料移送有权管的部门处理[①]。

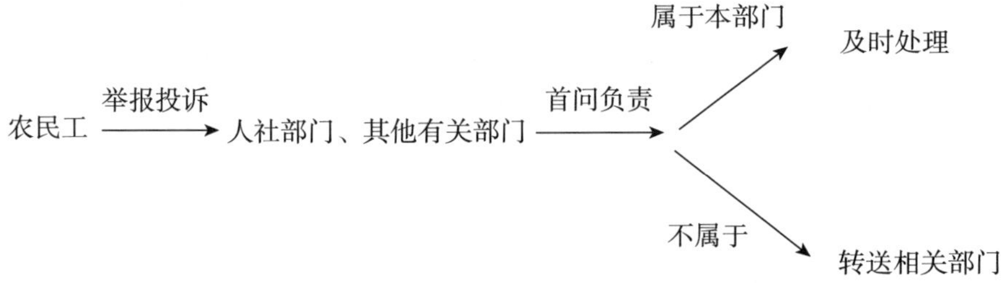

图6-1 《工资支付条例》第十条第三款示意图

因此，若总承包人不能把控好相关风险，发生农民工上访、追责等事件，其不但要面临政府部门的追责和惩处，还会面临社会舆论的压力，并且企业信誉和商誉都会严重受损。

（三）总承包人不支付工人工资的，不仅会被行政处罚，还会被纳入欠薪预警系统

《工资支付条例》规定了建设单位未按约支付的罚则：第五十七条规定，建设单位未按约定及时足额向农民工工资专用账户拨付工程款中的人工费用，由人社部门、相关行业工程建设主管部门按照职责责令限期改正；逾期不改正的，责令项目停工，并处5万元以上10万元以下的罚款。第二十七条规定，金融机构应当优化农民工工资专用账户开设服务流程，做好农民工工资专用账户的日常管理工作；发现资金未按约定拨付等情况的，及时通知施工总承包单位，由施工总承包单位报告人力资源社会保障行政部门和相关行业工程建设主管部门，并纳入欠薪预警系统。

① 余存冬、曾淑芹：《〈保障农民工工资支付条例〉九大亮点》，载《良筑论建》。

（四）如农民工恶意讨薪，蓄意闹事，甚至以聚众闹事的途径、方法主张不当利益的，总承包人可以及时报警，经查实后，不当讨薪的人员会被处罚

典型案例 6.7.3

王某被处以行政拘留及罚款案①

案情介绍

2020 年 1 月 17 日，为讨要工人工资，王某组织农民工在张家口市万全区某公司以围堵、拉横幅等方式聚众讨薪，并且恶意报警、投诉举报，通过王××等人的陈述、劳动监察大队提取的询问笔录和保证书等证据显示，其存在《治安管理处罚法》第六十条第二项"伪造、隐匿、毁灭证据或者提供虚假证言、谎报案情，影响行政执法机关依法办案的"的行为，虽然欠薪内容部分属实，但因其违法行为被公安机关处以行政拘留 5 日及罚款 200 元的处罚。

点评分析：就我国的行业现状而言，农民工维权途径畅通，在拿不到工资的第一时间，很多小包工乃至分包单位都会进行风险的转移和转嫁，撺掇工人以维权的名义去各个部门投诉举报，过程中往往会夸大甚至虚构事实，包括夸张、扩大欠薪的金额、伪造用工人数和时间，等等。如有发生，总承包人在积极应对之余更应该及时报警、制止其违法行为，国家保障农民工的合法权益，但也不会放纵其违法行为。

三、风险防范

（一）总承包人在项目管理中，直接代发管控工人工资发放，落实农民工工资委托施工总承包单位代发制度

根据《工资支付条例》第三十一条之规定："工程建设领域推行分包单位农民

① 万公（宣）行罚决字（2020）0051 号。

工工资委托施工总承包单位代发制度。分包单位应当按月考核农民工工作量并编制工资支付表,经农民工本人签字确认后,与当月工程进度等情况一并交施工总承包单位。施工总承包单位根据分包单位编制的工资支付表,通过农民工工资专用账户直接将工资支付到农民工本人的银行账户,并向分包单位提供代发工资凭证……"

根据该条规定,在工程实施之前,就可以约定由总承包单位代发实际施工人、分包单位发放招用的农民工的工资,分包单位每月要将农民工签字确认的工资表交给总承包人,由总承包人直接将工资发放到农民工的工资卡。即总承包人要将工资单独拎出来由其对外直接予以发放,不再由分包单位发放,这样可以确保农民工能实实在在地拿到工资,从源头上规避实际施工人欠付工人工资的风险。

(二)总承包人应当开设农民工工资专用账户

该账号中的款项专款专用,该账户原则上不能被冻结划扣,保证金应缴足,考虑到缓解资金压力,总承包人可以用保函的形式替代保证金。

《工资支付条例》第二十六条规定:"施工总承包单位应当按照有关规定开设农民工工资专用账户,专项用于支付该工程建设项目农民工工资。开设、使用农民工工资专用账户有关资料应当由施工总承包单位妥善保存备查。"上述条款明确了总承包人设立农民工工资专用账户的义务,该账户专门用于支付农民工工资,建设单位应按照合同约定及时向该账户内拨付工资,如建设单位未及时拨付的,总承包人可向人社和建设主管部门进行汇报,将建设单位纳入欠薪预警系统。

同时,《工资支付条例》第三十三条规定,"除法律另有规定外,农民工工资专用账户资金和工资保证金不得因支付为本项目提供劳动的农民工工资之外的原因被查封、冻结或者划拨"。该工资支付条例规定亦得到了最高人民法院的明确答复支持。根据《最高人民法院关于进一步加强拖欠农民工工资案件审判执行工作的通知》:"对依法设立的农民工工资保证金账户和农民工工资专用账户原则上不得采取冻结、扣划等强制措施,确保专款专用。确需依法进行冻结、扣划的,应首先保障农民工工资的支付。"在项目建筑中,农民工工资的一半是在春节前结算支付的,而从司法实践上来看,这个时候也是建设工程纠纷集中立案的高峰期,由于建工类案件复杂程度高,标的较大,为了保证权益并加快审理进程,原告通常要求法院采取保全(诉前或诉中)措施查封总承包人的账号。农民工工资专用账户则可以避免总承包人欠本项目或其他项目的分包商、材料商、租赁商等的款项,债权人申请法院对该账户进行查封或冻结后,农民工的工资得不到保证。农民工工资账户因优先保证工人的工资权益,若该账号被冻结,总承包人可以申请解封。

此外,《工资支付条例》第三十二条规定了总承包人应当存储工资保证金,第五十五条规定了保证金金额不足或未缴的处罚。

为切实保障总承包人能代发工资,《工资支付条例》规定其要存储一定金额的工资保证金,工资保证金的数额实行差异化存储,未有拖欠历史的单位的缴存比例可降低,有拖欠史的单位缴存比例相应提高。由此可见,足额诚信缴纳的优势明显。

此外,若总承包人资金压力较大,该工资保证金也可用金融机构的保函代替,要注意此处是金融机构的保函,不能使用普通的担保公司的保函。《工资支付条例》对未缴纳工资保证金或未提供金融机构保函的,情节严重的,会作出限制其承接新工程、降低资质等级、吊销资质证书等处罚。这个处罚力度相当大,若总承包人被降低资质、吊销资质,会严重影响其承接工程的资格,也会对其正常的生产经营造成重大的影响。总承包人必须审慎对待工资保证金事宜。

四、操作指南

(一)更新合同条款,分包协议中约定好工人工资由总承包人代发

为了更好地推行总承包人代发制,解决农民工工资的拖欠问题,总承包人要在与分包人签订合同时约定分包人的工人工资由总承包人代发,同时约定好分包单位每月考核农民工的工程量,并编制工资清单,交农民工本人签字后交给总承包人,作为代发依据。

(二)设置劳资专管员岗位,或安排专门人员承担管理劳资事务的职能

1. 做好实名制管理监督

实名制管理是签订劳动合同和总承包人代发制等的前提和基础。总承包人

只有监督好分包做好实名制管理,才有可能解决农民工工资拖欠问题。真正做到工地上工作的人都实名,工资的发放也都透明。

2. 核实工资清单签名的真实性

在分包单位将农民工签字的工资清单交给总承包人后,劳资专管员要核实该签名的真实性。劳资专管员可将劳动合同的签名及其他签名与工资清单的签名进行比对,如发现不一致的要及时汇报给总承包人。

3. 监督分包合同签订情况,将已签的合同报备,作为将来代发工资的依据

总承包人要发挥其监督作用,监督分包劳动合同的签订情况,并要求分包单位将其签订的劳动合同交由总承包人备案。劳资专管员要做好合同、身份证、考勤、工资卡等的核对工作,发现有不符合的要及时汇报总承包人。

(三)总承包人应将随机抽查与定期检查相结合,核对人、劳动合同、工资单、银行卡是否一致

总承包人应在施工过程中采取定期检查和随机抽查的方式,核实农民工本人与工资清单、工资卡、劳动合同是否一致,是否为同一人,工资单是否为其本人签字,工资是否按时拿到等内容。

总承包人可以在与分包单位的合同中约定奖罚激励条款,如同《工资支付条例》对缴纳农民工工资保证金实行差异化管理一样,如分包实名制管理、工资考勤发放工作做得好的,可设定奖励条款。如分包单位有违实名制管理,出现认证不符或提供虚假记录的,对分包单位进行罚款。甚至可以将分包单位违反规定的次数和严重程度,和结算计价标准直接挂钩。可采取降低结算标准,下调合同总价或者单价的方式。以此督促、约束做好用工管理,由分包单位负起实名制管理和支付的直接责任。

(四)借助三级教育对实名制管理进行宣传教育

总承包人可借助公司—项目部—班组进行三级安全教育时,对农民工实名管理及工资发放规定进行宣传教育,明确未实名管理的不得进入施工现场,工资表、考勤表要体现真实性,要由工人本人签字。告知每月的工资支付时间,如工人对未收到工资或对数额有异议的,应在限定期限内报告总承包人,逾期未提

的，将视为没有异议，工资已足额发放领取。宣传教育内容记入台账备存，交由农民工签字。

（五）先行垫付农民工工资，避免行政处罚，事后再与实际施工人结算

如农民工讨薪，特别是集体讨薪事件实难避免，被工人投诉举报至劳动保障部门的情况下，为避免行政处罚，建议总承包人及时与工人协商，在审查基本的用工关系、工资欠付后，可先行垫付，事后再与实际施工人结算，从应付工程款中扣除，或及时向实际施工人进行追偿。

表 6－1　工资支付台账内容

1	单位名称	6	身份证号码	11	代缴
2	支付周期	7	联系方式	12	扣除项目和数额
3	支付日期	8	工作时间	13	实发工资数额
4	支付对象	9	应发工资项目及数额	14	银行代发工资凭证或农民工签字
5	姓名	10	代扣		

表 6－2　工资支付表（样表）

××公司____年____月工资支付表　　　　单位：元

支付日期	姓名	身份证号	联系方式	考勤时间	应发工资	代扣/代缴	扣款		实发工资
							项目	数额	
2020 年 4 月	张三								
2020 年 4 月	李四								

第八节　实际施工人拖欠农民工工资的刑事风险识别与防范

本章前两节详述了实际施工人拖欠农民工工资可能产生的民事、行政风险，就工人而言，欠薪实际上是一个民事纠纷，但因拖欠农民工工资引发的群体事件社会影响较大，国家的行政干预和管理程度更为深广，若建筑企业特别是总承包人通过行政、民事途径仍不能妥善处理好农民工工资纠纷，则要面临刑事责任风险，有可能构成犯罪而被判罚。

一、风险识别

（一）总承包人及负责人有可能构成拒不支付劳动报酬罪

农民工工资关系社会民生，牵动千家万户，一旦因此产生纠纷，往往会产生较为恶劣的社会的影响，不仅企业的商誉、信誉受到影响，项目的品牌形象变差；情节严重的，总承包人也有可能构成拒不支付劳动报酬罪。

（二）总承包人面临被诈骗，蒙受经济损失的风险

在农民工讨薪中，还有一种情况是实际施工人、分包人或者一些小包工头恶意伪造工资单骗取人工工资，如果总承包人不设置代发工资机制，也不安排专员管理，导致监管失控，则会面临被诈骗的风险。一旦诈骗被查实的，实际施工人可能构成虚假诉讼罪、诈骗罪或者合同诈骗罪。

（三）总承包人的管理人员、员工有可能面临故意伤害罪、寻衅滋事罪、聚众斗殴罪的风险

根据《劳动保障监察条例》第三十条的规定，“打击报复举报人、投诉人的。违反前款规定，构成违反治安管理行为的，由公安机关依法给予治安管理处罚；构成犯罪的，依法追究刑事责任”。建筑行业基本上是重体力劳动行业，年轻男

性居多，而农民工讨薪多采取集体、聚众形式，很容易发生派出所调解解决时一言不合以至于动手的情形，轻则被行政拘留，重则构成犯罪。

（四）企业形象会遭受毁灭性的打击

若总承包人因涉嫌拒不支付劳动报酬罪被定罪量刑，甚至被侦查处理，则会给企业形象造成毁灭性的打击，也会在极大程度上影响、限制企业后续的经营发展与对外合作。

二、要点解析

（一）实际施工人不支付农民工工资，总承包人又不承担付款责任的，情节严重的，总承包人有可能构成拒不支付劳动报酬罪，单位负责人亦有可能被判处有期徒刑

根据《刑法》第二百七十六条之一拒不支付劳动报酬罪规定："以转移财产、逃匿等方法逃避支付劳动者的劳动报酬或者有能力支付而不支付劳动者的劳动报酬，数额较大，经政府有关部门责令支付仍不支付的，处三年以下有期徒刑或者拘役，并处或者单处罚金；造成严重后果的，处三年以上七年以下有期徒刑，并处罚金。单位犯前款罪的，对单位判处罚金，并对其直接负责的主管人员和其他直接责任人员，依照前款的规定处罚。有前两款行为，尚未造成严重后果，在提起公诉前支付劳动者的劳动报酬，并依法承担相应赔偿责任的，可以减轻或者免除处罚。"

据此可知，构成该罪行的前提是在行政部门责令支付后仍不付的，存在一定的行政指令或处罚的前置，如经人力资源社会保障部门或者政府其他有关部门依法以限期整改指令书、行政处理决定书等文书责令支付劳动者的劳动报酬后，在指定的期限内仍不支付的，应当认定为《刑法》第二百七十六条之一第一款规定的"经政府有关部门责令支付仍不支付"。主要包括以下情形：

1. 劳动行政部门即各级劳动监察大队已向用人单位送达《行政处罚决定书》，责令用人单位限期支付劳动者劳动报酬。

2. 各级信访机关已向用人单位送达批转文件，责令用人单位限期支付劳动者劳动报酬。

若具有以下情节，则会被认定为“逃避支付”而构成犯罪。根据《拒不支付劳动报酬刑事案件解释》第二条之规定：“以逃避支付劳动者的劳动报酬为目的，具有下列情形之一的，应当认定为刑法第二百七十六条之一第一款规定的‘以转移财产、逃匿等方法逃避支付劳动者的劳动报酬’：（一）隐匿财产、恶意清偿、虚构债务、虚假破产、虚假倒闭或者以其他方法转移、处分财产的；（二）逃跑、藏匿的；（三）隐匿、销毁或者篡改账目、职工名册、工资支付记录、考勤记录等与劳动报酬相关的材料的；（四）以其他方法逃避支付劳动报酬的。”就该罪名的犯罪构成来看，在实际施工人拒不支付工人工资的情况下，第一至三项的违法行为通常是实际施工人造成的，但第四项以其他方法逃避支付劳动报酬的范围和解释相对宽泛，只要总承包人有资金有能力但在收到给付告知、通知后拒不支付的，就可以被认定为“以其他方法逃避”。

同时《拒不支付劳动报酬刑事案件解释》第三条规定：“具有下列情形之一的，应当认定为刑法第二百七十六条之一第一款规定的‘数额较大’：（一）拒不支付一名劳动者三个月以上的劳动报酬且数额在五千元至二万元以上的；（二）拒不支付十名以上劳动者的劳动报酬且数额累计在三万元至十万元以上的。各省、自治区、直辖市高级人民法院可以根据本地区经济社会发展状况，在前款规定的数额幅度内，研究确定本地区执行的具体数额标准，报最高人民法院备案。”由此可知，拒不支付劳动报酬的金额认定标准相对较低，只要发生了集体欠薪事件，欠薪金额基本上就可以达到量刑标准。

此外，如果因为不支付工资，造成工人或者工人的被赡养人、被扶养人、被抚养人的基本生活受到严重影响、患重大疾病者无法及时医治或者导致学生失学的；对要求支付劳动报酬的劳动者使用暴力或者进行暴力威胁的等其他严重后果的①，量刑幅度还会上升至3～7年。

---

① 《拒不支付劳动报酬刑事案件解释》第五条。

典型案例 6.8.1

新疆某建设工程有限公司与安某某被判拒不支付劳动报酬罪案[①]

案例要点：实际施工人不支付农民工工资，总承包人又不承担付款责任的，在情节严重的情况下，总承包人可构成拒不支付劳动报酬罪，单位负责人会被判处有期徒刑。

案情介绍

2016 年 7 月至 2016 年 9 月 30 日，新疆某建设工程有限公司将其承包的鄯善县某小学教学楼工程项目交由王某某承包。其后，王某某不支付工程款，拖欠工人工资 369 308 元未付，2017 年 5 月 19 日经鄯善县人力资源和社会保障局向建设公司下发《劳动保障监察限期改正指令书》后，仍未支付工人工资。经鄯善县公安局于 2017 年 7 月 21 日立案侦查，2017 年 10 月 3 日建设工程公司负责人安某某通过银行转账的方式支付了 30.5 万元。在庭审中，被告认为建设公司与王某某之间是非法转包关系，故两被告不是构成本罪的主体。

一审法院认为：被告单位建设公司有能力支付而不支付、逃避支付工人工资 305 000 元，数额较大，经政府有关部门责令支付仍不支付；被告人安某某作为建设公司直接负责的主管人员、直接责任人，对单位有能力支付而不支付、逃避支付工人工资 305 000 元应承担直接责任。二被告的行为已构成拒不支付劳动报酬罪，公诉机关指控罪名成立，原审法院依法予以确认。判决：(1)被告单位建设公司犯拒不支付劳动报酬罪，单处罚金人民币 30 000 元。(2)被告人安某某拒不支付劳动报酬罪，判处有期徒刑 6 个月。并处罚金人民币 10 000 元(罚金已交纳)。

后两被告认为量刑过重提起上诉，二审法院认为：

原审被告单位建设公司有能力支付而不支付、逃避支付工人工资 305 000 元，数额较大，经政府有关部门责令支付仍不支付，其行为构成拒不支付劳动报

① (2019)新 21 刑终 52 号。

酬罪,对直接负责的主管人员原审被告人安某某判处刑罚。原审被告单位建设公司、原审被告人安某某提出被告单位与农民工之间不存在劳动关系,不应承担用工主体责任,所以不应支付劳动报酬的辩护意见。经查,劳动和社会保障部《关于确立劳动关系有关事项的通知》第四条规定:“建筑施工、矿山企业等用人单位将工程(业务)或经营权发包给不具备用工主体资格的组织或自然人,对该组织或自然人招用的劳动者,由具备用工主体资格的发包方承担用工主体责任。”从原审被告人安某某的供述及相关证人证言,综合全案的证据,可以形成证据链证实原审被告单位建设公司将工程发包给不具备用工主体资格的自然人后,其有能力支付而不支付、逃避支付工人工资,数额较大,经政府有关部门责令支付仍不支付,原审被告单位的行为构成拒不支付劳动报酬罪。故对该辩解和辩护意见本院不予采纳。

原审被告单位建设公司、原审被告人安某某在提起公诉前,将拖欠的305 000元工人工资支付完毕,尚未造成严重后果,维持罚金判决,对安某某的量刑改判如下:被告人安某某犯拒不支付劳动报酬罪,单处罚金人民币10 000元。

点评分析:以刑事处罚为前提,若存在违法分包、转包的,总承包人是第一责任人;若变更为内部承包,那么内部承包经营的承包人、实际施工人也有可能被落实为“单位负责人”一并承担刑事责任。但无论何种情形,总承包人的责任无法免除。

(二)伪造工人工资的,总承包人可以要求追究其刑事责任,但举证较为困难,同时也难以免除真实工人工资的给付责任

在农民工讨薪中,还有一种情况是实际施工人、分包人或者一些小包工头恶意伪造工资单骗取人工工资,包括伪造工人人数、伪造工时、伪造签到表、伪造薪酬标准等,因为较难查证,实际上在年底的讨薪高峰期时,存在较为普遍。尤其是实际施工人上报的工人工资加上此前支付的进度款已经远超合同金额的情况下,弄虚作假的可能性更高。如果总承包人不设置代发工资机制,也不安排专员管理,导致监管失控,则会面临被诈骗的风险,一旦诈骗被查证属实的,实际施工人可能构成虚假诉讼罪、诈骗罪或者合同诈骗罪。

根据《刑法》第二百二十四条合同诈骗罪的规定:“有下列情形之一,以非法占有为目的,在签订、履行合同过程中,骗取对方当事人财物,数额较大的,处三

年以下有期徒刑或者拘役……:(一)以虚构的单位或者冒用他人名义签订合同的;(二)以伪造、变造、作废的票据或者其他虚假的产权证明作担保的;(三)没有实际履行能力,以先履行小额合同或者部分履行合同的方法,诱骗对方当事人继续签订和履行合同的;(四)收受对方当事人给付的货物、货款、预付款或者担保财产后逃匿的;(五)以其他方法骗取对方当事人财物的。"

《刑法》第二百六十六条诈骗罪的规定:"诈骗公私财物,数额较大的,处三年以下有期徒刑、拘役或者管制,并处或者单处罚金;数额巨大或者有其他严重情节的,处三年以上十年以下有期徒刑,并处罚金;数额特别巨大或者有其他特别严重情节的,处十年以上有期徒刑或者无期徒刑,并处罚金或者没收财产。本法另有规定的,依照规定。"

《刑法》第三百零七条之一虚假诉讼罪之规定:"以捏造的事实提起民事诉讼,妨害司法秩序或者严重侵害他人合法权益的,处三年以下有期徒刑、拘役或者管制,并处或者单处罚金;情节严重的,处三年以上七年以下有期徒刑,并处罚金。单位犯前款罪的,对单位判处罚金,并对其直接负责的主管人员和其他直接责任人员,依照前款的规定处罚。"

在农民工的恶意讨薪中,经常存在欺诈和诈骗的行为。该行为通常涉嫌多个罪名。下文案例,是总承包人先发现实际施工人收到进度款后不支付工人工资,以拒不支付劳动报酬罪对实际施工人举报、控告。其后发现实际施工人提供的工资单存在诈骗行为,遂以诈骗罪报警,最后人民法院以合同诈骗罪对几名被告定罪量刑。

典型案例 6.8.2

汪某、吴某等被判处合同诈骗罪案[①]

案例要点:实际施工人汪某伙同其他人员伪造工人工资单,将两个工程项目中的工人工资做在一个项目上,在已经收到进度款并且没有足额发放给工人的

① (2019)苏0118刑初384号。

情况下,用伪造的材料向总承包人主张款项,最后被判处合同诈骗罪。

案情介绍

2017 年 10 月,总承包人南京某建筑安装工程有限公司与被告人汪某签订合同,将某项目的木工制模作业工程发包给汪某。在施工过程中,被告人汪某、吴某对木工制模工程进行核算时发现工程亏损。为填补亏空,被告人汪某、吴某合谋以伪造农民工工资、虚报账目的形式骗取工程款。随后,在被告人汪某授意下,被告人吴某在多名农民工名下虚增了工资共计 192.3202 万元。2019 年 1 月 29~31 日,被告人汪某、吴某等人至某建筑公司,提供虚假农民工工资账目单,索要剩余工程款(包括合同约定的尾款、双方存在争议的因工程增量、变量增加的工程款以及上述虚增的农民工工资)。后因某建设公司发现有农民工工资造假报警而未得逞。

法院认为:被告人汪某、吴某等人在履行合同过程中,虚构事实骗取对方财产,其中被告人汪某、吴某构成数额巨大,被告人江某甲、潘某构成数额较大,其行为均已触犯刑律,构成合同诈骗罪。且已经着手实施犯罪,由于意志以外的原因而未得逞,均系犯罪未遂,可以比照既遂犯从轻处罚。

判决结果:被告人汪某犯合同诈骗罪,判处有期徒刑 3 年,缓刑 4 年(缓刑考验期限从判决确定之日起计算),并处罚金人民币 10 万元(已预缴)。

被告人吴某、江某甲、潘某也均以合同诈骗罪被判处缓刑,并处罚金。

点评分析:这个案件是总承包人面临的典型的诈骗的刑事风险,实践中不但常见且隐蔽性高,往往虚虚假假真真实实还难以分辨,提供虚假材料的肯定是实际施工人,工程是真实的、工人部分是真实的,但是工资金额是真假参半的。虽然本案以刑事判决的方式处置了犯罪分子,但是必须注意,在此类风险中,总承包人勘破和举证的难度实际上非常大。

除了上述案例外,总承包人还有可能面临实际施工人、分包单位等以虚假诉讼的形式向其主张款项和赔偿,最后即使犯罪嫌疑人需要承担刑事责任,但是实际施工人或分包人几乎不可能将进度款项如实用于发放工人工资,肯定会存在真实的未足额支付的工人工资的情形。并且虽然其涉嫌犯罪,但是总承包人对真实的工人工资的给付也会因此免责,仍需要继续支付,其后向已经是罪犯的实际施工人追偿则是困难重重。

三、风险防范

(一)应正视行政管理部门要求给付工人工资的告知、通知甚至处罚,及时处理,不要冒被刑事处罚的风险

拒不支付劳动者的劳动报酬,尚未造成严重后果,在刑事立案前支付劳动者的劳动报酬,并依法承担相应赔偿责任的,可以认定为情节显著轻微危害不大,不认为是犯罪;在提起公诉前支付劳动者的劳动报酬,并依法承担相应赔偿责任的,可以减轻或者免除刑事处罚;在一审宣判前支付劳动者的劳动报酬,并依法承担相应赔偿责任的,可以从轻处罚。对于免除刑事处罚的,可以根据案件的不同情况,予以训诫、责令具结悔过或者赔礼道歉。拒不支付劳动者的劳动报酬,造成严重后果,但在宣判前支付劳动者的劳动报酬,并依法承担相应赔偿责任的,可以酌情从宽处罚①。

由此可见,拒不支付劳动报酬罪设立的目的核心不在处罚而在强制和保障工人工资的支付,只要及时处理,就可以有效避免相应风险。

(二)建立用工实名登记制度,避免实际施工人虚增工人名单的欺诈

在用工方面,施工总承包单位或者分包单位应当依法与所招用的农民工进行用工实名登记,最好利用信息技术平台进行管理和登记,及时更新人员信息,明确未实名登记的人员不得进场施工。

《江苏省建筑工人实名制管理和工资支付保障实施办法(试行)》(苏建规字〔2019〕4 号)第七条规定,省住房和城乡建设厅负责建立统一的建筑工人实名制信息管理服务平台,并与全国建筑工人实名制管理服务平台实现数据共享。第八条规定,建筑企业通过"江苏省建筑工人实名制信息管理服务平台"(以下简称"实名制平台")的企业用户端对本企业建筑工人和项目管理人员进行实名制信息认证,对信息真实性负责。第十条规定,施工总承包企业(或工程项目总承包企业)对施工现场实名制管理负总责。具备封闭式管理条件的工程项目,应配备实名制管理所必需的硬件设施设备,设立进出场门禁系统,采用人脸、指纹、虹膜

---

① 《拒不支付劳动报酬刑事案件解释》第六条。

等生物识别技术进行考勤；不具备封闭式管理条件的工程项目，应采用移动定位、电子围栏等技术实施考勤管理。相关电子考勤和图像、影像等电子档案保存期限不少于2年。

江苏省规定施工企业要通过“江苏省建筑工人实名制信息管理服务平台”进行实名制认证，并在具备封闭式管理条件的工程项目中，配备硬件设施设备，设立进出场门禁系统，采用人脸、指纹等识别技术进行考勤。不具备封闭式管理条件的项目，要采用移动定位、电子围栏等技术实施考勤管理。

（三）在项目上设置劳资管理岗位，对用工和工资发放进行有效的管理，避免款项被实际施工人挪用

由专职人员专门负责实际施工人管理人员的监督和管理，建立系统有效的农民工工资发放实名制管理制度，加强对实际施工人、分包单位的管理和监督。

《工资支付条例》规定劳资专管员要对分包单位的劳动用工实施监督管理，掌握施工现场用工、考勤、工资支付等情况，审核分包单位编制的农民工工资支付表。其具体的职责和职能设置可以参考《建筑与市政工程施工现场专业人员职业标准》中对劳务人员的岗位要求。劳资专管员本就是在劳务人员的职业标准所规定的职能基础上，派生出的针对分包的用工管理和工资发放的新的岗位职能，用以规范总承包人在实名制和代发制模式下，更好地履行对分包的用工进行专人专岗监督用工管理的义务。

关于劳务专员的配置和职能，见表6－3：

表6－3　劳务专员的配置和职能

序号	分类	主要工作职责
1	劳务管理计划	（1）参与制订劳务管理计划 （2）参与组建项目劳务管理机构和制定劳务管理制度
2	资格审查培训	（3）负责验证劳务分包队伍资质，办理登记备案；参与劳务分包合同签订，对劳务队伍现场施工管理情况进行考核评价 （4）负责审核劳务人员身份、资格，办理登记备案 （5）参与组织劳务人员培训

续表

序号	分类	主要工作职责
3	劳动合同管理	(6)参与或监督劳务人员劳动合同的签订、变更、解除、终止及参加社会保险等工作 (7)负责或监督劳务人员进出场及用工管理 (8)负责劳务结算资料的收集整理,参与劳务费的结算 (9)参与或监督劳务人员工资支付、负责劳务人员工资公示及台账的建立
4	劳务纠纷处理	(10)参与编制、实施劳务纠纷应急预案 (11)参与调解、处理劳务纠纷和工伤事故的善后工作
5	劳务资料管理	(12)负责编制劳务队伍和劳务人员管理资料 (13)负责汇总、整理、移交劳务管理资料

四、操作指南

(一)落实代付工资制度,防微杜渐,避免触犯拒不支付劳动报酬罪

根据《工资支付条例》和国家现行政策,总承包人是给付工人工资的第一责任人,不要轻易试图回避该责任,避免纠纷的扩大化,避免不必要的刑事侦查甚至被追究刑事责任。

(二)做好工人工资数额真实性、合理性的核对工作,核实欠付工资的实际情况

总承包人对于分包单位提交的考核量和工资支付表,应做好测算工作,测算人工费成本。将测算出的人工费与分包单位提交的工资单的数额进行比对,以核实分包单位上报人工费的真实性、合理性。

(三)要求分包单位对所提交的工资支付文件真实性负责,协议明确约定欠付工人工资引发群体事件的责任和处罚

在分包协议中应明确约定分包单位对于其提交农民工工资表等文件的真实

性负责，承诺代发金额能够足额支付当月工人工资。并设定违约机制，甚至可以结算计价标准直接挂钩。分包单位弄虚作假情节严重的，可降低结算标准，下调合同总价或者单价。

（四）在每月工地例会中就农民工的工资支付情况进行通报，并形成会议记录

总承包人可在每月工地例会中就农民工的工资支付情况进行通报，分包单位确认工资支付情况，并确认总承包人已经足额支付不拖欠工资，并将此记录在会议纪要中。同时工地例会中总承包人还应将发现的分包单位在上报工资以及用工的违法违规情况进行通报，督促其规范用工并及时支付工资。

（五）要求分包单位缴纳履约保证金

鉴于总承包人不仅要缴纳农民工工资保证金，也要向发包人提供履约担保。为合理分散规避风险，应督促分包单位不拖欠工资，要求分包单位缴纳一定数额的履约保证金。在出现分包单位违约或总承包人垫付工资情形时，可从履约保证金中优先支付。

若分包单位缴纳保证金困难的，作为替代的担保方式，可结合履约保函配合使用，也可采取在进度款中扣除一定比例的方式留作保证金。

（六）发现虚假、虚报工人工资，或遇到恶意讨薪的要及时报警

可以在代发工资、会议纪要的基础上，整理出真实的工人用工和款项给付情况。若遇到被欺诈、诈骗的情形，要及时报警处理。

第九节　向实际施工人追偿的风险识别与防范

建筑施工企业与实际施工人在很大程度上是利益共同体，虽然法律法规明确禁止借用资质、非法转包和违法分包，但在真实的建筑市场中普遍存在以上述情形包括以内部承包经营形式进行施工的实际施工人。无论基于何种事由，实

际施工人一旦发生对外欠款，总承包人通常也会面临清偿风险。

本章前述章节中已经从实际施工人对外欠款的多个领域和角度阐述了总承包人面临的种种风险和应对，包括发生工伤、拖欠农民工工资、实际施工人对外拖欠材料款、租赁费，拖欠分包工程款，对外借款不还，以及现场管理人员的工资支付问题等。此外，实际施工人还会因工程出现质量问题、工期拖延等，需要对外承担责任。在前文风险防范建议中，均提到了总承包人在代实际施工人对外清偿债务后，向实际施工人追偿的问题。

如果可以追偿，其代付的全部款项的追偿比例、可以追偿的债权范围、可以追偿的法律依据，以及如果因为实际施工人不作为导致总承包人代实际施工人清偿债务的情形出现，总承包人应该采取的追偿方式和避免此类风险、最大限度地减少因实际施工人消极履行义务而导致施工企业代为清偿造成损失的做法，下文将为大家逐一展开详细分析。

一、风险识别

（一）承担涉诉风险

总承包人代付债务后，在向实际施工人索要无果的情况下，起诉并且要求作为工程承包人的实际施工人承担付款责任就成了第一选择，但是一旦进入诉讼程序，就需要等待较长的审理、执行期限（建设工程类案件通常属于疑难案件，审理期限比较长），承担追偿权的费用开支，因证据不足或败诉、执行无法全额回款实现的风险。

总承包人一旦无法直接从应付工程款中扣下代付费用，则通常会以对实际施工人提起诉讼的方式进行权利主张。而实际施工人常常不会认可总承包人垫付的全部金额，如果争议很大的，即使总承包人已将款项从应付款中扣下，也会面临实际施工人的起诉。

（二）忽视诉讼时效而丧失胜诉权

因总承包人和实际施工人的关系或合作较为紧密，工程项目时间跨度较长，往往会忽略追偿权的及时主张。而权利不及时行使，有可能因超过诉讼时效而失去合法权利的胜诉权，《民法典》第一百八十八条规定向人民法院请求保护民事权利的诉讼时效期间为3年,故总承包人应当及时行使权力。

(三)总承包人超过法定或约定金额的赔偿、给付,在追偿过程中,有可能因未经实际施工人同意而得不到支持

典型案例6.9.1

某建筑公司诉某劳务公司、牟某四人追偿权纠纷案[①]

案例要点:工伤事故中,总承包人向工人先行赔付后,在合法分包并尽到妥善管理义务的前提下,向分包人及其他责任主体的追偿,会得到全额支持。但如果总承包人赔偿的款项金额超过了法定给付标准,超过部分未经赔偿责任主体认可同意的,法院对超出部分不予支持。

案情介绍

某建筑公司与某劳务公司签订了某项目劳务承包合同。约定某项目劳务工程虽以某劳务公司名义承包,但劳务工程由牟某等四人合伙负责,被告牟某等是该工程的实际施工人。牟某等招用的工人刘某施工时受伤,伤残等级评定为七级,刘某就其工伤赔偿事宜与某建筑公司达成和解协议,某建筑公司一次性支付刘某的各项工伤待遇共计14.3万元整,其后,某建筑公司起诉牟某等四人及某劳务公司,要求其承担刘某工伤赔偿款。

一审法院认为:原告某建筑公司与刘某达成的和解协议只对协议双方具有约束力,但五被告对原告已向刘某支付的143 000元的工伤损害赔偿款的事实无异议。故原告对其实际支付的部分享有对被告方的追偿权。被告某劳务公司明知自己不具有建筑施工企业资质,而允许被告牟某等四人以自己的名义与原告签订劳务承包合同,违反了法律规定。现实际施工人被告牟某等四人招用的劳动者在做工过程中遭受工伤损害,被告某劳务公司应与实际施工人连带承担用工主体责任。

一审法院判决:五被告返还原告某建筑公司人民币143 000元。

① (2015)渝二中法民终字第01224号。

二审法院认为：刘某的工伤保险待遇按照法律规定计算为：123 982.77 元。某建筑公司在与刘某就工伤保险待遇纠纷进行和解过程中，明知其不属于终局责任人，有可能向某劳务公司予以追偿，但并未告知某劳务公司并征求其意见，因此对于超过法定赔偿标准的部分，不享有追偿权。根据上诉人提交的《合伙协议》以及某劳务公司所做的情况说明，能够证实上诉人牟某等四人之间存在合伙关系，但其与某劳务公司之间并非合伙关系，而是借用其资质订立合同；同时，上诉人牟某等四人与被上诉人某建筑公司并无合同关系，该上诉人亦无按照法律规定承担工伤保险待遇的法定义务。因此，一审判决上诉人牟某等四人承担连带责任缺乏当事人约定或者法律依据，应由某劳务公司返还某建筑公司款项。

二审法院判决：上诉人某劳务公司返还某建筑公司法定赔偿标准内的123 982.77元。

点评分析：从判决金额及责任承担主体可看出一、二审法院对于实际施工人及赔偿数额的认定有差别。二审法院认为赔偿金额如果不经过实际施工人的认可，仅在法定赔偿范围内支持，超出部分不予支持。就合同的相对性而言，仅支持总承包人的合同相对人，而未扩展至实际施工人。

（四）总承包人需要就自身过错承担部分赔偿

总承包人有可能因为自身存在过错，包括违法分包、挂靠，在内部经营中管理、监管不力，需要就自身过错责任承担部分赔偿责任，无法实现全额追偿。

（五）因实际施工人没有财产，即使胜诉后损失也无法挽回

追偿权是以总承包人已经代付垫付款项或已受到损失为前提的，目的是要挽回总承包人已经实际付出的成本或获得损失补偿。而能否实现全额追偿，实际施工人的履行能力非常关键，如果实际施工人财产很少，甚至通过假离婚、财产转移等方式逃避责任，总承包人则要面临赢了官司但拿不回钱的风险。

在某公司与陈某、黄某工伤赔偿追偿纠纷案中①，法院支持实际施工人赔偿的比例为全部金额的20%，即应当向总承包人公司返还两万余元即可，但是金额

---

① （2017）川1324执805号。

如此之少的案件,执行裁判上仍显示"但被执行人黄某、陈某至今未履行。本院在执行中查明,被执行人陈某系仪陇县国土局在职职工,其应有奖金、津贴等收益。依法裁定如下:以200 000元为限扣留、提取被执行人陈某2016年1月1日以后的奖金、津贴等收益(具体提取金额以协助执行通知书为准)。金额甚少的案件尚且如此,可见实践中执行难度之大。

二、要点解析

在工程建设实践中,总承包人往往是迫于无奈才为实际施工人代付款项,其代付过后的首要任务即为追偿,不但要保证代付的款项可以及时回笼,更希望就利息损失、维权的费用也可以得到一定支持。在司法实践中,总承包人的这些权利能否全部得到支持,要根据具体情况而定。

(一)基于不同情形提起追偿的法律结果分析

1. 发生工伤(工亡)的工人赔付后的追偿

实际施工人聘用的人员在工地上发生人身伤亡事故,总承包人履行了工伤赔偿或人身损害赔偿责任后可向实际施工人行使追偿权。但是否可以全额追偿,则处理结果各有不同,如果总承包人被认定有过错,则需要根据过错大小承担一定责任,而承担的过错比例在司法实践中并无统一标准,司法机关的自由裁量权较大。

在上文案例中,虽然二审判决减少了支持金额,但实际上是100%支持了总承包人的追偿金额,此类情况下,只要总承包人与实际施工人或分包人事前明确协议约定"授权总承包人与受伤工人进行协商,对总承包人确认赔偿金额全部认可,没有异议",同时总承包人在赔偿时,给付的金额与法定标准对比只要不畸高或畸低,即可避免追偿金额被减扣的风险。

但是,根据中国裁判文书网中公布的该类案件显示,多数总承包人会被认定存在过错,而不能实现全额追偿。例如,四川仪陇县人民法院审理的某城市建设公司诉实际施工人陈某、黄某的工人赔偿追偿纠纷案①中,法院对某建筑公司追偿权予以承认,但是认为原、被告之间虽名为内部承包,实为挂靠经营,两个实际

① (2016)川1324民初833号。

施工人是不具备建筑施工资质的个人，我国法律明确禁止无资质的人借用、挂靠有资质的公司承建工程，故原告公司有过错，需要对受伤工人的赔偿承担 20% 的赔偿责任（次要责任），两被告需承担赔偿金额的 80%（主要责任）。

在事故情况近乎一致的情况下，各个地区的法院会基于不同的理由作出不同的裁量。又如，六安中院审理的金寨县某水电有限公司诉潘某、叶某追偿工人死亡赔偿金纠纷案中[①]，法院认为，尽管被告两人承包该工程时没有资质，但其应对施工过程中发生的安全事故负责任。原告建筑公司将工程发包给没有资质的人员，属于选任过失，也应承担一定的责任。最终判决原告建筑公司承担 40% 的赔偿责任，两名实际施工人作为被告承担 60% 的赔付责任。

而在重庆四中院审理的重庆市某建筑工程有限公司诉吴某追偿权纠纷案[②]中，法院认为已经承担了工伤赔付责任的原告某建筑公司作为一家具备建筑施工企业资质的正规公司，应当熟知国家关于建筑施工方面的法律法规，不应将其建筑施工企业的资质借与无资质的吴某进行施工，也应当预见将工程由无资质的自然人承包施工可能引发的风险，应当严格杜绝借出资质的行为，其违反法律的强制性规定，将资质借给不具备建筑施工企业资质的吴某，明显具有较大的过错。因此某建筑公司作为资质借出方，对造成的损失应承担 80% 的主要责任，而实际施工人仅需要承担 20% 的责任。这几个案例的认定基本一致，但法院判决的责任的承担比例差距极大。

结合案例来看，法院会综合考量承包人与实际施工人之间的约定、实际赔偿的金额、在施工期间实际施工人作出的承诺。同样，在判决中，也会考虑承包人违法发包、转包的过错问题，基本都要求企业承担一定比例的赔偿责任，不会支持全额的追偿请求。不同、地区不同法院的支持比例存在较大的差异。

2. 工人工资、劳务费用、材料款、租赁费的追偿

实际施工人系工程的实际权利义务承受人，劳务工人系实际施工人聘用的，劳务费应由实际施工人支付。即使认定分包合同无效，但是基于权利及款项取得的合法性和相对性，总承包人的追偿权可以行使并能够得到支持。在四川某

---

① （2014）六民二终字第 00349 号。

② （2013）渝四中法民终字第 01164 号。

建筑公司起与何某的劳务款追偿纠纷案中①,法院认为,原告把电梯安装项目分包给吴某的行为无效,但是原告向工人支付了6万元的劳务款,实际在此范围内免除了何某向工人的付款义务,何某收取此款无合同依据和法律依据,应返还原告。

另外,对总承包人为实际施工人向第三人垫付或代付的材料款、租赁费、人工费,只要总承包人可以证明代付的真实性,基本上实际发生的费用都可以得到法院支持,但是维权的费用开支未必会得到支持。在某建设公司与高某追偿代付材料款纠纷案中②,原告建设公司除了要求被告赔偿材料款损失19万余元之外,还诉请主张了材料款的利息以及律师费等经济损失5万元。法院认为,就材料款原告有权全额追偿,但对于原告要求被告支付诉讼费、律师费等经济损失的请求,由于原告是将涉案工程整体违法转包给被告高某的,自身亦存在过错,不予支持。

据此可见,实际施工人应付未付对外欠款,总承包人代付后,可以向实际施工人追偿。但因为承包人违法转包的,其他损失,包括材料商起诉材料款案件的诉讼费、律师费、管理费和违约金等,有可能不会被法院支持。

3. 工程出现质量问题的追偿

实际施工人是工程生产建设的具体实施者,若出现质量问题而实际施工人不积极修复,建设单位要求总承包人赔偿损失的,总承包人承担赔偿责任后向实际施工人的追偿权行使问题。

典型案例6.9.2

泸县某某建筑公司与李某、万某工程质量追偿纠纷案③

案例要点:总承包人公司与内部承包人之前签订有内部承包协议,约定工程质量的责任全部由实际施工人承担。但在一审按照双方约定全额支持追偿款

① (2016)川0191民初2436号。
② (2013)佛城法民一初字第454号。
③ (2015)泸民终字第793号。

后，二审法院认定原被告之间签订的《内部承包协议书》无效，总承包人建筑公司方存在过错，需要自行承担40%的责任。

案情介绍

李某、万某签订《工程合伙协议书》，就合伙修建“某学校教学楼”等工程的权利、义务进行了约定。某某建筑公司与李某签订《内部承包协议书》，约定将拟承建的工程承包给李某。后某某建筑公司承接某教学楼工程后，按约定将该工程内部承包给李某施工。李某、万某随即组织人员进场施工，工程竣工后交付使用。教学楼在使用过程中，发现四、五层梁及楼板出现裂缝。经鉴定：该工程楼面板开裂主要原因为混凝土强度不能满足设计要求，影响结构安全性，需要进行加固。某某建筑公司为此支付鉴定费45 000元，并向加固施工方支付加固工程款50万元。后本案双方就整改加固工程所发生费用未能协商达成一致，某某建筑公司提起诉讼。

一审法院认为：某某建筑公司与李某签订的《内部承包协议书》虽然对外无效，但对内而言对双方是有约束力的，依照双方约定的“若一次发生3万元以上的质量事故，乙方无条件承担返工损失及相应责任”，李某应承担该教学楼加固工程的相关损失，万某作为合伙人，应与李某承担连带责任。

一审法院判决：李某赔偿某某建筑公司因教学楼加固工程产生的鉴定费、工程费共计548 960元；万某对上述款项承担连带清偿责任。

二审法院认为：作为承包人的某某建筑公司向发包人承担质量责任并无不当，依法应承担赔偿责任。同时，如果实际施工人承揽的工程质量出现问题，实际施工人与总承包人或分包人向发包人承担连带赔偿责任，体现了质量第一的法定地位。本案中，某某建筑公司作为建筑施工企业，应当知晓不得出租建筑资质的相关行政管理规定，其接受李某和万某以某某建筑公司的名义从事承建工程活动，并收取了李某交纳的管理费，将本应由某某建筑公司承建的新建教学楼工程，违法转包给没有任何资质的个人承建，且在整个建设活动中，没有尽到必要的监督管理义务。建设工程主体结构的施工必须由承包人自行完成，涉案工程安全性能严重不符合标准，承包人依法应承担相应的过错责任。李某和万某作为案涉工程的实际施工人，其施工行为直接导致案涉工程的质量存在严重安全隐患，应当承担主要过错责任。为规范建筑市场秩序，保证建筑工程的质量和安全,促进建筑业健康发展,切实保障人民的财产和生命安全,结合本案双方过错及造成质量问题的实际情况等因素,本院酌定由实际施工人即李某和万某承担60%的责任,由违法转包人即某某建筑公司承担40%的责任;原审认定实际施工人承担全责不当,本院依法予以纠正。

二审法院判决:李某于本判决生效后10日内支付某某建筑公司因教学楼加固工程产生的鉴定费、工程费共计548 960元的60%即329 376元;万某对此款负连带清偿责任。

点评分析:本案一审、二审法院对于承包人代实际施工人偿付债务是否可全额追偿持不同观点,一审法院认为约定有效,可以全额追偿,但最终生效裁判认为原告分包违法不当,也应当就其过错承担其中40%的责任。

同样是工程质量纠纷引发的追偿,在盐城市中级人民法院审理的某装饰公司与陈某装饰装修的追偿权纠纷案①中,原告某装饰公司与被告陈某签订的合同协议中约定,"七、乙方在建工地一切都要做到安全文明施工,如果出现质量安全问题所造成损失由乙方(陈某)承担解决",在该案的审理中,法院亦认定两方的合作协议因没有资质的实际施工人借用有资质的建筑施工企业名义承接工程进行施工而无效,但是陈某在该协议中自愿承担质量问题所造成的损失的约定,未损害他人利益,不符合合同无效的情形,故对原告的追偿请求全部予以支持。

关于工程质量问题产生的债务,承包人应当承担赔偿损失的责任。因为承包人与发包人之间签有《建设工程施工合同》,合同中有专门的条款对如何解决工程质量问题作出了约定。而且,《建筑法》第二十九条第二款规定,建筑工程总承包单位按照总承包合同的约定对建设单位负责;分包单位按照分包合同的约定对总承包单位负责。总承包单位和分包单位就分包工程对建设单位承担连带责任。《建设工程司法解释(一)》第十五条规定,因建设工程质量发生争议的,发包人可以以总承包人、分包人和实际施工人为共同被告提起诉讼。除非发包人书面承诺放弃向承包人主张权益,否则,只要出现质量问题,发包人即享有充分的权利向承包人主张损失赔偿。据此,如发包人未向实际施工人主张权利,总承包人承担基于质量问题的赔偿责任后,可以向实际施工人追偿。

---

① (2015)盐民终字第02673号。

虽然因挂靠和转包等情形导致内部承包协议无效，因双方均存在过错，而对于根据该过错是否可以让总承包人承担一部分质量损失目前仍存争议。工程产生质量问题的根本原因在于实际施工人施工过程中的具体过错行为，与内部承包协议本身无效的过错是否有因果关系值得商榷。

4. 发包人向总承包人主张返还多付的工程款并要求总承包人承担工期违约责任，总承包人付款后向实际施工人的追偿权

典型案例 6.9.3

重庆某建筑工程公司诉钟某、李某因工程工期违约的追偿权纠纷案[①]

案例要点：工程款由实际施工人收取，工期违约也系实际施工人的原因，但发包人基于其与总承包人之间的合同，要求总承包人承担责任有充分的依据，总承包人承担责任后可以向实际施工人追偿。

案情介绍

重庆某房地产公司与重庆某建筑公司签订有《B、C 区平基土石方工程承包合同》一份。随后，某建筑公司作为发包方，钟某作为承包方，双方签订《B、C 区平基土石方工程承包合同》一份。后因钟某未支付施工人员款项导致工地罢工，各方协调后，该工程变更为由李某作为实际施工人组织施工。2012 年 4 月，发包人与某建筑公司对 B 区土石方工程款进结算未果后，发包人提起民事诉讼，要求某建筑公司返还其多支付的工程款 255 814.10 元及资金占用利息、工期迟延违约金。法院判决全部支持某建筑公司应返还工程款 255 814.10 元及资金占用利息；同时应付工期迟延违约金 574 857.80 元。此款项已通过法院强制执行由某建筑公司支付。现某建筑公司就上述已经支付并赔偿的款项向两实际施工人钟某和李某追偿。

① (2016)渝 0104 民初 1249 号，(2015)渝五中法民终字第 02398 号。

法院认为：某建筑公司与钟某、李某之间基于挂靠合同产生的权利、义务应由某建筑公司与钟某、李某按合同约定进行结算。因某建筑公司已就多支付钟某工程款提起不当得利之诉，法院也已判决钟某返还某建筑公司工程款627 169元，该款项应当包含了某建筑公司返还给发包人的款项，因此，某建筑公司再次要求实际施工人返还的，本院不予支持。基于该工程款未及时返还产生的利息18 945.17元也应由某建筑公司承担。

对于某建筑公司已支付给发包人的工期违约金574 857.80元，因钟某、李某作为挂靠人及实际施工人，不积极组织工人施工，尤其是钟某，领取工程进度款后不及时发放给施工人员，造成工地罢工，对于工期延误存在主要过错，应当承担70%的责任；某建筑公司作为被挂靠人及承包方，在收取管理费后，未积极履行管理和监督职责，导致工期延误，存在一定的过错，应当承担30%的责任。钟某、李某应分别对其施工部分造成工期延误承担相应的责任。

法院判决：被告钟某给付原告违约金、诉讼费及执行费共计369 460.10元；被告李某给付原告违约金、诉讼费及执行费共计40 929.36元。二审维持原判。

点评分析：上述案例显示承包人代实际施工人向发包人承担了工期违约责任及返还工程款责任后，可以向实际施工人追偿。但是否可全额追偿，各法院做法不一，总体而言就责任承担上，还是会考量总承包人的违法分包行为应承担的过错责任。

5.总承包人代实际施工人缴纳税金后，向实际施工人的追偿问题

在对税金的追偿案中，笔者发现不同法院对税金的处理不尽相同，有的法院予以全额支持的，法院认为实际施工人既是工程的实际组织者又是取得工程款的受益人，其取得了工程款，就应该依法纳税。如因实际施工人不履行纳税义务，总承包人支付的税款是属于代缴，实际施工人应当全额返还。但是也有法院认为根据税法的相关规定，总承包人才是纳税义务主体，从而驳回总承包人的全部诉讼请求。

（二）约定全部的给付或赔偿责任均由实际施工人承担的效力

从本节所总结的案例中可知，总承包人在追偿代实际施工人支付工人工资、

劳务费用、材料款、租赁费后，向实际施工人进行追偿款项的请求基本可以全部得到支持，但是违约金和维权的费用，包括律师费、诉讼费等未必会得到支持。

而其他类型的追偿，包括工伤、人身损害赔偿以及基于实际施工人的工程质量不合格、工期延误等违约行为、税费未能缴纳等类型的追偿，往往会因为总承包人存在过错而需要承担过错责任。即使双方合同约定全部责任由实际施工人承担的，从司法实践来看，在各地的生效文书中，也存在全部支持的和部分支持的，并没有统一的标准和明确的法律规定。

现摘录《民法典》有关民事法律行为无效的法条主要包括第四百九十七条①格式条款无效；第一百五十一条②，显失公平无效；第一百五十三条③，违反强制性规、违背公序良俗无效；特别是第五百零六条规定："合同中的下列免责条款无效：（一）造成对方人身损害的；（二）因故意或者重大过失造成对方财产损失的。"明确规定有关人身损害、财产损失的免责条款无效。

综合研究上述法律规定显然可见，在追偿权的案件和纠纷中，总承包人与实际施工人签订内部协议，约定全部的给付或赔偿责任均由实际施工人承担的，基于案情的不同，法院对该条款约定的效力有可能重新作出认定。比如会基于总承包人的优势身份地位，认定排他性的责任承担显失公平而撤销，或因相关协议、承诺往往也是总承包人提供的格式条款，基于提供格式条款一方不合理地免除或者减轻其责任、加重对方责任、限制对方主要权利而无效，特别是在工伤和人身损害赔偿的案件中，基本上总承包人的请求不会得到全部支持。

（三）在各种类型的追偿权纠纷中，总承包人与实际施工人承担款项的比例分析

根据本书列举、引用的案例中法院关于承包人与实际施工人承担责任的大

① 《民法典》第四百九十七条："有下列情形之一的，该格式条款无效：（一）具有本法第一编第六章第三节和本法第五百零六条规定的无效情形；（二）提供格式条款一方不合理地免除或者减轻其责任、加重对方责任、限制对方主要权利；（三）提供格式条款一方排除对方主要权利。"

② 《民法典》第一百五十一条："一方利用对方处于危困状态、缺乏判断能力等情形，致使民事法律行为成立时显失公平的，受损害方有权请求人民法院或者仲裁机构予以撤销。"

③ 《民法典》第一百五十三条："违反法律、行政法规的强制性规定的民事法律行为无效。但是，该强制性规定不导致该民事法律行为无效的除外。违背公序良俗的民事法律行为无效。"

小如表 6－4 所示：

表 6－4　法院关于承包人与实际施工人承担责任的认定

案件类型	裁判承担责任比例		裁判理由	案号
	总承包人	实际施工人		
工伤/人身损害赔偿	超过法定部分	法定部分	一审全额支持，但是二审改判，因超过法定部分未经实际施工人同意而不支持	（2015）渝二中法民终字第 01224 号
	20%	80%	总承包人转包有过错	（2016）川 1324 民初 833 号
	40%	60%	总承包人选任存在过错	（2014）六民二终字第 00349 号
	80%	20%	总承包人出借资质，存在较大过错	（2013）渝四中法民终字第 01164 号
劳务费	0	100%	总承包人在实际付款范围内免除了实际施工人的责任，有权全额追偿	（2016）川 0191 民初 2436 号
材料款本金	0	100%	根据内部约定，总承包人垫付后有权追偿	（2013）佛城法民一初字第 454 号
其他损失（违约金、诉讼费、律师费）	100%	0	总承包人违法转包有过错，不支持	（2013）佛城法民一初字第 454 号
材料、人工、租赁费	0	100%	实际施工人领取工程款，有付款义务，总承包人代付后可追偿	（2015）石民再初字第 00002 号
质量损失赔偿	0	100%	内部协议约定质量责任由实际施工人承担	（2015）盐民终字第 02673 号
	40%	60%	内部协议约定质量责任由实际施工人承担，但因总承包人存在过错也需要承担责任	（2015）泸民终字第 793 号
工期违约赔偿责任	30%	70%	主次责任过错	（2015）渝五中法民终字第 02398 号

只要工程存在实际施工人，总承包人垫付、代付相关款项的风险就难以避免。而垫付或代付以后能否全额追偿，目前尚没有明确的法律依据。因此，有法院全额予以支持的，也有法院按照过错责任原则判决承包人承担次要责任的，责任比例20%、30%、40%不等，也有法院认为总承包人违法将项目承包给实际施工人的属于严重过错，应该承担主要责任，判决不支持的比例甚至达70%～80%的责任不等，或者虽支持了承包人实际代付款项的追偿金额，但对其他损失不予支持。也就是说，承包人在垫付、代付相关款项后，完全可以向实际施工人追偿，但是，能否实现全额追偿，并不一定，判决结果与各地法院及法官的观点密切相关。法院认定实际施工人为工程的权利义务承受人，相关款项应由实际施工人支付的，则会判决全额支持。法院认定总承包人借用资质或把工程转包给不具有相应资质的主体，存在过错的，则会判决总承包人除向实际施工人追偿一部分外，也应承担部分责任。

三、防范建议

1. 总承包人对实际施工人的选任应非常慎重，应当考察实际施工人以往施工工程的质量、对外支付能力及个人品行等，并与实际施工人订立协议，明确约定实际施工人的义务。一旦发生总承包人被要求承担相关付款责任的情形，要及时告知并要求实际施工人积极协调解决。

2. 实际施工人不得从发包人处领取工程款，发包人所付工程款均由总承包人领取。实际施工人从总承包人处领取工程款时，应提供对外应付款或已付款的凭证。应付未付款项可由总承包人直接支付/代付，以减少实际施工人领款后挪作他用而不支付相关欠款的风险。

3. 要落实好对工程的质量及进度的监督，不能“挂而不管”或“转而不管”，更不能放松对内部承包过错的监督与管理，避免对发包人承担违约责任。总之，总承包人只要不是自己实际运作项目就会有相应风险存在，其虽享有追偿权，但应尽量避免被动追偿，而应从工程款、施工质量、工期等方面对实际施工人进行有效约束，主动控制风险。

4. 及时行使追偿权，毫无疑问的是，总承包人从代付时起，即知道自己的权利受到损害，此时即为诉讼时效的起算时间，三年之内要即要及时向实际施工人主张权利，并且留下主张的证据和依据，包括书面的函告、微信、短信记录、通话录音等，可以使诉讼时效中止，如通过催要的方式无济于事，建议不要等到诉讼时效届满，应当及时通过诉讼途径尽快追偿，否则有可能丧失胜诉权。

四、操作指南

（一）如有未付工程款的，优先从未付款中扣除

在有未付工程款的情况下，将代付款项从未付款中扣除是最优选项。如总承包人尚有（包括已有的和发包人未付且确定能到的）未付给实际施工人的款项，则为实际施工人代付后，应及时通知实际施工人，双方书面约定承包人代付的某款项从未付的工程款中予以扣除。这是总承包人处理代付问题并减少损失最理想的方式。若实际施工人推脱、不置可否或者明确拒绝，则可以通过发函的方式，明确表达从实际施工人应得工程款中对总承包人已代付的哪些款项进行扣除的意思表示。

（二）尽快提起诉讼

若各方已经结算完毕，总承包人无应付实际施工人的款项，确实是以自有财产代为清偿的，则总承包人的损失是实实在在的。此种情形下，若实际施工人对总承包人要求其支付代付款项的通知置之不理，则总承包人应尽快通过诉讼的方式进行追偿。同时，追偿权的行使应及时，诉讼时效从知道自己的权利受到损害时起算，如通过催要的方式无济于事的，建议应当及时通过诉讼途径尽快追偿。

（三）在工人人员伤亡的事故中，建议尽量以实际施工人的名义尽快达成调解

一旦发生工伤事故，总承包人一般会被确定为赔偿主体，且若发生严重的安全生产事故，还会面临行政处罚和刑事责任的承担，如能够达成赔偿的和解和调解的，建议直接以实际施工人的名义进行。

第七章 工程中途停工时总承包人的风险识别与防范

CHAPTER 07

发包人因资金链断裂、设计变更、经营政策调整等原因会导致项目陷入停工状态。实际施工人也会因为自身实力、项目本身的亏损情况、与总承包人矛盾等原因致使项目停工。一旦停工问题未能得到及时有效解决,项目不能及时复工的,则项目就会烂尾。

总承包人在项目停工且无法继续施工时,需要处理好以下几种关系,即与发包人之间的总承包合同关系,项目现场对外的欠款关系以及与实际施工人之间的内部承包关系。任何一个法律关系或者细节处理得不当,都可能造成损失或者使损失进一步扩大。

第一节 与发包人履行总承包合同的风险识别与防范

一旦出现项目停工且无法复工的情形时,总承包人首先需要考虑的是与发包人之间的总承包合同的处理。若与发包人的总承包合同不能尽快解决,将导致工程实际工期拖延,造成工期损失的扩大,也会使总承包人与发包人关系的进一步恶化。

实践中很多实际施工人通常是发包人自己选择的,发包人与实际施工人的关系可能远好于总承包人与实际施工人的关系。但是从合同的角度来看,发包人只能要求合同相对方的总承包人承担合同约定的责任和履行合同的义务。如果总承包人在实际施工人擅自撤离现场后,对工程不管不顾,直至与发包人最后通过诉讼解决纠纷的,总承包人就会陷入被动的境地。

一、风险识别

(一)因发包人原因停工,总承包人与实际施工人未能及时采取措施,导致工程款无法收回而造成总承包人承担损失

发包人因资金周转原因导致停工的,说明发包人的偿付能力已经出现问题,发包人也会通过各种途径进行融资以解困境。发包人若能够融资解除困境的,项目可以继续,一旦融资失败,且发包人在融资等过程中将财产转移殆尽的,则总承包人就会面临工程款无法收回的困境。如果实际施工人与总承包人在第一时间采取相应的保全措施,则能够占据相对主动地位。

典型案例 7.1.1

郑某与江苏某建设工程有限公司、江苏某房地产开发有限公司建设工程施工合同纠纷案[①]

案例要点:因发包人资金困难,导致项目停工长达多年。总承包人与实际施工人在发包人尚有资产的情况下一直犹豫不决未采取措施,等到最终诉讼时,发包人资产已转移殆尽,总承包人因此造成巨大损失。

案情介绍

2012 年 10 月 26 日,发包人江苏某房地产开发有限公司(以下简称开发公司)与总承包人江苏某建设有限公司(以下简称建设公司)签订《建设工程施工合同》一份,开发公司将泗洪臻龙国际广场项目承包给建设公司,合同价约 3 亿

① (2017)苏 13 民初 93 号。

元。合同签订后,内部承包人郑某即安排人员进场施工。截至2014年8月,工程主体陆续完成,经承发包双方确认的应支付进度款为16 457万元,已经支付9980万元。后因发包人无力支付工程款,项目从2015年1月开始停工。2015年,发包人开发公司尚有500余套住宅及7万平方米商业待售。实际施工人郑某与总承包人建设公司曾动过打官司的念头,但是寄希望于发包人能有转机,一直在协助发包人进行融资。2015年5月6日,建设公司与开发公司签订《补充协议》,确定拖欠进度款为6777万元,并确认逾期利息2488万元,从协议签订之日按月2%计算利息。2016年3月,实际施工人郑某咨询律师,拟采取诉讼程序,经查询,当时发包人开发公司名下尚有200余套住宅待售,商业尚有4万余平方米待售,但实际施工人郑某仍就是否诉讼犹豫不决。一直到2017年3月,实际施工人郑某与总承包人终于下定决心进行诉讼。此时,发包方尚余不到100套住宅待售,且均已被其他人查封,商业有2万平方米被抵押,另有2万平方米商业被其他人查封。

实际施工人郑某就该项目投入数千万,总承包人借款给实际施工人、帮实际施工人提供担保等,截至2017年3月连本带息垫付的金额也超过了8000万元。后来,总承包人以发包人未付进度款为由解除合同,总承包人将进度款部分转让给实际施工人郑某主张,剩余工程款由总承包人建设公司自行主张。

2017年3月,总承包人建设公司与实际施工人郑某向宿迁中院提起诉讼,2020年5月,宿迁中院作出一审判决,判决发包人开发公司支付实际施工人郑某工程款6777万元并按月2%计算利息,判令开发公司支付建设公司工程款6000万元并按月2%计算利息,同时确认了郑某与建设公司均有工程款部分的优先权。

点评分析:2015年3月,发包人尚有500余套住宅未售,虽处于苏北地区,但房价也达到了户均30万元,500套住宅共计价值1.5亿元,加上数万平方米的商业部分,足够支付工程欠款。同时郑某和总承包人均享有工程款部分的优先受偿权,在2015年3月如果就对发包人的财产进行查封,实际施工人与总承包人追回工程款的概率非常大。直到2017年,发包人剩余的不到100套房产,市值不会超过3000万元,商业部分也难以变现,且土地已被抵押。就目前查封的财产来看,总承包人受偿比例会较低。总承包人在本案中,没有在第一时间采取相关措施,浪费了2年的时间,失去了诉讼的最佳时机导致总承包人承担巨额损失的风险大增。

本案中，实际施工人就每期进度款都有申报，手续齐全，还签有发包人确认欠付进度款的《补充协议》。现实中也存在实际施工人管理不规范，虽然发包人欠付工程款，但是没有任何材料可以证明。一旦进行诉讼后，发包人会提出总承包人违约导致工程无法继续施工的抗辩理由，甚至会要求追究总承包人工期的违约责任。

项目因发包人资金、决策等原因停工的，实际施工人不太愿意直接启动法律程序，而是希望等发包人情况好转后继续施工，甚至有的实际施工人想办法帮助发包人进行融资。在等待较长时间后，项目仍无法复工，实际施工人也无力再支撑时，总承包人就不得不直接面对了。因为发包人已无力起死回生，项目也无法继续，总承包人面临的只能是解除合同，项目停工的损失也是逐步扩大，与发包人就损失金额的确定以及责任的承担会发生争议。总承包人如果停工期间没有就损失进行申报、确认、签证，也没有收集发包人违约的相关证据的，若发包人抗辩因承包人原因造成工程未能完工，由于举证责任在总承包人，最终的结果是不仅导致总承包人无法主张损失，还可能由总承包人承担相关违约责任。

（二）因实际施工人原因停工，总承包人未对现场采取任何措施，导致总承包人承担拖延期限内的工期违约责任

因实际施工人原因停工后，总承包人可以要求实际施工人复工，实际施工人不复工的，则总承包人要考虑自行安排人员复工或者解除合同。如果实际施工人喜欢做甩手掌柜，期望将“烂摊子”交给总承包人收拾，总承包人也认为工程是挂靠的，应由实际施工人自己处理，对工程不管不问的，基于总承包合同的相对性，停工期间产生的损失对于总承包人而言却是不得不面对的。

典型案例7.1.2

江苏某公司与江苏某建设公司建设工程施工合同纠纷案[①]

案例要点：因实际施工人原因造成无限期停工，总承包人不予理会造成发包

① (2018)苏04民终3717号。

人向总承包人主张违约金和损失，总承包人最终承担诉讼期间的工期违约责任。

案情介绍

2013年6月14日，江苏某公司与江苏某建设公司签订《建筑工程承包协议》，约定由江苏某建设公司承揽江苏某公司的车间一工程，建筑面积18 566平方米，工程应于2013年6月28日前开工，2013年12月28日前完工，合同总价1428万元。协议违约条款部分载明，江苏某建设公司逾期完工，需按照合同总价的日千分之一向江苏某公司支付违约金。并载明江苏某建设公司违约的，江苏某公司有权解除合同，已经建设部分不得结算，已经支付工程款自合同解除之日起10日内返还江苏某公司。协议约定江苏建设公司委派周某负责实施工程。

合同签订后，江苏某建设公司组织人员和设备进行了施工。施工中，双方多次函件涉及工程质量及工期问题。2014年3月12日，江苏某建设公司复函对工程情况进行了说明，并建议重新商定价格，同时明确自己无力垫资的事实。此后，双方对已经完成工程验收及质量问题多次通过监理机构、设计机构及新北区质监站等部门进行沟通，形成了部分联系函和协调记录、会议纪要等文书。双方未能达成一致意见。江苏某公司遂于2014年诉至一审法院，其中要求(1)解除江苏某公司与江苏某建设公司的《建筑工程承接协议》……(4)江苏某建设公司支付逾期交房违约金12 894 840元(按照合同标的金额，计算至付清之日止)。

江苏某建设公司向一审法院反诉请求：(1)撤销江苏某公司与江苏某建设公司于2013年6月14日签订的《建筑工程承接协议》；(2)江苏某公司返还工程保证金200 000元；(3)江苏某公司公司支付工程款2 598 922.18元。

一审法院委托常州市建筑科学研究院股份有限公司对双方争议工程质量及修复方案进行了鉴定。经一审法院委托江苏国联建设工程管理有限公司对修复方案造价进行鉴定。

该项目由周某挂靠江苏某建设公司施工，二审中，周某出庭说明了情况。

一审法院关于违约金的认定：涉案工程违约情况及违约计算。法院认为，涉案工程应视为不合格工程，江苏某建设公司应承担相应的违约责任。双方合同中既约定了保证金条款，又约定了工程款没收和返还条款，同时约定了违约金计算方式的情况下，法院认定，没收保证金和工程款条款远不及适用违约金条款更能体现对江苏某公司的补偿和对江苏某建设公司违反工程质量义务的惩罚，本案违约金计算方式使用比例补偿原则，在已经统一适用比例违约金填补江苏某公司损失的情况下，保证金条款和工程款没收条款属重复计算，本案不再适用。鉴于双方约定的违约金系按照总工程价款为基数计算，在江苏某公司并未投入全部建设资金，且按照双方约定基数比例计算违约金已经达到年息36.5%的情况下，该违约金明显约定过高，同时江苏某建设公司已经提出异议，法院认定，该违约金应当参照同地段厂房租金标准结合江苏某公司已经投入资金比例予以调整。江苏某公司提交常州市戚墅堰建筑工程有限公司的投标文件证明直接损失，并证明违约金请求的正当性，因该证据从效力方面亦存在单方制作且尚未评标、开标等重大效力瑕疵，该招标文件仅能作为影响违约金计算标准的参考。江苏某公司与江苏某建设公司合同中大幅缩减定额工期可能对工程质量产生的影响，亦应作为确定违约金金额的参考因素。鉴于涉案工程已经鉴定需拆除，即江苏某公司需重新安排施工，在双方对实际开工日期存在争议情况下，法院认为，该违约金应自约定开工之日即2013年6月28日起算。在鉴定机构已经提出拆除重建方案，法院听证江苏某建设公司提出采用第二方案即拆除重建方案而江苏某公司未提出异议，且本案不存在需给付的违约金计算基数情况下，江苏某公司要求计算至付清之日止的违约金计算时点，理由失当，证据不足，法院不予支持。考虑鉴定结论最终确定时间（2018年5月28日，即江苏某公司可拆除修复时间），拆除工期及江苏某公司的减损义务，法院认定，该违约金应计算至判决确定之日止为宜。再综合现有证据显示江苏某公司仅投入不足总工程预算20%的情况、同地段租金情况并适当考虑建筑成本上涨及江苏某公司相关资金另行使用可能的获益情况，法院酌定，逾期完工违约金计算参照约定基数及比例的20%计算。（按照总工程价款的日万分之二计算，1428万元×2/10 000×1825天＝5 212 200元）。

二审意见：对此，一审判决结合双方约定的开竣工时间、合同履行中的实际情况及争议、涉案诉讼中的鉴定情况等因素，将逾期完工违约金调整为双方约定的违约金计算方式的20%计算，并无不可，本院予以维持。

法院判决：江苏某建设公司于判决生效后10日内赔偿江苏某公司违约金5 212 200元（自2013年6月28日起至判决确定之日止，按照工程预算的日万分之二计算）。

点评分析：周某挂靠总承包人建设公司承接发包人厂房项目后进行施工，由于施工部分基础质量问题导致停工。2014 年发包人就向法院提起了诉讼，要求解除合同并由总承包人承担违约责任。最后法院认定工期违约责任从 2013 年 6 月 28 日至 2018 年 5 月 28 日，虽然违约金的计算标准从每日千分之一调整到万分之二，但是时间跨度超过 5 年，远远超过双方进入法院诉讼的 2014 年，总承包人如果采取恰当的诉讼策略，将合同解除时间确定在 2014 年双方起诉时，那么违约金的计算金额就会大大降低。这也是总承包人采用诉讼策略的不恰当，造成的损失扩大。

周某挂靠建设公司施工，工程出现状况后，周某就做甩手掌柜，只能由建设公司向发包人承担违约责任。建设公司承担损失后，向周某追偿的难度也非常大，不仅追偿成功率很难保证，即使总承包人能够得到法院胜诉判决，也很难执行到位。

（三）因发包人原因导致停工，总承包人未能收集相关证据，也未能按照法定程序解除建设工程施工合同，导致总承包人承担解除合同的违约责任

因发包人原因停工时，除非发包人向承包人发出书面停工通知，否则需要总承包人举证证明是因发包人原因造成的停工，一旦总承包人无法举证证明的，就会被认定为总承包人原因停工。实际施工人在项目管理现场不注重收集停工原因的证据，在停工后期，双方矛盾激化，且再无合作可能，现场管理人员变动较大，会导致后期取证更加困难，也会导致最终本应由发包人承担的解除合同违约责任变成总承包人承担。

（四）项目停工后，总承包人未能抓住时机，与发包人协商处理合同解除或继续履行事宜，导致总承包人造成损失的

施工中因合同双方产生矛盾导致停工的，特别是因为总承包人和实际施工人原因停工的，发包人本无过错和违约行为，但是总承包人不退场，发包人无法控制施工现场和安排其他施工队伍进场施工。总承包人不配合办理解除备案手续的，项目也无法继续，发包人也就无法控制局面。发包人面临的很多停工造成

的损失是否都能向总承包人主张，以及能够主张的比例都是未知的，故发包人从自身利益出发，为了达到控制现场和办理施工手续的目的，将会在处理纠纷过程中作出很大的让步。总承包人若不能抓住时机与发包人协商处理合同解除或继续履行事宜，则会导致总承包人损失进一步扩大。

典型案例 7.1.3

常州某建设工程有限公司与常州某开发有限公司建设工程施工合同纠纷案[①]

案例要点：因发包人存在违约情形，总承包人依据合同和法律规定解除双方签订的《建设工程施工合同》。发包人为了尽快重新办理施工手续，积极主动地与承包人办理解除合同后的结算和赔偿事宜，总承包人因此获益。

案情介绍

2016年2月15日，邵某挂靠的常州某建设工程有限公司（以下简称建设公司）与常州某开发公司（以下简称开发公司）签订了《建设工程施工合同》一份，就嘉凯城公司孟河城市客厅项目由建设公司承包，合同约定的开工日期为2016年4月10日。合同签订后，邵某组织人员进行开工准备，施工了部分临时设施，投入约人民币200万元。后由于开发公司股权变更事宜，要求建设公司暂缓开工，一直到2016年12月，邵某和建设公司决定解除合同。遂委托律师在2016年12月发函要求开工，否则建设公司将解除双方签订的《建设工程施工合同》。开发公司在规定时间内未回复，建设公司继而发函解除双方合同，而后向法院提起诉讼，要求确认解除合同并赔偿已完工作部分造价、逾期利润损失、管理人员损失等近1000万元。

法院审理过程中，因开发公司想继续开工项目，故要求建设公司继续履行合同，被拒绝后，双方经多次协商，仍未能就解除后的赔偿达成一致。后建设公司

① （2017）苏0411民初580号。

申请鉴定，经鉴定后各项损失合计900余万元。鉴定及诉讼过程中，开发公司积极配合，与建设公司一直要求法院尽快解决双方的纠纷，以便项目顺利推进。一审法院根据鉴定报告判令开发公司支付解除合同后的各项费用近900万元，而邵某实际在该项目上的投资金额不到200万元。一审法院判决后，开发公司不仅未上诉，且在3天内就付清了全部判决款项。

点评分析：因发包人原因未能通知开工，总承包人根据合同中逾期开工超过180天可以解除合同的条款解除了双方签订的《建设工程施工合同》。总承包人解除合同时委托了专业律师，按照程序先后发了两份律师函要求解除合同，确保了合同解除程序的合法。开发公司因为急于继续开发项目，对于解除合同的赔偿金额已然不计较，只希望尽快结束双方的纠纷。

二、要点解析

实际施工人撤场致工程停工后，总承包人首先需要解决的是总承包合同是否需要继续履行，是否要另行安排施工人员完成工程的问题。如果继续履行施工合同，意味着总承包人需要自行组织人员投入建设，接手"半拉子"工程会比承接新的工程面临的困难多得多。工程复工后，还会面临着因实际施工人对外欠材料款、农民工工资等而阻挠施工、发包人为难总承包人、后期结算等各种困难，所以总承包人一般也不愿意接手这种实际施工人撤场的工程。但是总承包人如果对该项目不管不顾，不仅会使自己声誉受损，也会面临被发包人索赔巨额违约金的风险。因此，总承包人基于这方面的考虑也可能会选择接手继续施工工程，不过总承包人还会考虑未支付的工程款与接手施工需要投入资金之间的关系，以衡量和决定是否选择继续施工。

总承包人还可以与发包人协商解除合同并争取就后续事宜达成一致。一旦发包人与总承包人进行拉锯战，而发包人急于使用工程的，则陷入拉锯战对发包人而言损失可能会更大。基于办理施工手续的烦琐等因素，总承包人如果不配合的，发包人短时间内很难自行顺利地进行工程建设。因此，明智的发包人，在与总承包人谈判过程中，会作出一定的让步，从而顺利解决双方的矛盾。

若协商不成而总承包人又不愿意另行安排队伍接手工程的，则总承包人应当考虑合同的解除方式，争取在解除合同后承担最轻的责任甚至让发包人承担相应的违约责任从而避免总承包人的损失。

总之,总承包人应积极与发包人及实际施工人进行沟通,制订最有利于总承包人的方案,并按最有利的方案执行。如果最终总承包人继续履行合同的,则说明相关争议已妥善协商处理。一旦未能谈妥,总承包人就要考虑解除建设工程施工合同、解除后已完工程的结算、违约金的承担等问题。

(一)建设工程施工合同的解除

1. 协商解除

《民法典》第五百六十二条第一款规定:“当事人协商一致,可以解除合同。”解除合同是双方的权利,只要不损害社会公共利益,双方又协商一致的情况下就可以解除合同。双方协商解除合同的,通常会对合同解除后的相关争议的处理一并作出约定,协商解除是双方经过协商一致解除的,也就不存在某一方承担合同解除后的违约责任问题。但需要注意的是,在解除协议中的表述应当严谨,不宜表述为因己方原因而同意解除合同,否则可能因此而承担违约责任。

因发包人往往急于使用新建工程,而双方诉讼解除合同或者进行拉锯战对发包人来讲拖延时间更长、结果也未知,损失可能会更大。发包人也会寻求尽快完成工程的方法,发包人可能会和总承包人协商,由总承包人另外安排队伍施工,给予总承包人一定的补偿,使总承包人同意继续完成项目。发包人也可能与总承包人协商办理合同的解除手续,重新找单位进场施工,但是施工手续比较难办理,且需总承包人配合。

另外一种情况是,合同解除后,由发包人自行安排人员施工,但是施工手续以及后期的验收仍以总承包人的名义进行,为了达成协议,发包人一般会作出一定的妥协。但是,达成协议后,协议本身效力的问题,也会产生争议。

例如,龚某挂靠常州某建筑公司承接的武进印染厂项目中,在项目收尾阶段因龚某失踪造成项目停工。后常州某建筑公司主动与发包人进行协商并完成已完工程结算,常州某建筑公司配合发包人完成验收备案手续,发包人在结算和付款节点上作出相应的让步,同时不追究常州某建筑公司的违约责任。发包人虽然作出了合同之外的让步,但是该处理方式无疑对发包人是最有利的,总承包人也因该处理方式不仅不需要承担违约责任,更是获得了比合同约定更多的利益。

2.《17 建工合同示范文本》中解除条件

除了协商解除合同外，还有约定解除，即合同约定了解除条件，当具备约定的解除条件时，另一方可以按照合同约定解除合同。

《民法典》第五百六十二条第二款规定："当事人可以约定一方解除合同的事由。解除合同的事由发生时，解除权人可以解除合同。"

建设工程施工合同中约定总承包人解除合同的条件一般为发包人未能按时付款或未提供配合义务。达到约定解除条件解除合同时，另一方需要承担违约责任，但是达到解除条件并不是一定要解除合同，而是取决于解除权一方是否行使解除权。

《17 建工合同示范文本》通用条款就约定了解除合同的条件，其中包括承包人解除合同的条件。

其中"16.1.1 发包人违约的情形

在合同履行过程中发生的下列情形，属于发包人违约：

(1)因发包人原因未能在计划开工日期前 7 天内下达开工通知的；

(2)因发包人原因未能按合同约定支付合同价款的；

(3)发包人违反第 10.1 款〔变更的范围〕第(2)项约定，自行实施被取消的工作或转由他人实施的；

(4)发包人提供的材料、工程设备的规格、数量或质量不符合合同约定，或因发包人原因导致交货日期延误或交货地点变更等情况的；

(5)因发包人违反合同约定造成暂停施工的；

(6)发包人无正当理由没有在约定期限内发出复工指示，导致承包人无法复工的；

(7)发包人明确表示或者以其行为表明不履行合同主要义务的；

(8)发包人未能按照合同约定履行其他义务的。

发包人发生除本项第(7)目以外的违约情况时，承包人可向发包人发出通知，要求发包人采取有效措施纠正违约行为。发包人收到承包人通知后 28 天内仍不纠正违约行为的，承包人有权暂停相应部位工程施工，并通知监理人。

16.1.3 因发包人违约解除合同

除专用合同条款另有约定外，承包人按第 16.1.1 项〔发包人违约的情形〕约定暂停施工满 28 天后,发包人仍不纠正其违约行为并致使合同目的不能实现的,或出现第 16.1.1 项〔发包人违约的情形〕第(7)目约定的违约情况,承包人有权解除合同,发包人应承担由此增加的费用,并支付承包人合理的利润。”

承包人违约,发包人解除合同的约定。

“16.2.1　承包人违约的情形

在合同履行过程中发生的下列情形,属于承包人违约:

(1)承包人违反合同约定进行转包或违法分包的;

(2)承包人违反合同约定采购和使用不合格的材料和工程设备的;

(3)因承包人原因导致工程质量不符合合同要求的;

(4)承包人违反第 8.9 款〔材料与设备专用要求〕的约定,未经批准,私自将已按照合同约定进入施工现场的材料或设备撤离施工现场的;

(5)承包人未能按施工进度计划及时完成合同约定的工作,造成工期延误的;

(6)承包人在缺陷责任期及保修期内,未能在合理期限对工程缺陷进行修复,或拒绝按发包人要求进行修复的;

(7)承包人明确表示或者以其行为表明不履行合同主要义务的;

(8)承包人未能按照合同约定履行其他义务的。

承包人发生除本项第(7)目约定以外的其他违约情况时,监理人可向承包人发出整改通知,要求其在指定的期限内改正。”

16.2.3　因承包人违约解除合同

除专用合同条款另有约定外,出现第 16.2.1 项〔承包人违约的情形〕第(7)目约定的违约情况时,或监理人发出整改通知后,承包人在指定的合理期限内仍不纠正违约行为并致使合同目的不能实现的,发包人有权解除合同…… ”

《17 建工合同示范文本》不仅约定了合同解除的实质条件,还约定了程序性条件。如果因为一方存在违约行为就直接解除合同,可能因为解除程序不符合约定,而被认定为违法解除合同,反而可能由未违约方承担解除合同的责任。

总承包人想解除双方签订的建设工程施工合同的,则需要认真研究合同中解除条款,根据上述条款约定的内容和程序合法解除合同。发包人违约后,总承包人需要通知发包人整改，如果 28 天内发包人未整改的，总承包人可以停工，停工 28 天发包人仍未整改的，则总承包人有权解除合同。如果发包人违约，总承包人未能按上述程序解除合同的，则可能存在风险。

发包人在总承包人违约达到一定程度后才可解除合同，并非总承包人存在违约发包人就可以解除合同。

3. 法定解除

《民法典》第五百六十三条规定："有下列情形之一的，当事人可以解除合同：

（一）因不可抗力致使不能实现合同目的；

（二）在履行期限届满前，当事人一方明确表示或者以自己的行为表明不履行主要债务；

（三）当事人一方迟延履行主要债务，经催告后在合理期限内仍未履行；

（四）当事人一方迟延履行债务或者有其他违约行为致使不能实现合同目的；

（五）法律规定的其他情形。

以持续履行的债务为内容的不定期合同，当事人可以随时解除合同，但是应当在合理期限之前通知对方。"

这是关于法定解除的规定，《民法典》中关于解除的约定比较笼统，《17 建工合同示范文本》中的解除条件就是根据法定解除的条件设定的，基本能够与法定解除条件相吻合。《民法典》第八百零六条规定了发包人的法定解除权和承包人的法定解除权。承包人转包、违法分包的，即使不存在合同约定，发包人也可以根据《民法典》的规定解除双方的合同，故总承包人不应该轻易披露存在转包、违法分包等情形，否则可能被发包人解除合同并追究违约责任。

4. 合同的解除方式和期限

合同的解除需要守约方行使解除权，而且解除权的行使有一定期限，双方可以在合同中约定解除权的行使期限，如果没有约定的，解除权行使期限为 1 年。合同的解除时间为通知到达对方时，通过仲裁或者诉讼要求解除合同的，则从文书送达对方时合同解除。合同解除时间的不同会导致承担责任的期限也不同，合同解除得越早，对违约方更有利，因为损失计算到合同解除之日。因此，若双方在陷入僵局时，总承包人宜尽早解除双方的建设工程施工合同。

5. 合同解除后，总承包人的配合义务

建设工程施工合同解除后，对于已完部分工程，总承包人也有义务配合办理相关施工资料及验收手续，但是对于非总承包人的施工部分，总承包人没有配合义务，发包人也没有办法自行办理。因为变更总承包人的手续繁杂且较难办理，发包人会在合同解除后仍要求总承包人配合办理后期的检查、验收等手续，总承包人为了解除合同，也会在协议中同意配合办理后期的手续工作。然而，该配合行为不仅违法，而且总承包人还可能因此受到相应的行政处罚，但是总承包人有时可以据此挽回解除合同时作出的让步。

例如，武进区法院审理的江苏某建设工程有限公司与某建材有限公司建设工程施工合同纠纷案①中，因挂靠江苏某建设公司的实际施工人朱某发现合同约定工程造价偏低，继续施工会亏损严重，故在合同约定五幢厂房仅施工完成两幢的情况下决定不再继续施工。后经发承包双方协商同意解除未施工三幢房厂房的合同，已经施工的两幢厂房在 2019 年 10 月 1 日前竣工验收，逾期 1 日承担 5 万元违约金，总承包人还承担 189 万元的损失，同时总承包人配合发包人办理未施工的三幢厂房的验收等手续。协议签订后，发包人自行购买材料并安排人员进行施工，后在施工完成前，2020 年 2 月，发包人建材公司向法院起诉要求总承包人承担每天 5 万元的违约金。江苏某建设公司向有关部门反映，要求建材公司项目停工，建设主管部门明确要求建材公司立即停工接受调查。因建材公司需要顺利完成项目的施工和验收，经与某建设公司重新协商，发包人继续施工并完成验收，总承包人建设公司不承担任何损失，之前协议约定的 189 万元赔偿由发包人返还给总承包人。

若在合同解除后，总承包人仍同意办理验收手续，可能涉嫌挂靠，不仅后续手续无法强制办理，还可能被行政处罚，一旦项目无法完工，发包人损失更大。因总承包人配合办理手续违法，不予配合又不需要承担任何额外的法律责任，故而总承包人要求再行协商时，发包人也能得到满足，从而达到妥善处理纠纷的目的。

---

① （2019）苏 0412 民初 6147 号。

（二）合同解除后，未完工程的结算

合同解除后，尚未履行的，终止履行；已经履行的，根据履行情况和合同性质，当事人可以请求恢复原状或者采取其他补救措施，并有权请求赔偿损失。《民法典》第八百零六条第三款规定："合同解除后，已经完成的建设工程质量合格的，发包人应当按照约定支付相应的工程价款；已经完成的建设工程质量不合格的，参照本法第七百九十三条的规定处理。"

1. 合同解除后的结算范围

建设工程施工合同解除后，尚未履行的，终止履行。但是已经履行的，因不具备恢复原状的条件，所以只能采取折价补偿的方式处理合同解除后的问题。未完工程的折价补偿仍是按照合同约定的方式进行结算，《17 建工合同示范文本》约定了合同解除后的结算范围，首先应根据合同约定的范围进行结算。

《17 建工合同示范文本》通用条款中规定，发包人违约，可以结算的款项为：合同解除前所完成工作的价款、承包人为工程施工订购并已付款的材料、工程设备和其他物品的价款、承包人撤离施工现场以及遣散承包人人员的款项、按照合同约定在合同解除前应支付的违约金、按照合同约定应当支付给承包人的其他款项、按照合同约定应退还的质量保证金。

《17 建工合同示范文本》通用条款中规定，承包人违约，可以结算的款项为：承包人实际完成工作对应的合同价款，以及承包人已提供的材料、工程设备、施工设备和临时工程等的价值。

由此可见，确定违约责任方不仅决定了违约责任的承担，也会影响到已完部分工程的结算。

2. 已完工程部分的价款结算的计价标准

合同的造价采用固定总价方式计价的，则已完工程部分采用比例的方式计算，即已完工程部分占整个工程的比例乘以总价可以得出已完工程的造价。折算比例需要有一个标准，可以参考报价时的预算书中的标准，如果没有预算书，则一般采用定额作为标准，在同一标准下可以计算出总价和已完部分造价，然后折算出比例计算。采用预算书计价时，还有可能存在不平衡报价的问题。

采用固定单价或者工程量清单计价时，未完工程的造价计算就比较简单，直接根据已完工程内容单价即可确定已完部分的总价。

按照定额下浮结算的，则就已完部分按照定额结算同比例下浮即可。有人认为解除合同后要区分合同解除原因而采取不同的结算方式，笔者认为合同解除原因的不同导致的更多的区分在于违约责任的承担，而不是改变结算方式。

（三）合同解除后违约责任的承担

约定解除和法定解除都存在违约责任承担的问题，如果合同约定了违约责任的承担和计算方式，则应按照合同约定执行，但是在约定违约金过高的情况下，一方是有权力要求调整违约金计算标准的。在没有约定违约金或者没有约定违约金标准时，即按违约赔偿损失处理。发包人违约后，承包人的损失一般包括逾期付款的利息损失、已完工程投入的资金损失、误工、窝工相关损失。误工、窝工损失的具体标准也很难确定，一旦合同没有约定停窝工损失标准也没有办理费用签证的，即使将来通过鉴定程序也很难确定停窝工的具体费用。

未能完成部分工程的可得利润损失能否得到支持，目前实践中的处理并不统一，有的法院予以支持，有的法院并不支持。而且可得利润的确定标准也会存在不同，如果是清单报价，单价组成中会有利润金额，可以根据未完部分清单报价中的内容确定。但是采用定额或者固定价计价的合同，则确定起来比较困难，有的可能会根据统计局公布的建筑行业平均利润率确定。

因承包人违约解除合同后，承包人承担的损失包括工期费用损失，合同中一般会约定每天的工期罚款，工期损失金额往往比较大，工期拖延时间较长的甚至可能会超过工程造价。对于没有工期罚款或工期违约金标准的，则确定标准为不能使用工程的损失或者逾期交房的相关损失。合同约定的违约金如果比较高，也很可能会被法院调整，发包人主张工期违约金或者工期损失的，法院对发包人的证明责任要求比较高。

发包人可以主张重新招投标的费用，但未完工程重新发包后的差价等费用能否视为发包人的损失目前也有争议。

三、风险防范

1. 总承包人在承包项目前应充分了解各方面情况，判断发包人是否有实力以及强烈的意愿完成项目、项目本身是否合法以及是否能够顺利完成，实际施工人是否有实力完成项目，项目本身是否有利润等情况，一旦发现项目本身存在问题，总承包人应慎重承接相关项目。

2. 发包人一旦出现付款困难时，总承包人不能置工程于不顾，也不能盲目地为实际施工人垫资，应充分研判发包人的状况及走向后，及时采取有效的措施规避可能的风险。

3. 项目可能出现烂尾时，总承包人要尽量收集发包人违约的证据，一旦项目无法继续的，则以发包人违约为由解除合同。

4. 项目烂尾后，总承包人不能任由项目无限期拖延，应当积极与发包人进行协商，争取最有利的条件解决问题。

四、操作指南

1. 因实际施工人原因导致项目未完的，首先应评估项目可能存在的风险，判断发包人是否急于使用工程，是否会为了早日完成工程而妥协，判断如果继续完成未完部分工程是否会造成损失的扩大。

2. 在发包人需要总承包人配合办理验收等后续手续的情况下，应积极就工程价款的结算、违约责任的处理等作出约定，并争取发包人的让步，争取最有利的谈判条件。

3. 如发包人需要继续用承包人名义施工的，在已经达成既有协议的情况下，仍可以要求重新达成协议。

4. 对于因发包人资金原因造成的停工，总承包人应尽快协助实际施工人向发包人主张工程款。实际施工人怠于主张的，总承包人应以自己的名义主张。

5. 一旦实际施工人复工无望时，总承包人应寻求专业人员的帮助，按照合同约定和法律规定的程序，以最有利于总承包人的方式解除合同。

6. 判断发包人对处理后续工程建设的态度，一旦发包人怠于使用新建项目的，可能双方就会陷入拉锯战，总承包人需要尽快解决纠纷，此时不宜拖延。

第二节　停工项目对外欠款的风险识别与防范

实际施工人之所以在工程未完工的情况下撤场,很大的原因是无法支付对外欠款,这种情况下总承包人则很难联系上实际施工人。总承包人一般不参与项目的实际经营管理,对项目的实际欠款及相关情况又不了解,甚至一无所知。因此,总承包人处理因实际施工人引起的对外欠款纠纷时需要与各债权人斗智斗勇。

一、风险识别

(一)总承包人因不掌握对外欠款情况,未能及时提出应对之策而导致承担额外的材料、租赁等费用

实际施工人"跑路"后,材料供应合同、租赁合同等仍未履行完成,已经履行完成部分总承包人也无法确定,双方合同约定的价格又无法查清,更为主要的是实际施工人的已付款也无法确定。债权人却掌握着上述材料,已付款事实是由总承包人负责举证的,一旦债权人故意隐瞒的,则总承包人就会承担额外损失。

笔者就亲自处理了一起在实际施工人"跑路"后,总承包人积极应对,但劳务部分因无农民工劳务合同等造成总承包人最终按照农民工单方报价支付工资,而其他债务因总承包人在第一时间从供应商、分包人处取得了相关材料,从而避免了损失进一步扩大的群体性事件。

2009 年 6 月,常州某建筑公司承建了别桥镇某厂房项目,具体由实际施工人陈某挂靠常州某建筑公司承接该厂房项目。该项目包括配电房和市政配套工程,工程总价为固定价 600 万元,约定由实际施工人全额垫资,工程竣工验收后开始付款。实际施工人进场后开始施工,2010 年 8 月,实际施工人陈某从现场撤离并失踪。实际施工人陈某失踪后,项目上的农民工、材料商及分包商围堵项目部并到镇政府上访,当地镇政府及派出所要求总承包人常州某建筑公司出面处理相关后续事宜。陈某擅自撤场时,配电房完成了主体工程,市政配套完成了约

60%的工程。

农民工围堵镇政府要求支付农民工工资，农民工未能提供任何协议等手续。但是迫于政府的压力，最终根据农民工自己上报的165万元工资，由发包人直接代付，总承包人予以确认。发包人拒绝支付剩余部分材料款、分包款等。

常州某公司在该项目上不仅未能收取到任何管理费用，还损失了前期帮陈某贷款提供的50万元担保，常州某公司也不愿意承担更大的损失，出面协调两次未果后，遂委托律师制订后续处理方案。

律师接受委托后，首先收集所有证据材料，通过镇政府的组织，律师出面参与纠纷协调会，对材料商和分包商进行安抚的同时，要求所有材料商和分包商提供合同复印件，送货单、结账单及已收款金额，并由提供人在提供的复印件上签字确认。因材料商、分包人等尚未聘请律师处理纠纷，且并不知道常州某公司掌握多少资料，为平息纠纷，顺利拿回款项，都如实提交了相关材料。

掌握供应商、分包商手头资料后，律师对资料进行逐一分析，认为一旦诉讼，常州某建筑公司败诉可能性大的，则与对方在总价六到七折的基础上进行谈判，认为能够胜诉的，则采取拖延战术，在拖延的同时进一步搜集对常州某建筑公司有利的证据。

陈某还私刻了一枚项目部章在该工地使用，常州某建筑公司就以私刻印章和职务侵占为由报案，案件由常州某建筑公司所在地派出所受理。派出所在调查取证过程中，重点对两笔钢材欠款的发生过程做了调查，其中有一笔实际用到了项目上的钢材款，合计50余万元，在供应商所做的询问笔录上，供应商陈述是朋友介绍的这笔生意，当时朋友已经明示陈某是挂靠常州某建筑公司施工的，在后来的诉讼中，建筑公司就是以该笔录载明的内容作为证据，因法院未能认定钢材供应商与建筑公司成立合同关系而未判决建筑公司承担付款责任。

还有一张由实际施工人陈某签收的送货单，虽然送货单抬头署名常州某建筑公司，但未经建筑公司确认，两张送货单上注明了运货的车牌，后来通过载明的车牌，派出所找到两辆车的司机，是陈某从龙城钢材市场雇用的两辆卡车到沙钢公司直接提货并运至龙城钢材市场倒手出售的。

查明上述事实后，建筑公司也清楚了钢材的真实用处，在后来的诉讼中积极抗辩，供应商在一审、二审均未能胜诉，建筑公司也不用承担相关责任。

（二）实际施工人不提供已付款账目，供应商、分包人隐瞒实际已收款，造成总承包人承担额外损失

实际施工人有时会与债权人一起对付总承包人，而对于实际施工人的已付款以及与债权人的其他往来情况，总承包人无法掌握和查清。这往往会对总承包人非常不利。

例如，在武进法院审理的常州某建筑公司与陆某劳务合同纠纷案①中，戎某挂靠常州某建筑公司并成立了该建筑公司的金凯分公司，金凯分公司全部由实际施工人戎某控制。戎某因对外欠款，给公司造成了超过2000万元的损失而失联，公司联系不到戎某。陆某长期分包戎某提供的劳务工程，并为戎某提供资金周转。后陆某向法院起诉要求常州某建筑公司支付劳务费用80多万元，常州某建筑公司要求戎某提交金凯分公司账目，戎某拒不提供。常州某建筑公司后以职务侵占为由向公安机关报案，公安机关搜查了藏于戎某处的分公司账册，经查阅账册发现，戎某已经支付了陆某足额的劳务费用。常州某建筑公司向法院提供付款凭证后，法院最终判决常州某建筑公司支付劳务费3万元。

（三）因无法联系实际施工人，总承包人只能按照点工等其他形式支付农民工工资，造成总承包人需支付超出约定部分的农民工工资

农民工以欠工资为由要求总承包人支付劳务工资，特别是无法联系实际施工人后，总承包人无法提供与施工班组的协议，故只能按照农民工要求以点工的方式结算相应的工资待遇。实际上，按照点工结算出来的工资会远远超过和班组签订协议内的劳务费用。

二、要点解析

（一）工地现场农民工工资支付

拖欠农民工工资导致诉讼的，法院一般会判令总承包人承担责任，但是农民工需要证明工资金额，所以在有实际施工人出具欠条确认金额的情况下，农民工

---

① （2018）苏0412民初5517号。

通过诉讼可以维护自身权益，但是在没有实际施工人出具欠条的情况下，诉讼会因为农民工不能证明工资金额而被驳回。

但是农民工工资纠纷更多的并非通过诉讼解决，而是农民工经常通过集体维权的方式要求总承包人支付，总承包人迫于行政压力不得不支付，即使在实际施工人未确认欠付款项的情况下，总承包人也会按照农民工自报的金额支付。因此会发生农民工要求按照点工的方式计算工资的情况，远远超出与劳务分包人签订的包干价格。

实际施工人在项目亏损时，有时候会与农民工串通虚报工资金额，诉讼中很难识别虚报的部分，法院处理结果就会对总承包人不利。

（二）对外材料款、分包款等承担

总承包人承担责任的情形一般包括三种。第一种为总承包人给予实际施工人授权，以总承包人自己名义签订合同，因为现在都需要开具增值税发票，甚至实际施工人需要从总承包人账户走账，所以实际施工人对外签订的很多合同是总承包人单位授权签订的。

职务行为也是一种授权，有部分法院会认为挂靠是总承包人给予了实际施工人授权，总承包人要承担实际施工人所欠的材料款，对于有一定职务的，则会构成职务行为，总承包人需要承担付款责任。

还有一种情况就是在构成表见代理时，总承包人也要对外承担责任。

除了上述三种情况外，总承包人应尽量核实债务的真实性。隐瞒部分已收款、扩大欠款金额的行为很难受到刑事打击，虚假诉讼或者诈骗罪的立案条件比较苛刻，只是夸大或者隐瞒部分事实，通常也不会被认定为犯罪，而法院更难对此进行审查。总承包人一旦无法核实债务的真实情况，就会承担不利后果。

三、风险防范

1. 对于实际施工人可能亏损的项目，总承包人要格外注意实际施工人对外的各类分包合同的履行情况。

2. 总承包人平时应多掌握实际施工人对外签订的相关合同以及付款情况，

定期与债权人进行对账。

3. 总承包人应督促实际施工人及时支付欠款和农民工工资，要求农民工工资直接汇入农民工个人账户。

四、操作指南

1. 及时通过实际施工人的项目管理人员、财务人员了解合同的履行情况。

2. 发生实际施工人“跑路”的，要第一时间通知所有供应商、合同相对方，以处理协调欠款为由要求提供合同供货单已付款情况等。

3. 一旦发现农民工工资、欠款有虚报、瞒报等情况的，应及时报案，申请相关部门协助调查处理。

4. 对于必须处理的欠款，可积极协商予以打折支付，对于有胜诉希望的纠纷，则建议由相关人员通过诉讼解决。

5. 在实际施工人尚有部分工程款可以处理对外纠纷，或者总承包人愿意处理部分纠纷时，应与实际施工人签订规避其后付款责任的协议。如在协议中订立以下条款——“总承包人替实实际施工人垫付应由实际施工支付的款项××元，剩余部分款项由实际施工人自行支付”。

第三节　总承包人就停工项目对实际施工人的风险识别与防范

因项目亏损导致总承包人垫付款项的，总承包人需向实际施工人追偿，若实际施工人对总承包人代付的人工费、材料费用等不认可，或因未完工项目的结算以及损失承担问题都会与实际施工人产生纠纷。

有些实际施工人在项目烂尾后再也不出现，还有一部分实际施工人在总承包人处理完各种纠纷后回来跟总承包人结算，认为尚有工程款可以争取，总承包人若在处理纠纷过程中未能规避相关风险，很可能与实际施工人发生额外纠缠。

一、风险识别

(一)实际施工人恶意扩大对外债务,造成总承包人承担超出真实欠款的风险

实际施工人出具的欠条,有时候成为总承包人对外出具的“支票”,任由债权人支取。实际施工人出具欠条的,不需要任何送货单等证据相互佐证,实际施工人在确认债权时,很可能会将欠款及利息、诉讼费用一并考虑后转换为全部欠款,甚至实际施工人还会与债权人商量从总承包人处追回货款后的分成比例,更有实际施工人完全捏造虚假债务纠纷套取总承包人的款项。

(二)总承包人垫付相关欠款,承担违约责任后,因实际施工人不认可欠款,导致追偿失败的风险

实际施工人的失联,很容易导致农民工、材料商上访等群体性事件发生,总承包人如果不予处理而导致事件愈演愈烈的,相关政府部门会要求总承包人慎重处理、积极解决问题,以免激发出恶性事端。总承包人主动处理的,有时候很难识别债务的真实性,一旦实际施工人事后不予认账的,可能最终只能由总承包人自行买单。

例如,常州某建筑公司因实际施工人失联后,农民工上访主张劳务费700余万元,经过多轮谈判,多部门联合调查处理,最终总承包人迫于各种压力支付了该笔劳务费。后实际施工人就工程款结算问题与常州某建筑公司进行诉讼,实际施工人对于总承包人支付的700万元劳务费用不予认可,其认为只欠付劳务费400万元。法院在无法查清实际欠付劳务费的情况下,在总承包人主张支付给实际施工人的已付款中仅扣除了400万元的劳务费。

因此,若处于无法联系实际施工人,也无法确认欠款的情况下,总承包人往往会陷入两难:如果支付,实际施工人可能不予认可,将来存在风险;如果不予支付,则会承担额外的诉讼费、利息等。因此,总承包人必须充分衡量各种利弊后再作出是否付款的决定。

（三）总承包人不能掌握结算资料，而实际施工人又不配合跟甲方结算导致总承包人结算金额偏低的风险

实际施工人若不配合与发包人的结算，总承包人则无法提供完整的资料给发包人。而发包人在总承包人无法提供完整资料的情况下，很难主动认可总承包人无法提供手续的签证变更等部分造价。如果总承包人能够主张到签证变更部分造价的，还能弥补部分损失。

例如，2013 年，陈某借用常州某建筑公司资质承接厂房项目，合同造价 1000 万元。施工过程中陈某因资金链断裂无法继续施工而中途退场。据建筑公司了解，因基础变更等改变做法，产生了近 200 万元的额外费用，但是总承包人并不掌握任何相关施工资料。

实际施工人陈某跑路后，引发了多起纠纷，总承包人常州某建筑公司为此垫付了大量材料款。由于总承包人向陈某进行追偿的可能性已然不大，最好的办法就是由总承包人向发包人主张实际施工人已完部分的工程款。但是由于总承包人无法掌握增加工程部分的资料，发包人在结算过程中又不予认可，总承包人则无法通过诉讼向发包人主张工程款，从而无法挽回损失。

本案例中由于总承包人没有顺利掌握实际施工人在施工过程中的相关资料，从而导致无法通过诉讼方式结算到工程款。如果在施工过程中，总承包人能够掌握涉及工程造价、工期等相关资料的话，那么总承包人就可以通过多收回工程款的方式挽回部分损失。

（四）总承包人接手完成工程，工程竣工后，实际施工人也主张工程款的，因无证据证明双方工程量的划分，总承包人需要承担超出实际施工人施工部分工程量的价款

实际施工人无力继续运作项目而又被追债的情况下，很可能失联，待总承包人接手完成工程，清理完对外债务后，实际施工人就可能回头要求与总承包人进行结算。此时需要区分的是实际施工人和总承包人各自施工完成的范围，举证责任的分配决定着最终的结果认定。

总承包人若在这种情况下接手项目时，首先就需要固定实际施工人退场时

完成的工程量证据，在实际施工人无法联系的情况下总承包人通过公证的方式保留证据。

二、要点解析

（一）追偿金额的确定

总承包人与实际施工人之间的合同因为转包或者挂靠而无效，总承包人向实际施工人进行追偿的依据则是无效合同。但是实际施工人是获益方，要求实际施工人承担责任也是多数法院的选择，而对于因此产生的利息、违约金、诉讼费、执行费等费用，不同法院会存在不同的处理方式。法院一般也会适用双方协议中约定的追偿范围予以判决。

通过法院诉讼确认的金额向实际施工人追偿时，债务的真实性经过了法院审查，并作出了认定，总承包人追偿该部分费用时就会比较容易。但是对于没有通过法院诉讼的，总承包人本着解决纠纷和减少损失的目的，采取协商方式处理对外欠款的，总承包人也会对债务做审查，但是对于实际施工人的已付款往往无法查清。而一旦实际施工人对欠款金额不认可，总承包人已支付的金额可能无法向实际施工人追偿或者无法从实际施工人主张中予以扣除。

实际施工人就项目对外欠付的款项金额要么由实际施工人自己确认，要么由实际施工人的管理人员确认。由于项目没有完工，加上利息、损失等甚至借款等，供应商往往要求实际施工人确认一个比实际发生的交易金额更高的数额，有的甚至还一并对虚构的送货单进行确认，管理人员为了自身利益也可能会对超出实际金额部分进行确认，然后收取一定的回扣。总承包人很难证明金额的虚假从而导致诉讼的艰难。虽然总承包人在支付了虚高的债务后可以向实际施工人追偿，但是虚报债务的实际施工人通常是没有偿付能力的。

（二）结算与资料配合义务

实际施工人作为真实的施工方，其有配合总承包人进行结算、提交资料的义务，但是这种配合义务是约定的义务，没有办法强制执行的，即使法院判决实际施工人应配合，也可能无法强制执行。

三、风险防范

1. 选择项目的实际施工人时，总承包人应优先考虑资产状况良好的实际施工人，对于资产状况差，随时可能停工的实际施工人则需慎重。

2. 对于实际施工人欠付的外债，总承包人应通过各种渠道调查债务的真实性，谨防实际施工人通过这种方式套取总承包人款项。发现有犯罪嫌疑的，总承包人应及时报案。

3. 总承包人应要求实际施工人上报每一笔工程款的用款计划和实际支付情况，收集所有对外分包合同，与项目管理人员和财务人员建立紧密联系。

4. 要及时收集并保留工程施工过程中的验收资料、变更签证资料原件，对于没有办理签证资料经验的实际施工人，总承包人要派员指导。

四、操作指南

1. 在内部承包协议中约定："因项目的材料商、分包人等主张欠款，总承包人通知实际施工人核对，实际施工人三日内不予核对的，视为对材料商、分包人欠款金额的认可，总承包人支付后，由实际施工人承担，实际施工人不得有异议。"

2. 在内部承包协议中约定："实际施工人擅自离场后，在收到总承包人通知核对工程量后三天内进行核对确认，如实际施工人未予核对确认的，则认可总承包人单方的测量数据。"

3. 在内部承包协议中约定："实际施工人擅自离场后，已完部分工程量按照合同约定价格的80%计算，剩余部分为总承包人进场、修复、保护已完部分工程费用。"

4. 实际施工人擅自离场的，在有必要的情况下可以考虑通过公证的方式对实际施工人已完部分工程量进行固定。

第八章

竣工后质量、工期风险识别与防范

CHAPTER 08

工程竣工后,理论上来说工程款按照合同约定已基本支付完毕,若总承包人或者实际施工人未收到工程款的,往往会直接提起诉讼要求发包人付款。发包人也通常会提起反诉或者另诉,追究总承包人工期违约责任或者质量违约责任。因发包人是与总承包人直接签订的合同,发包人提起诉讼的主体也是总承包人而非实际施工人(质量问题可突破合同相对性),总承包人若不能举证证明工程存在工期顺延情形,或者不能举证证明质量问题是由发包人原因引起的,则要承担赔偿责任。总承包人只能在承担责任后,再向实际施工人追偿。

本章就竣工后因实际施工人原因导致总承包人可能遭遇的各类风险进行整理和分析,力争引导总承包人有效规避风险,切实维护好自身权益。

第一节　发包人向总承包人追究质量不合格的风险识别与防范

建筑工程质量是建筑工程的生命与灵魂,是建筑工程能够进行长久使用的根本。一般来说,建筑工程质量会受到设计、工程材料、施工方案等因素的影响,各方面都需要严格要求才可保证建筑工程坚实耐用。因此,建筑工程质量条款也是建设工程施工合同中的主要条款和必备条款,工程质量经常是建设工程施工合同纠纷之中的争议焦点。

一、风险识别

（一）总承包人面临承担质量损失后无法向实际施工人全额追偿的风险

总承包人作为与发包人签订合同的建筑施工企业，应当亲自完成合同任务，对工程进行施工。若总承包人将工程进行分包、转包的，出现质量问题时，第一被告也是总承包人，第一责任人也将是总承包人，总承包人必须承担因质量问题引起的损害赔偿。总承包人先向发包人承担责任后，才能对实际施工人进行另诉追偿。因总承包人作为建筑施工企业，应当明知法律规定不允许转包、违法分包、出借资质，故对于总承包人提起的追偿，法院可能不会全额予以支持。

典型案例 8.1.1

浙江某公司与义乌某公司、马某、吴某建设工程施工合同纠纷案①

案例要点：总承包人将工程进行违法分包后，出现工程质量问题时，必须与实际施工人一起承担维修责任。存在多个实际施工人时，还会出现各当事人之间就工程质量承担的份额发生争议的问题，此时总承包人需对承担份额进行举证，要求实际施工人承担相应责任，对总承包人而言则是增加讼累。

案情介绍

义乌某公司承接了浙江某公司发包的工程，后该工程由义乌某分公司实际承接施工。义务某分公司在承接该工程后又将4、5、6工程转包给被告马某施工，并签订承包协议。2017年3月，被告马某又将该工程转包给实际施工人吴某施工。后出现质量问题，原告浙江某公司通知被告义乌某分公司处理，项目部通知马某和实际施工人吴某处理。2019年10月9日，浙江某公司与义乌某分公

① （2019）浙0782民初21301号。

司、监理单位确定了厂房4、5、6屋面工程维修方案，维修造价预算含税工程总造价为753 658.39元。因该方案涉及马某、实际施工人吴某利益但又未征求他们意见，实际施工人吴某提出异议。经浙江某公司申请，委托鉴定认为涉案4、5、6厂房屋面维修工程直接费568 974元，鉴定费6万元。

法院认为：被告义乌某分公司擅自将涉案工程分包给没有相应施工资质的被告马某，被告马某将涉案工程转包给没有相应施工资质的实际施工人吴某，均违反法律的强制性规定，应认定相关合同为无效合同。因实际施工人吴某承包的建设工程4、5、6厂房屋面存在质量问题，承包人义乌某公司根据与原告之间的《建设工程施工合同》应当承担维修或赔偿修复费用的责任，现原告要求赔偿修复费用662 741元，被告义乌某分公司无异议，本院予以采纳，但应扣除在2019年1月26日结算暂扣的10万元，实际应赔偿修复费用562 741元。根据《建设工程司法解释》第二十五条规定的"因建设工程质量发生争议的，发包人可以以总承包人、分包人和实际施工人为共同被告提起诉讼"，承包单位进行违法分包、转包的，对因转包工程或者违法分包的工程不符合规定的质量标准造成的损失，与接受转包或者分包的单位承担连带赔偿责任。被告马某为违法分包人和转包人，被告实际施工人吴某为实际施工人，因为合同无效，他们均应对涉案工程的质量与总承包人一起向业主承担连带责任。原告要求四被告承担连带责任，本院予以支持。但被告义乌某公司、马某、实际施工人吴某等实际应分别对工程质量承担多少份额的赔偿责任，因当事人在本次诉讼中未提供充分证据，本院无法进行审核确定。本次诉讼后，若各当事人之间就工程质量承担的份额发生争议，可另行主张。故原告提出的诉讼请求合法有据部分，本院予以支持。(1)义乌某分公司于本判决生效后10日内赔偿原告浙江某公司修复费用562 741元；(2)被告马某、实际施工人吴某对上述修复费用562 741元承担连带清偿责任。

点评分析：当工程出现质量问题时，无论实际施工人过错原因占据多少，发包人首先起诉的就是总承包人，因为相对实际施工人，总承包人总是更具备偿还能力的。而总承包人承担责任后，则会面临追偿问题，如果存在多个实际施工人，追偿份额更难仔细区分，追偿难度也大大增加。

因总承包人为建筑施工企业，应当知晓法律规定禁止总承包人将工程分包或转包给不具有相应施工资质的单位或个人，总承包人将本案工程转包给不具有施工资质的实际施工人并收取管理费的行为，违反了相关法律规定，具有一定的过错。对于因质量问题引起的损害赔偿，总承包人也应按过错程度承担责任，无法向实际施工人主张全额追偿。比如，在济南市长清区人民法院审理的山东某公司与冯某追偿权纠纷案①中，法院认为实际施工人对工程价款享有最终的请求权，也应当对工程质量问题产生的损失承担最终的赔偿义务，总承包人承担了全部清偿责任后行使追偿权的诉讼请求，有事实及法律依据，本院应予以支持，但总承包人作为建筑施工企业，将工程违法分包，对合同无效具有一定的过错。结合本案双方过错及造成质量问题的实际情况等因素，酌定由总承包人也承担10%的责任。

（二）总承包人面临承担质量维修责任的风险

若发包人已将工程交由实际施工人施工完成，为了完成竣工备案对工程进行招投标，让实际施工人借用总承包人的资质办理竣工验收的。后工程出现质量问题，总承包人不能以未施工、未收款等为由要求免责，仍需承担维修义务，承包维修费用。

典型案例8.1.2

金泉某公司与孙某、石元某公司建设工程施工合同纠纷案②

案例要点：总承包人仅出借资质办理竣工备案手续的，在工程出现质量问题时，总承包人仍应当与实际施工人一起承担维修费用，且因实际施工人无施工资质，需由总承包人亲自修理。

案情介绍

2012年年初，金泉某公司将汽车修理车间工程交由不具有施工资质的实际施工人孙某施工，2013年4月23日工程完工。后金泉某公司为完善该工程相关手续，于2013年8月13日进行了招投标，石元某公司中标，并补签《建设工程施

① (2018)鲁0113民初1658号。
② (2019)宁0205民初2369号。

工合同》,该工程于2014年1月25日经竣工验收合格并交付使用。在施工资料中石元某公司作为施工单位均加盖了公司印章。2019年5月11日,项目工程中5号、6号、7号汽车修理车间遭遇局部大风,致使6号车间后墙的(1)~(14)轴线42米外墙维护砌体倾倒。事发后,金泉某公司多次通知石元某公司先行修复涉案工程,但石元某公司始终推诿。金泉某公司起诉要求实际施工人应就涉案工程质量问题与石元某公司共同承担责任。

石元某公司辩称:金泉某公司为完善该工程的相关法律程序,于2013年8月进行招标,其公司中标,并于2013年8月16日与金泉某公司签订《建设工程施工合同》。合同签订后,发现涉案工程已竣工,其公司并未实际施工,也未收到涉案工程款,更未开具工程款发票。请求依法确认合同无效。案涉工程被评定为合格工程,不存在质量不合格的情况,也不存在需进行修复的情况,其公司没有修复的责任与义务。

法院认为:实际施工人孙某不具有建筑施工资质,金泉某公司作为发包人将涉案工程交由实际施工人孙某施工,违反法律规定。后为完善该工程相关手续,又通过招投标的方式使石元某公司中标,让实际施工人孙某借用石元某公司的资质办理工程竣工验收,该行为亦违反法律规定,故金泉某公司与实际施工人孙某、石元某公司之间的行为均属无效。本案中,涉案工程虽于2014年1月验收合格交付金泉某公司使用,但在使用过程中6号汽车修理间墙体被风刮倒,经鉴定存在建造时不符合设计要求等质量问题,作为工程实际施工人的孙某应在工程的合理使用年限内对地基基础工程和主体结构质量承担民事责任;依据《建设工程司法解释》第二十五条"因建设工程质量发生争议的,发包人可以以总承包人、分包人和实际施工人为共同被告提起诉讼",以及《建筑法》第六十六条"对因该项承揽工程不符合规定的质量标准造成的损失,建筑施工企业与使用本企业名义的单位或者个人承担连带赔偿责任"的规定,出借资质的石元某公司就工程质量问题对发包人承担连带责任。故金泉某公司要求石元某公司、实际施工人孙某连带对项目工程中5号、6号、7号汽车修理车间存在的质量问题予以返工修复的请求,本院予以支持;鉴于实际施工人孙某不具有建筑施工资质,该修复工程由石元某公司进行;对维修恢复费用的承担,本院酌情认定实际施工人孙某、石元某公司连带对因质量问题所需维修费用承担70%的责任,即承担维修费

859 632(1 228 045.7 ×70%)元。

点评分析:建设施工领域中常常会出现发包人指定分包、指定实际施工人施工之事,为了顺利竣工备案才对外招标或者要求实际施工人自行寻找总承包人进行挂靠,此种情况下出现质量问题的,总承包人仍不可避免地要承担维修义务,且因实际施工人不具备施工资质,实际维修仍需总承包人亲自进行。对于总承包人来说,如果遇到发包人指定施工时,必须与发包人签订相关协议规避风险,避免发包人事后选择总承包人来承担责任。

(三)总承包人面临无法向实际施工人提起质量索赔诉讼的风险

因建设工程质量发生争议的,发包人可以将总承包人、分包人和实际施工人列为共同被告提起诉讼。就建设工程质量问题以原告主体资格提起民事诉讼的只能是发包人,总承包人发现实际施工人施工的工程出现质量问题,也无权要求实际施工人承担保修义务或者对维修费用进行损害赔偿。

典型案例8.1.3

吉星某公司、卢某与伍某建设工程施工合同纠纷案[①]

案例要点:因建设工程质量发生争议的,只有发包人有权作为原告直接进行起诉,要求总承包人、分包人、实际施工人承担质量责任。总承包人即使提前发现问题,在发包人诉讼前进行维修,也无权在发包人起诉要求赔偿之前向实际施工人起诉,要求实际施工人进行赔偿。

案情介绍

发包人与吉星某公司于2015年签订了《双牌工业集中区创新创业园标准厂房施工合同》,卢某与吉星某公司签订了《工程内部承包协议书》。而后,卢某又与被告实际施工人吴某于2016年6月18日签订了《标准厂房承包合同》。该工程于2017年11月8日竣工验收,工程交付使用后,发包人在使用过程中发现被

① (2020)湘1123民初53号。

告施工的7号楼存在屋面渗漏、厕所渗漏、外墙渗水等质量问题,经维修,效果甚微,上述问题仍然存在,严重影响了厂房租用企业的生产生活。吉星某公司、卢某认为,被告实际施工人吴某作为7号楼的劳务工程施工方及该栋楼防水材料采购方与施工方对该工程存在的质量问题在法律规定的保修时间内应承担保修责任。为此,吉星某公司、卢某向法院提起诉讼。

法院认为:根据《建设工程司法解释》第二十五条的规定:因建设工程质量发生争议的,发包人可以以总承包人、分包人和实际施工人为共同被告提起诉讼。因此,就建设工程质量问题以原告主体资格提起民事诉讼的,应是发包人,而本案原告吉星某公司、卢某分别作为总承包人、分包人,无原告主体资格就建设工程质量问题向被告实际施工人吴某提起诉讼。依照《民事诉讼法》第一百一十九条、第一百五十四条第一款第三项规定,裁定驳回吉星某公司、卢某的起诉。

点评分析:因工程出现质量问题时,总承包人总是被告,需要承担责任。很多总承包人在施工过程中就会对实际施工人的施工质量进行抽查,或者在竣工后进行复查。发现出现质量问题时,总承包人即要求实际施工人进行维修整改或者其自行维修整改要求实际施工人承担费用。但是,就工程质量问题来说,只有发包人才可以作为原告提起诉讼,总承包人只能在被发包人追究并承担责任后向实际施工人进行追偿,存在诉讼的先后排序。一旦总承包人在发包人尚未起诉前径行起诉,则会因主体不适格被法院驳回起诉。

二、要点解析

(一)建设工程质量发生争议时被告的选择

当工程出现质量问题时,发包人首先可以起诉的就是与其有直接合同关系的总承包人,若工程存在转包、分包、挂靠情形的,发包人也可以以分包人和实际施工人为共同被告提起诉讼。就建设工程质量问题以原告主体资格提起民事诉讼的只能是发包人,总承包人发现实际施工人施工的工程出现质量问题,也无权在发包人起诉前要求实际施工人承担保修义务或者对维修费用进行损害赔偿。

(二)总承包人承担责任后的追偿

当工程出现质量问题时,需要承担责任的第一主体就是总承包人,无论总承包人是亲自施工，还是进行转包、分包、挂靠，或者仅仅配合完成竣工备案登记手续的，总承包人都要承担责任，总承包人不能以工程非其施工，未收取工程款等为由拒绝承担质量违约责任。

总承包人承担质量违约责任后，可以向实际施工人进行追偿，但因总承包人对于合同无效也存在过错，所以法院通常会考虑总承包人的过错程度，不支持总承包人全额向实际施工人进行追偿。

（三）质量标准与合同效力的关系

建设工程施工合同效力问题也是纠纷中的一个常见争议点。合同有效，双方按照合同条款履行权利义务；合同无效，权利义务又该如何确定？合同效力是否影响质量标准的约定？总承包人是否可以以建设工程施工合同无效为由拒绝承担质量违约责任？对于建设工程而言，质量合格是强制性标准，也是底线。无论合同是否有效，工程质量必须达到合格，只有工程质量达到合格，发包人才能支付工程款。工程质量一旦出现问题，无论合同是否有效，发包人均有权向总承包人和实际施工人提起诉讼。

（四）已完工程质量合格的举证责任分配

《民事诉讼法司法解释》第九十条规定："当事人对自己提出的诉讼请求所依据的事实或者反驳对方诉讼请求所依据的事实，应当提供证据加以证明，但法律另有规定的除外。在作出判决前，当事人未能提供证据或者证据不足以证明其事实主张的，由负有举证证明责任的当事人承担不利的后果。"也就是"谁主张，谁举证"，施工合同被解除或者终止后，总承包人、实际施工人若主张发包人支付工程价款，则应提供工程质量合格的初步证据，比如竣工验收备案表，或者分部分项的验收签证初步证明已完工程质量无缺陷，或者是发包人已经擅自进行使用的证据；发包人若进行抗辩，认为工程质量不合格，则应该进行举证，举证不能的后果则由发包人承担。实践中，如果总承包人并无工程质量合格的初步证据，在起诉时最好一并提出质量鉴定申请，否则就有可能因未达到工程款支付条件被法院驳回诉讼请求。

(五)工程质量鉴定的启动程序

当事人在诉讼中主张建设工程质量不合格的,应当提供相应证据,没有证据或证据不足以证明其主张的,应向法院申请对建设工程质量是否合格进行司法鉴定。对于发包人来说,如果认为工程质量不合格,且未擅自提前使用的,发包人对工程质量提出异议并提供了初步证据的,可以启动鉴定程序。承包人如果认为发包人提供的主要建筑材料、建筑构配件和设备不符合强制性标准的,或者因设计变更导致建设工程的工程量或者质量标准发生变化等,也可以启动鉴定程序。

但如果实际施工人施工过程停工,又转包给其他方进行施工的,一方申请对工程质量进行鉴定的,人民法院有理由驳回其鉴定申请。

建设工程施工合同纠纷中,法院会对举证责任进行分配,当事人可按照举证责任或者合同约定申请进行鉴定,法院一般不依职权启动司法鉴定程序,但可能损害国家利益、社会公共利益和第三人合法权益的除外。

三、风险防范

1. 建筑工程质量是建筑工程的生命与灵魂,在建筑工程质量管控过程中总承包人必须需要针对设计、施工、材料、验收等各方面可能出现的问题采取针对性的管控措施,并严格履行合同义务确保工程质量。

2. 在施工过程中,总承包人必须严格按照设计图纸和施工方案严格进行施工,不得偷工减料,保证建筑物在合理使用寿命中过程中不出现质量问题。

3. 工程由实际施工人挂靠施工的,总承包人应当让实际施工人签订承诺书,对工程质量、维修义务、修复费用进行约定,施工过程中对实际施工人施工工程进行监督管理,避免因实际施工人原因而承担质量违约责任。对于质量责任纠纷,各方都可以借助专业的鉴定机构以及司法机构的力量维权,申请司法鉴定,让裁判机构对各方过错进行认定划分,避免互相推卸责任,纠缠不清。

四、操作指南

为了避免因实际施工人施工质量问题导致总承包人承担质量违约责任,总承包人在与实际施工人签订协议时,可要求实际施工人出具施工质量承诺书,避免纠纷发生后纠缠不清。

实际施工人施工质量承诺书

本人××是×××项目的实际施工人,为明确本人的施工质量责任,本人特向贵司郑重承诺如下:

1. 严格按照设计图纸、施工技术标准和规范进行施工,选用合格材料。

2. 严格遵守案涉《建设工程施工合同》约定的质量标准、质量保修等责任,对主体质量承担质量终身责任。在约定的保修期内,一旦发包人或者总承包人发现质量问题,发出维修通知,在收到维修通知的三日内及时进行维修,需要另行安排第三方进场修复的,费用由本人承担。

3. 发包人因质量问题起诉总承包人承担维修责任或修复费用的,总承包人实际承担的所有费用均由本人承担,包括但不限于诉讼费、律师费、鉴定费等。

第二节　发包人向总承包人追究保修责任时的风险识别与防范

建筑工程质量是建筑工程的生命与灵魂,在建设工程施工合同中,双方除了会对质量标准进行明确约定外,为了确保工程在合理期限内可以正常使用,发包人、承包人还会对质量保修范围、期限等事项作出约定,签订《工程质量保修协议书》。尽管如此,因为实际施工人不履行质量保修义务引起的纠纷还是频频发生。

一、风险识别

(一)总承包人面临承担第三方整改维修费用的风险

发包人通知总承包人进行维修整改,总承包人未通知实际施工人,或者实际施工人接到通知未按照要求进行维修整改的,发包人可以拒绝实际施工人继续维修,安排第三方进场,所需费用应由总承包人承担。

典型案例8.2.1

四川某公司与南充某公司、代某、庞某等建设工程施工合同纠纷案[1]

案例要点：发包人通知总承包人进行维修，总承包人不出面处理而是要求发包人联系实际施工人进行整改。实际施工人未完全按照要求进行维修的，发包人有权另行安排第三方进场进行维修，维修费用应由总承包人和实际施工人连带承担。总承包人不得以实际施工人实际已经进场维修或是维修范围、维修内容、费用不合理为由等拒绝承担费用。

案情介绍

四川某公司将其开发的东方夏威夷工程发包给南充某公司进行承建。南充某公司将案涉工程内部承包给实际施工人陈某，实际施工人陈某及被告代某、庞某在合同的乙方担保人处签名。其后，实际施工人陈某退出案涉工程施工，由代某、庞某作为工程承包人具体承建案涉工程。

因案涉工程存在多处质量问题，四川某公司于2016年11月、2017年2月、8月分别向南充某公司发出要求整改的通知，被告南充某公司收到整改通知后，向四川某公司函告，要求四川某公司直接与其现场代表代某联系进行整改，四川某公司召开了专门会议要求南充某公司进行整改落实，但南充某公司未按照四川某公司要求进行整改。后发生诉讼。

南充某公司答辩：(1)涉案工程是实际施工人施工，出现问题应该由实际施工人维修，不应当由四川某公司直接委托第三方进行维修。(2)法院也未共同委托一个设计单位来确定维修范围和方案，在此情况下确定的维修费用没有基础和依据。(3)对于地下室1 280 000元和文化石1 515 000元的维修费用不予认可。该工程造价没有各方认可的维修范围和方案为基础。(4)对380 000余元的维修费用不予认可，因实际施工人和南充某公司均未认可由四川某公司自行维

[1] (2019)川13民终2531号。

修，也未对该维修费用进行认可。(5)对600 000余元的管理费不予认可，其一，本身应该由实际施工人维修就不存在由四川某公司维修来收费用；其二，20%的管理费约定不合理应当调整。(6)判决维修款在工程款中抵扣是错误的，一审判决的维修款金额未生效，不能直接抵扣，并且超出原告诉讼请求范围。

法院认为：施工方应当按照施工合同及设计的要求，为发包方建造合格的产品。但本案案涉工程中，经设计单位及鉴定单位鉴定，案涉工程地下室渗水及外墙文化石脱落均系施工方施工不当造成的，责任在施工方。工程质量问题按约应由施工方承担维修责任。因南充某公司目前经营困难，牵涉诉讼案件多，其发函要求四川某公司直接与代某进行衔接处理质量问题，而实际施工人代某、庞某在施工中因拖欠民工工资被公安机关采取过强制措施，该二人没有具体实施施工的经济能力，实际施工人虽愿意维修，但未按照四川某公司的要求进行全面整改落实，因此，四川某公司作为发包方安排第三方完成维修符合双方的合同约定。维持一审判决关于维修费用的处理，由被告南充某公司、被告代某、被告庞某共同向四川某公司支付地下室维修款1 280 000元、支付外墙文化石返修款1 515 000元、支付整改费用383 363元，共计3 178 363元。

点评分析：工程总承包人的维修义务来源于总承包合同，总承包人接到维修通知后应安排维修，而不是不出面并要求发包人直接找实际施工人进行维修，更不能以实际施工人实际进场维修为由认为发包人不应安排第三方进场维修，拒绝承担维修费用。

(二)总承包人面临需先行支出维修费用后再追偿的风险

发包人通知总承包人进行维修整改，总承包人通知实际施工人后，实际施工人拒绝维修的，应由总承包人进行维修整改，之后再向实际施工人进行追偿。

典型案例8.2.2

顺昌某公司与滨河某公司建设工程施工合同纠纷案[①]

案例要点:实际施工人拒绝维修整改的,总承包人承担维修费用后有权要求实际施工人进行返还。

案情介绍

银川某公司将绿化工程发包给滨河某公司,《建设工程施工合同》签订后,滨河某公司将工程交由分公司具体负责。分公司将涉案劳务工程发包给顺昌某公司。顺昌某公司施工一半即退场,分公司在顺昌某公司退场后,在顺昌某公司施工基础上继续进行了施工,后因工程款及质量问题双方发生诉讼。滨河某公司及分公司提起反诉,向顺昌某公司主张返工、维修费及损失。

法院认为:对于滨河某公司及分公司反诉诉请实体能否成立问题。滨河某公司及分公司主张其要求顺昌某公司就不合格项进行整改,顺昌某公司未予整改,分公司委托鑫建公司进行了整改,产生的整改、维修费应从工程造价中扣减。顺昌某公司辩称其施工工程不存在质量问题,顺昌某公司施工过程中从未收到有关工程存在质量问题的通知,分公司在顺昌某公司施工工程基础上进行了二次施工,因二次施工等原因对顺昌某公司已施工部分造成了损害。对此,根据顺昌某公司提交的2019年4月26日《工作联系单》显示,2019年复工前,顺昌某公司与分公司组织勘验时,分公司已经提及工程质量问题,并要求顺昌某公司进行整改,可以确定分公司在顺昌某公司施工后,已通知顺昌某公司对需维修、整改部分进行修复。同时,在本案审理过程中,分公司一直主张工程质量及维修、整改问题,后于2020年对工程进行维修,故顺昌某公司辩称滨河某公司及分公司未通知其要求维修、整改工程不能成立,本院不予采信。顺昌某公司还辩称工程是否存在质量问题,应当通过鉴定程序确定,而不能由分公司单方确定。顺昌某公司作为施工方,有保证工程质量及在质保期内履行保修责任的义务。本案根据各方提供的证据显示,顺昌某公司施工工程确实存在需整改、维修项。顺昌某

① (2019)宁0104民初7546号。

公司理应在收到维修、整改通知后积极履行维修义务，但顺昌某公司并未履行维修义务。且工程是否存在质量问题与顺昌某公司是否履行保修义务并不矛盾，工程是否冬季施工同样不能免除顺昌某公司的维修义务，分公司在顺昌某公司施工基础上继续施工也不能免除顺昌某公司对其施工部分工程的保修义务。分公司在要求顺昌某公司维修无果后，委托鑫建公司进行维修并无不当。故对于滨河某公司及分公司要求顺昌某公司赔偿整改、维修费用的反诉诉请，本院予以支持。

点评分析：实际施工人对于其施工工程部分应当履行维修义务。总承包人代替实际施工人承担维修义务支出费用后有权要求实际施工人返还，实际施工人不得以多方施工、施工条件、退场交接等理由拒绝履行维修义务。

（三）总承包人面临亲自维修整改的风险

因实际施工人不具备施工资质，法院通常要求总承包人承担修复义务，对工程进行维修整改。

实际施工人不具有建筑施工资质，借用总承包人的资质进行施工，办理竣工验收的行为是违反法律规定的。依据《建设工程司法解释（一）》第十五条之规定“因建设工程质量发生争议的，发包人可以以总承包人、分包人和实际施工人为共同被告提起诉讼” 以及《建筑法》第六十六条“对因该项承揽工程不符合规定的质量标准造成的损失，建筑施工企业与使用本企业名义的单位或者个人承担连带赔偿责任”的规定，出借资质的总承包人需就工程质量问题对发包人承担连带责任。且对于存在的质量问题，鉴于实际施工人不具有建筑施工资质，法院通常判定该修复工程由总承包人进行。

（四）总承包人面临承担赔偿责任的风险

因实际施工人未及时履行保修义务，导致建筑物毁损或者造成人身损害、财产损失的，总承包人需与实际施工人连带承担赔偿责任。

典型案例8.2.3

江西某公司与九江某公司、吴某建设工程施工合同纠纷案[①]

案例要点：实际施工人若未及时履行保修义务，造成建筑物毁损或是财产损失的，实际施工人和借用资质的总承包人必须承担赔偿责任。

案情介绍

2016年7月22日，原告江西某公司与被告九江某公司签订了一份《钢结构工程承包合同》。质量要求补充防风等级为八级，若由于八级以下（含八级）风力雨棚被刮走、脱落、破损导致的财产损失、人员伤亡由九江某公司负责修补和赔偿，后被告九江某公司将工程转包给被告实际施工人吴某施工。2018年1月27日，九江某公司承建的顶棚工程全部倒塌，导致全部彩钢瓦、自盖防雨采光工程全部报废，顶棚下的电动车辆、岗亭、门窗玻璃、电动伸缩门等财物毁损。为此，原告进行起诉，要求两被告赔偿。

2019年1月8日，江西九江司法鉴定中心出具司法鉴定意见书，认为本案钢结构倒塌造成的损失鉴定价款为231 903.90元。

法院认为：涉案工程钢结构顶棚全部倒塌，倒塌过程中，造成钢结构顶棚、保安亭、外墙面、铝合金门窗、防盗网、电动伸缩门、配电房及电动车等财产毁坏，本院依原告申请，委托江西九江司法鉴定中心对因钢结构顶棚倒塌造成的损失进行司法鉴定。江西九江司法鉴定中心根据合同、照片、凭证及现场勘验等证据材料出具的司法鉴定意见书，程序合法，客观公正，本院予以采信。根据《建设工程司法解释》第二十七条的规定，因保修人未及时履行保修义务，导致建筑物毁损或者造成人身、财产损害的，保修人应当承担赔偿责任。《建设工程司法解释（二）》第四条规定，缺乏资质的单位或个人借用有资质的建筑施工企业名义签订建设工程施工合同，发包人请求出借方与借用方对建设工程质量不合格等因出借资质造成的损失承担连带赔偿责任的，人民法院应予支持。被告九江某公司辩称工程的坍塌是在交付完成1年以后，已经过了1年的质量保修期，其不应承

① （2018）赣0402民初1601号。

担赔偿责任;且该工程的具体施工人员为实际施工人吴某,合同明确约定该工程如出现质量问题,由被告实际施工人吴某自行负责。该辩解意见,与法相悖,本院不予采纳。判决被告实际施工人吴某赔偿原告江西某公司损失231 903.90元;被告九江某公司对上述赔偿义务承担连带赔偿责任。

点评分析:实际施工人若未及时履行保修义务,造成建筑物毁损或是财产损失的,实际施工人和出借资质的总承包人必须承担赔偿责任。即使总承包人与实际施工人有明确约定,质量问题造成的损失全由实际施工人承担,总承包人也不能对发包人免责。

二、要点解析

(一)维修整改的责任主体

工程出现质量问题时,需要进行维修整改的责任主体是总承包人,总承包人具有义不容辞的维修整改义务。因工程由总承包人转包给实际施工人进行施工,实际施工人应当负责维修整改,总承包人可以在接到维修通知后安排实际施工人进场维修。总承包人拒绝与实际施工人对接,在产生维修费用后试图抗辩,逃避责任的,法院通常不予支持。

(二)维修时总承包人可能承担的费用

工程需要进行维修整改时,必不可少的费用就是维修整改费用。除了维修整改费用外,还会产生一些其他的费用:(1)鉴定费,对于双方不予认可的部分,需要通过第三方鉴定才可以确认是否具有质量问题,质量问题是否由施工方施工引起,鉴定意见认为具有质量问题且属于施工方责任时,该鉴定费用需要由总承包人承担;(2)维修管理费,有些维修整改工作可能需要第三方进场整改,第三方进场整改的,发包人可能还会向总承包人收取维修整改管理费;(3)合理范围内的租金,若工程需要长时间整改影响发包人进行正常使用需要另行租赁场地的,合理范围内的租金也需要由总承包人承担。

(三)合同无效时的保修责任

在建设工程施工合同被确认无效后,合同关系不再存在,该合同对当事人不再具有任何拘束力。建设工程施工合同无效的,总承包人和实际施工人是否还需要承担保修义务?保修期届满后,总承包人和实际施工人是否免除保修义务?

根据《质量管理条例》第四十一条的规定,总承包人和实际施工人仍应在最低保修期限内承担法定的保修责任。保修期届满后,总承包人和实际施工人是否免除保修义务主要取决于保修期内施工方是否按照约定进行了维修。保修期已过,但发包人在保修期内就质量问题提出维修要求的,总承包人和实际施工人不得以超出保修期为由拒绝履行维修义务。

(四)建设工程发生损毁时的处理

根据《建设工程司法解释(一)》第十八条之规定:"因保修人未及时履行保修义务,导致建筑物毁损或者造成人身损害、财产损失的,保修人应当承担赔偿责任。保修人与建筑物所有人或者发包人对建筑物毁损均有过错的,各自承担相应的责任。"与发包人签订建设工程施工合同的总承包人即是保修人,总承包人不能基于其与实际施工人的合同约定主张对发包人免责,必须与实际施工人一起承担赔偿责任。

(五)质量保修期的起算点

根据《质量管理条例》第四十条之规定:"建设工程的保修期,自竣工验收合格之日起计算。"

根据《商品房销售管理办法》第三十三条之规定:"房地产开发企业应当对所售商品房承担质量保修责任。当事人应当在合同中就保修范围、保修期限、保修责任等内容做出约定。保修期从交付之日起计算。"

对于施工方来说,质量保修期从工程竣工验收合格之日起开始计算,分包人承包的部分建设工程在整体工程之前完工,完成单项工程验收的,其工程质量保修期仍应根据相关规定,从整体工程竣工之日起算;对于房地产开发商企业来说,房屋保修期从交付之日起开始计算。

(六)质量保修期的重新起算

司法实践中通常认为,在质量保修期内发生质量维修的,质量保修期不重新起算。质量保修期是指建设工程在正常使用条件下的法定最低保修期限,既不是诉讼时效,也不是除斥期间,不会发生中止或者中断。如果发包人要求在质量保修期内发生保修事项后,质量保修期再重新起算,那么承包人承担的保修责任将永无止境。故即使在质量保修期内发生保修事项的,质量保修期也不应重新起算。

(七)质量保修期与缺陷责任期的联系与区别

质量保修期是指建设工程在正常使用条件下的法定最低保修期限,在此期限内承包人对建设工程出现的质量问题负有保修义务。缺陷是指建设工程质量不符合工程建设强制性标准、设计文件,以及承包合同的约定。缺陷责任期一般为1年,最长不超过2年,由发、承包双方在合同中约定。缺陷责任期从工程通过竣工验收之日起计算。由于承包人原因导致工程无法按规定期限进行竣工验收的,缺陷责任期从实际通过竣工验收之日起计算。由于发包人原因导致工程无法按规定期限进行竣工验收的,在承包人提交竣工验收报告90天后,工程自动进入缺陷责任期。

质量保修期和缺陷责任期的期限不同,质量保修期通常期限为2年、5年或者50年,缺陷责任期通常为6个月或者1年,最长不能超过2年;缺陷责任期对应的是质量保证金,缺陷责任期满,质量保证金就应当返还。缺陷责任期内发生质量问题,承包人若未进行维修,发包人可以直接从质量保证金中予以扣除相应费用,如果是在缺陷责任期外质保期内发生质量问题承包人拒绝维修的,其费用主张就需要通过法律途径进行。

(八)质量保证金的退还

案涉工程经过竣工验收备案,就意味着承包人及实际施工人已按照约定实际完成任务,只需按照质量保修协议中的约定对工程承担相应保修义务。工程竣工验收合格后,发包人可否以实际施工人不履行保修义务为由拒绝退还质量保证金?

在质量保修协议中,发承包双方除了会对质量保修部位、期限进行约定外,还会对违约责任进行约定,以《17建工合同示范文本》为例,第四条质量保修责任约定:“1. 属于保修范围、内容的项目,承包人应当在接到保修通知之日起7天内派人保修。承包人不在约定期限内派人保修的,发包人可以委托他人修理。2. 发生紧急事故需抢修的,承包人在接到事故通知后,应当立即到达事故现场抢修。3. 对于涉及结构安全的质量问题,应当按照《建设工程质量管理条例》的规定,立即向当地建设行政主管部门和有关部门报告,采取安全防范措施,并由原设计人或者具有相应资质等级的设计人提出保修方案,承包人实施保修。4. 质量保修完成后,由发包人组织验收。”

第五条保修费用约定:“保修费用由造成质量缺陷的责任方承担。”

也就是说,当工程质量出现问题时,发包人首先应当通知承包人或者实际施工人进行维修,承包人或实际施工人拒绝的,发包人可以找第三方进行维修,该费用由承包人或实际施工人承担。所以发包人不能以承包人或者实际施工人拒绝维修为由拒绝退还保证金,除非发包人提供已通知维修以及承包人或者实际施工人不履行另行委托他人修理及应扣除质量保证金金额的有效证据,否则质量保证金返还期限届满,发包人就应当及时退还质量保证金。

(九)质量保证金与优先受偿权

工程的质量保证金不属于建设工程优先受偿权的范围,承包人只能在建筑工程价款的范围内行使优先受偿权,包括工人工资、材料款等实际支出的费用,不包括利息、违约金、损害赔偿金等。工程质量保证金的性质虽属于工程款,但具有相对独立性,其主要作用在于对经竣工验收合格后的工程在保修期内的工程质量提供担保,督促承包人在工程质量出现问题时积极履行维修义务。而建设工程价款优先受偿权的目的在于担保承包人的建设工程价款债权,具有一般担保物权的属性。如果允许承包人对工程质量保证金行使优先受偿权,容易导致承包人在质保期届满前即主张对工程质量保证金享有优先受偿权,使得工程质量保证金制度的立法目的落空,也不能充分发挥工程质量保证金对工程质量的担保作用。且承包人行使建设工程价款优先受偿权的期限为18个月,自发包人应当给付建设工程价款之日起算,而质量保证金对应的缺陷责任期通常为1年或2年,如果将质量保证金也纳入优先受偿权的范围,将使得优先受偿权行使期限过长,不利于保护承包人的利益,故质量保证金不属于建设工程价款优先受偿权的范围。

三、风险防范

1. 保修责任具体而言就是保修范围和保修期限内发生的质量问题由谁负责，首先应当区分出现质量问题的原因，分清责任主体。对于总承包人来说，若属于施工方责任范围内的问题，则必须及时予以维修。如果发包方已发出维修通知，总承包人拖延或者拒绝进行维修的，发包方可以安排第三方进场维修，要求总承包人来赔偿损失，损失范围既包括因工程质量造成的直接损失，即用于返修的费用，也包括间接损失，如给使用人或第三人造成的财产或非财产损失。因此，总承包人必须及时安排维修，避免损失扩大。

2. 工程由实际施工人实际施工的，总承包人在收到维修通知后要迅速联系实际施工人进行处理，不能拖延或者直接要求发包人与实际施工人对接。实际施工人进场维修后，总承包人也要对施工情况进行监督，避免实际施工人投机取巧，避重就轻，敷衍了事，造成损失扩大。

3. 总承包人承担维修责任后，对于支出的费用要积极向实际施工人进行追偿。

四、操作指南

总承包人在与实际施工人签订协议时，应当约定以下条款：

1. 实际施工人在施工过程中应当严格把握施工质量，出现质量问题需要进行维修整改的，应当在接到维修通知后 3 日内及时安排处理。

2. 实际施工人拖延维修或者拒绝维修的，总承包人可以直接安排第三方进场维修，所需费用由实际施工人承担。

3. 总承包人有权就为实际施工人垫付的任何一笔费用向实际施工人进行追偿，总承包人的追偿与实际施工人的工程款相互独立，实际施工人不得以未付工程款为由进行抗辩。

第三节 发包人向总承包人追究工期违约的风险识别与防范

建设工程施工过程中,常常会因为各种原因导致工程进度拖延,逾期竣工。在处理工程款结算纠纷时,发包人也往往会以工期违约为由进行抗辩或者提出反诉,要求总承包人赔偿工期逾期违约金或者损失。而工期违约的原因,常常是因实际施工人原因造成的。实际施工人在施工过程中造成的拖延,通常会给总承包人带来高额损失。

一、风险识别

(一)总承包人面临承担工期违约赔偿的风险

发包人仅向总承包人追究逾期竣工违约金,总承包人无法举证工期存在顺延情形的,只能先行承担赔偿责任。

典型案例 8.3.1

山东某公司与宁阳某公司建设工程施工合同纠纷案[①]

案例要点:工程因实际施工人原因导致工期违约,发包人仅向总承包人进行工期违约索赔,未将实际施工人列为被告的,法院予以支持。总承包人只能在承担赔偿责任后自行向实际施工人进行追偿。

案情介绍

承包人宁阳某公司接了山东某公司发包的彩虹花园住宅小区工程,约定开工日期为 2007 年 11 月 28 日,竣工日期为 2008 年 6 月 24 日,合同工期总日历天

① (2015)鲁民提字第 355 号。

数210天。宁阳某公司将工程分包给了实际施工人张某,施工过程中,由于宁阳某公司管理不善,工程不能按时竣工。2008年12月,在工程尚未完工的情况下,宁阳某公司擅自撤离全体施工人员,致使工程停工,后经山东某公司采取补救措施,工程于2009年7月完工。因宁阳某公司擅自撤离行为给山东某公司造成巨大经济损失,山东某公司诉讼要求宁阳某公司返还工程款195 769.05元,误期赔偿费用905 000元。

宁阳某公司答辩称:本案应追加实际施工人张某为被告,其不存在违约行为,在具体施工过程中,由于山东某公司未按约定给付工程款,致使实际施工人张某无力垫付工程款造成停工和撤场。因而,导致涉案工程未按期完成的根本原因是山东某公司首先违约造成的,而宁阳某公司没有违约行为。

法院认为:双方签订的是建设工程施工合同,合同明确约定该工程不允许分包,同时规定:"……承包人不得将其承包的全部建设工程转包给第三人或者将其承包的全部建设工程肢解以后以分包的名义分别转包给第三人。禁止承包人将工程分包给不具备相应资质条件的单位。建设工程主体结构的施工必须由承包人自行完成。"无论是基于合同约定,还是法律规定,宁阳某公司承包了山东某公司的住宅楼建设工程后都应当亲自履行合同义务,宁阳某公司将合同转包给没有任何资质条件的张某个人的行为,不仅违反了合同约定,而且违反了法律的禁止性规定,该转包行为无效。本案争议的焦点问题是造成工期延误的原因和责任承担问题。山东某公司认为,造成工期延误的原因是宁阳某公司将工程违法转包所致,责任应由宁阳某公司承担;宁阳某公司及张某则认为,造成工期延误的原因在于山东某公司没有按照工程进度支付工程款,没有按时提供应由山东某公司提供的建筑材料,没有保证施工现场"三通一平"以及拒不执行省市文件上调价格,但无相反证据进行证明,法院不予采信。虽然张某是涉案建设工程的实际施工人,也是造成施工合同工期延误的直接责任人,但张某不是该建设工程施工合同的主体,山东某公司未对张某提出任何实体主张,宁阳某公司虽申请法院追加张某参加本案诉讼,但也未对张某提出任何承担责任的要求,同时张某也未对本案双方当事人提出诉求,故应通知张某退出本案诉讼。判决宁阳某公司赔偿山东某公司逾期交工损失费742 000.00元(2000元/日×371日)。

点评分析:实际施工人虽然是造成工期延误的直接责任人,但是根据合同相对性的原则,与发包人签订《建设工程施工合同》的是总承包人,而不是实际施工人,所以发包人不能直接向实际施工人提起诉讼,追究工期违约金。总承包人在诉讼中抗辩时必须举出反驳证据证明工期存在顺延情况,减少工期逾期时间。同时要求法院调整违约金,避免承担高额的工期违约费用。

(二)总承包人面临单独被起诉的风险

发包人向实际施工人和总承包人追究逾期竣工违约金,实际施工人可以以未与发包人建立合同关系为由拒绝承担责任。

典型案例8.3.2

福建某公司与池某、龙岩某公司建设工程施工合同纠纷案[①]

案例要点:工程因实际施工人原因导致工期违约,发包人向总承包人、实际施工人进行工期违约索赔,将实际施工人列为第一被告。法院认为,工期延误不属于建设工程质量问题,在参照无效合同中工期延误责任条款确定相关责任时,应根据合同相对性原则,以该合同的相对人作为责任义务人,不应要求实际施工人承担责任。

案情介绍

福建某公司将钢结构工业厂房工程发包给龙岩某公司施工,龙岩某公司后授权委托实际施工人池某以龙岩某公司的名义参加福建某公司钢结构厂房工程相关事宜。案涉钢结构厂房工程于2007年10月30日开工建设(土建的开工日期为2007年10月30日,钢结构部分是2007年12月26日开始),于2008年7月竣工,并于2008年10月28日办理了房屋产权登记证。后福建某公司要求龙岩某公司、实际施工人池某支付工期违约金及损失。

一审法院认为:违约金计算为1000元/天×150天=150 000元,福建某公司雇请案外人李某成代为维修而产生的维修费62 029元,理应由龙岩某公司及实

① (2017)闽民再210号。

际施工人池某支付，予以支持。根据生效的案号为(2012)岩民终字第471号民事判决书，实际施工人池某作为诉争工程的实际施工人，先由其承担上述款项的支付责任，由龙岩某公司对上述款项承担连带清偿责任更为妥当。作出(2013)泰民初字第646号民事判决：(1)实际施工人池某支付福建某公司违约金150 000元；(2)实际施工人池某支付福建某公司维修款62 029元；(3)龙岩某公司对实际施工人池某的上述债务承担连带清偿责任；(4)驳回福建某公司其他诉讼请求。

实际施工人池某上诉请求撤销一审判决，裁定发回重审或查清事实后依法改判。二审法院认为，《钢结构建筑安装合同书》及《补充协议》可以作为确定违约责任的依据来认定合同履行情况、违约责任和计算违约金。根据龙岩市中级人民法院(2012)岩民终字第471号生效民事判决书的认定，实际施工人池某系诉争工程的实际施工人，因此一审法院作出先由实际施工人池某承担违约责任，由龙岩某公司对实际施工人池某前述债务承担连带清偿责任的认定，并无不当。关于维修费，福建某公司对该维修工程未进行招投标，且未对讼争工程是否确实需要维修以及维修范围、维修工程量等进行充分举证说明，不予支持。二审法院判决：(1)维持一审判决第一、三、四项，即"一、实际施工人池某应支付福建某公司违约金150 000元；三、龙岩某公司对实际施工人池某的上述债务承担连带清偿责任；四、驳回福建某公司的其他诉讼请求；"(2)撤销一审判决第二项，即"二、实际施工人池某应支付福建某公司维修款计62 029元"。

再审法院认为：本案再审的争议焦点是实际施工人池某作为实际施工人是否应对发包方福建某公司承担工期延误的违约责任。《建设工程司法解释》第二十五条规定，"因建设工程质量发生争议的，发包人可以以总承包人、分包人和实际施工人为共同被告提起诉讼"，在发生建设工程质量问题时，发包人可以突破合同相对性，以实际施工人为被告提起诉讼，但工期延误不属于建设工程质量问题，在参照无效合同中工期延误责任条款确定相关责任时，应根据合同相对性原则，以该合同的相对人作为责任义务人。本案中，案涉《钢结构建筑安装合同书》和《补充协议》的合同双方是福建某公司和龙岩某公司，具体代表龙岩某公司签订合同的是案外人卓某汶，生效判决认定实际施工人池某是从龙岩某公司处转包案涉工程的，可见实际施工人池某并非福建某公司的合同相对方。因此，福建某公司向实际施工人池某主张工期延误责任,没有事实和法律依据。

综上所述,福建某公司要求实际施工人池某承担工期延误违约责任的诉讼请求,没有合同和法律依据。二审法院参照案涉合同中关于工期延误赔偿的约定,判令龙岩某公司向福建某公司支付15万元工期延误赔偿款,符合公平原则,并无明显不当。对实际施工人池某关于其不承担工期延误违约责任的再审请求,本院予以支持。

点评分析:涉及建设工程质量问题时,根据《建设工程司法解释(一)》第十五条的规定,发包人可以突破合同相对性,以实际施工人为被告提起诉讼,且是共同被告。但工期违约不属于建设工程质量问题,按照《建设工程施工合同》工期延误责任条款确定相关责任时,应根据合同相对性原则,以该合同的相对人作为责任义务人。发包人将实际施工人作为被告起诉的,实际施工人可以抗辩其不是合同相对主体,无须承担合同违约责任。

(三)总承包人面临无法向实际施工人全额追偿的风险

总承包人承担工期违约金后,只能向实际施工人进行追偿。若总承包人对合同无效的造成也具有过错的,则无法向实际施工人全额追偿。

典型案例8.3.3

江苏某公司与周某追偿权纠纷案①

案例要点:总承包人因对工期违约存在过错的,需承担相应责任,无法全额向实际施工人进行追偿。对于超出实际施工人施工部分的赔偿,实际施工人无须承担责任。对于总承包人履行赔偿过程中的执行费及迟延履行金,系总承包人没有及时履行生效判决所致,应由总承包人自行承担。

案情介绍

2007年4月26日,发包人与江苏某公司签订了一份《建设工程施工合同》,

① (2019)苏0722民初3715号。

约定的工期为240天。2007年8月11日,江苏某公司将商品楼工程转包给实际施工人周某施工,约定工期天数320天,自基础放线开始计算。在合同履行过程中,因工程工期延误问题,发生多次诉讼,后法院判决江苏某公司支付发包人违约金人民币2 991 015元,最终实际执行标的额310万元。江苏某公司承担赔偿责任后向实际施工人周某进行追偿,要求周某承担该310万元。

法院认为:关于过错责任问题,首先,江苏某公司将其承接的工程非法分包给无建筑资质的个人施工,实际施工人周某明知其无施工资质而承接案涉工程,双方均有过错,但江苏某公司作为有资质的建筑企业,对造成合同无效的法律后果应承担主要责任。而实际施工人周某作为实际施工人,对工程延期交付应承担主要责任。其次,关于工期的约定方面,江苏某公司与发包人约定的工期为240天,与实际施工人周某约定的工期为320天,均是从基础放线之日起计算,多出了80天的工期,该部分损失是因江苏某公司的过错造成的,不应由实际施工人周某承担。同理,原被告之间合同约定的施工范围为部分土建及水电安装,而江苏某公司对发包人承担违约责任所及工程范围大于实际施工人周某实际施工部分,对不是实际施工人周某实际施工部分的工程工期不应由实际施工人周某承担,但因双方未举证明确实际施工人周某施工部分的具体竣工日期,无法具体计算。实际施工人周某主张以主体结构竣工时间计算,并不能全面真实反映其承包的土建工程竣工时间,本院不予采信。再次,关于其中不是实际施工人周某施工的4栋楼,实际施工人周某辩称不应承担该部分的赔偿责任。根据现有证据认定,该4栋楼是实际施工人周某分包出去,实际施工人周某虽然提交了将4栋楼房承建权无条件交给公司的报告复印件,但并未办理交接手续,仍是原分包人继续施工,故该4栋楼的损失仍应由实际施工人周某承担相应的赔偿责任。同理,水电安装系实际施工人周某分包给他人施工,并由实际施工人周某将工程款转付他人,也应由实际施工人周某承担相应的责任。最后,实际施工人周某提供证据证明在施工过程中因低温天气停工、工程款未及时支付等问题造成工期延误,对该部分事实可以进行认定,但对因此造成的具体停工天数没有证据可以证明,本院在考虑双方过错时作为轻微原因予以考量。综合以上各方面因素及本案具体情况,本院酌情认定,江苏某公司对因工期延误造成的损失承担70%的责任,实际施工人周某承担30%的责任。

关于损失的金额,江苏某公司主张被告赔偿代付的违约金310万元,根据江西省高级人民法院(2014)赣民再终字第9号民事判决书,上饶市二建支付江苏周某违约金2 991 015元、诉讼费21 015元,共计3 012 030元,原告的实际损失数额应认定为3 012 030元,对于因被执行产生的执行费及利息损失系因江苏某公司没有及时履行生效判决所致,应由江苏某公司自行承担。

点评分析:总承包人承担工期违约赔偿金后,需另行向实际施工人提起追偿权纠纷。且追偿部分只能系实际施工人的施工部分产生的对应的损失赔偿,主张的数额不应包括执行过程中产生的利息和执行费。

二、要点解析

(一)发包人进行工期索赔时被告的选择

因实际施工人原因导致工期违约,发包人向总承包人、实际施工人进行工期违约索赔,将实际施工人列为第一被告,要求实际施工人与总承包人一起赔偿的,法院通常不予支持。理由在于工期延误不属于建设工程质量问题,发包人不可突破合同相对性,要求与发包人无合同关系的实际施工人承担赔偿责任。在参照无效合同中工期延误责任条款确定相关责任时,应根据合同相对性原则,以该合同的相对人作为责任义务人,不应要求实际施工人承担责任。

(二)合同无效时工期违约金的处理

合同无效时,相关违约条款也无效,承包人不按合同履行也并不构成法律意义上的违约行为,因此也就无须支付工期违约金。但是,承包人需承担损失赔偿责任,承包人作为有过错责任的一方应当赔偿发包人因此所受到的损失,只要是与工期违约行为具有因果关系的损失,承包人都应当予以赔偿。

(三)总承包人承担赔偿责任后的追偿

实际施工人因不具备施工资质,其与总承包人签订的合同是无效的。在总承包人向实际施工人进行工期违约金的追偿时,实际施工人往往以合同无效为由进行抗辩,企图逃避责任。但因工程系由实际施工人具体组织人员施工的,且实际施工人收取了工程款,因此未按工期完工造成的损失应由实际施工人承担,总承包人有权向其追偿。综观目前的司法实践，对于总承包人实际赔付的违约金以及案件中承担的诉讼费，法院通常都予以支持。总承包人被判决承担责任后拒不履行，导致被法院强制执行，支出的执行费和迟延履行金系总承包人自行扩大的损失，应自行承担，不能向实际施工人进行追偿。即使是法院支持的赔偿金和诉讼费部分，总承包人大多数也不会全额得到赔付。因总承包人对借用资质存在过错，也应承担其过错相应的责任，剩余部分应由实际施工人进行赔付。

（四）工期延误时的举证责任

按照"谁主张，谁举证"的举证规则，当工期出现延误时，发包人通常仅需证明承包人的实际工期超出合同约定的工期即可；承包人进行工期抗辩，认为不存在工期违约或者存在工期顺延情形的，应当进行举证。双方对工期以及工期违约天数存在争议的，必要时可申请工期鉴定。

（五）工期延误情形

以《17 建工合同示范文本》为例，工期延误情形分为：

第 7.5.1 项因发包人原因导致工期延误

在合同履行过程中，因下列情况导致工期延误和（或）费用增加的，由发包人承担由此延误的工期和（或）增加的费用，且发包人应支付承包人合理的利润：

（1）发包人未能按合同约定提供图纸或所提供图纸不符合合同约定的；

（2）发包人未能按合同约定提供施工现场、施工条件、基础资料、许可、批准等开工条件的；

（3）发包人提供的测量基准点、基准线和水准点及其书面资料存在错误或疏漏的；

（4）发包人未能在计划开工日期之日起 7 天内同意下达开工通知的；

（5）发包人未能按合同约定日期支付工程预付款、进度款或竣工结算款的；

（6）监理人未按合同约定发出指示、批准等文件的；

（7）专用合同条款中约定的其他情形。

因发包人原因未按计划开工日期开工的，发包人应按实际开工日期顺延竣工日期，确保实际工期不低于合同约定的工期总日历天数。因发包人原因导致工期延误需要修订施工进度计划的，按照第 7.2.2 项〔施工进度计划的修订〕执行。

第 7.5.2 项因承包人原因导致工期延误

因承包人原因造成工期延误的，可以在专用合同条款中约定逾期竣工违约金的计算方法和逾期竣工违约金的上限。承包人支付逾期竣工违约金后，不免除承包人继续完成工程及修补缺陷的义务。

(六)工期延误时司法鉴定程序的启动

根据《民事诉讼法》第七十六条的规定："当事人可以就查明事实的专门性问题向人民法院申请鉴定。当事人申请鉴定的，由双方当事人协商确定具备资格的鉴定人；协商不成的，由人民法院指定。当事人未申请鉴定，人民法院对专门性问题认为需要鉴定的，应当委托具备资格的鉴定人进行鉴定。"

故工期延误能否鉴定即需要明确工期延误是否属于专业问题，而工期是指在合同协议书中约定的承包人完成工程所需的期限，建立在施工计划基础之上，约定工期是否合理、某个事件是否会影响工期、延误的天数等必须由拥有专业知识的人员进行判断，属于专业问题，可以进行司法鉴定。且根据相关规定，当事人未申请鉴定，法院认为有必要时可以依职权启动鉴定程序，但是很难进行鉴定。

三、风险防范

(一)对于总承包人而言，在签订合同前，一定要对工程进行评估，确定基本工期，不可为了中标忽略工期要求。在施工过程中，总承包人需编制好施工进度表，把握施工进度，一旦在施工过程中发生了可顺延工期的情形，一定要及时做好签证工作，发送书面材料与发包人进行沟通，保留相应的视频、照片、文件等证据，以备不时之需。

(二)若工程由实际施工人进行施工，总承包人在约定工期时必须谨慎，不能轻易约定可能超过发包人给定的工期时间，避免因自身原因承担工程违约责任，同时，在实际施工人施工过程中，总承包人必须进行工程管理，监督实际施工人的进度，以免造成工期违约，导致总承包人承担赔偿责任。

（三）一旦工期出现延误，总承包人要及时督促实际施工人提起工期顺延申请，必要时要更换实际施工人或者亲自接手进行施工，避免因工期延误被发包人索赔，承担巨额违约金。

四、操作指南

总承包人在与实际施工人签订协议时，应当约定以下条款：

（一）实际施工人在施工过程中应当严格把握施工进度，施工过程中发生工期顺延情形的，应当及时申请工期顺延签证。

（二）因工期违约问题导致总承包人被起诉承担责任，总承包人承担责任后，实际施工人需返还总承包人实际支出的费用，并按实际支出费用的1%向总承包人进行补偿。总承包人的追偿与实际施工人的工程款相互独立，实际施工人不得以未付工程款为由进行抗辩。

（三）××系与实际施工人合伙承包工程的合伙人，就该工程实际施工人应履行的义务，向总承包人承担连带清偿责任。

CHAPTER 09

第九章 内部承包中的担保及合伙施工中的风险识别与防范

内部承包中的担保一般有两种:一种是内部承包人为了顺利完成工程项目,可能需要从外部融资,鉴于总承包人和内部承包人是不可分割的利益共同体,总承包人可能会为内部承包人融资提供担保。另一种是为了保证《内部承包合同》的顺利履行,总承包人要求外部第三人为内部承包人向总承包人提供的担保。这两种形式的担保,对于总承包人而言均存在风险。

内部承包中的合伙施工是指内部承包人与其他人合伙参与工程项目施工,若合伙人之间产生矛盾的,将影响项目施工进度或者导致其他合伙人向总承包人主张权利,给总承包人带来各种风险。

第一节　内部承包中的担保风险识别与防范

如果总承包人为内部承包人提供担保,而内部承包人无力还本付息时,总承包人则存在承担保证责任的风险。第三人为内部承包人履行内部承包合同向总承包人提供担保,因所谓的内部承包合同无效,总承包人存在无法要求外部担保人承担保证责任的风险。

一、风险识别

（一）总承包人为内部承包人因工程发生的对外借款提供保证担保，内部承包人无力清偿债务的，总承包人承担连带清偿责任

典型案例9.1.1

戴某与某小贷公司、江苏某建设工程有限公司民间借贷纠纷案①

案例要点：内部承包人作为借款人与小贷公司签订借款合同，总承包人为该借款提供保证担保，并与小贷公司签订保证担保合同，总承包人作为保证人承担保证责任。

案情介绍

戴某与江苏某建设工程有限公司签订《内部承包协议》，戴某以江苏某建设公司名义承接工程，因工程建设需要资金，戴某向某小贷公司借款，某建设公司提供连带保证担保。戴某归还一段时间利息后不再偿还。小贷公司起诉戴某和江苏某建设公司，要求戴某归还借款本金并支付利息及其他费用，同时要求江苏某建设公司及其一人股东承担连带责任。

法院认为：因江苏某建设公司在最高额保证合同中签字盖章，且对保证范围、保证责任方式均作出了明确约定，故保证人应按约定履行其义务。原告要求江苏某建设公司对借款本金、利息及实现债权的费用承担连带保证责任的诉讼请求合法有据，予以支持。

点评分析：本案系借款及担保合同纠纷，总承包人作为担保人向内部承包人提供连带保证担保。原告同时起诉借款人和保证人，如果担保合同有效且在担保期限内，担保人承担保证责任没有任何悬念。

① （2017）苏0492民初1555号。

（二）总承包人为了保障自身不受工程债务影响而遭受损失，在签订内部承包协议时要求内部承包人引入第三人，由第三人就内部承包人的对外合同及因工程产生的对外债务向总承包人提供担保。因内部承包协议的效力问题，总承包人可能存在无法要求第三人承担担保责任的风险

典型案例9.1.2

重庆某建设公司与郑某、重庆某实业集团公司追偿案[①]

案例要点：为保证内部承包合同的履行，第三人为内部承包人向总承包人提供保证担保，但保证无效的，第三人仅承担过错赔偿责任。总承包人要求第三人为内部承包合同履行承担担保责任的愿望将会落空。

案情介绍

某县文广局将该县图书馆工程发包给某建设公司。建设公司又将工程交由郑某内部承包。某建设公司、郑某、某实业集团公司签订《协议》，约定实业公司对内部承包合同承担连带担保责任。因郑某对外欠款，导致某建设公司被法院扣划500 000元。某建设公司向法院起诉。

一审法院认为：郑某不是某建设公司员工，其承包以自己投入为主，故，某建设公司与郑某签订的《建设工程施工内部承包目标责任合同书》无效。某建设公司与郑某、某实业集团公司补充签订的《协议》也无效。因某实业集团公司的担保行为，使某建设公司得以将工程转包给郑某，郑某实际施工后使某建设公司对外遭受损失50万元，某实业集团公司应对某建设公司的实际损失及资金占用损失承担不超过郑某不能清偿部分的三分之一。

二审法院认为：某实业集团公司应否对郑某不能清偿部分的三分之一承担对某建设公司的赔偿责任。

（一）担保合同效力的认定。郑某并无相应资质，实际是借用某建设公司的

① （2020）渝03民终655号。

资质。某建设公司与郑某签订《建设工程施工内部承包目标责任合同书》属于无效合同。某建设公司、郑某、某实业集团公司签订为郑某提供担保的《协议》,系作为主合同的《建设工程施工内部承包目标责任合同书》履行提供担保的从合同。主合同无效,作为从合同的《协议》应无效。

同时,《公司法》第十六条第一款规定:“公司向其他企业投资或者为他人提供担保,依照公司章程的规定,由董事会或者股东会、股东大会决议;公司章程对投资或者担保的总额及单项投资或者担保的数额有限额规定的,不得超过规定的限额。”根据该条规定,担保行为不是法定代表人所能单独决定的事项,而必须以公司股东(大)会、董事会等公司机关的决议作为授权的基础和来源。

本案中,某建设公司、郑某、某实业集团公司签订为郑某提供担保的《协议》时,郑某、某实业集团公司均未出示某实业集团公司的股东会决议,某建设公司也未主动审查是否存在股东会决议。故,作为从合同的《协议》本身也是无效的。

通过以上分析,作为从合同的提供担保的《协议》,存在因主合同无效导致从合同无效的情形,同时存在从合同本身因违反法律规定无效的情形,也即存在竞合的情况。

(二)担保合同无效保证期间的适用问题。保证期间,是指根据当事人约定或者法律规定,债权人向保证人主张保证权利的期间。可见,保证期间是对保证责任的限制期间,其适用的前提是保证合同有效。保证合同无效,保证人承担的是因缔约过失而产生的损失赔偿责任,并非保证责任。因此,保证合同无效后的损害赔偿责任不适用担保法有关保证期间的规定。故,本案因郑某提供担保的《协议》无效,保证期间不再适用。

(三)担保合同无效责任的承担问题。根据法律规定,担保合同无效,债权人请求公司承担担保责任的,人民法院不予支持,但可以按照担保法及有关司法解释关于担保无效的规定处理。本案中,首先,为郑某提供担保的《协议》不仅加盖有某实业集团公司的印章,还加盖其法定代表人汪某(出资占85%)的印章,某建设公司有理由相信汪某享有权限,不属于超越权限。其次,举证责任在某实业集团公司,其也未举证证明某建设公司明知汪某超越权限的证据。最后,即便根据某实业集团公司的主张,其长期将印章交给郑某使用,某实业集团公司该行为应认定为其自愿对盖章风险承担责任。故,某实业集团公司应承担担保无效后的民事责任。

由于本案存在因主合同无效导致从合同无效与从合同本身因违反法律规定无效的竞合，故，应适用《担保法解释》第八条规定："主合同无效而导致担保合同无效，担保人无过错的，担保人不承担民事责任；担保人有过错的，担保人承担民事责任的部分，不应超过债务人不能清偿部分的三分之一。"

本案中，某建设公司与郑某签订的《建设工程施工内部承包目标责任合同书》明显无效，作为担保人的某实业集团公司也是明知的，故，应当认定作为担保人的某实业集团公司存在过错。根据《担保法解释》第八条的规定，一审判决某实业集团公司对郑某不能清偿部分的三分之一承担对某建设公司的赔偿责任，并无不当，本院予以确认。

点评分析：本案涉及多个法律问题：一是内部承包合同无效；二是担保协议无效，担保协议无效的原因既有作为主合同的内部承包合同无效导致的作为从合同的担保协议当然无效，也有担保人为公司法人、未按照《公司法》的规定履行由董事会或者股东会、股东大会决议的法定程序导致的无效；三是虽然担保协议无效，但是因为担保人有过错，即便其无须承担担保责任，仍应承担担保过错赔偿责任。担保人仅承担过错赔偿责任，并不承担担保责任，与总承包人要求第三人为内部承包合同履行提供担保的初衷相去甚远。

（三）内部承包人向总承包人借款，由第三人提供担保，总承包人是否可要求担保人承担保证担保责任

典型案例 9.1.3

合肥某混凝土制品有限公司、安徽某建筑（集团）股份有限公司民间借贷纠纷案[①]

案例要点：为保证内部承包合同的履行，第三人为内部承包人向总承包人提供保证担保，内部承包人因工程施工向总承包人借款后不履行还款义务，总承包

① （2016）皖01民终5256号。

人可要求第三人承担担保责任。

案情介绍

尚某为安徽某建筑公司第八分公司的总经理,其以某建筑公司书香门第(项目部)名义与某建筑公司签订《建设工程施工承包合同》一份,约定某建筑公司将书香门第二期工程任务安排给尚某承包施工。合肥某混凝土公司向某建筑公司出具《担保书》一份,内容为"担保人对尚某在履行内部承包合同中产生的一切经济责任提供连带责任担保"。尚某为了上述工程施工需要,多次向某建筑公司借款。后某建筑公司起诉尚某和某混凝土公司。

法院认为:尚某向某建筑公司出具借支单,并在借支单或承诺书中注明了利率,因此,双方之间的借贷法律关系明晰。尚某为某建筑公司第八分公司的总经理,以某建筑公司项目部的名义与某建筑公司签订建设工程承包合同,该合同为企业内部承包合同,尚某在上交部分管理费用后自负盈亏,因而两者之间系平等主体关系,该协议也不违反效力性禁止规范,内容合法有效。尚某在承建工程过程中因资金不足向某建筑公司借款,由此产生的债务,尚某应当及时向某建筑公司清偿,故某建筑公司诉请尚某向其清偿本案借款本息,依法应予支持。合肥某混凝土公司向某建筑公司出具《担保书》,对尚某在履行与某建筑公司之间的内部承包合同过程中产生的经济责任负连带清偿责任,现尚某在履行内部承包合同过程中向某建筑公司借款系用于工程施工需要,由此产生的对某建筑公司所负债务属于合肥某公司的担保范围,合肥某公司对尚某所负的上述债务负有连带清偿责任。

点评分析:本案中,总承包人为内部承包人提供借款,内部承包人引入第三人进行担保,内部承包人怠于偿还借款的,总承包人可起诉内部承包人和担保人,法院判决担保人对内部承包人的债务承担连带清偿责任。可见,签订内部承包协议时引入第三人担保,对总承包人的权利有一定的保障。

二、要点解析

(一)保证担保及担保合同

保证担保是指保证人和债权人约定,当债务人不履行债务时,保证人按照约定履行债务或者承担责任的行为。具有代为清偿债务能力的法人、其他组织或者公民，可以做保证人。保证合同是为保障债权的实现，保证人和债权人约定当债务人不履行到期债务或者发生当事人约定的情形时，保证人清偿债务或者承担责任的合同。保证合同是主债权债务合同的从合同。主债权债务合同无效的，保证合同一般无效，除非法律另有规定。保证合同被确认无效后，债务人、保证人、债权人有过错的，应当根据其过错各自承担相应的民事责任。保证合同可以是单独订立的书面合同，也可以是主债权债务合同中的保证条款。

总承包人可以向内部承包人的债权人提供保证担保，第三人也可以为内部承包人向总承包人提供保证担保。

（二）内部承包中的有关担保

1. 为履行施工合同，内部承包人对外借款，总承包人为该借款提供担保。只要借款合同和担保合同有效，总承包人承担连带清偿责任几乎没有悬念。如果借款合同有效，担保合同无效，作为担保人的总承包人承担责任不超过作为借款人的内部承包人不能清偿部分的三分之一。

2. 总承包人为了约束内部承包人严格履行内部承包合同继而履行与发包人之间的施工合同，要求内部承包人引入第三人进行担保。如果仅仅是为履行内部承包合同进行担保，那么，若所谓的内部承包合同存在挂靠/借用资质、转包等违法情形被认定为无效合同的，会导致担保无效，总承包人要求第三人承担担保责任的预期将落空。

（三）公司法人对外担保的特别规定

如果保证人是公司，必须履行公司对外担保应履行的法定程序，否则，因为违反法定程序，导致保证担保无效的，保证人可能不承担担保责任（对担保没有过错），或者只承担有限的损害赔偿责任（对担保有过错）。这样一来，可能损害债权人的利益，存在债务不能清偿或不能完全清偿的风险。

公司为他人提供担保，依照公司章程的规定，由董事会或者股东会、股东大会决议；公司章程对担保的总额及担保的数额有限额规定的，不得超过规定的限额。为防止法定代表人随意以公司名义为他人提供担保给公司造成损失，损害中小股东利益，《公司法》第十六条对法定代表人的代表权进行了限制。根据该条规定，担保行为不是法定代表人所能单独决定的事项，而必须以公司股东（大）会、董事会等公司机关的决议作为授权的基础和来源。法定代表人未经授权擅自为他人提供担保的，构成越权代表，人民法院应当根据法律关于法定代表人越权代表的规定，区分订立合同时债权人是否善意分别认定合同效力：债权人善意的，合同有效；反之，合同无效。

债权人对公司机关决议内容的审查一般限于形式审查，只要求尽到必要的注意义务即可，标准不宜太过严苛。公司以机关决议系法定代表人伪造或者变造、决议程序违法、签章（名）不实、担保金额超过法定限额等事由抗辩债权人非善意的，人民法院一般不予支持。但是，公司有证据证明债权人明知决议系伪造或者变造的除外。

（四）公司分支机构的对外担保

法人可以依法设立分支机构，分支机构以自己的名义从事民事活动，产生的民事责任由法人承担；也可以先以该分支机构管理的财产承担，不足以承担的，再由法人承担。公司可以设立分公司，分公司不具有法人资格，其民事责任由公司承担。

公司的分支机构未经公司股东（大）会或者董事会决议以自己的名义对外提供担保，相对人请求公司或者其分支机构承担担保责任的，人民法院不予支持，但是相对人不知道且不应当知道分支机构对外提供担保未经公司决议程序的除外。公司的分支机构对外提供担保，相对人非善意，请求公司承担赔偿责任的，按照《〈民法典〉有关担保制度司法解释》第十七条的规定，区分不同情形确定担保人的赔偿责任：债权人与担保人均有过错的，担保人承担的赔偿责任不应超过债务人不能清偿部分的二分之一；担保人有过错而债权人无过错的，担保人对债务人不能清偿的部分承担赔偿责任；债权人有过错而担保人无过错的，担保人不承担赔偿责任。主合同无效导致第三人提供的担保合同无效，担保人无过错的，不承担赔偿责任；担保人有过错的，其承担的赔偿责任不应超过债务人不能清偿部分的三分之一。

三、风险防范

内部承包人的选择是总承包人首要的风险，人选对了，风险自然就小了；人没选对，总承包人需承受无法预估的风险。因此，总承包人要通过行业内部、信用网、执行网充分查询了解内部承包人的信用状况。

要求内部承包人提供担保的，如果提供担保的第三人是公司，不仅应要求其在担保合同上盖章签名，还应要求出具股东（大）会/（董事会）就同意担保事项形成的决议。

如果提供担保的是分公司，应要求担保人提供经公司股东（大）会或者董事会同意分公司以自己名义对外提供担保的决议。

四、操作指南

（一）内部承包合同应明确约定总承包人和内部承包人各自的权利义务，一方为另一方代偿相关债务后享有对另一方的追偿权。另外，应控制好工程款的收支，支付完当期应付款后，如有盈余，总承包人可要求抵偿内部承包人的借款。避免内部承包人借款无法清偿时通过司法途径解决。即便有担保人，也可能因内部承包合同无效导致担保合同无效，既而担保人无须承担保证担保责任，可能只承担有限的过错赔偿责任，导致债权无法全部清偿。

（二）内部承包人应总承包人要求，引荐第三人提供担保，内部承包协议、担保协议或三方协议中应避免出现“保证”或“担保”字样，尽量用“连带责任人”或“共同责任人”或“共同清偿人”之类的表述。

第二节　内部承包中合伙风险识别与防范

合伙做工程，各合伙人各自应出资多少、项目有无收益、成本如何核算、项目是盈是亏、收益如何分配、亏损如何负担、经营风险如何控制、合伙人中途退出不再出资、新加入的合伙人是否要对加入前的合伙债务承担责任等环节均可能出现纠纷，既有合伙人内部的争议，也有应对外部债权人的维权纠纷。任何环节出了问题，都会给参与施工的合伙人和总承包人带来风险。

一、风险识别

工程建设周期长、需要投入的资金量大。不少工程仅凭一个总承包人或一个内部承包人难以完成施工任务，故总承包人与内部承包人之间或者几个人一起出资合伙承建某项工程，就成为建设工程领域常见的合作形式。合伙的目的是获取收益，但合伙也会给各方带来风险。

（一）因合伙协议约定不明确被法院认定为垫资协议的，总承包人会被判决返还垫资款及利息

典型案例 9.2.1

丁某与常州市某建筑工程有限公司合同纠纷案①

案例要点：本来是合伙做工程，而实际所签协议的性质却是垫资施工，总承包人应向垫资人支付垫资款及收益。

案情介绍

2010 年 8 月 10 日，甲方某建筑公司、乙方钱某、丙方丁某三方签订《协议书》，约定："1. 甲方对现场进行监督指导管理……2. 乙方负责工程施工……3. 丙方负责到甲方领取工程款……丙方垫资额度为基础部分，超出部分丙方不予垫资，由甲乙二方自行解决，垫资后，丙方从工程中享受 30 万元利润，如甲乙双方管理不善造成亏损与丙方无关……"

2012 年 8 月 14 日，丁某与钱某进行结算，双方确认丁某共支付钱某项目部款项 5 048 300 元。

法院认为：关于丁某、钱某及某建筑公司之间的法律关系应如何确定？2010 年 8 月 10 日协议书明确载明丁某的身份是垫资自然人，内容上仅对垫资范围予以变更。故丁某系某建筑公司玉蝶厂项目的垫资人。

钱某系某建筑公司玉蝶厂工程的项目经理。首先，某建筑公司一审提供 2011 年 1 月 9 日其与钱某签订的项目经理权利通告书、项目经理岗位责任制、安全文明施工管理承诺书，其中项目经理岗位责任制中明确载明工程项目名称为

---

① （2015）常商终字第 197 号。

常州市玉蝶食品厂车间工程，项目经理为钱某，建筑公司在一审也自认钱某系其项目经理。其次，2010 年 8 月 10 日协议书明确约定了某建筑公司、钱某及丁某的权利义务。可见，某建筑公司将玉蝶厂工程交由钱某负责施工，同时亦直接参与该工程的施工管理活动，并对资金进行管控。

因此，钱某根据 2010 年 8 月 10 日协议书的约定接受丁某的垫资系履行玉蝶厂项目施工的职务行为，其法律后果应由某建筑公司承担。即便如某建筑公司二审所主张，其与钱某为挂靠关系，也是双方内部关系，某建筑公司作为施工企业应与挂靠的实际施工人钱某对外承担连带责任，丁某实际为玉蝶厂项目垫资，有权要求某建筑公司归还垫资款。

关于丁某是否有权要求某建筑公司返还垫资款 1 728 300 元？丁某原审提供钱某于 2012 年 8 月 14 日出具的结算单，载明经核对丁某共支付 5 048 300 元，钱某在原审中也对上述事实予以确认。某建筑公司原审中明确该金额以钱某确认的数字为准，故本院确认丁某的垫资金额为 5 048 300 元，因某建筑公司已向丁某支付 332 万元，应支付余款 1 728 300 元。

关于丁某是否有权要求某建筑公司按约支付 30 万元？丁某为某建筑公司玉蝶厂项目垫资，并在协议书中约定无论项目盈亏享有 30 万元利润，该约定实质上确定了丁某在垫资后享有固定收益，其性质应为利息。且该约定为三方真实意思表示，并未违反法律、行政法规的强制性规定，应为合法有效，某建筑公司应按约履行，即在丁某履行垫资义务后向其支付 30 万元。

法院判决：某建筑公司支付丁某人民币 2 028 300 元及利息。

点评分析：钱某与丁某的真实意思是合伙做工程，但是由于协议中约定了丁某为垫资人且享受固定收益，后钱某又明确了丁某的垫资金额，一系列文件还注明钱某是项目负责人，最终法院认定了丁某的垫资身份及垫资金额，也认定钱某与丁某享有固定收益的约定有效，既而支持了丁某的诉求。可见，协议内容是关键，会直接影响案件结果对谁有利。

（二）实际施工人因未顺利承接工程并迟延向其他合伙人退还保证金导致需承担利息风险

合伙承接工程，各合伙人先凑齐保证金，后工程未能实施的，与总承包人签订协议的合伙人在收取总承包人退还的保证金后应及时向其他合伙人返还，未及时返还的，除了应返还本金外，还应承担资金占用期间的利息。

（三）实际施工人的合伙人之间利润分配不均的风险

典型案例 9.2.2

王某、林某、陈某合伙协议纠纷案①

案例要点：合伙人之间有合伙协议，合伙收益也能确定，合伙人有权利要求分配合伙收益。

案情介绍

王某、林某、陈某签订《协议》，约定三方共同承建"泉州中芸洲海景国际花园第七组团低层住宅"，三方无论何方筹措投入案涉工程的资金，均为共同行为，利息由三方共同负担，并负有还本付息的连带清偿责任，如因不能如期还本付息而引起的经济和法律责任，均由三方共同承担。林某代表合伙体与某建设公司签订《合作协议》，约定林某所施工的工程内容，林某向某建设公司支付工程结算总价3%的管理费用。林某承担满足工程正常施工所需的启动资金、周转金及工程前期上缴相关部门的各项费用，按照工程工期质量要求包工、包料、包安全、包质量、包工期，实行自行核算、自负盈亏。2008 年 4 月 19 日，王某、林某、陈某签订《股东分红协议》。

后因合伙产生纠纷，王某将林某、陈某诉至法院，请求判令林某、陈某向王某支付 3 970 266.35 元。

法院认为：（1）王某与林某、陈某签订协议，共同出资进行案涉工程施工，三人之间存在合伙关系。2008 年 4 月 19 日，三人签订《股东分红协议》，对工程转包后三人之间的合伙利润分配问题进行约定。因此，三人之间的合伙关系因合伙事务终结于 2008 年 4 月 19 日。（2）合伙关系终止后，三方应按《股东分红协

① （2019）闽 02 民终 4731 号。

议》的约定，及时对合伙利润进行结算分配。案涉工程发包方某建设公司确认案涉工程已于2014年全部完工且案涉工程款已经结清，故此时《股东分红协议》约定的利润分配条件已经成就，但此后负责工程结算的陈某及负责领取工程款的林某并未依约与王某就三人之间的合伙利润进行结算分配，怠于履行合同义务。(3)关于合伙利润，截至2008年4月19日，合伙结余资产5 600 692.40元。

法院判决：林某于判决生效之日起7日内支付王某2 800 346.20元。

点评分析：合伙人签订股东分红协议，且约定了合伙收益的分配原则，总承包人将案涉工程款已经结清的情况下，合伙人分红条件已经具备。持有结算款的合伙人不主动向其他合伙人支付合伙收益，其他合伙人起诉的，法院查明事实后会按照分红协议约定的原则及结余的工程款数额确定分配金额。

（四）后加入的合伙人起诉前合伙人要求返还出资、分享盈利，同时要求总承包人承担连带责任，法院支持分配合伙收益，不支持总承包人承担连带责任

典型案例 9.2.3

北京某建设工程有限公司等与张某合伙协议纠纷案[①]

案例要点：合伙人有权利向其他合伙人要求分配收益，但合伙关系与挂靠、工程施工等其他法律关系不能同时适用。

案情介绍

薛某与张某二人口头达成合伙协议，约定双方共同出资承包某公司医学影像项目，由张某作为显名施工人借用某建设工程公司的资质。2017年2月19日，因工程施工缺乏资金，张某与王某、鲍某签订了《项目施工合作协议》。约定：双方合作承包某公司医学影像项目，双方各占一半份额。乙方向甲方交纳50万元入股保证金，协议签订前项目投资属于甲方。同年3月9日，某公司通知某建

① (2018)京03民终2538号。

设工程公司因工程施工资金紧张、设计变更,要求某建设工程公司暂停施工。2017年4月28日,某公司支付张某工程款115万元。张某与鲍某对工程欠款进行复核,双方所欠欠款均由115万元工程款中支出,剩余工程款274 267元由张某保管。双方所欠工人工资、材料款等均已结清。2017年9月22日,某公司与某建设工程公司(第二十项目部)签订了《解除建设工程施工合同协议书》。

后王某、鲍某起诉张某和某建设工程公司,要求返还出资、分享盈利。

一审法院认为:在合伙事务未继续下去的问题上,张某与王某、鲍某均无过错,张某、薛某与王某、鲍某对于合伙盈利应以其实际投资作为分配基础。本案中,张某为不具有资质的实际施工人(挂靠施工人),挂靠有资质的建筑施工企业(被挂靠人)某建设工程公司,并以该企业的名义签订建设工程施工合同。因履行施工合同产生的债务,被挂靠人与挂靠施工人应当承担连带责任。故某建设工程公司应与张某向王某、鲍某连带承担给付盈利的义务。

二审法院认为:本案存在以下争议焦点:其一,合伙盈利的具体数额为多少;其二,如何分配合伙盈利;其三,某建设工程公司是否应对张某所负债务承担连带责任;其四,王某、鲍某是否有权主张两名工人赵某、王某报酬49 500元。具体分析如下:

对于争议焦点一,《联合承接工程协议书》约定,张某应按工程总造价1%上缴某建设工程公司管理费,某建设工程公司派出专人对施工过程进行监管,并对张某工作定期检查,故某建设工程公司已经履行相应工作,收取适当的报酬具有合理性。对于薛某支付的房租与生活费,并不属于薛某的投资款,故应在计算投资盈利部分之前予以扣除。

对于争议焦点二,因涉案工程改造项目施工合同内容无法履行,致使王某、鲍某不能履行出资义务。一审法院根据各方实际投资比例,计算各方获得收益,于法有据。

对于争议焦点三,张某作为甲方与鲍某、王某作为乙方签订协议,明确了一切有关工程项目事宜由三人共同商议决定,故此,从合伙的角度而言,张某、鲍某、王某三人均应视为挂靠人的整体范围,其三人因合伙和挂靠而引发的内部纠纷,要求某建设工程公司承担连带责任缺乏法律依据。

对于争议焦点四,因赵某、王某系王某、鲍某所雇用,该二人的工资应由王某、鲍某负担，而上述工资款项在一审法院计算各方投资数额及成本时已予以扣除。二审期间张某虽不予认可，但并未提出上诉，故该二人工资数额本院应予认定，并计入张某应给付王某、鲍某的款项数额之内。

二审法院判决：张某给付王某、鲍某 329 789 元。

点评分析：本案涉及的法律问题较多，既有合伙，又有挂靠，还涉及总包合同的解除。合伙人之间发生纠纷，合伙人不但起诉其他合伙人还起诉总承包单位要求承担连带责任，最终，法院认为合伙体为挂靠整体，本案是处理合伙内部纠纷，与挂靠无关，故只判决支付合伙分配款，不支持总承包人承担连带责任。

（五）实际施工人之间的合伙人难以快速获得合伙收益的风险

典型案例 9.2.4

薛某与何某、张某等合伙协议纠纷案[①]

案例要点：合伙收益未确定，合伙人不得要求分配合伙收益，且合伙与总承包人、发包人无关，不能要求总承包人、发包人承担责任。

案情介绍

2011 年 9 月 29 日，何某作为第六建设公司的委托代理人，以第六建设公司的名义与某房产公司签订《民生新城住宅小区工程施工合同》，承接民生新城住宅小区工程的施工建设。

2011 年 10 月 9 日，薛某、孙某、何某及张某签订《合伙协议》。《合伙协议》主要内容为：（一）何某以第六建设公司名义与某房产公司签订的建筑工程施工合同以及与此相关的协议、合同涉及的合同权利、义务，以及何某与第六建设公司签订的内部承包合同以及与此相关的协议、合同涉及的合同权利、义务，归于四方所有；四方共同投资、共同管理，按照投资比例分担风险、分享利润……（四）项目在扣除税金及相关费用后，余下部分由合伙人按各自的出资比例进行

① （2018）渝 05 民初 71 号。

分配；合伙人必须相互协调、真诚合作、共担风险、共负盈亏；合伙项目的债务先由合伙财产偿还，合伙财产不足清偿时，按各合伙人的出资比例进行分担。

各合伙人均按合同约定出资。2013 年 9 月 30 日，民生新城住宅小区工程通过竣工验收。

何某在项目建设期间，在未经其他合伙人共同签字确认的情况下，多次对外转账，薛某曾向公安机关报案。后薛某向法院起诉，要求解除《合伙协议》、进行合伙清算，要求何某支付合伙盈利，并要求建设单位、施工单位及张某在协助何某转移合伙资金的范围内，承担连带责任。

法院认为：关于《合伙协议》是否应予解除并进行合伙清算问题。合伙人尚未与第六建设公司进行结算，应收工程款尚未收回，合伙收益并未完全实现，合伙目的事业尚未完成，且继续经营并非不能完成，合伙人亦未全体同意解除合伙协议。故薛某要求解除合伙协议的诉讼请求，无事实及法律依据，不予支持。由于本案合伙事务的成本支出及合伙收益均未确定，不具备合伙清算的条件。在无法进行合伙清算的情况下，何某虽系合伙事务执行人，但并不负有合伙盈利的支付义务。薛某要求进行合伙清算并由何某支付合伙盈利的诉讼请求，不符合法律规定，本院不予支持。

关于某建筑公司、某房产公司、某商贸公司、何某、张某是否应对何某的债务承担连带支付责任的问题。何某现并无向薛某分配合伙盈余的支付义务，故薛某要求某建筑公司、某房产公司、某商贸公司、张某对何某的债务承担连带责任的诉讼请求，无事实依据，本院不予支持。另，从诉讼程序角度分析，薛某提出要求某建筑公司、某房产公司、某商贸公司、何某在其协助何某转移合伙资金的范围内，对何某的合伙盈余支付义务承担连带责任的诉讼请求，其请求权的事实依据为某房产公司、某商贸公司、某建筑公司、何某存在协助何某转移资金的侵权行为，该请求权系基于侵权法律关系而产生，而薛某要求何某支付合伙盈余款，系基于合伙法律关系，并非同一法律关系，其诉的客体及主体均存在不同，不宜在本案中进行合并审理，故本院对薛某以何某向上述四被告转移合伙资金为由，请求调取合伙专用账户及何某个人账户交易明细的请求不予准许。

综上所述，薛某提出的解除《合伙协议》进行清算并获得合伙收益的诉讼请求，以及要求张某、某房产公司、某商贸公司、某建筑公司、何某承担连带清偿责任的诉讼请求，无事实及法律依据，本院不予支持，依法应予驳回。

点评分析：本案既有合伙，又有挂靠，其中一个合伙人起诉另一合伙人，要求解除合伙协议、分配合伙收益，并要求其他合伙人和总承包人、建设单位承担连带责任。终因合伙人未与总承包人结算、合伙收益未完全实现，其他合伙人也并未要求解除合伙协议等原因，法院不支持解除合伙协议和分配收益的诉求。至于其他被告，因为被诉的合伙人何某本身无须承担责任，其他人自然无须承担连带责任，此外，原告以其他主体协助何某转移合伙收益为由要求承担连带责任，与合伙纠纷分属不同的法律关系，原告要求其他被告承担连带责任的诉求也被驳回。

二、要点解析

众人拾柴火焰高，一个人的能力总是有限的，一项建设工程投资大、周期长，单凭一己之力可能难以顺利完成项目施工。因此，就某项工程，几个志同道合者共同出资、共担风险、共享收益，合伙便应运而生。合伙就是两个或者两个以上的主体，发挥各自优势，出钱、出力，一同去做可以给各合伙人带来经济利益的事。

合伙分为有组织的合伙与松散型合伙。有组织的合伙是指按照法律规定向企业登记机关提交登记申请书、合伙协议书、合伙人身份证明等文件，进行注册登记，设立的合伙企业。如律师事务所、会计师事务所或其他类型的合伙企业，设立的依据是《合伙企业法》。松散型的合伙是指两个以上的主体为了某件事或为实现某一个目的，共同出资、共担风险、共享收益，有的签订合伙协议，有的甚至没有合伙协议，仅以口头约定有关合伙事项。松散型合伙的法律渊源为《民法典》合同编第二十七章合伙合同。

合伙合同就是两个以上的合伙人为了共同的事业目的，订立的共享利益、共担风险的协议。各合伙人应当按照约定的出资方式、数额和缴付期限，履行出资义务，最终享有合伙收益或分担亏损。

在合伙人内部，合伙的利润分配和亏损分担，按照合伙合同的约定办理；合伙合同没有约定或者约定不明确的，由合伙人协商决定；协商不成的，由合伙人按照实缴出资比例分配、分担；无法确定出资比例的，由合伙人平均分配、分担。

对因合伙事务产生的外部债务，合伙人承担连带责任。清偿合伙债务超过自己应当承担份额的合伙人，有权向其他合伙人追偿。

三、风险防范

（一）志同道合，方能成就合伙事业。从选择合伙人开始，总承包人，特别是实际施工人就应认真考虑选择什么样的人合伙做工程。合伙人应当正直、诚信，有自有资金（如果对外借款，应有清偿能力，利息在合理范围内），没有不良嗜好，没有失信记录。

（二）除了合伙人的选择，决定以何种方式“合伙”也非常重要，实践中，以合伙出资的形式加入合伙团体，此后又变为垫资、借款的情形并不鲜见。而合伙、垫资、借款分属不同的法律关系，适用不同的法律规定，当事人的权利义务也不尽相同。

（三）建设项目实施过程中，定期核对合伙账目，比如一个季度、半年、一年等不同时间对合伙项目账务情况进行核对，有异议、有问题的应及时发现、及时解决，对账情况形成书面文件，各合伙人签名确认。不能把所有问题都积聚到最后清算时，时间越长，原始凭证越难查找，客观事实也越难回忆和查清，争议也就越大。

四、操作指南

合伙人之间应当订立书面合伙协议，合伙协议应当约定合伙人姓名/名称、各合伙人出资金额、出资方式、出资时间、合伙目的、合伙事务执行、收益分配、中途退出、对外债务承担、对外付款流程、收款、付款账户等有关内容。还应约定（指定）可从总承包人处领取工程款人员，如未与总承包人签订内部承包协议或非指定人员从总承包人处领取工程款的处理。合伙协议是合伙人开展合伙事业的基础，也是解决合伙纠纷最重要、最基本的依据。合伙协议中有约定的均应按合伙协议约定处理，合伙协议无约定时才依据法律规定处理。

合伙协议签订后，应当交一份给总承包人备查。

第十章

内部承包人成立分公司经营的风险识别与防范

CHAPTER 10

公司设立分公司应当向公司登记机关申请登记，但实践中也有不登记而名义上称作分公司的驻外机构（区域分公司）。不管是登记的分公司，还是未登记的区域分公司，均无法人资格，民事责任全部由公司承担。因此，公司必须对分公司及区域分公司进行有效监管，否则将为分公司的债务买单，承担分公司和区域分公司给公司带来的风险。

第一节　分公司的风险识别与防范

分公司是公司的分支机构，虽然分公司可用自己的名义开展经营活动，但因其没有法人资格，对外责任仍由公司承担，因此，分公司的行为会给公司带来风险。

一、风险识别

建筑企业为了拓展业务，往往设立多个分公司，一个施工企业设立少则几个多则几十个分公司的情况在建筑领域并不稀奇。分公司助力公司业务遍地开花的同时会给公司带来不少麻烦和风险。比如，分公司对外欠款、借款或提供保证担保，一旦进入诉讼或仲裁程序，只要判定分公司应当承担责任的，公司就很难免除责任。

（一）分公司对外欠款给公司带来的风险

分公司在经营过程中发生对外欠款，债权人要求分公司清偿时，分公司不主动履行清偿义务的，债权人会向法院起诉（或申请仲裁），要求分公司和公司承担清偿欠款的义务并承担违约责任。如果分公司的财产不足以清偿债务，则公司应当清偿分公司所欠债务。

典型案例 10.1.1

泗阳某金属材料有限公司与江苏省某集团有限公司某分公司、江苏省某集团有限公司等买卖合同纠纷案[①]

案例要点：权利人可起诉分公司和公司，也可只起诉公司，分公司债务由公司承担。

案情介绍

江苏省某集团某分公司承揽泗阳医院工程项目，因购买工程建设所需钢材，欠钢材货款，供货人起诉江苏省某集团及其某分公司（后明确只起诉江苏省某集团公司，不再起诉某分公司），要求支付货款及利息。

法院认为：江苏省某集团有限公司某分公司对外发生债务，其相应的偿还责任应当由江苏省某集团有限公司承担。江苏省某集团有限公司某分公司不具有法人资格，其财产属于江苏省某集团有限公司所有，即使先由江苏省某集团有限公司某分公司承担责任，其承担责任而导致的财产权益减损的后果最终亦归属于江苏省某集团有限公司。对于是否先由江苏省某集团有限公司某分公司承担责任，原告作为债权人具有选择权，现原告要求江苏省某集团有限公司应对涉案债务直接承担责任，于法有据，本院予以支持。

点评分析：分公司欠材料款，原告起诉时将分公司和公司均列为被告，诉讼过程

① （2017）苏1323民初7152号。

中原告明确只要公司承担责任，法院判决公司对分公司的债务承担责任于法有据。

（二）分公司向第三人借款给公司带来的风险

虽然“欠款”和“借款”有一字之差，但是承担的责任却没有差别。分公司对外借款，经债权人催要不及时返还，债权人完全可以将分公司和公司列为共同被告，要求分公司返还借款、支付利息及其他费用，要求公司在分公司不能清偿的范围内承担补充责任；也可以只起诉公司，要求公司对分公司的借款承担返还义务，并支付利息、承担其他费用。

分公司对外借款，不及时清偿，出借人起诉分公司和公司，因分公司是公司的下属分支机构，分公司的民事责任应由公司承担。

（三）分公司对外担保给公司带来的风险

分公司不具有法人资格，按照法律规定，分公司对外签署担保文件应当有公司的授权且应在公司授权范围内进行担保，但是，分公司未经授权对外提供担保的，往往也要承担责任，当然，可能不是全部责任，而是根据其过错承担相应责任。但只要是分公司因担保产生的债务，公司都有义务100%清偿，因此分公司无授权对外担保对公司有极大风险。

虽然分公司未经公司书面授权所签订的保证合同无效，但分公司应当在债权未能得到清偿的部分承担赔偿责任，其经营管理的财产不足以承担的，由设立分公司的公司承担。

典型案例 10.1.2

彭某与某建设集团有限公司、某建设集团有限公司韶关分公司民间借贷纠纷案[1]

案例要点：分公司擅自对外担保，公司虽无须承担担保责任，但是因公司对

[1] （2016）粤02民终1412号。

分公司负有管理职责，故就分公司不能清偿的部分公司应承担责任。

案情介绍

2014年11月25日，戴某写下《借据》一张，写明：本人因公司运营项目韶关市云峰诗意商住小区（一期）工程资金周转需要，今借到彭某190万元，今本人承诺借款期限为两个月，定于2015年1月25日还清该笔借款。2015年5月18日，戴某写下《还款承诺计划书》。同日，韶关分公司出具《担保书》给彭某，写明："今我公司负责人戴某借到彭某人民币现金总额壹佰玖拾万元整（¥1 900 000.00元），用于公司的业务开支。该笔借款至2015年5月18日已逾期3个月未还，今借款人戴某再次立下还款承诺计划书，如借款人戴某在承诺的还款日期不能偿还约定款项，本公司愿意承担该笔借款本金及利息的连带偿还责任，并承担相应的一切法律责任。特此担保，公司负责人戴某，担保公司：某建设集团有限公司韶关分公司（盖章），落款日期为：2015年05月18日。"后戴某未还款，彭某起诉。

一审法院认为：鉴于戴某未能按期向彭某归还借款本息，已构成违约，韶关分公司应按向彭某出具的《担保书》对戴某未能向彭某清偿的借款本息承担连带清偿的保证责任。韶关分公司是某公司的分支机构，不具有法人资格，其民事责任由公司承担。因此，韶关分公司的民事责任应由某公司承担连带责任。

二审法院认为：彭某作为债权人，应当对韶关分公司的主体资格以及某公司对韶关分公司为戴某提供担保是否出具书面授权等情况进行审查，但彭某并未尽到上述审慎审查义务，存在过错。韶关分公司是某公司属下的分公司，理应知道自身在未获得某公司书面授权的情况下，不得为他人债务提供保证担保，但韶关分公司违反上述法律及司法解释的规定出具《担保书》，存在过错。某公司作为设立韶关分公司的企业法人，应对韶关分公司的公章使用、人员及其工作权限的设置严格进行监督管理，但某公司未尽到相应的管理责任，存在过错。本院酌情确定：若戴某不能清偿本案债务，则彭某应自行承担其中的一半；余下的一半损失，由韶关分公司以其经营管理的资产承担赔偿责任，某公司则对韶关分公司资产不足以清偿部分承担赔偿责任。

点评分析：分公司未经公司书面授权，以分公司名义对外提供担保，公司对分公司亦未尽到管理责任，对分公司公章使用、人员及工作权限设置未严格监督管理，存在过错，因此，对分公司不能清偿债务的责任公司应当承担。

（四）分公司负责人签署文件给公司带来的风险

分公司负责人对外代表分公司签署相关文件，相对人基于其为分公司负责人的信赖基础，相信其签署文件系代表分公司，因此，基于该签署文件产生的相关义务、责任和风险应由分公司承受，如果分公司不能清偿债务，则公司有清偿义务。

典型案例 10.1.3

韦某与四川某建设有限公司、某建设有限公司宁夏分公司民间借贷纠纷案[①]

案例要点：分公司负责人代表分公司签署欠款凭证，分公司应清偿债务，分公司财产不足以清偿的，公司应承担清偿责任。

案情介绍

2014 年 2 月 27 日，宁夏分公司聘请祁某担任执行经理。因资金短缺，宁夏分公司分三次向韦某借款 10.7 万元，另外还让韦某垫付了部分机械、材料款 6.406万元。2015 年 10 月 16 日祁某以宁夏分公司的名义向韦某出具欠款证明一份确认了以上欠款，并承诺：此欠款在 2015 年 12 月 30 日前还清，如逾期，由宁夏分公司按银行贷款利息的三倍支付自 2015 年 5 月起至还款之日止的利息；并注明原公司负责人出具的借款借据及材料费的支付凭据、发票已由公司收回。上述欠款证明落款处加盖”四川省某建设有限公司世爵府邸项目部”印章，公司负责人处由祁某签名、捺手印。

法院认为：韦某提交的《欠款证明》中祁某系某公司任命的宁夏分公司的负责人，对外可以代表宁夏分公司进行相关民事行为，其以分公司负责人身份签署的《欠款证明》系履行宁夏分公司负责人职务的行为，对宁夏分公司具有约束力。

① （2017）宁 0104 民初 10805 号。

韦某代宁夏分公司垫付的机械、材料费,其本质与借款无异。综上所述,韦某与被告宁夏分公司之间的民间借贷合同真实、合法、有效,被告宁夏分公司应按承诺的日期向韦某偿还借款17.106万元,现已逾期,还应按承诺支付自2015年5月1日起至2017年9月10日止共864天的利息52 842.07元。因被告宁夏分公司系某公司设立的不具备法人资格的分公司,其管理的财产不足以承担以上责任的,由被告某公司承担。

点评分析:分公司负责人签署欠款凭证,系履行分公司负责人职务的行为,对分公司具有约束力,分公司应当清偿欠款凭证所载债务,分公司财产不足以清偿的,由公司承担清偿责任。

二、要点解析

(一)分公司的性质及公司应对分公司债务承担责任的法律依据

分公司是指公司在其住所以外设立的以自己的名义从事活动的机构,即有限责任公司或者股份有限公司,根据其生产经营活动的需要,按照经营业务的分类或地域范围,采取设置分支机构的管理方式拓展业务。分公司属于不具有法人资格的分支机构,在业务、资金、人事等方面受公司管理,在法律上、经济上没有独立性,没有自己的名称、章程,没有自己的财产,仅仅是公司的附属机构。分公司名称中虽有公司字样但并非真正意义上的公司,按照《民法典》和《公司法》的规定,分公司的民事责任由公司承担。简言之,只要是分公司的债务,公司都有义务全部清偿。

(二)分公司负责人对外签署文件的分析

分公司负责人对外签署文件的效力,要具体问题具体分析分公司负责人在文件上的签名究竟被认定为是代表分公司的职务行为还是代表其本人的个人行为,需根据具体情况分析。比如,分公司负责人签署工程签证,而工程又确为分公司或公司承包,那么可以认定为是代表公司或分公司的职务行为;如果分公司负责人以分公司名义借款,但借款并未汇至分公司账户而是转入分公司负责人指定的其他账户,且债权人也无证据证明该借款用于分公司承接的工程,借款可以被认定为系分公司负责人的个人行为。

分公司负责人对外签署文件的行为，若被认定为职务行为，分公司承担责任，公司自然要承担责任。若被认定为个人行为，则与分公司无关，分公司无须承担责任，公司也就无须承担责任。

（三）设立分公司的渊源

施工单位设立分公司的情形特别常见，通过设立分公司拓展业务、获得丰厚利润的同时，因分公司行为给公司带来的风险也无处不在。从形式上看，分公司确为某公司设立的分支机构，但其性质上其实有两种：一种是公司本身为了拓展业务设立分公司，分公司人员由公司委派，对公司负责；另一种是某人在某地有良好资源，想长期从事建设工程业务，于是就与施工单位洽商设立分公司事宜，此人往往成为日后分公司的负责人。

三、风险防范

（一）在应外部人员要求设立分公司时，公司应与该外部人员签订（合作）协议，约定清楚双方的权利义务，特别要明确约定分公司对外欠款时该人员应积极处理，若不处理导致公司被迫清偿债务时，该人员应承担的责任。也要约定如果因分公司的债务使得公司承担责任，公司可向该分公司的实际控制人追偿，分公司实际控制人应向公司承担的违约责任，该违约责任可具有一定的惩罚性。

（二）公司应向分公司派驻人员，对分公司的印章、合同文件、财务全部监管，将风险控制在公司可控范围内。

四、操作指南

（一）设立分公司时，公司应与分公司负责人签订协议，约定未经公司同意，分公司以及分公司负责人不得对外借款、担保、签署有损公司或分公司利益的文件，如果分公司未经公司授权或同意，对外借款或提供担保，导致公司承担责任，公司有权向分公司负责人进行追偿，公司因追偿支出的费用全部由分公司负责人承担。

（二）设立分公司时，分公司负责人向公司提供诚信保证金，保证不做损害分公司和公司利益的事，如因分公司或分公司负责人的行为导致公司对第三人承担责任，公司除可向分公司负责人追偿外，分公司负责人交纳的诚信保证金不予退还。

第二节　区域分公司的风险识别与防范

建筑企业常在其注册地之外设立一个类似办事处的机构，不进行市场主体的登记，由该机构负责人管理建筑企业在特定区域的业务，暂且称该机构为区域分公司。区域分公司负责人以及区域分公司授权实施工程的某些主体可能会损害公司利益，给公司带来风险。

一、风险识别

实践中，若某人想在某地开展工程业务，但因其资质不够，便会选择与施工企业合作，由该企业设立区域分公司，专门负责某个区域的业务。有些施工企业，为了方便区域分公司开展业务、收取工程款，还在区域分公司所在地开设银行账户。如果因该区域分公司行为不当、区域分公司负责人对实际施工人审核不严、区域分公司负责人自身行为不当，或公司对异地账户监管不利，都会给施工企业带来风险。

（一）区域分公司负责人因工程投入无法收回，掉转矛头，想直接把损失转嫁给施工企业

典型案例 10.2.1

葛某与某建设集团有限公司债权转让合同纠纷案[①]

案例要点：区域负责人负责的工程因发包人破产，工程款无法收回，区域负责人通过债权转让想让总承包人支付工程款。因总承包人只有转付义务，一审法院驳回了原告的诉讼请求。

---

① （2019）内0621民初2953号。

案情介绍

某建设集团有限公司为了拓展业务,许可姜某以某公司的名义承揽工程,办事机构设在上海,负责上海地区的业务,该办事机构未向公司登记机关进行注册登记。姜某与某公司签订承包协议,约定了双方的权利义务。2011 年,甘某找到朱某,商量承揽泓泰重工项目,双方签订合作协议。朱某又找到姜某,姜某以某公司名义与朱某签订承包合同。后甘某未垫资,某公司法定代表人还以私人名义借款给朱某,但朱某也无力施工下去,姜某接手工程继续施工。再后来,发包人拖欠工程款,姜某以某公司的名义起诉发包人,双方调解。调解后,5000 万元工程款未执行到位,姜某的投入无法收回。2019 年 6 月,朱某向某公司发送债权转让通知,声称其已将某公司债权中的 1700 万元转让给葛某,要求某公司向葛某履行付款义务。2019 年 7 月初,葛某起诉某公司,要求支付债权转让款及利息,姜某、朱某为第三人。

法院认为:甘某、朱某与某集团公司签订的《项目承包合同》中第四条约定某集团公司对工程款履行转付义务,原告葛某及第三人朱某未提供证据证明某集团公司已全部收到朱某转让给葛某的工程款。且在原告葛某与第三人朱某签订的《债权转让协议》中双方未约定某集团公司已收到工程款中的哪部分属于该协议中约定的债权转让部分。故原告葛某的诉讼请求,在本案中不予支持。

点评分析:某公司与姜某签订承包协议,姜某又以某公司名义与其他人签署协议。姜某面对其在工程上的投入无法收回时,借朱某之名将工程款债权转让(债权受让人葛某是姜某的姐夫),然后又以葛某名义向某公司主张权利,实际上是姜某将矛头对准了某公司。虽然在这个案件中,某公司一审被判无须承担责任,但是,在其他几个劳务纠纷合同案中,法院判令朱某承担责任,某公司承担连带清偿责任。这就是区域分公司负责人以及区域分公司负责人选择的实际施工主体给施工企业带来的风险。

(二)区域分公司选人不当,对项目缺乏监管,导致公司对外承担责任

例如,苏北某建设公司在上海设立分公司,由上海分公司负责上海及苏南地区的业务拓展,该分公司在其负责的区域内的几个城市也均安排了当地负责人。上海分公司承揽的工程业务,均以建筑公司的名义与建设单位签订总承包合同。

2016年10月,高某以上述建筑公司的名义承揽了常州市金坛区两家工厂的厂房及道路工程。施工进行到一半时,高某失踪,项目停滞,后上海分公司及该公司在常州地区的负责人安排后续施工。两个工程、两家建设单位,其中一个建设单位以总承包人延期完工以及建设单位向实际施工人出借款项本金90万元加利息已达150余万元为由拒不支付工程款。工程固定总价部分326万元加固定单价部分160余万元,总共486万余元的工程,建设单位只支付了150万元,拒绝支付余款。木工、瓦工、脚手架等班组多次到建设部门维权、讨要工资。施工单位区域负责人出具欠款凭证,承诺分期付款。施工单位在建设单位尚欠大额工程款的情况下仍需应对、清偿各分包班组的款项。除此之外,施工单位还因该工程被材料供应方、脚手架单位等工程相关方起诉。

该案例是区域分公司在选择实际施工人时考核不严、对项目没有进行有效监管,导致施工单位无法从建设单位收到应得的工程款,至于实际施工人从建设单位所领款项究竟是借款还是工程款,估计得等到诉讼时才能查清;同时还要面对各分包人、材料商、租赁商等债权人纷纷向施工单位主张权利。施工单位既要应付建设部门的调查、承诺支付工人工资,又要应对各债权人提起的诉讼。

区域分公司通常是有业务就做,对实际施工人不加选择,不进行监控,若实际施工人资金不足,中途停工的,则会导致总承包人要不到发包人的工程款,对下又要清偿实际施工人因工程所欠的债务。就该工程而言,在发包人付清工程款之前,总承包人肯定是支出大于回报。

(三)区域分公司承揽工程未向公司备案,一旦发生纠纷,分公司不及时处理,公司难逃责任

例如,某建筑集团公司在某地设立分公司,分公司承接某学校加固工程,分包劳务班组一位65岁工人上工第一天即倒地身亡。实际施工人支出死亡赔偿金、医疗费等共计76万元。后实际施工人以公司名义(分公司有一枚公司印章)向劳务分包人追偿。因为实际施工人向分公司交纳了管理费,但分公司并未向公司上交该管理费,一旦被公司知晓,势必会影响分公司与公司的合作。

区域分公司持有公司印章,可以自行对外签订承包合同,案例中的工程分公司未向公司报备。该案例中实际施工人及时支付赔偿金,解决了纠纷,并未给公

司造成影响。如果实际施工人没有足够资金、应付不了工人家属的索赔,此时如果分公司也不及时处理,最终承担赔偿责任的可能就是公司。

二、要点解析

区域分公司在形式上口头称为分公司或办事处,是公司的分支机构或派出机构,一旦以公司的名义对外交易,法律责任仍然由公司承担。区域分公司在实质上可能是公司为了扩展业务自主设立,自行安排人员管理的;也可能是在该区域有工程业务资源的人与施工企业合作、向施工企业交纳管理费,以分公司或公司之名行挂靠承揽工程业务之实的。由于区域分公司场所设立在公司之外的地方,公司在管理上可能会出现鞭长莫及、"政令不通"的情况。

区域分公司的负责人往往具有双重身份,其与施工企业之间是挂靠与被挂靠的关系,既对立又统一,在挂靠或内部承包关系内部,区域分公司负责人代表自己与施工单位建立合同关系;而对外,区域分公司负责人又是代表施工单位与项目的权利人(实际施工人)洽谈合作事宜,收取服务费。

三、风险防范

区域分公司在某个区域管理公司的业务,在一定程度上扩大了公司的业务量,给公司带来了可观的收益。但是,如果公司对区域分公司监管不到位,则可能出现前述案例中的区域总承包人将矛头对准公司,向公司主张权利(债权转让只是幌子,掩人耳目)的情形,或者区域分公司选择的实际施工人失踪,导致公司承受清偿债务和要不到工程款的风险,以及其他风险。那么,如何管理好区域分公司,有些施工单位已经建立起了比较有效的、成熟的、科学的、良好的内部管理模式和监督机制。具体有以下几种做法可供参考:

(一)签订协议

以区域分公司方式合作,承接区域工程,通常情况下区域负责人会与施工单位签订合作协议,约定双方的权利义务。区域分公司所承揽的具体工程的项目负责人也会与区域负责人(或区域负责人以施工企业名义)签订协议。协议中的某些条款可能会成为日后处理双方纠纷的关键依据。比如案例10.2.1,姜某以某公司的名义与甘某、朱某签订的协议中，约定了某公司只是在收到工程款后存在转付义务，即发包人向某公司付款后，某公司负有向实际施工人转付工程款的义务。此处只是转付义务而非支付义务，也就是说，如果发包人不付工程款，实际施工人无权向某公司主张权利。

协议是处理各方争议的基本依据，所以无论是施工单位与区域负责人，还是区域负责人与具体工程项目的实际负责人，都应协商好合作事项，签订协议不仅是良好合作的基础，更是日后解决争议最重要的依据。

（二）派驻人员

施工单位向区域分公司派驻自己的人员，对分公司的经营情况实时监管。对分公司所涉业务的总承包合同、内部承包合同、专业分包合同、劳务分包合同、采购合同、租赁合同及款项收支严格监控，每月制作财务报表上报公司。

（三）印章控制

1. 区域分公司公章（公司为分公司配备的公司章），所有盖章文件需经公司（或公司派驻人员）审核同意才能加盖。

2. 项目章，根据项目实施需要情况刻制项目章或技术资料专用章，项目章或技术资料专用章仅用于上报发包人的施工文件加盖所用，不允许在签订对外合同、协议或结算单上加盖。

（四）资金控制

区域分公司业务所有收款资金必须进入公司账户或在区域分公司所在地设立的公司账户，如进入公司账户，对外支付时，由区域分公司出具委托付款函并随附应付款对应的合同、送货章、结算单等原始凭证。如进入区域分公司所在地账户，审批付款的权限必须由公司派驻人员控制，对应付款项进行审核后方可支付。

（五）工程备案

区域分公司承接的每一项工程业务，都必须向公司报备。如发现未向公司备案、区域分公司却在实施的工程项目，公司一定要严肃处理。公司对区域分公司的风险控制要在投标、施工、分包、采购、结算、保修等各环节做到全过程监控。

（六）定期核对

区域分公司的账务情况每月、每季度、每半年、每年要与公司进行核对，发现问题及时解决，公司对分公司的经营情况、账务情况、应收款、对外欠款情况应全面掌握。

四、操作指南

（一）施工单位与区域负责人的承包协议中约定，区域负责人应每年向公司上缴业务费××元，年初按当年（或上年）拟完成合同工程造价的一定比例先预缴，或预估年产值并按一定比例收取，年底按当年各项目的已收款核算。

（二）施工单位与区域负责人的承包协议以及区域负责人与实际负责的项目施工人的协议中均应约定，总承包人（施工单位）只是在收到发包人支付的工程款后进行转付，发包人未付的工程款，区域负责人及实际负责施工人员均无权向施工单位主张权利。

第十一章 安全事故的风险识别与防范

CHAPTER 11

建筑行业本就是高危行业，安全事故频发。加上建筑行业存在大量的转包、违法分包、挂靠等违法现状，总承包人以包代管、实际施工人包而不管现象大量存在，导致承建项目安全隐患大量存在。《建设工程安全生产管理条例》第二十四条规定：建设工程实行施工总承包的，由施工总承包单位对施工现场的安全生产负总责。因此，在此种情形下发生安全事故的，作为总承包人同样会因此承担民事赔偿责任，承担行政处罚，甚至可能构成刑事犯罪。

本章，笔者将立足总承包人角度，从民事赔偿责任、行政处罚责任、刑事责任角度，就总承包人转包、违法分包、挂靠情形下的安全生产中实际施工人带来的风险进行准确识别与防范，助力总承包人正确认识与处理安全事故。

第一节 安全生产概述

2020 年 4 月 10 日安全生产电视电话会议上，习近平指出从 2019 年的情况看，全国安全生产事故总量、较大事故和重特大事故实现“三个继续下降”，安全生产形势进一步好转，但风险隐患仍然很多，这方面还有大量工作要做。李克强作出批示指出，各地区、各有关部门和各单位要坚持以习近平新时代中国特色社会主义思想为指导，认真贯彻落实党中央、国务院决策部署，树牢安全发展理念，层层压实责任，深入排查各领域各环节安全生产隐患，全面开展安全生产专项整治3年行动，坚持系统治理、精准施策，扎实推进危险化学品、矿山、交通运输、工业园、城市建设、危险废物等重点领域安全整治，确保见到实效；加快建立健全安全生产责任和管理制度体系、隐患排查治理和风险防控体系，加强监管执法和安全服务，坚决遏制重特大事故发生，切实维护人民群众生命财产安全。

基于建筑行业安全事故高发的特点，施工单位、施工人都应予以高度重视。

【安全事故案例】中航某电缆项目附着式升降脚手架坠落较大事故

2019年3月21日13时10分左右，某经济技术开发区的中航某电缆工程项目101a号交联立塔东北角16.5～19层处附着式升降脚手架下降作业时发生坠落，坠落过程中与交联立塔底部的落地式脚手架相撞，造成7人死亡、4人受伤。

某市政府依法成立了"3·21"较大事故调查组，按照"四不放过"和"科学严谨、依法依规、实事求是、注重实效"的原则，通过现场勘验、技术分析、调查取证和综合分析，事故调查组制成《事故调查报告》，载明了事故发生的经过和原因，认定了事故性质和责任，提出了对责任人员和责任单位的处理建议，针对事故暴露出的问题提出了防范措施。

一、安全事故的概念

安全事故，是指生产经营单位在生产经营活动中突然发生的，伤害人身安全和健康，或者损坏设备设施，或者造成经济损失的，导致原生产经营活动暂时中止或永远终止的意外事件。

建筑领域的安全事故，较常见的是房建工程事故，如在模板支撑系统和脚手架搭拆及使用过程中的事故、建筑起重机械设备的安拆使用过程中的事故、基坑坍塌、钢结构坍塌、物体打击及场内交通事故；当然也包括城市轨道交通工程事故，如坍塌事故、爆炸事故、渗水事故等。

二、安全事故发生原因

（一）安全事故产生的一般原因

一起完整的安全事故调查报告中，必然包括调查该起安全事故发生的直接原因和间接原因。但无论是直接原因还是间接原因，都与建筑行业生产的特点密不可分。

建筑行业生产特点：第一，生产工作具有流动性。生产人员和机具，甚至整个施工机构，都要随施工对象坐落位置的变化而迁徙流动，也会随施工部位的不同不断变换操作场所。第二，生产条件的单件性。由于建筑物或构筑物的功能要求不同，所处的自然条件和社会经济条件各异，每个工程都有其独特的工程设计和施工组织设计。第三，生产周期长。工期常以年计，因此在生产中要长期占用大量的人力、物力和财力。第四，劳动密集且劳动者素质参差不齐。机械智能化还不能替代人工，农民工仍是建筑行业主要劳动力，大部分施工人员安全生产意识薄弱。第五，露天和高空作业多，受自然气候条件的影响大。

安全事故的起因千种万种，都是在施工过程中发生的，有效地追根溯源，查明安全事故的起因，对于责任认定有着重要意义。尤其是总承包人以包代管、实际施工人包而不管的情形下，责任认定是责任人公平公正地承担相应责任的重要依据。

（二）案例安全事故原因

例如，“3·21”附着式升降脚手架坠落较大事故的调查报告中，载明：

“（一）直接原因

作业人员违规采用钢丝绳替代爬架提升支座，人为拆除爬架所有防坠器防倾覆装置，并拔掉同步控制装置信号线，在架体邻近吊点荷载增大，引起局部损坏时，架体失去超载保护和停机功能，产生连锁反应，造成架体整体坠落。作业人员违规在下降的架体上作业和在落地架上交叉作业是导致事故后果扩大的直接原因。市住建局建筑施工安全管理方面存在工作基础不牢固、隐患排查整治不彻底、安全风险化解不到位、危大工程管控不力，监管责任履行不深入、不细致，没有从严从实从细抓好建设工程安全监管各项工作。

（二）间接原因

1. 项目管理混乱。一是中航某电缆公司未认真履行统一协调，管理职责，现场安全管理混乱；二是中建某局该项目安全员吕某兼任施工员删除爬架下降作业前检查验收表中监理单位签字栏；三是前海某公司备案项目经理欧某长期不在岗，南京粉刷安全员刘某充当现场实际负责人，冒充项目经理签字，相关方未采取有效措施予以制止；四是项目部安全管理人员与劳务人员作业时间不一致，作业过程缺乏有效监督。

2. 违章指挥。一是南京分公司安全部负责人肖某通过微信形式，指挥爬架施工人员拆除爬架部分防坠防倾覆装置（实际已全部拆除），致使爬架失去防坠控制；二是中建某局项目部工程部经理杨某、安全员吕某违章指挥爬架分包单位与劳务分包单位人员在爬架和落地架上同时作业；三是在落地架未经验收合格的情况下，杨某违章指挥劳务分包单位人员上架从事外墙抹灰作业；四是在爬架下降过程中，杨某违章指挥劳务分包单位人员在爬架架体上从事墙洞修补作业。

3. 工程项目存在挂靠、违法分包和架子工持假证等问题。一是南京分公司采用挂靠前海某公司资质方式承揽爬架工程项目；二是前海某公司违法将劳务作业发包给不具备资质的李某个人承揽；三是爬架作业人员（李某、廖某、龚某等4人）持有的架子工资格证书存在伪造情况。

4. 工程监理不到位……

5. 监管责任落实不力……”

三、安全事故的等级划分

（一）安全事故等级划分

根据生产安全事故（以下简称事故）造成的人员伤亡或者直接经济损失，事故一般分为以下等级：（1）特别重大事故，是指造成30人以上死亡，或者100人以上重伤（包括急性工业中毒，下同），或者1亿元以上直接经济损失的事故；（2）重大事故，是指造成10人以上30人以下死亡，或者50人以上100人以下重伤，或者5000万元以上1亿元以下直接经济损失的事故；（3）较大事故，是指造成3人以上10人以下死亡，或者10人以上50人以下重伤，或者1000万元以上5000万元以下直接经济损失的事故；（4）一般事故，是指造成3人以下死亡，或者10人以下重伤，或者1000万元以下直接经济损失的事故。

安全事故的等级划分是对安全事故责任人追究责任的重要依据。

（二）案例安全事故等级

“3·21”附着式升降脚手架坠落较大事故的调查报告中，载明：“事故等级为‘较大事故’”。因为该事故造成7人死亡、4人受伤的严重后果，根据《生产安全事故报告和调查处理条例》的规定，介于“3 人以上 10 人以下死亡”，属于较大事故。

四、与工程质量事故的区别

（一）工程质量事故的概念与等级划分

工程质量事故[①]，是指由于建设、勘察、设计、施工、监理等单位违反工程质量有关法律法规和工程建设标准，使工程产生结构安全、重要使用功能等方面的质量缺陷，造成人身伤亡或者重大经济损失的事故。

根据工程质量事故造成的人员伤亡或者直接经济损失，具体标准同安全事故等级划分，工程质量事故分为四个等级：特别重大事故、重大事故、较大事故和一般事故。

（二）两者的区别

虽然安全事故与工程质量事故的结果都体现为人身损害或财产损失，但两者的区别显著，正确理解两者的区别有助于在承建工程发生相关问题时，各方可以更好地予以把握，进而按照相对应的法律规定处理上报。

1. 事故原因不同

安全事故通常指施工引起的事故，包括人的不安全行为、物的不安全状态、环境的不利因素、管理上的缺陷。

工程质量事故通常指质量引起的事故，包括违背建设程序、违反法规行为、地质勘探失误、设计差错、施工与管理不到位、使用不合格的原材料、制品及设备、自然环境因素、使用不当等。

2. 处理方式不同

安全事故的处理依据为《生产安全事故报告和调查处理条例》，工程质量事故的处理依据为《住房和城乡建设部关于做好房屋建筑和市政基础设施工程质量事故报告和调查处理工作的通知》，两者在上报程序、事故调查小组、报告内容

① 《住房和城乡建设部关于做好房屋建筑和市政基础设施工程质量事故报告和调查处理工作的通知》第一点。

上都有区别。尤其需要提示的一点:安全事故发生后,第一时间要报告给本单位的负责人,而建设工程安全事故发生后,第一时间要报告建设单位的负责人。

3. 法律责任承担不同

两者的法律责任承担上,都会有停业整顿、降低资质等级,吊销资质证书;造成损失的,依法承担赔偿责任等方式。其中,重大工程质量事故,建设、勘察、设计、施工、工程监理单位的工作人员因调动工作、退休等原因离开该单位后,被发现在该单位工作期间违反国家有关建设工程质量管理规定,仍应当被依法追究法律责任。

五、法律规定

(一)建筑安全生产法律法规制度体系的建立

建筑安全生产法律法规制度体系经历了一个逐步建立、完善的过程。

中华人民共和国成立初期,国务院相关部门先后颁布了一些劳动保护的单行规定:1956 年,国务院颁布《工厂安全卫生规程》、《建筑安装工程安全技术规程》和《工人职员伤亡事故报告规程》“三大规程”,标志着我国建筑行业安全标准体系的初步建立。

改革开放后,建筑安全生产法律法规制度体系的确立、完善工作逐步走上正轨。1988 年以后,一大批建筑施工安全技术的法律法规以及国家和行业标准、规范陆续颁布并执行;1997 年 11 月 1 日《建筑法》正式颁布;至 2002 年 6 月 29 日《安全生产法》正式出台,标志着我国安全生产正式纳入法治化管理规定。2003 年 11 月 24 日《建设工程安全生产管理条例》正式颁布,建筑行业的安全技术规程、安全生产标准等相继出台;地方关于建筑安全生产的立法也迅速发展,多地颁布了建筑安全生产的地方性法规或政府规章。至此,我国建筑行业建立起一套完整的安全生产法律法规体系。

建筑安全生产法律法规制度体系,对于规范和增强建筑活动各方主体的安全行为及安全责任,强化和提高政府安全监管和依法执政能力,保证从业人员的生命财产安全,意义重大。建筑安全生产法律法规制度体系,让建筑行业有章可循,有法可依,对建筑行业的管理者及法律工作者的管理及风险评估有着重要作用。

（二）安全事故责任承担

1. 现行法律规定

有法可依才能做到有法必依、执法必严、违法必究。就安全生产，现行有效的法律较多，既有整个生产领域的，也有建筑行业特有的。有法律、规章、地方条例，这一系列不断完善的法律法规对于安全生产有着重要的指引作用。

（1）《安全生产法》

（2）《建设工程安全生产管理条例》

（3）《安全生产许可证条例》

（4）《建筑施工企业安全生产许可证管理规定》

（5）《建筑起重机械安全监督管理规定》

（6）《建筑施工特种作业人员管理规定》

（7）《工伤保险条例》

（8）《安全生产违法行为行政处罚办法》

（9）《安全生产培训管理办法》

（10）《消防法》

（11）《生产安全事故报告和调查处理条例》

（12）《生产安全事故应急条例》

2. 案例安全事故刑事责任、行政处罚责任承担

"3·21"附着式升降脚手架坠落较大事故的调查报告中，载明：

（一）司法机关已采取措施人员（8 人）

1. 刘某，南京分公司项目部安全员，因涉嫌重大责任事故罪，已于 2019 年 4 月 30 日被扬州某区人民检察院批准逮捕。

2. 肖某，南京分公司安全部负责人、爬架工程项目实际负责人，因涉嫌重大事故责任罪，已于 2019 年 4 月 30 日被扬州某区人民检察院批准逮捕。

3. 李某 1，南京分公司总经理，爬架工程项目合同签约人，南京分公司爬架工程项目的实际施工单位负责人（挂靠前海某公司）。因涉嫌重大责任事故罪，已于 2019 年 4 月 30 日被扬州某区人民检察院批准逮捕。

4. 胡某，中建某局该项目总工、生产经理，因涉嫌重大责任事故罪，已于 2019

年4月30日被扬州某区人民检察院批准逮捕。

5.吕某，中建某局该项目安全员，因涉嫌重大责任事故罪，已于2019年4月30日被扬州某区人民检察院批准逮捕。

6.赵某，浙蜀公司该分包项目负责人，因涉嫌重大责任事故罪，已于2019年4月30日被扬州某区人民检察院批准逮捕。

7.李某2，南京分公司劳务承揽人，因涉嫌重大责任事故罪，已于2019年3月31日被公安机关取保候审。

8.张某1，前海某公司法定代表人兼总经理，因涉嫌重大责任事故罪，已于2019年3月31日被公安机关取保候审。

（二）建议追究刑事责任人员（6人）

1.廖某，南京分公司架子工班组长，带领班组人员违章作业导致事故发生，对事故发生负有直接责任。涉嫌重大责任事故罪，建议司法机关追究其刑事责任。

2.杨某，中建某局该项目工程部经理，明知落地架未经监理单位检查验收合格，安排浙蜀公司的员工在落地架从事外墙抹灰和补螺杆洞作业，对事故后果扩大负有直接责任。涉嫌重大责任事故罪，建议司法机关追究其刑事责任。

3.谢某，中建某局该项目安全部经理，出差时安排已有工作任务的吕成程代管落地架的使用安全，使得安全管理责任得不到落实；作为安全部经理，对爬架的安全检查管理缺失，对事故负有直接责任。涉嫌重大责任事故罪，建议司法机关追究其刑事责任。

……

（三）建议给予行政处罚人员（10人）

1.欧某，前海某公司该爬架项目经理，二级建造师资格证书。作为爬架分包项目的项目经理，安全生产第一责任人，长期不在岗履行项目经理职责，对事故发生负有责任。建议由市住建局依法查处，并报请上级部门吊销其二级建造师注册证书，5年内不予注册。

2.赵某，中建某局该项目经理，一级建造师资格证书。未落实项目安全生产第一责任人职责，对爬架分包单位项目经理长期不在岗，未采取有效措施；安排专职安全人员承担生产任务；在安全部经理谢创离岗时，未增加现场安全管理人员（吕成程兼其职责），对事故发生负有责任。建议由市住建局依法查处，并报请上级部门吊销其一级建造师注册证书,5 年内不予注册。

3. 胡某,南京分公司该爬架工程项目工程部负责人,负责爬架班组任务安排;参与南京特辰对爬架防坠落导座拆除商讨会议,对拆除防坠落导座建议未予制止,对事故发生负有责任。建议由南京分公司予以开除处理。

4. 林某,浙蜀公司扬州地区负责人(该项目负责人),对施工现场安全管理监督不到位,对事故发生负有责任。建议由市住建局依法查处。

5. 鞠某,浙蜀公司该分包项目安全员,对施工现场安全管理监督不到位,未及时制止交叉作业,导致事故扩大,对事故发生负有责任。建议由市住建局依法查处,并报请有关部门吊销其安全生产考核合格证书。

……

9. 王某 1,中航某电缆公司总经理助理、该项目经理,未认真履行施工现场建设单位统一协调,管理职责,现场安全管理混乱;明知爬架分包单位项目经理长期不到岗,未有效督促总包、分包单位及时整改;未认真汲取 2018 年“7·1”高处坠落死亡事故教训,对事故发生负有管理责任。建议由中航某电缆有限公司给予撤职处理。

10. 王某 2,中航某电缆公司设备部经理、该项目安全员,明知爬架分包单位项目经理长期不到岗,未有效督促总包、分包单位及时整改;未督促监理单位认真履行监理职责,对事故发生负有管理责任。建议由中航某电缆有限公司给予撤职处理。

……

(五)事故责任单位行政处罚建议(4 家)

1. 前海某公司违反了《安全生产法》第二十二条第六款、第四十一条、第四十五条以及《建筑工程施工发包与承包违法行为认定查处管理办法》第八条第三项的有关规定,对事故发生负有责任。根据《安全生产法》第一百零九条第二款的规定,建议由市应急管理局依法给予行政处罚。同时,建议由市住建局函告有关部门给予其暂扣安全生产许可证和责令停业整顿的行政处罚。

前海某公司允许南京分公司以其名义承揽工程的行为,违反了《建设工程质量管理条例》第二十五条的规定,建议由市住建局依法查处。

2. 中建某局违反了《安全生产法》第十九条,第二十二条第五款、第六款、第七款，第四十六条第二款以及《建设工程安全生产管理条例》第二十八条的有关规定，对事故发生负有责任。根据《安全生产法》第一百零九条第二款的规定，建议由市应急管理局依法给予行政处罚。同时，建议由市住建局依法查处。

3. 南京分公司未取得资质证书以前海某公司名义承揽工程和将工程劳务违法分包给李某个人的行为，违反了《建设工程质量管理条例》第二十五条的规定，建议由市住建局依法查处，并报请或函告有关部门给予其暂扣安全生产许可证和责令停业整顿的行政处罚。

……

"3·21"附着式升降脚手架坠落较大事故，由扬州市应急管理局局长任组长，市应急管理局、纪委监委、公安局、住建局、总工会、经济技术开发区等部门单位的相关人员组成的事故调查组从工程项目及事故单位概况、事故经过和救援情况、人员伤亡和直接经济损失、事故原因和性质、责任认定及处理意见、事故防范和整改措施六部分，予以系统总结，形成本次事故调查报告。事故原因处载明：项目管理混乱、违章指挥、项目存在挂靠、违法分包及架子工持假证等问题，进一步追责至被挂靠单位法定代表人兼总经理、安全员、安全部负责人、总经理；总承包人总工、生产经理、安全员；挂靠人的劳务承揽人等；承担的责任从刑事责任、到行政处罚（个人/单位）、还有民事赔偿等予以了建议。整个安全事故调查报告，按照法律程序，适用法律规定追责、处罚，该起安全事故应对每个施工企业起到警示作用。

建筑行业安全生产虽总体形势向好，但安全事故仍在不断发生。安全事故造成的人员伤亡、直接经济损失是一方面，对社会、经济的负面影响和无形损失是另一方面。总承包人存在转包、违法分包、挂靠的情形下，实际施工人在施工中发生安全事故的，总承包人作为施工现场的安全生产总负责人，有着不可推卸的责任。

第二节　民事赔偿责任

承建工程实行施工总承包的，总承包人的安全责任重于泰山。安全事故发生后，通常会随着财产损失及人员伤亡。一旦涉及财产损失、人身损害赔偿等民事赔偿的,作为总承包人,其对施工现场的安全生产负总责,由于其转包、违法分包、挂靠等本身就存在违法行为,通常会基于此认定对其相关事故的发生有过错,进而需承担赔偿责任。

一、风险提示

(一)我国法律法规对于转包、违法分包、挂靠都是明令禁止的,施工工程中,因为转包、违法分包、挂靠行为存在,建设工程安全管理缺失,包括总承包人、实际施工人在内的各侵权人未尽到安全管理义务,被认定为对损害结果的发生有法律上的因果关系,故而需要承担赔偿责任

民事赔偿责任分为按份责任或者连带责任,在建工领域的司法实践中,通常判决承担连带责任的情况较多。但是连带责任保障受害人损失的完全受偿,意味着总承包人就要承担连带责任,通常承担了连带责任的总承包人向实际施工人的追偿过程中也会产生纠纷。

典型案例 11.2.1

中冶某天津公司、中国某建设公司、黄石某劳务公司、青岛某钢铁公司、中冶某技术公司、青岛某建设公司、中国某建设公司分公司与李某某生命权、健康权、身体权纠纷案[①]

案例要点:受害者起诉实际施工人、总承包人等侵权人要求民事损害赔偿的,一审法院认为违法分包关系下,总承包人在实际施工人承担的付款责任范围内承担连带责任;二审法院审理认为:违法分包情形下,总承包人基于"知道或者应当知道接受发包或者分包业务的雇主没有相应资质或者安全生产条件的"承担连带责任,否则仍应基于合同约定以及过错对受害者的损害承担按份责任。

案情介绍

青岛某钢铁公司经招投标,与华天某公司签订《城市钢厂环保搬迁工程 EPC

① (2019)鲁02民终2865号。

总承包合同》；

华天某公司中标上述工程后，经招投标，与中国某建设公司就案涉工程签订《第Ⅰ、Ⅱ、Ⅲ标段施工总承包合同》；中国某建设公司与黄石某劳务公司就承包工程签订了建设工程分包合同；经招投标，与中冶某天津公司就案涉工程签订《第Ⅳ、Ⅴ标段施工总承包合同》，中冶某天津公司与青岛某建设公司就承包工程签订了建筑安装工程专业分包合同。

2015年5月19日含李某某在内的3名工人在钢厂环保搬迁项目烧结工程浓盐水池内作业致伤，并因火灾造成伤残，司法鉴定所出具司法鉴定意见书，李某某的损伤程度为伤残一级，护理依赖程度为完全护理依赖。黄石某劳务公司未对3名伤者缴纳工伤保险。

李某某向一审法院起诉请求：(1)判令七被告连带赔偿原告损失共计2 344 545元；(2)后续治疗费及辅助器械费用待鉴定后确定具体赔偿费用数额。

一审法院认为：该案系侵权纠纷。二人以上分别实施侵权行为造成同一损害，能够确定责任大小的，各自承担相应的责任；难以确定责任大小的，平均承担赔偿责任。就该案的损失，系青岛某建设公司与黄石某劳务公司交叉作业及各自未严格按照施工安全规范操作所致。关于责任划分的问题，原、被告均未提供有效证据证明在事故发生之时间段谁应该按照工程进程施工，谁不应该按照工程进程施工。退一步讲，双方施工中，如果青岛某建设公司严格按照安全技术措施、浓盐酸管道安装工程安全技术交底的相关规定操作，焊接时注意周边环境是否存在密闭空间及空间内注意通风，不得使自己人员或其他单位的人滞留在密闭空间内进行焊接等规定，就不会导致受伤；同样，如果黄石某劳务公司严格按照施工安全规定操作，在检修人孔的钢筋混凝土浓盐水池内进行易燃易爆涂装作业，设置好警戒区、警戒线和警戒标志，安排专门人员在场外监护等措施也不会导致受伤。李某某在此次事故中，防范意识淡薄，亦存在过错。据此，综合考量该案各方存在的过错，李某某自担10%的责任，青岛某建设公司、黄石某劳务公司对此次火灾造成的损失各承担45%的责任为宜。中冶某技术公司作为总承包方将涉案工程对外分包给中冶某天津公司、中国某建设公司，虽通过招投标并签订了相关合同，但对分包中的交叉作业并未约定且未协调好双方的工作进程及尽到施工现场安全管理义务，其行为存在一定的过错，其应对此次伤害造成的损失与分包单位中冶某天津公司和中国某建设公司承担连带责任;同理,中冶某天津公司和中国某建设公司对外再次分包亦存有过错,应各自对其分包方青岛某建设公司、黄石某劳务公司所承担的责任承担连带责任。

一审判决:

(1)青岛某建设公司支付45%,中冶某天津公司对该笔款项承担连带责任;

(2)黄石某劳务公司支付45%,中国某建设公司对该笔款项承担连带责任;

(3)中冶某技术公司对上述第一、二项判决内容承担连带责任;……

中冶某天津公司以要求划分连带责任份额为由提起上诉;中国某建设公司、黄石某劳务公司以其不应承担赔偿责任为由,各自上诉。

二审法院认为:

责任主体问题。黄石某劳务公司没有防腐工程资质承接防腐工程,对钢筋混凝土浓盐水池内进行易燃易爆涂装作业时未采取适当的方式提醒他人注意,亦未安排专门人员在场外监护,对损害的发生存在过错,对李某某的损失应承担相应的赔偿责任;即便李某某不是黄石某劳务公司的雇员,黄石某劳务公司作为实际施工人的挂靠单位,明知自己和挂靠人没有防腐工程的施工资质,与挂靠人构成共同过失,也应承担相应的赔偿责任。《人身损害赔偿司法解释》第十一条第二款规定:"雇员在从事雇佣活动中因安全生产事故遭受人身损害,发包人、分包人知道或者应当知道接受发包或者分包业务的雇主没有相应资质或者安全生产条件的,应当与雇主承担连带赔偿责任。"在实际施工中,中国某建设公司将防腐工程发包给没有资质的黄石某劳务公司,致使黄石某劳务公司的雇员因安全生产事故遭受人身伤害,中国某建设公司作为发包人应与黄石某劳务公司承担连带赔偿责任。

本次事故发生在青岛某建设公司与黄石某劳务公司两个分包单位交叉施工时,中冶某天津公司没有按照合同履行协调责任,中冶某天津公司亦未按照约定对青岛某建设公司项目中的安全生产工作实施统一协调管理和监督考核,履行相应的管理监督职责。中冶某天津公司的行为存在过错,与损害的发生具有因果关系,应承担相应的赔偿责任。

责任方式问题。《侵权责任法》第十二条规定:"二人以上分别实施侵权行为造成同一损害,能够确定责任大小的,各自承担相应的责任;难以确定责任大小的，平均承担赔偿责任。”本案是数个责任主体分别侵权造成的同一损害，根据各方的过错程度及与损害结果的原因力大小确定责任，本院认为，青岛某建设公司的工作人员电焊施工前未检查盐水池内是否有人，焊接过程中不听劝阻，违规施工直接导致事故发生，存在重大过失，过错程度严重，青岛某建设公司应承担50%的赔偿责任，中冶某天津公司没有按照合同履行协调和管理监督责任，过错较轻，应承担10%的赔偿责任。黄石某劳务公司没有防腐工程资质承接防腐工程，未按照相应的安全施工程序施工，过错较重，应承担30%的赔偿责任。中国某建设公司将防腐工程发包给没有资质的黄石某劳务公司，应与黄石某劳务公司承担连带赔偿责任。李某某在施工时未佩戴防水作业时配有的防毒面具及手套，防范意识淡薄，其对自身的损害亦存在过错，自担10%的责任。一审法院认定华天公司对损害承担连带赔偿责任，华天公司并未上诉，本院予以维持。

二审判决：……

(3)青岛某建设公司赔偿李某某各项损失1 167 430.69元；

(4)中冶某天津公司赔偿李某某各项损失233 486.14元；

(5)黄石某劳务公司赔偿李某某各项损失700 458.41元，中国某建设公司对该赔偿款承担连带责任；

(6)华天公司对上述第三、四、五项判决承担连带责任。

点评分析：这是一起典型的违法分包情形下提供劳务者受害赔偿纠纷。

责任主体部分，一、二审法院没有意见相左的地方，直接侵权人、违法分包人、总承包人都与受害者的损失存在有法律上的因果关系；

责任认定部分，一、二审法院根据各方的原因力大小，予以了酌情认定；

责任方式部分，一审法院的意见是：存在违法分包的，违法分包人均存在过错，都应当对其合同相对人承担的付款责任承担连带责任；而二审法院认为违法分包不是承担连带责任的法律依据，只有在“接受发包或者分包业务的雇主没有相应资质或者安全生产条件”的情形下，才承担连带责任。

另，经查询，华天公司具有工程设计建筑行业(建筑工程)甲级设计资质，其中标后，可以将施工部分进行发包。按照二审法院的裁判思路，其合法分包，应在过错范围内承担过错赔偿责任。但是因为其未上诉，故而未予以调整。

（二）构成安全事故的人身损害通常会涉及行政处罚、刑事处罚以及社会影响等，故而总承包人会承担较高标准的赔偿责任

根据法律规定，死亡一人即属于安全事故，需要上报安监部门，施工单位可能面临停工或者暂扣安全生产许可证的行政处罚；在发生死亡事故的情形下，无论是发包人、总承包人还是实际施工人，都应第一时间处理，尽快达成和解，因为相对民事赔偿而言，行政处罚及行刑事处罚带来的工期延误等违约责任更重。

（三）总承包人将其承接的工程转包、违法分包给不具有用工主体资质的个人的情形下，发生安全事故的，受害人可以基于一次伤害分别要求总承包人承担人身损害赔偿、工伤保险待遇赔偿；总承包人都是责任承担的主体

这就涉及笔者在实务中遇到的“双赔”情形，总承包人会将工程转包给的个人，或者允许个人挂靠其对外经营的，该个人招用的工人在施工作业过程中，因为他人侵权或者因为意外事件受到人身伤害。

此种情形下，该工人基于其劳动者身份，可以根据工伤保险关系要求工伤保险赔偿，此时，由于实际施工人是个人或者是施工队，不具有用工主体资格，需要由有用工主体资格的总承包人来承担工伤保险责任；该工人也可以根据侵权要求对其损害结果有因果关系的侵权人承担人身损害赔偿，总承包人是案涉工程的安全总负责人，在其未能证明其完全履行了安全管理职责的情形下，应基于过错承担人身损害赔偿责任，或者基于实际施工人没有相应的资质或安全生产条件承担连带责任。

（四）实际施工人招用的工人发生安全事故致害的，总承包人承担相关赔偿责任后，基于其与实际施工人的约定向实际施工人追偿时，因为合同约定无效或不能完全转移赔偿责任

总承包人（甲方）与实际施工人（乙方）在签订分包协议时，通常作出类似约定：“乙方工作人员、甲方及其工作人员或第三者人员伤亡和财产损失，均由乙方自行承担全部责任，保证与甲方无涉；如发生安全事故，乙方自行承担包括赔偿

责任在内的全部责任，保证与甲方无涉，如甲方因此受到任何损失的，乙方应当赔偿甲方全部损失”。但是，总承包人在承担完付款责任后，基于合同约定要求实际施工人承担赔偿责任的，因为相关协议无效而无合同依据，最终由法院划分责任后，仅予以部分支持。

典型案例 11.2.2

福建某建筑公司与谢某追偿权纠纷案①

案例要点： 总承包人在承担完双赔责任后，就相关协议的安全部分约定向实际施工人追偿的，因为相关协议无效，不能作为追偿依据，应根据过错对赔偿责任进行分担。

案情介绍

2010 年 4 月 8 日，福建某建筑公司与谢某签订为期一年的内部承包协议，协议签订后，谢某即以福建某建筑公司名义对外承揽拆迁工程。

2011 年 3 月 28 日，谢某以福建某建筑公司名义与某市土地发展中心签订《厂房拆除合同》，约定由福建某建筑公司实施某电子厂地块大楼建筑物拆除工程。

2011 年 4 月 4 日，谢某在施工过程中发生安全事故，倒塌的房屋砖墙压伤了自带挖掘机现场作业的雇员案外人宋某。2011 年 11 月 10 日，谢某以福建某建筑公司名义与案外人宋某签订《协议书》，其中约定福建某建筑公司一次性赔付案外人宋某各项损失补偿金 490 000 元，并确认福建某建筑公司已支付医疗费用 179 000 元，合计 669 000 元实际由谢某支付。

之后，案外人宋某分别以“财产损害赔偿纠纷”“工伤保险待遇纠纷”为由对福建某建筑公司提起民事诉讼，两个诉讼案件均经法院一、二审审理后作出生效判决：财产损害赔偿纠纷案，该市中级人民法院最终判令福建某建筑公司应赔偿案外人宋某经济损失 190 750 元……工伤保险待遇纠纷案，该市中级人民法院最终判令福建某建筑公司向案外人宋某支付 524 305.36 元（各项工伤保险待遇共

① (2017)闽 01 民终 2203 号。

计1 193 305.4元，扣除已付的医疗费179 000元和补偿金490 000元）……上述两案的民事判决生效后，案外人宋某向一审人民法院申请强制执行，福建某建筑公司现已执行完毕。

福建某建筑公司向一审法院起诉请求：(1)谢某偿付福建某建筑公司经济损失756 127.36元及逾期还款利息；……

一审法院认为：案涉《协议书》因违反法律的强制性规定而属无效。谢某为诉争工程的实际施工人，应当保证施工现场安全作业的环境，对宋某的施工活动负有安全防范、保护和注意义务。正因为谢某未采取相应的安全措施及履行相应的安全注意义务，才导致宋某在施工过程中发生人身损害及财产损失，谢某在享有挂靠工程利益的同时应当承担工程实施过程中产生的责任，故谢某应对此安全事故的发生承担60%的主要责任。福建某建筑公司在明知谢某无施工资质的情况下，无视相关法律法规的规定，仍允许谢某挂靠并对外实施工程，存在过错，应对事故的发生承担40%的次要责任。

一审判决：谢某偿还福建某建筑公司1 391 506.36 × 60% − 669 000 = 165 903.816元。

一审判决后，福建某建筑公司认为其与谢某基于平等民事法律关系而签订的内部目标责任制的"协议书"并不违反法律法规的强制性规定，属真实有效的平等民事主体之间的民事合同，故而要求撤销一审判决，改判为支持一审诉请。

二审法院经审理认为：福建某建筑公司、谢某对本案安全事故应承担相同责任。故二审改判为谢某偿还福建某建筑公司1 391 506.36 × 50% − 669 000 = 26 753.18元。

点评分析：这是一起受害者获得双赔的情形。如果相关分包协议被认定为无效的情形下，该条款不能作为承担了付款责任的"发包方"追偿的合同依据，法院将此类案件归为财产损失，按照侵权责任的过错原则，予以认定。总承包人以为可以追偿到75万余元，但经二审后只判令实际施工人支付2万余元，最终结果与其预期落差甚大。故而，总承包人应妥善处理相关赔偿事宜。

（五）实际施工人起诉要求支付工程款，总承包人以代付赔偿款为由要求在应付工程款中予以扣减的，不予支持

扣项已是总承包人与实际施工人工程款结算中"常列项"了，总承包人代为

支付的赔偿款也是其中之一。此时，有司法观点认为两者不是同一法律关系，不可以直接予以扣除，需另行解决。

如在淮北中院审理的安徽某建筑公司与张某建设工程合同纠纷案①中，法院认为：安徽某建筑公司与案外人熊某双方法律关系系人身损害赔偿的范畴，不属于建设工程合同纠纷之列，赔偿协议书和双方合同中亦无将该款在张某工程款扣除的约定，安徽某建筑公司与张某于2019年1月15日确认的工程量结算单中亦未将该款予以扣除。至于熊某是否属于违章作业、人身损害数额是否依法确定、安徽某建筑公司支付熊某38万元赔偿款是否存在最终责任承担的问题，均不是本案审理范围，安徽某建筑公司可以另外依法解决。

（六）总承包人购买的工伤保险、商业保险等无法对总承包人的责任承担予以赔偿

本书第六章第一节中，就总承包人为其承建工程需要购置的工伤保险及商业保险进行了对比分析，其中工伤保险、建设工程团体意外险等保险的赔偿对象是伤者，而非承担保险费用的总承包人；只有雇主责任险、安全生产责任险等，赔偿的对象才是总承包人，所以总承包人应根据自身需要购置保险。

在商业保险理赔过程中，并非畅通无阻，保险公司也会核对相关事故伤害，分析其是否属于保险事故、是否属于保险对象、是否在规定的时间场所内、是何种原因导致、是否存在免责事由等。

如在贵州铜仁中院审理的中国某财保公司某支公司与安某、德江某建筑公司、德江某劳务公司提供劳务者受害责任纠纷案②中，中国某财保公司某支公司以伤者是实际施工人雇用的工人而非总承包人（被保险人）德江某建筑公司雇用的工人为由主张不承担付款责任的，对此，法院认为：受害人安某虽不是为德江某建筑公司提供劳务，但德江某建筑公司将案涉工程转包给德江某劳务公司施工，安某为德江某劳务公司提供劳务时受伤，而我国设立建筑施工行业安全生产责任保险的主要目的是保障施工人员的损失能够得到及时有效的赔偿，不论从

① （2019）皖06民终1129号。

② （2020）黔06民终5号。

客观实际还是保障受害人合法权益的角度出发，应将在施工现场从事管理和作业的人员均列为被保险人。故安某遭受的损失属于该保险的赔偿范围，中国某财保公司某支公司应承担保险责任。

保险合同条款多为格式条款，签订过程中，投保人通常无法选择，所以在适用过程中，应根据保险法规定，从其提示义务、不利解释原则等角度，从保险的社会责任角度予以公正解读。

二、要点解析

总承包人存在挂靠、转包、违法分包行为的，虽然其基于其总承包人的身份，应对建设工程的安全负总责，但总承包人具体的违法行为也直接影响了其具体的责任承担方式及比例。

（一）挂靠情形下总承包人的连带赔偿责任

根据法律规定，建设工程实行施工总承包的，由总承包人对施工现场的安全生产负总责。总承包人中标后，即对承接工程的安全生产负总责。国家对从事建筑活动的施工企业，综合其注册资本，安全、技术人员配置，施工工艺、技术，已完成工程的业绩等各方面，给予相应的施工资质，是对总承包人的施工组织能力的认可。

总承包人允许实际施工人挂靠其对外开展业务，属于“明知接受分包的人没有相应资质”，建筑行业本就属于高危行业，安全事故发生率高，实际施工人组织能力有限，通常不具备安全生产条件，极大可能存在施工风险，发生安全事故。因此，总承包人允许挂靠本身就有过错，所以对于此种情形下，发生安全事故的，总承包人和实际施工人应根据各方对损害结果发生的过错进行责任承担。

2004 年 5 月 1 日起施行的《人身损害赔偿司法解释》（法释〔2003〕20 号）第十一条第二款规定：“雇员在从事雇佣活动中因安全生产事故遭受人身损害，发包人、分包人知道或者应当知道接受发包或者分包业务的雇主没有相应资质或者安全生产条件的，应当与雇主承担连带赔偿责任。”当时基于此明确规定，总承包人对此承担连带责任。虽然该司法解释已经被法释〔2020〕17 号文件修正，上述法条已经被删除,但是根据《民法典》第一千一百九十二条规定:“个人之间形成劳务关系,提供劳务一方因劳务造成他人损害的,由接受劳务一方承担侵权责任。接受劳务一方承担侵权责任后,可以向有故意或者重大过失的提供劳务一方追偿。提供劳务一方因劳务受到损害的,根据双方各自的过错承担相应的责任。”总承包人仍会被认为是接受劳务的主体,无法免责。

(二)非法转包、违法分包的,总承包人的连带赔偿责任或按份赔偿责任

总承包人非法转包、违法分包,同样属于法律上的违法行为,总承包人对其承接的工程安全负总责,发生安全事故的,也是因其未能尽到安全管理职责,存在过错,应承担赔偿责任。然就其承担的是连带还是按份责任,应具体情况具体分析,分包人属于“不具备相应资质”或者是“个人”的,则是连带责任;若不属于的,则是按份责任。

以上(一)、(二)情形下,虽然总承包人的违法行为与损害结果之间没有直接的因果关系,但是由于其总承包人的地位具有法律赋予的特定义务,在其未依法履行该特定义务的,应认定对损害结果的发生有法律上的因果关系。

(三)总承包人不因任何分包行为免除自身的安全管理职责

总承包人(甲方)与实际施工人(乙方)签订相关协议的,通常会约定安全免责条款,如约定:“因乙方原因造成乙方及其工作人员、甲方及其工作人员或第三者人员伤亡和财产损失,均由乙方自行承担全部责任,保证与甲方无涉;如发生安全事故,乙方自行承担包括赔偿责任在内的全部责任,保证与甲方无涉,如甲方因此受到任何损失的,乙方应当赔偿甲方全部损失。”更有甚者,不强调谁的原因,只约定“合同期间,如发生安全事故,造成的经济损失及刑事等一切责任由乙方负责,甲方不负赔偿责任”。

1. 存在非法转包、违法分包、挂靠情形下安全免责条款的内外效力

有司法观点认为:总承包人与实际施工人签订的相关合同属于无效合同,安全免责条款自然无效,应根据查明的事实确定责任承担。举轻以明重,合法情形下的安全免责条款尚不具有对抗第三人的法律效力,非法情形下也必然如此。否则,这将变相降低总承包人违法成本,起到反作用。所以总承包人不因安全免

责条款的约定不承担赔偿责任。同时,基于其自身过错承担的赔偿责任,不得向发包人追偿。

2. 总承包人合法分包情形下安全免责条款的内外效力

合法分包,通常是针对分包人的资质条件而言的,但我国现行法律法规,就总承包人承担赔偿责任的情形中,除了要求具备相应资质外,还要求具备安全生产条件。建筑施工企业在从事建筑活动中,不仅要取得相应的资质,而且必须加强安全生产管理,确保具备安全生产条件。具有相应的资质,并不意味着在具体的建筑活动中就当然具备了安全生产条件。对于虽具备相应资质,但不具备安全生产条件的分包人,同样属于总承包人未履行安全管理职责。此时导致发生安全生产事故的,亦属过错,总承包人需承担相应的责任。

合法分包并不免除总承包人对施工现场的安全管理责任,作为总承包人违反法定义务造成安全事故的,仍应承担其自身过错范围内的赔偿责任。总承包人与分包人约定的安全免责条款,不能对抗第三人;且笔者认为安全免责条款的约定直接排除了总承包人的法定义务,违反法律强制性规定,应属无效约定,总承包人基于其自身过错承担的赔偿责任,不得向发包人追偿。

《安全生产法》第二十条规定:生产经营单位应当具备本法和有关法律、行政法规和国家标准或者行业标准规定的安全生产条件;不具备安全生产条件的,不得从事生产经营活动。第四十九条第一款规定:生产经营单位不得将生产经营项目、场所、设备发包或者出租给不具备安全生产条件或者相应资质的单位或者个人。《建筑法》第十三条规定:从事建筑活动的建筑施工企业、勘察单位、设计单位和工程监理单位,按照其拥有的注册资本、专业技术人员、技术装备和已完成的建筑工程业绩等资质条件,划分为不同的资质等级,经资质审查合格,取得相应等级的资质证书后,方可在其资质等级许可的范围内从事建筑活动。第四十四条第一款规定:建筑施工企业必须依法加强对建筑安全生产的管理,执行安全生产责任制度,采取有效措施,防止伤亡和其他安全生产事故的发生。《人身损害赔偿司法解释》第十一条第二款规定:雇员在从事雇佣活动中因安全生产事故遭受人身损害,发包人、分包人知道或者应当知道接受发包或者分包业务的雇主没有相应资质或者安全生产条件的,应当与雇主承担连带赔偿责任。

3. 总承包人合法分包后，分包人违法分包的，此时总承包人可否以分包人违法分包为由不承担责任

如上所述，总承包人履行安全管理职责是法定义务，分包人的违法分包行为不是总承包人免责的法定理由。也就是说，在总承包人承建工程的施工现场，不管施工的究竟是谁，总承包人都有保证承建工程施工现场安全的法定义务。且分包人的违法分包情形，若属于总承包人“知道或者应当知道”的情形的，其未提出异议的，仍应对安全事故的发生承担赔偿责任。

（四）非法转包、违法分包、挂靠的违法行为是否会导致拒赔

社保机构、保险人是否会因为被保险人（总承包人）存在非法转包、违法分包、挂靠的违法行为而拒绝承担保险赔偿责任？

1. 建筑工地工伤保险

建设工地工伤保险是社会保险的一种，具有强制性，其是根据建筑工程的施工用工特点量身定制的工伤保险，被保险的对象是参保项目上的所有人员，因为工伤保险承担更多的是社会责任，其从社会公益的角度对于参保项目上的人员身份不予以区分，而是根据参保项目的体量给出相应的名额，只要在名额内属于参保花名册上的所有人员，发生了属于《工伤保险条例》规定的工伤的，均可以基于保险事故获得工伤保险赔偿。

2. 商业险

保险理赔，是由被保险人申报相关赔偿的，提供符合保险人要求的理赔材料即可；但若是存在受害者以总承包人、实际施工人、保险人提起侵权之诉时，总承包人与实际施工人之间的关系就会显现出来，此时保险公司会根据保险合同约定，就案涉事故是否属于保险事故，是否属于保险范围等予以审查。

以下以人保寿险建筑工程团体意外伤害保险为例：

（1）投保范围

该保险条款第二条投保范围：“凡在建筑工程施工现场从事管理和作业并与施工企业建立劳动关系的人员均可作为被保险人，以团队为单位，由所在施工企业或对被保险人具有保险利益的团体作为投保人，经被保险人书面同意，可向本公司投保本保险。”

对此可以看出,从事施工的所有人员均可作为被保险人,但要求与施工企业建立劳动关系。对此有法院观点认为,此处的"与施工企业建立劳动关系"的应扩大理解,尤其是以建筑工程项目总造价收取保费或者施工总面积收取保费的前提下,为建筑工程所有投入管理与作业的人员都应属于被保险人;且根据建筑工程的履行情况,劳务分包、专业分包必然存在,而投保的主体只能为总承包人的情形下,分包人的保险利益无法实现。

(2)责任免除

该保险条款第四条责任免除:"因下列情形之一,造成被保险人死亡、残疾的,本公司不负给付保险金责任:

一、投保人、受益人对被保险人的故意杀害、伤害;

二、被保险人故意犯罪或拒捕;

三、被保险人殴斗、酗酒、自杀、故意自伤及服用、吸食、注射毒品;

四、被保险人受酒精、毒品、管制药物的影响而导致的意外;

五、被保险人酒后驾驶、无有效驾驶执照驾驶或驾驶无有效行使证的机动交通工具;

六、被保险人流产、分娩、疾病;

七、被保险人因整容手术或其他内、外科手术导致医疗事故;

八、被保险人未遵医嘱,私自服用、涂用、注射药物;

九、被保险人在从事与建筑施工及建筑施工不相关的工作,或在施工现场或施工期限指定的生活区域外发生的意外伤害事故;

十、被保险人从事潜水、跳伞、攀岩运动、探险活动、武术比赛、摔跤比赛、特技表演、赛马、赛车等高风险运动;

十一、被保险人患有艾滋病或感染艾滋病毒(HIV 呈阳性)期间;

十二、战争、军事行动、暴乱或武装叛乱;

十三、核爆炸、核辐射或核污染。

发生以上情形,被保险人死亡的,本合同对该被保险人的保险责任终止,本公司按约定退还该被保险人的未满期保险费。"

即总承包人是否存在非法转包、违法分包、挂靠的违法行为不属于免责情形。

综上,笔者倾向认为保险人不能以投保人存在非法转包、违法分包、挂靠的违法行为提出不在赔偿范围内，不予赔偿。

三、防范建议

首先总承包人应时刻牢记其是承包的建设工程的第一安全责任人，在思想上高度重视安全生产，尽心履行安全管理职责，尽量避免发生安全事故。

（一）总承包人应规范分包行为，尤其需要注意避免将承建工程以任何形式交由不具有用工主体资格的自然人组织施工；对于长期合作的包工头，建议其注册劳务公司或者个体户，成为法律上有用工主体资格的单位；避免因其招用的工人基于第三人侵权导致的人身损害承担人身损害赔偿责任及工伤保险待遇责任聚合，增加用工成本。若承建项目存在甲指分包情形的，总承包人应对甲指分包人的资质、组织施工能力等进行审核，发现存在违法分包情形的，应向发包人提出异议。

（二）总承包人与分包人必须签订专门的安全生产管理协议，或者在分包合同约定各自的安全生产管理职责；总承包人对分包人的安全生产工作统一协调、管理，定期进行安全检查，发现安全问题的，应当及时督促整改。

（三）总承包人应严格履行其安全管理职责，依法建立健全安全管理相关规章制度，杜绝以包代管。定期检查、抽查分包人的安全生产相关制度、施工组织设计及专项施工方案、安全技术交底、安全检查、安全教育、人证合一等事宜，对于检查不符合法律规定或者标准要求的，应出具停工单，要求分包人停工整改。

（四）总承包人对分包人及其招用的工人，就安全事故发生后的处理及上报流程，应上下长期予以贯宣，以免构成瞒报、迟报，破坏现场，导致责任认定不清，加重或扩大总承包人的责任承担；事故发生后应正确施救，避免因此导致损失扩大。

（五）在发生安全事故的情形后，总承包人切莫越过实际施工人，径自与受害者沟通；应先经由实际施工人协商及书面同意后，再与受害人签署相关协议书并予以支付；总承包人垫付的款项在实际施工人的工程款中予以扣除或分批扣除；以免在实际施工人对赔偿金额不予认可，且总承包人直接在工程款中扣除没有合同依据。

（六）双方在工程款结算时，就总承包人垫付的安全事故相关的赔偿款，应在结算款中予以扣除，或者另行达成协议；避免发生工程款纠纷时，不能一并处理，增加维权成本。

（七）职责分工明确，指派专人负责处理安全事故赔偿事宜，熟悉建设工程相关保险，掌握承建工程的当地的工伤保险申报、赔偿流程；掌握承建工程购买的商业保险的保险责任。

（八）安全事故发生后，区分不同情况予以不同处理，促成相关事宜调解处理，避免扩大影响，影响现场施工。

四、操作指南

（一）规范分包行为，签订合法有效的分包合同；并签订专门的安全生产管理协议作为附件，或者在分包合同中约定各自的安全生产管理职责，制定安全生产管理目标，明确双方的权利、责任和义务，签字盖章后，与分包合同一并存档。

（二）发生安全事故，制作相关赔偿协议时，与实际施工人就追偿事宜另行约定。

（三）结算工程款时，就所有代为垫付的款项，一并列入结算。

第三节　行政处罚责任

安全事故发生后，发包人、总承包人、实际施工人等，更愿意和受伤者及家属私下和解，尽快解决相关安全事故。因为若经由公安机关、建筑行业安监部门等处理，随之而来的一系列行政处罚，包括停业整顿、暂扣吊销证照、限制市场准入等，不仅会使总承包人声誉受损，更会让总承包人承担高昂的违法成本，尤其是当实际施工人甚至都不具备相关处罚的主体资格时，自然由总承包人全额买单。

一、风险提示

（一）实际施工人施工过程中发生安全事故的，总承包人以及总承包人的法定代表人、安全管理人员会因为其在经营或管理中存在转包、违法分包、挂靠等违法行为承担相应的行政处罚

挂靠、转包、违法分包的社会危害性之一就是会导致安全事故发生。一方

面，低资质的实际施工人，不论硬件设施（施工机具、设备）还是软件配备（技术、人员、管理）都与高资质的施工人存在明显的差距，那些根本就没有资质的实际施工人（尤其是包工头、施工队）更是良莠不齐，施工条件粗陋，管理水平落后，有的甚至不具备施工经验。而总承包人将承建的工程发承包出去之后，几乎就是“以包代管”，根本不参与工程的施工管理，也不会进行安全监督。另一方面，建筑业的利润本来就低，经过层层转、分包或缴纳挂靠管理费后，盈余就更少了，为了追求经济效益，实际施工人会以次充好、偷工减料，而忽略社会责任。挂靠、转包、违法分包导致安全责任不明确不落实，安全检查、整改流于表面，造成施工过程中安全隐患较多，所以对之必须要说不。

此时的处罚，不仅包括对造成安全事故的施工企业的处罚，也包括对其法定代表人、对安全生产有管理职责的人员的处罚。

如在平果县易地扶贫搬迁安置项目“1·26”较大坍塌事故①中，对广西某建筑公司允许无资质的施工队以本企业名义承揽该县异地扶贫城西安置点项目规划道路工程，施工中未落实企业安全生产主体责任，未建立项目管理机构，未建立健全安全生产责任制，未制定安全生产规章制度和操作规程，未对从业人员开展安全生产教育培训，放任施工队违法违规施工，从而导致事故发生的违法行为处以60万元的罚款；对黄某1在担任广西某建筑公司总经理期间，允许梁某、黄某2以广西某建筑公司名义承揽工程，且在工程施工中没有履行企业主要负责人安全生产工作职责，未及时督促、检查工程安全生产工作，未及时消除安全隐患，公司在施工过程中未建立项目管理机构，未建立健全安全生产责任制，未制定安全生产规章制度和操作规程，未对从业人员开展安全生产教育培训从而导致事故发生的违法行为处以122 326.4元的罚款。

（二）总承包人及总承包人的法定代表人、安全管理人员分别承担不同的行政处罚

对总承包人的行政处罚不仅有财产罚，包括罚款、没收违法所得；还有行为罚，如暂扣或吊销许可证、暂扣或吊销执照、责令停产停业，还有警告以及“法律、

① （百）应急罚（2019）5001号行政处罚决定书、（百）应急罚（2019）5002号行政处罚决定书。

行政法规规定的其他行政处罚”。

对总承包人的法定代表人、安全管理人员等的行政处罚，包括罚款，还包括吊销资质证书，责令停止执业、吊销执业资格证书，一定期限内不予注册。

典型案例 11.3.1

陆河县“10·8”较大建筑施工事故调查报告①

案例要点：实际施工人挂靠总承包人，实际施工人在施工过程中发生较大安全事故的，经事故调查认定总承包人负有责任，要对其处以 50 万～100 万元的罚款，暂扣安全生产许可证，并列入信用联合惩戒（黑名单）对象；总承包人的法定代表人基于违法转包、同意挂靠的，自刑罚执行完毕之日起，5 年内不得担任任何生产经营单位的主要负责人。

案情介绍

2019 年 12 月 23 日，挂靠人挂靠广东某建筑公司中标某看守所迁建工程后，再将工程项目转包给“包工头”杨某施工队。

2020 年 10 月 8 日 8 时 10 分左右，9 名混凝土工人在业务楼天面顶开始浇筑混凝土，泵车控制员朱某在屋面上操作泵车，浇筑天面飘板混凝土时，由于泵车泵臂长度不够，9 名混凝土工人和泵车控制员转为浇筑天面构架四根框架柱混凝土，再浇筑天面构架梁和挂板。

浇筑完两车混凝土后，因混凝土供料中断，领班潘某下楼找项目部调料，约 1 小时后，第三车混凝土到场，开始浇筑构架梁和挂板，在第三车混凝土接近浇筑完时（10 时 50 分许），支撑体系失稳导致坍塌，泵车控制员朱某跳至屋面层（受伤人员），潘某正在上楼，其他 8 名工人随同坍塌架体跌落至地面。事故造成 8 人死亡，1 人受伤。

对施工单位有关人员的处理建议：

① 陆河县“10·8”较大建筑施工事故调查报告、粤建质罚（2020）33 号行政处罚决定书、粤建质罚（2020）33 号行政处罚决定书。

1. 李某,广东某建筑公司法人兼总经理。违法将工程转包给没有施工资质人员,未履行安全生产管理职责,对事故负有责任。建议由司法机关依法追究其法律责任;自刑罚执行完毕之日起,5年内不得担任任何生产经营单位的主要负责人。

2. 余某,广东某建筑公司副总经理,负责工程安全工作。履行安全管理工作不到位,对事故负有责任。建议由司法机关依法追究其法律责任。

3. 杨某,涉事建筑的"包工头",项目实际负责人,事发现场作业的主要负责人,违法承包陆河县看守所迁建工程,在没有建筑施工资质、安全管理机构、专兼职安全员和安全教育培训的情况下,违法组织施工作业,对事故负有责任。建议由司法机关依法追究其法律责任。

4. 黄某,广东某建筑公司聘用的一级建造师。其明知其建造师资质及本人姓名被任命为陆河县看守所项目负责人,虽然有要求变更,但仍于聘用期届满时(2020年9月17日),再与建恒公司续签聘用合同,但一直未到岗履职,对事故负有责任。建议由司法机关依法追究其法律责任。

对有关单位的处理建议:

广东某建筑公司作为施工单位,对事故负有责任。建议由安全生产监督管理部门和其他负有安全生产监督管理职责的部门按照职责分工,依法实施处罚,并列入信用联合惩戒(黑名单)对象。

广东省住房和城乡建设厅对广东某建筑公司作出:暂扣建筑施工企业安全生产许可证90日的行政处罚,暂扣时间从2020年12月15日至2021年3月14日。

点评分析:实际施工人施工过程中发生较大安全事故,总承包人及其法定代表人、负有安全管理职责的安全管理人员,都会成为行政处罚的相对人。行政处罚对单位而言可以是罚款,暂扣安全生产许可证,被列入信用联合惩戒(黑名单)对象;对于个人而言,可以是罚款或限制5年内不得担任任何生产经营单位的主要负责人。

（三）总承包人对安全事故等承担的行政处罚中很多并不能直接适用于实际施工人，尤其是暂扣、吊销相关证照，降低资质，限制市场准入等无形的行政处罚，总承包人的损失无从弥补；即使是行政处罚款，也会面临追偿无果之风险

1. 无形损失

暂扣、吊销相关证照，降低资质，限制市场准入，当然还有降低社会信用，进入安全信用黑名单等行政处罚，与总承包人当前的施工工程以及在一定省市范围内的招投标行为等都有直接的关系，并与经济效益直接挂钩，然而这样的损失无法进行量化，也无法对实际施工人进行规制。

如在“8·28”吉林省某建筑公司触电事故调查报告①中，案涉事故的间接原因之一是“吉林省某建筑公司不具备钢结构施工资质，在其资质范围外承揽工程”，事故造成4人死亡，3人受伤，该省住建厅发布公告，暂停吉林省某建筑公司参加该省建筑市场各类工程项目的投标，暂停投标时间为90天（2014年8月29日至11月28日）。同时，责令吉林省某建筑公司承建的该省内所有施工现场全部停工整改，整改合格报市建设行政主管部门验收并经省厅复核后方可复工。

对该建筑公司的行政处罚虽不算“牵一发而动全身”，但是其在该省内的所有施工过程均需要停工整改，还需报市建设行政主管部门验收，报省厅复核后方可复工。这对于工期就是生命的建设工程而言，其造成的损失恐怕已不是数以万计了。

2. 有形罚款

总承包人（作为甲方）以其与实际施工人（作为乙方）在合同中约定“所有因乙方承包的工程中产生的行政罚款均由乙方承担”为由，就其承担的行政罚款要求实际施工人返还的，对此司法观点较为明朗，即行政相对人基于自身过错承担的行政处罚不应具有追偿性。

① “8·28”吉林省吉海建筑工程有限公司触电事故调查报告、吉林省住建厅第334号文。

典型案例 11.3.2

上海某电梯工程公司与朱某承揽合同纠纷案①

案例要点：承包人违法分包，实际施工人在施工过程中发生安全事故的，经事故调查后，由质量技术监督局对转包人处以150 000元的行政处罚。承包人诉请要求实际施工人支付该行政处罚款的，法院认为对于实际施工人有过错的罚款，不宜转移，对于实际施工人无过错的罚款，不应转移。

案情介绍

2013年8月2日，上海某电梯工程公司将其承接的湖州某公司的电(扶)梯设备安装发包给了朱某，双方签订《电(扶)梯设备安装协议》。

2014年7月30日，案涉工程土建方的电工徐某进入地下室井道底坑整修电线时，被下行至负1楼(地下室)的电梯挤压致死。

2015年5月29日，湖州市质量技术监督局作出(湖)质监罚告字(2015)2号质量技术监督行政处罚告知书，认定该事故为一起瞒报电梯安装事故，造成1人死亡，直接经济损失120万元，事故等级为一般事故。上海某电梯工程公司对电梯安装过程中发生的该起亡人事故负全部责任，事故瞒报的责任也由电梯事故责任方即上海某电梯工程公司承担。鉴于上海某电梯工程公司已对事故死者家属进行妥善赔偿，针对上海某电梯工程公司安装电梯发生特种设备一般事故的行为，处以罚款10万元的行政处罚；针对上海某电梯工程公司的瞒报行为，处以罚款5万元的行政处罚；2015年6月24日，上海某电梯工程公司向湖州市质量技术监督局缴纳了15万元行政处罚款。

上海某电梯工程公司诉请要求朱某支付行政处罚款150 000元，一审法院认为，本案中，上海某电梯工程公司利用自身资质获得相关电梯工程的安装业务后，又将该项目转包给不具备特种作业资质的朱某进行安装，即使朱某聘请的相关安装人员持有特种设备作业人员证书，但朱某并无特种设备安全监督管理部门的许可资质，并无资格接受上海某电梯工程公司转委托承揽该电梯安装工程。

① (2016)沪02民终2754号。

双方间的转包行为显然违反了《特种设备安全法》的强制性规定，相关协议应归为无效。其中10万元系针对相对人即上海某电梯工程公司安装电梯发生特种设备一般事故的行为，即针对的是上海某电梯工程公司在电梯事故中的违法行为，具有明确的指向性，且如前所述，上海某电梯工程公司在该次电梯事故中存在较大的过错，对因事故所受的行政处罚后果应自行承担，而不宜将相关行政处罚责任另行转移；而另外的5万元行政处罚针对的是上海某电梯工程公司在事故中的瞒报行为，处罚起因显然与朱某无关，处罚后果理应由上海某电梯工程公司自行承担。

一审判决：驳回上海某电梯工程公司的全部诉讼请求。

点评分析：行政相对人基于自身过错承担的行政处罚不应具有追偿性。

本案中，承包人与实际施工人约定了安全免责条款，但相关协议基于违法分包无效，承包人以安全免责条款要求实际施工人承担行政罚款，没有合同依据；且行政罚款是基于行政相对人的违法行为产生的，具有主体适用的确定性；笔者认为，质量技术监督局在作出相关行政处罚时对于各方的责任、过错认定予以了综合考量，10万元的罚款是与上海某电梯工程公司违法行为相适应的处罚，不应转移。法院认定部分提到"上海某电梯工程公司在该次电梯事故中存在较大的过错，对因事故所受的行政处罚后果应自行承担，而不宜将相关行政处罚责任另行转移"，会造成如果其责任较轻，可以适当转移的误解。

另外，本案中，行政处罚部分并未认定到上海某电梯工程公司违法转包事宜，作为承包人的上海某电梯工程公司选择未对外披露实际施工人，然而此行为并未成为上海某电梯工程公司向实际施工人追偿的有效依据。

（四）总承包人负有承建工程安全事故上报的法定义务，不报、瞒报、谎报、漏报的，其会面临更重的行政处罚

建设工程实行施工总承包的，由总承包人对施工现场的安全生产负总责。承建工程发生任何情形的安全事故的，最后的上报主体都应是总承包人，其负有对该项目上的所有安全事故依法上报的法定义务。国家法律对于事故报告缩限在1小时内，就是希望能够通过社会的力量，组织抢救，防止事故扩大，且规定不得不报、不得谎报、不得瞒报、不得漏报，承包人因存在不报、瞒报、谎报、漏报行

为,经查证属实的,会基于不报、瞒报、谎报、漏报另外被处以行政处罚,且多按照上限处罚。

如在青海西宁中院审理的江西省某建筑公司与某县安全生产监督管理局、某县人民政府行政复议纠纷案①中,二审法院认为:根据《事故报告和调查处理条例》的规定,迟报是报告事故的时间超过规定时限;瞒报是故意隐瞒已经发生的事故,并经有关部门查证属实。经查明,2017 年 10 月 21 日 12 时 20 分许,某县安监局经西宁市安监局通知才得知案涉事故发生情况,据案涉安全生产事故发生已近 19 个小时,江西省某建筑公司不仅违反事故发生 1 小时内报告的规定,而且在事故发生之后,某县安全生产监督管理局介入调查之前,故意隐瞒不报,直到某县安全生产监督管理局查证属实,认定其行为构成瞒报正确,决定作出行政处罚。对于该起瞒报事故调查报告,认定江西省某建筑公司在安全作业时发生一起安全事故,造成一人死亡,且事故发生后瞒报,对事故发生负主体责任,对其处以 1 000 000 元罚款的行政处罚。

好在总承包人与实际施工人第一时间对伤者予以了送医处理,若贻误事故抢救的,可能还会涉及刑事处罚。但建筑行业安全事故处理现状是,很多建设工程发生安全事故后,各方都会第一时间处理,但确实会存在因为各种的主客观原因,不予上报。不管参建各方是否上报,但作为总承包人,具有法定的上报义务,且对瞒报事故的处罚要按照提高一个事故等级进行调查处理,起罚点就是 100 万元。因此,总承包人对于安全事故的处理应慎之又慎。

二、要点解析

行政处罚是指行政机关或其他行政主体依法定职权和程序对违反行政法规尚未构成犯罪的相对人给予行政制裁的一种具体行政行为。

(一)行为罚

行为罚包括:暂扣或吊销安全生产许可证、责令限期改正、责令停产停业、暂

① 江西省梦远建设有限公司承建的多巴强制隔离戒毒所改造项目“10 · 20”瞒报事故调查报告、(湟)安监罚(2018)B-07 号行政处罚决定书、(2019)青 01 行终 21 号。

扣或者吊销营业执照等。

我国对建筑施工企业实行安全生产许可制度①,企业未取得安全生产许可证的,不得从事生产活动;取得安全生产许可证的建筑施工企业,发生重大安全事故的,暂扣安全生产许可证并限期整改。

《安全生产许可证动态监管暂行办法(2008)》对企业降低安全生产条件的,颁发管理机关应当依法给予企业暂扣安全生产许可证的处罚;属情节特别严重的或者发生特别重大事故的,依法吊销安全生产许可证。

暂扣安全生产许可证处罚视事故发生级别和安全生产条件降低情况,分别处以暂扣30日、90日、120日的行政处罚;若建筑施工企业在12个月内第二次发生生产安全事故的,暂扣时限为在上一次暂扣时限的基础上分别再增加30日、90日、120日;12个月内同一企业连续发生三次生产安全事故的,吊销安全生产许可证。

建筑施工企业瞒报、谎报、迟报或漏报事故的,再处延长暂扣期30日至60日的处罚。暂扣时限超过120日的,吊销安全生产许可证。建筑施工企业安全生产许可证被吊销后,自吊销决定作出之日起一年内不得重新申请安全生产许可证。

(二)财产罚

财产罚包括:罚款、没收违法所得、没收非法财物。此处的罚款不仅包括对建筑施工企业的罚款,也包括对企业的主要负责人及对安全生产负有管理职责的负责人的罚款。罚款的额度对比2007年国务院颁布的《生产安全事故报告和调查处理条例》大幅提高,国家欲通过增加违法成本,遏制违法行为。

发生安全生产事故,对负有责任的生产经营单位除要求其依法承担相应的赔偿等责任外,由安全生产监督管理部门按一般事故、较大事故、重大事故、特别重大事故,处以30万元以上,1000万元以下的罚款:情节特别严重的,处1000万元以上2000万元以下的罚款②。

---

① 《安全生产许可证条例》《建筑施工企业安全生产许可证管理规定》。
② 《安全生产法》。

对负有责任的生产经营单位的主要负责人，由安全生产监督管理部门按一般事故、较大事故、重大事故、特别重大事故，处以上一年年收入30% ~80%的罚款。

（三）建筑领域法律、行政法规规定的其他行政处罚

建筑行业是一个高门槛准入的行业，对其涉及很多住建部门的特殊的法律法规及部门规章制度。

1. 降低资质

依法取得工商行政管理部门颁发的《营业执照》的企业，在中华人民共和国境内从事土木工程、建筑工程、线路管道设备安装工程、装修工程的新建、扩建、改建等活动，应当申请建筑业企业资质①。所以建筑市场是有明确的市场准入条件的。根据建市〔2014〕159号文《资质标准》，建筑业企业资质分为施工总承包、专业承包和施工劳务三个序列。其中施工总承包序列设有12个类别，一般分为4个等级（特级、一级、二级、三级）；专业承包序列设有36个类别，一般分为3个登记（一级、二级、三级）；施工劳务序列不分类别和等级。

正是由于有类别、等级的划分，所以在建筑行业，建筑资质决定着建筑企业的业务范围，关乎着建筑企业的信誉度，是建筑企业的无形资产，对建筑企业意义重大；所以建筑企业都在不断地拓展类别、提升等级；如果被降低其资质等级，就是重大损失。

《建设工程安全生产管理条例》中就有相关规定，如委托不具有相应资质的单位承担施工现场安装、拆卸施工起重机械和整体提升脚手架、模板等自升式架设设施的，情节严重的，降低资质等级，直至吊销资质证书；再如，施工单位取得资质证书后，降低安全生产条件的，责令限期改正；经整改仍未达到与其资质等级相适应的安全生产条件的，责令停业整顿，降低其资质等级直至吊销资质证书。

2. 吊销执业资格证书、一定期限内不予注册

建筑行业有很多从业人员的资格要求，包括项目经理、安全员、电工等；《建

① 《建筑业企业资质管理规定实施意见》。

设工程安全生产管理条例》第五十八条规定：注册执业人员未执行法律、法规和工程建设强制性标准的，责令停止执业3个月以上1年以下；情节严重的，吊销执业资格证书，5年内不予注册；造成重大安全事故的，终身不予注册；构成犯罪的，依照刑法有关规定追究刑事责任。

3. 限制市场准入

根据《安全生产许可证动态监管暂行办法(2008)》，建筑施工企业安全生产许可证审批、延期、暂扣、吊销情况，于作出有关行政决定之日起5个工作日内录入全国建筑施工企业安全生产许可证管理信息系统；且在该办法第十八条明确：建筑施工企业安全生产许可证被暂扣期间，企业在全国范围内不得承揽新的工程项目。

4. 纳入安全生产不良记录“黑名单”

为有效对生产经营单位安全生产违法失信行为实施惩戒，国务院安委会办公室制定了《生产经营单位安全生产不良记录“黑名单”管理暂行规定》，后该暂行规定于2017年5月22日由国务院安委会办公室发文废止。但部分省市应急管理局仍在使用安全生产领域联合惩戒对象及“黑名单”，也有部分省市在慢慢推进建立“安全生产信用公示系统”；但不管怎样，不难看出国家对于安全生产的监管力度之大。国家通过信息公开公示的方式，将安全生产信用信息予以公布，并通过企业的整改，纠正失信行为，消除不良影响后申请修复信用。

上了“黑名单”或者失信系统的，会对施工企业的招投标、信贷融资、新建项目的环评、市场准入等产生制约，直接影响施工单位的正常生产经营。

生产经营单位及其有关人员，发生较大及以上生产安全责任事故，或1年内累计发生3起及以上造成人员死亡的一般生产安全责任事故的，瞒报、谎报、迟报生产安全事故的，发生事故后，故意破坏事故现场，伪造有关证据资料，妨碍、对抗事故调查，或主要负责人逃逸的，会被纳入联合惩戒对象①。

存在严重违法违规行为，发生重特大生产安全责任事故，或1年内累计发生2起较大生产安全责任事故，或发生性质恶劣、危害性严重、社会影响大的典型较大生产安全责任事故的联合惩戒对象，纳入安全生产不良记录“黑名单”管理。

---

① 《对安全生产领域失信行为开展联合惩戒的实施办法》。

对于惩戒对象或者纳入安全生产不良记录"黑名单"的,惩戒措施[1]包括:(1)加强安全监管监察;(2)依法暂停审批其新的中大项目申报,核减、停止拨付或收回政府补贴资金;(3)依法限制参与建设工程招投标;……(5)依法限制生产经营单位取得或终止其基础设施和公用事业特许经营;……(9)对吊销或者撤销安全生产许可证的存在失信行为的生产经营单位,依法撤销注册登记或者吊销营业执照,或者责令当事人依法办理变更登记;……(13)将存在失信行为的生产经营单位信息通报金融机构,作为其评级授信、信贷融资、管理和退出的重要参考依据;……(19)在土地使用、采矿权取得等环节对存在失信行为的生产经营单位依法严格限制或禁止;……(24)依法限制取得生产许可;……(26)严格、审慎审查存在失信行为的生产经营单位新改扩建项目的环评申报事项;(27)在实施税收优惠政策时,将生产经营单位的失信状况作为审慎性参考依据。

随着国家安全生产主管部门对安全生产的常态化重视,通常以市为单位,多部门综合共享。其中,"发生生产安全事故、刑事处罚、行政处罚"将作为重要参考依据;安全生产信用等级分为A级、B级、C级、D级、E级和"惩戒名单",若总承包人因为实际施工人未能尽到安全生产导致安全事故被列入"惩戒名单",就会接受以上惩戒措施。以笔者所在城市为例:

各级应急管理部门主动对接相关政府部门对纳入"惩戒名单"管理的生产经营单位及从业人员实施以下联合惩戒:(1)依法暂停审批其新上项目和科技项目;(2)在各级各类评优评先表彰中实行"一票否决";(3)依法限制其参与建设工程招投标、获取政府性资金支持、基础设施和公用事业特许经营;(4)实施差别化污水处理收费政策;(5)上调安全生产责任保险50%的费率;(6)在我市工伤保险浮动费率调整年度的上两个自然年度内被纳入"黑名单"管理的,工伤保险费率在相关规定浮动的基础上上浮20%,其间国家、省、市出台新规定的,按照新规定执行;(7)将其信息通报金融机构,作为其评级授信、信贷融资、管理和退出的重要参考依据;(8)要求认证机构暂停或者撤销其相关认证证书;(9)严格、审慎审查其新改扩建项目的环评申报事项;(10)在实施税收优惠政策时,将其失信

---

① 国家发展和改革委员会、中国人民银行、国家安全生产监督管理总局等《关于对安全生产领域失信生产经营单位及其有关人员开展联合惩戒的合作备忘录》。

状况作为审慎性参考依据;(11)支持行业协会商会对“黑名单”会员实行警告、行业内通报批评、公开谴责、不予接纳、劝退等;(12)依法依规实施市场禁入;(13)依法限制存在失信行为的生产经营单位参与政府采购活动;(14)限制成为海关认证企业,存在失信行为的生产经营单位申请适用海关认证企业管理的,海关不予通过认证;已经成为认证企业的,按照规定下调企业信用等级;(15)在向生产经营单位和个人颁发荣誉证书、嘉奖和表彰等荣誉称号时,应当参考其安全生产信用状况,对存在失信行为的,不予颁发政府荣誉。

(四)存在挂靠、转包、违法分包情形下总承包人责任的承担

项目工程存在挂靠、转包、违法分包行为的,是否会加重总承包人的处罚?

1. 总承包人将建设工程发包给不具备安全生产条件或者相应资质的单位或者个人的行为本身就会被行政处罚。

法律依据:根据《安全生产法》第一百零三条的规定:生产经营单位将生产经营项目、场所、设备发包或者出租给不具备安全生产条件或者相应资质的单位或者个人的,责令限期改正,没收违法所得;违法所得10万元以上的,并处违法所得2倍以上5倍以下的罚款;没有违法所得或者违法所得不足10万元的,单处或者并处10万元以上20万元以下的罚款;对其直接负责的主管人员和其他直接责任人员处1万元以上2万元以下的罚款;导致发生生产安全事故给他人造成损害的,与承包方、承租方承担连带赔偿责任。

以江苏省为例,根据2019年1月1日施行的《江苏省安全生产行政处罚自由裁量实施细则》第十八条的规定:生产经营单位将生产经营项目、场所、设备发包或者出租给不具备安全生产条件或者相应资质的单位或者个人。处罚档次:一档:没有违法所得的;二档:违法所得10元以下的;三档:违法所得10元以上的。裁量幅度:一档:责令限期改正,可以处10万元以上15万元以下罚款;对其直接负责的主管人员和其他直接责任人员处1元以上1.3万元以下的罚款;二档:责令限期改正,没收违法所得,并处15万元以上20万元以下的罚款;对其直接负责的主管人员和其他直接责任人员处1.3万元以上1.7万元以下的罚款;三档:责令限期改正,没收违法所得,并处违法所得2倍以上5倍以下的罚款;对其直接负责的主管人员和其他直接责任人员处1.7万元以上2万元以下的罚款;以上违法

行为导致发生生产安全事故给他人造成损害的，与承包方、承租方承担连带赔偿责任。

2. 总承包人将建设工程转包、违法分包或者允许实际施工人挂靠的，基于其总承包人的安全管理职责，其应当对现场的安全生产进行管理；实际施工人未能安全生产导致发生安全事故的，总承包人因未能尽到安全管理职责，也要承担责任，接受行政处罚。

（五）安全事故要依法依规定及时报告安监部门，不报、瞒报、谎报、漏报，会加重处罚

1. 事故报告

事故发生后，事故现场有关人员应当立即向本单位负责人报告；单位负责人接到报告后，应当于1小时内向事故发生地县级以上人民政府安全生产监督管理部门和负有安全生产监督管理职责的有关部门报告。

首先，事故发生后，现场施工单位是事故报告第一人；对于建设工程实行总承包的，总承包人负有依法依规报告生产安全事故的法定义务。

其次，报告的机关是事故发生地县级以上人民政府安全生产监督管理部门和负有安全生产监督管理职责的有关部门。总承包人事故发生后向人社部门、公安部门等报告的，均不属于履行了报告义务。

2. 瞒报、谎报的认定

根据国家安全监管总局发布的《生产经营单位瞒报谎报事故行为查处办法》规定：隐瞒已经发生的事故，超过规定时限未向安全监管监察部门和有关部门报告，并经查证属实的，属于瞒报；故意不如实报告事故发生的时间、地点、初步原因、性质、伤亡人数和涉险人数、直接经济损失等有关内容的，属于谎报。

3. 瞒报、谎报的行政处罚

根据《国家安全监管总局关于进一步加强和改进生产安全事故信息报告和处置工作的通知》，对瞒报事故，要按照提高一个事故等级进行调查处理。

根据《生产安全事故报告和调查处理条例》第三十六条的规定：谎报或者瞒报事故的，对事故发生单位处100万元以上500万元以下的罚款；对主要负责人、直接负责的主管人员和其他直接责任人员处上一年年收入60%至100%的罚款；

构成违反治安管理行为的，由公安机关依法给予治安管理处罚；构成犯罪的，依法追究刑事责任。根据2011年实施的《生产经营单位瞒报谎报事故行为查处办法》，行政处罚责任还要更重。

综上，在发生安全事故后，总承包人是否履行报告义务应审慎再审慎。

（六）行政处罚的追偿

1. 行政罚款

安全生产监督管理部门对总承包人、法定代表人及负有安全管理职责的人，依法依规作出的行政处罚，是总承包人、法定代表人及负有安全管理职责的人违法行为的过错责任承担，实际施工人自愿承担责任的除外。

2. 除行政罚款以外的行政处罚

安全生产监督管理部门对总承包人、法定代表人及负有安全管理职责的人，依法依规作出的除了罚款之外的行政处罚，亦是总承包人、法定代表人及负有安全管理职责的人违法行为的过错责任承担。但此种情形下，实际施工人不具有被处罚的资格，但是这样的处罚往往比罚款对总承包人的影响更大，尤其是涉及市场准入、征信行为，且由此产生的影响或者损失没有明确可衡量标准，所以总承包人的风险无法转移。

3. 不披露实际施工人，总承包人承担的行政处罚责任的追偿

实务中，亦不缺乏相处和谐的总承包人与实际施工人。笔者了解的多起安全事故，就是总承包人将工程转包、违法分包或者是挂靠的，但在安全事故报告、处理的时候，并没有把实际施工人的身份披露出来。此种情形下，总承包人就是当然的安全事故的责任主体，也可能会基于此，免除了部分违法行为的行政处罚。涉及罚款的，实际施工人自愿缴纳或者同意在其工程款中直接予以扣除。

但是，这是一种风险可控的情形，在合同履行的过程中，什么样的情况都可能发生。例如，在双方工程款结算时，总承包人直接扣款，实际施工人又不同意的情形下，若没有实际施工人书面承诺，总承包人难以向其追偿。

（七）部分行政法规中规定的责令限期改正，是否为承担其他行政责任的前提条件

《安全生产法》第一百零三条第二款规定：生产经营单位未与承包单位、承租单位签订专门的安全生产管理协议或者未在承包合同、租赁合同中明确各自的安全生产管理职责，或者未对承包单位、承租单位的安全生产统一协调、管理的，责令限期改正……逾期未改正的，责令停产停业整顿。此种情形下，总承包人可否认为譬如存在未与承包单位签订安全生产管理协议，亦未有相关条款约定的，安全生产监督管理部门发现后，首先应作出“限期改正”的行政处罚，逾期不改正的，方可责令停产停业整顿？

对此，关于“责令限期改正”的性质问题，实践中存在两者不同的观点，即“属于行政处罚”与“不属于行政处罚”。

1. 属于行政处罚

理由是：（1）不同行政处罚的强度和功能不同。有的行政处罚具有较强的惩罚性质，行政机关要对当事人课以额外的义务，也就是说，除了迫使其承担一定的弥补性的违法后果之外，还要对其给予人身自由或者财产权益方面的剥夺或者限制。有的行政处罚则具有较强的补偿性质，也就是行政处罚并未课以当事人额外义务，而是促使其在能够履行义务时继续履行原来应当履行的义务或者通过其他方式达到与履行义务相同的状态。（2）有的行政法律规范中明确规定了责令改正的行政处罚，特别是在一些涉及资源管理和民事权益保护方面的法律中更为常见。

2. 不属于行政处罚

理由是：（1）行政处罚的最重要的特征是其惩罚性，而非补偿性，对于补偿可以通过民事途径加以解决。责令改正没有体现出行政处罚的惩罚性，本质上不过是行政机关对违法行为同时构成民事侵权行为时依法作出的行政裁决或者行政强制。（2）在相当多的情况下，责令改正的行为具有教育性，也就是责令改正是要求行政相对人有错必纠，对任何违法行为不管是否需要处罚，首先必须要求纠正。（3）责令改正还具有救济性的特征，是一种救济性措施，救济性措施是指恢复被侵害的权利秩序或为使侵害不再继续而对违法者采取的措施。

对此，有学者认为，我国《行政处罚法》中的行政处罚概念不是严格意义上的行政处罚，而是行政制裁的概念相近，将责令改正纳入行政处罚为宜①。

三、防范建议

首先总承包人应时刻牢记其是承包的建设工程的第一安全责任人，在思想上要高度重视安全生产，尽心履行安全管理职责，尽量避免发生安全事故。

（一）总承包人应规范分包行为，尤其需要注意避免将承建工程以任何形式交由不具有用工主体资格的自然人组织施工；避免因转包、违法分包、挂靠加重行政处罚；若承建项目存在甲指分包情形的，总承包人应对甲指分包人的资质、组织施工能力等进行审核，发现存在违法分包情形的，应向发包人提出异议。

（二）总承包人与分包人必须签订专门的安全生产管理协议，或者在分包合同中约定各自的安全生产管理职责；总承包人对分包人的安全生产工作统一协调、管理，定期进行安全检查，发现安全问题的，应当及时督促整改。

（三）总承包人应严格履行其安全管理职责，依法建立健全安全管理相关规章制度，杜绝以包代管。定期检查、抽查分包人的安全生产相关制度、施工组织设计及专项施工方案、安全技术交底、安全检查、安全教育、人证合一等事宜，对于检查不符合法律规定或者标准要求的，应出具停工单，要求分包人停工整改。

（四）总承包人对分包人及其招用的工人，就安全事故发生后的处理及上报流程，应上下长期予以贯宣，以免构成瞒报、迟报，避免破坏现场，导致责任认定不清，加重或扩大总承包人的责任承担；应在事故发生后正确地施救，避免因此导致损失扩大。

（五）应及时履行合法有效的行政处罚决定书，否则处罚部门安全监管部门经催缴后，可向人民法院法院申请强制执行。若仍不能履行的，人民法院可将其列入被失信人黑名单，对该企业及其法人采取限制部分高消费行为、限制取得政府供应土地、限制参与政府采购活动、限制参与工程招标投标、限制取得政府资金支持、限制市场准入、资质认定、行政审批等十八项惩戒措施。

---

① 江必新、梁凤云：《行政诉讼法理论与实务》，北京大学出版社2011年版，第158~159页。

四、实操指南

（一）规范分包行为，签订合法有效的分包合同；并签订专门的安全生产管理协议作为附件，或者在分包合同中约定各自的安全生产管理职责，制定安全生产管理目标，明确双方的权利、责任和义务，签字盖章后，与分包合同一并存档。

（二）在合同中约定："分包人承担施工过程中产生的行政处罚，包括不限于罚款，以及其他行政处罚对总承包人造成损失的，分包人应承担赔偿责任。"

（三）在合同中约定："分包人施工过程中发生任何人身、财产等伤害的，应第一时间告知总承包人的安全管理人员或项目负责人，双方共同协商相关事故的处理事宜。"

（四）在合同中约定："因实际施工人承接的工程受到行政罚款的，由实际施工人予以缴纳；若由总承包人代为缴纳的，由实际施工人书面确认或承诺'罚款由本人/本单位负责，并同意直接在应付款中分批或一次性扣除'。"

第四节　刑 事 责 任

安全事故严重危害生命财产安全，关于安全事故相关行政处罚的法律规定中，都会有表述"构成犯罪的，依照刑法有关规定追究刑事责任"；众所周知，刑事责任对责任人（包括施工企业和个人）来说，都是不能承受之重。实际施工人在建设项目施工管理中未落实安全生产，导致发生安全事故的；刑事责任承担的主体，违法犯罪行为的种类，以及刑事责任的形式，都值得深入研究了解。

一、风险提示

（一）安全事故犯罪主要包括重大责任事故罪，强令、组织他人违章冒险作业罪，危险作业罪，重大劳动安全事故罪，不报、谎报安全事故罪

总承包人将其承接的工程转包、违法分包或者允许实际施工人挂靠的，通常以包代管，根本不参与管理，所以对于施工过程中可能发生安全事故的行为或隐

患,难以有效、及时处理。

例如,强令违章冒险作业罪,针对的是行为人明知存在安全隐患,仍要求施工人员继续施工,对于安全事故的结果发生有着过于自信的过失的行为,故其起刑点较重大责任事故罪要高。

如任某强令违章冒险作业罪[①]中,案件中,任某在在施工过程中为了追赶进度,且缺乏安全意识,强令他人违章作业,进而发生安全事故。任某强令他人违章冒险作业,其行为已构成强令违章冒险作业罪。判决结果:任某犯强令违章冒险作业罪,判处有期徒刑1年,缓刑1年。虽然此种情形下,总承包人不会构成强令违章冒险作业罪的犯罪主体,但是发生安全事故若构成重大责任事故罪的,总承包人的负有安全管理职责的人或会因此承担刑事责任。

(二)总承包人的法定代表人以及对安全负有管理职责的安全管理人员,因为未对实际施工人的施工过程尽到安全管理职责,发生安全事故的,或将承担刑事责任,该责任无法转移。作为犯罪主体的"对安全负有管理职责的安全管理人员"范围应实事求是,不得作扩大解释

典型案例 11.4.1

高某等人重大责任事故罪案[②]

案例要点:犯罪嫌疑人高某,因不属于对承建工程具有安全管理职责的人,不属于适格主体,不构成安全责任事故罪。

案情介绍

根据吉林省某建筑公司"8·28"触电事故调查报告载明,事故直接原因是:吉林省某建筑公司在轿车零部件焊装项目联合厂房建设施工过程中,未对与在建厂房相邻(水平距离12.3米)的高压输电线路(66KV)采取外电保护措施,工人推动自制非标钢扣件移动作业平台侵入高压输电线路安全间距以内(安全距

① (2010)金刑初字第611号。
② "8·28"吉林省某建筑公司触电事故调查报告、(2016)吉01刑终164号。

离为大于 30cm)，导致钢扣件移动作业平台与高压线路形成电弧放电通道，造成人身感电事故。

一审法院认为：被告人高某于2013 年10 月出任吉林省某物流公司轿车零部件焊装工程联合厂房项目派驻工程师，实际为建筑单位吉林省某物流公司的施工管理代表人，在履职期间，违反《吉林省建筑施工现场标准化管理办法(试行)》第二章第九条之规定，项目无开工许可证违规开工，未将安全生产纳入管理、落到实处，对施工现场无安全管理制度和措施、无专职安全员等问题不及时纠正，在签收电力部门的隐患通知书后，疏忽大意，仍然没有在高压线下方设立警示标志及拦阻设施，致使工人违规操作，导致“8·28”重大责任事故发生。其行为已构成重大责任事故罪。由于高某未认罪，故对其顶格判刑的同时，未适用缓刑。

二审法院经查：甲方吉林省某物流公司与乙方吉林省某建筑公司于2014 年6 月23 日签订的《建设工程施工合同》载明高某是该项目甲方派驻施工现场的工程师，并未规定其负有安全管理职责；建设单位吉林省某物流公司实际控制人孟某某和该工程建设单位代表刘某某证言虽证实高某负有安全管理职责，但该证言没有其他证据相佐证；且施工班长黄某某、项目经理李某某均证实高某主要负责工程技术方面的工作。综上，现有证据不能认定高某在该工程项目中负有安全管理职责，高某不应对该项目施工过程中发生的安全事故承担责任，其行为不构成犯罪。故本案二审依法改判高某无罪。

点评分析：重大责任事故罪是指在生产、作业中违反有关安全管理的规定，因而发生重大伤亡事故或者造成其他严重后果的行为。其犯罪主体是对生产、作业负有组织、指挥或者管理职责的负责人、管理人员、实际控制人、投资人等人员，以及直接从事生产、作业的人员。本案中，总承包人及实际施工人均获罪，然高某只是项目上的技术管理人，不负有安全管理职责，故其不是本罪的犯罪主体，不构成犯罪；当然本事故的发生亦不属于技术管理缺失。由此可见，对安全事故罪的犯罪主体的适用范围应严格把握。

（三）安全事故犯罪的客观方面不再要求以危害结果的发生为前提，对存在安全隐患或者违章、冒险作业导致发生安全事故风险的，同样会构成刑事犯罪

法制是不断完善的过程，随着社会发展的进步，应予以刑罚处罚的行为也发生着改变。在危险作业罪还未明确前，根据《最高人民法院、最高人民检察院关于办理危害生产安全刑事案件适用法律若干问题的解释》第十二条的规定，未依法取得安全许可证件从事生产经营活动，关闭、破坏必要的安全监控和报警设备，已经发现事故隐患，经有关部门或者个人提出后，仍不采取措施，具有以上情形且犯有重大责任事故罪的，从重处罚。显然，司法实践中，已经注意到，此种行为会增加安全事故发生的概率，且主观心态不再只是表现为过失，立法有必要将此种行为定性为犯罪行为，才能准确做到有法可依，才能做到公平公正。

（四）死亡人数或者直接经济损失并不是量刑的唯一依据，生产安全事故通常是多个原因导致的，应分清主要原因与次要原因，确认主要责任和次要责任

安全生产事故调查报告对事故原因、事故性质、责任认定、责任者处理等提出的具体意见和建议，是检察机关办案中是否追究相关人员刑事责任的重要参考，总承包人应实事求是，高度重视与配合安全生产事故调查。

（五）根据罪刑相适应原则[①]，总承包人确属情节轻微不需要判处刑罚的，可以免予刑事处罚；但总承包人、实际施工人因其未履行安全管理职责或者违反法律的强制性规定等情形的，可能面临从重处罚，总承包人对于是否披露应做好对策

罪刑相适应是我国刑罚处罚的三大原则之一，经对犯罪行为人主客观的综合分析，根据其在犯罪中所起的作用，予以量刑。

---

① 《刑法》第五条规定："刑罚的轻重，应当与犯罪分子所犯罪行和承担的刑事责任相适应。"

典型案例 11.4.2

黄某重大责任事故罪案①

案例要点：总承包人与实际施工人协商一致，将总承包人承接的工程全部转包给实际施工人，后实际施工人多次进行了违法分包后发生特别重大安全事故，对总承包人及实际施工人对本项目的安全负有管理责任人员，根据罪刑相适应原则以及其在共同犯罪中的作用分别予以量刑，其中实际施工人量刑最重。

案情介绍

2010 年 6 月初，静安区教师公寓节能改造项目经违规招投标，由静安建总中标。

2010 年 9 月 15 日，经建安建总总经理、安全生产第一责任人董某授权，由安全生产副总、安全工作小组组长瞿某代表静安建总与静安建交委签订总额为 3000 万元的工程施工合同和安全管理协议，由静安建总作为总承包方负责教师公寓节能改造项目的工程施工。

9 月 18 日，瞿某代表静安建总以签订分包合同等方式，将该工程整体违法转包给佳艺公司。

后，瞿某签发任命通知书，任命被告人范某为教师公寓节能改造工程的项目经理、被告人沈某为项目副经理(执行经理)、被告人曹某、陶某为项目安全员。

建安建总负责安全监管的副总周某仅与沈某签订 2010 年安全生产工作(项目经理)责任书，未与范某签订安全生产工作(项目经理)责任书。

佳艺公司违法承接改造项目后，经理、安全生产第一责任人黄某与副经理马某决定将教师公寓节能改造项目拆分后再分包，并交佳艺公司项目经理被告人沈某实施。其间，黄某、马某、沈某明知沈 F、支 B 不具备脚手架搭设一级资质，而是挂靠迪姆公司承接工程，仍由沈某于同年 9 月 22 日代表佳艺公司与沈 F、支 B 签订脚手架工程承包合同和安全管理协议，将教师公寓节能改造项目中的脚手架搭设项目违法分包给沈 F、支 B(另案处理)。九十月，沈某又将其余的施工项

① (2011)沪二中刑初字第 81 号。

目,违法分包给正捷公司等六家单位。

2010年11月15日14时14分许,电焊施工人员吴T、王Q根据安排在本市案涉公寓大楼10层电梯前室北窗外的脚手架上欲进行增加斜支撑工作时,违规进行电焊作业,电焊溅落的金属熔融物引燃下方9层位置脚手架防护平台上堆积的聚氨酯保温材料碎块、碎屑,引发火灾,造成58人死亡、71人受伤等特别严重后果。

本院认为:被告人黄某在不具备承接教师公寓节能改造项目资质的情况下,违法承接该项目并再分包,没有全面履行施工单位安全生产责任人的职责,对工程项目疏于安全管理和监督,致使工程存在重大安全事故隐患。被告人马某积极参与教师公寓节能改造项目的违法分包,没有认真履行生产管理和安全监管职责,没有及时排除施工现场重大安全事故隐患。被告人董某违规帮助佳艺公司承接教师公寓节能改造项目,没有全面履行总包方安全生产责任人的职责;被告人瞿某参与帮助佳艺公司违规承接教师公寓节能改造项目,没有认真履行安全生产管理职责;被告人周某没有认真履行安全监管职责,落实安全措施,上述3名被告人的行为致使工程存在重大安全事故隐患。被告人沈某参与教师公寓节能改造项目的违法分包,没有认真履行项目执行经理职责,未及时、有效排除重大安全事故隐患。被告人卫某没有认真履行安全监理职责,未及时、有效排除重大安全事故隐患。被告人范某从未到岗履行项目经理组织施工和安全生产的职责,致使项目经理对工程的监管职责虚置。被告人曹某、陶某不认真履行专职安全员职责,造成施工现场安全监管不力,没有及时排除重大安全事故隐患。

上述被告人在生产、作业中违反有关安全管理的规定,因而发生重大伤亡事故,其行为均已构成重大责任事故罪,且情节特别恶劣,依法均应予以处罚。

法院判决:(1)被告人黄某犯重大责任事故罪,判处有期徒刑6年;(2)被告人马某犯重大责任事故罪,判处有期徒刑5年6个月;(3)被告人沈某犯重大责任事故罪,判处有期徒刑5年;(4)被告人董某犯重大责任事故罪,判处有期徒刑5年;(5)被告人瞿某犯重大责任事故罪,判处有期徒刑4年6个月;(6)被告人周某犯重大责任事故罪,判处有期徒刑4年6个月;(7)被告人陶某犯重大责任事故罪,判处有期徒刑3年6个月;(8)被告人曹某犯重大责任事故罪,判处有期徒刑2年;(9)被告人范某犯重大责任事故罪,判处有期徒刑3年,缓刑三年;(10)违法所得予以追缴。

点评分析:本起事故是中华人民共和国成立以来我国造成死伤人数最多、损失最严重的一次火灾,造成58人死亡、71人受伤,应属异常惨烈的特别重大事故,国务院亲发批复。总承包人明知实际施工人不具有相应资质,仍在承接工程后转包给实际施工人,而实际施工人在转包后还进行了多次违法分包。层层转包、分包的过程中,导致安全责任不能落实,现场管理缺失,最终酿成惨剧。

本案的犯罪主体分析:总承包人部分:为总承包人及其安全生产的负责人、其任命的案涉工程项目的项目经理、安全员;实际施工人部分:为实际施工人的第一安全责任人及其安全生产的负责人。其都是对案涉工程有安全管理职责的人员,因其未履行相关职责,对本次特别重大事故有过错,进而需要承担刑事责任,根据责任大小,实际施工人明显主导了整个工程,对事故的发生有主要责任,因此判决较重。

另外,虽然企业的法定代表人是安全生产第一责任人,但本案中,无论是总承包人还是实际施工人的法定代表人均未获罪。

(六)安全事故发生后,总承包人若处理不当导致被害人死亡或者重度残疾的,或转化为故意杀人罪或故意伤害罪定罪处罚

这是刑法上的转化犯罪理论,转化犯是由法律特别规定某一犯罪在一定条件下转为另一种更为严重的犯罪,并应当按照后一种犯罪定罪量刑的犯罪形态①。安全事故发生后,直接负责的主管人员和其他直接责任人员若故意阻挠开展抢救,导致伤者人员死亡或者重伤,或者为了逃避法律追究,对被害人进行隐藏、遗弃,致使被害人因无法得到救助而死亡或者重度残疾的,分别依照《刑法》第二百三十二条、第二百三十四条的规定,以故意杀人罪或者故意伤害罪定罪处罚。

(七)安全事故发生后,总承包人未履行上报义务导致贻误事故抢救的,构成谎报事故罪的,或承担刑事责任

安全事故发生后,根据相关法律规定,事故现场有关人员应当立即向本单位

---

① 高铭暄:《刑法总论》,中正书局1969年版,第166~168页。

负责人报告,单位负责人在接到报告后,应当于1小时内向行政主管部门报告。据此,建设工程实行项目总承包的,由总承包人的单位负责人履行上报义务,故而总承包人的负有报告职责的人都可能成为本罪的犯罪主体。《刑法》规定的本罪,强调的是不报或者谎报后,贻误了事故抢救。如在南宁市西乡塘区人民法院审理的戴某不报、谎报安全事故罪案①中,法院认为:戴某作为负有报告职责的人员,隐瞒不报事故情况,贻误事故抢救,情节严重,其行为构成不报安全事故罪。公诉机关指控罪名成立。被告人戴某自愿认罪,可以从轻处罚。鉴于事故发生后,戴某召集人员组织事故现场施救和家属协商赔偿等工作,且已赔偿被害人家属经济损失,取得谅解,酌情对其从轻处罚。最后判决戴某犯不报安全事故罪,免予刑事处罚。

关于本罪认定,根据最高检2021年1月27日发布的《第二十五批指导性案例》中黄某某等人重大责任事故、谎报安全事故一案的分析中就提到应准确认定谎报安全事故罪。一是本罪主体为特殊主体,是指对安全事故负有报告职责的人员,一般为发生安全事故的单位中负有组织、指挥或者管理职责的负责人、管理人员、实际控制人、投资人以及其他负有报告职责的人员,不包括没有法定或者职务要求报告义务的普通工人。二是认定本罪,应重点审查谎报事故的行为与贻误事故抢救结果之间是否存在刑法上的因果关系。只有谎报事故的行为造成贻误事故抢救的后果,即造成事故后果扩大或致使不能及时有效开展事故抢救,才可能构成本罪。如果事故已经完成抢救,或者没有贻误抢救时机(危害结果不可能加重或扩大),则不构成本罪。

二、要点解析

(一)罪名解析

1. 重大责任事故罪

重大责任事故罪,是指在生产、作业中违反有关安全管理的规定,因而发生重大伤亡事故或者造成其他严重后果的行为。

---

① 南宁市轨道交通1号线土建7标"10·7"掌子面坍塌较大事故调查报告、(2016)桂0107刑初266号。

2. 强令、组织他人违章冒险作业罪

强令、组织他人违章冒险作业罪，是指强令他人违章冒险作业，或者明知存在重大事故隐患而不排除，仍冒险组织作业，因而发生重大伤亡事故或者造成其他严重后果的行为。

本罪是《刑法修正案(十一)》的新修改罪名，将1997年《刑法》第一百三十四条第二款由强令违章冒险作业罪修改为强令、组织他人违章冒险作业罪。

3. 危险作业罪

危险作业罪，是指在生产、作业中违反有关安全管理的规定，关闭、破坏直接关系生产安全的监控、报警、防护、救生设备、设施，或者篡改、隐瞒、销毁其相关数据、信息的；或者因存在重大事故隐患被依法责令停产停业、停止施工、停止使用有关设备、设施、场所或者立即采取排除危险的整改措施，而拒不执行的；或者涉及安全生产的事项未经依法批准或者许可，擅自从事矿山开采、金属冶炼、建筑施工，以及危险物品生产、经营、储存等高度危险的生产作业活动的，有具有发生重大伤亡事故或者其他严重后果的现实危险的行为。

本罪是《刑法修正案(十一)》的新修改罪名，作为《刑法》第一百三十四条之一。

4. 重大劳动安全事故罪

重大劳动安全事故罪，是指安全生产设施或者安全生产条件不符合国家规定，因而发生重大伤亡事故或者造成其他严重后果的行为。

5. 不报、谎报安全事故罪

不报、谎报安全事故罪，在安全事故发生后，负有报告职责的人员不报或者谎报事故情况，贻误事故抢救，情节严重的行为。

(二)犯罪主体

《刑法》第一百三十四条整个法律条文对于犯罪主体并没有特殊规定，留下的思考却是多方位的。结合本书体例，笔者着重分析在施工总承包人、实际施工人并存的情形下，安全责任相关犯罪的犯罪主体该如何分辨，确定犯罪主体。

1. 单位不是本条犯罪的犯罪主体

案例中，涉罪单位分别包括施工总承包人、非法转包单位、脚手架分包单位、监理单位等多家建筑施工企业，但是被告均为自然人，在现行刑法下，单位不是本罪的犯罪主体。

我国在立法中第一次出现关于本罪的规定是在1963年的《刑法修正案》，其中关于主体的具体规定是“工厂、矿山、林场、建筑企业的职工，由于严重不负责任，违反规章制度……”但是对主体范围规定过于狭窄，1979年《刑法》中，作出修改，将本罪的犯罪主体范围扩大为“工厂、矿山、林场、建筑企业或者其他企业、事业单位的职工”。但是理论界发现，这样的修改并不能涵盖包括建筑工程等多领域的责任事故犯罪，亦不能满足我国加强保护生产作业领域的安全需要。2006年《刑法修正案（六）》修改为“在生产、作业中违反有关安全管理规定的人员”。由此可见，最初的本罪主体是自然人。

然而在司法界，将单位作为重大责任事故罪的犯罪主体的立法建议呼声日益彰显。在经济建设过程中，由单位造成的安全生产事故屡见不鲜，如单位讨论决定或者负责人直接决定，其目的是维护单位的利益而实施的违反安全生产管理相关规定，造成重大事故的行为，如延长生产作业时间，不完备安全生产条件，此类情形下，若只追究自然人的刑事责任，显然是违背社会公平正义的。而且在重大责任事故罪中，通常存在“单位监督过失责任”，可以表现为：安全生产制度的缺失或不完备、人员的监督与任免、施工规程、工艺及安全生产的教育与交底等。将由此产生的责任全部由某个自然人承担，则不利于对单位的震慑，也不足以保护受害者的法益。

2.“在生产、作业中违反有关安全管理的规定，因而发生重大伤亡事故或者造成其他严重后果的”行为人的范围

法律规定“在生产、作业中违反有关安全管理的规定，因而发生重大伤亡事故或者造成其他严重后果”，所以本罪的主体是从事生产、作业的人员，且其相关生产、作业行为有威胁到他人生命和财产安全的可能。此处，对犯罪主体的范围应作扩大理解，这不仅包括合法生产经营企业，也包括非法生产经营企业；不仅包括领导指挥人员，也包括实际作业人员；不仅包括劳动者，也包括提供劳务者、农民工等。

《危害生产安全刑事案件解释》第一条即规定：《刑法》第一百三十四条第一款规定的犯罪主体，包括对生产、作业负有组织、指挥或者管理职责的负责人、管

理人员、实际控制人、投资人等人员，以及直接从事生产、作业的人员。

(1)施工总承包人

根据《建筑施工企业主要负责人、项目负责人和专职安全生产管理人员安全生产管理规定》将负有安全生产责任的人员按照工作性质分为三个层次，即建筑施工企业主要负责人、项目负责人、专职安全生产管理人员。以上“安管人员”，参加安全生产考核，履行安全生产责任。

企业主要负责人，是指对本企业生产经营活动和安全生产工作具有决策权的领导人员。建筑施工企业的主要负责人，一般情况下，是其法定代表人、总经理或者安全总监等；如案例 11.4.2 中，作为施工总承包人的静安建总公司总经理董某、副总经理瞿某、负责安全监管的副总经理周某。

项目负责人，是指取得相应注册执业资格，由企业法定代表人授权，负责具体工程项目管理的人员，通常为项目经理；如案例 11.4.2 中，瞿某以静安建总的名义签发任命通知，任命范某为教师公寓节能改造工程的项目经理；沈某为项目副经理(执行经理)。

专职安全生产管理人员，是指在企业专职从事安全生产管理工作的人员，包括企业安全生产管理机构的人员和工程项目专职从事安全生产管理工作的人员，也就是八大员之一的“安全员”；如案例 11.4.2 中，瞿某以静安建总的名义签发任命通知，任命安全员陶某、曹某。

(2)实际施工人

实际施工人是建设工程的实际承建主体，其作为实际控制人、投资人、直接管理人，自然是安全生产、作业的第一责任人。当然，若实际施工人雇用类似生产经理、安全员等主管安全生产的，该生产经理、安全员同样也会构成本罪的主体；如相关案例 11.4.2 中，非法分包单位的上海某建筑公司经理、安全生产第一责任人黄某，负责生产安全的副经理马某及沈某。

(3)生产、作业人员

生产、作业人员在建设工程工施工过程中，应当接受安全生产培训，接受安全生产交底，服从指令，按照操作规程，尽到安全注意义务，确保安全生产。

对于(一)罪名解析中所列的其他犯罪，均明确犯罪主体是负有特定义务的个人，且《危害生产安全刑事案件解释》均有明确规定。

（三）主观方面

1. 过失

刑法上的过失，是指行为人应当预见到自己的行为可能发生重大伤亡事故或者造成其他严重后果，因为疏忽大意而没有预见或者已经预见而轻信能够避免，以致发生这种结果。过失包括疏忽大意的过失和过于自信的过失。

譬如，总承包人将承接的工程转包给实际施工人的情形下，其是明知实际施工人不具备相关资质，也没有完备的设施设备、施工班组、施工工艺等的，我国现行法律禁止转包、分包给没有资质的个人或单位，也就是说，总承包人对于违反有关安全管理的规定是明知的，但其对于发生重大伤亡事故或者造成其他严重后果的结果是既不希望也不放任的态度，而是排斥、不希望危害结果的发生，在行为结果上是持过失的心理态度。

例如，重大责任事故罪，强令、组织他人违章冒险作业罪，重大劳动安全事故罪。

2. 故意

刑法上的故意，即行为人明知自己的行为会发生危害社会的结果，并且希望或者放任这种结果发生的心理状态。

如不报、谎报安全事故罪，《危害生产安全刑事案件解释》中认定本罪情节严重的行为要素包括：（1）决定不报、迟报、谎报事故情况或者指使、串通有关人员不报、迟报、谎报事故情况的；（2）在事故抢救期间擅离职守或者逃匿的；（3）伪造、破坏事故现场，或者转移、藏匿、毁灭遇难人员尸体，或者转移、藏匿受伤人员的；（4）毁灭、伪造、隐匿与事故有关的图纸、记录、计算机数据等资料以及其他证据。这些行为都要求行为人明知。

（四）犯罪行为

犯罪行为是犯罪人所实施的违反刑法规定构成犯罪的行为，是刑法学中犯罪构成的基础和行为人承担刑事责任的根据。犯罪行为具有社会危害性，应当接受刑罚处罚。刑法处罚严格遵循罪刑法定原则，即只有违反刑法明确禁止的行为，才是犯罪行为。

1. 有关安全管理的规定

根据《最高人民法院关于进一步加强危害生产安全刑事案件审判工作的意见》(法发〔2011〕20号),应当根据相关法律、行政法规,参照地方性法规、规章及国家标准、行业标准,必要时可参考公认的惯例和生产经营单位制定的安全生产规章制度、操作规程。

2. 监督职责及监督过失

(1)概念及分类

由于重大责任事故罪是过失犯罪,而犯罪主体是对安全生产、作业负有安全管理职责(监督职责)的人员,故而,相关人员未履行监督职责就属于监督过失,监督过失在重大责任事故罪中出现比例很大。对"在生产、作业中违反有关安全管理的规定"的理解,有助于更好地理解和把握施工总承包人负有安全管理职责的人员及实际施工人的何种行为构成本罪,而需要承担刑事责任;有助于明确施工总承包人负有安全管理职责的人员在何种情形下,可以免责。

监督过失,属于特殊的过失,包括两种类型:一是因为缺乏对被监督者的行为的监督所构成的狭义的监督过失,即在生产、作业过程中,监督者没有尽到监督义务,导致被监督者违反生产、作业相关规定的行为,进而导致发生重大伤亡事故或者造成其他严重后果;二是由于没有确立安全管理体制所构成的管理过失,此种过失责任,不在于因为没有对直接导致结果的行为人进行适当的监督而最终间接地引起了结果,而在于没有采取充分的结果避免措施,而直接导致发生重大伤亡事故或者造成其他严重后果。

相关案例11.4.2中,作为总承包人的静安建总公司总经理董某明知黄某没有相关资质仍同意黄某以静安建总公司名义参加招投标,且在施工过程中没有落实安全生产管理制度,对工地存在的安全事故隐患没有进行检查,未能督促整改;负责生产的副总经理及安全工作小组组长瞿某,同样如此;负责安全监管的副总经理周某,其仅与案涉工程项目经理沈某签订安全责任状,但未再依职责督促制订、落实安全保证计划;还有安全员陶某、曹某;以上种种,都是因为负有安全管理职责的人员未尽到监督责任,违反了国家关于安全生产及建筑相关法律规定,明明知道自己有履行安全管理职责的义务,却怠于履行,以至于发生重大安全事故,其行为属于监督过失,应当承担刑事责任。

（2）监督过失中的免责——信赖原则

有过失，相应地就存在没有过失。建设工程施工过程中的安全风险无处不在，发生安全责任事故也并非人人有责。

建设工程施工过程中的安全管理，貌似千头万绪，实则有章可循，安全生产、建设工程相关法律等规定，包括建筑施工安全检查标准等，都给了直接负有安全管理职责的人员相对应的生产、作业指引，各责任人员只要尽到与其安全管理职责相匹配的监督职责，即不存在过失；例如，直接负有安全管理职责者自身遵守了相关法律法规、规章制度、业务规则，建立了明确的责任制度和健全的安全防范体系，配备了具有专业知识和技能的专业人员；为被监督者提供了履行职责的充分条件，如相应的技术与安全培训；监督被监督者拥有了履行职责的知识和技能，确保持证上岗。

但是以上监督职责保证没有过失的同时，直接负有安全管理职责的人员还必须尽到对被监督人员的考核义务；例如，经过长期的考核，确认被监督人不具备胜任工作的能力，不具有从事某种工作的合法资格及能力，能力欠缺等，因为此种状态的存续，已经属于存在某种安全隐患，因此监督人员应当及时作出调整。

综上，当直接负有安全管理职责的人员尽心尽责，不存在监督过失，在发生安全事故后是有可能不承担刑事责任的。

（3）安全生产责任不因约定转移而免除

总承包人将其承包的工程转包、分包给实际施工人，签订相关合同时，约定安全责任由实际施工人全部承担。建设工程虽然由实际施工人负责施工管理，但是实际施工人不具备法律规定的资质条件，虽然总承包人的转包、非法分包等行为不是导致安全责任事故发生的直接原因，但是安全责任事故直接原因与间接原因共同作用导致的，上述原因与危害后果之间形成了刑法上的因果关系。

故而，总承包人的安全生产责任不因合同约定而免除刑事责任；首先基于施工总承包人与实际施工人之间的承包关系是违反法律强制性规定，其次即使合法分包，因建设工程的安全责任实行的是总承包人负责制，所以总承包人的安全生产责任是无法通过约定转移而免除的。故而，存在实际施工人的建设工程发生重大安全责任事故需要追究刑事责任的情形下，总承包人想要完全置身事外，仅仅通过合同约定是无效的。

（五）犯罪结果

1. 发生重大伤亡事故或者造成其他严重后果

本节犯罪多强调要求有重大伤亡事故或者造成其他严重后果的发生，相较于行政处罚而言，这属于“事后的处罚”，是对于犯罪嫌疑人违反安全管理规定，未能履行安全管理职责产生结果后的一种处罚。例如，重大责任事故罪，强令、组织他人违章冒险作业罪，重大劳动安全事故罪。

2. 具有发生重大伤亡事故或者其他严重后果的现实危险

此为我国首次对安全生产领域未发生重大伤亡事故或未造成严重后果，担忧现实危险的违法行为追究刑事责任。做好安全生产的事前防范，对安全生产领域的诸多恶习与“惯例”敲响警钟，对防范化解重大安全风险、遏制安全事故发生有着重要意义。例如，危险作业罪。

之所以将此特别单列出来，作为一个解析点，是因为这对总承包人来说，其需要承担的责任又加重了，总承包人应比对法律规定，提升工程的参与度，提高管理水平，切实落实安全主体责任。

（六）立案标准

本节所列罪名根据《刑事案件立案追诉标准（一）》第八条的规定：“在生产、作业中违反有关安全管理的规定，涉嫌下列情形之一的，应予立案追诉：（一）造成死亡一人以上，或者重伤三人以上；（二）造成直接经济损失五十万元以上的；（三）发生矿山生产安全事故，造成直接经济损失一百万元以上的；（四）其他造成严重后果的情形。”

承建工程中只要发生一人死亡的安全生产事故，总承包人就可能要承担刑事责任。如果，总承包人“以包代管”，一直不参与施工管理的情形，此类风险会更高。

（七）从重处罚的情形

从重刑罚处罚的情形，除了死亡或重伤人数、直接经济损失为标准外，《危害生产安全刑事案件解释》第十二条还规定了从重处罚的情形：

1. 未依法取得安全许可证件或者安全许可证件过期、被暂扣、吊销、注销后从事生产经营活动的；

2. 关闭、破坏必要的安全监控和报警设备的；

3. 已经发现事故隐患，经有关部门或者个人提出后，仍不采取措施的；

4. 一年内曾因危害生产安全违法犯罪活动受过行政处罚或者刑事处罚的；

5. 采取弄虚作假、行贿等手段，故意逃避、阻挠负有安全监督管理职责的部门实施监督检查的；

6. 安全事故发生后转移财产意图逃避承担责任的；

7. 其他从重处罚的情形。

根据相关司法解释，其中并未将总承包人转包、违法分包以及出借资质明确列为属于从重处罚的情形，但存在实际施工人的工程上，因实际施工人导致安全生产检查不合格，接受行政处罚的情形相对普遍，这势必会增加总承包人面临从重处罚的风险。

而安全事故通常是由多个原因行为导致的，一般情况下，对生产、作业负有组织、指挥或者管理职责的负责人、管理人员、实际控制人、投资人，违反有关安全生产管理规定，对重大生产安全事故的发生起决定性、关键性作用的，应当承担主要责任。也就是说，通常是由实际施工人承担主要责任。

因此，总承包人应适时适宜地公布案涉工程的实际履约情形。

三、风险防范

首先总承包人应时刻牢记其是承包的建设工程的第一安全责任人，在思想上高度重视安全生产，尽心履行安全管理职责，尽量避免发生安全事故。

（一）总承包人应规范分包行为，若仍需要转包、分包的，应保留好相关书面协议，避免在追究刑事责任的时候，因为没有相应证据，只能将实际施工人认定为总承包人的管理人员，其行为属于一般履职行为，由总承包人的负有安全管理职责的人承担主要责任。

（二）建立健全安全生产管理的规章制度，专岗专人，岗位职责明确，避免因为制度缺陷导致由下往上一把抓，都被认定为未尽到安全管理职责。

（三）总承包人应严格履行其安全管理职责，依法建立健全安全管理相关规章制度，杜绝以包代管。定期检查、抽查分包人的安全生产相关制度、施工组织设计及专项施工方案、安全技术交底、安全检查、安全教育、人证合一等事宜，对于检查不符合法律规定或者标准要求的，应出具停工单，要求分包人停工整改；避免实际施工人未能落实安全生产使在建工程“具有发生重大伤亡事故或者其他严重后果的现实危险”。

（四）总承包人对分包人及其招用的工人，就安全事故发生后的处理及上报流程，应上下长期予以贯宣，以免构成瞒报、迟报，破坏现场，导致责任认定不清，加重或扩大总承包人的责任承担；总承包人在接到事故报告后，应当于1小时内向上级行政主管部门报告，避免构成“不报或者谎报事故罪”。

（五）积极赔偿，发生安全事故后应第一时间与实际施工人就受害者的损失进行赔偿谈判，并获得受害人或其家属的谅解书，以减轻处罚。

四、操作指南

（一）规范分包行为，签订合法有效的分包合同；并签订专门的安全生产管理协议作为附件，或者在分包合同中明确约定各自的安全生产管理职责，制定安全生产管理目标，明确双方的权利、责任和义务，签字盖章后，与分包合同一并存档。

（二）仍需要转包、违法分包、出借资质等的，应签订相关协议，明确双方权利义务，己方存档。

（三）总承包人必须严格依法建立健全安全管理相关规章制度，在相关规章制度中明确分工，明确岗位职责，并制作《岗位职责确认书》要求相应的安全管理职责的人员签收，留公司存档。具体承建工程后，应向该工程上依法需要配备的安全管理人员，并发放《任命书》及《岗位职责确认书》，责任落实到人。

（四）参与施工管理，监督安全生产。

第三篇

实际施工人权利的主张

第十二章 实际施工人主张权利中的主体

CHAPTER 12

实际施工人主张工程款时，会涉及总承包人与发包人至少三方主体，如果存在层层转包、分包等情形时牵连的主体会更多。实际施工人以谁的名义起诉，将谁列为被告等都是需要实际施工人在诉讼初期根据具体情况商定好的策略。开弓没有回头箭，一旦最初的诉讼策略选择不当，就会导致整个诉讼处于被动状态，故处理好实际施工人主张工程款中的主体问题是实际施工人选择诉讼方式主张权利的基础。

第一节 如何被认定为实际施工人

挂靠、转包、违法分包等行为在工程建设领域屡见不鲜，其往往会导致建设工程合同无效。无效的建设工程施工合同下会产生一个特殊的施工主体——实际施工人。实际施工人普遍存在于各个工程领域，实践中会因工程资金、技术组织、施工能力等问题引发各种各样的纠纷，进入法律程序后，由于法律给予了实际施工人特殊的保护，因此实际组织施工的主体能否被认定为实际施工人往往就成了维护权益的关键。如果能被认定为实际施工人，其主张工程款无论是程序上还是实体上均会有诸多便利；一旦不能被认定为实际施工人，很有可能无权主张工程款。因此，让实际组织施工的主体被认定为实际施工人是尤为重要的第一步。

一、实际施工人概述

(一)实际施工人的概念及法律渊源

“实际施工人”单从字面理解,意指实际施工完成工程的人。实际施工人这一概念并无明确的法律上的定义,在建设工程法律领域中,《建设工程司法解释》首次提到了“实际施工人”这一概念,且将其限定在合同无效的施工合同关系中。根据《建设工程司法解释(一)》第一条的规定:“建设工程施工合同具有下列情形之一的,应当依据《民法典》第一百五十三条第一款的规定,认定无效:(一)承包人未取得建筑业企业资质或者超越资质等级的;(二)没有资质的实际施工人借用有资质的建筑施工企业名义;(三)建设工程必须进行招标而未招标或者中标无效的。承包人因转包、违法分包建设工程与他人签订的建设工程施工合同,应当依据《民法典》第一百五十三条第一款及第七百九十一条第二款、第三款的规定,认定无效。”根据《最高院关于实际施工人的答复》“实际施工人”是指依照法律规定被认定为无效的施工合同中实际完成工程建设的主体,包括施工企业、施工企业分支机构、工头等法人、非法人团体、公民个人等,是《建设工程司法解释》中所确定的概念,目的是区分有效施工合同的承包人、施工人、建筑施工企业等概念。

(二)实际施工人产生的方式

实际施工人的产生方式分为三种:挂靠情形下的实际施工人、转包情形下的实际施工人和违法分包情形下的实际施工人。在司法实践中通常将“没有资质的实际施工人借用有资质的建筑施工企业名义”承揽建设工程的行为称为“挂靠”;最高院对“实际施工人”的阐释是,承包人与发包人订立建设工程施工合同后,往往又将建设工程转包或者违法分包给第三人,第三人就是实际施工人。《发包与承包违法认定查处办法》中的“违法分包”,是指承包单位承包工程后违反法律法规规定,把单位工程或分部分项工程分包给其他单位或个人施工的行为。很多情况下,一个项目工程可能还会被层层转包,又或者被分包给多个施工人,由每个施工人分别负责一部分项目,累计完成,而这种情况下实际施工人的认定难度就会大幅度增加。

（三）被认定为实际施工人的意义

《建设工程司法解释》中首次提到了实际施工人，随着《建设工程司法解释（二）》的出台，保留并沿袭了实际施工人的概念及相关规定。《建设工程司法解释（一）》中实际施工人的概念及相关规定仍为沿袭状态。其中第四十三条规定：实际施工人以转包人、违法分包人为被告起诉的，人民法院应当依法受理。实际施工人以发包人为被告主张权利的，人民法院应当追加转包人或者违法分包人为本案第三人，在查明发包人欠付转包人或者违法分包人建设工程价款的数额后，判决发包人在欠付建设工程价款范围内对实际施工人承担责任。第四十四条规定：实际施工人依据《民法典》第五百三十五条规定，以转包人或者违法分包人怠于向发包人行使到期债权或者与该债权有关的从权利，影响其到期债权实现，提起代位权诉讼的，人民法院应予支持。由此可见，法律赋予了实际施工人超过合同有效情况下施工单位的权利，其可以突破合同的相对性，直接对发包人提起诉讼，同时也特别规定了实际施工人的代位权，都是对实际施工人特别保护的体现，故能否被认定为实际施工人是实际施工人维护权益的关键。在诉讼或仲裁过程中，实际施工人多为原告、申请人或第三人，亦有少数被列为被告、被申请人，但无论实际施工人处于何种诉讼地位，目的多为索要工程款。进入法律程序后，裁判机构在审查合同的效力的同时，势必要审查案涉工程的实际施工主体能否被认定为实际施工人。因此，只有实际施工方被裁判机构认定为实际施工人，落实身份，才能更好地向承包人及发包人主张工程款，故对实际施工人的身份如何认定很重要。

二、认定实际施工人身份的几种情形

实际施工人一旦需要通过诉讼程序主张工程款时，首先需要确认的就是实际施工人的身份，法院也会根据实际施工人的主张和证据及总承包人、发包人的抗辩来评判实际施工人的身份是否成立。如果总承包人与发包人对实际施工人的身份不持异议的，则认定实际施工人身份的成立就比较容易。如果各方对实际施工人的身份持异议的，则法院认定实际施工人一般依据以下几种标准：

（一）依据《内部承包协议》《分包协议》《承包协议》等实际施工人与总承包人签订的协议而认定实际施工人身份

实际施工人与总承包人签订有协议的，认定实际施工人的身份就容易得多，双方的协议书中一般都明确了双方的权利义务，根据协议可以确定双方合作的性质。在存在协议书的情形下，除协议书未实际履行、与总承包人签订协议的主体又将工程全部转让给第三方施工、根据协议书性质不能认定为实际施工人等情形外，都可以根据协议书认定实际施工人的身份。

典型案例 12.1.1

钭某与浙江某环保科技公司、第三人浙江某建设公司建设工程施工合同纠纷案①

案例要点：实际施工人与总承包人签订了《内部承包协议》并实际投入施工，协议被认定无效，根据《内部承包协议》认定实际施工人的身份。

案情介绍

2017年8月11日，发包人被告浙江某环保科技有限公司与承包人第三人浙江某建设有限公司签订《某拌合楼厂房工程施工合同》，约定由承包人承建该工程土建、钢结构附属工程，合同就工程开工、竣工时间及合同价款等作了相应的约定。2018年3月7日，原告钭某与第三人浙江某建设有限公司签订《3#车间基础及配套工程内部承包协议》，约定由乙方即原告钭某承包浙江某环保科技有限公司3#车间基础及配套工程，在施工退场后，三方因结算未达成一致，故钭某以浙江某环保公司为被告向法院提起诉讼，后法院认为，浙江某建设有限公司作为承包人将案涉上述工程以内部承包的形式转包给原告钭某实际施工，原告钭某作为个人显然不具有建筑施工企业资质，故原告钭某主张与第三人浙江某建设

① （2020）浙1102民初1592号。

有限公司签订的内部承包协议无效,符合法律规定,本院予以支持。且法院认定原告钭某作为实际施工人以发包人为被告主张权利,被告浙江某环保科技有限公司仅在欠付转包人或者违法分包人工程价款范围内对实际施工人承担责任。

点评分析:该案中,实际施工人钭某与总承包人签订的《内部承包协议》被法院认定为无效,但其实际施工人身份被法院予以认定。钭某与总承包人签订的《内部承包协议》,就双方的权利义务进行了约定,协议签订时间在总承包人与发包方签订的合同之后,钭某对涉案工程实际投入了施工、注入资金,但钭某作为个人显然不具备建筑施工的资质,属于转包行为,故而符合认定实际施工人的条件。所以实际施工人要尽可能与总承包人签订书面协议,就双方的权利义务进行明确约定。

协议书的性质往往是法院审查的主要内容之一,如果实际组织施工的主体被认定为实际施工人,协议书的性质会被认定为挂靠性质、转包性质或者违法分包性质,一旦协议书的性质被认定为上述三种情形之一的,认定实际施工人身份更顺理成章。

(二)因其他相关诉讼中,实际施工人的身份已被法院认定的,法院可以据此直接认定实际施工人身份

生效法律文书认定的事实必须要有足够的证据推翻才能予以否定。总承包人与发包人的诉讼、总承包人与材料供应商、分包人以及实际施工人与分包人、材料商等诉讼中,可能会涉及实际施工人身份的认定。实际施工人因没有签订内部承包协议而起诉总承包人要求认定实际施工人的,其举证责任会比较重,法院认定也比较慎重。但是在其他类诉讼中,涉及实际施工人身份的问题,法院认定则比较宽松,能够较容易认定实际施工人身份。所以实际施工人在认定身份证据不充分,而存在其他相关诉讼时,实际施工人应尽力在另案诉讼中想办法确认自己的实际施工人身份。

例如,在黑龙江中院审理的哈尔滨某电池股份有限公司与王某建设工程施工合同纠纷案①中,王某能否被认定为实际施工人为案件的焦点之一,法院将另

① (2020)黑01民终1944号。

案(2020)黑01民终3346号民事裁定书中已经认定了王某实际施工人的身份这一事实作为认定依据直接引用。因在另案生效法律文书中对王某的实际施工人的身份予以了认定,法院就该点认定则比较容易。通过另案文书可以直接认定实际施工人身份,因此,实际施工人就相关项目首次涉案时就应尽力确认自己实际施工人的身份,为后续其他诉讼作准备。

(三)总承包人不认可实际施工人的身份,发包人出具证明材料认定实际施工人身份的

实际施工人之所以能够承接工程,多数是因为与发包人有不同寻常的关系。所以产生诉讼后,发包人有可能是支持实际施工人的,而发包人对实际施工人身份的认可往往会决定法院的判断。这种情况在建设领域中也较为常见,发包人就某工程指定某实际施工人进行施工,因为没有承接工程的相关资质,实际施工人会找一个总承包人进行挂靠,以该总承包人的名义承接该工程。发包人就合同的谈判及履行情况予以认可或证明的,法院在认定实际施工人时依据就充分得多。

(四)实际施工人能够证明提供了人、材、机等实际完成了相关工程的证据而被认定为实际施工人的

实际施工人组织项目部管理人员,负责材料的购买、分包施工的安排、班组的选用、机械设备的租赁。虽然很多合同以总承包人名义对外签订,付款多以总承包人账户直接支付,但是实际施工人通常能够掌握相关的资料,比如合同复印件、付款流水记录,有的甚至直接在合同中显示联系人或者负责人为实际施工人或实际施工人指定的人员。有时候一份对外合同的履行就可以帮助法院认定实际施工人的身份,故实际施工人在施工过程中要多收集保留相应的证据材料,签订对外合同时也应该将联系人或负责人写为实际施工人,为将来诉讼时实际施工人认定做好准备。

《山东高院解答》就明确:“实际施工人是指依照法律规定被认定为无效的施工合同中实际完成工程建设的施工主体,包括转承包人、违法分包的承包人等。当事人以实际施工人身份主张权利的,应当对其实际投入工程的资金、设备、材

料、人工等事实进行举证。"《河北高院指南》认为具有下列情形可认定为实际施工人:存在实际施工行为,包括在施工过程中购买材料、支付工人工资、支付水电费等行为。参与建设工程承包合同的签订与履行过程并存在投资或收款行为。

在司法判例中,因工程施工过程中实际施工人以总承包人名义在对外签订的材料销售合同中载明了实际施工人为项目的负责人,法院据此认定了实际施工人身份的情形也较为常见。如在绍兴中院审理的钟某与核工业某建设工程公司建设工程施工合同纠纷案①中,虽然实际施工人钟某未与总承包人签订相关承包协议,但法院依据另案生效文书中载明的工程施工过程中一份对外的混凝土销售合同中提及的实际施工人为项目负责人而认定实际施工人的身份。故实际施工人亦可以在工程建设过程中通过这样的方式,明确自己为实际施工人的身份。

以上是法院在认定实际施工人过程中依据的几种情形,认定是否为实际施工人还可能存在其他依据,只要能证明实际施工人实际完成了涉案工程项目,且属于无效合同的,法院都会认定为实际施工人,只是需要达到证明和认定的标准。

三、不被认定为实际施工人的情形

实际施工人要求确认实际施工人身份时,法院可能因为各种原因而不予认定,这些情形都是实际施工人在施工和诉讼过程中要注意规避的,否则一旦实际施工人身份不能被认定,则会导致实际施工人投入了大量工程费用却无法主张工程款。

(一)因与总承包人签订的内部承包协议被认定为有效而未被认定为实际施工人

根据《建设工程司法解释(一)》及相关规定,实际施工人的存在须以无效合同为前提,即实际施工人代替总承包人履行与发包人间的建设工程施工合同,实际施工人与总承包人之间多数会以内部承包之名行挂靠、转包、违法分包之实,其与总承包人签订的合同无效,这是认定实际施工人的前提条件。实际施工人

① (2019)浙06民终1603号。

在通过法律途径主张工程款时,若与总承包人之间签订的内部承包协议被认定为有效,这种情形下其就不能被认定为实际施工人。

(二)实际施工人在证据不足的情况下,无法被认定为实际施工人

实际施工人通过法律途径主张工程款时,若未与总承包人签订内部承包协议,且未有其他证据予以佐证施工时,则会面临实际施工人身份因证据不足不能被认定的问题。一旦实际施工人的身份未被认定,极有可能会因诉讼主体不适格被直接驳回起诉。故实际施工人在接手工程的初期到后期,一定要签署相关的承包协议,若在初期时签订合同不便,亦要在施工过程中补签承包合同,或者保留诸多独立施工、独立结算的工程资料,才能在后期结算中双方产生争议走法律程序时,有足够的资料证明自己实际施工人的身份,为主张相关权利和自身权益提供保障,这样也可以大大降低或避免因主体身份不适格而被驳回起诉的风险。如在广东省揭阳中院审理的魏某与揭阳市公安局揭东分局建设工程施工合同纠纷案[①]中,魏某起诉称其为实际施工人而主张工程款,因未提供足够证据证明其是实际施工人而被法院以证据不足为由驳回起诉。二审亦维持原判。故仅凭证人证言及工程上的一些其他材料,当证据不足以被法院采纳时,就会致使实际施工人身份无法确认,相关权利也无法主张。

(三)实际施工人虽然签订了内部承包协议,但是在内部承包协议承包范围之外、施工中新增部分的工程,可能就该新增部分工程不被法院认定为实际施工人

总承包人与发包人在签订总承包合同时,可能仅就工程主体签订合同,内部承包协议的范围也同总承包合同。施工过程中,关于装修、市政等部分工程总承包人与发包人或者以补充协议的形式,或者以签证的形式进行。甚至有时候以总承包人名义进行了专业分包,那么对于该部分工程的实际施工人身份认定也需要实际施工人在施工中注意保留相关证据,否则可能不会被认定为该部分工程的实际施工人。

---

① (2017)粤52民终214号。

典型案例 12.1.2

周某与江苏某建筑安装工程公司、第三人常州某装饰有限公司建设工程施工合同纠纷案[1]

案例要点:周某与总承包人签订了土建的承包协议,但是未有证据证明周某是安装等其他部分实际施工人,故法院认定周某实际施工范围不包括安装等部分。

案情介绍

周某系江苏某建筑安装工程公司正式员工,2002 年,江苏某建筑安装工程公司与青海某通信集团有限公司签订了建设工程施工合同,承接西宁某通信枢纽楼工程,该工程由江苏某建筑安装工程公司内部承包给周某施工。后周某又在上述工程中增加了部分工程,由常州某装饰公司施工,后双方就结算收款协议书产生争议。周某认为,本案的外部关系上江苏某建筑安装工程公司是承包人,周某是代理人,所以外部关系上是江苏某建筑安装工程公司委托第三人常州某装饰公司进行结算,但是江苏某建筑安装工程公司与周某实际是内部承包关系,周某也是特别授权的承包人,因此第三人结算权利的实际委托人是周某,第三人在结算时须维护周某的实体权利。

一审法院认为:本案三方当事人的法律关系,包含与青海某通信集团之间结算过程中的法律关系。本案双方当事人系周某与江苏某建筑安装工程公司,周某系江苏某建筑安装工程公司正式员工,周某、江苏某建筑安装工程公司之间就西宁某通信枢纽楼工程及其配套工程之间发生内部承包关系,承包范围为西宁某通信枢纽楼及其配套工程建设工程施工合同承包范围,周某的诉讼请求是江苏某建筑安装工程公司拖欠的工程款,故本案法律关系的范围应限于江苏某建筑安装工程公司与青海某通信集团签订的西宁移动通信枢纽楼工程及其配套工程建设工程施工合同范围。常州某装饰公司系西宁某通信枢纽楼工程安装部分的实际施工人,受周某、江苏某建筑安装工程公司的委托与青海某通信集团结算

① (2012)苏民终字第 0045 号。

土建工程变更及投标书以外部分。至于装饰、装修工程，不在周某、江苏某建筑安装工程公司的内部承包关系内，故不在本案审理范围之内。

二审法院认为：本案的争议焦点为：周某承包的工程范围是否享有涉案工程土建、安装、二次装修工程的请求权。周某系江苏某建筑安装工程公司正式员工，双方为内部承包关系。2002 年青海某通信集团与江苏某建筑安装工程公司签订的建设工程施工合同的承包范围为招投标范围土建、安装，后江苏某建筑安装工程公司与周某的内部承包责任书亦约定周某负责工程的范围为施工合同及投标所列范围，包括待后可能发生的设计变更、现场签证增加及分包施工全部内容，故周某承包的工程范围为土建、安装，对此各方并无争议。现各方争议的焦点为实际履行过程中，装饰、装修是否在周某的承包范围内，是否由周某转包给常州某装饰公司。根据相关事实表明，无法认定上述工程在周某内部承包范围内。且周某在原审庭审中亦认可过上述工程由常州某装饰公司实际施工，现周某未提供相应证据证明由其施工，故对其主张不予支持。综上，周某内部承包的范围仅限于土建、安装，各方对装饰、装修部分工程价款无异议，常州某装饰公司亦收到相应款项，装饰装修部分已实际结算完毕，故周某不享有涉案工程的装饰、装修工程款请求权。法院判决驳回上诉，维持原判。

点评分析：本案中，周某与总承包人签订了《内部承包协议》，《内部承包协议》的范围为土建部分施工。但是实际施工过程中，发包人将安装等其他内容一并纳入总承包人的施工范围。由于专业分包需要由第三方单位独立完成，而对外签订分包合同往往又是以总承包人的名义签订，整个专业分包不需要实际施工人再组织安排，故实际施工人直接参与和进行专业分包的证据就很难取得。实际施工人在这种情况下应该与总承包人办理确认承包范围的手续等资料。

（四）实际施工人以总承包人的名义将专业部分进行分包，法院可能会以实际施工人并未实际施工该部分而不予认定实际施工人身份

实际施工人以总承包人的名义进行工程建设，就钢结构、装修等专业部分，通常会以总承包人的名义对外分包。但是整个项目的管理、安全、工期、质量等仍由实际施工人负责，并履行总承包人的职责。如果是专业分包给不具备资质的单位或个人，则属于违法分包，分包人就是分包项目的实际施工人，那么总承

包人的实际施工人是否包括分包部分，如果包括，就同一工程则存在两个实际施工人，如果不包括，实际施工人又参与了项目的组织和管理等。实践中对于该部分是否可以认定总承包人的实际施工人身份存在争议。

典型案例 12.1.3

许某与北京某建设有限公司、北京某建设公司新疆分公司、乌鲁木齐某中心、乌鲁木齐某投资公司建设工程施工合同纠纷案[①]

案例要点：许某挂靠总承包人后将钢结构部分对外专业分包，虽然许某负责合同磋商，与分包单位签订合同，对分包工程进行管理，并负责支付分包工程款，但是法院仍以许某并未实际施工分包部分工程为由而不认定许某为该部分实际施工人，从而驳回许某主张该部分工程款的请求。

案情介绍

北京某建设公司中标建管中心文体中心项目，双方于2011年4月11日签订了《建设工程施工合同》，后于2011年4月，北京某建设公司与许某签订了内部承包协议，约定由许某承包该项目组织施工，北京某建设公司成立了北京某建设公司新疆分公司。在取得两证后，组织进场进行施工，某重工股份有限公司对钢结构部分进行了施工、苏州某装饰股份有限公司对装修部分进行施工、南通某建设公司对水电暖通工程进行施工等。后因施工现场陆续出现缺少技术人员、拖欠人工工资等问题，北京某建设公司于2014年5月9日与许某解除了合同，双方不再履行协议。双方进行中期结算，许某完成的工程量由北京某建设公司按合同约定支付工程价款等内容。许某在与北京某建设公司进行中期结算时，因双方对结算价款意见不一致，后许某将北京某建设公司、北京某建设公司新疆分公司、乌鲁木齐某中心、乌鲁木齐某投资公司共同列为被告，诉至乌鲁木齐高院。

① (2020)新民初7号。

法院认为：该案的焦点是当事人的诉争法律关系性质及涉案合同效力如何认定，许某主张北京某建设公司支付的工程价款及利息、投资回报款利息应否支持及数额如何认定。许某主张北京某建设公司退还管理费、设备损失、招标代理费等应否支持，北京某建设公司、乌鲁木齐某中心、乌鲁木齐某投资公司在本案责任承担如何认定，许某是否享有折价或拍卖优先受偿权，反诉请求应否支持。本案是许某向涉案工程发包人及承包人主张工程价款而提起的诉讼，案由应为建设工程施工合同纠纷。许某与北京某建设公司签订的合同系无效，实为许某借用北京某建设公司名义承揽工程。某重工股份有限公司对钢结构部分进行了施工、苏州科某装饰股份有限公司对装修部分进行施工、南通某建设对水电暖通工程进行施工等，上述涉及的施工合同均与北京某建设公司签署，法院系认定该部分为专业分包。内部承包人许某虽然与乌鲁木齐某中心、北京某建设公司进行中期结算，与其之间成立借用资质的挂靠合同关系，但许某提交的证据仅能证明许某参与了案涉钢结构制作与安装、幕墙工程、水电暖通安装工程合同的订立及对工程进度款的申请与代付等施工管理，而不能证明其自行投入资金、组建人员、材料、机械等施工团队对上述分包合同实际履行了施工义务。除上述分包工程外的土建部分工程系许某与乌鲁木齐某中心、北京某建设公司三方确认，许某仅为土建部分的实际施工人，对分包工程的款项主张法院不予支持。许某与北京某建设公司均认可其向许某支付涉案工程款154 990 276.2元，认可该款项包括许某已向某重工股份公司、苏州某装饰公司、南通某建设有限公司支付了部分款项，上述专业分包工程价款均未计入许某的工程价款中，相应已付工程款从北京某建设公司向许某支付的工程款中予以扣减，土建部分已付款为90 072 198.28元，许某土建部分的工程造价为75 668 592.71元。法院判决确认北京某建设有限公司与许某于2011年4月签订的内部承包协议书无效；驳回许某其他诉讼请求。

点评分析：本案法院认定许某仅为土建部分的实际施工人。其中钢结构工程、装饰工程、水电暖通工程等分包工程，因分包合同均是以总承包人的名义与分包单位订立，许某并未以自己的名义订立合同并承担合同债务的表示，许某与总承包人之间虽然存在借用资质挂靠合同的关系，但根据其提交的付款凭证等证据，法院认为仅能证明其参与了案涉的分包工程合同的订立及对工程款的申请与代付等施工管理，并未认定许某为分包工程部分的实际施工人，故驳回了许某的诉请。一审法院理解为只有直接投入人、材、机的才为实际施工人,但是本案中许某对分包单位进行总包管理和协调,组织分包单位进行施工,就专业分包部分,笔者认为许某是能够成为整个工程的实际施工人的,而不是扣除专业分包部分。对于该部分能否认定为实际施工人目前实践中争议也较大。

(五)只是实际参与施工,但不符合挂靠、转包、违法分包情形的,极有可能不被法院认定为实际施工人

目前的司法实践中,很多农民工等参与工程的也会被认定为实际施工人,但是该种认定与司法解释中关于实际施工人的情形是冲突的。劳务分包人、劳务班组等主体被认定为实际施工人后,仍根据实际履行的内容确定双方权利义务,对实体权利并无大的影响。但笔者认为仍应严格按照司法解释对应的情形来认定实际施工人,否则会造成认定实际施工人的标准不统一。

根据《河北高院指南》具有下列情形的,不能认定为实际施工人:属于施工企业的内部职工。与非法转包人、违法分包人无施工合同关系的农民工、建筑工人或者施工队、班组成员。上述人员不能直接向发包人主张权利,只能依据劳动关系或劳务关系向实际施工人(承包人)主张权利。建设工程经数次转包的,实际施工人为最终的承包人。

虽然参与了工程建设,仅持有享有工程的债权凭证,仍不足以认定实际施工人身份。如在济南中院的秦某与乐某、及某局一公司建设工程施工合同纠纷案①中,法院认为,《建设工程司法解释》所规定的实际施工人,处于建设工程转包、违法分包等无效建设工程施工合同关系中的承包人地位,具有建设工程施工合同承包主体的特性,并不直接等同于参与施工人,主张权利人需对与发包人存在事实承包关系提供有效证据予以证明。实际施工人在承接工程后,仍会继续违法分包、转包等,就分包人或者班组完成的部分,不宜简单将项目的参与人都认定为实际施工人。

四、实际施工人身份是否成为主张工程款的必要条件

实际施工人的身份被认定的最终目的是拿回工程款,由于建筑行业的复杂

① (2017)鲁71民终4号。

性与特殊性,实际施工人的市场不断外延、不断扩张,不只是单纯的挂靠、违法分包或转包情形。多数情况下,工程还会历经层层转包、多层分包,结合这样的情况,在司法实践中非实际施工人不能主张工程款的伪命题也接踵而来,实际施工人应当严格限定为无效建设工程施工合同的承包人,包括转承包人、违法分包合同的承包人、借用资质的承包人、挂靠施工人,对于实际施工人为组织施工而临时组建的施工队、施工班组,虽不能纳入实际施工人的范围,但其能提供相应的工程资料或承包协议证明存在提供劳务作业及费用结算的事实,那么其是具备主张工程款权利的,此时若因不具备实际施工人身份而以诉讼主体不适格为由予以驳回,会使得其实体权益无法受到保护,是与法律保护当事人的合法权益之立法目的相悖的,故而会出现非实际施工人不能主张工程款的伪命题。

在新疆高院审理的王某与新疆生产建设兵团某建筑安装工程公司、李某建设工程合同纠纷案①中,王某因其为涉案工程提供劳务而起诉总承包人主张工程款,在一审中未被认定为实际施工人而被驳回起诉,二审法院认为不能认定为实际施工人并不是不能主张工程款的理由,因为不是实际施工人而直接驳回起诉之间是不存在因果关系的,故撤销裁定要求一审法院重新审理。并非不是实际施工人就不可以主张工程款,将工程再转包的,最后施工的为实际施工人,但是转包给实际施工人的一方因与总承包人存在转包合同,那么实际施工人的上一手完全可以根据合同的相对性起诉其合同相对方,主张工程款。一概以不是实际施工人就直接驳回起诉或者驳回诉讼请求的观点是值得商榷的。

实际施工人可以根据《建设工程司法解释(一)》的规定进行诉讼,但是不具备实际施工人身份的,仍可以根据合同约定及其履行的内容向其合同相对方主张相应的权利。

五、实际施工人应在整个施工过程中努力让自己将来顺利成为实际施工人

实际施工人身份被认定才能更好地维护自身权益,一旦实际施工人完成了项目施工,最终未被认定为实际施工人的,则其权益难以得到维护,故笔者给出

---

① (2017)兵06民终554号。

以下几点建议：

第一，实际施工人在承接工程初期，若是借用资质情况下的实际施工人，可与被借用资质单位签订内部承包协议；转包情况下的实际施工人可与总承包人或转包单位签订转包协议；分包情况下的实际施工人可与被分包单位或总承包单位签订分包协议。协议中应明确实际施工人的施工内容、工程工期、工程款的支付、现场管理人员等实质性内容。

第二，若实际施工人在承接工程的初期未与总承包人签订协议的，可以在施工过程中或后期结算时与总承包人进行补签，若补签不便，可以在与第三方的供货协议、付款凭证、人工工资账目凭证、设备租赁协议中等工程资料进行明确，并保存好所有材料，以备将来产生争议走法律程序时便于举证，作为认定为实际施工人的依据。

第三，在司法实践中，存在不少实际施工人因未与总承包人签订协议且无其他相关工程资料被法院认定为因证据不足而判决驳回的，甚至有多数案例因诉讼主体身份不适格被法院判决驳回起诉的，司法实践中虽重于保护实际施工人的权益，但是实际施工人的身份要被认定的关键在于所举的证据材料，故实际施工人在承接工程时，一定要与总承包人签订协议进行明确该项目由“××”进行管理或“××”为该工程现场负责人，并实际投入管理和施工，且将签署涉及的所有工程资料保存好，用于将来若双方或多方产生争议后作为实际施工人的依据。

第四，如果在施工过程中，超出内部承包协议的范围，还有发包人新增工程的，实际施工人应与总承包人就内部承包范围进行明确并签订补充协议。

综上所述，实际施工人自洽谈合同开始，就要考虑并注意收集相关材料，以便在产生争议时能够顺利确认自己的实际施工人身份。合同履行过程中收集材料相对比较容易，一旦工程施工结束，实际施工人再想收集证据就会存在很大的难度和阻力。故未雨绸缪才能在产生争议时使己方胜券在握，有效维护自身权益。

第二节　实际施工人应以谁的名义主张工程款

因实际施工人在整个合同履行及施工手续办理过程中均是以总承包人名义与发包人进行活动的，而实际施工人所代表的是自身的权益。一旦实际施工人工程款回款需要通过诉讼、仲裁途径解决的，则首先需要考虑以谁的名义主张工程款能确保工程款顺利收回且尽量规避其中所有的风险，这就涉及诉讼方案的确定。

合同有其相对性，本来只能由合同的一方向另一方主张权利，而实际施工人作为特殊的存在导致工程领域的纠纷中还有实际施工人自身主张权益一说。在某些特殊情况下，还可以通过债权转让的方式进行诉讼等。具体以谁的名义主张权利要根据具体情况区分对待。

工程款一旦需要通过法律程序主张回款的，则设计诉讼方案时首先需要考虑的是主体如何确定，既包括原告的主体，也包括被告的主体，甚至有时候在起诉时需考虑是否需要列第三人参加诉讼，本节主要讨论实际施工人主张工程款的主体确定问题。

一、以总承包人名义向发包人主张工程款的

实际施工人可以选择以总承包人的名义提起工程款诉讼，实际施工人仅以总承包代理人名义或者委托律师作为总承包人的代理人名义参加诉讼。以总承包人名义提起诉讼的，需要注意以下几个问题：

（一）需经过总承包人同意

有些总承包人碍于与发包人的后期合作、名声的考虑，而不愿意帮助实际施工人进行索回工程款诉讼。而以总承包人名义诉讼必须要由总承包人提供诉状、委托手续等，所以以总承包人名义进行诉讼的前提是总承包人同意以其名义进行诉讼。

实际施工人如果碍于总承包人的面子与威望，继续对工程款保持观望和等

待的态度，若发包人状况会进一步恶化，则会错过最佳诉讼时机，从而造成不可挽回的损失。

（二）不可擅自以总承包人名义提起诉讼

部分实际施工人出于无奈，会选择通过私刻印章或者用自己保管的总承包人印章的方式直接以总承包人名义提起诉讼。之前诉讼文书不会在裁判文书网公开，诉讼结束后，总承包人可能还不知道自己被迫参与了一场诉讼。但是现在所有的文书都要公开，要在总承包人不知情的情况下完成诉讼则很难实现。总承包人一旦知道实际施工人冒名诉讼后，可能会对诉讼过程以及结果不予认可，甚至还会追究实际施工人私刻印章、虚假诉讼等刑事责任，实际施工人就会处于不利的地位。因此，不建议实际施工人采取此种方式进行诉讼，一旦存在此种情形的，实际施工人应力争取得总承包人的谅解和支持。

（三）避免为他人做嫁衣

很多总承包人处于被挂靠施工状态，总承包人仅仅是收取挂靠人的管理费，其对风险的抗压能力和管理承受能力可能较差，一个挂靠项目出现亏损就有可能导致总承包人的破产。一个工程类诉讼涉及造价鉴定、质量鉴定等，三五年的诉讼较为常见，有的诉讼还在进行中，总承包人已破产。甚至有的总承包人在起诉时已经处于风雨飘摇的状态，只是实际施工人未知而已。诉讼或者执行过程中，总承包人有可能因为对外欠有债务而被其他法院查封或者要求协助执行。此时实际施工人就会处于非常被动的局面，从发包人处索回的工程款也无法拿到，支付了诉讼费却为别人做嫁衣。所以实际施工人在以总承包人名义诉讼时，一定要充分衡量总承包人的风险承受能力和执行到账后的支付能力。

典型案例 12.2.1

上海某建设公司与湖北好彩头公司建设工程施工合同纠纷案①

案例要点：总承包人经营状况已经恶化，实际施工人为了总承包合同中约定的4倍银行贷款利息的违约金，仍选择以总承包人名义诉讼，在二审过程中，总承包人被宣布破产，破产管理人接手参与诉讼，导致实际施工人回款困难。

案情介绍

实际施工人陆某以上海某建设公司名义承包了湖北好彩头的厂房工程，后因发包人好彩头公司未能支付工程款，陆某在2019年向汉江市中级人民法院提起诉讼，要求好彩头公司支付工程款2000余万元及相关违约金。因总承包合同中约定了逾期付款的违约金为银行贷款的利息，陆某遂以总承包人上海某建设公司的名义提起诉讼，相关诉讼费用以及律师的聘请均由陆某负责。一审判决支持工程款2000余万元及相应违约金，双方不服判决后均提起了上诉。2020年3月，上海某建设公司被上海崇明区人民法院宣布破产，后破产管理人接手案件并参加了诉讼，二审仍判决好彩头支付工程款2000余万元及相应违约金。

点评分析：总承包人上海某公司经营状况恶化，陆某在起诉前已经有所了解，但并没有考虑到以总承包人名义起诉所潜在的风险。虽然胜诉了，但上海某建设公司却破产了，其全部财产作为破产财产处理，陆某要想再主张工程款不仅会大费周折，结果也难以预料。如果陆某起诉时以实际施工人名义起诉或者债权转让后以陆某自己名义起诉，均可以避免该类风险。

（四）避免总承包人收款后怠于支付

有的总承包人扣留实际施工人的款项是因为经营状况不佳，也有总承包人扣留实际施工人的款项是因为想侵占实际施工人的款项。款项到总承包人的账

---

① （2020）鄂民终112号。

户后,或者因为总承包人要归还其他债务、银行贷款等而被挪作他用,或者被总承包人将实际施工人的工程款汇入个人账户后占为己有。总承包人一旦挪用了工程款,则证明其偿付能力肯定就会较弱,所以很多时候,通过诉讼总承包人的方式也很难执行到款项。如果工程款被第三方查封、冻结的,实际施工人还可以通过提异议的方式博得一线生机,但是被总承包人挪用后,实际施工人的救济途径已然不多。所以总承包人是否会在款项到账后顺利拨付给实际施工人也是需要考虑的。

(五)总承包人已将收到款项全部支付给实际施工人

实际施工人未能收到工程款,可能是发包人未能支付工程款导致总承包人未能支付工程款,也可能是发包人已经支付了工程款,总承包人未足额支付给实际施工人。一旦在发包人已经按照合同约定支付了工程款的情况下,实际施工人就不能再向其主张工程款,只能向总承包人主张工程款,故因总承包人欠付工程款的,只能由实际施工人直接向总承包人主张。

二、以实际施工人自己的名义提起诉讼的

当因为总承包人未支付款项或者总承包人不愿意协助实际施工人起诉发包人的情况下,实际施工人以自己的名义提起诉讼为宜。当实际施工人决定以自己名义提起诉讼时,应考虑以下问题。

(一)将总承包人和发包人一并列为被告

《建设工程司法解释(一)》第四十三条规定:"实际施工人以转包人、违法分包人为被告起诉的,人民法院应当依法受理。实际施工人以发包人为被告主张权利的,人民法院应当追加转包人或者违法分包人为本案第三人,在查明发包人欠付转包人或者违法分包人建设工程价款的数额后,判决发包人在欠付建设工程价款范围内对实际施工人承担责任。"

《建设工程司法解释》《建设工程司法解释(二)》都有类似的条款,故从2004年10月《建设工程司法解释》颁布以来,实际施工人以自己名义起诉的,多将总承包人、发包人列为共同被告,法院在处理这类问题上的做法也稍有不同。

首先需要明确的是,本条只提到人民法院应当追加转包人或者违法分包人

为本案的第三人，未提到挂靠人或者借用资质的人员，所以在挂靠情形下是否能适用本条存在较大争议。目前的司法实践中，较多的法院会认为挂靠可以适用司法解释中类似的规定，判令总承包人付款，发包人在欠付范围内承担连带责任，也有部分法院认为挂靠不能适用本条，故会判决不支持实际施工人的请求。

本条并未明确发包人承担工程款的连带责任，但是司法实践中绝大多数的处理方式为判决发包人承担连带责任。本条中规定的是在查明发包人欠款范围后判决发包人承担责任，司法实践中有不查明发包人是否欠款就判决发包人承担责任的，当然这样的处理为少数。也有要求发包人举证已经付清款项的，如果发包人未能证明付清款项的，法院判决其承担付款责任，最普遍的做法就是法院查明发包人的欠款后判决其在欠款范围内承担责任。

发包人是否拖欠总承包人的款项与总承包人是否拖欠实际施工人的款项似乎是两个问题，但是挂靠和转包中，总承包人都是以收取管理费的形式出现，即只要根据总承包人与发包人的结算价扣除税金管理费后就是实际施工人的工程款总额。在这种情况下，根据总承包人与发包人的结算价款就可以得出实际施工人的结算价款，不需要另外鉴定，在查明发包人已经支付的款项后即能得出发包人欠付的工程款。当发包人与实际施工人工程款没有必然关系时，一旦总承包人与发包人没能进行结算，则实际施工人要求发包人承担支付工程款责任的难度就会增加，如果总承包人不配合造价的结算和鉴定，法院审理过程中可能就无法鉴定出总承包人与发包人的工程造价。

对于实际施工人来说，法院判令总承包人付款，发包人承担连带责任后，实际施工人的利益能得到最大的保障，这样的诉讼结果是实际施工人非常愿意看到的。所以在不考虑与总承包人关系的情况下，实际施工人经常会选择将总承包人和发包人一并列为被告的方式进行诉讼。

（二）解决好与总承包人的矛盾

本来实际施工人与总承包人是同一战线的，整个施工过程中，实际施工人与总承包人应为利益共同体与发包人对抗。一旦实际施工人因为工程款起诉总承包人，总承包人则可能在诉讼中处处为难实际施工人，总承包人若拒绝提供其掌握的对实际施工人有利的结算资料、来往函件、签证等，就会导致实际施工人在诉讼中处于不利的地位。这就要求实际施工人在施工过程中应尽量自己保管所有的施工资料，在诉讼前要平衡将总承包人列为共同被告的利弊后再采取相关的措施。

总承包人还可能对合同中的送审价条件、黑白合同等本身对实际施工人有利的条款予以否认，总承包人的不配合或者总承包人配合发包人的行为会导致实际施工人无法适用上述条款。比如，实际施工人主张按送审价确定造价，手续资料都齐全，但是发包人和总承包人确认双方有过结算往来资料或者对结算达成某一共识，因为发包人的合同相对方是总承包人，实际施工人也难有证据推翻总承包人与发包人达成的共识，所以在此情形下法院不可能推翻总承包人的陈述而按照实际施工人主张的送审价确定造价。因为实际施工人起诉后合同被认定为无效，而黑白合同本身的前提就是中标合同，实际施工人能否适用中标合同会存在很大的争议。

（三）总承包人合同中有利条款的适用

因为实际施工人不是总承包合同的相对方，总承包合同中如果存在有利于总承包人的合同条款，特别是较高利息标准、违约金标准等，实际施工人可能无法要求适用该条款。

实际施工人需要通过诉讼主张工程款，大多数基于发包人欠付工程款，在总承包合同中会约定较高利息，如月利率2%。但实际施工人主张时能否适用该条款争议很大，如果该条款是实际施工人必须要争取的，则建议实际施工人采取其他更稳妥的诉讼方式进行。

（四）建设工程价款优先权的保障

《建工司法解释（一）》第三十五条规定："与发包人订立建设工程施工合同的承包人，依据民法典第八百零七条的规定请求其承建工程的价款就工程折价或者拍卖的价款优先受偿的，人民法院应予支持。"该条文明确与发包人签订合同的承包人才有优先权，因为实际施工人中间有总承包人，实际施工人并非合同相对人，所以实际施工人一旦直接起诉发包人，可能就不享有优先权。此时实际施工人需要衡量优先权对实际施工人的重要性。如果优先权是必须要争取的，否则执行得不到保障，则实际施工人就必须考虑采用其他确保享有优先权的方式进行诉讼。

典型案例 12.2.2

索普公司与海王公司、莱斯特公司建设工程施工合同纠纷案[①]

案例要点：转包关系中的实际施工人因与发包人没有合同关系，不享有建设工程价款优先受偿权。

案情介绍

2014 年 5 月 29 日，莱斯特公司（发包人）与海王公司（承包人）签订了一份建筑安装工程总承包合同。2014 年 6 月，海王公司又与索普公司签订了一份关于超高分子量聚乙烯纤维生产线项目的建筑安装工程分包合同。上述合同签订后，索普公司实际组织施工。2015 年下旬，索普公司组织施工完毕后，莱斯特公司于 2015 年 10 月对涉案项目实行了生产调试，于 2016 年 2 月投入生产，但至今未办理竣工验收手续。

索普公司向法院起诉海王公司和莱斯特公司要求工程款并确认享有建设工程价款优先权，法院审理后认为索普公司与海王公司构成转包关系，索普公司系实际施工人。

法院认为：海王公司与索普公司是转包关系，不属于挂靠关系。《建设工程司法解释（二）》第十七条规定，与发包人订立施工合同的承包人，依据合同法享有优先受偿权。该规定原则上排除了与发包人没有合同关系的实际施工人的优先受偿权。

点评分析：《建设工程司法解释（一）》虽然将优先权行使期限调整为不超过 18 个月，但是仍然保留了《建设工程司法解释（二）》第十七条相关的条款，享有优

① （2018）苏 1191 民初 2967 号、（2020）苏 11 民终 2805 号。

先权的前提是与发包人订立施工合同的承包人，也就排除了转包中的实际施工人。

（五）仅诉发包人以保优先权

当总承包人已无任何偿付能力，实际施工人必须确保享有优先权才能得到发包人偿付的情况下，其可以考虑以挂靠为由仅诉发包人或者通过代位权的方式进行诉讼。

挂靠的情形在前文已分析过，司法实践中法院有可能会认为发包人与实际施工人直接存在合同关系，那么此时实际施工人就可以享有优先权。

《建设工程司法解释（一）》中也明确了实际施工人可以通过代位权主张工程款，在司法实践中很多时候也认为优先权是可以一并代位主张的。

三、以债权受让人的名义方式进行诉讼

（一）总承包人债权转让

总承包人将债权转让给实际施工人或者实际施工人指定的第三人，由债权受让方取代总承包人的地位进行诉讼。

《民法典》第五百四十五条规定，债权人可以将债权的全部或者部分转让给第三人，但是有下列情形之一的除外：根据债权性质不得转让、按照当事人约定不得转让、依照法律规定不得转让。

根据合同债权性质不得转让，主要是指带有人身性质的债权，工程价款债权不属于该类范畴。也并没有法律规定工程款债权不可以或者限制转让，所以只要在总承包人合同未明确约定工程款不得转让的情形下，总承包人是可以将工程款转让给实际施工人或者第三方的。如果该债权已经被总承包人的债权人查封，作为债权人的总承包人实际上已丧失了该笔债权处置权，此时债权转让的效力也不会被法院认可。因为实际施工人是工程的投入方，因此不存在已转让的情形，其他债权人也没有正当理由可以撤销。

总承包人本身财务状况不佳需要进行债权转让，有时候实际施工人也会存在财务状况不佳，此时再将债权转给实际施工人主张工程款意义不大，转给实际施工人指定的第三方更为妥当。当然所有的转让行为都需基于总承包人的认可才能进行。

(二)实际施工人将债权转让

实践中,也会存在总承包人不愿意转让债权或者本身就是向总承包人主张工程款,实际施工人由于财务状况不佳或者其他不方便直接出面的原因,由实际施工人将工程款相关权利转让给能够控制的第三方进行主张的情况。法院在审查这一类债权转让后的诉讼时的审查比较严格,很有可能因为主体不适格等原因直接驳回诉讼请求,因此实际施工人进行债权转让时还应当慎重。

典型案例 12.2.3

上海某公司与江苏某公司债权转让合同纠纷案[①]

案例要点:因总承包人对实际施工人是否享有可抵销的债权不明确,实际施工人将债权转让给第三人缺乏事实基础,依法不能成立。

案情介绍

2013年6月8日,江苏某公司承接山东园林项目后,交由王某实际施工。后双方发生矛盾,江苏某公司拒绝支付工程款给王某。因欠现场部分材料费等款项,江苏某公司也垫付了部分款项。因王某个人对外欠付巨额债务,处于被执行阶段,王某遂将工程款债权全部转让给上海某公司。后上海某公司向金坛法院起诉要求江苏某公司支付工程款。

江苏某公司认为其代王某支付了部分材料款,且王某其他项目中存在应支付江苏某公司款项,故要求法院驳回上海某公司的诉讼请求。

法院审理后认为:江苏某公司部分债权可向王某追偿,即使王某对江苏某公司享有债权,江苏某公司是否对王某享有可抵销的债权尚不明确。因此,王某签订的债权转让协议缺乏事实基础,依法不能成立,并驳回了上海某公司的诉请。

点评分析:法院判决驳回诉讼请求的理由并不充分,抵销权需要一方按照法

① (2019)苏0413民初31号。

律规定行使,在一方未行使的情况下,其仅仅是债权。相关债权又应是独立的。目前该案件在上诉过程中,但是因为建设工程纠纷的复杂性,法院很可能会驳回债权受让人的诉讼请求,因此需慎重对待债权转让的诉讼。

实际施工人以谁的名义主张工程款,需要综合考虑自身、总承包人以及发包人的资产状况后再作出决策。已经作出的决策也可能因客观情况的变化而需要变通。发包人状况不佳时,确保享有建设工程价款优先受偿权是实际施工人首要考虑的。总承包人状况不佳时,则必须想办法绕开总承包人主张工程款。实际施工人本身状况堪忧时,又不能以实际施工人自己的名义出现。因此,选择恰当的原、被告,可以更有效地保障实际施工人的利益。

第三节　实际施工人可以选择更多的被告

实际施工人通过诉讼维护自身合法权益的过程中需要根据不同的情况选择最佳的诉讼策略,在考虑承担责任的主体时,也就是选择被告时不应当仅仅局限于合同相对方,还应当根据客观事实,结合证据材料和法律规定挖出更多的被告,这样对自身权益的实现更加有所保障。

通常在建设工程施工合同纠纷中,作为承包主体一方的实际施工人会起诉合同相对方,合同相对方是根据合同承担合同义务的直接主体,对这种“一般被告”在本节中不再累述,笔者仅就一些特殊情况下与“一般被告”承担共同责任或者连带责任的“特殊被告”加以罗列,以供实际施工人制定诉讼策略时进行参考。

一、选择更多被告的利弊

实际施工人选择诉讼方式主张工程款时,确定好原告及第一被告后,还应当考虑是否还有其他主体依约、依法需向原告承担责任,综合考虑各要素后进一步选择更多的被告。

（一）通过诉讼确定更多义务主体承担责任的，有利于实际施工人合法权益取得更好的执行效果

实践中，很多纠纷虽然法院判决支持了当事人的合法权益后，由于义务主体不具有履行能力，导致判决不能执行，权利人不能实际取得合法权益，判决文书也只能沦为“一纸空文”。尤其在建设工程领域，与实际施工人产生工程款权益纠纷的主体大部分是公司，这些公司极易出现资金不足执行不能、资不抵债甚至破产的情况，此时如果能找到其他责任主体承担责任对实际施工人来讲肯定是有益的。

（二）增加更多的被告有助于通过协商解决纠纷，帮助实际施工人早日获得合法权益

依法增加的被告很有可能左右第一被告的决策，比如工程项目的上游总承包人、工程项目的发包人、一人有限责任公司的股东，在面临诉讼时会积极催促第一被告与原告协商解决纠纷，特别是在原告申请诉讼保全的情况下，效果更佳，对于实际施工人维护合法权益非常有益。

（三）增加较多的被告后，会出现程序复杂、导致诉讼时间延长等问题

增加多名被告后，一旦没有达到协商解决纠纷的预期目标，则会因为案情复杂导致诉讼程序复杂，且诉讼时间与一般案件相比也会有一定的延长。

综合各种因素考虑，增加更多的被告对实际施工人而言还是有好处的，所以实际施工人在制定诉讼策略时能增加被告的一般还是建议增加。

二、可增加的被告

要求民事主体承担责任的主要依据是其自愿承担责任的意思表示和其应当承担责任的法律规定。依据与第一被告承担责任的形式不同分为共同责任和连带责任。

（一）连带责任的一般情形

《民法典》第一百七十八条规定，连带责任由法律规定或者当事人约定，如果

当事人没有约定也没有法律依据，要求当事人承担连带责任是不能得到支持的。

1. 根据当事人约定第三人承担连带责任

根据约定由第三人承担连带责任，主要为当事人根据《民法典》关于保证合同的规定，通过签订保证合同、出具担保函等形式约定第三人自愿承担连带责任的情形。

建设工程施工合同履行过程中，如发包人出现资金问题不能按约定时间支付工程款的苗头时，实际施工人会采取停工的方式要求发包人及时支付工程款，此时发包人会采取由发包人的法定代表人、股东等第三方对发包人欠付工程款提供担保的方式“安抚”实际施工人，如果有第三方提供担保的情况，实际施工人起诉时应当将第三方列为被告要求其承担连带责任。需要指出的是，2021 年 1 月 1 日施行的《民法典》第六百八十六条规定改变了此前《担保法》的相关规定，保证合同中对保证方式没有约定或者约定不明的按一般保证承担责任，所以在《民法典》实施之后如果第三方提供担保的，权益人需要注意担保条款中应将担保方式明确为连带责任保证。

2. 根据法律及司法解释规定第三人承担连带责任

现行有效的法律体系内明确规定承担连带责任的情形还是很多的，有建设工程施工合同领域相关司法解释的规定，还有公司法、合伙企业法的相关规定，符合相关法律规定的第三人需要依法承担连带责任。

(1)发包人需依法承担连带责任

《建设工程司法解释(一)》第四十三条规定，发包人需在欠付转包人、违法分包人建设工程价款范围内对实际施工人承担责任，据此可以理解为发包人如果还欠付转包人、违法分包人的工程款，就需要在欠付范围内承担付款责任。

典型案例 12.3.1

某房地产开发集团有限公司、某建筑公司建设工程施工合同纠纷案①

案例要点：实际施工人起诉时可将发包人列为被告，要求其在欠付工程价款范围内承担责任。

案情介绍

本院经审查认为，某房地产公司与某建筑公司之间的《建设工程施工合同》约定，签约合同价为 119 971 719.68 元（以实际结算价为准）。二审法院在扣减某隆房地产公司、某建筑公司已支付工程款的基础上，判令某房地产公司对某建筑公司欠付晏某的工程款承担连带清偿责任，并未加重某房地产公司支付工程款的责任，并无不当。

裁定如下：驳回某房地产开发集团有限公司的再审申请。

点评分析：工程项目的发包人是项目的建设者，最终享有合格工程的所有权，当时的司法解释均明确规定了实际施工人在以发包人为被告主张权益时，发包人需要在欠付转包人、违法分包人工程款范围内对实际施工人承担责任，所以实际施工人在选择被告时，除了与自己直接存在工程承发包关系的主体外还应将发包人列为被告以维护自身权益。需要指出的是，在《民法典》实施后，最高院发布了最新的建设工程司法解释，该解释第四十三条就发包人承担责任事宜作出了相同的规定。

对于"发包人"的理解一般也适用于上游转包人、违法分包人，实际施工人也可将转包人、违法分包人列为被告，要求其在欠付工程款范围内承担连带责任。实践中实际施工人一般是整个施工管理网络中的最末端，其上游可能直接是总承包人，也可能是第一手、第二手或者更多层级的转包人、违法分包人，在实际施工人起诉主张工程款时，应尽最大努力弄清楚上游的关系网络，将转包人、违法

① （2020）最高法民申 4204 号。

分包人列为被告主张权益。司法实践中有案例支持相关主体在欠付下游工程款范围内承担连带责任的情况。例如,《江苏高院解答》第二十三条就作出明确规定,实际施工人可要求转包人、违法分包人对工程欠款承担连带责任,前手转包人、违法分包人证明已付清工程款的可以相应免除其给付义务。

(2)一人有限责任公司的股东须依法承担连带责任

《公司法》第六十三条规定,一人有限责任公司的股东不能证明公司财产独立于股东自己的财产的,应当对公司债务承担连带责任。实践中实际施工人起诉的总承包人、发包人公司都可能是一人有限责任公司,当发现发包人是一人有限公司时,依法可将其一人股东列为被告要求承担连带付款责任,对实际施工人来讲债权得到更多的保障,所以制定诉讼策略时对发包人的股东进行调查分析也是很有必要的。

(3)未履行出资义务的股东需依法承担连带责任

《公司法规定(三)》第十三条规定,公司债权人可请求未履行或者未全面履行出资义务的股东在未出资本息范围内对公司债务不能清偿的部分承担补充赔偿责任。据此在起诉前如发现相关被告公司有股东未履行或未全面履行出资义务的,即可将其列为被告要求依法承担付款责任。

(4)公司分立后的新公司需依法承担连带责任

《民法典》第六十七条及《公司法》第一百七十六条对于公司分立后的债务承担问题作出了明确的规定,如果相关被告公司在合同履行过程中存在分立的情况,可依法要求分立后的新公司承担连带责任。

(5)合伙企业的合伙人及退伙人需依法承担连带责任

《合伙企业法》第三十九条规定,合伙人需要对合伙企业不能清偿的到期债务承担无限连带责任;第五十三条还规定,退伙人要对退伙前的原因发生的合伙企业债务承担无限连带责任。如果相关被告中有合伙企业,则需根据具体情况将其合伙人及退伙人列为被告,要求承担连带责任。

(6)合伙人对合伙债务需依法承担连带责任

这里的合伙人与合伙企业的合伙人是有区别的,《民法典》第九百七十三条规定;合伙人对合伙债务需承担连带责任,建设工程领域中合作开发工程的情况也是普遍存在的,合作各方之间一般可认定为合伙关系,因此合伙各方需承担连带责任。

《国有土地使用权合同纠纷解释》第十四条对合作开发房地产合同作出定义，是指当事人订立的以提供出让土地使用权、资金等作为共同投资，共享利润、共担风险合作开发房地产为基本内容的协议。《江苏高院解答》第二十四条明确承包人可要求合作各方当事人对欠付的工程款承担连带责任。

典型案例 12.3.2

江苏某置业有限公司、睢宁县某投资公司与仝某、张某等建设工程施工合同纠纷案[①]

案例要点：项目系合作开发的，实际施工人可将与发包人合作开发的主体列为被告，要求合作方承担连带付款责任。

案情介绍

2011年10月19日，睢宁县某投资公司（甲方）与江苏某置业有限公司（乙方）签订一份《江苏睢宁经济开发区新城尚品建设项目合同》。合同约定：(1)甲方以新城尚品中60亩有土地指标的土地作为出资，乙方以房屋的建设费用作为出资，共同合作开发。(2)工程施工期间及完工后，江苏某置业有限公司即预售涉案6#、7#楼房屋并收取预定金，而购房者的银行抵押贷款资金汇入某投资公司账户，由某投资公司收取。

一审法院认为：某投资公司与江苏某置业有限公司实际履行合同的行为，符合合作开发房地产特征，体现出双方之间系合作开发关系。睢宁县某投资公司在对合作建设工程享有权益的同时，应当对合作一方某华成公司就涉案6#、7#楼工程所欠仝某、张某、吴某工程款债务承担连带责任。

一审判决如下：……(2)睢宁县某投资公司对江苏某置业有限公司的上述债务承担连带责任。

二审法院认为：根据睢宁县某投资公司与江苏某公司签订的《江苏睢宁经济开

① (2020)苏03民终2094号。

发区新城尚品建设项目合同》《补充协议》的内容。睢宁县某投资公司为某尚品建设项目办理了开工前的一切相关手续，并缴纳了相关费用，直接参与了工程施工管理和房屋销售等工作，将部分商品房网签在自己名下，与江苏某置业有限公司分享了合作开发利润，符合合作开发房地产特征，双方之间系合作开发关系。睢宁县某投资公司应当与江苏某置业有限公司就欠付工程款承担连带付款责任。

二审判决：驳回上诉，维持原判。

点评分析：案涉工程系睢宁县某投资公司与江苏某置业有限公司合作开发，是以江苏某置业有限公司作为发包人对外进行工程发包。后因欠付总承包人工程款被实际施工人起诉至人民法院，同时被要求与某投资公司承担连带付款责任，经过一、二审程序最终也得到了人民法院的支持。暂不管公司情况如何，多一个主体承担责任对于实际施工人来讲是非常有利的，获得全部工程款的机会就会有所增加，所以实际施工人在制定诉讼策略时需要查清发包人项目建设时是否存在合作开发的情况，在施工过程中也要注意收集相关证据资料，以维护自身合法权益。

（二）第三人与第一被告承担连带责任的其他情形

1. 发包人所属机关法人实施项目管理，可要求其承担连带责任

在社会经济蓬勃发展的进程中，各地政府根据社会需要及规划目标会推进很多建设项目，政府作为民事主体对外发包工程项目的情况也普遍存在，工程管理中的实际情况对责任的承担也有一定的影响。

典型案例 12.3.3

黔东南州某危货运输有限公司与某县人民政府、某工业园区管理委员会建设工程施工合同纠纷案[①]

案例要点：发包人下属机关法人参与工程项目管理，属于加入合同，存在混

① （2018）黔 2622 民初 103 号。

同的，实际施工人可将其列为被告，要求其承担连带付款责任。

案情介绍

原告原登记为黔东南州某爆破工程有限公司，后于2014年9月依法变更登记为黔东南州某危货运输有限公司。在变更登记前，原黔东南州某爆破工程有限公司作为承包方，与作为发包方的某县人民政府于2012年12月22日在施秉签订《场平工程施工合同》。2013年1月27日，承包方向发包人某县人民政府和某工业园区管委会送达《场平完工通知书》。园区管理委员会办公室于当日收到通知书并盖章确认。2012年2月6日，某工业园区管委会作为甲方（发包方），原黔东南州某爆破工程有限公司作为乙方（承包方），双方在甲方办公室签订《场平工程补充协议》。2013年2月6日，某工业园区管委会出具《建设工程竣工验收报告》。

法院认为：在合同履行过程中，某工业园区管委会变身发包方与某危货公司签订场平工程施工补充协议，出具工程验收报告，委托中介机构对工程量进行评估测量，最后作为工程价款的审计对象。这些事实足以证明，某工业园区管委会作为县政府专门负责工业园区管理事务的事业单位，已经加入某政府共同承担合同义务。再则，某工业园区管理委员会，是某县人民政府设立的事业单位法人组织，办公人员是国家工作人员，法定代表人与县政府法定代表人同为一人，其资产、责任和行为与县政府产生混同，相对人有理由相信某工业园区管委会实施的行为，就是代表县政府在工业园区管理中的行为。故此，某工业园区管委会应当对某某县政府支付涉案合同工程款项的义务承担连带责任。

判决：……被告某工业园区管理委员会对上述第一、二条判决确定的付款义务承担连带责任。

点评分析：政府作为发包人与施工单位签订施工合同的，政府根据内部分工情况，将项目管理交由下属事业单位进行管理。实践中也不注意主体的对应，在文件的签署和盖章会出现错漏，项目实际是由下属单位管理的，相关文书也加盖了下属单位的盖章。如果发现存在这些情况的，实际施工人可将下属单位列为被告，要求其承担连带付款责任。本案法院根据查明的相关事实，认定下属单位属于合同加入，同时还存在混同情形，最终判决下属单位对发包人的付款义务承担连带责任。

2. 政府项目行政区划变更,变更后的管辖政府需承担连带责任

政府的行政区划发生变化是常见的,政府启动的建设项目如果在建设期间出现行政区域变更,对于政府责任的承担也有一定的影响。

典型案例 12.3.4

某建设集团有限公司与贵州省兴义市某岭镇人民政府、贵州省兴义市某效镇人民政府建设工程施工合同纠纷案①

案例要点:政府发包人在合同履行过程中出现辖区变更移交工程的,实际施工人可将工程项目接受一方政府列为被告,要求其承担连带付款责任。

案情介绍

2012 年 11 月 8 日,某岭镇政府与某公司签订《兴义市某岭镇轻工产业聚集区迎宾大道二标段道路工程施工合同》。2015 年 9 月 30 日,某岭镇政府(移交方)与某效镇政府(接收方)签署《报告》,载明:"因政府规划调整,兴义市某岭镇人民政府将关于施工单位某建设集团有限公司相关后续事宜及工程款支付移交给兴义市某效镇人民政府全权负责。"

法院认为:某岭镇政府与某效镇政府应对工程欠款及相关款项承担连带清偿责任:一是《报告》约定某岭镇政府将二涉案工程相关后续事宜及工程款支付移交给某效镇政府全权负责,二是某效镇政府陆续向某公司支付工程款共计14 676 518.2元,特别是其向某公司支付迎宾大道项目工程款已达到该工程总价款的83%,可以认定某效镇政府自愿代某岭镇政府履行全部后续义务,构成并存的债务承担,且某效镇政府系二涉案工程的实际使用人和收益人,亦未对承担责任提出抗辩,故某岭镇政府与某效镇政府应对工程欠款及相关款项承担连带清偿责任。

判决:……贵州省兴义市某效镇人民政府对上述款项承担连带清偿责任。

---

① (2017)黔民初 69 号。

点评分析：本案某岭镇政府作为发包人与施工单位签订施工合同后，因行政区划调整，需要将工程项目交由某效镇政府管理，未经施工单位的同意，两政府之间签署协议进行了资产移交。虽然合同主体还是某岭镇政府，但根据政府文件以及某效镇政府自愿付款的事实，人民法院最终判决某效镇政府对某岭镇政府的付款义务承担连带责任。

（三）第三人与第一被告承担共同责任的情况

实践中，法院根据第三人自愿承担给付义务的意思表示，认定其与第一被告承担共同付款责任。第三人向实际施工人表示对第一被告欠付的工程款愿意承担共同付款责任，这与自愿承担连带付款责任是有区别的。因为民事主体不能准确表述共同付款责任的意思表示，大部分第三人的表述被认定为承担连带责任的意思表示。

例如，某建设公司与某置业公司、梅某、齐某建设工程施工合同纠纷案[①]中，某建设公司与某置业公司及某置业公司新股东梅某、老股东齐某签订《关于润城国际商贸港由某建设公司完成工程部分的结算说明》，约定未结算工程款中的 3 363 080.01 元由某置业公司新股东支付，剩余的 300 000.00 元由某置业公司老股东支付，法院认为该承诺系二人的真实意思表示，合法有效，应认定为被告梅某、齐某自愿对某置业公司的债务承担给付义务，判决梅某对其中的 3 363 080.01 元与某置业公司承担共同付款责任，齐某对其中的 300 000.00 元与某置业有限公司承担共同付款责任。案例中新老股东均作出了承担给付义务的意思表示，法院判决新老股东承担共同付款责任。值得注意的是，根据《民法典》第五百五十二条的规定，第三人债务加入的，债权人可以请求第三人在其愿意承担的债务范围内和债务人承担连带债务。根据对该法律条文的理解，笔者认为在依法适用《民法典》规定时，债务加入的责任承担方式应为连带责任而非共同责任。

三、实际施工人需注意发现相关主体、收集相关材料

要求第三人承担付款责任需要在提起诉讼时将其列为被告并要求其依法承

---

① （2016）黑 1181 民初 632 号。

担付款责任，只有证据确实充分的情况下，诉讼请求才能得到法院的支持，所以实际施工人首先要清楚相关付款责任人的存在，其次还要注意收集全面的证据资料。

（一）弄清工程项目的发包人、转包人、违法分包人情况，注意收集相关招标文件、施工合同、结算资料、付款记录等能证明相关主体身份的文件。

（二）施工过程中出现相对方状况不良，不能依约支付工程款时，要求其寻找第三人为欠付工程款提供担保，签订担保协议、出具担保函，并妥善保管该材料。

（三）合同履行过程中，实际履行主体与合同约定主体不一致的，应及时了解相关主体之间的关系，保存相关文件、资料。

（四）起诉准备阶段，调查相关主体的登记信息、股东情况、股东出资情况、公司分立情况、合伙人及退伙人情况，分析是否存在需要承担责任的其他主体。

实际施工人在起诉维护自身合法权益时，因为不了解合同相对方的偿债能力，也是为了防止生效判决难执行，需要结合已有证据及调查的相关事实，尽可能多地列出被告以切实维护自身合法权益。通过以上分析可以发现，需要承担连带付款责任的情况主要有几个大的方面：第一是因建设工程施工合同的特殊性，法律及司法解释所规定的发包人、分包人、违法转包人需要在欠付工程款范围内承担连带责任；第二是根据公司法、合伙企业法等法律规定，一人有限责任公司的一人股东、未履行出资义务的公司股东、公司分立后的新公司、合伙企业的合伙人需要承担连带付款责任；第三是根据担保法律的规定，第三方提供担保时需要承担付款责任；第四是机关法人作为发包人时，因为政策的变化、实际分工情况的改变等导致第三方需要承担连带责任。

实践中依法需要对合同相对方承担共同责任或者连带责任的情况是千变万化的，实际施工人在合同履行过程中应注意收集相关资料，在提起诉讼前需要根据现有证据资料进行分析，选择更多的义务主体承担责任。

第四节 发包人与总承包人混同的风险

“施工”优则“开发”。施工单位业务做大和资金实力增强后，也会进入开发领域，自己独立开发项目，或者与他人共同投资开发项目，抑或项目进展过程中建设方发生资金困难时，施工单位投入资金、接手项目，成为项目的实际控制人。在上述情形下，发包人与总承包人即发生混同，可能会给实际施工人带来风险。总承包人和发包人的资金状况若一直良好倒还好，一旦一方资金状况出现问题，另一方往往也难“独善其身”，此种情形下，实际施工人主张权利的风险肯定大于总承包人与发包人互相独立时。

一、发包人与总承包人混同的原因

（一）总承包人收购开发企业

施工单位受让开发公司的股权，或者受让部分股权，或者全资收购，成为开发公司的投资人甚至成为其实际控制人。施工单位从单纯的履行施工义务的总承包人变成建设单位，既是甲方又是乙方。虽然开发单位和施工单位均为独立法人，但因为总承包人对发包人的投资行为，总承包人与发包人形成了实际控制和支配的关系。

（二）总承包人自己开发建设

施工单位经过多年的不懈努力积累了一定资本后，基于对项目前端开发红利的渴望，于是自己投资设立开发公司开发项目。例如，镇江江河汇项目的开发商是镇江某房地产开发有限公司，而该房地产公司的股东是镇江某建筑工程有限公司和周某，周某同时也是该建筑工程有限公司的股东之一，建筑工程有限公司的另一股东是周某的父亲。该案例为施工单位某公司与开发单位某房地产公司的混同，实质上就是“一家人”。

（三）总承包人与开发单位合作开发建设

总承包人参与合作开发有两种形式：第一种是参股（显名合作），即通过向开发公司出资成为开发公司登记在册的股东，行使股东权利，履行股东义务；第二种是与开发单位（或开发单位的股东）签订合作协议（隐名合作），在合作协议中约定各自的权利义务，以合作协议作为各方合作、行使权利、履行义务的基本准则。例如，安徽郎溪茗暄·贰号公馆项目，施工单位与开发单位签订《合作协议》,施工单位向开发单位注入开发资金,同时,施工单位又实际组织项目施工。

(四)借名开发

借名开发,是指总承包人拟开发项目,但并不成立开发公司也不与其他主体合作,而是通过向开发公司交纳管理费、承担应交税费,借用某开发公司的名义进行开发。例如,常州市新北区百盛苑项目,即是施工单位借用某集团公司的名义开发的。典雅花园项目,也是施工单位借用常州某房地产开发有限公司的名义开发。

二、发包人与总承包人混同给实际施工人带来的风险

(一)经营权矛盾导致项目推进困难,发包人资金周转困难导致总承包人陷入困境

发包人与总承包人混同后,也可能因为资金投入、资金控制、费用支出等问题发生摩擦、互不信任、推卸责任,严重的可能导致项目无法继续,出现项目停滞。发包人不向总承包人支付工程款,总承包人自然也不会向实际施工人支付工程款,因此实际施工人已经投入工程的成本短时间内也难以收回。

(二)发包人资金周转困难,总承包人陷入被动

项目运行过程中,若开发市场大环境出现萎缩,导致销售压力大,回款慢,或者发包人将销售款挪作他用,没有按施工合同约定的节点和比例向总承包人按时支付工程款。相应地,总承包人也就没有足够资金向实际施工人支付工程款。

(三)优先权无法保障

建设工程施工合同是发包人与总承包人签订的,实际施工人或者是借用总承包人的名义承接工程,或者是总承包人将工程转包或分包给实际施工人。一旦发包人与总承包人发生混同,实际施工人以总承包人名义向发包人主张权利的途径将很难走通。而《建设工程司法解释(一)》第三十五条规定,与发包人订立建设工程施工合同的总承包人,依据《民法典》第八百零七条的规定请求其承建工程的价款就工程折价或者拍卖的价款优先受偿的,人民法院应予支持。按

照司法解释的规定，只有与发包人订立合同的总承包人才能主张工程款优先受偿权。本书其他章节也提到，主张建设工程优先受偿权应以总承包人的名义。所以，发包人与总承包人发生混同时，实际施工人通过总承包人名义向发包人主张权利的愿望将会落空，既而导致实际施工人难以实现工程款优先受偿权。

三、发包人与总承包人混同后责任的承担

法人是具有民事权利能力和民事行为能力，依法独立享有民事权利和承担民事义务的组织。

虽然实质上总承包人与发包人通过股权受让、合作开发或实际控制等形式发生混同，结成利益共同体，但是形式上他们仍然是各自具有独立法人资格的民事主体，仍然依据法律规定及合同约定承担各自应承担的责任。不能因为发生混同就认为二者应承担连带责任，承担连带责任必须依据法律的规定或当事人的约定。

实际施工人与总承包人存在合同关系，发包人欠付工程款，实际施工人若想通过诉讼维权的，可将总承包人与发包人列为共同被告，多数法院会判决总承包人承担付款责任，发包人在欠付工程款范围内承担连带付款责任。

如果有证据证明发包人与总承包人的关联公司存在合作开发关系，也可将合作开发一方列为共同被告。

典型案例 12.4.1

沃某与江苏某置业有限公司、江苏某建设工程有限公司等建设工程施工合同纠纷案①

案例要点：发包人出现资金困难，总承包人的关联公司与发包人签订合作开发协议，但未支付实际施工人工程款。后实际施工人一并起诉总承包人、发包

---

① (2017)苏民终 234 号。

人、合作开发人等主张工程款，获得法院支持。

案情介绍

某置业公司为发包人，某建设公司为总承包人，沃某为实际施工人。某建设公司承接了某置业公司开发的明德紫郡项目。明德紫郡项目一期建设较为顺利，但二期建设发生资金困难，发包人原法定代表人因非法集资被判处刑事责任，致使公司一度瘫痪，项目停工。后总承包人的关联公司某投资公司以合作开发的形式接手该项目，将发包人公章、财务章、发票章及银行账户等全部监管，某置业公司被完全架空。某投资公司接手该项目后，未能积极解决实际施工人被拖欠的工程款问题，实际施工人停止施工并起诉某建设公司、某置业公司、某投资公司等，通过诉讼途径主张权利。

虽然实际施工人向法院起诉时发包人情况并不好，但好在总承包人某建设公司及其关联公司，即某置业公司的合作开发方某投资公司资金状况良好，所以，该案二审判决后，各方在执行阶段达成和解，被执行人也履行了和解协议，实际施工人的权利最终得到保障。

点评分析：该项目因建设单位的原因停滞，而总承包人内部也发生了股权及实际控制人的变更。实际施工人建设一期项目时，总承包人的原股东即实际控制人尚在，等到项目二期时，原股东将股权全部转让给新股东，法定代表人也进行变更。虽然形式上发包人、总承包人及投资公司仍然各为独立法人，但实际上，总承包人、投资公司已经完全控制了发包人。是否要对外支付款项、支付多少、后续项目如何继续等事项完全由某投资公司公司和总承包人决定，发包人已经完全被架空。

四、实际施工人识别与应对发包人与总承包人混同的建议

（一）总承包人与发包人混同，最大的风险不是总承包人和发包人串通起来对抗实际施工人，而是在这种情况下若承发包双方中的一方出现资金困难，另一方也必然陷入资金链紧张的困境，不可能一方举步维艰，另一方仍资金宽裕。发生混同的承发包双方是利益共同体，一荣俱荣，一损俱损。如果实际施工人一开始就知道总承包人与发包人为“一家人”，应在签订内部承包合同或协议时将付款节点的约定尽量提前，且节点越往前的能获得的付款比例会越高。前一节点

的款项未结清，实际施工人后一阶段的施工任务则应暂缓进行。务必要在施工中细致观察及时识别风险，并通过及时按节点付款降低和控制风险。

（二）如果施工过程中，总承包人与发包人通过实际上的行为控制、合作或受让股权等方式进行“联姻”，发生混同，实际施工人应要求签订三方协议或补充协议，要求与其原来没有合同关系的一方对工程款的支付承担连带责任或共同清偿责任，并明确实际施工人享有工程款优先受偿权。

（三）总承包人与发包人发生混同，除了通过协议进行约束，更重要的是，在工程款不能及时清偿时，实际施工人应果断拿起法律武器，及时维权，不能“躺在权利上睡大觉”。时间久了，实际施工人一方面会丧失优先受偿权，另一方面即使法律上的优先受偿权尚在，也可能因为发包人项目已经全部或大部分出售，客观上已经没有可实现优先受偿权的客体。

CHAPTER 13

第十三章 实际施工人主张权利的程序性问题

当发包人拖欠工程款或总承包人在收到工程款后不及时支付给实际施工人时，实际施工人若通过诉讼方式主张工程款，需要注意两个程序性问题。其一，在主张工程款时选择管辖的问题。建设工程施工合同纠纷属于专属管辖，由工程所在地人民法院管辖，当事人约定其他法院的无效。当然，当事人也可以另行达成仲裁协议突破法院专属管辖。选择管辖不当，可能会导致诉讼时间和诉讼成本的增加，实际施工人要慎重选择管辖。其二，在主张工程款时是否应当申请保全。建设工程纠纷案件具有审理期限长、执行难度大等特点，多数案件需要经历多次审理，甚至有的案件需要三五年才有最终结果。在诉讼过程中，发包人与总承包人可能会因为经营不善无力支付，也可能会转移相关财产导致生效的裁判文书成为一纸空文。因此，实际施工人应尽可能在起诉时一并申请财产保全，这不仅有利于双方尽快解决纠纷，也能保证执行到位。

第一节　实际施工人主张工程款的管辖

根据《民事诉讼法》及其司法解释的相关规定，建设工程施工合同纠纷按照不动产纠纷确定管辖，属于专属管辖，由不动产所在地即工程所在地的人民法院管辖。协议管辖不得违反专属管辖，所以双方当事人在合同中另行约定向其他法院起诉的属于无效的约定。但发包人、总承包人及实际施工人之间，仍然可以选择通过仲裁的方式排除法院管辖。正确选择管辖非常重要,如果向不具有管辖权的法院起诉,可能会被移送其他法院甚至是被裁定驳回起诉。因此实际施工人选择通过诉讼途径主张工程款时,一定要慎重考虑管辖问题。正确选择管辖,可以提高诉讼效率,节约实际施工人的诉讼时间和成本,更好地维护自身的合法权益。

一、法院管辖

当事人在合同中约定“若发生争议,向工程所在地法院起诉”属于明确约定了法院管辖,具有法律效力。如果对争议解决方式没有约定或约定不明时,应当向法院起诉。并且,向法院起诉必须要遵循地域管辖和级别管辖的规定。

(一)专属管辖

根据《民事诉讼法》的相关规定,对公民、法人或其他组织提起诉讼的,由被告住所地人民法院管辖。公民的住所地通常是户籍所在地或者经常居住地。法人或其他组织的住所地一般为注册地址或者办公地址。因合同纠纷提起的诉讼,由被告住所地或合同履行地人民法院管辖,但建设工程施工合同是一个例外情形。

《民事诉讼法司法解释》第二十八条第二款规定:“农村土地承包经营合同纠纷、房屋租赁合同纠纷、建设工程施工合同纠纷、政策性房屋买卖合同纠纷,按照不动产纠纷确定管辖。”《民事诉讼法》第三十三条规定:“下列案件,由本条规定的人民法院专属管辖:(一) 因不动产纠纷提起的诉讼,由不动产所在地人民法院管辖;……”

《江苏高院解答》规定,建设工程施工合同纠纷包括建设工程价款优先受偿权纠纷、建设工程分包合同纠纷、建设工程监理合同纠纷、装饰装修合同纠纷、建设工程勘察合同纠纷、建设工程设计合同纠纷。并且尚未开工建设的建设工程施工合同纠纷,以及达成结算协议的建设工程施工合同纠纷,实质上都属于建设工程施工合同纠纷,应当适用专属管辖的原则。

根据上述民事诉讼法及其司法解释,建设工程施工合同纠纷属于专属管辖,应当由工程所在地法院管辖。实际施工人主张工程款属于建设工程施工合同纠纷,应当适用专属管辖,应向工程所在地的人民法院起诉。因为建设工程施工合同纠纷往往在审理和执行的过程中需要进行评估鉴定、现场勘查、执行拍卖等活动,适用专属管辖便于案件的审理与执行,减轻法院和当事人的诉讼压力。

专属管辖优先于协议管辖,双方当事人约定的管辖法院因违反专属管辖而无效。例如,最高院审理的某集团公司与胡某建设工程施工合同纠纷案①中,尽管当事人双方(总承包人与实际施工人)在协议书中约定“若发生争议,向总承包人所在地法院起诉”,但法院认为:根据相关的法律规定,建设工程施工合同纠纷案件应由工程所在地法院专属管辖,案涉工程位于宁夏回族自治区银川市,故本案应由宁夏回族自治区辖区人民法院专属管辖。虽双方签订的《协议书》约定,若发生争议可向总承包人所在地人民法院诉讼解决,但因该约定违反专属管辖的强制性规定,属无效条款,故总承包人认为应依据《协议书》的约定确定管辖法院的理由不能成立,本院不予支持。

又如,笔者接触过的一起案件,苏州市相城区法院审理的无锡某公司与苏州某脚手架公司、浙江某建工公司承揽合同纠纷案②中,原告在起诉时的案由为承揽合同纠纷,经审理,法院认为,虽然该案的案由为承揽合同纠纷,但根据无锡某公司的诉讼请求及案件的基本事实,实际基础法律关系应为建设工程分包合同纠纷。根据法律规定,当事人未提出管辖异议,并应诉答辩的,视为受诉法院有管辖权,但违反级别管辖和专属管辖规定的除外。虽然浙江某建工公司在答辩期届满后才提出管辖权异议,但本案也应根据不动产纠纷确定管辖,因此裁定将案件移送至工程所在地法院审理。所以,当事人不当选择起诉的案由和法院会浪费时间,增加诉讼成本。

(二)级别管辖

按照各级法院受理案件标准,一般案件由基层法院受理,诉讼标的超过基层法院受理案件标准的,由中级人民法院受理。

根据《最高人民法院关于调整高级人民法院和中级人民法院管辖第一审民

① (2019)最高法民辖终194号。

② (2020)苏0507民初3390号。

事案件标准的通知》:“一、中级人民法院管辖第一审民事案件的诉讼标的额上限原则上为50亿元(人民币),诉讼标的额下限继续按照《最高人民法院关于调整高级人民法院和中级人民法院管辖第一审民商事案件标准的通知》(法发〔2015〕7号)……《最高人民法院关于调整部分高级人民法院和中级人民法院管辖第一审民商事案件标准的通知》(法发〔2018〕13号)等文件执行。二、高级人民法院管辖诉讼标的额50亿元(人民币)以上(包含本数)或者其他在本辖区有重大影响的第一审民事案件。”《最高人民法院关于调整高级人民法院和中级人民法院管辖第一审民商事案件标准的通知》(法发〔2015〕7号)也依据当事人住所地是否均在受理法院所处省级行政辖区内分别规定了各地中院管辖诉讼标的额。比如,在江苏省起诉时,若当事人住所地均在江苏省的行政辖区内,中院管辖一审民商事案件诉讼标的额应为1亿元以上;而当事人一方住所地不在江苏省行政辖区时,中院管辖一审民商事案件诉讼标的额为5000万元以上。

而2021年9月17日,最高院发布了《最高人民法院关于调整中级人民法院管辖第一审民事案件标准的通知》(法发〔2021〕27号),对中院管辖诉讼标的额标准进行了上调。“一、当事人住所地均在或均不在受理法院所处省级行政辖区的,中级人民法院管辖诉讼标的额5亿元以上的第一审民事案件。二、当事人一方住所地不在受理法院所处省级行政辖区的,中级人民法院管辖诉讼标的额1亿元以上的第一审民事案件。……”即自2021年10月1日该通知生效起新受理的案件,以此作为中院管辖诉讼标的额的标准。

在无讼案例中搜索“实际施工人主张工程款”得到将近七百个案例,其中基层法院管辖的案例有两百多个,中院管辖的案例有三百多个。在中院管辖的案例中,仅有十几个案例属于一审,其他均属于二审。一般而言,实际施工人主张工程款的管辖法院是基层法院,但是依据不同的情况会有不同的处理。

笔者也发现,有些实际施工人认为案件在基层法院审理,可能会受到外部力量影响判决结果,因此在诉讼标的已经接近中院受理的标准时,会适当提高诉讼标的,从而将本应由基层法院管辖的案件起诉到中级法院,以减少外部影响。一般而言,诉讼标的包括本金、利息、违约金等。如果已经结算,工程款本金是确定的。如果并未发生结算,实际施工人对应当主张的工程款没有明确的数字,也没有足够的证据证明时,可能会在审理的过程中申请鉴定。那么实际施工人可以依据自己的经验在适当的范围内确定工程款本金，并且在诉讼请求中注明以鉴定为准。也可以依据约定在诉讼请求中增加利息、违约金、超期费用等。

相关的法律规定明确，当事人住所地是否均在受理法院省级行政辖区内，一审中院受理案件的标准是不同的。实际施工人索要工程款时，可以考虑增加一个被告，满足有一方当事人住所地不在辖区内的条件，从而将案件受理法院提级，比如将分公司与总公司一并起诉，或者顺带起诉一人有限责任公司的股东等。

（三）涉及铁路及其附属设施的建设工程有关的合同纠纷由工程所在地的铁路运输法院管辖

《最高院关于铁路运输法院管辖范围的规定》第三条明确规定：与铁路及其附属设施的建设施工有关的合同纠纷，涉及铁路运输、铁路安全、铁路财产的民事诉讼，由铁路运输法院管辖。而建设工程施工合同适用专属管辖原则，因此，实际施工人因涉及铁路的合同纠纷向法院起诉主张工程款时，应当向工程所在地的铁路运输法院起诉。

比如，延边朝鲜族自治州中级人民法院审理的中铁集团某公司与四川某建设公司、长吉某公司建设工程合同纠纷案①中，法院认为根据《最高院关于铁路运输法院管辖范围的规定》第三条第六项、《民事诉讼法》第三十三条第一项和《民事诉讼法司法解释》第二十八条第二款的规定，本案系建设工程施工合同纠纷，工程地点为安图县，属于延边铁路运输法院辖区内。本案应由延边铁路运输法院管辖。即涉及铁路及其附属设施的建设工程施工合同纠纷由铁路运输法院管辖。

（四）涉外纠纷一般而言都由中院审理

《最高院关于涉外民商事案件管辖的规定》中规定，第一审涉外民商事案件由下列法院管辖：(1)国务院批准设立的经济技术开发区人民法院；(2)省会、自治区首府、直辖市所在地的中级人民法院；(3)经济特区、计划单列市中级人民法

① (2020)吉24民辖终27号。

院;(4)最高院指定的其他中级人民法院;(5)高级人民法院。即涉外的合同纠纷,除了国务院批准设立的经济技术开发区人民法院和高院以外,基本都是在中院进行审理。例如,笔者接触的多起实际施工人向总承包人和发包人讨要工程款案件中,有些标的仅有几十万元,但因为发包人的其中一个股东是香港企业,所以基层法院直接要求实际施工人向中院起诉。

(五)特别情形

1. 因履行挂靠协议产生的纠纷

如果实际施工人借用被挂靠人的名义承接工程,被挂靠人收到工程款后没有支付给实际施工人,实际施工人依据双方之间的协议向被挂靠人主张工程款,或者实际施工人的对外欠款由被挂靠人承担了付款义务,被挂靠人依据双方之间的协议向实际施工人追偿,这些案件属于因挂靠协议产生的纠纷,是否需要适用专属管辖,各级法院持不同的意见。

有些法院认为,挂靠人与被挂靠人因借用资质施工发生的工程款争议,本质上还是因建设工程施工引起的,挂靠人主张权利的依据也是因为承接了工程,因此属于建设工程施工合同纠纷,而非属于挂靠经营合同纠纷,应当适用专属管辖的原则,如四川自由贸易试验区人民法院欧某与某公司建设工程施工合同纠纷案①。

但也有一些法院认为,因挂靠协议产生的纠纷,不适用专属管辖。比如,最高院审理的某公司与邵某合同纠纷案②中,最高院认为建设工程施工合同纠纷是发生在发包人与承包人、转包人、分包人或实际施工人之间的,而挂靠人与被挂靠人因履行挂靠协议产生的索要工程款、追偿等纠纷,属于普通的合同纠纷,不适用专属管辖,应当由被告住所地或合同履行地的法院管辖。

不同法院对挂靠协议是否适用专属管辖持不同的观点。实际施工人若因履行挂靠协议产生纠纷想要向法院起诉,应当首先查询起诉地法院对该类纠纷管辖所持的观点,然后再进行起诉,以免被驳回后重新起诉,节约时间和成本。

---

① (2020)川0193民初5053号。

② (2020)最高法民辖12号。

2. 工程款转借款

民间借贷是实践性法律关系，即借贷是否成立以借款实际交付为准，双方当事人将应付的工程款转成借款时，并没有实际交付借款，因此借贷关系并不成立。况且，虽然从表面上来看有借条属于借贷关系，实际上仍然是建设工程施工合同中的拖欠工程款，仅仅以借条作为外在表现，因此工程款转借款仍然属于建设工程施工合同纠纷，适用专属管辖原则。例如，在湖南溆浦县人民法院审理的舒某与向某某、向某、唐某民间借贷案①中，法院就是这样认定的。

3. 将工程款进行债权转让

《江苏高院解答》对工程款债权转让引起的纠纷适用何种管辖作出了规定："工程款债权转让的，债务人与受让人因债务履行发生纠纷的，由于该债权源于建设工程施工合同，按建设工程施工合同纠纷适用专属管辖。"无论是案外人因受让债权向发包方索要工程款，还是实际施工人从被挂靠人处受让债权向发包人主张工程款，均是源于建设工程施工合同，因此属于建设工程施工合同纠纷，应参照专属管辖原则由工程所在地法院管辖。

典型案例 13.1.1

某建筑公司与杜某建设工程施工合同纠纷案②

案例要点：债权转让下，受让人受让的是建设工程施工合同项下的全部权利和义务，其诉讼请求均围绕建设工程施工合同展开，因此属于建设工程施工合同纠纷，适用专属管辖。

案情介绍

某建筑公司与某租赁处签订《路基工程施工合同》，杜某依据其通过与某租赁处签订《债权转让协议》受让了某租赁处在《路基工程施工合同》项下全部权利义务之事实向某建筑公司主张工程款。某建筑公司上诉称，本案的性质为债

① (2016)湘1224民初923号。
② (2018)最高法民辖终221号。

权转让纠纷,而非建设工程施工合同纠纷,因此应当由被告住所地人民法院管辖。

法院认为:案涉《路基工程施工合同》由某建筑公司与某租赁处签订,杜某并非合同当事人或者案涉工程的实际施工人,其之所以向某建筑公司主张工程款,系基于其通过与某租赁处签订《债权转让协议》受让了某租赁处在《路基工程施工合同》项下全部权利义务之事实。杜某在本案中的诉讼请求为确认《路基工程施工合同》无效、某建筑公司向其支付工程款、某公路公司承担连带责任等,均是围绕案涉《路基工程施工合同》提出,因此本案法律关系性质仍为建设工程施工合同纠纷。杜某与某租赁处债权转让的后果仅是《路基工程施工合同》权利主体发生变更,并不影响本案的法律关系性质。本案建设工程所在地为山西省盂县,因此按照专属管辖以及级别管辖之规定,山西省高级人民法院对本案有管辖权。

点评分析:最高院认为,受让人向债务人主张工程款是以涉案工程为基础的,是围绕涉案工程提出的,因此法律关系性质仍然是建设工程施工合同,应当适用专属管辖。因为受让人是基于债权转让协议向债务人主张工程款的,而狭义地将案由认定为债权转让纠纷是不正确的。

二、仲裁管辖

(一)仲裁的优势

一般而言,如果没有另外约定,建设工程施工合同属于法院专属管辖。但是合同的当事人可能基于某些考量会共同约定,如果发生纠纷,双方同意向××地仲裁机构申请仲裁。与法院管辖相比,选择仲裁有以下优势:

1. 仲裁一裁终局,仲裁庭作出的裁决是最终裁决,速度快、效率高,减轻诉累。而法院通常都是二审终审,甚至有些案件会经历发回重审、再审,复杂的建设工程案件甚至需要几年才能有最终的结果。

2. 突破专属管辖,当事人可以任意选择仲裁机构,不需要考虑标的大小和纠纷发生地。比如,工程发生地在广西壮族自治区的南宁市,但发包人和承包人均在江苏省常州市,双方当事人在约定管辖的时候,可以选择向常州仲裁委申请仲裁。但是双方约定发生纠纷向法院起诉,就只能由工程所在地即南宁市的法院受理。

3. 保密性强。仲裁审理以不公开为原则，而法院审理一般都是公开的，除非涉及商业秘密的，当事人可以申请不公开。

(二)约定仲裁的注意事项

双方当事人签订仲裁协议，合同中有如下条款“凡因本合同引起的或与本合同有关的一切争议，均提请××仲裁委员会按照其仲裁规则进行仲裁”，即属于对仲裁条款有明确约定，如果发生纠纷，双方应当向约定的仲裁委申请仲裁。即使双方在合同中没有约定，只要双方一致同意，也可以另行签订补充协议约定仲裁。

合同中约定“若发生争议，可以向仲裁机构申请仲裁，也可以向人民法院起诉”，属于约定不明，该条款无效，但一方向仲裁机构申请仲裁，另一方未在规定期间内提出异议的除外。双方应避免在合同中约定既可以向仲裁委申请仲裁，又可以向法院起诉。

此外，双方应明确具体的仲裁机构。若仲裁条款约定了两个以上的仲裁机构，当事人无法就选择哪个仲裁机构达成一致意见时，仲裁条款无效。若双方约定发生争议由××地的仲裁机构仲裁，××地存在两个及以上的仲裁机构而当事人又无法达成一致意见时，仲裁条款也无效。若双方约定向双方所在地的仲裁机构申请仲裁，而双方又在不同地点时，仲裁条款也无效。因此，双方若一致同意选择仲裁，必须要有明确且唯一的约定。

三、实际施工人与总承包人、发包人之间有两方存在仲裁约定的

(一)发包人、承包人、实际施工人中存在一份合同有仲裁条款时的处理

1. 当发包人与总承包人间存在仲裁条款时

发包人与总承包人之间存在的仲裁条款是否对合同外的第三人产生法律约束力？当实际施工人借用有资质的企业的名义与发包人签订施工合同时，即使实际施工人不是签订合同的当事人，也应当视为对仲裁条款明知，受到仲裁条款的约束。

有的法院认为，《建设工程司法解释(一)》第四十三条明确了对转包合同的

承包人和违法分包合同的承包人的权益保护，但不包含对借用有资质企业名义与他人签订建设工程施工合同的实际施工人的权益保护，那么挂靠情形下的实际施工人是无法突破合同相对性向发包人主张权利的。因此在转包和分包的情况下，实际施工人突破合同相对性向发包人索要工程款，是基于发包人与总承包人之间的施工合同和总承包人对发包人享有的权利范围，因此实际施工人向发包人主张工程款应当受到发包人与总承包人之间仲裁条款的约束。

例如，在寿县法院审理的陈某与安徽某建筑公司建设工程施工合同纠纷案①中，法院认为实际施工人向发包人主张权利具有代位请求权的性质，是基于总承包人对发包人享有的权利范围，也必须受到总承包人与发包人约定的约束，因此当总承包人与发包人之间存在仲裁条款时，实际施工人也要遵守该仲裁条款。

有的法院认为，《建设工程司法解释（二）》第二十四条（现为《建设工程司法解释（一）》第四十三条）是最高院根据我国建设工程领域的现状及相关实际情况制定的，该规定实际上是突破了实际施工人与承包人之间的合同相对性，而赋予了实际施工人直接向与其没有合同关系的发包人主张工程价款的权利。该规定对实际施工人的权利作了限定，也就是应在查明发包人欠付转包人或违法分包人建设工程价款数额后，发包人在欠付建设工程价款范围内对实际施工人承担责任。由此可见，实际施工人对发包人享有的权利是限于承包人对发包人享有的权利范围。基于实际施工人的身份向发包人主张工程款应当受到发包人与总承包人之间仲裁条款的约束。同时，根据该约定来确定管辖权，也维护了发包人和总承包人对管辖的正常预期，保障了当事人的程序权利。

但有的法院持完全相反的观点，如洛阳中院在洛阳某公司与王某建设工程施工合同纠纷案②中提出：实际施工人向发包人主张工程款不受仲裁协议的约束，因为仲裁协议具有高度的自治性，实际施工人并非仲裁协议的当事人，因此并不受仲裁协议的约束。且实际施工人依据司法解释突破合同相对性向发包人主张工程款，是直接基于法律规定赋予的权利，与发包人和总承包人之间的约定

---

① （2019）皖0422民初4292号。

② （2018）豫03民辖终659号。

无关。

而且从最高院审理的某置业公司与王某、合肥某建筑公司建设工程施工合同纠纷案[①]裁定书中也可以看出，实际施工人基于司法解释的规定可以突破合同相对性向发包人主张权利，并非属于代位请求权，不能简单地理解为对总承包人权利的承继。实际施工人在一定条件下可以向与其没有合同关系的发包人主张权利，该规定是一定时期及背景下为解决拖欠农民工工资问题的一种特殊制度安排，其不等同于代位权诉讼，不具有代位请求的性质。同时，该条款规定发包人只在欠付工程价款范围内对实际施工人承担责任，目的是防止无端加重发包人的责任，明确工程价款数额方面，发包人仅在欠付总承包人的工程价款数额内承担责任，这不是对实际施工人权利范围的界定，更不是对实际施工人程序性诉讼权利的限制。

关于实际施工人向发包人主张工程款是否需要受到发包人与总承包人之间仲裁条款的约束这个问题，不同省份的法院对此有不同的理解。如果发生纠纷，实际施工人应该慎重选择起诉的主体和依据。

2. 当实际施工人与总承包人之间有仲裁协议时

实际施工人是否可以依据与总承包人之间的仲裁协议直接将发包人列为仲裁的被申请人？还是应当通过起诉的方式向发包人主张工程款？因为仲裁协议具有高度的意思自治，而发包人并非仲裁协议的当事人，因此实际施工人不能将发包人同时列为共同被申请人，可以依据《建设工程司法解释（一）》的第四十三条向法院起诉发包人索要工程款。例如，在厦门中院审理的吴某与厦门市某公司建设工程施工合同纠纷案[②]中，法院认为：本案“实际施工人”吴某与“违法分包人”厦门市某公司在前述《桩基承包合同书》中约定了合法有效的仲裁条款，应受该仲裁条款的约束。根据合同相对性原则，该仲裁条款只能约束合同当事人，即只能约束吴某和厦门市某公司，不能约束作为非合同当事人的“发包人”某建设公司及“分包人”某某公司。实际施工人可以直接起诉发包人，亦可以将发包人和转包人或者违法分包人列为共同被告起诉。

---

① （2014）民申字第1575号。

② （2019）闽02民终3675号。

3. 实际施工人与分包人之间明确约定了仲裁条款，现实际施工人起诉转包人主张工程款，不受上述仲裁条款的约束

比如，在沧州中院审理的河南某公司与某某公司建设工程施工合同纠纷案[①]中，法院认为实际施工人与分包人签订的合同约定了仲裁条款，实际施工人向转包人单位索要工程款并不受该仲裁条款的约束，可以单独起诉转包人主张工程款。

（二）总承包人将工程款债权转让给实际施工人时，总承包人与发包人之间的仲裁协议对实际施工人的约束力

一般来说，仲裁协议具有高度的意思自治性，因此只对当事人产生效力。当总承包人将因工程施工产生的债权转让给实际施工人，实际施工人依据债权转让协议向发包人索要工程款时，实际上相当于成了合同的当事人。除非实际施工人在签订债权转让协议时并不知情、明确表示反对以及重新对争议解决途径进行约定外，应当推定实际施工人对发包人与总承包人之间的仲裁协议明知且同意，那么实际施工人应受该仲裁协议的约束。

典型案例 13.1.2

姚某与嘉兴某公司建设工程施工合同纠纷案[②]

案例要点：总承包人将债权转让给实际施工人，除另有约定、在受让债权债务时受让人明确反对或者不知有单独仲裁协议的外，债权债务全部或者部分转让的，总承包人与发包人之间的仲裁协议对实际施工人有效。

案情介绍

2012 年 6 月，某某公司与嘉兴某公司签订了《建设工程施工合同》，约定将嘉兴商贸中心发包给某某公司承包施工。实际上某某公司将上述工程全部交由姚

① （2017）冀 09 民终 4393 号。

② （2015）浙辖终字第 223 号。

某以包工包料的方式承包施工。2015 年 1 月,姚某、嘉兴某公司与某某公司签订了《债权转让协议书》,某某公司同意将其在嘉兴某公司处的因施工涉案工程而形成的全部债权转让给姚某。后因嘉兴某公司迟迟未付清工程款,姚某以嘉兴某公司为被告向嘉兴市中级人民法院起诉,要求嘉兴某公司支付工程款及逾期付款的利息。

原审裁定认为:嘉兴某公司与某某公司签订的《补充协议》第十三条第五款约定,"本协议在履行过程中发生争议……协商不成,提交嘉兴市仲裁委员会仲裁",姚某作为某某公司的代表在补充协议上签字,就应当知晓补充协议中的解决争议条款,但其在受让债权时没有明确反对,也未达成新的解决争议条款。根据最高院《仲裁法司法解释》第九条的规定,《补充协议》中的仲裁条款对姚某有效,姚某应当向嘉兴市仲裁委员会申请仲裁,本案不属于人民法院的受理范围,故裁定驳回姚某的起诉。后姚某不服,提起上诉。

二审法院认为:本案系建设工程施工合同纠纷。关于上诉人称其是以"实际施工人"的身份起诉作为发包人的被上诉人的问题,根据《建设工程司法解释》第二十六条第二款的规定,实际施工人在一定条件下可以向与其没有合同关系的发包人主张权利。本案姚某虽在起诉时提交《项目承包合同》及《安全责任协议书》以表明其系实际施工人,但姚某受让了某某公司对嘉兴某公司的全部债权,其与嘉兴某公司已形成合同关系,且从其提交的起诉状中的陈述来看,其并非以实际施工人的身份而是依据《债权转让协议》《建设工程施工合同》约定要求发包人嘉兴某公司支付工程款,故本案不属《建设工程司法解释》第二十六条适用情形。上诉人的上诉理由不能成立,其上诉请求本院不予支持。原审裁定认定正确,驳回上诉,维持原裁定。

点评分析:根据《仲裁法司法解释》第九条的规定:"债权债务全部或者部分转让的,仲裁协议对受让人有效,但当事人另有约定、在受让债权债务时受让人明确反对或者不知有单独仲裁协议的除外。"本案中,应当推定姚某对仲裁协议明知,而姚某既没有明确提出反对,也没有达成新的解决争议方法,所以嘉兴某公司与某某公司之间的仲裁协议对姚某有效。尽管姚某提供证据表明自己是实际施工人,但其主张工程款的依据是债权转让协议,而非根据建工司法解释直接向发包人主张权利。如果实际施工人依据《建设工程司法解释(一)》第四十三条第二款的规定直接向发包人主张权利,则应当适用法院专属管辖的规定。实际施工人向发包人主张工程款时有两条途径:其一是通过债权转让,总承包人将涉案工程的全部债权转让给实际施工人,若发包人与总承包人之间有仲裁协议,可以向仲裁机构申请仲裁。其二是依据《建设工程司法解释(一)》第四十三条第二款的规定,直接向工程所在地法院起诉。

四、多份合同存在不同管辖约定时的处理

同一个工程存在两份以上合同,且各合同对争议解决途径约定不明,有的约定向工程所在地法院起诉,有的约定向工程所在地仲裁机构申请仲裁,有的未作明确约定的,应当选择哪份合同作为管辖的依据?

有些法院认为,施工合同的效力并不影响约定争议解决的条款的效力,应当按照时间顺序,以最后一份合同确定管辖。如果最后一份合同中没有对争议解决的途径进行明确约定或者约定不明的,视为没有进行实质性的变更,则以上一份约定为准。若存在的合同都约定不明的,视为没有约定,由法院管辖。比如,最高院在成都某置业公司与某建筑公司建设工程施工合同纠纷案①中提出:关于案涉施工合同约定了仲裁条款而补充合同未约定纠纷解决办法的问题。首先,《仲裁法》第十九条规定:"仲裁协议独立存在,合同的变更、解除、终止或者无效,不影响仲裁协议的效力。"故施工合同的效力不影响仲裁条款的效力。其次,双方未在补充合同中约定纠纷主管问题,即未变更施工合同关于争议解决方式的约定。因此,双方在施工合同中约定的仲裁条款合法有效。

还有一些法院认为,双方在备案合同之后,另行签订了一份补充协议,并且双方一致同意"备案合同仅作备案之用,双方实际履行的合同以补充协议为准",则应当尊重当事人的意思表示,以实际履行的合同确定争议解决的途径。比如,在信阳中院审理的河南某建筑公司与信阳某公司建设工程施工合同纠纷案②中,法院认为:当事人双方虽然在签订的《建设工程施工合同》中约定有仲裁条款,但河南某公司在其出具的《承诺书》中写明,建设工程施工合同仅用于建设工程施

① (2019)最高法民申5011号。
② (2019)豫15民辖终152号。

工许可证办理报建备案手续,不作为工程结算依据。如有争议均可向当地人民法院诉讼。本案施工项目涉及的不动产在浉河区,现信阳某公司依据该承诺书向河南省信阳市浉河区人民法院提起诉讼,有事实和法律依据,河南省信阳市浉河区人民法院对本案有管辖权。

也有一些法院认为,备案合同既然作为双方共同向有关部门备案登记在册的合同,其法律效力强于双方当事人之间的补充协议,因此当涉及社会公共利益时,应当以备案合同中约定的争议解决方式为准。

管辖问题是实际施工人主张工程款的前置程序之一,没有正确适用专属管辖,可能会被法院裁定驳回起诉,需要另行起诉,增加诉讼成本;没有选择正确的级别管辖,可能会对权利实现的效果产生不利影响。各地法院在没有相关法律规定时会持不同的司法观点,对权利的认定也会有不同的效果。因此,实际施工人应当慎重选择管辖。

第二节　实际施工人主张工程款的保全

在建设工程领域中,实际施工人系实际完成建设工程的特殊主体,发包人拖欠工程款或承包人收到发包人工程款后迟于给付实际施工人,此种现象在建设工程中极为常见。而实际施工人作为弱势一方催要工程款无果后,只能通过法律途径追索工程款。建设工程纠纷案件具备专业性强、审理期限长、执行难度大等特点。工程款纠纷可能会经过多次鉴定,历经多个审判程序才能得到生效法律文书,一个工程款纠纷诉讼历时三五年的并不少见。在诉讼过程中,总承包人和发包人可能因经营问题导致企业无力支付工程款,也可能眼见诉讼走向不利而转移相关财产。实际施工人等到判决文书生效,向法院申请执行的时候,只剩下一纸无法履行的法律文书。

为防止付款方为了不履行付款义务从而恶意转移或隐匿财产,给后期的款项执行造成严重影响,实际施工人应尽可能在起诉时一并申请财产保全,以争取将来的判决书能得到顺利的执行。如果能够保全到财产,不仅有利于将来判决书的履行,而且还可能促使相关单位、人员尽快解决纠纷和矛盾。

一、保全的价值和必要性

保全在诉讼中的价值和意义很可能超过案件本身的处理，保全不仅能够有效促进案件的解决，更能确保判决后的顺利执行。保全与否对案件的处理效果可能会产生非常大的差异。

（一）一旦顺利保全到财产，实际施工人只需要待判决后申请执行即可，没有进行保全的，则很可能无法执行到财产

1. 实际施工人在诉讼时，向法院申请了财产保全并查封了被告财产，案件判决后，即使被告牵涉案件众多，本案件也可得以顺利执行

例如，在笔者代理的某一仲裁案件中，某施工企业承建常州某置业有限公司小区住宅工程，后因双方结算产生争议，致使施工企业一直未收到工程款，后施工企业按合同约定申请仲裁，一并申请了财产保全，冻结了置业公司的账户资金约800万元。该案裁决以后，置业公司仍一直不支付工程款，后施工企业直接申请强制执行进行划拨，最终顺利拿回了工程款。该案中，因施工人在前期仲裁时一并申请了财产保全，故在案件裁决后，即便发包方置业公司仍不支付工程款，其可以直接向法院申请强制执行划拨工程款，能保证顺利地拿回工程款。在执行过程中，置业公司已有多起案件在法院执行，财产也已被多轮查封，因执行时，置业公司尚未进入破产程序，而施工人保全在先，故而可以优先执行置业公司款项。如果在仲裁、执行过程中，置业公司已进入破产程序，则其所有财产将会被纳入破产财产进行处理。

2. 实际施工人在诉讼时并未及时申请财产保全，经过多年诉讼获得胜诉判决后，因被告已无财产可供执行，生效文书成为无法执行的一纸空文

例如，在笔者代理的常州某环保公司与洪泽某新材料公司建设工程纠纷案中，环保公司承接某新材料公司的环保工程合同总价为180万元（固定总价），环保公司投产时某新材料公司仅支付了环保工程款56万元。后环保公司向法院提起诉讼索要工程款，但未申请保全。新材料公司是可以正常运转经营的，如果当初能够采取保全措施，冻结到银行存款的可能性还是非常大的。即使冻结不到银行存款，也可以冻结房产，因新材料公司每年需要转贷，也会更快地促进案

件的处理。因为案件争议大，矛盾突出，又经历了管辖权一审、二审、鉴定、审判程序的一审、二审，等到执行时，距离起诉时已经过去4年。从目前债务情况来看，环保公司最终能够分配到财产的概率已经非常低。该案例就是由于当初原告没有采取保全措施而陷入被动状态。

有时执行的难度可能会大于案件本身的输赢，所以原告提起诉讼时，若能申请足额保全到财产则可以使后面的执行高枕无忧，而一旦没有采取保全措施或者未能保全到财产的，则可能面临判决无法执行的情况。

（二）顺利保全后，不仅能确保执行，还能促进案件的处理

1. 分包中的实际施工人在诉讼中申请财产保全后，法院冻结了总承包人的银行账户后，总承包人则会要求挂靠人限期解决纠纷，挂靠人迫于压力会主动履行，可使分包中的实际施工人权益及时得到保障

典型案例 13.2.1

某基础公司与姜某、某建设集团公司建设工程施工合同纠纷案[①]

案例要点：实际施工人承接工程后进行分包，产生纠纷后分包人诉总承包人并保全了总承包人的账户，总承包人因资金受限导致在建工程无法进行，总承包人给实际施工人施加压力，要求其出面处理并加速解决纠纷。

案情介绍

某基础公司与姜某、某建设集团公司建设工程施工合同纠纷案，某基础公司为整个项目桩基分包人，项目由姜某挂靠某建设集团公司承接。某基础公司与姜某签订有分包合同，尚欠某基础公司工程款70余万元。基础公司遂委托律师向法院提起了诉讼，并保全了某建设集团公司账户。

① (2020)苏11民终804号。

建设集团公司在了解情况后,要求姜某立即出面协调纠纷,否则将不与姜某结算后期工程款。姜某无奈,主动与基础公司协商,不仅向基础公司支付了欠款本金,还支付了利息、保全费等相关费用。

点评分析:该案中,分包的实际施工人讨回工程款的难度不在于诉讼,而在于一旦让姜某承担责任后的执行问题。因姜某很可能无任何财产可供执行,故而起诉并申请冻结总承包人账户,总承包人为了起自身的影响等考虑,会敦促挂靠人妥善解决欠款问题。而总承包人是可以有手段约束挂靠人的。如果本案中不申请冻结总承包人账户,可能法院判决姜某个人承担付款后而无法执行判决。

2. 起诉一方申请采取保全措施查封了财产后,即使案件本身证据并不充分,被告为了解封账户,也会与起诉方达成调解协议并顺利履行判决

例如,常州市武进区人民法院审理的常州某混凝土公司与上海某建设有限公司签订建材买卖合同纠纷案①中,上海某建设公司拖欠常州某混凝土公司工程款,后常州某混凝土有限公司向法院起诉,并申请保全了对方账户,但某混凝土公司本身起诉证据并不充分,因为双方签订的对账单仅有上海某公司现场人员签字,而无公司具体授权材料,且混凝土公司无法证明签字人系上海某公司员工。但上海某公司因有在建工程,急需资金运营,保全措施使得对方寸步难行,因此其主动找常州某混凝土公司协商解决,最终调解结案。上海某公司不仅支付了本金工程款,还支付了欠款利息。若对方真刀真枪地进行抗辩,则常州某混凝土公司未必能胜诉,但因保全了对方的账户使其在建工程陷入困境,无形中使对方迫于压力而主动来调解,实际施工人不仅连本带息拿回了工程款,还加速了案件的处理,避免了诉累。

保全对起诉中的原告来说,成本并不高,当然也有因为保全进一步激化矛盾而导致双方关系进一步恶化的情形,但既然选择了诉讼,双方的关系就已经出现裂痕,且仅因为保全恶化关系的也是小概率事件。有的实际施工人为了颜面、为了留一点退路而选择不保全的,则应当充分考虑好后果。

(三)保全的突然性确保了保全的效果

执行的时候因有法院判决的生效法律文书,诉讼过程中被告早有准备,为转

① (2020)苏0412民初5165。

移财产提供了充足的准备时间。而保全之前不会给被告任何提醒,被告则不会有防备,通常都是等银行账户被查封不能使用时才发现被诉讼并保全,因此保全的成功率要远高于执行。

即使在案件正常处理过程中,保全没有促进到案件的解决,被告也不会拖延案件审理时间,比如提管辖权异议等。所以,建议实际施工人一旦提起诉讼,原则上考虑采取保全措施,而不能碍于其他考虑不进行财产保全。

二、保全程序的启动

根据我国《民事诉讼法》、最高院的意见及其他相关规定,债权人在通过诉讼途径在向债务人追索到期债权时,可以向人民法院申请财产保全,人民法院对于可能因当事人一方的行为或者其他原因使判决难以执行或者造成当事人其他损害的案件,根据对方当事人的申请,可以裁定对其财产进行保全、责令其作出一定行为或者禁止其作出一定行为;当事人没有提出申请的,人民法院在必要时也可以启动保全措施。

保全需要由法院根据法律规定采取相应的措施,保全一般先由法院出具保全裁定书,然后由执行法官采取保全措施。保全过程中还有申请人提供担保、仲裁程序中的特殊规定等。

(一)保全的申请时间以及启动的主动性

1. 保全的启动程序

虽然民事诉讼法规定了保全根据一方当事人申请进行,也可以在人民法院认为有必要的时候依职权采取保全措施。但是实践中几乎不会存在法院主动启动保全措施的情形,一般都是基于一方的申请而进行保全。

2. 诉讼保全在诉讼中的使用较为普遍

诉讼保全是原告比较普遍采用的一种方式,即在诉讼时一并提出保全申请。原告在起诉时,连同诉讼材料一并提交保全申请。诉讼之初,被告并未知晓其被诉且已被申请保全的相关情况,不会有所防备。因此能够保全到财产的概率会更高,特别是更容易保全到被告银行账户中的资金。因此,绝大多数保全发生在起诉的时候。例如,在笔者代理的无锡某建筑工程有限公司与某一公司建设工程施工合同纠纷案中，无锡某建筑工程有限公司公司向某一公司索要工程款200余万元，某一公司反诉主张工期违约等各种赔偿170余万元。一审法院驳回了某一公司诉请，后双方当事人均上诉。某一公司向一审法院申请保全无锡某建筑工程公司财产，一审法院出具裁定并采取了保全措施。而某一公司本诉败诉且反诉也败诉的情况下，在一审判决后申请保全可能已不是为了判决的执行，而是存在某种恶意，后无锡某建筑公司在二审判决后向法院提起了错误保全的赔偿诉讼，某一公司予以了赔偿。但是从本案可以看出，一审判决后，当事人仍可以向一审法院申请保全。

财产保全申请在诉讼期间，不管是诉前还是诉中，均可以申请，法院一般均会受理。

二审过程中，上诉人申请对被上诉人财产保全，由二审法院出具保全裁定，二审法院可以委托一审法院采取具体的保全措施。

在笔者代理的由最高院审理的某重工股份有限公司诉北京某建设股份有限公司建设工程施工合同纠纷二审案①中，该案一审由新疆高院审理后判决北京某建设股份有限公司支付某重工股份有限公司工程款及利息5000余万元，且某重工股份有限公司并未申请法院采取任何保全措施。一审判决后，双方上诉至最高人民法院，在最高院审理过程中，某重工股份有限公司申请了对北京某建设股份有限公司的财产保全，后由最高院作出保全裁定，并由最高院委托新疆高院采取具体的保全措施。而二审中当事人发现对方经营状况不佳时申请保全已错过了最佳时机。二审法院收到保全申请后，一般由二审法院出具保全裁定文书，但是多委托一审法院具体执行。当事人除了在起诉时申请保全，在诉讼的任何一阶段都可以申请保全，一审、二审过程中均可。只要申请符合要求，法院一般都会受理。

3. 必要时可考虑诉前保全

诉前保全就是在起诉前申请保全对方财产，正是因为案件尚未进入诉讼程序，所以诉前保全的审核比诉讼保全往往更加严格。

诉讼保全是向诉讼的法院申请，而诉前保全则可以向诉讼法院申请，也可

---

① （2020）最高法民终349号。

以向保全财产所在地法院申请，故诉前保全有时候可以更多一个保全管辖法院的选择，特别是在工程诉讼专属管辖的情况下，诉前保全可以突破专属管辖的规定。诉前保全申请时因为未启动诉讼程序，对保全有效期有30日的规定，即申请诉前保全后，原告必须在30日内进行诉讼，否则法院会解除保全措施。

诉前保全只需要缴纳诉讼保全费，不需要缴纳诉讼受理费，如果案件最终在诉前可以协调解决的，就节省了诉讼受理费用。诉前保全的效率也比诉讼保全高，但诉前保全一般在紧急情况下才会采用。

（二）保全中担保的形式

《民事诉讼法》第一百条规定，人民法院采取保全措施的，可以责令申请人提供担保。所以根据法律规定保全中提供担保不是必须的，但是司法实践中，申请保全是必须要提供担保的。对于担保形式《民事诉讼法》并未有相关规定，各法院在操作中也不一样。主要的担保方式包括信用担保、房产担保、现金担保以及保险公司保函等。

现在大多数当事人用保险公司保函担保，法院认可度高，但部分法院会限制保险公司类别，有的限制为本地保险公司，故在申请保全时，应提前跟法院沟通好保全相关要求，再购买保函。

（三）仲裁程序中的保全问题

建设工程案件不仅会进入法院诉讼程序，还有可能在双方约定仲裁的情况下进行仲裁，那么仲裁程序中如果申请保全该如何处理呢？

仲裁程序中的保全申请应当向仲裁委提出，由仲裁委将相关保全申请材料移交到法院采取保全措施，仲裁委并没有出具保全裁定并执行保全措施的权利，保全措施必须由法院审查作出。

仲裁中采取保全措施的法院在不同地区是有所区别的，根据最高院的规定，仲裁的保全应当由被申请人住所地或财产所在地基层法院管辖，涉外的有被申请人住所地或财产所在地中级人民法院管辖。但是江苏高院则在2007年就规定，由被申请人财产所在地的中级人民法院按照《民事诉讼法》的相关规定管辖，该规定沿用至今。江苏的南通则又根据《民事诉讼法》相关规定，将仲裁的保全下放到统一的基层法院管辖。

需要注意的是，仲裁的保全并不是由仲裁委所在地的人民法院作出，而是只能由被申请人住所地或财产所在地法院采取保全措施。

三、保全中财产选择和续封问题

（一）可以保全的财产类别

1. 冻结银行账户

银行账户包括基本账户和一般账户，如果能够冻结到现金，对于申请人来说，意味着只要诉讼可以得到支持，执行问题几乎已经解决。如果被保全人账户中没有相应的冻结金额，则该银行账户在被冻结后只能进账而不能汇出，只有在账户金额超过冻结金额时，方可正常使用该账户。所以，有时候虽然法院查封时，账户中并无相对应的金额，但是查封后仍有款项进账可达到足额查封。

基本账户一般由企业用来缴纳社保、税金等，如果被查封导致不能使用的话，企业需要以其他方式缴纳税金和社保。但是施工企业的基本账户还有一个特殊的用途，即缴纳投标保证金。因为只能通过基本账户缴纳投标保证金，一旦施工企业基本户被冻结不能适用，就无法参加招投标，从而无法承接工程，给经营造成很大的影响。

如果施工企业需要转贷的，若该账户被冻结，与银行协调更换转贷账户也是一件比较困难的事，甚至会造成企业无法转贷。因此，若存在需要招投标或者转贷的情况下，被保全一方就会衡量得失，舍弃一部分本身的利益与保全申请人达成和解，以避免造成其他损失。

因此，实际施工人起诉并冻结了总承包人基本账户的，被申请人因无法转贷及无法参与招投标，会积极与被告协商调解付款事宜。

例如，在笔者代理的一起案件中，江苏某建筑公司在云南承接道路工程后，将其中土方工程分包给安徽某公司，后因发包人未能支付工程款，导致安徽某公司起诉江苏某建筑公司并申请法院冻结其账户600万元，法院实际冻结到200余万元。诉讼中江苏某公司积极与安徽某公司协商调解未果，后一审法院判决江苏某公司支付本金260余万元。后双方均提起了上诉,但是上诉过程中,江苏某建筑公司转贷时间将近,账户的查封对转贷造成了极大的影响。江苏某建筑公司又积极主动要求和安徽某公司调解,愿意按照一审判决金额全部履行。故即使账户未能足额保全,因为冻结了基本账户或者贷款专户,会给企业之后的经营带来诸多不便,且很多时候没有其他的解决办法,被保全方只能与申请方协调解决。申请保全一方就占据了处理纠纷的先机,如果本案中并未申请保全,被申请方肯定会尽力拖延诉讼时间和付款时间,不会积极主动处理纠纷。

此外,冻结银行账户还有利于执行,因为存款不需要通过变现手段进行变现,法院在执行过程中可以快速高效地直接划扣。因此,能够申请保全银行账户是保全时的首选。

2. 土地、房产的查封保全

建设工程纠纷涉及房产建设,意味着发包人名下存在土地和房产的概率非常大。如果是厂房建设,发包人名下的土地和房产的转让手续繁杂,转让税金高,所以很少有厂房转让的。即使转让,也是以股权转让的形式较多,股权转让不影响债权人对该公司房地产的保全查封。但是厂房建设中的土地和房产经常会被发包人进行抵押,如果采取保全措施时土地房产已经存在抵押的,那么实现债权的时候只能在抵押权顺位之后,除非保全申请人享有建设工程价款优先受偿权。厂房和土地存在抵押后查封,如果被申请人仍需要抵押贷款的,则被申请人会急于要求解封,此时也会主动联系申请人进行谈判协商解决纠纷。

当发包人为房地产开发商时,其名下极可能有大量开发待售的房产,开发商待售的房产通常是可以通过网络查询的,这些房产信息一般会公开,一旦开发商将所有的房产销售殆尽的时候,再申请保全其财产难度就会比较大。所以在准备申请保全发包人财产时,应充分调查其名下的财产状况,把握住时机申请保全,不应错过时机。开发商名下的房产属于相对容易变现的财产,而且一旦保全了相关房产,会使得发包人的资金周转陷入困境,其主动与申请人谈判协商解决的概率就会大增。

例如,在笔者代理的一起案件中,实际施工人吴某以常州某建筑公司名义承接并施工了丹阳某公司的小区项目。丹阳某公司一直拖延常州某建筑公司报送的结算,拖欠工程款5000余万元,2016年12月,吴某及常州某建筑公司即开始委托律师准备相关起诉事宜。经查询丹阳某公司名下尚有待售商品房100余套,但是常州某建筑公司为了春节前能要部分工程款发农工工资,遂对起诉犹豫不决。一直到2017年1月底,常州某建筑公司追讨到200万元工程款后启动了诉讼保全程序,但此时,丹阳某公司已经将名下所有住宅全部转移,也转移了部分商铺,法院最终仅仅查封了部分商业用房,该案件在2021年1月得到了二审生效文书,丹阳某公司共计欠付工程款6000万元及利息约4000万元,目前案件处于申请执行阶段。若常州某建筑公司在2016年12月就听取律师意见及时起诉保全,那么查封100多套市值5000多万元的住宅,则容易变现,还可享有建设工程价款优先受偿权。但是由于延误时机,导致有较高价值的住宅被全部转移,目前查封的商铺虽然备案价格高,但是变现能力差,真实价值也远远低于备案价值,导致执行陷入困难。另外,被告名下购买的商品房等也可以申请查封,商品房变现则比较容易,而且可以通过向房管局查询相应的登记情况。

虽然土地和房产属于不动产,没有办法移动、隐藏,且以登记为准,查封冻结以后,相比较于银行存款有处置变现的过程,但总体还属于对执行可以有一定保障的财产。

3. 被告所享有的第三人处的工程款等债权

只要是被告的财产,原则上都可以进行保全,但是在第三人处的债权难以查询,而申请保全需要申请人提供财产线索方可进行,有的法院甚至要求申请人提供被告与第三方的合同,才会同意采取保全措施。

但是保全在第三人处的债权会面临第三人是否配合的问题,因为只要第三人对查封提出异议,将来在执行中也不能直接执行第三人的债权,只能提出代位权之诉解决。因为申请人很难掌握相关证据,代位权之诉往往也无法进行。如果第三人不予配合,在法院保全后仍进行付款的,则可以执行第三人对应的财产甚至由法院对第三人进行处罚。但是该方面的线索和证据也很难取得,因此保全第三人债权原则上需要第三人配合方可顺利进行。国企和上市公司会比较配合法院的工作,但是一般的民企则会存在第三人不配合的问题。

当被告为总承包人时,因总承包人对外有许多工程款债权,实际施工人申请保全时就可以考虑保全总承包人的工程款债权。由于工程合同的备案信息很多时候可以公开查询,中标信息也会对外公示,实际施工人如果申请保全可以通过相关信息渠道查询信息并提交法院申请保全。需要注意的是,总承包人的工程款债权若存在其他实际施工人的情形下,其他实际施工人可能对保全提出异议。

4. 车辆、股票、商标、股权等其他财产

如果被告无银行存款、房地产、债权等财产的,原告则应想办法查询其是否存在车辆、股票、商标、股权等其他财产,虽然这类财产不如房地产等财产固定和容易变现,但在没有其他财产的情况下,也可以尽量保全这类财产,以便在执行过程中起到一定的帮助。

总之,在起诉申请保全时,要想方设法查询清楚被告的财产后再保全。有部分法院在保全时,可以帮助查询被告名下所有财产,需要申请人出具网络查控查询申请,但是有的法院则必须由原告提供明确的线索后方采取保全措施。这就对原告提出了较高的查询要求。原告在起诉前查询财产,也可以做到心中有数,更好地分析被告的经济状况,从而便于决定在何时申请保全措施。

(二)以上财产的优先选择顺序

当被告名下有多种财产可供保全时,该如何选择保全的财产以及选择保全何种类型的财产,是需要原告考虑的,但是其出发点应为确保执行的顺利和案件的解决。申请人首先考虑的应该是查封银行账户,因为银行账户中的存款最容易执行。当银行账户中没有足额存款时,也应当先查封冻结银行账户,由于对被告银行账户的冻结会影响到被告的经营,被告因此会极力促成和解。

如果被告银行账户中存款不足的,原告则应当继续要求保全其他财产,房产和土地是原告其后要考虑保全的财产。因房产和土地也是能够变现的财产,且查封后被告无法转移。特别是在原告享有建设工程价款优先权的情况下,其他财产均没有房产对原告更有保障。但是需要注意土地和房产抵押后剩余财产价值的问题。

第三人处的债权应是稍后考虑的,因为第三人的债权存在诸多的不确定性,即使采取了保全措施,将来也可能无法执行,甚至当其他实际施工人提出异议后，还需要法院解除查封。

其他价值小的财产是原告最后需要考虑的，能够查封到财产总比不查封好。

（三）保全的查封冻结期限以及续封的问题

1. 首次保全查封财产的期限

法院采取保全措施的，不是无限期的查封，针对不同的财产有不同的查封期限，查封期限届满后会自动解除查封。《民事诉讼法司法解释》第四百八十七条第一款规定："人民法院冻结被执行人的银行存款的期限不得超过一年，查封、扣押动产的期限不得超过两年，查封不动产、冻结其他财产权的期限不得超过三年。"根据该条第二款规定："申请执行人申请延长期限的，人民法院应当在查封、扣押、冻结期限届满前办理续行查封、扣押、冻结手续，续行期限不得超过前款规定的期限。"续封、续扣、续冻的期限也没有"续行期限不得超过前款规定期限的二分之一"的限制，即续封续冻、续扣的期限可以保持不变。

2. 保全财产的告知事宜

法院应一方的保全申请采取查封措施后，应当告知被申请人一方，告知方式为送达告知书并载明查封的财产和期限，也会提醒申请人在到期限前及时申请续封的问题。

3. 续封申请相关事宜

法院采取保全措施后，保全程序完结，在保全财产到期后，法院无法主动采取续封措施，而建设工程诉讼往往需要几年，银行账户的查封期限仅仅是 1 年，故在期限届满前 1 个月，原告需要继续查封的，则应当向法院提出续封申请，由案件主审法官出具裁定书后交执行部门执行。续封到期而案件仍未完结，需要继续查封的，仍需要原告向法院提出申请，续封的次数没有限制。

案件在一审阶段中，原告向一审法官申请续封，二审中原则上应向二审法院申请续封，因为案件材料均在二审中，二审法院出具裁定后交一审法院执行。如果原告未能提出续封申请，导致查封财产被转移的，原告应自行承担由此造成的损失。

典型案例 13.2.2

周某与广东某律师事务所委托合同纠纷案[1]

案例要点：实际施工人在诉讼中申请保全并顺利冻结了被告财产，诉讼过程中因代理律师未能及时申请续封导致保全期限届满的财产被转移，再申请时被告已无财产可供保全，当事人起诉代理律师要求赔偿损失。

案情介绍

周某委托广东某律师事务所纠纷案件，因该律师事务所代理的该借款纠纷案件起诉初期申请了财产保全，后保全期限届满未及时申请续封，导致重新保全未果。周某认为广东某律师事务所未及时申请续封，损害了周某的合法权益，遂向法院起诉要求赔偿，一审法院未予支持，后上诉二审法院撤销了一审判决，判决广东某律师事务所向周某赔偿损失500万余元。

点评分析：该案中，由于保全期限届满，原告未及时申请续封，导致涉案保全财产已被转移，代理律师事务所未能依约履行代理义务，导致申请人损失，法院判决该律师事务所承担赔偿责任。该案的风险虽然由法院判决律师事务所承担，但是原告的损失是由于未及时续封引发的，故一定要注意保全时间，及时申请续封，避免因保全期限届满被告财产被转移的风险。

四、保全中的多个被告的选择

实际施工人诉讼时往往会选择多个被告，法院在保全时只能保全一个被告的财产，无法保全每个被告的足够金额，但是如果被保全的被告一旦最终没有承担责任，则会导致保全落空。选择被告时应当遵循以下几个原则。

（一）首先选择最有把握承担责任的

保全是为了确保执行的顺利，实际施工人起诉时，往往会尽可能多列被告，因为承担责任的主体越多对原告越有利。但是起诉多被告会存在有部分被告最

① （2017）粤01民终11455号。

终没有被法院判决承担责任的风险，一旦被冻结了财产的被告没有被判决承担责任，而没有冻结财产的被告需承担付款义务的，则保全就失去了意义，也无法达到保全的目的。因此选择被保全人时，原告应当首先选择最有把握承担责任的。

典型案例 13.2.3

许某与北京某建设有限公司、北京某建设公司新疆分公司、乌鲁木齐某中心、乌鲁木齐某投资公司建设工程施工合同纠纷案①

案例要点：实际施工人起诉了总承包人与发包人，总承包人因资产状况不佳欠巨额债务，发包人为政府机关。在发包人尚欠工程款的情况下，实际施工人应优先申请保全总承包人在发包人处的工程款。

案情介绍

实际施工人许某挂靠北京某建设公司承接了新疆某体育馆项目。后因许某与北京某建设公司之间的矛盾，导致许某被中途赶出场，许某与北京某建设公司就许某完成的工程量进行了确认。退场后，许某以北京某建设公司、发包人乌鲁木齐某中心为被告在2016年提起了诉讼，后某政府中心提交了乌鲁木齐某投资公司为该项目支付工程款的承诺书，故许某申请追加了乌鲁木齐某投资公司为本案的被告并申请财产保全，法院查封了乌鲁木齐某投资公司银行账户1亿元。北京某建设公司经营状况不佳，牵涉的执行案件过百。该起诉讼案件经过一审、二审、发回重审后的一审，目前处于上诉阶段。

点评分析：实际施工人起诉了北京某建设发展有限公司、北京某建设发展公司新疆分公司、乌鲁木齐某中心、乌鲁木齐某投资公司，某中心为政府机关，属于与建设局平级的单位，因为某中心是财政拨款，其本身并无相应财产，法院一般

① 案号(2020)新民初7号。

无法对其进行保全。乌鲁木齐某投资公司是国有企业,负责城市建设,履约能力相对较强,而北京某建设公司属于一般的民营企业,履约能力随时都可能出问题。许某起诉后,乌鲁木齐某中心和乌鲁木齐某投资公司还支付了其一个多亿元的工程款。具体到本案中,如果确实欠付工程款,则北京某建设公司是肯定需要承担责任的,至于乌鲁木齐某中心与乌鲁木齐某投资公司公司是否需要承担责任则不一定。如果最终法院只判决了北京某建设公司承担付款责任,则本案已经采取的保全措施就毫无意义。因此,本案中,因北京某建设公司经营状况已经不行,保全其名下财产已不可行,那么如果当初申请保全北京某建设公司在乌鲁木齐某中心和乌鲁木齐某投资公司的工程款,则不仅其后乌鲁木齐某中心和乌鲁木齐某投资公司不能再将工程款付给北京某建设公司,执行过程中也会有一定的保障。

(二)如果对于最终承担责任没有把握的,应选择履行能力最差的进行保全

实际施工人如果在诉讼时对几个被告最终责任的承担能力没有办法判断的,则建议保全履行能力最差的被告财产。对于国企、上市公司,资质较高且经营状况良好的企业,暂可不进行保全,而保全经营状况不佳的企业。这样如果法院判决经营状况好的公司承担责任,因为本身这些企业履约能力就比较强,无须担忧执行问题。一旦法院判决履约能力差的承担责任,因为有了保全,也可以保证执行到位。

(三)选择有资产的被告进行保全

如果经查询,多个被告中只有个别被告尚有资产可供保全,那么对其他人采取保全措施已经没有意义,可以选择有资产的被告进行保全,如此也可能保证案件的协调解决。

(四)必要的时候,可以选择查封冻结各被告部分财产

实际施工人提起诉讼时,很可能工程造价尚未确定,而实际施工人编制的工程造价往往偏高。实际施工人在申请保全时,也会清楚最终审计或者法院判决

的金额与主张的金额肯定会有差距，那么保全时就可以将整个保全金额进行拆分，根据需要，同时保全各被告不同的财产金额，如此既不违反相关的法律规定，也可最有利地维护保全方的权益。

总之，每个案件的情况不同，这就要求原告根据具体的实际情况选择不同的保全对象，有时候，选择正确会有利于权利的维护，选择错误则可能导致判决无法执行到位。因此，实际施工人需要综合评判，作出最优的选择。

五、保全查封冻结的解除形式

保全查封冻结财产后，被申请人肯定急于解封，故而查封后的解封在以下几种情况下可以达到目的。

（一）由保全的申请人向法院申请解除查封的

由于保全是申请人申请的，故而申请人申请解除查封的，法院审查后都会同意。申请人向法院申请解封，多因为申请人与被申请人达成了和解协议，也有可能是申请人迫于被申请人的压力而申请法院解除查封措施。

被申请人要求申请人同意解除查封，首先会与申请人进行和解谈判，申请人也应当把握住机会，而不应该随便答应。

典型案例 13.2.4

江苏某建设发展集团有限公司与江苏某茶业有限公司建设工程施工合同纠纷案[①]

案例要点：实际施工人以总承包人名义提起诉讼并保全发包人财产后，总承包人为考虑后期合作，向法院申请解除发包人账户，丧失了很好的谈判机会，给案件处理带来隐患。

---

① (2018)苏0482民初2482号。

案情介绍

陈某挂靠江苏某建设发展集团有限公司承接了江苏某茶叶有限公司的厂房工程，因工程纠纷，2018年4月，陈某以江苏某建设发展集团有限公司名义起诉了江苏某茶叶有限公司主张工程款200余万元，并查封冻结了其银行账户。采取保全措施后，江苏某茶叶有限公司联系江苏某建设发展集团有限公司要求解封账户，江苏某建设发展集团有限公司遂要求陈某解封账户，律师建议陈某不要同意解封账户，但是迫于公司压力下，在江苏某茶叶有限公司同意先支付20万元工程款的前提下，陈某签订协议并同意解封账户，诉讼继续进行。律师帮其起草了和解协议，写明就质量问题无争议，但是双方实际签订时该条款被删除。后江苏某建设发展集团有限公司申请解除了查封措施。诉讼过程中江苏某茶叶有限公司就质量问题进行鉴定，并就修复问题进行鉴定，后该案件经一审、二审发回重审，目前处于发回重审阶段。

点评分析：如果陈某当时能够坚持双方就质量问题不再有争议的情况下方同意解封，很有可能就在当时解决了质量问题。为了20万元工程款和总承包人的压力，原告丧失了本已占据的先机。

（二）被保全人申请解封

被保全人申请解封难度会很大，法院的审查也会比较严格，通常是在被保全人提供了担保的情形下法院才会同意。

申请人在申请保全时会提供保险公司保函作为担保，由于解封担保风险会远远大于保全申请，故保险公司很少提供解封时的担保保函。但是目前也有少部分保险公司可以出具这样的保函，只是审查要求比较严格。

（三）申请保全一方在生效文书中败诉后，双方可以申请解除查封

保全的目的在于确保案件胜诉后的执行，如果案件最终未能胜诉，被保全一方也不需要支付任何款项，保全就可以解除。但是需要法院出具裁定，安排人员办理相关的解除查封的手续。

（四）判决履行完毕后，双方可以申请解除保全措施

判决履行完毕的，保全的目的也就完全达到了，在此情况下，双方均可以申

请法院解除保全措施。

（五）农民工工资专户被查封后的解封

农民工工资专户是一类特殊的存在，法院是不可以任意查封冻结的。法院如果查封冻结农民工工资专户的，施工企业可以向法院申请解除查封，法院在审查后确认为农民工工资专户的，也会解除相应的查封措施。

当然，冻结了农民工工资专户，施工企业需要提供一套证明材料给法院审查，为了尽快解决纠纷，也存在因为冻结农民工工资专户后，双方迅速达成协议解决纠纷的情形。

综上，申请保全一方应当充分利用好被申请人迫于解封的心情，争取在申请解封时能够谈判获得较好的条件。一旦查封已经没有必要的情形下，申请人也应积极配合被申请人解除财产的查封，避免被申请人损失的扩大。

六、超标查封的问题

保全后，被申请人时常会向申请人提出质疑，认为申请人超标查封，有的甚至威胁申请人，将来会进行索赔。是否为超标查封的认定，需要注意以下几个问题：

（一）保全裁定载明的金额与实际查封财产金额之间的差额问题

如果保全的是银行账户，不会存在裁定书金额与保全金额不一致的情形。但是如果保全的是房产，在保全过程中首先要确定房产价值，保全只能查封裁定书中载明的金额范围内的财产。房产和土地又经常会存在抵押，无法准确评估预判金额，变现过程中也会存在打折情形。所以在保全房产、土地时，往往会考虑备案价基础上进行一个折扣，商铺的折扣则要更高。对于该类财产，即使真的存在超标的，也不是申请人的责任，因为申请人只需要对申请的金额负责，而保全措施是法院采取的。这种情况下被申请人可以向法院提出申请，由法院审查后决定。

（二）认为申请保全金额超过真实标的的

申请人起诉时，往往会以抬高诉请数额的方式提高保全标的，这种情况下，在案件判决文书生效前，法院无法审查真实标的额，只有在案件判决生效后才能确定保全金额是否过高。因此很多时候这也成为申请人一方申请保全时的一个策略。对于该种情况，如果申请人确有过错的，被申请人可以请求保全错误赔偿。

七、保全错误的赔偿问题

保全错误后申请人对被保全人损失存在过错的才需承担赔偿责任，所以虽然申请人最后未能取得胜诉，但是被申请人要求赔偿保全错误造成的损失的，一般难以得到法院支持。原告在起诉时申请了财产保全并申请冻结了被告财产，即使原告最终未能胜诉，但是原告若不存在过错，则不需要承担保全错误的过错赔偿责任。

典型案例 13.2.5

李某与贵州某建工集团工程有限责任公司、中国某保险公司贵州分公司财产损害赔偿纠纷案①

案情介绍

被告李某在另案中起诉原告贵州某建工集团工程有限责任公司支付其劳务费及利息共计649.6万元，并申请保全了原告财产，被告2中国某保险公司贵州分公司出具保单保函，贵阳市中级人民法院裁定冻结了原告银行存款649.6万元。后该另案中法院判决驳回李某的诉讼请求，二审又判决驳回。原告认为被告为恶意诉讼及恶意申请保全，导致原告因此无法支付相应的工程款、材料款、借款等，对第三方承担了巨额的资金占用费、加价款、利息等损失，生产经营陷入困境，受到了巨大的经济损失，遂起诉被告李某依法应当对原告的损失承担赔偿责任，被告2中国某保险公司贵州分公司承担连带赔偿责任，后法院判决驳回诉

① （2018）黔01民初982号。

讼请求。

点评分析:该案中,法院认为申请保全错误,须以申请人主观存在过错为要件,不能仅以申请人的诉讼请求未得到支持为充分条件,故而驳回了原告诉讼请求。且保险公司担保的,因保全错误后由保险公司进行赔偿,有些保险公司会设置追偿条款,有些保险公司没有设置追偿条款,需要在购买保险时应注意区分,尽量购买不设置追偿条款的保险,以规避购买人的风险。

总结:在诉讼时,申请保全不仅有利于案件的执行,有时候还可推进案件的处理进程,但是就保全财产的查询和选择、保全对象的选择、保全金额的确定等都需要申请人统筹策划,好的保全决策不亚于一次精彩的诉讼,因此实际施工人在维权时,一定要重视及时采取保全措施,更要重视保全的策略。

第十四章 实际施工人主张工程价款相关问题

CHAPTER 14

实际施工人主张工程款过程中，首先要确定工程款总额，即工程总造价。确定造价过程中就会涉及黑白合同、送审价、优先权等能够直接影响工程价款的一系列问题，而这些往往是出现在总承包人与发包人的总承包合同条款中。本章主要就实际施工人如何适用这些条款，如何在处理该类问题的时候使实际施工人处于有利地位等，帮助实际施工人通盘考虑，逐一分析。

第一节　实际施工人的工程造价的确定

实际施工人主张工程款时应先确定工程款金额，而工程款的金额则是根据工程造价扣除已付款和应扣款后确定的。已付款和应扣款由付款方举证证明，工程造价则需要由实际施工人举证证明。法院审理时首先需要查明的也是工程造价的金额，本节主要讨论实际施工人的工程造价的确定。

一、工程造价的几种计价模式

在施工合同前期的磋商过程中，双方会就价格计算方式进行谈判，最终确定时还会根据合同及现场实际情况进行结算，价格的确定有其依据的标准，目前确定合同价款结算的计价标准主要有以下几种：

(一)以工程量清单计价的方式

工程量清单计价一般都是单价合同,只有在合同完成的工程量和签订合同前发包人给出工程量清单种类和数量完全一致且不存在价款变更的情形时,合同总价才是最后的结算总价。但是签订合同前的工程量与实际完成的工程量完全一致、施工中不存在价款变更的情形几乎不可能存在,所以竣工结算的价款往往与合同总价并不一致,合同中的价格也多表述为暂定价。工程量清单计价的模式主要包括国标清单、模拟清单、港式清单等几种。

1. 国标工程量清单

自 2003 年以来,建设部定额总站先后颁布了《建设工程工程量清单计价规范》(GB 50500—2003)、《建设工程工程量清单计价规范》(GB 50500—2008)、《建设工程工程量清单计价规范》(GB 50500—2013,以下简称《13 清单计价规范》),目前建筑工程领域普遍适用的是《13 清单计价规范》。

《13 清单计价规范》属于国标,对于使用国有资金投资的建设工程必须采用《13 清单计价规范》,而对于非国有资金投资的建设工程则并不强制使用。国标清单计价是指发包人根据图纸计算出相应的分部分项工程量,由承包人根据每项工程量报综合单价,综合单价包含人、材、机、管理费、利润,加上规费和税金后即可以得出总价。目前国有项目几乎都采用国标清单计价的方式确定合同价格。

根据《13 清单计价规范》,承包人应对其所报的单价负责,发包人应对其提供的工程量清单中的工程量准确性负责。但是有的发包人会在合同或者招标文件里要求承包人核对发包人给出的工程量,由承包人对工程量的准确性负责。此时会存在国标《13 清单计价规范》与合同条款相冲突时该如何适用的问题。

典型案例 14.1.1

某建安公司与某开发公司建设工程施工合同纠纷案[①]

案例要点：虽然双方在施工合同中约定，漏项、错误、特征及工作内容描述不准确等，在投标答疑时未提出要求补正的，中标后不再调整其综合单价和工程量，但是法院审理后认为该条款与《13 清单计价规范》相冲突的，应当对漏项、缺项等进行调整。

案情介绍

2011 年 6 月 1 日、6 月 11 日，某建安公司与某开发公司就讼争工程的一标段、二标段分别签订两份建设工程施工合同，合同专用部分对于合同价款及调整作了如下约定：23.2　本合同采用固定单价方式确定，即开工后直至竣工其单价不予调整。(1)采用固定价格合同，合同价款中包括的风险范围：……C. 按照图纸和施工规范的要求，结合现场实际，发现清单项目中漏项、错误、特征及工作内容描述不准确等，在投标答疑时未提出要求补正，中标后不再调整其综合单价和工程量……

施工完成后，双方发生争议而产生诉讼，案件审理过程中，一审法院依法委托江苏某项目咨询有限公司（以下简称鉴定机构）对讼争工程的工程造价进行司法鉴定。

其中 7 项争议为内墙面砖部位增加刮糙 9mm 厚 1∶3 水泥砂浆是否应当扣减 180 230.94 元？

某开发公司认为，内墙面砖部位增加刮糙 9mm 厚 1∶3 水泥砂浆，不应套用 13－14 水泥砂浆粉刷，应当扣减 180 230.94 元。

鉴定机构认为，按照固定单价合同综合单价调整的一般规则，其在鉴定时将实际完成的装饰装修内容与工程量清单描述进行对比，未发生但清单描述包含的工作内容予以扣除，实际发生但清单描述未包含的予以增加。本项工程设计的工作内容与 13－14 基本相同，根据定额规定，材料费应在 13－14 子目基础上

① (2016)苏民终 1151 号。

进行调整,人工费不应扣减。鉴定报告中材料费已经扣减。

一审法院认为:首先,虽合同专用条款第23.2条C款内容为“按照图纸和施工规范的要求,结合现场实际,发现清单项目中漏项、错误、特征及工作内容描述不准确等,在投标答疑时未提出要求补正,中标后不再调整其综合单价和工程量”,但该约定条款与本工程招标所采用的《13清单计价规范》中的强制性条文第3.1.2条“采用工程量清单方式招标,工程量清单必须作为招标文件的组成部分,其准确性和完整性由招标人负责”、第4.1.3条“招标文件中的工程量清单表明的工程量是投标人投标报价的共同基础,竣工结算的工程量按发、承包双方在合同中约定应予计量且实际完成的工程量确定”相抵触;故上述合同条款在计算工程造价时不能当然适用,现鉴定机构按照固定单价合同综合单价调整的一般规则,将实际完成的装饰装修内容与工程量清单描述进行对比,未发生但清单描述包含的工作内容予以扣除,实际发生但清单描述未包含的予以增加,符合合同约定的“固定单价”结算方式。其次,对于本项造价的结算,鉴定机构已经明确对照了定额规定予以复核计算,故某开发公司的此项异议不予采纳,本项造价不予调减。

二审法院认为:《建筑法》第十八条规定,建筑工程造价应当按照国家有关规定,由发包单位与承包单位在合同中约定。本案工程采用工程量清单计价方式通过招投标签订合同作为计算工程造价的依据,《13清单计价规范》系国家建设主管部门对工程量清单计价方式的规范文件,根据其中强制性条文第3.1.2条的规定,采用工程量清单方式招标,工程量清单必须作为招标文件的组成部分,其准确性和完整性由招标人负责。本案建设工程施工合同第23.2条C款约定如工程量清单存在漏项、错误、特征及工作内容描述不准确则由××承担不利后果的约定与该强制性条款相冲突,故不应作为双方的结算依据,一审鉴定机构对上述因工程量清单漏项、错误及描述不准确引发的争议按照实际发生情况进行调整的处理方式符合工程量清单计价规范的强制性规定,一审法院对相关鉴定意见予以采信并无不当。

点评分析:对于合同明确约定承包人对漏项、缺项、描述错误、工程量少算等承担责任的,司法实践中的处理并不一致,其中主要有以下几种意见:其一,认为该约定与强制性规范相冲突,应当适用强制性规范,即由发包人承担工程量不准确的后果;其二,认为双方的约定应当优先于清单规范的适用,故应当按照双方约定由承包人承担工程量不准确的后果;其三,根据公平原则,认为承包人未能发现工程量清单的错误有过错,发包人编制的错误亦有过错,将全部责任归于承包人并不公平,故而双方应分担费用。

2. 模拟工程量清单

模拟工程量清单计价是针对国标清单计价而言的,国标清单计价根据施工图计算工程量,要求准确。而模拟清单一般在施工图出来之前出具,因此没有办法做到准确。为了加快项目开发进度,开发商在拍下土地后、施工图设计完成前就开始寻找施工单位并协商确定合同价格。采用国标清单计价的模式不仅需要等正式施工图确定,而且计算工程量也需要大量时间。开发商为了节约时间,根据以往的同类型的工作经验列出工程量清单的项目,预估具体数量,所以模拟清单中的工程量并不准确。承包人根据模拟工程量清单报单价,并经双方协商后确定最终的合同价。

在施工过程中以及施工完成后,模拟工程量清单往往还存在需要转固的情形,就是根据模拟清单所报的单价,对模拟清单中的清单量据实调整,最终将真实的工程量以及合同中的单价汇总后得出的价格作为固定价提交双方确认。大型开发商较多采用这种模式确定合同价格。

3. 港式工程量清单

港式工程量清单计价与国标工程量清单计价存在联系,都是发包人对工程量负责,承包人进行报价。但是二者之间区别也很明显。

首先,港式工程量清单费用中包括开办费和主体费用,开办费用为部分措施项目清单费用和其他费用,而主体费用中不仅包括国标清单中的人材机、管理费、利润,还包括规费和税金,有些措施项目费用也包含在内,比如模板费用。其次,港式清单中的工程量清单子目会设置得更详细,混凝土工程会按照不同位置和厚度等单独列项。最后,港式清单一般不再需要对工程量重新核算,直接按图纸包干,而国标清单则是对工程量按实结算。

港式清单多用于外商投资开发的项目。

工程量清单计价最主要的特征就是承包人对清单单价负责,区别在于清单子目的设置和清单具体包括的费用不同。非强制使用国标清单的项目,发包人有权确定单价所包含的内容和清单子目设置规则。实践中也不限于上述三种清单模式,还存在其他的清单模式用以确定工程量清单单价。

(二)以定额的方式

在推行工程量清单计价之前,我国多数采用定额的方式进行计价,采用定额的方式计价对发包人前期要求相对较低,不需要发包人有较多的专业知识,更容易为普通发包人所接受。

根据《定额管理办法》第三条的规定,定额是指:“在正常施工条件下完成规定计量单位的合格建筑安装工程所消耗的人工、材料、施工机具台班、工期天数及相关费率等的数量基准。”定额是国有资金投资工程编制投资估算、设计概算和最高投标限价的依据,其他工程仅供参考。

由此可见,定额就是正常条件下的各种消耗量的基准和费率基准,所以是一个相对的统一的标准,在某一地区可以根据相应的定额得出统一的结论,故而不需要就复杂的工程进行重新确定工程量和费率标准。双方只需要在这一标准下协商确定价格即可,方便高效。在以定额的方式签订计价条款时也会存在以下几种确定方式:

1. 直接以定额、信息价采用下浮的方式

承发包双方可以直接在合同中约定所采用的相关定额以及相应的下浮比例,采用这种方式在商谈合同时,双方只要对下浮的比例进行协商即可。该方式不需要有太多的专业知识,报价人相互之间的价格也比较清晰明了,发包人可以选择下浮率最高的报价人作为承包人,这样的价格条款事先不需要做任何计算,只需要熟悉工程的类型、层数以及相应的特殊要求即可。工程类型、层数、规模等会影响到下浮比例。

采用这种模式计价的多为没有太多专业计价人员的小规模开发商及或应用于相应的厂房建设中,因国有投资项目必须采用工程量清单招标,所以该计价方式较少出现在国有投资项目中。采用定额计价方式签订合同的需注意,采用的具体定额应当明确,各省市一般有自己独立的定额,且相互之间存在较大差异,不同时间段也会有不同的定额。

2. 根据定额作出预算书的方式

发包人根据设计图纸寻找承包人的,承包人都会根据图纸进行报价,而报价也称为根据图纸做施工图预算价。预算价以定额和信息价或市场价作为依据,有部分承包人会对预算价格有所调整。然后在预算报价总价的基础上,承发包人协商一个最低的承包价,这个价格也可能表述为预算总价的下浮。双方签订合同时,预算报价也作为合同的组成部分之一。所以这样的合同最终会是一个固定总价合同,也可能是固定单价合同,结算时可能根据实际增加或者取消的项目进行调整。该类计价确定方式一般在发包人为厂房建设时使用。

(三)以成本加酬金的方式

成本加酬金模式作为计价条款较难见到,因为成本本身就难以确定,而且采用成本加酬金模式还会导致承包人不控制工程成本,造价增加。该类计价条款只需要在商谈合同时确定酬金占成本的比例或者具体的酬金数额即可。该计价方式的确定会出现在工程紧急等一些特殊情况下。

(四)以固定总价的方式

固定总价合同在结算时只需要在存在价格变动的情况下予以调整,而其他部分则直接根据合同中的价格结算即可。固定价格对发包人来说可以有效控制工程造价,所以发包人较为喜欢该方式。

固定总价较多地适用于工程总承包合同,因为设计也由总承包人控制,故工程量的责任和风险并不完全在发包人,所以工程总承包合同较多地采用固定总价的方式确定合同总价。

固定总价合同并非在结算时不予调整,在符合调整价格条件时,价格仍应当进行调整。

(五)其他方式

定额计价在工程计价市场仍然占据一定的重要定位,各种计价方式或多或少都跟定额有关,除了以上几种计价方式外可能还会存在其他的方式确定相应的价格,具体包括:

1. 暂定价

暂定价是指合同中的分包或者相应的部分材料、设备价格暂时不予确定，在具体的施工过程中，根据实际采购确认的价格作为承发包双方最终的价格，而在签订合同时只是暂定的价格，最后按照实际情况调整。

暂定价只是合同中一部分内容的计价方式，是合同总价的组成部分。

2. 依据总承包合同

总承包人以收取税金管理费的方式确定与分包人、实际施工人、转包人等合同的计价。这种情况较多出现在转包、分包、挂靠等情形中，总承包人不参与施工也不承担风险，仅收取项目的管理费。

3. 没有约定计价条款

当双方无法举证合同中有计价条款或者没有签订书面合同，在发生纠纷时没有办法确定双方关于计价的约定。此时，就会按照没有计价条款的约定结合《民法典》相关规定进行处理。

总之，所有确定工程合同价的方式都与定额或者实际工程成本相关，通过一定的方式根据企业自身的能力和经验确定最终双方可以接受的价格。每一种不同的价格约定方式所产生的争议和后期的结算都是不同的。承发包双方在签订合同时，就应当对最终的结算做好筹划和预判。

二、工程造价的确定方式

工程造价在双方达成一致意见或视为双方达成一致意见的情况下可以确定，否则，可能就需要通过司法鉴定的方式由法院或者仲裁机构进行确认。双方对造价的确认首先应根据意思自治的原则，双方无法达成一致意见时才会启动鉴定程序。工程造价的确定主要有以下几种方式：

（一）有审定单或者已经对造价确认的

工程竣工结算过程通常是实际施工人以总承包人的名义做好结算书上报给发包人，由发包人进行审核。审核过程中，经过双方多次核对沟通后达成一致的结算审定单，审定单中的价格就是双方最终确认的价格，任何一方无充分理由都不可以推翻。

《建设工程司法解释(一)》第二十九条规定:“当事人在诉讼前已经对建设工程价款结算达成协议,诉讼中一方当事人申请对工程造价进行鉴定的,人民法院不予准许。”这里的结算协议就包括审定单和双方以其他形式对结算价做的确认,但是这个确认必须是明确的价格。如果双方达成的结算协议内容只是计算方法,仍需要专业人员计算后得出的,则还是需要通过鉴定确定最终造价。

需要注意的是,审定单或者结算协议中就工程造价的范围应当明确,如果仍有未结算的内容,则需要单独注明,否则可能会被视为双方所有工程的最终结算,而对施工方不利。

如果结算审定单明确,双方不存在争议项,纠纷很容易处理。但实践中,因为某些计价的争议,也可能无法取得双方签字的审定单,即使双方妥协下,审定单或者结算协议也会存在问题。

1. 咨询机构代表发包人盖章

承包人在审定单上盖章确认表示对审定单价格的认可,咨询机构受发包人委托,对承包人提交的结算报告进行审核并出具审定单。原则上咨询机构应在发、承包双方确认后才会盖章,但也有发包人还未确认,咨询机构就盖章确认的情况。如果咨询机构有权代表发包人的,则咨询机构的确认就代表发包人的确认,审定单对发包人产生约束力。但是发包人一般与咨询机构仅仅是委托服务咨询合同关系,咨询机构为发包人提供专业意见,是否采纳该意见则由发包人自行决定。除非发包人明确授权咨询机构代表发包人进行审定价格的确认,否则,咨询机构的盖章行为不能代表发包人,发包人完全有理由不认可咨询机构的盖章。

2. 审定单注明需二审

发包人在对结算进行审核后,一时又提不出明确的核减意见,故而会在审定单上确认,但是会注明需要进行第二次审核。那么该确认行为就是一个有瑕疵的或者有保留的确认,就该审定单是否可以约束发包人目前实践中是存有争议的。但是一般认为,除非发包人能够明确地指出审定单中的错误,否则不会启动二审审核或者新的鉴定程序。

3. 注明争议项

若双方就审定单中大部分意见能够达成一致,但是对部分争议项无法解决,如果双方都不妥协，那么无法审定最终的价格，此时就可以将双方能够确认的部分固定下来，不能够确认的单独注明有争议。事后再就争议项进行协商处理即可，即使将来诉讼，也只需要针对争议项进行鉴定，双方确认的部分则按照确认的处理即可。

审定单是双方确认造价的最主要的形式，除此之外，还有其他形式，只要双方意思表示真实，不违反法律规定，不侵犯第三人利益，均可以构成双方结算价格的确定。

（二）共同委托造价咨询机构出具意见并表示接受的

通常情况下，造价咨询机构属于单独委托，实际施工人委托其帮忙编制结算书，发包人委托其审核结算报告。如果双方对造价咨询机构的选定达成一致，该造价咨询机构的报告能否约束双方？

本书认为，即使双方共同选定一家咨询机构出具咨询意见，该意见也不必然约束双方。

《建设工程司法解释（一）》第三十条规定："当事人在诉讼前共同委托有关机构、人员对建设工程造价出具咨询意见，诉讼中一方当事人不认可该咨询意见申请鉴定的，人民法院应予准许，但双方当事人明确表示受该咨询意见约束的除外。"只有在双方明确表示接受该咨询意见的情况下才能约束双方。这包括咨询报告出具前双方达成一致接受的意见和咨询报告出具后双方达成一致接受咨询报告的意见。事前达成一致接受的意见相当于双方都授权咨询机构出具最终的双方结算价格，事后达成一致则是对咨询结果的认可，更无争议。需要注意的是，咨询机构本身是否具备资质，在事前达成一致和事后达成一致的法律后果可能不同。即使咨询机构不具备资质，但事后达成的一致更多的是对咨询报告本身的认可。

（三）约定固定价而又没有变更增加价款的

固定总价的合同一般较多出现在厂房建设中，直接签订固定总价的情形并不普遍。即使签订了固定总价，也可能存在工程增减调整合同价款、材料涨幅超过风险范围等而调整合同价款的情况。因此，即使签订了固定总价合同，也不表示结算的时候价款一概不作调整。

《建设工程司法解释(一)》第二十八条规定:“当事人约定按照固定价结算工程价款,一方当事人请求对建设工程造价进行鉴定的,人民法院不予支持。”该条规定约定的固定价合同不能再打开重新结算,但是固定总价符合合同约定调价的,仍应进行调价。

固定单价合同也称为固定价合同,固定的单价也不应该再进行调整,但是如果双方不能确认工程量,则可能需要通过鉴定确认双方的工程量。

开发商在施工过程中,会对工程量进行重新核算,根据承包人报的单价将整个合同价转化为固定总价并签订补充协议,这个价格往往也就是双方的结算价格。

(四)通过造价鉴定确认或者庭审中确认

当双方没有就工程结算价款达成一致的,往往需要通过委托第三方鉴定机构进行鉴定,法院也多根据最终的鉴定结果确认双方的工程造价。以鉴定的方式确认工程造价的,需要注意以下问题:

1. 若不启动鉴定程序,无法确认双方造价的,才会启动鉴定程序

当双方对工程造价无法达成一致,也无法根据合同直接确定,必须使用专业知识等来确定时,才会通过造价鉴定确认最终的造价,凡是可以不经鉴定确认造价的,就不会启动鉴定程序。

2. 造价的鉴定一般由施工方提出申请并缴纳鉴定费

《民事诉讼法》规定“谁主张,谁举证”,实际施工人主张工程款的,则需要证明发包人欠款金额,即工程总造价。因此,必须通过鉴定确认工程总造价时,应当由实际施工人承担举证责任,即提出鉴定申请并缴纳鉴定费,实际施工人不申请或者不缴纳鉴定费而导致鉴定不能的,会因证据不足而被驳回诉讼请求。

3. 鉴定机构由法院选定并委托

鉴定机构与咨询机构的选定方式不一样,鉴定机构除非双方能够达成一致意见共同选定一家,否则由法院选定,鉴定机构是接受法院委托,不受任何一方约束。鉴定的资料也都是经过法院质证后移交的,鉴定机构听取法院安排后进行鉴定造价。

4. 双方在鉴定过程中达成的一致内容，除非涉及虚假诉讼，否则应当进行确认

鉴定机构也要衡量和考虑诉讼双方的意思自治，对于双方达成一致的内容，鉴定机构必须采纳并计入鉴定报告中，除非双方的确认涉及虚假诉讼。

5. 鉴定意见属于鉴定机构出具的意见，法院并非必须采纳

原则上，鉴定意见出具后，法院都会接受和采纳，对于其中争议项目，听取双方意见和鉴定机构的意见后，法院会作一个评判处理。但是法院并非必须采纳鉴定意见，法院认为鉴定意见存在依据不足、程序违法等情形的，也可以不予采纳。

6. 庭审中双方对造价达成确认的，则不需要再启动鉴定程序，已经启动的鉴定程序也应当停止

当事人双方随时都有处分双方权利的自由，双方在任何时候就造价达成一致意见的，都可以对抗鉴定内容，即使鉴定意见正式出具后，双方达成的与鉴定意见不一致的内容仍应当会被优先采用。诉讼中，鉴定中以及鉴定完成后双方仍可以达成一致意见，法院无权进行干涉。

工程造价鉴定是确认工程造价的最后手段，双方不能达成一致意见的，申请鉴定则会经常被采用，涉及工程造价的纠纷中，启动造价鉴定程序的非常普遍。

（五）鉴定过程中的自认

诉讼过程中，若承包人主张了工程造价，发包人不予认可又主张了另一个较低的工程造价，承包人未申请鉴定的视为对发包人的造价认可，则可以按发包人自认的价格作为双方的造价。

典型案例 14.1.2

某建筑公司与某文化公司建设工程施工合同纠纷案[①]

案例要点：承包人在诉讼中主张了工程结算造价，发包人予以否认并提出了

① （2016）最高法民终 185 号。

一个较低的结算价格,承包人放弃鉴定并同意按照发包人的价格进行结算,法院亦认可发包人自认的价格作为双方的结算价。

案情介绍

2011年5月19日,某建筑公司承接了某文化公司的学校工程,2013年7月工程停工,2013年10月,某建筑公司提起诉讼要求进度款。诉讼过程中,双方同意解除施工合同,某建筑公司遂变更诉讼请求,要求某文化公司支付工程款85 200 784.9元,某建筑公司认为已完部分工程造价为130 954 784.90元。某文化公司认为已完部分工程造价为86 455 677.07元,某建筑公司向法院申请工程造价鉴定后,又放弃进行造价鉴定并认可某文化公司自认的工程造价86 455 677.07元。法院一审、二审均据此确认工程造价为86 455 677.07元。

点评分析:实践中,实际施工人基于申请造价鉴定可能会面临无法支付鉴定费、无法提供全部鉴定资料、对鉴定后的最终造价没有信心等情况,可能会选择认可发包人给出的结算价格,这是实际施工人综合考量后的选择,法院一般也会尊重,发包人此时要想撤回其给出的价格,法院一般也不会允许。

(六)以送审价作为最终的结算价

在符合适用送审价的情况下,总承包人送审价格即为双方最终确定的价格,但是送审价条款的适用条件苛刻,涉及的利益巨大。

以上是工程造价确定的几种方式,只有确定了工程总造价,工程款的主张才能够继续进行,这是主张工程款必不可少的一步。

三、总承包人与发包人之间的确认价格为计算依据

实际施工人通常会与总承包人签订《内部承包协议》,可以是按单个工程签订的协议,也可以是按年签订的,或者包括所有工程签订的《内部承包协议》。实际施工人与总承包人按照收取管理费百分比的方式计算工程的造价。根据该条款,只要总承包人与发包人确定了价格,实际施工人只需要根据确定的价格扣除管理费用既可以确定其自身造价。但是实际施工人需要注意以下两个问题:

(一)没有签订内部承包协议

在双方没有异议的情况下,按照总承包人与发包人的价格扣除一定的管理费用后即可作为双方的结算价。由于这种情况下,双方是达成一致意见的,并无多大矛盾。一旦有一方不同意按照总承包人与发包人价格进行结算的,则情形就较为复杂。

因为涉及实际施工人的建设工程施工合同往往为无效合同,当无效合同有约定结算方式时,参照约定的方式进行折价补偿。

1. 合同无效时的结算

《民法典》第七百九十三条第一款规定:"建设工程施工合同无效,但是建设工程经验收合格的,可以参照合同关于工程价款的约定折价补偿承包人。"施工合同无效的情况下,有合同约定工程价款结算方式的,参照合同约定结算,那么在合同无效而又无约定结算方式的情况下,无效合同该如何确定工程的造价呢?实践中,转包的工程不签订转包合同的情况普遍存在,无效合同可否按照《民法典》第五百一十条、第五百一十一条确定市场价?

《民法典》第五百一十条载明"合同生效后",即适用第五百一十条、第五百一十一条的前提条件就是合同生效,对于合同无效或者未生效的不能适用这两条,也即没有按照市场价确定的依据,不能适用第五百一十条、第五百一十一条确定无效合同的造价。无效合同未约定结算方式的情况下如何结算并没有特别法律规定,故只能适用《民法典》中关于合同无效的规定,即《民法典》第一百五十七条:"民事法律行为无效、被撤销或者确定不发生效力后,行为人因该行为取得的财产,应当予以返还;不能返还或者没有必要返还的,应当折价补偿。有过错的一方应当赔偿对方由此所受到的损失;各方都有过错的,应当各自承担相应的责任。法律另有规定的,依照其规定。"因建设工程无法返还,故只能折价补偿。

2. 折价补偿的方式方法

折价补偿首先需要确定的是折价标的物或者折价对象是什么?折价的是已经完成的工程还是折价承包人为此投入的人、材、机等费用?如果折价的是工程,则按照工程的价值进行折价补偿,如果按照实际投入折价,则要计算实际投入。

当按照已完成工程进行折价时，工程的折价更多地接近合同有效时的定价，该种方法参照合同有效时确定工程造价的方法颇为合理。很多合同无效案件就是按照此种方法确定工程造价的。如在淮安中院审理的张某与某公司建设工程施工合同纠纷案①中，被告某公司主张原告张某挂靠第三人承包工程导致施工合同及三方补充协议无效，原告只能取得工程折价款，工程的相关规费、税金、管理费及利润都应扣除。法院则认为，施工合同虽为无效合同，但并不能成为被告某公司不支付工程的相关规费、税金、管理费及利润的理由，被告某公司的该主张无法律依据。

如果按照承包人实际投入的人工材料费用进行折价，则只能计算人、材、机的费用，即只计取工程造价中的直接费，该种方法对发包人有利，对承包人较为不利。

3. 企业管理费、规费、利润、税金等的计取

除了直接费外，工程造价中还包括了企业管理费、规费、利润、税金。有些无效的建设工程施工合同不需要办理监管手续和开具工程发票，在这种情况下就不存在税金和规费，特别是个人作为承包人承包工程的，更不会存在税金和规费，此时规费和税金并未实际发生，不应属于折价的内容。

也并非所有的无效合同都不发生规费和税金，因违法招投标等原因造成的建设工程施工合同无效，一样需要办理监管手续和开具发票，故此时的税金和规费由承包人实际发生，故仍应当计取。

企业管理费是根据工程类别可以计取的，顾名思义，是企业为项目和企业本身经营支出的管理费用。当无资质的自然人作为承包人承接工程时，是否还会产生企业管理费就会存在较大争议。当自然人作为承包人时，也会产生一部分企业管理费中的费用，但很多时候也会因为自然人并非企业，而不支持企业管理费。

至于利润是否应当计取就涉及无效合同是否可以计取利润的问题，因为利润不属于实际支出，所以法院一旦对无效合同的相关费用进行区分时，很可能不会记取利润。

---

① (2013)淮中民初字第0066号案。

综上,笔者认为,即使按照定额计算工程造价,对于并未实际发生的规费和税金无论如何都不能够计取。如在乌鲁木齐中院审理的江苏某建设工程有限公司与王某建设工程施工合同纠纷案①中,王某分包了江苏某建设工程有限公司部分工程,因没有签订合同,最终按照新疆自治区定额结算,鉴定机构计取了规费、税金、利润,但是发票和办理手续的规费等均由江苏某建设工程有限公司直接支付,王某并未支付,故而该案中的计算方法明显不妥。

4. 未签订书面转包或挂靠协议

发包人与承包人签订《建设工程施工合同》后,承包人往往将工程交由实际施工人进行施工。实际施工人与承包人多数情况下会签订一个承包人收取管理费的协议,但是也有很多情况下双方只是口头约定,并没有签订书面合同。而总包合同中的工程造价往往按照定额会下浮20%左右。这是总承包人与发包人之间的价格约定,一旦实际施工人与总承包人产生矛盾的时候,因实际施工人与总承包人之间的合同无效,双方又无书面约定结算方式,当实际施工人要求按实结算时,主张经常会得到法院的支持。部分案例中,就是以定额来确定工程的市场价,适用的正是《民法典》第五百一十一条关于市场价的规定,进而对实际施工人较为有利,但是此时适用《民法典》第五百一十条可能更为妥当。《民法典》第五百一十条规定在双方没有达成补充协议的情况下,可以根据交易习惯确定,第五百一十一条也是在根据交易习惯无法确定的情况下才适用市场价的约定。实际施工人从承包人处承接工程的计价方式是按照比例缴纳管理费,总承包人不可能给实际施工人的价格超过其从发包人处结算到的价格,这应当可以被认定为交易习惯。此时,适用交易习惯确定工程造价更为妥当。

(二)发包人与承包人擅自确认价格,导致价格差距大

实际施工人与总承包人合同约定按照总承包人与发包人约定的价格收取管理费后确定,因此最终的工程造价对总承包人影响并不大,而对实际施工人利益影响更大。总承包人在与发包人结算时,通常会由实际施工人出面进行确认造价,总承包人不会轻易确定工程造价,但是也会存在总承包人为了维护与发包人

① (2018)新01民初441号。

的关系、总承包人为了自身利益或实际施工人一时失联等情形下，由总承包人对工程总造价进行确认。由于总承包人对情况并不了解，资料掌握也不充分，即使总承包人通过诉讼维权，若实际施工人不出面，可能最终的结算造价会低于实际施工人施工的真实造价。对于这样的造价是否能约束实际施工人，如果实际施工人与总承包人双方合同中约定与发包人的价格必须由实际施工人确认的，则实际施工人如有证据，还可以要求总承包人赔偿差价部分，否则实际施工人要求总承包人承担差额补偿责任则难度较大。

实际施工人需要在施工过程中就考虑好最终工程造价如何确定并始终为能结算到更高的造价而努力。

四、工程量的确定方法

经常会有实际施工人完成了工程施工，最终却无法确定造价的情形。工程造价无法确定往往不会是计价方式无法确定，因为计价方式可以按照约定不明的情形进行处理。而通常是因为工程量无法确认，既然不能证明完成了工程量，那造价问题就无法解决。实际施工人在整个施工过程中都应考虑工程量的确认方式，并注意收集确认工程量的资料，否则可能最终面临无法结算造价的问题。

（一）应收集证明其完成的工程量的证据

实际施工人能够举证证明工程量，才有可能在诉讼中胜诉，如果不能证明完成的工程量，则会面临败诉的风险。

典型案例 14.1.3

淮北某建筑公司与常某建设工程施工合同纠纷案①

案例要点：实际施工人在退场时，对已经完成的土石方要求测绘部门进行测

① (2018)皖1002民初1279号。

绘,从而确认了最终完成的土石方工程量。

案情介绍

2011年12月21日,淮北某建筑公司(甲方)与常某(乙方)签订《内部承包协议》,约定常某承建黄山文化中心项目,甲方与黄山某公司签订的《建设工程承包协议》是本补充协议条款不可分割的组成部分。工程款结算依据甲方与淮北某建筑公司所签有关条款进行结算,甲方向乙方收取代扣代缴的施工图纸内容工程决算总价16.3%的税和管理费用,其他费用皆由常某承担。

2012年12月25日,黄山某公司与淮北某建筑公司签订《建设工程施工合同》,约定工程名称为黄山文化中心,工程内容为第一标段、第二标段施工图内全部工程内容。工程量按实结算,套用2000全国统一建筑工程基础定额、安徽省综合估价表、黄山市工程造价与定额信息,综合费率22.8%,人工费按相关政策调整。

由于在山脚下进行商品房开发,常某进场后从山体挖坡开始施工,直至完成了部分房屋建设,后由于资金等原因,常某退场,淮北某建筑公司安排其他人员继续施工。2013年9月3日,在常某退场前,淮北某建筑公司与常某签订《黄山文化中心工地常某施工队和项目内部移交协议》,对常某完成的工作界面进行确认。

后因工程款问题,常某起诉至黄山市屯溪区法院,因工程造价需要鉴定,常某遂向法院申请鉴定,并委托安徽某工程项目管理有限公司进行工程造价鉴定。鉴定过程中,双方就山体切坡石方的工程量产生争议。退场前,淮北某建筑公司就因与常某在山体切破工程量上有争议而委托黄山市测绘院出具了黄山文化中心山体地块土石方测量计算的报告。黄山市测绘院根据测绘前的数据以及常某撤场时的现状,给出了填方量为21 488.6立方米,挖82 059立方米的报告。后鉴定机构根据该报告确定的土石方量计算了相应的造价并给出鉴定意见。鉴定单位给出的意见分1公里运距造价为2 206 775.69元,10公里运距的造价为4 151 900.32元。

点评分析:常某进行山体切坡前,关于山坡的原始数据地质测绘部门有相关记录。常某施工撤场后,后续还会有施工单位进场施工,一旦常某撤场时的标高数据没有确定,后续改变现场状态后,就无法确定常某完成的工程量了。后续施工后总共完成的工程量会超过常某施工部分，那么常某施工部分具体工程量举证责任一旦分配给常某，常某将承担举证不能的后果。所以在土石方工程退场前，一定要对现场的数据等完成的工程量做交接确认，否则可能面临无法确定完成工程量的风险。

典型案例 14.1.4

淮北某建筑公司与张某建设工程施工合同纠纷案[①]

案例要点：实际施工人退场时，未对土石方工程量进行确认，因施工现场的改变，导致实际施工人完成的工程量无法确认从而败诉。

案情介绍

2013 年 7 月 21 日，淮北某建筑公司（甲方）与张某（乙方）签订《项目施工班组内部协议》，约定淮北某建筑公司将黄山文化中心第一标段工程实行内部承包，由乙方承包经营。工程款结算依据甲方与发包人所签有关条款进行结算，甲方向乙方收取代扣代缴的施工图纸内容（含设计变更内容）工程结算总价 15% 的税和管理费用，其他费用皆有乙方承担。

黄山文化中心第一标段工程前期由常某进场施工，后因资金问题常某撤场，常某撤场时工程并未完工。张某在常某施工的基础上继续进行施工，包括山体切破的石方工程。

2014 年春节后，张某即撤出施工现场不再对工程进行施工，也未与淮北某建筑公司办理现场交接手续。

张某撤场后，淮北某建筑公司又安排其他人员进场继续施工。

2016 年张某施工部分造价由黄山市屯溪区法院委托安徽某造价咨询公司进行鉴定，因造价咨询公司提出无法确认张某施工部分的山体切破工程量而无法给出石方工程量，进而无法给出山体切破工程的造价。张某提出按照现状标高由测绘院重新测绘出与常某施工前的总方量或者常某施工后的方量，但是由于

① (2018)皖 1002 民初 1280 号。

后续又有第三人进行施工,鉴定时的现场不能确定为张某离场时的状态,从而导致石方量无法确认。最后鉴定机构出具的报告明确张某施工部分的山体切坡石方量无法计算,法院亦未支持该部分费用。

点评分析:山体的石方工程可以根据测绘报告计算确定,即根据开挖前后的标高进行计算。但是土方工程施工后,原始地貌和标高就不存在了,一旦双方没有在事后及时进行确认,而对方又否认的,很有可能工程量就没法进行确认,进而导致工程造价无法确定。

案例中的常某在退场前,先由第三方机构对其完成的石方量进行确认,同一个工程中后续施工人张某却没有能够在撤场时对工程量进行确定。现场破坏后,张某实际完成的工程量也没有办法再确定,如果张某能够在退场前将工程量确认,也就不会导致几万方的石方工程最后造价不被确定。张某虽然也提供了其找第三方对土方进行施工的相关证据,但是只能说明其对石方进行了施工,却无法证明其完成的工程量,该案件的结果为张某未能收取任何石方工程费用。

张某一案中,因鉴定时有后续施工单位进场挖方导致张某的实际工程量无法确定。此时,也并非张某的主张一定得不到法院支持,这主要取决于法院最终将举证责任分配给谁,如果让张某证明其实际完成的工程量,张某因无法举证证明而难获支持,如果法院将全部工程量计算给张某,而其他人施工部分让发包人进行举证后扣除的,则会对发包人极为不利,实践中,这两种处理方式都较为常见,所以施工人员还是尽量确保工程量能够得到确认,以免出现不利的局面。

特别是在工程未完工,实际施工人就退场的情况下,后期还会面临继续组织施工而造成工作界面无法区分等问题。故实际施工人在施工过程中,特别是退场时,一定要拿到有确认工程量的材料方可退场。

(二)能够确认工程量的资料

1. 合同的施工范围

合同可以反映施工范围及施工内容,虽然合同只是简单地对项目施工范围的描述,但是根据合同结合图纸及现场是可以确定具体工程量的,单独依据合同则很难确认具体工程量。

当没有签订合同时,实际施工人的施工范围往往也会引发争议,从而会给工程量的确定带来不确定因素。

2. 工程量清单或预算书

工程量清单和预算书是根据施工图纸汇总出来的，能够大致反映工程的整个工程量，在确定工程量的过程中往往会起到关键的作用。

3. 竣工图纸、施工图纸等

竣工图可以准确地计算出工程量，施工图加上设计变更的内容后就是竣工图的内容。实际施工人诉讼时往往无法提供竣工图纸，可以向发包人、工程档案馆等处调取。施工图则可以向设计院进行调取。一旦没有施工图纸，则工程量可能就很难准确界定。

4. 工程量的确认或者界面交接单

在工程未完工的情况下，实际施工人退场前应当对已完工程量进行固定和确认，具体包括：双方就工程量的确认，该确认方式可以最大避免其后就工程量的争议；对施工界面的确认，比如图纸中由实际施工人完成的区域，粉刷完成的比例等，该方式可以就工程量进行区分，但是不一定十分准确。

5. 已完工程量进行公证等形式确认

当双方无法确认的情形下，施工现场又将不复存在，则一方会对工程现场以公证图片、数据等形式进行固定，以此作为确认工程量的依据。

6. 施工现场可以作为确认工程量的主要依据

现场勘验可以确认绝大部分工程量，但是对于隐蔽工程等很难准确确定，当双方对图纸或者其他资料工程量有争议或者不明确时，就有可能通过勘验现场进行确认。

7. 施工过程中形成的确认资料

有部分工程量是图纸、现有资料无法体现的，特别是针对具体工艺时，实际施工人就需要在施工过程中要求监理、发包人等确认具体做法，从而作为结算时的资料。如果实际施工人平时不注意收集相关资料，最终结算时很可能就无法确定相关造价。

8. 总承包人与发包人之间的结算资料

实际施工人由于管理能力不足，可能无法证明其与总承包人之间的工程量，但是就某一分包或者某一区域是其施工的可以确认。故可以通过各种途径调取总承包人与发包人的结算资料用以反映实际施工人完成的工程量。

总之,实际施工人需要在施工过程中考虑、收集相关反映工程量的资料,为将来的结算做好准备,否则工程完工后,再收集工程量相关资料就比较困难,会导致实际完成的工程造价无法得到确认。

第二节　实际施工人与黑白合同

黑白合同又称"阴阳合同",当事人出于某种考虑会签订两份合同:一份合同经过合法招投标、备案登记等手续,称为"白合同";另一份合同是双方当事人另行签订的,工程价款、工期、质量等实质性内容与中标合同不一致,称为"黑合同"。一般而言,双方对实际履行哪份合同会有明确的约定。但某些情况下,双方当事人或者与实际施工人之间可能会对工程范围、工期、质量、价款产生争议,此时应当以哪份合同为准,就会引发纠纷。实际施工人面临的黑白合同问题主要表现为,如果发包人与总承包人之间存在黑白合同情形,实际施工人主张工程款可能受到黑白合同的影响。

一、黑白合同的概念

所谓黑白合同,是指双方当事人基于一定的考量,对同一工程签订两份以上实质性内容存在差异的合同,其中一份经过管理部门登记、备案等公示,称为"白合同",另一份双方当事人私下签订,仅由当事人自己持有,称为"黑合同"。一般而言,黑白合同在建设工程领域有以下两种情形:

第一种情形,发包人与总承包人在签订合同之前,就已经对案涉工程的相关实质性内容进行了谈判并签订了建设工程施工合同,而后再经过招投标程序后签订中标合同,双方约定签订的中标合同并不实际履行,实际履行的是中标之前签订的施工合同。在这种情况下,因违反了招标投标法的相关规定,两个合同均无效。

第二种情形,发包人和总承包人在签订施工合同的同时或之后,另行签订了一份补充协议,并且约定施工合同仅做备案使用,双方实际履行的是补充协议。

有观点认为,白合同通过招投标程序订立且经过有关部门登记备案,是公开的、有效的,而黑合同属于私下订立的,应当无效。也有观点认为,黑合同虽然是私下订立的,没有经过招投标程序,但是属于双方真实的意思表示,且双方实际履行的也是黑合同,所以按照当事人的意思自治原则,应当认为黑合同也是有效的。还有观点认为,不论是经过招投标程序、登记备案的白合同,还是黑合同,都属于双方恶意串通,不仅违反了《招标投标法》的相关规定,而且也损害了国家或第三人的利益,因此两份合同均无效。笔者认为,两份合同的效力需要根据具体情况讨论。

二、对《建设工程司法解释(一)》中关于黑白合同相关法条的解读

(一)“第二条　招标人和中标人另行签订的建设工程施工合同约定的工程范围、建设工期、工程质量、工程价款等实质性内容,与中标合同不一致,一方当事人请求按照中标合同确定权利义务的,人民法院应予支持。招标人和中标人在中标合同之外就明显高于市场价格购买承建房产、无偿建设住房配套设施、让利、向建设单位捐赠财物等另行签订合同,变相降低工程价款,一方当事人以该合同背离中标合同实质性内容为由请求确认无效的,人民法院应予支持。”该条主要讨论的是关于背离中标合同实质性内容的判断标准问题。

1.该条制定的依据来自《招标投标法》第四十六条:“招标人和中标人应当自中标通知书发出之日起三十日内,按照招标文件和中标人的投标文件订立书面合同。招标人和中标人不得再行订立背离合同实质性内容的其他协议。”

《招标投标法》对另行订立背离实质性内容的合同是作禁止性规定的,那么实践中另行订立的合同是否有效?之前有不少争议,有效说认为,无效合同的认定必须有效力性条款的规定,而本条只是禁止性规定,并非效力性规定。所以该观点认为黑白合同均有效,只是在二者结算条款冲突时适用白合同。而本条的第二款已经很明确,违反实质性条款的约定无效。在签订中标合同以后,如双方需对实质性条款进行变更的话,唯一的办法就是重新进行招投标,然后再签订合同。从这个角度讲,中标合同之外的合同就属于应当招标而未招标签订的合同,应属无效。所以,笔者认为,黑合同涉及实质性条款变更的当属无效。

2. 关于合同实质性内容

合同实质性内容的变更主要包括工程范围、建设工期、工程质量和工程价款等的变更。

工程范围是指在招标时确定的施工边界和包含的内容，也是编制招标工程量清单的依据。任意扩大或者缩小施工范围都是违背中标合同约定的。既包括增加或者减少具体的施工边界，也包括将某些专业分包拿出中标合同或者额外放进中标合同。但是需要注意的是，因为设计变更或者规划调整以及甲方的其他变化而需要对施工范围作出调整的，则双方应当根据合同约定的变更条款结算价款，此时不能适用本条。但是如果规划调整等变化部分具备重新招投标条件的，则应当重新进行招投标。如果因增加施工范围导致结算过程中双方发生争议，虽然条款无效，但是工程已经完成，招标人还是需要按照约定的方式支付工程价款。

建设工期包括施工工期、设计工期等在内的工期，如果仅是施工总承包合同，这里的建设工期就是指施工工期。在强制招投标项目中，招标前，招标办或者定额站会给出一个项目核定单，该核定单也会给出定额工期的日历天数。定额工期是根据建设规模、楼层高度和数量等综合确定的正常需要的施工天数。招投标时往往会根据核定的定额天数，即使调整也是略作调整。江苏省规定建设工期不得低于定额工期的70%，否则不予备案。任意缩短工期会影响工程质量，而且会加大工程的投入。某些大型开发商为了赶进度，甚至将合同工期压缩至定额工期的20% ~30%，不仅增加了工程的质量和施工安全隐患，还会增加很多造价成本，比如会增加模板、木方、脚手架周转材料的费用，这也会严重影响到招投标人的报价。正是因为中标、备案合同对任意压缩工期的限制，招标人和中标人会额外对工期进行约定，这种情形就会被认定为实质性变更。

工程质量现在只分为合格或者不合格，不合格的工程不能投入使用。招标人和中标人在签订合同以后，另外约定要求中标人获得一定的质量奖项，否则予以罚款，这样的条款超出了投标人的报价就属于实质性变化，该条款不能作为确定双方权利义务的依据。但是对于另一种情况，合同中并未对奖项作任何约定，中标后双方约定了获得某个质量奖项后的奖金。因为招投标文件中没有这样的奖项要求，中标人完全可以拒绝，但是一旦中标人获得了奖项，根据本条不给予奖励明显也是对中标人不公平的,其为了获奖作出了投入,此时是否属于客观情况的变化而导致实质性条款的变化,值得探究。

工程价款是中标人最关心的,也是与中标人切身利益最相关的。《建设工程司法解释(一)》中就明确了以中标合同结算,但是工程价款不仅仅包括结算价款,还包括工程款的支付时间、支付比例。另外还有逾期付款利息以及垫资项目的利息是否包含在此处的工程价款中,司法解释并未予以明确,必将引来不少争议。如果合同中约定了付款节点,在节点未作调整的情况下,额外约定融资利息,属于违背合同的实质性条款。但是对于变更合同的付款阶段,就变更后的节点和中标合同节点时间段的利息作出约定,该条款是否为无效条款,笔者认为如果认定无效明显不妥。

除了工程范围、建设工期、工程质量、工程价款外,索赔程序、违约责任、争议的解决、合同解除条件等条款如果发生变化,是否属于实质性条款的变更？司法解释用了一个“等”字,表示明确的四个范围之外还有可能存在被认定为实质性变更的条款。“等”字的理解需要注意几个原则,首先看是否影响其他投标人的投标和中标,其次是看对招标人和中标人是否具有直接重大影响,需要综合考虑并认定是否属于实质性条款。

3. 客观情况发生变化导致的变更其实并不会涉及合同价款约定的变更

遇有变更的,在合同中一般都有约定关于变更后如何组价的原则。即使没有约定,根据计价规范也可以进行计价,只需要对变更项目价格根据合同条款作出确定,最后结算时计入即可,不需要签订补充合同条款,所以即使存在变更也不需要对实质性条款作出变更的约定。

对于工期延误造成的索赔,首先该部分不是工程造价的直接组成部分,当然最后会放入结算,如遇到这种情况是由于非中标人原因造成的费用增加,应该按照合同的索赔程序和计价方式确定索赔的费用,属于中标合同的履行,无须另外签订合同条款。

对于施工中的材料涨价,则合同有专门条款约定的风险范围,一般是 5% 。超过部分按照合同条款来调整,如果在 5% 以内,则由中标人承担。这也是合同条款的履行,也不存在所谓的另行签订协议的问题。

但是有一种情况确属例外,即逾期开工调整合同价款的情形。在《17 建工合同示范文本》的通用条款7.3.2条款中就有关于逾期开工超过90天,承包人可以要求调整价格或解除合同的约定。还有一种情形为连续暂停施工达到84天的,也要调整合同价格。发生上述情况签订价格变更补充协议的,笔者认为也不应当适用本条司法解释,因为这是中标合同本身赋予的权利,不属于另行签订,属于按照中标合同约定,根据实际情况签订了相应的变更价款的条款。

4. 中标前有《框架性协议》《合作意向书》等对本条的影响

之前有观点认为,如果在中标合同之前有《框架性协议》或者《合作意向书》等的,一律认为标前协议和中标协议均无效。标前协议无效是因为应当招标而未招标所以该协议无效,而中标协议因为标前协议的存在而变成了虚假招投标,因为之前已经确定了中标人,所以也无效。但笔者认为该观点有待考量。

《招标投标法》第五十五条规定:"依法必须进行招标的项目,招标人违反本法规定,与投标人就投标价格、投标方案等实质性内容进行谈判的,给予警告,对单位直接负责的主管人员和其他直接责任人员依法给予处分。前款所列行为影响中标结果的,中标无效。"

《招标投标法》明确禁止了标前谈判的行为,更何况标前签订协议了,标前协议必然是无效的,但是对于中标协议是否有效,则要看是否存在无效情形。《招标投标法》第五十五条规定,影响中标结果的,中标无效。只有认定标前协议或者标前谈判影响中标结果,才能认定中标协议无效。标前协议有时候于中标合同而言是一个独立的行为。其可以是谈判后发现项目需要招投标而正常中标的行为,也可以是意向客户,谈好按照正常招投标流程走,若中标即按照中标合同走。这些情况中的标前协议并不必然会影响到中标结果,而且评标人的选定是有严格程序要求的,所以对于独立的中标行为,除非能够认定前述行为影响了中标结果,否则中标合同仍然有效。《招标投标法实施条例》第四十一条规定的是招标人与投标人串通招投标的行为,也并未将签订标前协议认定为串通招投标。

但是《江苏高院解答》提出:"强制招投标的建设工程,当事人在招投标之前进行了实质性协商签订了建设工程施工合同,后经过招投标另行签订了一份实质性内容不一致的建设工程施工合同并进行备案的,前后合同均无效,参照双方当事人实际履行的合同结算工程价款。"所以如果江苏省内遇到这种情形可能会直接被认定两份合同均无效。

5. 双方已按黑合同结算确认

黑白合同如已经按照黑合同结算是否可以推翻结算条款？多份合同结算条款不一致，经结算后以结算为准是否可以在这里适用？司法解释并未给出明确的解答。正常情况下，当事人就结算方式可以达成新的意思表示，并不违反任何强制性规定，只要结算达成，即不能再推翻。而招投标订立的合同，不存在双方当事人还可以达成新的意思表示的情况，一旦达成新的意思表示就是违反《招标投标法》第四十六条。破坏了招投标秩序且侵犯了其他投标人的利益，而且根据无效条款结算的价款之外还存在一份有效条款。所以在这种情况下，笔者认为仍然应当推翻结算条款，重新进行结算。

需要注意的是，本条司法解释中提到的是的根据中标合同确定权利义务，并未指出，根据中标合同结算，按照合同确定权利义务是双方一直享有的权利，不会因为结算而消失。这个也与《江苏高院解答》是不一致的，其在第七条中就提到："合同履行完毕后当事人达成的结算协议具有独立性，施工合同是否有效不影响结算协议的效力。"笔者认为这一条与最高院的本意是否一致，将会引来争议。

（二）"第二十二条　当事人签订的建设工程施工合同与招标文件、投标文件、中标通知书载明的工程范围、建设工期、工程质量、工程价款不一致，一方当事人请求将招标文件、投标文件、中标通知书作为结算工程价款的依据的，人民法院应予支持。"

本条是关于建设工程施工合同与招投标文件不一致时工程价款的结算依据的规定，适用本条时可能会遇到下列问题：

1. 中标通知书发出后，合同是否成立生效

实践中，关于中标通知书发出后，合同是否成立生效一直争议不断。合同成立生效与否，对于发了中标通知书但是没有签订施工合同的违约责任处理方式不一样。如果合同成立并生效，那么违约方承担的是违约责任，对合同未能履行后的利润损失是需要赔偿的。而如果合同未生效，则违约方只需要承担缔约过失责任，即只需赔偿签订该合同产生的费用，如购买标书、编标投标费用。

认为有效的观点，主要是根据合同法关于要约、承诺的基本理论，认为招标文件是要约邀请，投标文件是要约，中标通知书是承诺。只要有要约和承诺合同

就成立，该观点能够得到统一的认识。认为无效的观点，其理由主要是《招标投标法》四十六条规定中标30天内要签订书面合同。《建筑法》也明确建设工程施工合同应签订书面合同。因为只有中标文件，没有施工合同即没有书面合同，不符合法律规定的建设工程施工合同的特殊要件形式，当属合同未能成立。

笔者认为该理由不能成立，首先招投标文件、中标通知书均是书面形式，《建筑法》中规定的"书面"并不是指的是那一份书面建设工程施工合同，《招标投标法》第四十六条只是规定了签订合同的时间为30日，并非不签订书面合同，合同就不成立。而且当书面合同与中标文件不一致时，还要以中标文件和中标通知书确定合同的权利义务，如果此时合同未成立，以此确认权利义务则明显不妥，所以笔者认为中标通知书发出后，中标人收到中标通知书时合同即成立并生效。

2. 中标通知书与签订的合同不一致时以招投标文件、中标通知书为准

招投标文件、中标通知书与签订合同不一致的情形有以下两种：一种情况是无意之过，即双方在签订合同条款时无意中弄错了合同条款。强制招标项目中虽然有监管，但是监管单位的审查不会很仔细。因为监管单位不需要承担责任，相应的行政责任由招标人承担。实践中这种情况并不常见。另一种情况是中标通知书发出后，双方又进行了谈判，对某些条款作了变更，然后签订了变更后的施工合同，此时订立的合同即属于违背实质性内容。

无论何种原因，只要签订的合同与招投标文件、中标通知书不一致的，应以招投标文件、中标通知书为准。

（三）"第二十三条　发包人将依法不属于必须招标的建设工程进行招标后，与承包人另行订立的建设工程施工合同背离中标合同的实质性内容，当事人请求以中标合同作为结算建设工程价款依据的，人民法院应予支持，但发包人与承包人因客观情况发生了在招标投标时难以预见的变化而另行订立建设工程施工合同的除外。"

本条是关于非必须招标工程进行招标后的建设工程价款结算依据的规定。

在本条规定生效之前，各级法院对此种情形有不同的理解。大部分法院认为既然发承包双方履行了招投标手续，就应当遵守招标投标法，按照中标合同进行结算。也有一些法院认为，应当按照实际履行的合同进行结算。笔者认为，本条规定明确了即使不属于必须招标的建设工程进行招标程序后，当事人请求以

中标合同作为结算工程价款依据的,应当予以支持。

三、黑白合同对实际施工人的影响

黑白合同对实际施工人产生的影响,主要涉及实际施工人与总承包人约定。若双方约定按照总承包人与发包人之间的结算来进行实际施工人与总承包人的结算,那么当总承包人与发包人之间存在黑白合同时,就会对实际施工人产生影响。一般而言,都是总承包人收到发包人支付的工程款后扣除一部分再支付给实际施工人,如果总承包人与发包人约定存在下浮价,而实际施工人并不明知时,实际施工人可能会遭受损失。

(一)违法分包的情况下,黑白合同对实际施工人主张工程款的影响

当总承包人将其中的部分工程违法分包给实际施工人时,发包人与总承包人之间存在黑白合同是否对实际施工人有影响?一般而言,实际施工人主张工程款时,都是按照实际施工人与总承包人之间的合同进行结算的,如果该合同中约定按照总承包人与发包人约定的合同价进行下浮,而实际施工人又对总承包人与发包人之间的黑白合同不了解时,则可能会遭受损失。

典型案例 14.2.1

潘某与常州市某村民委员会、常州某建筑公司建设工程分包合同纠纷案[①]

案例要点:发包人与总承包人之间存在黑白合同,总承包人又将部分工程违法分包给实际施工人,后因工程款发生纠纷。实际施工人起诉主张工程款应当按照实际施工人与总承包人之间的约定结算,发包人与总承包人之间是否存在黑白合同与实际施工人无关。

---

① (2014)常民终字第2000号。

案情介绍

常州市某村委安置小区建设工程(以下简称安置工程)经招投标,常州某建筑公司参与投标并中标。2007年5月18日,常州某建筑公司与某村委签订《建设工程施工合同》,将安置工程土建、水电工程发包给常州某建筑公司施工,约定合同价款采用固定价格,风险范围以外合同价款调整方法为经甲方签证后变更。同日,双方又签订《补充协议》对工程结算、结算依据、付款等事宜进行了约定,约定根据实际发生工程量编制工程决算,送审计部门审核,下浮系数按工程总价的20%进行下浮等。2007年6月26日,常州某建筑公司与潘某签订《分包协议》,约定将安置工程的7号、8号楼土建工程分包给潘某施工,协议约定工程结算为乙方在工程竣工验收后,根据发生的工程量编制决算,送审计部门审核,下浮系数按甲方与某村委签订的合同计算;结算依据为按招投标价一次性定价,变更按实际发生的工程量计算。

一审法院认为:某村委会将安置工程土建、水电建设工程发包给常州某建筑公司施工,常州某建筑公司又将上述工程中7号楼、8号楼分包给潘某施工,双方签订的《分包协议》,约定了工程结算、结算依据、付款、管理费等事宜,属于总承包单位将建设工程分包给不具备相应资质条件的个人施工,属于违法分包行为,故该分包协议应属无效。因承包的建设工程经竣工验收合格,承包人潘某请求参照合同约定支付工程价款的,应予支持。作为发包人的某村委应当在欠付工程价款范围内对实际施工人承担责任。关于常州某建筑公司与潘某之间工程价款的结算,根据双方签订的《分包协议》的约定,结算方式为按招标价一次性定价,变更按实际发生的工程量计算,下浮系数按常州某建筑公司与某村委会签订的合同计算。

潘某上诉认为:涉案工程价款的结算应当以某村委和常州某建筑公司签订的备案合同为依据,该合同对合同价款的约定为固定价加变更、签证,根本没有下浮的约定。

二审法院认为:根据合同相对性原理,受备案合同与补充协议约束的系签订该合同的双方当事人。本案中,上诉人潘某因施工项目分包产生的权利义务,受分包合同约束。现该分包合同虽然无效,但分包工程合格,鉴于潘某与常州某建筑公司在分包合同中明确约定了按总合同下浮系数计算的内容,一审法院按双方约定处理工程款,符合《建设工程司法解释》的规定,判决结果并无不当,本院应予维持。

点评分析:本案中,常州市某村委作为发包人将安置工程发包给常州某建筑公司,总承包人常州某建筑公司又将其中的一部分工程分包给了潘某。发包人与总承包人在同日签订了两份合同:一份是约定固定价的建设工程施工合同,另一份是约定下浮价的补充协议。潘某作为实际施工人起诉总承包人和发包人索要工程款。因实际施工人潘某与总承包人之间的分包协议中明确约定了按照总承包人与发包方之间的下浮系数进行下浮,因此潘某受到该约定的约束,工程款应当按照总承包人与发包方之间的约定下浮。

在分包的情况下,实际施工人签订分包协议时,如果约定按照总承包人与发包人之间的结算方式进行结算,必须要明确总承包人与发包人之间是否约定了下浮价,以及自己与总承包人之间是否适用下浮价。尽管上述案例中实际施工人主张应当按照白合同主张,但由于实际施工人并非白合同的当事人,因此法院驳回了实际施工人的主张,判决仍然依照实际施工人与总承包人之间的约定进行结算。

(二)转包的情况下,黑白合同对实际施工人主张工程款的影响

总承包人将工程转包给实际施工人时,实际施工人是否可以在发包人与总承包人之间的合同中选择对自己有利的方式进行结算?

典型案例 14.2.2

江苏某建设公司与湖北某公司建设工程施工合同纠纷案[①]

案例要点:违法转包时,实际施工人不受发包人与总承包人之间黑白合同的影响,可以直接与发包人进行结算获得工程款,或者通过债权转让的方式主张工程款。

---

① (2018)最高法民申4527号。

案情介绍

湖北某公司将案涉工程交由江苏某建设公司施工,江苏某建设公司违法将工程转包给刘某个人。施工过程中,江苏某建设公司在施工上无投入,未派人参与项目管理,未与湖北某公司协商结算,而是直接由刘某直接请款,与湖北某公司协商完成结算。

江苏某建设公司申请再审称:(1)涉案工程合同内工程价款应以“白合同”即《湖北省建设工程施工合同》为准。(2)刘某无权代表江苏某建设公司与湖北某公司签订《总承包人结算》,不能代表江苏某建设公司直接领取款项及办理结算。

法院认为:1.关于本案应否以实际履行的合同作为工程价款结算依据的问题。本案案涉工程为商品住宅,属于必须招投标的项目。因湖北某公司与江苏某建设公司的招投标属于串通投标,双方签订并经备案的《湖北省建设工程施工合同》和未经招投标程序签订的《薇湖水岸三期工程总承包合同》均属于无效合同。《建设工程司法解释》第二条规定:“建设工程施工合同无效,但建设工程经竣工验收合格,承包人请求参照合同约定支付工程款的,应予支持”,在两份合同均无效的情况下,应当以双方实际履行的合同作为结算工程款的依据。《薇湖水岸三期工程总承包合同》是双方实际履行的合同,可作为双方结算工程款的依据。

2.关于刘某与湖北某公司签订的《总承包人结算》效力如何认定的问题。湖北某公司将案涉工程交由江苏某建设公司施工,江苏某建设公司违法将工程转包给刘某个人。施工过程中,江苏某建设公司在施工上无投入,未派人参与项目管理,亦未向湖北某公司请款而是由刘某直接请款,且未履行总承包人对实际施工人支付进度款的义务。工程竣工后,江苏某建设公司未与湖北某公司协商结算,而是由刘某直接与湖北某公司协商完成结算,且江苏某建设公司亦未与刘某结算。对于并非江苏某建设公司完成的工程,江苏某建设公司无权要求获得其非法转让工程而产生的非法利益。刘某与湖北某公司签订的《总承包人结算》,可以客观反映出案涉工程的合同价款、湖北某公司已付款以及施工过程中实际发生的其他款项数额。该结算书可作为确定涉案工程总价款与湖北某公司已付款项的基本依据。

点评分析：本案系湖北某公司将工程交由江苏某建设公司施工，江苏某建设公司违法转包给刘某个人施工。根据相关案情，发包人湖北某公司与转承包人江苏某建设公司是串通投标，备案的施工合同与未经招投标程序签订的施工合同均属无效，应当以实际履行的合同作为结算的依据。而又因为本案是转承包人将案涉工程违法转包给不具有资质的个人，个人与发包人之间的结算协议法院是予以认可的，是可以作为涉案工程总价款的依据的。即如果在违法转包的情况下，实际施工人可以借转承包人的名义直接与发包人进行结算，或者通过债权转让向发包人索要工程款。

（三）挂靠情况下，黑白合同对实际施工人主张工程款的影响

实际施工人借用总承包人的施工资质承接工程，以总承包人的名义与发包人签订了两份及以上的黑白合同，是否可以选择有利的条款主张工程款？

典型案例 14.2.3

李某与九江某公司建设工程施工合同纠纷案①

案例要点：实际施工人借用有资质企业的名义承接工程，因挂靠行为违反法律规定，签订的建设工程施工合同均为无效，在工程竣工验收合格后，可以依据实际履行的合同主张工程款。

案情介绍

2011 年 12 月，九江某公司与东某公司签订《建设工程施工合同》，该份合同于 2011 年 12 月 19 日经九江市建设工程造价管理站备案盖章（以下简称备案合同）。合同约定由东某公司承包施工九江某公司的九江某项目，竣工时间为 2013 年 6 月，工程价款为 14 083 726.12 元等。

九江某公司与东某公司签订了《建设工程施工合同》，该份合同封面上的日期为 2011 年 12 月，该份合同未经备案（以下简称未备案合同）。合同约定由东

① （2016）赣 04 民初 200 号。

某公司承包九江某公司的九江某项目,合同约定竣工日期为2014年10月15日;竣工验收后,根据协议约定的合同价款调整内容(包括因设计变更、现场签证等工程量增减部分)按实际完成的工程量整体下浮3.5%,为工程竣工最终结算标准。

李某借用东某公司的资质实际承建了合同所涉的九江某公馆全部工程项目,李某系涉案工程的实际施工人。合同签订后,李某即开始施工并完工。因李某与九江某公司不能就涉案工程的工程价款结算达成一致意见,故李某向法院起诉。

一审法院认为:本案的争议焦点之一是涉案工程有两份《建设工程施工合同》,应以哪份合同作为界定本案原、被告权利义务的依据。因本案的实质系原告李某借用第三人东某公司的名义与被告签订施工合同,根据《建设工程司法解释》第四条的规定,故涉案的两份合同均应属无效合同,本案应以实际履行的合同作为双方权利义务结算的依据。关于原告与被告九江某公司实际履行的系哪份施工合同,结合原告实际施工的范围、被告九江某公司向第三人东某公司出具的承诺书内容以及被告九江某公司实际支付工程款的情况,可以认定原告与被告九江某公司实际履行的是"未经备案施工合同"。综上所述,本案应以"未经备案施工合同"作为本案原、被告权利义务结算的依据。

点评分析:如果法院认定实际施工人是借用有资质企业的名义承接工程的,不管合同有没有经过备案,签订的建设工程施工合同均为无效,法院会以实际履行的合同作为结算的依据。

四、存在多份合同的适用

《建设工程司法解释(一)》第二十四条规定:"当事人就同一建设工程订立的数份建设工程施工合同均无效,但建设工程质量合格,一方当事人请求参照实际履行的合同关于工程价款的约定折价补偿承包人的,人民法院应予支持。实际履行的合同难以确定,当事人请求参照最后签订的合同关于工程价款的约定折价补偿承包人的,人民法院应予支持。"

本条是关于多份合同均无效时建设工程价款的结算依据的规定。多份合同均无效,主要包括没有资质、应当招标未招标等情况下签订的多份合同均为无效合同。而黑白合同属于部分有效、部分无效。当部分合同有效、部分合同无效时就不能适用实际履行的合同。因为无效合同自始无效,而存在有效合同的情况下应按照有效合同履行，这也是黑白合同适用的原则。当然，由于监管、工程复杂性等原因，也有可能存在多份均有效的合同。那么当存在多份有效合同时该如何处理呢？在无法确定如何适用时，笔者认为应当按照双方实际履行的合同确认，当无法明确具体履行哪份合同时，同样以最后签订的合同为准。

那么，如何认定双方实际履行合同是哪一份呢？双方当事人可以在某一份协议中或者另行单独约定具体适用哪一份合同，在这个情况下，应当按照双方的约定来认定实际履行的合同。如果双方没有明确约定的，则需要结合工程预付款、进度款等支付时间和比例、工程范围、开竣工日期等来对比认定实际履行的合同。

五、适用白合同应当注意的事项

（一）对于白合同应当及时办理备案登记手续，以便在发生纠纷时可以适用该合同以维护自身权益。

（二）对于施工过程中发生的变更，应当及时办理变更登记，或者签订工程量确认单，要求承包人或发包人及时对变化的工程量进行确认。

（三）若发包人与总承包人之间存在黑白合同，实际施工人可以选择采取债权转让的方式，或者与总承包人关系不错时，可以总承包人的名义起诉索要工程款，这样可以要求以白合同作为结算价款的依据。

第三节　实际施工人与送审价

发承包双方在有些施工合同中会约定送审价条款，如果该工程存在实际施工人，但实际施工人并不是施工合同的当事人，那么，实际施工人能否以送审价条款为依据向发包人主张工程款权利则存在风险。

一、送审价的概念及相关规定

（一）送审价的概念

送审价，是指总承包人完成全部工程施工内容后，按照合同约定的计价方式及有关计价规则，自行计算的、向发包人报送并要求发包人审核的工程的结算价。

（二）送审价的有关规定

《建设工程司法解释（一）》第二十一条规定，当事人约定，发包人收到竣工结算文件后，在约定期限内不予答复，视为认可竣工结算文件的，按照约定处理。承包人请求按照竣工结算文件结算工程价款的，人民法院应予支持。

《建筑工程施工发包与承包计价管理办法》第十八条规定："工程完工后，应当按照下列规定进行竣工结算：

……

（二）国有资金投资建筑工程的发包方，应当委托具有相应资质的工程造价咨询企业对竣工结算文件进行审核，并在收到竣工结算文件后的约定期限内向承包方提出由工程造价咨询企业出具的竣工结算文件审核意见；逾期未答复的，按照合同约定处理，合同没有约定的，竣工结算文件视为已被认可。

非国有资金投资的建筑工程发包方，应当在收到竣工结算文件后的约定期限内予以答复，逾期未答复的，按照合同约定处理，合同没有约定的，竣工结算文件视为已被认可。

……

发承包双方在合同中对本条第（一）项、第（二）项的期限没有明确约定的，应当按照国家有关规定执行；国家没有规定的，可认为其约定期限均为 28 日。"

《17 建工合同示范文本》第 14.2 条竣工结算审核明确，除专用合同条款另有约定外，监理人应在收到竣工结算申请单后 14 天内完成核查并报送发包人。发包人应在收到监理人提交的经审核的竣工结算申请单后 14 天内完成审批。发包人在收到总承包人提交竣工结算申请书后 28 天内未完成审批且未提出异议的，视为发包人认可承包人提交的竣工结算申请单。

这是施工合同示范文本通用条款对送审价的约定。但是通用条款有这样的约定，并不意味着必须适用送审价。

《江苏高院解答》第九条规定，建设工程施工合同专用条款中明确约定发包人收到竣工结算文件后，在合同约定的期限内不予答复视为认可竣工结算文件，当事人要求按照竣工结算文件进行工程价款结算的，应予支持。建设工程施工合同专用条款中未明确约定,当事人要求按照竣工结算文件进行工程价款结算的,不予支持。

可见,江苏高院认为,应当在专用合同条款中约定送审价条款,言外之意为仅有通用条款的约定还不够。

二、送审价的适用条件及应注意的问题

(一)承发包双方的约定应为明确的书面约定,即在建设工程施工合同或者补充协议中明确约定:"发包人收到总承包人提交的竣工结算文件后,应在××天内审核完毕,如果发包人在该期间内不予答复,视为认可竣工结算文件,以总承包人报送的结算文件中的结算价为工程的结算价。"

(二)总承包人报送结算文件时,发包人应当在接收文件上签名、签日期,总承包人应保管好原始签收凭证,否则,将无法证明何时提交的结算文件,也就无法计算审核期间。没有结算文件的签收凭证,送审价的适用即不成立。因此,送审价的明确书面约定和结算文件的签收缺一不可。

(三)送审价应尽可能反映工程实际造价,谨防高估冒算,否则,送审价如果与实际造价相距太大,可能不会被法院支持。虽然施工合同约定了送审价条款,但法院不是无原则地、机械地按照总承包人/实际施工人的送审价予以支持,而是会在一定的合理范围内予以支持,超过合理范围的不予支持。

典型案例 14.3.1

丹阳市某建筑工程有限公司与丹阳市某房地产开发有限公司建设工程施工合同纠纷案[①]

案例要点:总承包人提交送审材料后,发包人应及时审核;发包人虽未及时审核,但法院对送审价高于审定价的5%的部分不予支持。因为审定价只占送审价大约三分之二,此差额已超过一般违约责任的限度。

---

① (2016)苏1181民初4847号。

案情介绍

2010年6月28日，就丹阳前艾村民安置小区工程被告丹阳市某房地产有限公司与原告丹阳市某建筑工程有限公司签订建设工程施工合同。后原告及实际施工人向被告出具承诺书，承诺工程审计决算与送审决算误差超过5%以上部分的审计费用，由原告承担，被告可在工程款中直接扣除。后因被告拖欠工程款，原告起诉。

法院认为：第一，按合同约定，被告应对原告结算资料予以审核，且须在3个月内审核完毕。虽然本案工程应经审计部门审计，但并不因此就可否定双方的上述约定，被告在审计部门审计完毕后应及时通知原告。被告在合同履行过程中并未遵循诚实信用原则，也未能履行及时审核的约定义务，被告要求工程款按审计价下浮后支付的观点，本院不予支持。第二，原、被告约定，被告未及时履行审核义务，工程款按送审价支付。该约定应理解为，被告未及时履行审核义务，其应承担的违约责任为送审价与审定价的差额。原告对其所作工程的送审价为91 829 020.93元，而审计价只有61 202 913.23元，审计价只占送审价大约三分之二，此差额已超过一般违约责任的限度，所以，原告要求工程款应按原告的送审价予以支付的观点，本院也不予支持。第三，2013年5月、6月原告及其实际施工人向原告出具的承诺书，承诺审计决算与送审决算误差超过5%以上部分的审计费用，由原告承担。鉴于此，可以推定双方对审计决算与送审决算误差的合理限度为5%，本院以审计价61 202 913.23元提高5%即64 263 058.89元，作为被告支付给原告的工程款数额。

点评分析：本案例的施工合同中有送审价条款，总承包人和实际施工人向发包人出具承诺书，承诺送审价与决算价误差超过5%以上的审计费用由总承包人承担。法院有条件地支持了送审价条款，即支持额度为审定价基础上再提高5%，平衡了各方利益，也保障了实际施工人的权利。

三、实际施工人适用送审价的有关问题

（一）实际施工人能否直接适用送审价条款

如果工程存在实际施工人，由于实际施工人进行工程施工，法律赋予了其主张工程款的权利，但其是否享有按送审价条款结算和主张工程（折价）款的权利，

则要看其身份和法律规定。总承包人与发包人的施工合同中约定了送审价条款,于该合同而言,总承包人与发包人是名义上的合同双方,实际施工人是工程承发包双方所签订的施工合同以外的第三人,并非施工合同的当事人。如果是总承包人将工程转包或分包给实际施工人,则总承包人和实际施工人是转承包或分包合同的当事人。

合同有其相对方和相对性,基于合同的相对性,如果实际施工人的合同相对方是总承包人,则实际施工人主张权利的第一责任人是总承包人,也应按实际施工人与总承包人的合同约定进行结算,难以直接适用总承包人与发包人合同中约定的送审价条款。总承包人、发包人之间的结算与总承包人、实际施工人之间的结算是两个不同的法律关系。当然,不少转包或分包合同中约定,以总承包人和发包人的结算价扣除管理费、税金后的余额作为分包或转包合同的结算价。但是,是否主张送审价从合同关系角度讲是总承包人的权利,不是实际施工人的权利。

如果实际施工人仅仅是借用总承包人的名义(包括发包人牵线借用和实际施工人自己借用)进行备案,那么,备案施工合同中的总承包人和发包人仅仅是名义上的总承包人和发包人,实际的总承包人是实际施工人。但是即便总承包人只是备个名,其也是工程的总承包人,如果合同中约定了送审价条款,还是应以总承包人的名义,或总承包人将债权转让给实际施工人以后再由实际施工人主张权利。

典型案例 14.3.2

林州某集团建设有限公司与某设计研究院、某煤业有限公司建设工程合同纠纷案①

案例要点:总承包人与发包人的合同有约定送审价条款,总承包人可适用送审价,实际施工人可待总承包人的权利实现后主张权利。

---

① (2019)晋03民终227号。

案情介绍

林州某集团建设有限公司与某设计研究院、某煤业有限公司发生建设工程施工合同纠纷。实际施工人为第三人。

法院认为：承发包双方在合同中明确约定了工程竣工结算报告的审查时限及超过时限后的相应后果，此约定系双方真实合意，具有法律约束力。根据《建设工程司法解释》第二十条的规定："当事人约定，发包人收到竣工结算文件后，在约定期限内不予答复，视为认可竣工结算文件的，按照约定处理。承包人请求按照竣工结算文件结算工程价款的，应予支持。"某设计院、某煤业公司在约定时限内均未答复，应依约视为认可竣工结算文件，林州某集团建设有限公司请求参照合同约定以送审价支付工程价款及相应利息的主张，符合双方合同约定，也于法不悖，本院予以支持。

本案所涉各项工程均已竣工验收且交付使用，故作为总承包人的林州某集团建设有限公司享有主张工程价款的权利。三名实际施工人可在林州某集团建设有限公司结算回款后，依其与林州某集团建设有限公司的挂靠合同、三人之间的合伙协议等再另行分账或通过诉讼解决。

点评分析：施工合同约定了送审价条款，发包人未在合同约定的期限内对送审文件进行审核并回复总承包人，对总承包人参照合同约定以送审价支付工程价款及利息的主张，法院予以支持。实际施工人可在总承包人实现工程款债权后按照内部承包协议等约定进行分账，行使权利。

（二）合同效力对送审价的影响

施工合同虽然无效，但是合同内容也是当事人真实意思的表示。《民法典》第七百九十三条规定，建设工程施工合同无效，但是建设工程经验收合格的，可以参照合同关于工程价款的约定折价补偿总承包人。可见，虽然施工合同无效，但可以参照合同关于工程价款的约定折价补偿。这个约定可以是工程价款的具体计算依据和标准，也可以是送审价条款。关于合同无效的是否可以适用送审价条款，不同的法院持不同的观点。

典型案例 14.3.3

杭州某建工集团有限责任公司、阜阳某房地产开发有限公司建设工程施工合同纠纷案[1]

案例要点：合同无效，送审的结算资料有效的，合同无效不影响送审价条款，应按照司法解释关于送审价的规定确定工程结算价。

案情介绍

杭州某建工集团有限责任公司（以下简称杭州某建工公司）经由招投标程序，被确定为阜阳某房地产开发有限公司（以下简称阜阳某公司）开发的金宝汇B地块工程施工的中标施工单位，后阜阳某公司与杭州某建工公司签订《建设工程施工合同》及《建设工程施工补充协议》。《建设工程施工补充协议》第六条第二项约定，阜阳某公司在接到杭州某建工公司工程结算书后2个月内完成结算审核工作。

法院认为：建设工程施工合同无效，但总承包人施工的建设工程经竣工验收合格的，双方当事人有权自愿进行结算。虽然案涉建设工程施工合同无效，但案涉《工程结算书》上加盖了杭州某建工阜阳分公司印章，阜阳某公司授权的案涉工程项目负责人韦某在该《工程结算书》上予以签字确认，韦某签字确认的行为对阜阳某公司发生法律效力。依据现有证据，可以认定阜阳某公司收到杭州某建工公司报送的《工程结算书》后2个月内既未提出异议，亦未将《工程结算书》提交给第三方审核，更未在2个月内完成竣工结算的核对工作。因此，依照《建设工程施工合同司法解释》第二十条“当事人约定，发包人收到竣工结算文件后，在约定期限内不予答复，视为认可竣工结算文件的，按照约定处理。承包人请求按照竣工结算文件结算工程价款的，应予支持”的规定，应视为阜阳某公司认可杭州某建工公司报送的《工程结算书》。

点评分析：虽然施工合同无效，但是发包人在收到总承包人报送的结算资料

① （2019）最高法民终523号。

2月内未进行审核，未提出异议的，应视为认可总承包人报送的结算文件。

但是在江苏省某集团有限公司与延安某能源有限责任公司、延安某电影发行放映有限责任公司、延安某传媒有限责任公司、延安某实业有限公司建设工程施工合同纠纷案①中，法院认为由于双方当事人签订的建设工程施工合同系无效合同，故原告依据合同约定主张被告未在28天内提出审核意见视同工程决算已经批准的，该主张因合同无效而不能作为原告诉请的合同依据。

故，在合同无效的情况下，总承包人可能在适用送审价时会遇到障碍。

四、实际施工人准确利用送审价条款的注意事项

（一）送审价对于总承包人或实际施工人是法宝，对发包人则是紧箍咒，总承包人或实际施工人要用好这把尚方宝剑，首先，要在与发包人签订的施工合同或协议中进行明确约定，即“发包人在收到总承包人提交的结算资料后×天内必须审核完毕，否则以该送审价为工程最终结算价，发包人应予以认可”。其次，在发包人拖欠工程款时，要充分运用法律规定主张权利。如在承发包双方的合同中约定送审价条款，则应尽量以总承包人的名义向发包人主张权利，避免直接以实际施工人身份主张权利时发包人抗辩主体不适格。

（二）因实际施工人不是总承包人和发包人所签施工合同的当事人，能否直接适用该送审价条款，存在一定风险。稳妥起见，实际施工人可先以总承包人的名义向发包人主张工程款（以送审价）权利，待终审裁判确定后或权利得到实现后，再与总承包人进行结算。更稳妥起见，实际施工人起诉前应与总承包人签订协议，约定双方的权利义务以及诉讼结束后双方结算方式，避免中途双方产生争议，导致诉讼或仲裁无法继续，或者诉发包人的案件结束后实际施工人无法从总承包人处获得工程款。

（三）在施工过程中，实际施工人更多时候要直接面对发包人而不是总承包人，实际施工人与发包人的工作对接远远多于与总承包人的工作交流。由于施工要素发生某些变化，根据实际情况，实际施工人可能与发包人签订补充协议或合同，补充协议或合同当中可能也会出现送审价条款。在这类协议当然无效的

---

① （2013）延中民初字第00030号。

情形下，实际施工人是否享有按照送审价条款主张送审价为结算价的权利，则要看法律规定。根据《建设工程司法解释（一）》第一条的规定，虽然实际施工人与发包人所签合同、协议无效，但是，根据《建设工程司法解释（一）》第二十四条的规定，只要工程质量合格，就可以参照实际履行的合同关于工程价款的约定折价补偿，实际施工人可以向发包人主张权利。合同无效情形下，"工程款"已经不是工程款，而是折价补偿款，这个折价补偿款的确定要依合同约定，包括送审价的约定。虽然不能完全确定每个法院和法官都能以这样的法律依据和观点支持实际施工人按送审价主张权利，但是有约定肯定优于无约定，因此，能约定还是要尽量约定。

第四节　实际施工人与优先受偿权

建设工程价款优先受偿权是法律基于保护农民工等群体的利益而赋予承包人的特殊权利。在内部承包责任制下，实际施工人是为工程建设投入人工、资金的主体，其对建设工程价款享有实质性的权利，如果其工程款无法得到保障，则会损害实际施工人及农民工的利益，因而建设工程价款优先受偿权对于实际施工人而言极为重要。

一、建设工程价款优先受偿权概述

（一）建设工程价款优先受偿权的概念

建设工程价款优先受偿权，是指承包人享有的在发包人未按照约定支付工程款时就建设工程申请折价或拍卖并就折价或拍卖价款优先受偿的权利。该权利是法律直接赋予承包人的权利，无须当事人在合同中约定。我国首次在《合同法》第二百八十六条规定了建设工程价款优先受偿权：发包人未按照约定支付价款的，承包人可以催告发包人在合理期限内支付价款。发包人逾期不支付的，除按照建设工程的性质不宜折价、拍卖的以外，承包人可以与发包人协议将该工程折价，也可以申请人民法院将该工程依法拍卖。建设工程的价款就该工程折价或者拍卖的价款优先受偿。《民法典》第八百零七条沿袭了合同法该条规定的内容。

(二)建设工程价款优先受偿权制度的意义

建设工程价款优先受偿权制度的设立是为了保护承包人以及承包人背后农民工的利益,日本、德国以及我国台湾地区都建立了类似的制度。在我国大陆地区,建设工程价款优先受偿权优先于有抵押的债权、普通债权,仅不能对抗已交付购买商品房的全部或者大部分款项的消费者。当发包人负债累累,无力清偿全部对外债务时,承包人若能行使优先受偿权,则能优先于其他债权获得建设工程折价、拍卖款,最大限度地维护自身利益,甚至能够拿回全部工程款,由此可见建设工程价款优先受偿权的重要性,在一定情形下可以说它是承包人实现债权最后的希望,因此实际施工人应当予以高度重视。

二、建设工程价款优先受偿权的性质

关于建设工程价款优先受偿权的性质,学术界历来存在几种不同观点,主要包括留置权说、法定抵押权说和优先权说。

(一)留置权说

该说认为,当发包人拒不支付工程款时,承包人对其所承建的建设工程具有控制权,其可以占有该建设工程,并就该建设工程折价或拍卖后的价款优先受偿,这实际上是对建设工程这一不动产行使的留置权。尽管建设工程合同是从传统的承揽合同中分离出来的,但其仍然具备承揽合同的基本属性,《合同法》中建设工程合同部分法律无明确的可以参照适用承揽合同部分的规定,即承包人(也是承揽人)也享有留置权。虽然现行法律未规定建设工程承包人的留置权,但承包人的优先受偿权实与留置权性质相同。笔者认为,依照民法原理和现行法律规定,留置权的对象仅限于动产。虽然将承包人的优先受偿权解释为留置权不无道理,但毕竟与现行法律规定及民法理论不符,故留置权说不能成立。

(二)法定抵押权说

法定抵押权,是指当事人根据法律的规定而直接取得的抵押权。梁慧星教授指出,《合同法》第二百八十六条从设计、起草、讨论、修改、审议直到正式通过,始终是指法定抵押权。但法定抵押权说存在几处难以自圆其说的地方。第一,抵押权需要登记方能产生效力,而法律并未要求建设工程价款优先受偿权进行登记;第二,抵押权按照登记的先后顺序确定各自债权实现的顺位,而法律直接规定建设工程价款优先受偿权优先于其他任何抵押权。

(三)优先权说

这种优先权可称为建筑优先权,如同船舶优先权、航空器优先权一样。其权利主体为建筑、安装和装饰施工的承包人,义务主体为发包人。这种优先权是法定的,无须登记公示。这里的优先权区别于一般优先权,而是指特别优先权,其含义是法律规定的债权人对于债务人的特定财产所享有的优先于其他一切民事请求受偿的权利,如海商法规定的船舶优先权。同样,建设工程价款优先受偿权也属于特别优先权,其基于法律的规定而直接产生,不需要当事人约定,不需要登记,便享有优先于其他担保物权、普通债权的效力。因此,优先权说是最符合我国现行法律规定以及传统民法学理论的学说,也是目前学界的通说。

三、建设工程价款优先受偿权的范围

建设工程价款优先受偿权的范围,是指承包人的哪些费用可以在建设工程折价或拍卖获得价款中优先受偿,对此实务中争议不断,相关司法解释虽有规定,但仍有不明确的地方。

最高院《优先受偿权批复》(已失效)第三条规定:建筑工程价款包括承包人为建设工程应当支付的工作人员报酬、材料款等实际支出的费用,不包括承包人因发包人违约所造成的损失。该批复将优先权的范围确定为“实际支出费用”,虽然在文义上限缩了优先受偿权的范围,但也使建设工程价款优先权的规定更加具体明确、具有可操作性,解决了合同法规定无法落地的难题。但同时该批复也有一定的弊端,不可避免地使承包人与发包人陷入对“实际支出的费用”的解释中,并且承包人的“利润”被排除在“实际支出的费用”之外,无法在建设工程拍卖、变卖的价款中优先受偿。

《江苏高院 2008 意见》第二十条规定:承包人的优先受偿权范围限于建设工

程合同约定的工程价款,包括承包人应当支付的工作人员报酬、材料款、用于建设工程的垫资等实际支出的费用。未用于建设工程的借款以及发包人应当支付的违约金或者因为发包人违约所造成的损失不属于建设工程价款优先受偿权的受偿范围。该规定在最高院批复的基础上增加规定了用于建设工程的垫资也属于优先权的范围,但对于利润、垫资利息、工程款逾期付款利息等重要内容还是未予以明确。

《建设工程司法解释(二)》第二十一条规定:承包人建设工程价款优先受偿的范围依照国务院有关行政主管部门关于建设工程价款范围的规定确定。承包人就逾期支付建设工程价款的利息、违约金、损害赔偿金等主张优先受偿的,人民法院不予支持。根据住建部关于建设工程价款组成的相关文件,建设工程价款包括人工费、材料费、施工机具使用费、企业管理费、利润、规费和税金,因此此次司法解释明确了承包人较为关心的利润等费用也属于优先受偿的范围,《建设工程司法解释(一)》沿袭了该条规定的内容。但对于工程款利息是否属于优先受偿权的范围仍然没有明确,司法实务中存在不同意见,大多倾向于不支持。

四、建设工程价款优先受偿权行使的条件

(一)工程质量合格

《建设工程司法解释(一)》第三十八条规定:建设工程质量合格,承包人请求其承建工程的价款就工程折价或者拍卖的价款优先受偿的,人民法院应予支持。第三十九条规定:未竣工的建设工程质量合格,承包人请求其承建工程的价款就其承建工程部分折价或者拍卖的价款优先受偿的,人民法院应予支持。由此可见,工程质量合格是行使优先受偿权必须具备的前提条件,并且只需承包人所施工的工程部分质量合格,无论整个工程是否完全竣工,承包人都可以对其施工部分的工程享有优先受偿权。

此外,施工合同无效一般来说并不影响优先受偿权的行使。如最高院在佛山市某仓储有限公司、甘某建设工程施工合同纠纷再审案①中认为,承包人可对建设工程价款优先受偿,主要是因为承包人的人力、物力、财力已经物化于建筑

① (2019)最高法民申2351号。

工程中。当发包人不能如约支付工程款时，赋予承包人优先受偿权，有利于保护农民工的合法权益。而当建设工程施工合同无效时，只要工程竣工验收合格，承包人的实际付出与案涉合同合法有效，并无不同。因此，优先受偿权行使的前提是建设工程质量合格，与建设工程施工合同的效力没有任何关系。

（二）不属于按性质不能折价、拍卖的工程

建设工程价款优先受偿权行使的前提显然是工程可以折价或拍卖，满足该条件才能将工程变现以实现债权。实务中按性质不能折价、拍卖的工程，主要包括违法建筑、涉及公共利益及国计民生的项目、无法从整体项目中拆分独立的分部工程项目。

违法建筑，一般是指未经规划主管部门批准，未领取建设工程规划许可证或临时建设工程规划许可证，擅自建造的建筑物和构筑物。对于违法建筑，法律规定应当拆除并且不予补偿，因此违法建筑无法折价、拍卖，承包人无法行使建设工程价款优先受偿权。

涉及公共利益及国计民生的项目，是指学校、医院、市政道路、公园、政府办公楼、国防军事工程等与公共利益相关的建筑工程。

无法从整体项目中拆分独立的分部工程项目，是指无法独立存在且在分割后影响主体工程使用功能的分部工程，如钢结构工程、设备安装工程、给排水工程等。

（三）承包人须在规定的时间内主张权利

由于承包人的优先权效力要高于其他大部分权利，若承包人长期不行使，会导致其他法律关系长期处于不确定的状态，不利于交易安全及效率，故对于优先权的行使有必要设定一定的期间，且该期间为固定不变的除斥期间，一般不能中断、中止或延长。

最高院《优先受偿权批复》首次规定了优先权的行使期间："建设工程承包人行使优先权的期限为六个月，自建设工程竣工之日或者建设工程合同约定的竣工之日起计算。"此条规定存在的问题是若以竣工之日作为优先受偿权行使期限的起算点，则此时距离工程结算完成还有很长一段时间，结算未完成则承包人无

法主张工程款，也就无从行使优先权，但优先权的行使期间此时已经开始计算，这对于承包人来说很不公平。若在工程尚未完全竣工之时，因发包人违约或不可抗力导致合同解除，承包人则无法行使优先受偿权。

鉴于以上原因，最高院在《建设工程司法解释（二）》对建设工程价款优先权行使期间的起算点作出了新的规定，即“自发包人应当给付建设工程价款之日起算”，至于优先权行使的期间仍为 6 个月。

新《建设工程司法解释（一）》第四十一条又改变了之前关于优先权行使期间的规定：承包人应当在合理期限内行使建设工程价款优先受偿权，但最长不得超过 18 个月，自发包人应当给付建设工程价款之日起算。根据该规定，承包人优先权的行使期间不再是 6 个月，而是一个合理的期间，至于该合理期间如何界定，解释没有明确，但该期间最长不得超过 18 个月。

此外，自发包人应当给付建设工程价款之日如何认定？发包人与承包人协议变更付款时间是否会对优先受偿权的行使产生影响？

首先，发包人与承包人在合同中明确约定了工程款付款时间的，优先受偿权从约定的付款期届满开始计算。但若发包人与承包人通过补充协议或备忘录等形式变更了之前合同中约定的付款时间，则是否会改变优先受偿权的起算时间点？支持优先受偿权起算时间点相应顺延的观点认为，司法解释规定承包人行使优先受偿权的期间自发包人应当给付建设工程价款之日起算，双方对于支付工程款的时间有明确约定的当然以约定为准，在双方变更付款时间的情况下，变更后的付款时间则是双方最新的意思表示，应当以此时间点开始计算优先受偿权的行使期间。反对的观点则认为，若允许优先受偿权的起算时间点随意变更，则会导致其他相关权利人对承包人行使优先受偿权的合理预期受到不利影响。还有一种观点认为，需要区分不同情形认定起算时间点是否顺延，当由于发包人或承包人一方原因导致付款条件确实不能成就而另行约定付款时间的，应当允许优先受偿权的起算时间点相应顺延；当发包人与承包人恶意串通侵犯其他债权人利益时，应当不允许其顺延。笔者认为该观点更能平衡各方主体的利益。

其次，当施工合同中未约定付款时间或约定不明时，建设工程实际交付的，以工程交付之日为应付款之日；工程未交付的，承包人提交竣工结算文件之日为应付款之日；工程款未交付，工程也未结算的，以起诉之日为应付款时间。

五、建设工程价款优先受偿权的行使方式

关于优先受偿权的行使方式，没有争议的是承包人与发包人协议将工程折价或者通过向法院起诉要求确认优先受偿权。实务中争议最大的是承包人通过向发包人发函的方式主张优先受偿权，是否属于行使优先权的有效方式。

对此问题，最高院的司法解释中没有规定，各地方法院意见也不一致。有的地方高院如江苏高院认为，承包人通过发函形式主张建设工程价款优先受偿权的，不属于有效的行使方式；有的地方高院如广东高院则认为通过发函形式主张建设工程价款优先受偿权属于依法行使优先受偿权。

在司法实务中，对此问题的观点分为两种意见：一种意见认为，不能通过发函来行使优先权，其认为承包人通过提起诉讼或申请仲裁的方式，主张建设工程优先受偿权的，属于行使建设工程价款优先受偿权的有效方式。承包人通过发函形式主张建设工程价款优先受偿权的，不认可其行使的效力，如常州中院审理的江苏某建设集团有限公司与溧阳市某染整有限公司建设工程价款优先受偿权纠纷案①、淮安中院审理的何某等与涟水县某房地产开发有限公司别除权纠纷案②。另一种意见认为，可以通过发函来行使优先权，其认为承包人享有的优先受偿权系法定权利，不需要经法院确认即享有，法律未禁止承包人以发函的形式主张优先权，根据法无禁止即可为的原则应当认定发函的形式有效，如最高院审理的昆明某建设（集团）有限公司与北京某信托有限公司第三人撤销之诉再审案③。

目前比较主流的观点是承包人不能通过发函来主张优先权，因此建议承包人应尽量通过与发包人协议将工程折价或提起诉讼、仲裁的方式来主张优先权。

六、建设工程价款优先受偿权的行使主体

关于优先权的行使主体问题，实务中的争议主要在于除了与发包人签订书面施工合同的承包人之外的其他相关主体能否行使优先权。

---

① （2018）苏04民终2503号。
② （2018）苏08民终4130号。
③ （2018）最高法民再84号。

（一）分包人

首先，与发包人直接签订分包合同或者与发包人、承包人签订三方合同的分包人可以行使优先权应当没有什么争议，因为其也属于与发包人订立建设工程施工合同的承包人。而与承包人签订分包合同的分包人能否行使优先权，实务中情况比较复杂，需要分情况对待。

一般情况下，与承包人签订合同的分包人不享有优先权。如在徐州中院审理的江苏某建设集团有限公司与徐州某建设集团股份有限公司等建设工程施工合同纠纷案[①]中，法院认为，最高院《建设工程司法解释（二）》第十七条规定，"与发包人订立建设工程施工合同的承包人，根据合同法第二百八十六条规定请求其承建工程的价款就工程折价或者拍卖的价款优先受偿的，人民法院应予支持"，也就是说，只有与发包人签订施工合同的承包人才有权享有工程价款优先受偿权，分包人是否享有优先受偿权要区分以下情况：如果工程的发包人、总承包人、分包人三方共同签订合同，则总承包人、分包人连带享有优先权。如果是发包人与总承包人签订合同，总承包人再与分包人签订合同，根据合同性对性原理，发包人与分包人之间没有直接的权利义务关系，即发包人对分包人没有支付工程款的义务，则分包人不享有工程价款优先受偿权。本案中，虽然经发包人城投公司同意，总承包人徐州某建设集团股份有限公司与江苏某建设集团有限公司签订分包合同，但是徐州某建设集团公司与发包人城投公司间不存在直接的合同关系，且徐州某建设集团有限公司也不是发包人指定的分包人，故其主张建设工程价款优先受偿权，不符合上述法律规定。

当总承包人怠于行使优先权损害分包人利益时，分包人可向发包人主张优先权。广东高院《适用合同法二百八十六条的意见》第二条规定：建设工程合同订立总承包合同后，再由总承包人订立分包合同的，在总承包合同、分包合同均有效的情形下，发包人拖欠工程款的，总承包人可以对工程折价或者拍卖价款主张优先受偿权。分包人对自己承建部分主张享有优先权的，人民法院不予支持。但如因总承包人怠于行使优先权损害分包人利益，分包人可依照《合同法》第七

---

① （2019）苏03民终1162号。

十三条的规定就其承包工程价款范围内向发包人主张权利。《浙江高院解答》规定，分包人或实际施工人完成了合同约定的施工义务且工程质量合格，在总承包人或转包人怠于行使工程价款优先受偿权时，就其承建的工程在发包人欠付工程价款范围内可以主张工程价款优先受偿权。

（二）工程款债权受让人

关于建设工程债权转让时，优先受偿权是否一并转让的问题，最高院司法解释对此没有明确，司法实务中一种观点认为优先受偿权随着债权的转让一并转让，如《江苏高院 2008 意见》第二十条规定，“承包人将建设工程价款债权转让的，建设工程价款优先受偿权随之转让”，广东、浙江等高院的意见也是如此。

最高院在王某与闫某建设工程施工合同纠纷案[①]中认为：《建设工程司法解释（二）》第十七条规定：“与发包人订立建设工程施工合同的承包人，根据合同法第二百八十六条规定请求其承建工程的价款就工程折价或者拍卖的价款优先受偿的，人民法院应予支持。”该条虽然规定由承包人主张优先受偿权，但是并不能得出建设工程价款优先受偿权具有人身专属性。闫某系作为黎阳公司承建案涉工程全额投资人受让案涉工程款债权及相关权利，一、二审判决基于债权转让并结合闫某系全额投资人身份的事实，认定建设工程价款主债权转让的，建设工程价款优先受偿权一并转让，闫某取得相关工程款债权优先受偿权并不违反上述法律规定。

但也有部分地方法院的意见是不支持建设工程价款优先权随工程款债权一并转让。例如，《河北高院指南》规定，建设工程价款优先受偿权与建设工程价款请求权具有人身依附性，承包人将建设工程价款债权转让，建设工程价款的优先受偿权消灭。不支持建设工程价款优先权随工程款债权一并转让的理由一般是，工程价款优先受偿权系专属于承包人自身的权利，工程价款债权转让的，建设工程价款优先权不能随之转让。

笔者认为，根据从权利随主权利的转移而转移的基本法理，建设工程价款优先受偿权虽然是一种法定的优先权，但其本质上仍是为担保主债权实现的从权

---

① （2021）最高法民申 36 号。

利,在法律未禁止其随主债权转移的情况下,应当允许其随工程款债权的转让而一并转让。

(三)实际施工人

1. 转包情形下的实际施工人

一种意见是其不能享有优先权。

典型案例 14.4.1

周某、冯某与四川某建设集团有限公司等建设工程施工合同纠纷再审案[①]

案例要点:总承包人承接工程后将工程转包给实际施工人,实际施工人以自己的名义主张建设工程价款优先受偿权,法院认为优先受偿权的享有和行使必须具有明确的法律依据,实践中亦应加以严格限制。行使优先受偿权的主体应仅限于建设工程承包人,现行法律及司法解释并未赋予实际施工人享有建设工程价款优先受偿的权利。

案情介绍

新城公司系案涉工程的开发单位,与四川某建设集团有限公司(以下简称建设集团公司)于2013年3月19日分别签订了《财富新城建设工程施工合同》《贵州省毕节市大方县财富新城建设工程补充协议》,将位于贵州省毕节市大方县金龙新区迎宾大道中段的"财富·新城"建设工程项目发包给建设集团公司,承建范围为B1、B2、B3三幢及独立的商业一幢和地下车库,合同双方还对合同价款、工程款支付进行了约定。2013年6月16日,建设集团公司作为甲方与乙方周某、冯某签订了《内部承包经营合同书》,将案涉工程转包给了周某、冯某施工。2016年12月13日,新城公司、建设集团公司对"财富·新城"建设工程项目进行

① (2018)最高法民申5769号。

了结算,工程结算价格为80 277 786.95元。结算完成后,新城公司未按约足额支付工程款,周某、冯某起诉主张优先权,法院未予以支持。

点评分析:本案案涉工程系总承包人与发包人签订施工合同后转包给实际施工人施工的,实际施工人并非与发包人签订施工合同的承包人,因而不满足法律及司法解释关于优先受偿权行使主体的规定,因而此情形下实际施工人主张优先受偿权没有法律依据,故法院未予以支持。

另一种意见则是实际施工人在发包人欠付工程款范围内可主张优先权。

典型案例 14.4.2

呼和浩特市某房屋开发有限公司、蒋某建设工程施工合同纠纷再审案①

案例要点:总承包人将工程转包给实际施工人,实际施工人起诉总承包人及发包人索要工程款并主张优先受偿权,法院支持实际施工人在发包人欠付工程款范围内可享有优先权。

案情介绍

呼和浩特市某房屋开发有限公司(以下简称开发公司)与南通某建筑公司(以下简称建筑公司)于2012年3月25日签订《呼和浩特市银泰小区项目工程施工总承包合同》,约定由建筑公司对开发公司开发建设的位于呼和浩特市玉泉区银泰尊邸项目A#楼、B#楼、1#、2#、3#图纸范围内的所有工程内容进行施工。建筑公司在签订上述合同后随即与呼和浩特某劳务有限责任公司签订《承包合同书》,约定由劳务公司承担由建筑公司与开发公司所订立的该工程《建设工程施工合同》中约定承包范围的全部内容。2012年3月28日,吴某代表劳务公司与蒋某签订《承包合同书》,该合同书除承发包人以外的其他内容与前述《承包合同书》完全一致。法院认定蒋某对其完成的部分工程的折价、拍卖的价款在欠付

① (2020)最高法民申6461号。

工程款 41 253 145.02 元及利息的范围内享有优先受偿权。

点评分析：本案也是实际施工人在没有直接与发包人签订施工合同的前提下主张优先权的情形，法院支持了其主张，但没有给出支持的具体理由，究其原因可能还是从保护实际施工人的利益角度出发。司法解释既然赋予了实际施工人直接向发包人主张工程款的权利，目的显然是保障实际施工人的利益获得优先实现，如果判决发包人向实际施工人承担付款责任，却不支持实际施工人享有工程价款优先权，那么在发包人无力清偿债务的情况下，实际施工人的利益还是无法得到保障，司法解释赋予实际施工人的特殊保护也会落空。

从检索的案例可以发现，转包、违法分包情形下，审判实务中大多数判决不支持实际施工人向发包人主张建设工程价款优先受偿权，支持的判决很少，并且在《建设工程司法解释（二）》颁布实施后支持的就更少了。

2. 挂靠情形下的实际施工人

挂靠情形下的实际施工人能否主张建设工程价款优先受偿权，实务中观点也存在差异。

一种观点认为，当实际施工人直接与发包人发生施工合同关系时，实际施工人享有优先权。

典型案例 14.4.3

宋某与邵阳市某房地产开发有限公司（以下简称开发公司）建设工程施工合同纠纷案[①]

案例要点：发包人要求实际施工人挂靠总承包人施工，实际施工人与发包人存在直接的施工合同关系，此时其符合法律及司法解释中行使建设工程价款优先权的主体规定，因而法院支持其享有优先权。

案情介绍

2013 年 2 月 21 日，开发公司（甲方）与宋某（乙方）签订《工程施工劳务承包

① （2020）湘民终 1783 号。

合同》，将雍翠桂花城小区1～9#栋楼的主体建筑施工劳务发包给宋某。后因宋某没有施工资质，开发公司采取招投标方式将该工程进行投标招标，某建筑公司中标。2013年8月28日，开发公司为发包人、建筑公司为承包人签订《湖南省建设工程施工合同》（该合同仅为备案用），约定工程施工范围为雍翠桂花城A区1～9#楼及地下车库的土建、水电安装等。2013年2月15日，建筑公司授权其下属公司邵阳市某劳务有限公司与宋某签订《内部承包合同》。2013年2月16日，劳务公司为甲方，宋某为乙方，签订《内部承包合同》，约定将雍翠桂花城A区1～9#楼工程交由宋某承包施工，甲方对项目部自行组织的集资、借资、贷款等行为所产生的所有债务不负任何责任，由此产生的后果与责任均由乙方承担，乙方按工程总造价1%向甲方交纳管理费等。

二审法院认为：《建设工程司法解释（二）》第十七条规定："与发包人订立建设工程施工合同的承包人，根据合同法第二百八十六条规定请求其承建工程的价款就工程折价或者拍卖的价款优先受偿的，人民法院应予支持。"据此，建设工程价款优先受偿权系法律赋予与发包人存在直接施工合同关系的承包人就工程折价或者拍卖的价款在欠付工程款的范围内优先受偿的权利。本案中，宋某与开发公司、建筑公司共同签订了《工程施工劳务承包合同》及补充协议并实际履行，案涉工程项目由宋某组织施工，建筑公司仅收取1%的管理费，未实际参与实际施工管理，应认定宋某与发包人之间形成了实际的合同关系，宋某系案涉工程项目的实际承包人。现宋某要求在欠付工程款的范围内就案涉工程折价或者拍卖的价款享有优先受偿权，于法有据。

点评分析：本案中法院认为，《建设工程司法解释（二）》第十七条规定的优先受偿权的行使主体也可以是与发包人直接成立施工合同关系的实际施工人，而不一定是名义上与发包人签订施工合同的总承包人，因而在此情形下实际施工人行使优先权具有法律依据。

另一种观点则认为，挂靠情形下实际施工人不享有优先权。如最高院在陈某与某银行股份有限公司三明列东支行等建设工程施工合同纠纷案①中认为：优先受偿权作为一种物权性权利，根据《物权法》第五条"物权的种类和内容，由法

① （2019）最高法民申2852号。

律规定”的物权法定原则,享有建设工程价款优先受偿权的主体必须由法律明确规定。而《合同法》第二百八十六条、《优先受偿权批复》第一条均明确限定建设工程价款优先受偿权的主体是建设工程的承包人,而非实际施工人。这也与《建设工程司法解释(二)》第十七条明确规定建设工程价款优先受偿权的主体为“与发包人订立建设工程施工合同的承包人”这一最新立法精神相契合。陈某作为实际施工人,并非法定的建设工程价款优先受偿权主体,不享有建设工程价款优先受偿权。

七、实际施工人是否享有优先受偿权的法律分析

建设工程价款优先受偿权的立法目的主要是保障承包人背后所代表的农民工群体的利益,根据该立法精神,立法保护的应当是实际将人工、材料等投入建设工程当中的主体,在工程存在挂靠、转包的场合,该主体就是实际施工人,而非仅提供资质的总承包人。因而赋予实际施工人优先受偿权是符合建设工程价款优先受偿权的立法精神的。当然也有观点认为,现行司法解释已经给予了实际施工人特殊的保护,不宜再赋予实际施工人优先受偿权,否则就是变相鼓励挂靠、转包等违法情形的发生。笔者认为,挂靠、转包有其产生的深层次的社会、经济、制度等方面的原因,国家相关法律规定对此也是明令禁止的,但挂靠、转包的情况在短时间内还是会继续存在,并不是颁布某个法律、政策就能够解决的,因而赋予实际施工人优先受偿权并非鼓励挂靠、转包,而是在我国建筑行业现状下为保护弱势主体利益、维护社会稳定而作出的一项特殊政策,其精神与赋予实际施工人突破合同相对性向发包人主张工程款的权利是一致的。

此外,由于优先权是基于法律的明文规定而产生的,其享有的主体、行使的条件等都必须符合法律的规定,因此实际施工人能否享有优先权还是得看是否符合法律的相关规定。建设工程价款优先受偿权的法律依据是原《合同法》第二百八十六条也就是现行《民法典》的第八百零七条,该条规定了享有建设工程价款优先受偿权的主体是承包人,《建设工程司法解释(二)》第十七条进一步明确享有优先权的主体为与发包人订立建设工程施工合同的承包人。如此是否意味着实际施工人一概不得主张优先权了呢?其实不然,此处的“承包人”并非一定是指总承包人,当实际施工人与发包人直接成立施工合同关系时,其也可以成为

此处的“承包人”。如在最高院审理的宁夏某工程有限公司与安徽某工程有限公司等建设工程施工合同纠纷[1]案中，法院认为在发包人同意或者认可挂靠存在的情形下，挂靠人作为没有资质的实际施工人借用有资质的建筑施工企业（被挂靠人）的名义，与发包人订立了建设工程施工合同。挂靠人是实际承包人，被挂靠人是名义承包人，两者与发包人属于同一建设工程施工合同的双方当事人。因此，认定挂靠人享有优先受偿权，并不违反该条的规定。

因而，在现行的法律、司法解释的规定下，实际施工人要满足与发包人之间存在直接的施工合同关系才能顺理成章地享有优先受偿权，在其他情形下实际施工人想要以自己的名义直接主张优先受偿权则很有可能被驳回。

八、总承包人放弃优先权对实际施工人的效力

总承包人放弃优先权是否对实际施工人产生效力，首先要看该优先权是否归属于总承包人。在发包人与实际施工人成立事实上的施工合同关系的情况下，总承包人只是名义上的承包人，实际施工人才是事实上的承包人，优先权应当归属于实际施工人，此时总承包人与发包人约定放弃应当无效。

在其他情况下，总承包人放弃优先权是否就会对实际施工人产生效力呢？其实也未必。一般来说，优先权是法律赋予承包人的一种民事权利，民事权利人可以自由决定行使权利或者放弃权利，因此承包人原则上可以放弃优先权。但是如果优先权的放弃对其他主体如实际施工人、农民工的利益造成损害，则总承包人放弃优先权对其他主体不发生效力，如《江苏高院解答》就持该观点。《建设工程司法解释（二）》中也有类似规定：“发包人与承包人约定放弃或者限制建设工程价款优先受偿权，损害建筑工人利益，发包人根据该约定主张承包人不享有建设工程价款优先受偿权的，人民法院不予支持。”但是需要注意的是，主张无效的一方需要证明因承包人放弃优先权导致工人工资等债权无法清偿，否则法院仍将会认定承包人放弃优先权有效。比如，在韶关中院审理的广东省某工程有限公司与仁化县某水电有限公司等建设工程施工合同纠纷[2]案中，法院认为，如

---

① (2019)最高法民申 6085 号。

② (2019)粤 02 民终 290 号。

果损害了建筑工人的利益,即使承包人与发包人约定放弃建设工程价款的优先受偿权,也不会得到人民法院的支持。但工程公司所提交的四份结算汇总表只是其单方提供的剩余工程结算尾款的汇总材料,反映的是与有关单位和个人的结算,但不能据此证明工程公司拖欠了建筑工人的工资,也没有其他证据佐证工程公司至今仍拖欠上述剩余工程结算尾款。工程公司提交的证据不足以证明其放弃涉案工程价款的优先受偿权会损害建筑工人的利益。一审法院对其主张涉案工程折价或拍卖款享有优先受偿权的诉讼请求不予支持并无不当。

九、实际施工人优先权的主张

如前文所述,建设工程价款优先受偿权对于施工方来说至关重要,尤其是在总承包人及发包人付款能力均不足的情况下,优先权对于实际施工人而言可能是实现权利唯一的依靠,因而实际施工人应当尽力保住优先权。实际施工人可通过以下几种方法主张优先权:

(一)以总承包人名义主张优先权

在总承包人经营状况良好且能够配合办理诉讼手续的前提下,实际施工人以总承包人的名义起诉发包人并主张优先权是最稳妥的能够取得优先权的方式。以总承包人的名义主张优先权不会存在任何法律上的障碍,但需要注意的是,在诉讼过程中,若总承包人经营状况恶化,对外欠款较多时,实际施工人以总承包人名义起诉获得的工程款很可能被其他债权人保全或执行。

(二)由总承包人向实际施工人转让债权后再向发包人主张优先权

当总承包人经营状况不好,但尚能配合进行债权转让的,实际施工人可受让总承包人对发包人的债权后直接以债权受让人的身份向发包人主张债权,同时要求行使优先受偿权。此种方式一方面可以避免直接以总承包人名义起诉时工程款被其他债权人执行的风险,另一方面通过此种方式行使优先权在实务中大概率也能获得法院支持。

（三）代位总承包人行使优先权

当总承包人怠于向发包人主张债权损害实际施工人利益时，实际施工人可以依据《民法典》第五百三十五条的规定代位总承包人向发包人主张工程款债权，同时一并主张代位行使优先权。在实务中，优先受偿权能否代位行使也存在一定争议，总体来说持支持观点的较多。如在湖南高院审理的湖南某科技股份有限公司与章某债权人代位权纠纷[①]案中，法院认为：关于章某能否代位行使建设工程价款优先受偿权的问题。广东某建筑公司作为案涉工程的承包人有权在其承建工程价款范围内就案涉工程折价或拍卖的价款行使优先受偿权，而案件是以债权人行使代位权为基础，章某代广东某建筑公司行使的权利范围包括该优先受偿权。

当然实务中也存在部分不支持实际施工人代位行使优先受偿权的判例。如在徐州中院审理的江苏某建设有限公司与徐州市某建安工程有限公司、徐州某置业有限公司建设工程施工合同纠纷案[②]中，法院认为：工程价款优先受偿权是《合同法》第二百八十六条规定的权利，赋予承包人，即专属于承包人，不属于合同法代位权规定的可以代位行使的债权。

《建设工程司法解释（一）》第四十四条规定：实际施工人依据《民法典》第五百三十五条规定，以转包人或者违法分包人怠于向发包人行使到期债权或者与该债权有关的从权利，影响其到期债权实现，提起代位权诉讼的，人民法院应予支持。其中与债权有关的从权利一般认为就是指承包人的优先受偿权，该解释首次明确了实际施工人可以代位总承包人行使优先受偿权。因而实际施工人通过代位的方式行使优先权目前来说应该是可行的。

（四）以实际施工人名义主张优先权

如前文所述，实际施工人以自身名义主张优先权的，从目前的司法实践来看很有可能得不到法院支持，实际施工人应当尽量从与发包人存在直接的或事实

---

① （2020）湘民终1196号。
② （2019）苏03民终2223号。

上的施工合同关系这一角度去举证，才能最大可能获得法院的支持。

综上，实际施工人应当综合考虑总承包人的状况、举证的难易程度、优先权获得支持的概率等因素，选择合适的方式行使优先权，如此才能最大限度地维护自身权益。

第五节　实际施工人对总承包人扣留工程款的行为的应对

实际施工人因不具备资质，通常都会挂靠有相应资质的总承包人承接工程，由被挂靠的总承包人与发包人签订合同，收取工程款。实践中，发包人付款至总承包人后，常常会出现总承包人扣留工程款的情况，从而导致实际施工人无款可付，无款可用，影响工程进度。

一、总承包人扣留工程款的原因

因实际施工人无施工资质，无法与发包人直接签订合同，其工程款也需要由总承包人代收代付。在施工过程中，实际施工人经常会遭遇工程款被扣留的情形，而被扣留的原因通常有两种：一种是总承包人主动扣留，总承包人或是基于自身资金短缺而挪用实际施工人的工程款，或是因实际施工人未专款专用导致对外欠款需由总承包人代付款，在收取发包人的工程款后总承包人自行进行支配，不再向实际施工人付款或者减少比例付款；另一种是总承包人被动扣留，即总承包人被起诉，账户被冻结，其所有资金只进不出，无法正常支付，只能被动扣留实际施工人的工程款。

二、总承包人扣留工程款对实际施工人的影响

实际施工人通常均是通过总承包人转付收取工程款的，一旦总承包人扣留工程款，给实际施工人造成的最大影响就是工程进度拖延。建筑工程需要投入大量的资金，施工过程中的建筑材料款、工人工资、水电费等都是不断产生的，一旦实际施工人付款出现问题，工程进度必然会受到影响，小至停工闹事，大至工

程烂尾都极有可能发生。而在此情况下，实际施工人只能停工，暂停施工进度，但停工过程中，仍会产生一系列费用及损失，工人工资仍需按工程时间支付，租赁材料仍会按工程时间继续计费，临时建筑设施仍需使用而无法拆除，相关费用仍会继续产生。若实际施工人不想影响施工进度继续进行施工，必然需要对外借款垫资进行施工，还会因此产生垫资利息等一系列费用。

三、总承包人扣留工程款导致工程停工时停工时间的认定

总承包人扣留工程款的事情常有发生，因总承包人导致工程停工，双方对于停工时间没有约定且无法协商一致时，停工时间该如何计算？是按实际停工时间计算还是结合工程实际情况确定一段合理的停工时间？从司法实践来说，因总承包人过错导致工程停工，实际施工人与总承包人、发包人未就工程停工损失达成一致意见时，通常会按照具体的停工时间结合工程现状确定一段合理的停工期间，再来计算停工损失，而不是直接计算至起诉之日。工程虽因总承包人原因陷入停滞状态，但基于减损原则，实际施工人需采取相应的措施，防止损失继续扩大，不能盲目等待。

四、因总承包人扣留工程款，实际施工人可主张的损失范围

总承包人扣留工程款时，实际施工人通常有两个选择：一是继续施工，二是被迫停工。虽然两种情形下都会产生损失，但不是所有的损失都会被支持。

（一）停工损失

工程建造需要大量的建筑材料投入以及人力投入，工程停工时，相关费用也仍在产生。比如，项目管理人员工资，通常项目经理、监理均是按照工作时间来计发工资的，项目停工时其工资仍在计算；租赁材料费用，如塔吊、电梯、模板、脚手架等费用均是按照工程时间计算，搭、拆、卸都需要时间和成本，若停工时间较短，这些租赁材料都不会出场，仍按照使用时间计算费用；垫资利息，实际施工人前期通常都会垫资施工，大多数通过银行贷款或者企业借款，如果无法按照工程进度收取工程款，其垫资部分利息也仍会继续计算。因此，停工损失一般包括：窝工停工费、机械设备调遣费、倒运费、建筑材料和构件积压费、保管费、机械设施闲置

费、租赁费、临时设施建造费以及其他直接与该工程有关而独立发生的费用等。非实际施工人原因导致工程停工时,实际施工人可依法主张逾期付款利息损失、停窝工损失、闲置损失、租费损失等。但是该损失不是无限计算的,实际施工人也需采取必要措施防止损失继续扩大,不是所有的费用都可以向总承包人进行主张。

(二)未停工损失

总承包人未按合同约定支付工程进度款,截留资金,致使工程停工或者窝工的,实际施工人可申请顺延工期,并有权要求赔偿停工、窝工等损失。但是,如果实际施工人未提出异议继续进行施工的,或者在结算协议书中对该部分损失自行认定的,后续纠纷中再主张停工期间或者签订结算协议后的停工、窝工损失,法院通常不予支持。实际施工人只能根据双方退场结算时约定的内容进行主张,不可另行主张费用。

典型案例 14.5.1

吕某与南通某公司、海南某公司建设工程施工合同纠纷案①

案例要点:实际施工人退场后已经与总承包人、发包人达成退场协议,不可再次主张有关损失。

案情介绍

南通某公司中标海南某公司“龙城商业一条街”项目后将工程转包给吕某施工,因欠付工程进度款,导致涉案工程停工造成工程烂尾。后吕某起诉,要求南通某公司和海南某公司支付逾期付款利息损失、塔吊闲置损失、班组人员窝工闲置损失、脚手架闲置损失、施工工人看守工地工资损失、赔付材料商损失等。

一审法院认为:南通某公司与吕某之间未就进度款逾期支付的利息承担进行约定,且责任书无效,吕某请求南通某公司支付逾期支付进度款的利息损失,无合同依据和法律依据,不予支持。吕某只是涉案工程的实际施工人,而不是总

---

① (2016)琼民终150号。

承包合同的相对人，故吕某请求海南某公司支付逾期支付进度款的利息亦于法无据，不予支持。关于因停工造成五号地塔吊闲置费等损失的承担问题。因2014年8月20日三方当事人已就完成的工程量进行结算，结算总造价中已包含三号地1号至7号楼外墙脚手架超期费用180万元，五号地1号至7号楼外墙脚手架超期费用28.4万元，五号地1号至7号楼塔吊超期费用62.5万元，未付商品砼款人工停工损失费19.25万元，未付钢筋、商品砼款人工停工损失费42.3万元，5号至7号楼屋面因海南某公司原因不能浇混凝土造成模板、方木、顶木损失费用24.864万元，3月全某某因施工广告墙致粉碎性骨折的医疗费1.6万元和抽水机台班费12万元等损失费用共370.9140万元。涉案工程项目停工后，吕某作为施工方，也应当采取适当措施防止损失扩大。在未取得发包方海南某公司的签证或其他证据的情况，吕某还主张有关损失，缺乏事实依据。

二审法院认为：结算书造价中有三号地、五号地零星工程款400.057 012万元，三方当事人均认可该零星工程款中已包含三号地和五号地有关机械和人工窝工损失共370.9140万元。尽管三方当事人于2014年8月20日才就已完成工程进行结算，但是根据吕某于2012年5月向南通某公司出具的承诺书，吕某于2012年5月6日已退出涉案工程施工现场。因此，吕某再上诉主张五号地工程自2012年10月、2013年3月16日或2014年12月1日起的有关人员窝工和工资、塔吊和脚手架等设备闲置损失，没有任何事实依据，本院不予支持。至于吕某另上诉主张因海南某公司逾期付款，导致其向材料商赔偿损失170万元，因无相应证据证明，本院亦不予支持。

点评分析：实际施工人可主张的费用并不是无限度的，在工程停工烂尾后，也有义务采取措施防止损失继续扩大，不能置之不理，放任租赁费用、班组人员停窝工费用无限产生。选择继续施工的，可以在结算协议中对继续施工产生的损失进行约定，要求总承包人补偿。

五、总承包人扣留工程款时实际施工人的应对与处理

实际施工人在与总承包人签订协议时，首先，应当对工程款的支付条件进行明确，要求总承包人在收取工程款后的固定时间内及时将款项付至己方指定账户，总承包人收款后逾期未付的，应当承担违约责任，且实际施工人有权因此选

择解除合同。

或者实际施工人在与总承包人签订协议时就应要求总承包人对其授权,以授权委托书为据收取工程款,可避免出现工程款被总承包人扣留的情况。如若总承包人不同意进行授权收款,在出现总承包人扣除工程款的情形时,实际施工人应当主动向发包人披露其实际施工人身份,要求发包人直接向其付款。

其次,实际施工人应当与总承包人明确停工工期及费用的处理,若项目由于总承包人原因或发包人原因陷入停工状态,实际施工人可顺延相应工期,向发、承包人主张相应费用。

当工程出现问题时,实际施工人应及时与总承包人、发包人进行沟通,就工程进度、现状以及遇到的问题进行释明,并积极采取措施,及时主张工期顺延或者工期索赔,避免因未及时主张而丧失权利,留好书面沟通材料以备不时之需。

最后,在实际发生停工且工程复工无望时,实际施工人要及时退场,做好交接工作,及时主张工程款和损失,必要时可通过诉讼索赔。

第六节　实际施工人对总承包人的恶意债权转让行为的应对

在内部承包责任制情形下,根据合同相对性原则各主体之间的债权关系通常是,实际施工人对总承包人享有债权,总承包人对发包人享有债权,在符合法律规定的条件下,总承包人可以将对发包人的债权转让给他人。总承包人转让债权并不必然会损害实际施工人的利益,如总承包人本身付款能力充足,转让债权与否均不会影响其对实际施工人的付款。另外,在某些情况下有偿转让未到期的债权可以使总承包人对发包人的债权提前变现,增强总承包人的付款能力。但若总承包人恶意转让债权,即在自身无充足的支付能力且未经实际施工人同意的情况下仍无偿或低价转让债权、将债权转让获得的对价款用于其他地方等,便可能会损害实际施工人的利益。

一、债权转让概述

（一）债权转让的概念

债权转让，是指债权人将对债务人的全部或部分债权转让给第三人，从而使债权人与债务人之间的债权债务关系相应消灭，由债务人直接向第三人履行相应的债务。

（二）债权转让的特点

1. 债权转让不需要债务人同意，只需通知债务人即可对债务人发生法律效力。债权转让与债务转让不同，由于债权转让一般不会损害债务人的利益，只需通知债务人向第三人履行即可，但如果因债权转让导致债务人履行债务成本增加，则应由债权人承担相应的费用。而债务转让的受让人履行债务能力不足，则会损害债权人的利益，因而债权人有权根据自己对受让人的判断决定是否同意债务转让。债权转让一般应由原债权人通知债务人，特殊情况下可由债权受让人通知债务人，实务中较为常见的做法是债权转让人与受让人共同履行通知义务。债权转让通知到达债务人后，债务人尚未履行的债务部分就必须向债权受让人履行，若债务人仍擅自向原债权人履行，则不发生债务清偿的后果，其仍负有向债权受让人清偿的义务。

2. 主债权转让的，从债权也一并转让。在债权上有担保物权等从权利的情况下，不论债权人与受让人是否约定从权利随主债权一并转让，该从权利都要随主债权一并转让给受让人，除非该从权利专属于债权人。就工程款债权而言，其主债权上一般附有建设工程价款优先受偿权，有的还会有其他担保物权或保证债权，在工程款债权转让时，上述权利一般也随之转让。

3. 债权转让具有无因性，不以受让人支付对价为要件。债权转让自通知到达债务人时便发生法律效力，其效力一般而言不受其原因行为是否存在以及效力如何（如受让人对转让人另外享有债权）的影响，即债权转让具有无因性，即使转让人无偿转让债权，只要无偿转让行为不损害其他利害关系人的利益，该转让行为便有效。

4. 债权转让不需要转让债权金额具体明确。关于债权转让时所转让债权的金额是否需要具体明确的问题,对此实务中有两种意见。一种意见认为,转让的金额必须具体明确,否则债权转让合同便不生效;另一种意见则认为,转让金额的明确与否不影响债权转让的效力,转让债权超过债务人实际所欠债权的部分,债务人可拒绝履行。笔者赞同第二种意见,首先,法律并未要求债权转让的金额需要具体明确,只要转让双方对于转让的标的债权能作出清楚的界定,在很多情况下债权转让的金额在转让时是无法确定的,如在工程款债权转让中,承包人与发包人之间可能尚未进行结算,承包人转让工程款时无法明确具体数额;其次,债权转让的金额可以由受让人与债务人通过协商、诉讼等方式确定,债务人对于原债权人的抗辩都可以向受让人提出,最终债权转让对于债务人发生效力的部分不会超过原债权人对债务人享有的实际债权金额,不会损害债务人的利益。

(三)债权转让应满足的条件

1. 必须有真实合法的债权存在。债权转让的首要前提当然是债权人对债务人享有真实且合法的债权。真实,意味着债权是客观存在的,不是债权人一方虚构的。合法,则要求当事人所转让的债权应当是受法律保护的债权,而非赌债等非法之债。债权合法并不要求产生债权的基础合同合法有效,合同无效所产生的返还财产、折价补偿或者赔偿损失等请求权也可以转让,只需转让行为本身符合法律规定即可。①

2. 债权必须具有可让与性。债权转让本质上是一种交易行为,从鼓励交易,保护交易稳定和交易安全的角度出发,只要不违反法律的强制性规定和社会公序良俗,均应该允许转让。对于不能转让的债权,我国法律上主要规定了以下三种情形:(1)根据合同性质不得转让;(2)按照当事人约定不得转让;(3)依照法律规定不得转让。其中根据合同性质不得转让的债权主要包括基于特殊身份关系产生的债权,如赡养费、抚养费请求权,还包括劳动报酬请求权等债权。依照法律规定不得转让的债权,主要包括债务人或担保人为国家机关的不良债权、国防、军工等涉及国家安全和敏感信息的债权以及其他限制转让的债权等。

---

① 最高人民法院民事审判第一庭编:《民事审判指导与参考》2013 年第 3 辑(总第 55 辑),人民法院出版社 2014 年版,第 182 ~ 195 页。

3. 债权转让应采取合法有效的告知形式。债权人转让权利的，应当通知债务人。未经通知，该转让对债务人不发生效力。在债权转让对债务人的效力问题上，明确采取了转让通知原则。债权人通知债务人可以采取书面邮寄的方式，在无债务人地址或其地址无人签收的情况下也可以采取登报公告的方式通知。

二、总承包人转让债权的现状

实务中总承包人转让债权的情况很常见，因为发包人会将付款的周期拖得比较长，总承包人或实际施工人又急需资金使用，因而其会通过转让债权来获得融资。总承包人与实际施工人协商或者应实际施工人要求进行工程款债权转让的，不会损害实际施工人的利益，总承包人未经实际施工人同意恶意转让对发包人的债权，则通常是出于为自身利益考虑，如通过债权转让获得现金后用于清偿自己的其他债务或者其他消费，再如通过与他人恶意串通低价、无偿转让债权以达到转移财产逃避履行对实际施工人的付款义务的目的。而内部承包责任制下，工程款的实际权利人与名义权利人的不一致给予了总承包人恶意转让债权的天然条件。

实务中比较常见的是总承包人将工程款债权以保理的方式转让给保理公司从而获得保理公司的融资款。保理，是指应收账款债权人将现有的或者将有的应收账款转让给保理人，保理人提供资金融通、应收账款管理或者催收、应收账款债务人付款担保等服务。保理是保理机构对外经营的一项主要业务，为保障交易安全，法律对保理进行了一些特殊的规定，主要是为了保护保理机构对转让债权权利外观的信赖，在保理机构尽到必要的审查、通知、登记义务后，保理中的债权转让便生效。而在工程款债权保理领域，由于挂靠、转包情形的普遍存在，保理机构往往很难核实工程款债权的实际权利人，此时总承包人若未经实际施工人同意擅自与保理人签订保理合同，则会对实际施工人产生巨大的风险。

三、总承包人恶意转让债权对实际施工人的影响

总承包人恶意将对发包人的工程款债权转让给第三方后，若转让行为被认定有效，则第三方便对发包人享有相应的债权，发包人不再欠付总承包人相应的工程款，实际施工人因此很有可能无法根据《建设工程司法解释》的相关规定要

求发包人在欠付工程款范围内承担连带付款责任，那么在总承包人自身无力支付工程款的情况下，实际施工人的权益则可能受到损害。如果总承包人恶意转让债权的行为被认定为无效，实际施工人仍可以要求发包人在欠付工程款范围内承担连带责任。故对于总承包人未经实际施工人同意转让债权的效力如何认定对于实际施工人来说至关重要，司法实务中根据具体情况的不同主要有以下几种处理方式：

（一）总承包人未经实际施工人同意转让债权有效

该意见认为，在发包人未与实际施工人直接发生施工合同关系的情况下，发包人应向总承包人履行工程款支付义务，也就是总承包人对发包人享有合法有效的债权，因而总承包人当然可以自由转让其债权。而司法解释虽然赋予了实际施工人在一定情形下突破合同相对性向发包人主张工程款的权利，但其前提也是发包人与总承包人结算后发包人尚欠付总承包人工程款，如果工程款债权已经被转让，则发包人不再欠付总承包人工程款。同时在此情形下，发包人通常也认可其债权人为总承包人，当债权转让通知到达时，其通常不会对债权的真实性提出异议，因而债权受让人也会基于对总承包人享有债权外观的信任而善意受让债权。

典型案例 14.6.1

江苏某商业保理有限公司与常州某建设产业集团有限公司、江苏某建设工程有限公司合同纠纷案[①]

案例要点：挂靠情形下，总承包人恶意将对发包人的工程款债权转让给第三人，第三人善意受让后取得对发包人的债权，法院判令发包人向第三人支付，实际施工人无法再要求发包人在欠付总承包人工程款范围内承担责任。

① （2019）苏05民终6555号。

案情介绍

常州某建设产业集团有限公司(以下简称某集团公司)作为发包人、江苏某建设工程有限公司(以下简称某建设公司)作为承包人,双方签订建设工程施工合同一份,约定由某建设公司承建发包人开发的岸头佳园项目。2016 年 10 月 28 日,案涉工程通过竣工验收。2017 年 8 月 23 日,某保理公司作为甲方(保理商)、某建设公司作为乙方(保理申请人),双方签订国内有追索权保理业务合同(公开型)一份,约定:某保理公司受让某建设公司与债务人某集团公司交易产生的应收账款,为某建设公司提供保理融资(应收账款转让预付款)、管理销售分户账、催收应收账款的保理服务。

一审认为:首先,案涉工程在保理合同签订之前已竣工验收,某集团公司在《应收账款转让通知书回执》上盖章确认交易真实、原债权人已履行基础合同项下的全部义务,知晓某建设公司将 3000 万元应收账款债权转让给某保理公司,并承诺向某保理公司履行债务。某集团公司的行为使某保理公司产生合理的信赖并以此为基础发放保理融资款,该承诺系某集团公司的真实意思表示,应对其产生约束力,故某保理公司有权依据《应收账款转让通知书回执》向其主张应收账款。

其次,某建设公司与某集团公司之间签订建设工程施工合同,案涉工程已经竣工验收合格。汤某以实际施工人的身份向某集团公司主张工程价款,某保理公司以债权人的身份向某集团公司主张工程价款,两者的权利相互排斥。第三人汤某系没有建筑施工资质的个人,明知挂靠为法律所禁止,仍然通过挂靠承揽案涉工程,属于规避法律强制性规定的违法行为。挂靠行为所形成的权利外观与实际不符,对于挂靠人、被挂靠人而言本身就包含较高的风险,一旦有一方违背挂靠协议的约定,另一方就将承受相应的风险。本案中,恰恰是汤某与某建设公司之间的违法挂靠行为,使得某建设公司取得享有案涉工程款的权利外观,某建设公司恶意利用该权利外观与某保理公司签订保理合同,将工程款债权转让给某保理公司。汤某亦自认,在竣工验收报告、审定单、审计报告等材料及现场标牌等他人能够感知的外观上未能体现其实际施工人身份。某保理公司通过审查招投标文件、建设工程施工合同、竣工验收报告、债权转让通知书回执等材料确认了债权的真实性,办理了应收账款债权转让登记,已尽到必要、合理的注意义务,属于善意的当事人。某保理公司基于对某建设公司拥有上述权利的合理信赖,与某建设公司缔结保理合同,并在取得债务人某集团公司的确认后向某建设公司发放保理融资款项。在保理合同的缔结及履约过程中,某保理公司均基于善意行事,不存在任何过错。依据诚实信用及维护交易安全的原则,某保理公司依据保理合同所享有的权利依法应予保护。因此,某集团公司应向某保理公司支付工程款。

最后,合同相对性的基本原则只在特定情况下才准许依法突破。最高院《建设工程司法解释》只规定了非法转包和违法分包这两种情形下的实际施工人有权突破合同相对性,并未将该权利赋予借用资质的实际施工人。

二审维持了原判。

点评分析:在这起案件中,实际施工人系挂靠总承包人承接并施工了案涉工程,而发包人在签订施工合同时并不知道实际施工人的存在,同时在总承包人恶意转让债权时,第三方债权受让人也无法通过招投标文件、建设工程施工合同、竣工验收报告等材料发现实际施工人的存在,并且债务人也在债权转让通知回执上盖章确认了债权的真实性,法院据此认为受让人已经尽到了合理的审查义务,系善意受让人,且该债权转让符合法律规定的生效条件,故认定该债权转让有效,并判令发包人直接向受让人支付工程款,债权转让后总承包人对发包人的债权便不复存在,实际施工人无法再要求发包人支付工程款。

此外,挂靠施工情形下,实际施工人能否依据《建设工程司法解释(一)》第四十三条的规定直接向发包人主张工程款,司法实务中争议较大。若法院认定挂靠情形下的实际施工人不得直接向发包人主张债权,则实际施工人对于总承包人债权转让行为主张无效更无法得到支持。

(二)总承包人未经实际施工人同意转让债权无效

该意见认为,发包人在欠付工程款范围内对实际施工人的付款责任是法定的,不因其他事由而免除,因而总承包人未经实际施工人同意转让债权的,不影响发包人在欠付工程款范围内继续对实际施工人承担责任。同时工程款债权具有特殊性,其往往还负担着对其下游包括农民工在内的各主体的付款义务,故应当限制其随意转让。此外,当实际施工人直接与发包人发生合同关系时,总承包人对发包人的债权实际归属于实际施工人,总承包人仅是名义上的债权人,因此总承包人转让不属于自己的债权对实际施工人及发包人均不产生效力。

典型案例 14.6.2

某投资有限公司与程某等建设工程施工合同纠纷案[①]

案例要点：转包情形下，总承包人将工程款债权转让给第三方，实际施工人起诉要求发包人在欠付范围内承担连带责任，法院认为发包人在欠付工程价款范围内对实际施工人承担责任属于法定义务，在未经实际施工人同意的情况下，不得因其他事由而予以免除，发包人应支付的工程款应归属于实际施工人，故总承包人未经实际施工人同意的债权转让行为不能阻却实际施工人向发包人主张权利。

案情介绍

2013 年 10 月，义乌某公司与某建筑公司签订《建设工程施工合同》，将义乌市城西街道异地奔小康工程（一期）一标段工程发包给某建筑公司施工。2013 年 10 月 8 日，某建筑公司与程某签订协议将案涉工程转包给程某施工。协议签订后，程某按照约定组织施工并完成了全部施工内容，涉案工程于 2016 年 7 月 1 日通过竣工验收。2017 年 3 月，某建筑公司与某投资公司签订《债权转让协议》，约定某建筑公司将其对第三方享有的债权（包括对义乌某公司享有的债权）全部转让给某投资公司。程某对此行为没有参与。

一审认为：程某与某建筑公司签订的承包合同无效，但鉴于程某承包的工程已施工完毕且验收合格，故有权要求某建筑公司支付工程款。发包人在欠付工程价款范围内对实际施工人承担责任属于法定义务，在未经实际施工人同意的情况下，不得因其他事由而予以免除。本案中，程某不是某建筑公司与某投资公司之间债权转让行为的主体，该债权转让也未经其同意，故某建筑公司与某投资公司之间的债权转让行为不对程某发生效力，某建筑公司不能因此而免除对程某的付款义务。本案对某建筑公司与某投资公司之间债权转让行为的效力不作评价，相关当事人可在另案中予以解决。而对于义乌某公司的责任范围，根据《建设工程司法解释》第二十六条的规定，其仅应在欠付工程款范围内承担责任。因涉案工程已经竣工，义乌某公司与某建筑公司之间的纠纷不能成为支付实际

① （2018）浙 07 民终 3825 号。

施工人工程款的阻却事由。

二审认为：关于某投资公司与某建筑公司间的《债权转让协议》是否产生本案工程款债权人变动的法律效果。虽然另案中确认《债权转让协议》有效，但其裁判依据为协议是双方真实意思表示，且不违反法律禁止性规定，但对各项债权的可转让性并未审查，本院对协议内除本案工程款之外的债权性质不予评价，但本案工程款债权具有特殊性，不适宜转让，不产生债权人变动的法律效果，具体理由如下：第一，对于涉案工程款，某建筑公司对义乌某公司享有债权，同时对程某负有付款义务，某建筑公司的涉案工程款债权并不完全，其上仍有对程某付款义务的负担。某建筑公司与某投资公司间处分涉案工程款债权的行为，实质上具有债权转让与债务转移的双重属性。根据《合同法》第八十四条的规定，债务转移应经债权人同意，因程某不认可对涉案工程款的处分，该行为不发生法律效力。第二，某建筑公司与义乌某公司签订的《建设工程施工合同》约定涉案工程款专款专用，不得用作他途，某建筑公司对工程款债权的处分违反该约定，和《合同法》第七十九条规定，不发生法律效力。第三，从实体权利义务关系分析，程某作为实际施工人，投入人力、物力、财力，完成了建设工程施工合同的全部内容，是合同义务的实际履行者，其投入已物化固定在涉案工程内，义乌某公司作为发包方，是工程竣工验收合格的利益享有者，理应对义务人程某支付合理对价，涉案债权处分行为无法对抗程某的实体权利。

点评分析：本案的关键在于如何认定总承包人对外进行债权转让的效力，一审判决虽然没有直接对债权转让的效力进行判定，但其判决结果已经表明对该债权转让的效力是不认可的，发包人欠付工程款的主体仍然是总承包人，实际施工人有权要求发包人在欠付总包工程款范围内承担连带责任。一审法院认为发包人在欠付工程价款范围内对实际施工人承担责任属于法定义务，在未经实际施工人同意的情况下，不得因其他事由而予以免除。由此可以看出，一审法院认为案涉工程款的权利人为实际施工人，在实际施工人未同意债权转让的前提下，债权转让不应发生法律效力。

二审判决则正面回应了债权转让的效力，其认为案涉的工程款具有特殊性，不适宜转让，不产生债权人变动的法律效果，但其给出的具体理由中有几点值得商榷。其一，在转包情形下，总承包人对发包人享有债权，对实际施工人负有债务，此二者本质上是相互独立的，也就是说即使总承包人未从发包人处足额收到工程款，其对于实际施工人的债权也应当足额支付，其是以其自身全部财产对实际施工人承担责任，而不仅仅限于其从发包人处收取的工程款。因而总承包人将对发包人的债权转让并不意味着将其对实际施工人的债务一并转让，故二审判决认为总承包人转让对发包人的债权同时涉及对实际施工人所负债务的转让，较为牵强。其二，二审判决未站在发包人的角度考虑，发包人接收了工程，确实应向工程的实际施工主体付款，但发包人在不知道实际施工人存在的情况下只会把工程款付给总承包人或者按总承包人要求将工程款付给债权受让人，如果发包人已经将工程款支付给了受让人，再要求发包人向实际施工人付款则对发包人不公，发包人在此过程不存在过错，却要承担双重付款的风险。

（三）总承包人未经实际施工人同意转让债权，在总承包人实际收到转让款项范围内有效

该意见认为，实际施工人要求发包人在欠付工程款范围内承担连带付款责任，则关键是如何认定发包人还欠总承包人的工程款。无论是发包人直接向总承包人支付还是在债权转让的情况下受让人向总承包人支付，为了保障工程款足额支付给总承包人，须以总承包人实际收到的款项作为发包人已付的工程款。

典型案例 14.6.3

徐某、盐城某房地产开发有限公司（以下简称房地产公司）与袁某、南通某装饰设计有限公司（以下简称装饰公司）装饰装修合同纠纷案[①]

案例要点：总承包人将工程款债权转让给第三方，一审中发包人未提交证据证明已将债权转让涉及的款项支付给第三方，法院判决发包人在欠付范围内向

① （2020）苏09民终4352号。

实际施工人承担连带责任;二审中发包人提交已向第三方付款的证据后,二审法院认定第三方向总承包人支付的债权转让对价为发包人已支付总承包人的工程款,发包人在已付工程款范围内可免除付款义务。

案情介绍

2017年5月10日,装饰公司与房地产公司签订《盐城房地产二期二标段装修工程施工合同》,约定:由装饰公司承建盐城房地产二期二标段(领誉世家)3#、4#、7#、8#楼装修工程。2017年5月28日,陆某代表装饰公司与袁某签订《建设工程专业分包合同》,将上述工程7#及公用部位装修工程分包给袁某施工。合同签订后,袁某组织人员进场施工。房地产公司根据合同约定向前海保理公司融资支付工程款,装饰公司与前海保理公司签订《金融资产折价购买协议》,以案涉应收工程款作为质押。前海保理公司于2017年11月1日向装饰公司转账支付1 150 633元,于2018年1月17日转账支付2 123 215.16元;2018年2月8日,房地产公司向装饰公司转账支付2 868 708.99元。

一审认为:关于发包人是否应当承担责任的问题。实际施工人向发包人主张权利的,发包人只在欠付工程价款范围内对实际施工人承担责任。关于前海保理公司向装饰公司支付的3 273 848.16元,是装饰公司以应收款作质押与前海保理公司签订融资协议的融资款项,房地产公司并未举证证明已将质押的应收款支付给前海保理公司,故该部分款项不能作为房地产公司已付工程款予以认定。综上,应当认定房地产公司尚未支付的工程款为3 638 677.94元,房地产公司应当在此范围内对袁某的债务承担给付责任。

房地产公司提起上诉并提交了:前海保理公司2020年8月17日出具的结清说明以及两张银行回单,证明所涉款项已经结清。

二审认为:本案中,房地产公司应在欠付装饰公司工程款范围内对袁某承担责任。第一,根据装饰公司与前海保理公司签订的《公开型无追索权国内保理合同》的约定,卖方(装饰公司)将交易合同项下的应收账款转让给保理商(前海保理公司),保理商同意按本合同约定受让应收账款,并向卖方提供保理融资、应收账款管理与催收、买方信用风险担保等国内保理服务。装饰公司于2017年10月20日、2017年12月16日向房地产公司发出两份应收账款转让通知书,转让金额分别为1 236 004.89元、2 280 748.35元。后前海保理公司向装饰公司支付了上述两笔款项。现房地产公司已经提交了相关证据证明其已向前海保理公司付清该两笔款项,前海保理公司亦作出该两笔款项已经清偿完毕的的结清说明。第二,装饰公司认可已经收到该3 273 848.16元,并同意作为已付款。因此,房地产公司现已经提交证据证明其已将应收款支付给了前海保理公司,故装饰公司实际收到的3 273 848.16元应作为案涉工程的已付工程款。

点评分析:本案中法院对于总承包人转让债权行为的效力未作直接评价,而是从发包人是否实际支付了工程款的角度来认定发包人是否还需向实际施工人承担责任。一审法院以发包人未提交证据证明其已向第三方支付相应款项为由认定发包方还欠付相应的工程款,进而判令发包人承担相应的付款责任。二审法院结合第三方向总承包人付款、发包人向第三方付款的情况以及总承包人对工程款确认的情况,最终认定总承包人实际从第三方处收到的款项为发包人已经支付的工程款,而非总承包人债权转让的金额。由此可以看出,法院对于总承包人债权转让的效力是不认可的,或者说是附有严苛条件的认可,即债权转让只在总承包人实际收到的工程款范围内发生效力,发包人支付的超出总承包人收到款项的部分就不属于工程款的有效支付。在此情况下,发包人可能面临重复支付款项的风险,而对于实际施工人来说,第三方将款项支付给总承包人后,若不及时对总承包人采取保全措施,也可能面临总承包人财务状况恶化无法付款的风险。

四、总承包人未经实际施工人同意转让债权的法律分析

债权转让在实践中是比较常见的一种法律行为,根据《民法典》的规定,债权转让只需满足所转让的债权不属于性质上不得转让、约定不得转让或法律规定不得转让的情形。同时《民法典》比之前的《合同法》还增加了当事人约定非金钱债权不得转让的,不得对抗善意第三人的规定。当事人约定金钱债权不得转让的,不得对抗第三人。因此在一般的合同关系下,债权转让的效力一般不会发生太大的争议。而在建设工程领域,由于牵扯众多的主体以及复杂的法律关系,加之法律又对实际施工人的利益给予了特殊的保护,因而工程款债权转让的效力如何认定在实践中往往存在着很大的争议。债权转让的前提当然是转让人须享有真实有效的债权,而在挂靠或者转包情形下,总承包人通常来说是发包方名

义上的债权人，实际施工人是实际上的债权人，如何认定总承包人向第三方转让债权的效力会影响到实际施工人、发包人、债权受让人三方的利益。

（一）挂靠且发包人明知甚至要求挂靠的情形

在此情形下，实际的施工合同关系发生在实际施工人与发包人之间，实际施工人实际享有对发包人的债权，故总承包人若未经实际施工人同意转让该债权的，则属于无权处分。笔者认为，此种情形下的债权转让不能发生债权转移的法律效力，实际施工人仍可以要求发包人支付工程款。理由是此情形下的债权实质上归属于实际施工人，对此发包人、总承包人都是明知的，对于处于建设工程合同关系外部的债权受让人来说，其在与总承包人签订债权转让协议时可能无法知晓真实的债权关系。但债权转让的生效需要通知债务人，为避免自身承担重复付款的风险，发包人收到债权转让通知后会对债权转让行为提出异议，则受让人不能善意受让该债权。

（二）挂靠且发包人不知道挂靠的情形

此情形下由于发包人认为其合同相对方仍然是总承包人，因而当总承包人转让债权时，发包人对转让行为通常不会提出异议，受让人尽到合理的审查义务后，法院可能会从保护交易安全的角度认定债权转让有效。此外，在此情形下，实际施工人既不能直接起诉发包人，司法实务中也很难依据《建设工程司法解释》的规定要求发包人在欠付工程款范围内承担连带责任，因为《建设工程司法解释》中规定的只是转包、违法分包的情形，故即使总承包人恶意转让债权，实际施工人也很难找到可对发包人主张债权的依据来对抗该债权转让行为。因而在这种情形下，若总承包人恶意转让债权，实际施工人的权益很可能受到损害。

（三）转包的情形下对总承包人债权转让行为效力的认定，司法实务中存在一定分歧

有观点认为，因转包情形下的实际施工人对发包人主张在欠付工程款范围内承担责任的权利是法定的，总承包人债权转让的行为不能对抗实际施工人的该实体权利，故总承包人转让债权对发包人、实际施工人均不发生效力。也有观

点认为，总承包人与发包人签订施工合同后转包给第三人，无论总承包人自身有没有实际施工，其都可以自己名义向发包人主张债权，故总承包人转让债权有效，且在这种情况下，发包人一般也不知道实际施工人的存在，若发包人根据债权转让通知向第三人付款后再要求发包人向实际施工人承担付款责任，则明显对发包人不公平。还有观点认为，有条件的认可债权转让的效力，即要求发包人已经向受让人履行了债权转让通知的债务，且发包人可对实际施工人免除责任的范围限于总承包人确认的从第三人处收到的作为债权转让对价的款项，而非发包人向债权受让人支付的款项。根据该观点，若发包人收到债权转让通知后尚未向受让人支付，或者受让人未向总承包人支付债权转让的相应对价款，发包人仍须在欠付工程款范围内向实际施工人承担责任。

（四）转让的债权中涉及农民工工资的部分无效

根据相关法律规定，发包人应直接将工程款中的农民工工资部分支付到农民工工资专户，即专款专用，故无论以上何种情形，总承包人转让的工程款债权中若涉及农民工工资的，则此部分债权转让无效。

五、实际施工人对总承包人恶意转让债权的防范与救济

从上述真实的案例可以发现，无论是挂靠还是转包情形，总承包人恶意转让债权都可能会导致实际施工人的利益受损，因此实际施工人应当对总承包人恶意转让债权的行为予以重视并加以防范。

（一）选择信誉良好的总承包人

建议实际施工人选择资信良好的总承包人进行合作，并在整个施工过程中对总承包人的财务状况随时保持关注，若总承包人资金实力雄厚，则一般不会恶意转让债权，即便转让的，其自身也有能力支付实际施工人工程款，不至于损害实际施工人利益。

（二）通过各种途径向潜在的债权受让人明示实际施工人身份

无论是挂靠还是转包，建议实际施工人在竣工结算文件等债权转让必要材

料上以个人名义签字以反映实际施工人的存在,同时建议实际施工人视情形及时向发包人发函披露自身实际施工人的身份。在案例 14.6.1 中,正是由于第三方受让人无法通过审核相关材料和向债务人核实的途径,发现实际施工人的存在,才导致法院认定受让人已经尽到合理审查的义务,故可以善意受让债权。债权受让人尤其是保理人受让债权,必定要审核相关的材料,如合同、结算单,也要通知债务人,如果在此过程中其能够发现实际施工人的存在,则总承包人的债权转让行为就可能无法正常进行。

(三)及时主张债权

工程款到付款期后,实际施工人应及时向总承包人及发包人主张工程款,必要时可通过司法程序主张权利,避免夜长梦多,防止总承包人先行一步将债权转让。

(四)及时向债权受让人发函说明情况

若发现总承包人正在或者已经转让债权,则应当及时向债权受让人、发包人发函说明该债权的实际情况并附相关证明,或在发包人向受让人支付前通过诉讼主张权利并申请采取保全措施。

(五)债权转让后视情形可申请撤销或要求确认无效

若总承包人无偿或低价转让债权导致实际施工人对总承包人的债权受到损害,则实际施工人可以提起撤销权之诉撤销总承包人的债权转让行为。若总承包人与他人恶意串通转让债权损害实际施工人的利益,实际施工人可以请求确认该转让行为无效。

CHAPTER 15

第十五章 实际施工人的收款方式

实际施工人除了收取现金外,还可能通过承兑、以房抵款等方式收取工程款。与现金相比,这些方式都不能即时到账,最终工程款能否实际收到或变现都存在不确定性。因而实际施工人应当谨慎对待现金以外的收款方式,本章将对承兑、以房抵款等实际施工人收取工程款时经常采用的收款方式进行分析,帮助实际施工人识别其中的相关风险,并提示注意事项。

第一节 实际施工人以承兑方式收取工程款

承兑汇票已经成为我国商业交易中常见的一种付款方式,在某些领域的支付比例甚至已经超过现金支付,成为商事主体间主要的付款方式。在建设工程领域也不例外,发包人经常会使用承兑汇票支付工程款。以承兑方式付款可变相地延长付款周期,有效缓解发包人的付款压力,对于发包人来说利大于弊,因而发包人大多喜欢以承兑的方式支付工程款,但对收款方如实际施工人则可能会产生许多风险,对此实际施工人必须予以重视、谨慎对待承兑汇票付款方式。

一、承兑汇票简介

承兑汇票,是指出票人签发的,委托付款人在见票时或者在指定日期无条件支付确定的金额给收款人或者持票人的票据。其按照到期付款人的不同可以分为银行承兑汇票与商业承兑汇票,按照形式的不同可以分为纸质承兑汇票与电子承兑汇票。

(一)银行承兑汇票与商业承兑汇票

银行承兑汇票,是指由在承兑银行开立账户的企业出票,向开户银行申请并经过银行审查同意承兑的,保证在指定日期无条件支付确定的金额给收款人或持票人的汇票。银行对于申请开具银行承兑汇票的企业有一定的要求,即企业须在其开户行申请办理银行承兑汇票授信业务,同时银行也会要求企业在其账户内存入一定比例的保证金,有的甚至是与出票金额等额的保证金。当持票人要求承兑银行付款时,没有合法的理由银行不得拒付,即银行以其自身的信用保证了持票人的款项得到支付。银行承兑汇票现在对于付款人来说就是一种银行贷款产品,对于收款人而言,银行承兑汇票相比商业承兑汇票而言,兑付不能的风险要小很多,但是对于急需现金流的收款人而言,则可能需要支出一笔不小的贴息费用才能及时将承兑变现使用。

商业承兑汇票,是指由出票人签发的,委托银行以外的付款人在指定日期无条件支付确定的金额给收款人或持票人的票据。与银行承兑汇票相比,商业承兑汇票的付款人一般是企业,由于企业的信用与银行相比较低,一般不容易被收款人接受,实务中商业承兑汇票也比银行承兑汇票要少见,常见的一般是国企、上市公司等具有一定规模的企业开具的汇票。商业承兑汇票和银行承兑汇票的承兑人不同,决定了商业承兑汇票以商业信用保障款项的支付,银行承兑汇票以银行信用保障款项的支付。银行承兑汇票一般由银行签发并承兑,而商业承兑汇票可以不通过银行签发并背书转让,但商业承兑汇票在信用等级和流通性上低于银行承兑汇票,在银行办理贴现的难度较银行承兑汇票要高。

(二)纸质承兑汇票与电子承兑汇票

纸质承兑汇票,是指以纸质载体记载相关汇票内容的承兑汇票,电子承兑汇票则是以数据电文的形式记载相关汇票内容的承兑汇票。二者本质上都属于承兑汇票,具有相同的融资、支付等功能,但也存在一些不同之处。电子承兑的最长期限是一年，而纸质承兑最长期限是半年；电子承兑不存在假票，纸质承兑存在被伪造、变造的风险；另外，电子承兑的贴现率要高于纸质承兑。电子承兑与纸质承兑相比具有快捷高效、不易造假等优点，因而现在已经被慢慢推广开来，将逐渐取代纸质承兑。

二、实际施工人收取承兑汇票可能产生的相关问题

（一）贴息费用的承担问题

贴息费用即贴现利息，是指持票人在承兑汇票尚未到期前向银行申请贴现时应向银行支付的利息。在票据关系中，贴息费用由持票人或收款人承担，但发包人与实际施工人之间就贴息费用的承担会存在争议。在双方有明确的关于贴息费用承担的约定时，则按双方约定承担，但是当双方对贴息费用的承担没有约定时，实际施工人收取承兑后的贴息费用应由谁承担则存在争议，对此司法实务中的裁判意见并不一致。

一种意见认为，贴息费用应由发包人承担。由于承兑汇票不是一种即时到账的支付方式，在不贴现的情况下收款人往往需要等待几个月才能实际收到承兑上的款项，因此使用承兑汇票付款会涉及工程款的付款时间问题，这属于合同的重要条款，需要双方协商一致。在合同双方对于能否使用承兑汇票支付工程款没有明确约定，付款方擅自以承兑汇票的形式支付的，实际上属于合同的不完全履行。因此在未约定可以承兑汇票付款的情况下，付款人擅自以承兑汇票支付，应当承担收款方的贴息费用。如在最高院审理的江苏省某集团有限公司与时某建设工程施工合同纠纷①案中，法院认为：关于诉争的贴息，系基于涉案工程由江苏省某集团有限公司以承兑汇票方式支付工程款产生，因双方事先并未约定可以以承兑汇票方式支付工程款，事后也未达成以该方式结算工程款的约定，法律、行政法规对此也无强制性规定，时某被迫支付贴息的责任在于江苏省某集团有限公司，法院认定由江苏省某集团有限公司承担该费用，并无不当。

另一种意见则认为，贴息费用应由收取承兑汇票的一方承担。在没有约定工程款支付形式的情况下，付款人以承兑汇票支付，且收款人收取的，则视为收

① （2019）最高法民申 2845 号。

款人以实际行为表明其接受以承兑汇票支付的付款方式，同时也意味着其同意承担该贴息费用。如在最高院审理的贵州某建筑工程有限责任公司与毕节某玻璃股份有限公司建设工程施工合同纠纷①案中，法院认为：建筑公司与玻璃公司签订的《建设工程施工合同》未对工程款的具体支付形式作出约定。玻璃公司以银行承兑汇票形式支付工程款，建筑公司明知会导致其实际取得工程款的时间延后，但对此没有提出异议，并在接受汇票后进行了承兑，故其以实际行为表明了其接受玻璃公司以银行承兑汇票的方式支付工程款。

从上述两个最高院的案例可以发现，实务中对于贴息费用的承担尚无定论，即使是同一个法院也存在不同的处理意见。因此，在合同没有明确约定是否可以以承兑方式付款的情形下，实际施工人对于收取承兑汇票应当谨慎，在收取承兑前若没有与发包人就贴息费用的承担进行协商的话，后期在承兑汇票贴现后再向发包人索要贴息费用会存在一定风险。

（二）承兑汇票存在被拒绝承兑的风险

1. 承兑汇票被拒兑的情形

（1）伪造、变造的汇票。汇票的伪造，是指无权限人假冒出票人或虚构他人名义进行签章和伪造票据其他记载事项的行为；汇票的变造，是指采用技术手段改变票据上已经记载事项的内容，或增加、减少汇票记载事项的内容，从而达到变更汇票权利义务关系的目的。汇票的伪造、变造一般发生在纸质汇票上，实际施工人应当警惕，可通过观察、仪器检验等手段对收到的汇票进行识别。

（2）超过付款期的汇票。根据《票据法》的规定，见票即付的汇票，持票人应当自出票日起一个月内向付款人提示付款；定日付款、出票后定期付款或者见票后定期付款的汇票，持票人自到期日起 10 日内向承兑人提示付款。同时，《票据法》还规定，持票人未按照前款规定期限提示付款的，在作出说明后，承兑人或者付款人仍应当继续对持票人承担付款责任。因此，如果持票人未在规定时间内提示付款，应当及时向付款人说明原因，以免付款人拒绝承兑。

（3）汇票背书不完整、不连续。根据《票据法》的规定，以背书转让的承兑汇

---

① （2020）最高法民申 2519 号。

票,背书应当连续。持票人以背书的连续证明其汇票权利;非经背书转让,而以其他合法方式取得汇票的,依法举证,证明其汇票权利。所谓背书连续,是指在票据转让中,转让承兑汇票的背书人与受让承兑汇票的被背书人在承兑汇票上的签章依次前后衔接。此外,在汇票承兑的实务中,因为背书问题遭到拒付的情形还有:被背书人处存在书写错误的情况、背书签章出框、汇票粘单处骑缝章不规范、背书人签章模糊不清等。

(4)汇票已经被挂失止付。实际施工人在收取承兑汇票时,应注意审查该票据是否已挂失止付,可先登录中国法院网,查询法院公告信息。

(5)汇票残损、污染严重无法辩认的。汇票应当保持票面清晰完整,如果票面不清晰导致票据内容无法看清,则很有可能被银行拒绝承兑。

(6)商业承兑汇票的承兑人拒绝兑付。商业承兑汇票由于付款人是银行以外的企业,其信用难以保障,实务中经常会发生商业承兑汇票的承兑人拒绝兑付,或者没有能力兑付的情况。

2. 承兑被拒付后的救济

承兑汇票被拒兑或拒付后,收款人需要根据不同的拒兑、拒付原因采取相应的维权方案。总体来说,收款人可以通过行使票据追索权、票据利益返还请求权和原合同债权请求权三种方式来维护自身权利。

(1)票据追索权。票据追索权,是指票据权利人行使付款请求权遭到拒绝或有其他法定原因存在时,向其前手请求偿还票据金额及其他法定费用的权利,是第二顺序权利,又称偿还请求权利。我国《票据法》第六十一条规定了持票人在汇票到期被拒绝付款,汇票被拒绝承兑,承兑人或者付款人死亡、逃匿,承兑人或者付款人被依法宣告破产的或者因违法被责令终止业务活动等情况下可以向其前手全部背书人、出票人以及汇票的其他债务人行使追索权。持票人在行使追索权时应当提供被拒绝承兑或者被拒绝付款的有关证明。

典型案例 15.1.1

丹东某建筑装饰工程有限公司诉内蒙古某粮食储备库票据追索权纠纷案①

案例要点：实际施工人收取发包人支付的承兑汇票后，因发包人账户余额不足时承兑遭到银行拒付，后实际施工人以发包人作为出票人应承担付款责任为由起诉发包人，法院予以支持。

案情介绍

被告内蒙古某粮食储备库与原告挂靠单位辽宁某建筑装饰工程有限公司签订《建筑装饰工程施工合同》。工程名称霍林郭勒迎宾馆，工程地点内蒙古霍林郭勒市，承包范围本工程建筑大楼整体室内外装饰装修专业施工工程及酒店整体设计，被告以商业承兑汇票的形式按进度拨付工程款。2016年8月12日，内蒙古某粮食储备库出票给原告商业承兑汇票三张，开户银行为北京银行西直门支行，金额分别为200万元、100万元、100万元，到期日均为2017年2月11日。2017年2月4日，招商银行股份有限公司丹东分行为三张商业承兑汇票开具托收凭证，向付款人提示付款。2017年2月14日，北京银行为上述三张商业承兑汇票出具了拒绝付款理由书，理由为余额不足。

法院认为：原告合法取得该承兑汇票，依法应享有相应的票据权利。原告被银行拒绝付款，被告内蒙古某粮食储备库作为票据的出票人，依法应按照签发的承兑汇票金额承担保证向持票人付款的责任。原告的诉讼请求，有事实及法律依据，本院予以支持。关于被告抗辩本案应中止审理一节，经本院审查认为，本案系票据追索权纠纷，原告为涉案票据的合法持有人，根据票据无因性原则，原告依法享有相应的票据权利。

点评分析：本案中，原告系挂靠其他单位与发包人签订施工合同，其双方的合同中约定以承兑方式付款，发包人向原告交付了承兑汇票，但因付款人账户余

① （2018）辽0603民初67号。

额不足，承兑被拒付，实际施工人向发包人主张票据追索权从而获得法院支持。主张票据追索权不需要票据持有人与出票人之间存在实体上的合同权利义务关系，出票人不得以其与持票人之间不存在合同关系为由拒绝承担责任，而如果实际施工人以主张工程款为由要求发包人承担付款责任，则需要基于合同关系或法律的直接规定。本案中实际施工人系挂靠他人施工，其直接向发包人主张工程款可能存在不被支持的风险。

(2)票据利益返还请求权。《票据法》第十八条规定，持票人因超过票据权利时效或者因票据记载事项欠缺而丧失票据权利的，仍享有民事权利，可以请求出票人或者承兑人返还其与未支付的票据金额相当的利益。利益返还请求权不是票据权利，而是非票据权利，是《票据法》赋予的权利。如果因超过票据权利时效等原因就导致持票人不能再向出票人或承兑人主张任何权利，则可能导致出票人或承兑人获得额外利益，为了平衡各方利益，法律赋予了持票人票据利益返还请求权。需要注意的是，票据利益返还请求权与票据追索权在权利行使对象、行使条件、可主张的费用、权利时效等方面均不相同。

(3)原合同债权请求权。票据的产生通常都会有对应的基础合同关系，如买卖合同关系、建设工程施工合同关系等，在该基础合同关系中，提供货物或者服务的一方都享有对合同另一方主张金钱债权的权利，这就是票据产生所基于的原合同债权请求权。在承兑汇票被拒付的情况下，原合同关系中债务人对债权人所负的付款义务并没有履行完毕，债权人仍享有合同债权，这时持票人与债权人为同一人，便产生了请求权竞合的问题。持票人不仅享有对其前手、出票人、保证人的票据追索权，还享有对原合同关系中债务人的合同债权请求权。

典型案例 15.1.2

赵某与某控股集团有限公司(以下简称某控股公司)、某建筑工程有限公司(以下简称某建筑公司)等建设工程施工合同纠纷案[①]

案例要点:总承包人将部分工程分包给分包人,分包人又将部分工程分包给实际施工人,实际施工人从总承包人处收取了承兑汇票,后因承兑汇票无法兑付,以索要工程款为由起诉分包人和总承包人,法院以总承包人与实际施工人没有合同关系为由驳回实际施工人要求总承包人承担付款责任的请求。

案情介绍

2014 年 10 月 15 日,某控股公司作为承包人从发包人某置业公司承包了夏各庄镇 5 - 19 地块项目,后又将部分工程分包给某建筑公司。2015 年 10 月 15 日,某建筑公司(发包方,乙方)与赵某(承包方,甲方)就夏各庄村 5B - 19#地块外墙保温、涂料工程签订《5B - 19#地块外墙保温、涂料工程施工(分包)合同》,后赵某进场施工完毕。2018 年 2 月 14 日,某控股公司将某置业公司给其出具的承兑汇票 100 万元背书给赵某的公司(北京某科技有限公司),后赵某承兑被拒付。在本案审理过程中,双方确认结算后建筑公司已付工程款 30 万元,未付工程款为 1 285 073.82 元。

法院认为:赵某作为承包方与作为发包方的某建筑公司就涉案工程签订建设工程施工合同,赵某施工完毕,建筑公司验收合格后应按照结算单载明的未付款数额支付工程款。某控股公司给赵某的汇票承兑被拒,建筑公司仍有义务支付尚欠赵某的 1 285 073.82 元工程款。按照合同相对性原理,某控股公司非涉案合同的相对方,赵某请求某控股公司承担给付义务无事实和法律依据。

点评分析:本案中实际施工人在承兑被拒付后,没有通过行使票据追索权来维权,而是基于建设工程施工合同本身向有关主体主张工程款,但由于实际施工

① (2020)京 0117 民初 579 号。

人无证据证明与其签订合同的挂靠方系以被挂靠方的名义对外签订合同，故法院只认定系转包、违法分包，同时该法院也不支持实际施工人向与其不存在直接合同关系的前手转包、违法分包人主张工程款，故最终法院只判令与实际施工人签订合同的一方承担责任。

(4)承兑汇票被拒付情形下实际施工人的选择。在人民法院案例选（2014年第3辑）阳城县皇城相府（集团）实业有限公司诉晋城市国新能源运销公司北板桥发运处买卖合同纠纷案中，法院认为因付款行拒绝付款，被上诉人没有实际得到煤款，此时其既可以向上诉人主张合同债权，也可以向上诉人主张票据追索权，两者发生竞合时，被上诉人可以择一诉权行使。因而，如果发生承兑汇票被拒付的情形，实际施工人既可以选择行使票据追索权，也可以选择继续向发包人主张工程款。但如何选择，应当根据具体情况具体分析。首先，行使票据追索权，承担付款责任的主体可以有多个，其包括全部的前手背书人、保证人、出票人，可追索的主体越多，追索成功的可能性越高；而行使合同请求权，承担责任的主体可能只有发包人一个，但建设工程价款具有优先受偿权，这是票据追索权所不具备的。其次，行使票据追索权的管辖法院为票据支付地法院及被告所在地法院，而主张工程款的管辖法院为工程所在地法院。再次，二者可主张的金额可能不一样。票据追索权可主张的费用包括汇票的票面金额、汇票金额自到期日或者提示付款日起至清偿日止，按照中国人民银行规定的利率计算的利息、取得有关拒绝证明和发出通知书的费用；而合同请求权可主张的费用包括未付的工程款、逾期付款违约金或利息。最后，行使票据追索权与行使合同请求权的时效不同，其中持票人对票据的出票人和承兑人主张权利的时效为自票据到期日起2年，对前手追索权的时效为自被拒绝承兑或者被拒绝付款之日起6个月；而主张工程款的时效为自发包人应付款之日起3年。

综上，票据追索权与合同债权请求权对于实际施工人而言各有利弊，不存在哪种请求权绝对优于另一种的情况，实际施工人应当根据具体情况综合选择最有利于自己的方式。

（三）以收取的承兑汇票再对外付款可能产生的责任

实际施工人收取承兑汇票后不一定直接去贴息换取现金，也可能直接用来支付材料商或分包商的款项，此时实际施工人便成为承兑汇票关系中的其中一手背书转让人。在承兑被拒付时，实际施工人可能要承担对其后手的付款责任，其承担了对后手的付款责任，可以向其前手、出票人、担保人等追索。

三、实际施工人对发包人支付承兑的应对

在工程款付款过程中，无论施工合同中有无对支付方式进行明确约定，发包人或多或少都会以承兑汇票方式支付款项，那么实际施工人对此应当如何应对才能维护自身的利益？

第一，实际施工人在能够与发包人协商付款方式的情况下，应尽量约定以现金方式支付工程款，如果迫不得已约定了承兑付款的方式，也应约定支付银行承兑汇票而非商业承兑汇票，并在合同中明确承兑贴息费用由发包人承担，同时还可以约定承兑汇票被拒付后发包人的责任。

第二，实际施工人在收取承兑汇票时应当注意审核汇票是否真实、票面是否清晰无污染、是否存在挂失止付的情形、背书是否连续完整、是否已超过付款期等。若发现汇票存在前述被拒付的情形，应当拒收该承兑。同时，如果合同中未对承兑贴息费用进行约定，则在收取承兑前也要与发包人书面确认贴息费用由谁承担，避免之后双方因贴息费用产生纠纷。

第三，当承兑汇票付款人拒付时，实际施工人可根据具体情况选择行使票据追索权或工程款请求权。

第二节　实际施工人以房抵款时的权益保障

发包人无足够现金支付工程款，便以有关房屋（住宅、商铺、公寓、车库、车位等）折价抵偿所欠工程款。这种抵偿方式在一定程度上缓解了发包人的资金压力，也保障了部分债务及时清偿。但是，发包人用房屋抵债对实际施工人存在风险，比如房屋无法过户、被发包人抵押、被法院查封、发包人破产导致实际施工人无法实现对抵债房屋的所有权等情况造成的风险不可小觑。

一、以房抵款概述

(一)以房抵款的概念及构成要件

以房抵款的房屋俗称工抵房,工抵房属于以物抵债、代物清偿的范畴,也就是用另一种给付替代原有给付,多数是用物替代原金钱债务。最高院民事审判第一庭提出,代物清偿的成立,必须具备四个条件:其一,必须有原债的关系存在;其二,必须有双方当事人关于代物清偿的合意;其三,他种给付必须与原定给付不同;其四,须债权人受领他种给付以代替原给付。以上成立要件是基于代物清偿的要物性,四者需同时具备,缺一不可。

建设工程领域的以房抵款,就是把房屋作价、作为抵债的标的物转移给总承包人、实际施工人等债权人或债权人指定的第三人。简言之,就是指发包人无力支付工程款等债务,遂与总承包人、实际施工人等债权人达成抵债或抵款协议,将所开发的房屋抵给总承包人、实际施工人等债权人,以房屋代替货币达到清偿原工程款等债务的目的。如果所抵房屋已办理房屋所有权转移登记手续、顺利登记至实际施工人等债权人名下,则以房抵款协议履行完毕,抵债行为完成,原有债权债务消灭。

(二)建设工程领域以房抵款现状

在房屋建设领域,以房抵款情况普遍存在,有些是在施工合同中明确约定多少比例的工程款用什么样的房屋抵偿,有些是在施工过程中由于开发单位资金不足,约定以某些在建工程抵偿工程款,还有些是在工程完工后,开发单位工程款支付不到位,遂用已经建好的商品房作为抵债物,抵偿工程款等债务。

这种以商品房抵偿原有工程款债务,以物抵债、代物清偿的方式减轻了建设单位的资金压力,对于清偿债务起到了一定的积极作用,抵房行为完成(房屋登记至债权人名下),原债权债务消灭。当然,也有因某些原因导致抵债房屋无法登记到债权人名下,以房抵款则出现障碍,抵债无法完成。

二、发包人以房抵款可能出现的问题

（一）合同中约定以房抵工程款，但总承包人拒绝以房抵款

《九民纪要》第四十五条【履行期届满前达成的以物抵债协议】当事人在债务履行期届满前达成以物抵债协议，抵债物尚未交付债权人，债权人请求债务人交付的，因此种情况不同于本纪要第七十一条规定的让与担保，人民法院应当向其释明，其应当根据原债权债务关系提起诉讼。经释明后当事人仍拒绝变更诉讼请求的，应当驳回其诉讼请求，但不影响其根据原债权债务关系另行提起诉讼。

施工合同中约定的以房抵款内容，显然是在债务履行期届满前达成的以物抵债协议。按照上述会议纪要的精神，应当根据原债权债务关系即工程款债权债务关系处理，总承包人可以拒绝接受房屋，要求发包人支付工程款。

此外，如果施工合同中仅仅约定了以房抵工程款，但是并未约定具体的抵偿价格和房号，那么，一旦双方不能就所抵价格和具体的房号达成一致意见，则客观上也无法实现以房抵款，总承包人可以拒绝。

如果是债权已经明确且为债权到期以后形成的以房抵款协议，那么，总承包人一般不能拒绝。

典型案例 15.2.1

广州某建材有限公司（以下简称某建材公司）、邱某与海南某投资开发有限公司（以下简称某投资公司）合同纠纷案①

案例要点：双方已经签订以房抵工程款协议，同时发包人同意抵房并可随时配合办理有关手续的，总承包人不能拒绝。

---

① （2016）琼01民终2634号。

案情介绍

某建材公司与某投资公司签订合同，约定由某建材公司向某投资公司供应厨具并负责安装。后双方签订《工程款抵房款协议书》，约定：某投资公司以“海域阳光”项目一期的4套商品房合计房款4 905 405元抵付所欠某建材公司工程款。后双方结算金额9 261 185元。某投资公司以货币支付4 557 613.87元，未付款项为4 873 857.42元，向（实际施工人）邱某出具4套商品房共计4 905 405元的《收据》。

法院认为：关于《工程款抵房款协议书》能否继续履行的问题。根据本案查明的事实，涉案4套商品房均属精装修房，目前未设立抵押，已取得海南省《建筑工程竣工验收备案证》，具备交付使用条件。某投资公司应及时将涉案4套商品房交付邱某使用，邱某亦应积极配合某投资公司办理产权相关手续。

点评分析：由本案可见，实际施工人明显不想要抵债房屋，但是，在以房抵款协议合法有效且抵款房屋能够办理登记、可以实现所有权的情况下，法院还是判决履行工程款抵房款协议。

（二）合同中约定以房抵工程款，发包人能否拒绝以房抵款

如果是在施工合同中约定了以房抵工程款的内容，那么，按照《九民纪要》第四十五条的精神，因为是在债务履行期限届满前达成的抵款协议，发包人可以拒绝抵房。与总承包人拒绝抵房同理，如果合同中仅仅约定了以房抵工程款，但是并未约定具体的抵偿价格和房号，那么，如果双方不能就抵偿价格和具体的房号达成一致意见，则客观上也无法抵偿，发包人可以拒绝。

（三）签订以房抵款协议后，发包人能否拒绝抵房

《九民纪要》第四十四条【履行期届满后达成的以物抵债协议】当事人在债务履行期限届满后达成以物抵债协议，抵债物尚未交付债权人，债权人请求债务人交付的，人民法院要着重审查以物抵债协议是否存在恶意损害第三人合法权益等情形，避免虚假诉讼的发生。经审查，不存在以上情况，且无其他无效事由的，人民法院依法予以支持。

总承包人（或实际施工人）与发包人签订抵房协议，明确约定了抵偿价格和

房号。如果遇上房价上涨、房屋卖得很好的情况，发包人能否拒绝抵房？如果抵房协议是在工程款债权尚未到期前签订的，那么，按照《九民纪要》第四十五条的规定，总承包人（实际施工人）只能就工程款债权主张权利，不能直接要求抵房。但如果是工程款债权已经明确且已经到了双方约定的支付时间后达成的抵房协议，如不存在《九民纪要》第四十四条中需要审查的情况，则发包人不能拒绝抵房。

（四）发包人口头承诺先抵房再回收房屋的，事后不认可、不回收

发包人没有资金支付工程款，于是跟总承包人或实际施工人口头约定，先把房屋抵到实际施工人名下，待房屋出售后有回笼资金时再支付给总承包人，房屋再回转给发包人，但是，房屋抵至实际施工人名下后，发包人不认可口头承诺回收房屋之事，一口咬定就是用房屋抵工程款，不承认回赎的约定。

（五）实际施工人签订抵房协议后，所抵房屋尚未登记至其名下时，发包人破产

如果房屋确系作为抵工程款债务的抵债物，那么，实际施工人（总承包人）不享有优先权，不能获得抵债房屋。

典型案例 15.2.2

常州上书房项目实际施工人（债权人）以物抵债系列案①

案例要点：发包人破产前欠债较多，不少债务以未建成的房屋（在建工程）抵偿，破产管理人对实际施工人（债权人）申报的抵债房屋的优先债权不予确认，并解除《商品房买卖合同》，实际施工人（债权人）申请复核，也被驳回。后实际施工人向法院起诉要求确认对房屋的优先权，被法院驳回，因为抵债房屋不具有优先权。

① （2020）苏0404民初916号等。

案情介绍

一审法院认为:

案涉《商品房买卖合同》系原告与被告万嘉公司根据抵房约定而签订,同时,《商品房买卖合同》签订后,原告仅向万嘉公司支付少部分购房款,其余购房款以工程款予以抵偿。因此,原告与万嘉公司之间的《商品房买卖合同》实为"以物抵债协议",原告关于其系普通购房人的主张缺乏事实依据,不能成立。

原告无权要求万嘉公司交付房屋,仅能主张债权请求权。一方面,《破产法》第十六条规定,人民法院受理破产申请后,债务人对个别债权人的债务清偿无效。另一方面,债权人通过抵债协议取得房屋,物权法上的属性为继受取得不动产。依据《物权法》第十四条的规定,受让人自变更登记时始才取得不动产所有权,才享有相应的物上请求权,有权要求债务人交付房屋。因此,即使债权人要求继续履行合同,其请求的性质为债权请求权。一旦允许债权人有权请求继续履行"以房抵债"协议,并基于合同要求管理人交付房屋,则无异于使该债权人享有了物权性质的权利,有违破产程序公平受偿的原则。综上,原告主张被告向原告交付房屋于法无据,本院不予支持。

点评分析:从上述法院判决文书的说理可见,以房抵款的房屋尚未登记至实际施工人/债权人名下,发包人就破产的,抵债的权利人对抵债房屋没有优先权,债权人只能要求清偿债务,不能要求履行双方签订的《商品房买卖合同》和办理房屋登记手续。

(六)将房屋抵给第三人、尚未办理权属变更前发包人破产

1. 实际施工人将所抵房屋又抵给下游债权人,如分包人、材料商、出租人等,如果是以债权作为购房款,本质上仍然是以物抵债,第三人同样不能请求破产管理人交付房屋。

2. 如果是实际施工人介绍普通购房者购买房屋,则此时的房屋虽同样是抵债房,但由于购房者确实有购房的需求,且向开发单位支付了购房款,则享有优先权,可以要求管理人履行房屋买卖合同,交付房屋,但应补齐购房款差额。

前述上书房项目中,实际施工人/债权人介绍普通购房人购买房屋,有些购房人将购房款汇至开发商账户,而有些购房人则将款项直接交付给债权人(实际

施工人)。因无法证明付款就无法确认债权,通过查证破产人的财务凭证未查到付款凭证,破产管理人要求购买抵债房的购房人提供已交付房款的凭证。如果无法提供已交付房款的凭证,则无法证明的部分需购房人自行补齐差额。例如,商品房买卖合同房屋总价78万元,买受人将首付28万元交付给开发商的债权人,余款50万元通过银行按揭贷款付至开发商账户。那么,就该28万元购房人应提交支付凭证,且此凭证是指转账凭证,没有转账凭证仅有收条和发票的不予确认(因为收条和发票真实性存疑)。如果购房人无法提交付款凭证或重新交纳28万元,就无法实现对已购抵债房的所有权,不能获得抵债房屋,只在破产财产中享有对其交付的50万元的优先受偿权。

由于房屋的价值已经增长了近2倍,购房人虽觉得冤枉,但权衡利弊后还是会选择补齐购房款,主张对房屋的所有权。而交了这笔"冤枉钱"后,购房人很可能往上追溯,向购房介绍人(实际施工人)主张要求返还已经支付的购房款(破产管理人未认可的部分)。

(七)签订抵房协议后,所抵房屋被法院查封

不动产以登记为公示方式,即以登记的方式宣示权利,抵债房屋未过户至实际施工人等债权人名下时依然是发包人的财产。如果签订抵房协议后尚未办理过户登记前,其他债权人起诉发包人,并申请法院查封房屋的,则抵债房屋无法办理所有权转移登记,不能实现抵债目的。此时,抵房人可以要求发包人清偿第三人的债务、消除抵债房屋的查封状态并配合办理转移登记手续,也可以按原债权债务关系要求开发商清偿工程款等债务。

(八)抵款协议中的房屋不能过户

例如,某实际施工人在南京建设小区项目,发包人用一批车位折抵了部分工程款,项目工程已完成几年有余,但是因车位无法办理产权登记,实际施工人也就无法实现对车位的所有权,既而无法出售变现。

《民法典》第二百零九条规定,不动产物权的设立、变更、转让和消灭,经依法登记,发生效力;未经登记,不发生效力。物权是指权利人依法对特定的物享有直接支配和排他的权利,包括所有权和他物权(用益物权和担保物权)。因此,除

非抵款协议中明确约定了以所抵车位多少年的收益权作为对价抵偿工程款，否则，应当是发包人转移车位的所有权于实际施工人，用以抵偿应付的工程款，而非在车位上设立用益物权（使用、收益的权利），更不可能是担保物权。车位无法登记，所有权即无法实现，抵款的目的也就难以实现。施工单位可以按照原债权债务关系向建设单位主张工程款权利。

（九）抵款后的销售问题

1. 以房抵款协议签订后，抵债的权利人（实际施工人），通常会将房屋积极对外销售以回笼资金。抵房人销售房屋，实质上是尽快出手自己的抵债房，形式上，所销售的抵债房的购房人仍然应与发包人（开发商）签订商品房买卖合同，向发包人（开发商）交付购房款，发包人（开发商）再将销售款支付给实际施工人。为了保障实际施工人的权利以及购房人的权利，购房款应汇入发包人（开发商）账户。

2. 虽签订了抵房协议，但在所抵房屋未登记至权利人名下时，发包人依然可以继续销售。若开发商销售抵债房屋取得实际施工人等抵债协议权利人的认可，权利人也愿意配合开发商办理变更备案等手续，则销售抵债房屋获得销售款得以实现。如果开发商销售抵债房屋后不及时用销售款清偿工程款，则实际施工人拒绝办理抵债房屋的变更备案手续，会直接影响开发商销售抵债房屋。

（十）"以房抵款"究竟是为抵款还是为担保，应在协议中约定明确

例如，某建设工程施工合同纠纷案件，因发包人欠工程款，施工总承包人与实际施工人起诉发包人要求支付工程款及利息，发包人抗辩双方签订了以房抵款协议，并已将房屋备案至实际施工人指定的第三人名下，认为已不欠工程款。但事实是，该以房抵款协议是实际施工人帮发包人对外融资进行担保的，真实意思并不是以房抵款。

虽双方明知所谓的以房抵款协议只是为了帮发包人对外融资提供担保，并不是真正以房抵款，但是，在发包人根本无力支付工程款的情况下，为了达到逃避债务的目的，发包人故意强调以房抵工程款。

三、实际施工人以房抵款面临的问题

（一）与总承包人关系的处理

与发包人签订施工合同的虽是总承包人，但工程建设中大都往往存在实际施工人，实际施工人建设工程后有权主张工程款。如果需以房抵工程款，实际施工人应以总承包人的名义与发包人签订协议，同时，实际施工人还应与总承包人签订协议，明确约定抵房的权利人以及抵房过程中总承包人的配合义务等。

（二）抵房后实际施工人需消化所抵房屋

一方面，实际施工人应积极销售房屋，让更多的普通购房人购买抵债房屋，以获取销售款，回笼资金。

另一方面，实际施工人可向分包人、材料商、出租人用房屋抵债。但是，正如前文所述，如果在抵债房屋完成转移登记前，发包人破产的，那么，这些抵债的房屋会成为发包人的破产财产，抵债的权利人无法实现对抵债房屋的所有权。抵债无法实现，债权人只能按照原债权债务关系一路向上追溯，主张权利。

四、实际施工人以房抵款时应注意的事项

（一）实际施工人应慎重签订以房抵款协议，若必须签的，所抵房屋价格应尽量与市场价相符。如过高，势必损害实际施工人等债权人的合法权益，若建设单位破产，抵房协议很可能被认定为以明显不合理的价格进行交易而被撤销。

（二）以房抵款的房屋应尽量介绍第三人购房，避免将大量房屋直接抵给实际施工人等债权人。介绍第三人购房，购房的第三人为普通消费者购房，在发包人破产时其债权为优先债权。而实际施工人等债权人自己以房抵债的行为被认为是为经营所需而非生活所需，仅为普通债权，不享有优先权。

（三）如果实际施工人介绍第三人购房，则购房款应付至发包人（开发商）账户。如付至实际施工人等债权人账户，应由发包人出具指示/委托付款说明给购房人，同意购房人将购房款付至发包人指定的其他账户，并认可此款为发包人已收购房款。付款时尽量使用转账少用现金交易。合同总价应与实付款相符，如有优惠应签订补充协议进行说明。除了第三人与发包人签订《商品房买卖合同》

外，发包人、实际施工人等债权人和第三人还应签订三方协议，明确三方之间的关系，购房款的支付方式。如购房款付至发包人账户，应明确发包人应于何时将购房人支付的购房款支付给实际施工人等债权人。

（四）如抵款的房屋在发包人名下，尚未登记至实际施工人等债权人或债权人介绍的购房人名下时，发包人已经资不抵债，实际施工人等债权人应及时诉讼、仲裁或申请债务人破产，且（以总承包人名义）应及时主张工程款优先受偿权。

（五）如以房抵款协议只是为债权进行担保，并不真正为以房抵款，则在抵房协议中应明确约定：抵款房屋备案或登记至×××名下只是为了保障将来工程款的实现或为工程款进行担保，发包人（债务人）应于××××年××月××日前向实际施工人（或其他债权人）清偿工程款，实际施工人（或其他债权人）配合发包人（债务人）办理撤销备案或房屋登记回转手续，所需税费全部由发包人承担。

第三节　实际施工人的工程款被总承包人的其他债权人保全

在司法实务中，债权人为了保障其债权在将来胜诉后能够顺利执行，通常在起诉时便会申请保全债务人的相关财产，其中可能包括债务人对第三人享有的债权。在内部承包责任制下，总承包人在名义上享有对发包人的债权，总承包人的债权人如果在保全总承包人的财产时发现该债权的线索，就会对该债权采取保全措施。如果总承包人除了该工程款债权外，其自身的财产不足以清偿对外债务时，那么其他债权人对该债权的保全很有可能损害实际施工人的利益。

一、债权保全的相关问题

（一）债权保全的概念

财产保全，是指法院审理案件时，为防止对方当事人转移、隐匿、变卖财产，在作出判决前根据当事人的申请或依职权作出的对财产的保护措施,以保证将来生效判决能得以顺利执行。而债权保全是财产保全的一种,是指在债务人对第三人享有债权的情况下,法院向第三人核实确认后,要求第三人停止向债务人支付,或将款项支付至法院的行为。《民事诉讼法司法解释》第一百五十九条规定,债务人的财产不能满足保全请求,但对他人有到期债权的,人民法院可以依债权人的申请裁定该他人不得对本案债务人清偿。该他人要求偿付的,由人民法院提存财物或者价款。因此债务人对第三人享有的债权同样具有财产属性,同样也可以保全。

(二)债权保全的特殊性

由于债权不同于其他财产,债权保全与其他实物的保全在保全程序、方式等问题上还有一定的差别。物可以分为动产与不动产,不动产以及特殊的动产均是以登记作为对外公示的标志,法院在保全时只要查到该财产登记在债务人名下就可以直接采取保全措施。而在保全债权的场合,由于债权通常不会进行登记公示,且其真实性、合法性等均需要向第三方债务人核实,如果第三人不配合或不认可债权,则法院不会继续保全该债权,保全申请人需另行提起代位权诉讼通过诉讼确定债权的真实性及债权金额。

(三)债权保全的法律后果

首先,债权保全的效力在于约束被保全债权的债务人一方。债权被保全后,即使该债权到期,债务人也不得向被保全人支付,如需支付的,应支付至法院账户,如果债务人擅自向被保全人支付的,则可能需要与被保全人一起向保全申请人承担清偿责任。根据《人民法院执行工作规定(试行)》中的相关规定,有关单位收到人民法院协助执行被执行人收入的通知后,擅自向被执行人或其他人支付的,人民法院有权责令其限期追回;逾期未追回的,应当裁定其在支付的数额内向申请执行人承担责任。

其次,债权保全在一定情形下赋予了申请保全人优先的效力。根据《人民法院执行工作规定(试行)》中的规定,多份生效法律文书确定金钱给付内容的多个债权人分别对同一被执行人申请执行,各债权人对执行标的物均无担保物权的,按照执行法院采取执行措施的先后顺序受偿。被执行人为企业法人,其财产不足清偿全部债务的,可告知当事人依法申请被执行人破产。被执行人为公民或其他组织,其全部或主要财产已被一个人民法院因执行确定金钱给付的生效法律文书而查封、扣押或冻结,无其他财产可供执行或其他财产不足清偿全部债务的,在被执行人的财产被执行完毕前,对该被执行人已经取得金钱债权执行依据的其他债权人可以申请对该被执行人的财产参与分配。根据该规定,在被保全人是公司时,一般来说先保全其财产的债权人对该财产优先受偿,在被保全人是个人或其他组织时,先保全的债权人则需要与其他申请参与分配的债权人按照一定比例分配保全到的财产。

（四）债权保全的救济

由于现实中,不动产等财产登记的所有权人与实际所有权人不一致的情形普遍存在,若财产被登记所有权人的债权人保全,则实际所有权人的利益将受到损害,当保全的财产是债权时,也存在名义债权人与实际债权人不一致的情形,因此法律赋予了实际权利人在保全、执行过程中提出案外人异议的权利。根据《人民法院办理财产保全规定》第二十七条的规定,案外人对保全裁定不服,基于实体权利对被保全财产提出书面异议的,人民法院应当依照《民事诉讼法》第二百二十七条的规定审查处理并作出裁定。《民事诉讼法》第二百二十七条规定,执行过程中,案外人对执行标的提出书面异议的,人民法院应当自收到书面异议之日起15日内审查,理由成立的,裁定中止对该标的的执行;理由不成立的,裁定驳回。案外人、当事人对裁定不服,认为原判决、裁定错误的,依照审判监督程序办理;与原判决、裁定无关的,可以自裁定送达之日起15日内向人民法院提起诉讼。根据上述规定,当实际权利人的财产被其他人保全时,其可以向作出保全的法院提出异议,主张对被保全的财产全部或部分享有实体权利,若法院不予支持,则还可以提起案外人异议之诉。如果法院认定案外人所主张的实体权利足以排除保全申请人的保全,则会解除对保全标的的保全。

二、实际施工人对工程款的主张能否对抗其他债权人的保全

当实际施工人的工程款被总承包人的其他债权人保全时,实际施工人通常

会向保全法院提出案外人异议及案外人异议之诉，那么实际施工人对工程款的主张能否对抗其他债权人的保全，各地方法院观点不一。

（一）实际施工人对工程款的主张不能对抗其他债权人的保全

该观点认为，首先，《建设工程司法解释》仅赋予了转包、违法分包情形下的实际施工人向发包人主张工程款的权利，挂靠情形下的实际施工人不享有对发包人的债权，因而其不能对抗其他债权人的保全。其次，实际施工人要求发包人在欠付工程款范围内承担付款责任必须在其以总承包人、发包人为被告的诉讼中主张，而不是在案外人异议中提出，因此在其未在另案中取得生效判决确认其对发包人享有债权的情况下，法院对其异议不予支持。

典型案例 15.3.1

罗某与兴义市某建筑物资租赁站等案外人异议之诉案[①]

案例要点：实际施工人在发包人处的工程款被总承包人的其他债权人保全，实际施工人向法院提出案外人异议以及案外人异议之诉，法院认为挂靠情形下的实际施工人不享有直接向发包人主张工程款的权利，并且实际施工人的身份应在其起诉总承包人及发包人的建设工程施工合同纠纷中进行认定，即使是实际施工人，其主张也不具有对抗第三人的效力，因而驳回了其异议。

案情介绍

2018 年 5 月 21 日，罗平县水库移民安置办公室作为发包人，兴义某建筑公司（以下简称建筑公司）作为承包人，签订了《建设工程施工合同》，将罗平县阿岗镇阿市里移民安置点基础设施工程项目发包给建筑公司施工。合同签订后，由罗某具体组织进行施工。建筑公司因承建义龙实验学校所需建筑设备，从而向兴义某建筑物资租赁站租赁钢管、扣件、顶托等。对欠付租赁费等，租赁站向一审法院提起诉讼。法院判决建筑公司、杨某向租赁站支付租赁费、违约金 703 750 元并

① （2019）黔 23 民终 863 号。

返还材料等。一审法院在执行过程中,于2018年6月27日作出(2018)黔2301执770号执行裁定书,裁定提取建筑公司在罗平县移民安置办公室的工程款2 018 175元。2018年7月24日,罗某向一审法院提出书面异议,认为(2018)黔2301执770号执行裁定书裁定提取的工程款是罗某借用建筑公司的资质承包的工程,所得工程款实际是罗某的财产。一审法院于2018年8月6日出作(2018)黔2301执异35号执行裁定书,裁定驳回罗某的异议请求。

二审认为:首先,罗某系借用建筑公司的资质承接案涉工程。虽然挂靠与非法转包、违法分包均为并列的违法行为,但是依照《建设工程司法解释》,关于实际施工人突破合同相对性主张权利的规定,仅是针对非法转包和违法分包两种情形,并不包含挂靠关系。即罗某因挂靠关系成为实际施工人,通常情况下在挂靠施工情形中,仍然存在建设工程和挂靠两个法律关系,基于合同相对性,各方的权利义务应根据相关合同分别处理。其次,在发包人、承包人、实际施工人三者间,只要在合同的实际履行中没有出现跳过承包人的情形,则三方仍应受各自合同的约束,不能突破合同的相对性。根据罗某提供的证据显示,虽然在案涉工程中系罗某实际组织施工,但罗平安置办将工程进度款转入建筑公司,建筑公司在扣除税款及管理费后再将相关工程款转入罗某账户,因此,不能证实发包人罗平安置办明知和认可挂靠事实,即不能认定实际组织施工人罗某与发包人罗平安置办直接成立建设工程施工合同关系。案涉执行债权系基于建设工程法律关系对应的相应合同款项,罗某不能基于挂靠关系向建设工程法律关系主体罗平安置办主张权利。综上,在案涉项目存在内部承包和挂靠两种情况下,罗某不能突破建设工程施工合同相对性就案涉执行债权工程款对发包人主张债权权利,罗某不享有足以排除强制执行的民事权益。

点评分析:本案一审及二审法院均驳回了实际施工人的异议。一审法院认为:第一,实际施工人制度旨在对已实际施工诉争工程但无法因合同关系主张工程款的人予以限制性保护,因其规范情形之特定性,故亦应在该规范所涉之建设工程施工合同纠纷案件中才适宜对实际施工人身份和工程款作出认定。本案系案外人执行异议之诉,并非实际施工人以发包人和承包人为被告提起的建设工程施工合同纠纷。第二,罗某借用资质进行施工的行为是法律和司法解释所禁止的行为,其应承担由此造成的相关风险,包括其工程款被他人保全,故即便其是实际施工人,也不具有对抗第三人的法律效力。一审法院驳回的第一个理由不无道理,实际施工人身份的认定及其工程款的确认通常都是在建设工程施工合同纠纷中进行,并且需要总承包人及发包人都参与到诉讼中方能查明发包人欠付总承包人工程款数额,进而判令发包人在欠付工程款范围内对实际施工人承担连带责任,而在案外人异议之诉中,总承包人、发包人一般不是案件的当事人,法院并不会围绕该工程所涉各方之诉辩主张、举证质证情况进行庭审、判断及裁决,故作出的相关认定可能有失公正且可能对于该工程所涉各方之权利义务关系造成一定影响。因而,实际施工人在未另行起诉总承包人、发包人要求确认实际施工人身份并判令发包人付款的情况下直接要求法院在案外人异议之诉中予以确认实际施工人身份,法院不予支持并无不妥。但对法院驳回的第二个理由笔者认为有待商榷。正如前文所言,财产(包括债权)的名义权利人与实际权利人不一致的情形在生活中很常见,其产生的原因可能有多种多样,法律之所以规定保全、执行中的案外人异议制度,正是为了保障实际权利人的利益。实际权利人对于其财产被名义权利人的其他债权人保全可能存在过错,但该过错并不损害其他债权人的利益,从保全、执行申请人的合理信赖来看,申请保全、执行的对象只是承包人责任财产范围中的应收工程款债权,执行申请人并不是基于该工程款应收债权而与承包人建立的债权债务关系,不存在需要特别关注和保护的合理信赖。因此如果案外人能够证明自己实际施工人的身份,则法院应当支持其异议请求,解除保全措施。

二审法院则认为罗某系挂靠总承包单位施工,其不属于建工司法解释中规定的可突破合同相对性向发包人主张债权的情形,因而其只能依据挂靠合同向总承包单位主张债权,其不享有对发包人主张债权的权利,故其请求不能对抗其他债权人的保全。对于《建设工程司法解释》中实际施工人可向发包人主张工程款的情形是否包括挂靠施工中的实际施工人,实务中存在争议。如果是持反对意见的法院或地区诉讼,则挂靠情形下的实际施工人提出案外人异议很有可能被驳回。

(二)实际施工人对工程款的主张可以对抗其他债权人的保全

该观点认为,实际施工人对于建设工程投入了人、机、材,发包人接收了实际

施工人的工作成果，发包人应当支付实际施工人相应对价，因此实际施工人对发包人享有实质上的债权，该实体权利足以排除其他人的保全。同时，对于实际施工人的身份也可以根据相关证据直接在案外人异议之诉中认定，从而排除其他债权人对发包人工程款的保全。

典型案例 15.3.2

杨某与钱某、江苏某建筑装饰工程有限公司案外人执行异议之诉案[①]

案例要点：实际施工人在发包人处的工程款被总承包人的其他债权人保全后，向法院提出案外人异议之诉，法院根据其提供的证据认定其身份为实际施工人，并判决支持其异议请求。

案情介绍

江苏某建筑装饰工程有限公司（以下简称装饰公司）、周某共同结欠王某1 825 000元，后王某将该债权转让给钱某。因装饰公司、周某未按民事调解书履行到期债务，钱某向惠山法院申请强制执行。杨某挂靠装饰公司于2013年11月至2015年1月承接了华夏公司开发的镇江无线产业园一期05地块一标段内装工程、招商中心局部砌墙等六项工程，华夏公司尚欠装饰公司工程款。

本案执行中，惠山法院向华夏公司送达执行裁定书、协助执行通知书，要求华夏公司协助冻结装饰公司在华夏公司的工程款220万元整，华夏公司副总经理俞某在执行笔录中确认：装饰公司总工程价款700多万元，尚有270万元工程款未付；收到法院送达协助执行通知书及执行裁定书将予配合。

杨某向惠山法院提出执行异议称：法院冻结的220万元实为杨某的财产，请求法院立即停止对上述债权的执行。

省高院再审认为：《民事诉讼法解释》第三百一十二条规定，对案外人提起的

---

① （2020）苏民再122号。

执行异议之诉,人民法院经审理,按照下列情形分别处理:(一)案外人就执行标的享有足以排除强制执行的民事权益的,判决不得执行该执行标的;(二)案外人对执行标的不享有足以排除强制执行的民事权益的,判决驳回诉讼请求。因此,人民法院在审理案外人执行异议之诉案件中,应对案外人是否享有民事权益、享有何种民事权益,该民事权益是否足以排除强制执行等问题进行实质性审查和实体权利认定。在执行过程中,如建设工程承包人为被执行人,执行法院对案涉工程款债权采取强制执行措施,案外人以其系实际施工人为由提出执行异议,请求排除执行的,对于案外人符合《建设工程司法解释》中实际施工人身份、案外人提供的证据能够支持其所主张的债权数额,且主张的债权数额覆盖案涉债权的,对案外人的主张应予以支持。因此,在本案审理中,杨某是不是案涉工程的实际施工人是判断其是否能够排除对案涉工程款债权执行的基础法律关系,应依法予以审查。实际施工人是指没有施工资质,但对建设工程进行了实际施工的单位或个人。本案中杨某提交的证据足以认定其为案涉工程的实际施工人,故其对案涉工程款债权享有排除执行的民事权益。

点评分析:本案是江苏高院再审的案件,其作出判决的主要理由是《江苏省高级人民法院执行异议及执行异议之诉案件审理指南(三)》,其中规定建设工程承包人为被执行人的,执行法院对案涉到期工程款债权采取强制执行措施,案外人以其系实际施工人为由提出执行异议,请求排除执行的,适用《民事诉讼法》第二百二十七条规定进行审查。因此引发的执行异议之诉案件,同时符合下列情形的,对案外人的主张应予以支持:(1)案外人符合最高院关于审理建设工程施工合同纠纷案件适用法律问题的相关解释中实际施工人身份;(2)案外人提供的证据能够支持其所主张的债权数额,包括但不限于发包人欠付建设工程价款的数额以及承包人欠付其工程款数额等;(3)案外人主张的工程价款数额覆盖案涉债权的,对其超过案涉债权部分的主张不予支持。根据该条规定,在江苏省范围内,法院可以直接在案外人异议程序中依据相关证据认定实际施工人身份,并且支持实际施工人对发包人的债权足以排除其他债权人的保全措施。

三、实际施工人对工程款被保全的防范与应对

在总承包人财务状况恶化、濒临破产的情况下,实际施工人在发包人处的工

程款若被总承包人的其他债权人保全，则实际施工人的工程款很有可能就无法拿回，对此实际施工人可以通过以下几点来防范及应对。

（一）向发包人表明自己的实际施工人身份

如上文所述，债权保全与其他财产的保全不同，除非申请保全人提供法院或仲裁机构的裁判文书中明确载明被保全人对第三人享有的债权，或者第三人明确表示认可该债权，法院才能保全该债权，如果第三人不认可该债权，则法院无法保全，保全申请人需另行提起代位权诉讼。因此，如果发包人知道总承包人的工程款实际为实际施工人所有，在保全法院保全时就会提出异议，则法院不能保全该债权。

（二）及时通过司法途径确认自己的实际施工人身份

在司法实务中，除了少数省份如江苏省的法院支持在案外人执行异议程序中直接认定实际施工人身份，其他地区一般不会支持。因而实际施工人若想要在案外人异议程序中提出的请求获得法院支持，则需要在起诉总承包人、发包人的建设工程施工合同纠纷中获得实际施工人身份的认定以及发包人欠付工程款数额的确定。

同时，以实际施工人的名义起诉总承包人及发包人索要工程款，法院判令发包人在欠付总承包人工程款范围内直接向实际施工人承担责任后，总承包人的其他债权人对案涉工程款采取的保全措施便失去了保全的基础，此时发包人应直接向实际施工人付款，总承包人不再享有对发包人的债权。如在笔者办理的常州市新北区人民法院审理的韩某与江苏某建设集团有限公司、某镇政府建设工程施工合同纠纷案①中，韩某挂靠江苏某建设集团有限公司承接了某镇政府某安置房项目，项目通过竣工验收后，发包人尚有 388 万多元工程款未支付，但此时总承包人的其他债权人对该工程款进行了保全。韩某在律师建议下直接起诉总承包人、发包人要求支付工程款，后法院判令发包人在欠付总承包人工程款范围内直接向韩某付款。

---

① （2017）苏 0411 民初 7384 号。

（三）工程款被保全后及时向法院提起案外人异议及案外人异议之诉

在支持在案外人异议程序中直接认定实际施工人身份的法院，实际施工人通过举证证明自己实际施工人身份以及发包人欠付总承包人工程款数额、总承包人欠付实际施工人工程款数额等事实，法院对于实际施工人的异议请求通常会予以支持。在不支持在案外人异议程序中认定实际施工人身份的法院，实际施工人一方面要通过起诉总承包人、发包人确认自己实际施工人身份，另一方面也要向保全法院提出案外人异议及案外人异议之诉，并可在案外人异议之诉中申请法院等待另案判决结果出来后再行判决。

第十六章

实际施工人与欠款利息、工期、质量、违约金

CHAPTER 16

实际施工人在施工过程中可能会面临发包人拒付工程款或存在其他违约行为的情形，而当实际施工人向发包人主张工程款、违约金或损失时，发包人往往会以工期、质量问题为由进行抗辩或反诉，这就需要实际施工人提前做好应对的准备。本章将对实际施工人主张工程款时涉及的利息、违约金、索赔等问题以及发包人提出工期、质量问题时的应对等进行探讨与分析。

第一节　实际施工人工程欠款利息的主张

实际施工人主张工程款时往往容易忽视利息的主张，由于工程款基数大，工程建设和诉讼周期均比较长，因此导致工程款利息金额惊人，少则数百万元，多则上千万元。利息的起算标准、计算基数等对最终利息金额的确定影响很大，故实际施工人在主张工程款时，一定要重视利息的主张。合同中还可能约定逾期付款后支付违约金，该违约金与利息性质相类似。

一、可以主张利息的工程款项，即计算利息基数的确定

工程款是承包人进行工程施工后，发包人应支付的合同价款，因多数工程中会存在实际施工人，所以最终工程款由实际施工人享有。工程款的类别较多，按支付阶段不同通常可分为预付款、进度款、竣工结算款、保修金，还会涉及回购

款、垫资款等，发包人就上述工程款迟延给付的，实际施工人均可以主张利息。

（一）预付款

预付款，是指开工前发包人应预付给承包人用于为合同工程施工准备的款项。施工准备事项包括购置材料、工程设备、施工设备、修建临时设施以及组织施工队伍进场等。工程实行预付款的，合同双方应根据合同通用条款及价款结算办法，在合同专用条款中作出约定并履行，预付款比例一般不低于合同金额的10%，不高于合同金额的30%。在具备施工条件的前提下，预付款的支付时间一般为签订合同后1个月内或约定的开工日期前7天内，合同双方主体亦可根据实际情况另行约定。

（二）进度款

进度款，是指施工期间发包人根据工程完成情况应支付给承包人的一种工程价款。进度款有三种支付方式：一是按形象进度分阶段支付；二是按照已完工程量分期间支付；三是按照阶段及期间混合支付。在工程实践中，发包人同意支付进度款一般为合同总价款的70%左右，具体以合同双方主体约定的为准。支付节点由双方根据支付方式在合同中进行约定。

按形象进度支付进度款的，一般每到一个节点即增加一定的付款比例。进度款往往以合同价为基数，因为合同价在合同签订时已经确定。如果合同价为暂定价，形象进度款按暂定价确定，最终结算时再作调整。

按已完工程量确定进度款金额的，则需要承包人在每月规定的时间内申报，由发包人在规定的时间内审核，根据发包人最终审核的结果支付进度款，发包人逾期审核的，视为认可承包人提交的进度款申报金额。在实践中，发包人拖欠工程款是常事，其常常因为无款支付故意不予审批。此时，如果承包人能提交进度款申报的签收材料，则可以根据申报金额确定欠付进度款金额，但承包人的管理能力有限，往往在发生纠纷时无法提供进度款申报的签收材料，故而欠付进度款金额难以确定，导致该部分利息无法计算。

（三）结算款

结算款，即竣工结算款，是指工程竣工结算后发包人应该支付给承包人的除质保金外的剩余工程价款,又称工程欠款。竣工结算款等于竣工结算价减去质保金和已付款。竣工结算款支付的前提条件是工程竣工验收合格,双方进行结算。而双方结算时未达成一致,是引发建工案件纠纷的高频点。

工程竣工验收后,应当由承包人在一定的时间内提交结算申请,发包人在收到结算申请后进行结算审核。关于发包人的审核完成时间,建设部相关文件规定,通常不超过3个月,当事人也可以在合同中约定。一旦发生争议时,承包人是否按时提交了结算申请也会影响到利息的起算,故承包人应保留提交结算申请的相关材料。

(四)质保金

质保金,是指建设单位与施工单位在建设工程承包合同中约定或施工单位在工程保修书中承诺,在建筑工程竣工验收交付使用后,从应付的工程款中预留的用以维修建筑工程在保修期限和保修范围内出现的质量缺陷的资金。《建筑法》第六十二条规定,"建筑工程实行质量保修制度",目的是确保工程保修所需资金的及时到位,也是约束施工单位履行保修义务的一项保证措施。质保金额一般为合同价的5%~10%,双方可就金额另行约定,在保修期限届满后方可处理。保修期限由发包方与承包方约定,一般不低于法律规定的最低期限,自竣工验收合格之日起计算。

因为不同保修部位的保修期限是不一致的,比如,给排水保修期限2年,防水为5年,所以较多施工合同中约定竣工验收满2年支付一部分保修金,竣工验收满5年再支付一部分保修金。还有的合同约定质保金在缺陷责任期满后支付,而缺陷责任期一般为12个月,最长不超过24个月。

(五)回购款

回购款,是指发包人与承包人约定,先由非发包方注资施工,再由发包方回购工程建设所应支付的工程款。回购款多数存在于政府PPP项目中,一般会涉及投资回报率。

(六)垫资款

发包人与承包人在签订的合同中,会约定垫资条款,即由承包人在施工过程中先行垫付一部分工程款，垫付金额及期限由双方约定。

不论是何种工程款，双方一般在签订施工合同的时候就要签署专用条款“工程款的支付方式”，就工程款付款节点在建设工程合同中作出约定，一般根据施工进度、时间走向等方式循序支付。工程款逾期未支付的，法院在审理案件时，有约定利息条款的会从约定，双方未约定的，法院一般按银行贷款利率计算。此处较为特殊的是垫资款的利息，多数法院在案件审理时，双方就垫资款利息有约定的，一般会予以支持，若对垫资款未约定，承包人请求支持垫付款利息的，则不予支持。

在最高院审理的某置业公司与某建设公司建设工程施工合同纠纷案①中，因发包方与承包方在内部承包协议中就垫资款利息作出了约定，故承包人向发包人主张垫资款利息，最终法院予以支持，但就利息标准作了调整，即按中国人民银行同期同类贷款利率计算。该案合同中关于垫资利息的约定比银行贷款利息增加1%，而法院认为垫资利息不能超过银行贷款利息，故按照银行贷款利息标准计算垫资利息。垫资利息在司法解释中有特别规定，是特殊的存在。垫资的利息最高不得超过银行贷款利息，如果没有约定垫资的，视为没有。该案中虽然约定的标准只是比银行贷款利息稍高，但法院仍按照相关规定作了调整。

不同的施工阶段的工程款性质不同，不同的款项性质还会对利息标准有影响。因此，应准确把握各工程款的性质，根据工程款性质确定付款金额和付款时间。

二、付款时间节点的确定，即利息起算时间的确定

（一）合同中约定的付款时间一般为利息的起算时间

双方一般会在合同中约定工程款的付款时间节点。发包人或者总承包人未能按照约定的时间支付工程款的，实际施工人从第二日起就可以开始计算利息。

付款的时间节点可以是具体明确的时间，这样的方式确定起来比较容易。但是工程中确定付款时间节点更多的时候不是以具体时间为标准，而是以达到

---

① （2020）最高法民终235号。

具体条件为标准,如竣工验收等。当约定达到具体条件后付款的,实际施工人需要举证证明已经具备了付款时间的条件,否则可能会因为举证不能而无法计算利息。

对于形象进度与时间混合方式确定付款时间的,因为存在具体的时间和形象进度完成时间两个不同的时间节点,该种情况下通常是以较后的时间为确定付款时间节点。

(二)合同没有约定付款时间节点时的起算时间

合同中未约定工程款付款时间的,根据《建设工程司法解释(一)》第二十七条的规定,"利息从应付工程价款之日开始计付。当事人对付款时间没有约定或者约定不明的,下列时间视为应付款时间:(一)建设工程已实际交付的,为交付之日;(二)建设工程没有交付的,为提交竣工结算文件之日;(三)建设工程未交付,工程价款也未结算的,为当事人起诉之日"。

典型案例 16.1.1

江西某建设工程有限公司、江西某实业发展有限公司建设工程施工合同纠纷案①

案例要点:因合同中未约定工程款支付时间,法院以工程交付时间为利息的起算时间。

案情介绍

江西某实业发展有限公司与江西某建设工程公司就某时代广场楼工程项目,双方签订了《建设工程施工合同》,江西某实业发展有限公司将该建设工程交由江西某建设工程公司施工。后在施工过程中双方就工程价款产生争议,鉴于涉案工程并未完工,江西某建设工程公司与江西某实业发展有限公司在合同履

① (2018)赣民终570号。

行过程中终止了合同的履行，且就涉案工程双方进行了最后结算，后双方仍有争议，江西某建设工程公司诉至法院，就结算款的利息起算点双方各持己见。

就利息的起算时间，根据《建设工程司法解释》第十八条“利息从应付工程价款之日计付。当事人对付款时间没有约定或者约定不明的，下列时间视为应付款时间：(一)建设工程已实际交付的，为交付之日；(二)建设工程没有交付的，为提交竣工结算文件之日；(三)建设工程未交付，工程价款也未结算的，为当事人起诉之日”的规定，本案中湖口县房产局2014年12月5日为江西某实业发展有限公司办理了2号楼的产权证，2014年12月9日就涉案工程为江西某实业发展有限公司原法定代表人蔡庆三、个人杨诚办理了房屋产权证，2014年12月9日应为实际交付日，故利息计算应从2014年12月9日计算。依照《建设工程司法解释》第十七条的规定：“当事人对欠付工程价款利息计付标准有约定的，按照约定处理；没有约定的，按照中国人民银行发布的同期同类贷款利率计息。”因当事人对欠付工程价款利息没有约定，故本案欠付工程价款利息应按照中国人民银行发布的同期同类贷款利率计算。

点评分析：该案中，由于双方对付款时间约定不明，法院判决利息计算以实际交付日为起算点。本案中将发包人为第三人办理产权的时间视为交付之日，在一方没有其他证据的情况下作此认定并无大碍，但实际情况往往是交付在办理产证之前，故相当于原告已经承担了部分举证不能的后果。

实践中，在没有约定付款时间节点或者付款时间节点无法确定的情况下，法院通常会以起诉时间作为利息的起算时间节点。实际施工人主张也多从起诉之日开始，所以实际施工人主张工程款时，就利息的起算点还应该好好把握。

(三)结算款的利息起算时间节点

建设工程施工合同中一般约定竣工验收后一定时间内，承包人提交结算文件，发包人在收到结算文件后2个月内完成结算审核。这就要求承包人按时提供结算资料并保留提交的证据。对于发包人未能在2个月内审核完成的，利息的起算按约定审核完成的时间还是实际完成结算协议之日结算，在实践中两种方式都会被采用。

典型案例16.1.2

常州某建筑工程有限公司与丹阳某房地产开发有限公司建设工程施工合同纠纷案[①]

案例要点:原告主张按照合同约定的提交结算报告规定的审核时间届满开始计算利息,法院认定应当自双方就工程造价达成一致之日起计算利息。

案情介绍

常州某建设工程有限公司主张,根据施工合同通用条款第33.3条约定,常州某建设工程有限公司于2015年11月24日向丹阳某房地产开发有限公司提交结算资料,丹阳某房地产开发有限公司并未提出异议,故自2015年12月22日起丹阳某房地产开发有限公司应当支付尚欠工程款利息。2014年12月9日《利息结算情况认定书》约定未足额支付的工程款按照月利率1.5%计算,故应按此标准计算逾期支付工程款和保修金的利息。

丹阳某房地产开发有限公司认为,常州某建设工程有限公司于2017年2月16日才提供决算资料,且因常州某建设工程有限公司不配合审计,至2018年2月双方才决算工程价款。丹阳某房地产开发有限公司已付工程款15 261.4888万元,远超过合同约定的在决算前付工程款的75%,不存在迟延支付工程款的问题。而且,《工期延期补充协议》第四条第一款、第三款、第四款约定,常州某建设工程有限公司承担丹阳某房地产开发有限公司交房逾期违约金60万元,取消合同约定决算前应付逾期进度款的利息,故逾期付款利息应从法院判决后逾期不还时起算。

一审法院认为:当事人对欠付工程款利息计付标准有约定的,按照约定处理,没有约定的,按照中国人民银行发布的同期同类贷款利率计算。利息从应付工程价款之日计付。2012年12月3日常州某建设工程有限公司与丹阳某房地产开发有限公司订立的《建设工程施工合同》专用条款第26.1条约定,工程结算

① (2019)苏民终245号。

后，发包方支付垫资款的25%，即至此时，丹阳某房地产开发有限公司应支付常州某建设工程有限公司工程价款的95%。同时，常州某建设工程有限公司与丹阳某房地产开发有限公司于2015年10月9日订立的《工期延期补充协议》约定，取消合同约定决算前应付逾期进度款的利息。常州某建设工程有限公司与丹阳某房地产开发有限公司于2018年1月24日订立的工程结算最终确认单确认工程结算总造价为16 595万元，故丹阳某房地产开发有限公司逾期支付工程款的利息应自2018年1月25日起算，以欠付工程款为基数，向常州某建设工程有限公司承担相应利息。常州某建设工程有限公司主张其于2015年11月24日提交结算资料，自第29天起，丹阳某房地产开发有限公司支付工程款利息的主张，依据不足，不予支持。因双方当事人在《利息结算情况认定书》中明确载明，未足额支付的工程款项，按月息1.5%标准计算利息，故常州某建设工程有限公司主张按年息18%的标准计算逾期支付工程款的利息，有事实依据，应予支持。二审法院对一审法院认定予以支持。

点评分析：在诉讼中，双方能就工程造价达成一致的并不多见。法院未能按合同中的发包人应该完成结算审核的时间作为付款利息的起算点，因为结算未完成，工程款数额就无法确定，也有很多法院据此为由认为应当在工程款欠款数额确定时才开始计算利息，本案中笔者认为从起诉之日起计算利息可能会更合理。法院计算利息起算点及标准时，也会衡量整个案件，平衡双方利益。

对于迟迟未能完成结算的，承包人如果碍于面子不急于诉讼的，则可以给发包人发函主张工程款，发函的时间也会经常被认定为利息的起算时间。

（四）合同解除后利息的起算

合同解除后，合同中的付款时间节点不再适用，建设工程施工合同解除后，已完工工程合格的，按照合同约定结算工程款，但解除合同后的工程款的利息如何计算，则需要看合同约定以及相关的法律规定。

《17建工合同示范文本》第16.1.4条因发包人违约解除合同后的付款约定："承包人按照本款约定解除合同的，发包人应在解除合同后28天内支付下列款项，并解除履约担保。"若双方使用的是《17建工合同示范文本》，即合同解除后28天内应支付款项，自第29天开始计算利息。在司法实践案例中，合同解除后的利息，亦会存在自起诉之日或主张工程款之日起计算利息的情形。

合同解除后，还会存在已完工部分进度款未支付的利息计算，如果进度款利息有约定何时确认的，原则上还是会按照进度款的时间节点计算相关利息。

在司法实务中，合同解除后，经确认的进度款利息起算时间及计算标准仍按照原合同约定的案件也较为常见。如龙岩中院审理的福建某旅游开发有限公司与龙岩某建筑工程有限公司建设工程施工合同纠纷案①，承包人与发包人签订《建设工程施工合同》承建某工程，双方在履行合同过程中发生纠纷一致同意解除合同，但双方就工程进度款的利息产生争议，最终法院判决还是按原合同执行。该案中，合同解除后，进度款的利息如果重新计算对承包人和实际施工人不利。合同解除后除结算、清理条款外所有的合同条款都解除了，但是由于工程的特殊性，对于进度款的支付通常还是按原合同执行。

三、利息的计算标准

（一）标准有约定的情况下

合同双方主体一般会在合同中就工程款的利息标准作出约定，产生争议后通常会按约定的利息条款的标准进行计算。当约定的标准超过银行贷款利息时，法院就有可能予以调整。有的法院会参照民间借贷关于利息的最高标准调整，即不会超过银行贷款利息的4倍或者LPR②的4倍。也就是在银行贷款利息的1倍到4倍的标准都可能被法院作为认定计算利息的标准，法院会衡量各种因素后作出综合评判。

当将逾期付款表述为支付违约金时，处理原则与利息标准的处理原则大体相同，法院在确定违约金标准时，作出调整的概率更大。

（二）利息标准无约定的情况下

根据《江苏高院2010指南》第7.3条工程款利息："当事人对工程款利息有约定，从其约定，没有约定的，按照中国人民银行发布的同期同类贷款利率计算

① (2016)闽08民终1344号。

② 全国银行间同业拆借中心公布的贷款市场报价利率。

利息”;根据《建设工程司法解释(一)》第二十六条的规定:“当事人对欠付工程价款利息计付标准有约定的,按照约定处理。没有约定的,按照同期同类贷款利率或者同期贷款市场报价利率计息。”故在利息标准没有约定的情形下,按照LPR利率报价计算利息较为常见。

根据江苏高院意见,工程款利息如果没有约定的可以按照买卖合同中欠款的标准处理,即按照贷款利息上浮30%~50%。很多法院直接按照年利率6%的标准计算。

四、实际施工人直接主张利息的

有时候实际施工人需要直接向发包人主张工程款,这就会涉及建设工程施工合同效力对利息标准和起算时间的影响,以及实际施工人可否适用总包合同中关于利息的起算时间和计算标准等问题。

(一)施工合同效力对利息起算时间和起算标准的影响

实际施工人的存在往往会涉及无效合同下利息的计算问题。合同无效后,相应地关于利息条款的约定也无效。因为合同无效后,工程价款仍参照合同约定结算。无效合同中工程款的付款时间和利息的计算标准是否也属于工程价款的相关条款,目前存有争议,但是普遍认为工程款的支付时间和利息计算标准也应当参照合同条款。只是合同无效的情形下,利息标准如果约定过高,被法院调整的可能性会更大。

对于没有约定付款时间,特别是没有签订合同的,有的法院会以起诉之日开始计算利息,有的法院则参照司法解释以竣工验收日期起计算利息。当然,也有法院因合同无效而不支持相应利息主张的。

当将逾期支付工程款承担的后果表述为承担逾期付款违约金时,因合同无效,违约金条款必不能适用,故通常情况下都会被调整为按银行贷款利息计算。所以在签订合同时应注意,违约金和利息的表述还是有区别的。

在连云港中院审理的南通某集团有限公司与东海某房地产开发有限公司建

设工程施工合同纠纷案[1]中，承包人承接发包人某项目工程承包人后，又进行了转包。承包人在后期与发包人结算时产生争议诉至法院，双方签订的施工合同被认定无效，合同中约定的每天按2%作为延付违约金的条款亦无效，法院判决按照中国人民银行同期同类贷款利率标准计算。该案中，因双方签订的建工合同被认定为无效合同，故法院认为相应的违约金条款亦无效，对违约金条款的约定不予支持，直接判决按同期同类贷款利率进行支持。

在司法实践中，各省高院对于无效合同中利息和违约金的条款如何认定也意见不一。如广东高院认为工期违约条款等属于应当参照的合同条款，但是对于没有这样规定的省份，则有可能不能直接适用违约条款。

(二)实际施工人是否可以按照总包合同中付款节点和利息标准

实际施工人在承接工程后，多数会与承包人签订《内部承包协议》，而有些承包人会与实际施工人在协议中约定，以承包人与发包人签订的《建设工程施工合同》为准或是本合同所有的条款按照承包人与发包人签订的《建设工程施工合同》予以执行等。

在总承包合同中，会有付款时间的约定，也会有逾期付款利息标准的约定，有的约定会达到年利率24%甚至更高。承包人主张利息时因为合同有效而利息标准大概率会被支持，但实际施工人不是总包合同的主体，能否适用总承包合同直接向发包人主张相应的利息标准，是实际施工人需要考虑和争取的。该部分因金额较大，对实际施工人实体权益的影响非常大。

例如，在无锡中院审理的宋某、许某与无锡某绿化建设有限公司建设工程施工合同纠纷二审案[2]中，实际施工人许某挂靠某绿化公司承接了某机场的景观绿化工程。后许某以个人名义将其中的部分工程进行分包，与宋某签订了《内部承包合同》，合同条款以某绿化公司与某机场改建工程指挥部的合同文本为准。后在结算时双方产生了争议，宋某诉至法院。法院认为宋某与许某对付款节点未有特别约定，故适用总包合同的付款进度条款确定，逾期利息按照中国人民银行

---

① (2016)苏07民初196号。

② (2018)苏02民终2306号。

同期同类贷款利息予以支持。该案中,实际施工人与总承包人签订的内部协议中明确约定了以总承包人与发包人签订的建设工程施工合同为准,因承包协议沿用了总承包合同中的付款时间节点,故而法院一般会予以支持,利息按照银行贷款利率计算。

典型案例 16.1.3

沃某与江苏某置业有限公司、江苏某建设工程有限公司等建设工程施工合同纠纷二审案[①]

案例要点:因总包合同中利息标准较高,实际施工人将总承包人与发包人一并起诉主张进度款利息,法院认为实际施工人无权向总承包人主张,但可以直接向发包人主张。

案情介绍

2013 年 3 月 20 日,江苏某置业有限公司与江苏某建设工程有限公司签订《建设工程施工合同》,约定江苏某置业有限公司将某住宅小区群体工程发包给江苏某建设工程有限公司建设,开工日期 2013 年 6 月 1 日,竣工日期以定额工期提前 15% 计算竣工日期,暂定合同价款为 43 068 万元,项目经理为陆飞、沃某。2013 年 3 月 25 日,江苏某建设工程有限公司(甲方)与沃某(乙方)签订《企业内部建筑工程施工承包责任书》,约定沃某承建某住宅小区工程,严格履行江苏某建设工程有限公司与建设单位签订的本工程《建设工程施工合同》中各项条款规定和本工程补充协议所有约定内容。《建设工程施工合同》中约定发包人未按时支付工程款的,承担月息 2% 的利息。沃某即组织施工。后沃某提起诉讼,主张工程款及进度款逾期付款利息 400 余万元(按月息 2% 计算)。后法院判决江苏某建设工程有限公司支付沃某工程款。同时法院认定一期的进度款利息沃某可向江苏某置业有限公司另行主张。

① (2016)苏 13 民初 45 号。

点评分析：该案中，实际施工人与总承包人被认定为转包关系，实际施工人依据建设工程施工合同的条款向总承包人及发包人主张工程进度款利息。因实际施工人与总承包人没有约定利息，因此直接让总承包人支付利息没有合同依据，故法院不支持向总承包支付利息的请求。因发包人逾期付款造成利息的产生，法院同时认为发包人有支付工程款义务，故要求实际施工人另行直接向发包人主张利息。

合同有严格的相对性，双方的合同条款只能约束双方，实际施工人的出现涉及合同第三方，这就导致了主体的复杂性。实际施工人主张利息，特别是总包合同中有较高利息标准时，应当充分考虑好诉讼策略。

（三）实际施工人与总承包人、发包人达成利息三方确认协议的

发包人拖欠进度款后，总承包人和实际施工人可以采取停工措施，发包人为了推进工程的进度，在这种情况下会与总承包人或实际施工人进行欠付进度款金额的确认，以及对相关利息金额和利息标准一并作出确认。实际施工人或者总承包人答应继续垫资施工的，确定的利息标准往往比较高。

真正的垫资人多为实际施工人，如果以总承包人的名义与发包人签订补充协议，将来实际施工人如果与总承包人产生矛盾时，则很难主张相关的权益。因此，实际施工人在这种情况下可以要求签订一个三方协议，写明实际施工人是进度款和进度款利息的实际权利享有者。对于利息标准以及利息金额，能够明确的应尽量明确，不应当在条款上有歧义，能表述为利息的则不轻易表述为违约金。

实际施工人一旦能够主张到利息，相对于工程款来说则是纯利润，不同于工程款需要投入“人、材、机”等成本。实际施工人如果因垫资款本身产生利息的，在主张不到利息的情况下就会面临项目的巨额亏损。一旦发生纠纷，实际施工人应重视利息的主张和计算。

第二节　实际施工人针对工期质疑的准备

实际施工人参与工程施工的目的是实现利润，而实现利润需要及时获取工

程款，获取工程款的前提是按约定时间向发包人交付合格工程。在实际施工人提起诉讼主张工程款时，发包方通常会对“按约定时间交付合格工程”产生质疑，会向实际施工人提出工期违约抗辩或提起反诉，依约要求实际施工人赔偿违约金。面对工期违约，实际施工人在诉讼中除了根据现有证据据理力争以外很难有所作为，但是在合同履行过程中实际施工人可以收集更多的证据来维护自身权益。

从实际施工人的角度考虑，提出工期违约抗辩的既可以是发包人，也可以是总承包人及其他上游发包人，给实际施工人带来的影响以及实际施工人的应对措施是相似的，实际施工人要从根本上解决工期延长的合理性问题。所以在讨论该问题时笔者以“实际施工人借用总承包人的名义起诉发包人的情况下发包人提出工期违约赔偿诉求”的背景为基础，称施工主体为“承包人”，该主体可以是实际施工人，也可以是被实际施工人借用名义的总承包人。同时需要明确的是，本节仅讨论承包人起诉主张工程款时，发包方提出工期、质量抗辩的问题，暂不讨论合同履约过程中因工期、质量问题导致合同解除、赔偿损失等情形。

为了确保工程项目按时完成，顺利实现预期交付目标，建设工期、开工和竣工时间是工程项目承发包合同中应当包括的合同条款，《民法典》第七百九十五条对此进行了明确的规定。实践中不管是总承包人与发包人签订的建设工程施工合同还是总承包人与实际施工人签订的内部承包协议，对建设工期、开工和竣工时间等与工期相关问题均会有具体的约定，合同双方通常会因为约定不够明确、合同履行过程中手续不全等原因就工期问题产生纠纷。

一、实际施工人承担的工期违约责任

如根据证据认定实际施工人施工工程项目存在因承包人原因导致工期不符合承发包双方合同约定的，属于合同违约，承包人须依约依法向发包人承担违约责任，由于双方合同约定不同，实际情况不同，违约责任的大小各有不同。

（一）赔偿总承包人工期违约损失

工期延误违约金最终由实际施工人承担。因实际施工人原因导致工期延误，致使总承包人向发包人承担工期延误违约金，总承包人可要求实际施工人承担该笔违约金损失，工期延误责任最终由实际施工人承担。

例如，喻某、山东某世建筑工程集团有限公司建设工程施工合同纠纷案①中，总承包人在向发包人赔偿工期延误违约金后，起诉主张实际施工人赔偿其损失。因实际施工人原因导致工期延误，法院判决总承包人向发包人支付工期延误违约金，发包人通过扣减工程款的方式直接向承包人收取了该笔违约金，造成总承包人实际损失，总承包人再起诉实际施工人赔偿相应损失，法院予以了支持。

（二）扣减工程款

承包人工期违约，发包人可主张在应付工程款内直接扣减工期延误违约金。承包人起诉发包人主张工程款，发包人提起工期延误违约金抗辩、反诉时，如认定是承包人原因导致工期延长的，人民法院可根据合同约定并结合具体情况酌情确定违约金数额，从发包人应付工程款中直接予以扣减。

例如，某集团股份有限公司、某建设开发有限责任公司建设工程合同纠纷案②中，承包人起诉发包人主张工程款及逾期付款利息，面对这种情况发包人抗辩称，承包人存在工期延误的情况，应当在应付工程款中扣减延误工期违约金。一审法院未支持发包人的抗辩，二审法院根据客观事实及相关审计报告、当事人之间往来的相关函件认为存在由于承包人原因导致的工期延误，再结合合同违约条款约定、工程存在变更增项等事实，最终判决酌情按审计价 1.5% 扣减承包人违约金。

（三）支付工期延误违约金

承包人工期违约的，发包人可向承包人主张工期延误违约金。发包人直接提起诉讼，主张承包人支付工期延误违约金，法院在查明确实存在由于承包人原因造成的工期延误后，会根据查明的延误天数结合合同关于违约金计算标准的约定，判决承包人向发包人支付工期延误违约金。

例如，宁波某模具制造有限公司与浙江某建设有限公司建设工程合同纠纷

① （2020）鲁 04 民终 2152 号。

② （2018）京 03 民终 6030 号。

案①中，就是发包人起诉承包人主张工期延误违约金的情况，法院根据查明事实认为承包人需承担违约责任，遂判决承包人向发包人支付违约金。本案还涉及一些工期顺延的具体问题，如恶劣天气可以顺延工期，对恶劣天气的约定很重要，承包人可以通过提交气象站的检测数据予以证明。春节假期系承发包双方签订合同时可以预见的，承包人不能以此为由要求顺延工期。

（四）承担监理费、鉴定费、公证费损失

因承包人延误工期使发包人产生的监理费、鉴定费、公证费损失，由承包人承担。发包人与承包人签订施工合同后承包人进场施工，但由于承包人原因延误工期，发包人将工程发包给新的承包人进行施工，承包人不但需根据约定支付违约金，还需赔偿发包人实际产生的监理费、鉴定费、公证费等损失。

例如，某支队与福建某工程发展有限公司（以下简称某公司）装饰装修合同纠纷案②中，法院认为某公司在合同约定的期限内没有完成合同约定的所有义务，某支队将余下工程量另行招投标，并由案外人施工完成，鉴定费、公证费是某支队为固定证据而产生的，属于合理花费，应由某公司承担。承包人施工过程中无故拖延工期、中途停工构成违约，达到一定程度的，发包人有权解除双方合同，将工程重新发包，承包人需根据合同承担违约责任、支付违约金，同时还需赔偿发包人实际产生的监理费、鉴定费、公证费损失，所以承包人中途停工延误工期时应当要有充足的依据，否则将会面临巨额的损失。

工期延误的责任属于合同违约责任，关键要考虑合同的约定及合同履行过程中影响工期的具体情况，承包人对合同约定的违约责任的承担方式、计算标准也要予以高度关注，平时需要积极收集工期顺延的有利资料。

二、工期违约责任的焦点

在认定承包人是否需要承担工期延误违约责任时，首先要认定确实存在工期延长的客观事实；其次要对工期延长的原因进行分析，是否确实属于承包人原

---

① （2020）浙0226民初245号。

② （2017）闽0304民初2395号。

因导致的延误；最后确定具体延误时间，根据合同约定确定违约金的数额，在工程款内予以扣减或者直接由承包人向发包人支付。

（一）客观上存在工期延长的事实

客观上存在工期延长的事实是发包人向承包人主张工期延误违约责任的前提。在分辨工期延误责任前，客观上必须要存在实际施工工期超出双方约定工期的事实，认定上述事实必须要有充分的证据，如发包人不能证明存在实际施工工期超出合同约定工期的，其主张也没有合同及法律依据，将不能得到法院支持。

1. 合同约定工期的确定

对于合同约定的工期其实很好确定，就是要看双方签订的书面合同中对于工期、开工时间、竣工时间的约定，其中应重点关注工期的约定，合同约定的开工时间、竣工时间是一个暂定的时间，但是工期是确定的，未经协商一致不能变更，即使因为发包人原因变更了进场时间，竣工时间也需要根据工期确定。

2. 实际施工工期的确定

（1）确定开工时间，根据《17 建工合同示范文本》通用条款的约定，在承包人完成开工准备后需向监理人提交“工程开工报审表”，经发包人同意后，监理人向承包人发出开工通知，开工通知确定的开工日期一般就是计算实际施工工期的起点。但实践中存在监理没有发出开工通知、监理发出的开工通知不合法、监理已发出开工通知但是现场不具备施工条件等实际情况，给开工时间的认定带来不确定性。《建设工程司法解释（一）》第八条对相关问题作出明确规定：当事人对建设工程开工日期有争议的，人民法院应当分别按照以下情形予以认定：①开工日期为发包人或者监理人发出的开工通知载明的开工日期；开工通知发出后，尚不具备开工条件的，以开工条件具备的时间为开工日期；因承包人原因导致开工时间推迟的，以开工通知载明的时间为开工日期。②承包人经发包人同意已经实际进场施工的，以实际进场施工时间为开工日期。③发包人或者监理人未发出开工通知，亦无相关证据证明实际开工日期的，应当综合考虑开工报告、合同、施工许可证、竣工验收报告或者竣工验收备案表等载明的时间，并结合是否具备开工条件的事实，认定开工日期。从上述规定可以看出开工时间是个客观事实,但是司法实践中是需要结合证据材料加以认定的,为了争取对己有利的开工时间,承包人在施工过程中要注意收集各种对己有利的证据材料。

(2)确定竣工时间,《17 建工合同示范文本》第 13.2.3 条约定为"工程经竣工验收合格的,以承包人提交竣工验收申请报告之日为实际竣工日期",同时还约定因发包人原因未在收到竣工验收报告 42 天内完成竣工验收的以及不签发验收证书的均以提交竣工验收申请报告之日为实际竣工日期。在没有验收合格但发包人擅自使用的情况下,转移占有之日为实际竣工之日。在合同没有明确约定的情况下可以根据法律规定来确定实际竣工时间,《建设工程司法解释(一)》第九条规定:当事人对建设工程实际竣工日期有争议的,人民法院应当分别按照以下情形予以认定:①建设工程经竣工验收合格的,以竣工验收合格之日为竣工日期;②承包人已经提交竣工验收报告,发包人拖延验收的,以承包人提交验收报告之日为竣工日期;③建设工程未经竣工验收,发包人擅自使用的,以转移占有建设工程之日为竣工日期。

(3)实际开工时间至实际竣工时间的期间就是实际施工的工期,将实际施工工期与合同约定工期进行比较就能很直观地计算出工期客观上是否存在延长事实。

实际施工人在施工过程中需要去积极获取、保存认定实际开工时间、实际竣工时间的信息、材料,诉讼中会有所帮助。主要包括:①证明提交"工程开工报审表"时间的资料;②证明开工通知载明开工日期的资料;③证明具备开工条件的资料;④证明经发包人同意已经实际进场的资料;⑤证明发包人原因导致开工时间推迟的资料;⑥证明承包人提交竣工验收申请报告时间的资料;⑦证明竣工验收合格时间的资料;⑧证明发包人拖延验收的资料;⑨证明发包人擅自使用时间、转移占有时间的资料等。上述事实证据可以是相关文书、函件、邮寄快递回单、邮寄流程信息、签收记录、录音录像、公证文书等。

(二)承包人工期顺延的举证责任

承包人需对工期合理顺延的原因、顺延的时间承担举证证明责任。发包人举证证明承包人实际施工工期超出合同约定工期后,承包人需对工期延误的原因、是否享有正当理由、能够顺延工期的天数承担举证责任，不能举证予以证明的则应承担不利后果，承担工期延误违约责任，向发包人支付违约金赔偿损失。例如，贵州某物流有限公司、某建设工程有限公司建设工程分包合同纠纷案①中，承包人起诉发包人主张工程款，发包人提起反诉并举证证明实际施工工期超出了合同约定工期，其即完成了初步的举证证明责任。此时承包人提出工期合理顺延的抗辩，其应当对工期顺延的正当理由及具体顺延时间进行举证，不能举证的则应承担不利后果。这一举证责任分配原则，笔者认为对承包人的要求还是比较严格的，承包人必须在出现工期合理顺延的情况时收集全面资料，同时还要及时根据合同约定向发包人主张工期顺延，办理签证手续。

（三）不认定承包人工期延误的情形

工期延长属于合理工期顺延还是承包人原因的工期延误，是认定承包人承担违约责任的关键。工期存在客观延长时，如果是经双方协商一致或者是因为发包人增加工程量、变更施工工艺等原因，又或者是因为不可抗力的原因导致延长的，应当认定为工期顺延，承包人不需承担违约责任。但如果是承包人自身的原因导致工期延长就属于工期延误了，承包人需要为此承担违约责任。

在实际施工工期确实存在延长的情况下，存在以下情形应当认定属于工期的合理顺延或者认定为发包人原因导致的工期延长，不能认定为承包人违约延误工期，承包人无须为此承担违约责任：

1. 双方没有对工期约定期限或者双方对工期延长达成一致

承发包双方履行合同过程中对工期进行了变更或者承发包双方对工期没有约定的，发包人不能证明承包人存在延误工期的事实，不能要求承包人承担工期延误违约责任。

① （2018）黔民终10号。

典型案例 16.2.1

铁岭某汽车销售服务有限公司、沈阳某建设集团有限公司建设工程合同纠纷案①

案例要点：发包人驻现场工程师及副总经理召开会议同意工期延期，同时驻现场工程师在工程进度表上签字确认，应视为承发包双方对工期约定进行了变更。至双方约定工期期满时发包人仍在增加工程量的，属于发包人同意顺延工期的情况，又因为没有约定具体工期，视为未约定截止日期，发包人主张承包人承担违约责任的，法院不予支持。

案情介绍

2017年4月15日，原告铁岭某汽车销售服务有限公司（以下简称某公司）与被告沈阳某集团公司就铁岭奥迪4S店建设项目签订了《建设工程总承包项目施工合同》。2017年4月17日，被告于某与被告沈阳某集团公司签订内部承包合同。2017年4月25日，被告于某与案外人由某签订《劳务扩大分包施工合同》。原告某公司为被告于某签署了数份现场签证确认单，内容为对工程量的增加与变更。2017年8月，原告某公司驻场工程师和副总经理共同到施工现场召开关于工期的会议，会议中就工程分项作了约定，其中最晚的分项换热站为2017年10月20日完成。

一审法院认为：双方同意将案涉工程工期延迟至2017年10月20日，且原告某公司驻地工程师在工程进度表上签字确认，该行为应视为原、被告双方对合同中关于工期约定的变更。原、被告双方都未提供证据证明工期顺延后的截止日期，视为未约定截止日期，故原告某公司未能提供充分确实的证据证明其主张的被告沈阳某集团公司、于某存在延误工期违约行为事实成立。

判决：驳回原告铁岭某汽车销售服务有限公司的诉讼请求。

二审法院认为：因双方已同意将涉案工程延期至2017年10月20日，且之后涉案工程仍有增加的工程量，且未约定工期顺延后的截止日期，故不应以被上诉

① （2020）辽12民终864号。

人延期施工存在过错确定上诉人的实际损失大小。

判决：驳回上诉，维持原判。

点评分析：本案例发包人起诉承包人主张逾期竣工违约金，在认定承包人是否存在违约事实的问题上，首先，施工过程中可以根据承发包双方的意思表示就合同约定的竣工时间进行变更。《民法典》第五百四十三条规定，“当事人协商一致，可以变更合同”。发包人驻现场工程师拥有代表发包人协商并变更合同的权利，对于发包人驻现场工程师的身份应当在施工合同中明确约定，或者由发包人书面形式通知承包人。其次，本案还有一个关键点，就是在双方变更后的竣工时间期满后，签证资料证明发包人此时还存在增加工作量的客观事实，一方面可以说明未竣工是因为发包人的原因导致的，承包人不构成违约；另一方面这种情况完全符合合同约定的“甲方同意顺延的其他情况”，且因为双方未具体约定顺延后的具体时间。综上，法院认定发包人主张承包人的逾期责任不能成立。

2. 非承包人原因引起工期延长期间及签证确认的工期延长期间

因发包人迟延办理施工许可证、发包人直接发包项目、发包人增加工作量、变更工作量等发包人原因引起工期延长的期间，一般不支持发包人主张的工期违约责任，但是承包人未提交充足的证据加以证明的，最终可能存在应当扣减的违约天数未得到扣减，这完全是因为承包人在合同履行过程中的疏忽所导致。施工过程中通过工程延期申请表、停工通知等签证确认的工期延长不属于承包人原因导致的工期延误，承包人不需承担该部分工期延长的违约责任。

典型案例 16.2.2

武汉某建筑工程有限公司、武汉某置业集团有限公司因建设工程合同纠纷案①

案例要点：法院鉴于雨雪天气客观存在，双方过错未办理工期顺延手续，致

① (2014)鄂武汉中民终字第01208号。

使具体顺延天数无法确定，同时存在发包人直接发包项目穿插施工的情况，发包人不能证明工期延误是因为承包人造成的，此外，由于在承包人起诉前发包人从未向承包人提出过工期违约的主张，因此法院对发包人的主张不予支持。

案情介绍

2009年12月，武汉某置业集团有限公司（以下简称侨某公司）对外进行招标，武汉某建筑工程有限公司（以下简称远某公司）以1219.45万元中标，双方于当月28日以中标价为合同价款签订了《湖北省建设工程施工合同》。远某公司在未办理施工许可证的情况下进场施工，至2010年4月7日，施工许可证最终由侨某公司办理。工程竣工后，在未完全办理该工程验收手续的情况下，侨某公司于2012年4月27日接收并开始使用了该工程。2013年2月25日双方办理了工程验收报告的相关手续，认定工程质量为合格。侨某公司均未因工期向远某公司主张工期延期问题。

一审判决：驳回侨某公司其他诉讼请求。

二审法院认为：远某公司实际施工期间，至侨某公司2012年4月27日接收使用工程之时，虽超期21个月，但因侨某公司延迟办理施工许可证及雨雪天气、节假日不能施工等非远某公司原因影响了施工进度，又因远某公司仅承包土建及安装工程，室内装修及电梯安装工程并非远某公司承包，而侨某公司是在室内装修及电梯工程全部完工后才于2012年4月27日接收使用整个工程，侨某公司并不能证明是远某公司的原因导致工期延迟，侨某公司在合同履行过程中至远某公司提起诉讼之前，从未向远某公司主张工期违约，故一审判决认定双方就工期问题事实上无争议并无不当。

点评分析：本案在审理过程中，法院最终认定发包人不能证明因承包人原因导致工期延误，最终驳回了发包人的请求。就工期问题涉及两个方面的实践问题：第一，发包人迟延办理施工许可证，是会影响承包人进场施工的，笔者认为这个事实足以改变的是实际进场时间，改变了实际施工期间，减少了延误的时间，而不是因此需要顺延工期。第二，天气影响施工的问题，本案法院认为雨雪天气是客观存在的，但是双方没有办理工期顺延手续，导致不能确定具体天数，双方均有责任，笔者认为，因为天气原因需要顺延工期的，承包人需要及时按合同约定履行申请工期顺延的手续，没有履行手续的后果由承包人承担，因发包人原因没有办理手续的责任由发包人承担,所以承包人在合同履行过程中要及时办理相关申报手续。

3. 承包人行使先履行抗辩权的期间

先履行抗辩权是指合同双方互负债务,有先后履行顺序,先履行一方未履行之前后履行一方有权拒绝履行。就建设工程施工合同而言,发包人如果没有及时履行合同约定义务,承包人就享有一定的抗辩权,停工是其行使抗辩权的一种方式,这个期间一般不认为是工期延误。

典型案例 16.2.3

浙江某科技有限公司与浙江某建设集团有限公司建设工程施工合同纠纷案[①]

案例要点:发包人不按双方约定的时间、金额向承包人支付工程款的,即发包人违约在先,因发包人未履行在先的支付工程款义务,承包人自发包人违约时起享有顺延工期抗辩权,不认定承包人违约。

案情介绍

2010 年 7 月 27 日,原、被告双方签订《建设工程施工合同》。2013 年 4 月 2 日,原告浙江某科技有限公司(以下简称德某公司)向被告浙江某建设集团有限公司(以下简称万某公司)出具《承诺书》一份。保证在 2013 年 9 月 30 日前再向被告支付土建所欠工程款 2000 万元。

一审法院认为:原告在《承诺书》第二条中保证在 2013 年 9 月 30 日前向被告支付一、二期工程款 2000 万元的承诺,可视为甲方的确认或具有签证的效力,但事实上原告至今未按承诺书约定支付 2000 万元工程款,故对 2013 年 9 月 30 日以后的工期延误,被告提出系因原告未及时支付工程款所致的抗辩意见,该院予以采纳,被告有权顺延工期。

---

① (2016)浙 06 民终 2579 号。

二审法院认为：因上诉人德某公司未能履行在先的支付土建工程款义务，故被上诉人万某公司可享有相应的顺延工期抗辩权，一审法院认定2013年9月30日前的工期顺延系因被上诉人万某公司原因所致，2013年9月30日以后的工期顺延系因上诉人德某公司原因所致，对德某公司主张的2013年9月30日以后的工期延误违约金不予支持并无不当，本院予以维持。

点评分析：发包人起诉承包人主张工期延误责任，合同履行过程中发包人向承包人承诺了在2013年9月30日向承包人支付工程款，但是发包人未按约定时间支付。法院认为因发包人未能履行在先的支付工程款义务，承包人可享有相应的顺延工期抗辩权，因此对于发包人主张的2013年9月30日之后的工期延误责任未予支持。二审后双方均申请了再审，也均被再审法院驳回。

4. 因不可抗力引起工期延长的期间

不可抗力，是指不能预见、不能避免并不能克服的客观情况，在工程施工过程中也会出现承包人不可抗力的原因导致工期顺延。因不可抗力导致工期延误的，不能认定为承包人原因导致的工期延误，不可抗力属于法定免责事由，承包人不需承担赔偿责任。不可抗力虽然属于免责事由，但是承包人仍需承担举证证明构成不可抗力的举证责任，所以仍需要收集相关资料，办理工期顺延手续。

承包人为了维护自己的合法权益，防止因为举证不能而导致承担工期延误违约责任的后果，在合同履行过程中要注意收集整理相关资料、文件，以证明工期延误不是承包人的原因造成的。

三、实际施工人需要做的准备工作

施工过程中出现非承包人原因导致的工期延长时，承包人需及时启动工期索赔程序，获取工期顺延的有利证据。

司法实践中对于工期顺延的认定，有的严格根据双方合同约定要求承包人要在规定的期限内履行索赔程序，才能获取工期顺延，否则将认定为不得顺延工期。有的法院则根据客观情况认定是否为承包人原因导致的工期延误，不是承包人原因的即认定为可以顺延工期，即使如此，具体顺延的时间也不能具体认定，只能酌情考虑，对于实际施工人是极其不利的，存在高风险。所以笔者建议，在合同履行过程中出现工期需顺延事件前、中、后期，实际施工人都需要积极地、及时地收取有效的证据资料,确保自身权益不受损害。

《建设工程司法解释(一)》第十条规定,在承发包双方有明确约定顺延工期需要经发包人确认,在承包人能证明按约定向发包人申请过,虽然发包人没有及时办理签证,只要顺延事由符合约定,工期是应当顺延的。这里的关键是合同有约定且承包人按约定提交了申请。同时司法解释还规定,如果承发包双方有明确约定"承包人未及时提出工期顺延申请则视为工期不顺延"的,就要按照约定对承包人的工期顺延不予支持,但发包人同意工期顺延的,或者承包人提出合理抗辩的除外,这就需要充分的证据予以证明。

索赔程序一般是按承发包双方的约定流程进行,首先需要承包人根据具体情况提交申请,然后由发包人确认,形成书面的签证资料,具体流程以《17 建工合同示范文本》通用条款的约定为例。

《17 建工合同示范文本》通用条款第 19.1 条约定了承包人提出工期索赔的具体流程,首先是承包人需在 28 天内向监理人递交索赔意向通知书,然后在索赔意向通知书递交后 28 天内承包人还需向监理人递交索赔报告,索赔报告主要包括工期顺延的理由及延长的天数。第 19.2 条约定了监理人及承包人的处理流程,监理人需要在收到索赔报告后 14 天内审查并报送发包人,发包人则应当在监理人收到索赔报告 28 天内通过监理人向承包人告知处理结果交付签证资料。

承包人在施工过程中需要注意收集以下证据资料:

1. 发包人未按施工合同的约定向承包人提供图纸导致工期延误的资料;

2. 发包人未按施工合同的约定向承包人提供满足施工所需的现场、资料导致工期延误的资料;

3. 发包人向承包人提供的测量基准点、基准线和水准点及资料存在错误的资料;

4. 发包人要求改变工程的基线、标高、位置、尺寸导致工期延误的资料;

5. 发包人原因导致停工,影响承包人正常施工,致使工期延误的资料;

6. 经发包人同意,由监理人下达停工通知的资料;

7. 发包人额外增加承包人的工程量,或者改变合同约定的质量标准和其他特性,导致承包人工程量增加,致使工期延误的资料;

8. 施工过程中发包人改变原约定的具体时间安排、调整原约定的施工顺序，导致工期延误的资料；

9. 施工完成后，承包人已向发包人申请竣工验收，因发包人无故拖延竣工验收，导致工期延误的资料；

10. 发包人要求承包人在工程全部竣工验收前交付部分单位工程的，导致工期延误的资料。

实际施工人是工期违约责任的最终承担者，要从根本上解决工期违约责任问题，合同履行过程中则要及时获取更多的有利证据，能够获取发包人签字认可的书面文件最好，即使不能获取，也应当保存好承包人申请工期顺延的书面申请、送达资料等。

四、工期延误违约金及损失金额的确定

（一）承发包双方明确约定工期延误违约金的计算方法、标准的，应根据查明事实并结合承发包双方的合意计算逾期竣工违约金。

（二）根据查明事实，法院综合考虑延误天数、工程进度款支付时间及总额、增加的工程量、工程竣工验收合格并已投入使用等事实，酌情确定承包人需向发包人支付工期延误违约金金额。

（三）诉讼中法院委托鉴定单位对延期竣工违约损失进行鉴定，最终根据鉴定报告确定承包人需支付延期竣工违约金金额。

（四）以发包人因逾期交房支付给业主的违约金金额及因工期延误支付的工资金额作为发包人产生的实际损失，确定承包人需向发包人支付的工期延误违约金。

（五）在法院确定承包人向发包人支付延误工期违约金的金额前，违约金数额不确定，要求承包人同时支付违约金利息没有事实及法律依据。

认定承包人需承担工期延误违约责任后，法院在确定承包人支付具体金额时，首先是根据双方合同约定结合客观事实计算工期延误违约金，但是根据合同计算的工期延误违约金金额明显低于发包人实际损失时，经发包人的申请法院可依法根据发包人实际损失调整工期延误违约金额。在相关具体事实无法查清、责任认定存在模糊的情况下，人民法院可委托专业的鉴定机构确定

工期延误违约金金额，也可以结合更多的案件事实酌情确定工期延误违约金金额。特别需要强调的是，发包人针对工期延误违约金所主张的利息损失不予支持。

五、延误工期违约责任的诉讼时效

《民法典》第一百八十八条规定："向人民法院请求保护民事权利的诉讼时效期间为三年……诉讼时效期间自权利人知道或者应当知道权利受到损害以及义务人之日起计算……"

在发包人以承包人工期违约进行抗辩或者另行诉讼时，承包人需要关注发包人主张权利的诉讼时效是否已经超过，如已经超过诉讼时效，其诉讼请求将不能得到法院支持。

例如，江苏某环保设备工程有限公司与华某、江苏省某建筑安装集团股份有限公司建设工程合同纠纷案[①]中，法院认为自竣工验收之日起发包人即应当知道是否存在承包人原因导致的工期延误，诉讼期间自此时起算，超过法律规定的诉讼时效期间主张权益的不予支持。案涉工程项目在2014年已经全部验收合格，计算确定实际施工工期的要素已经确定，此时发包人完全可以知道工期是否与约定工期相符，是否存在延长的情况。若发包人认为承包人需要承担工期延误的违约责任，即应当及时主张，超过法律规定的时效期间的主张将不能获得胜诉权。

工期问题是实际施工人主张工程款时通常都会遇到的问题，合同对工期的约定也仅仅是一个根据设计、图纸预估的标准，有时还存在被故意压缩的情况。实际施工人对于该问题应当积极应对，实际施工人是工程款的实际权利义务人，就应当承担工期违约责任，即使发包人起诉总承包人主张权益，但总承包人也会向实际施工人追偿该部分的损失。因此，实际施工人在施工过程中应注意极力收集非因承包人原因导致工期延误的资料、证据，根据双方合同约定及时办理工期顺延的签证，通过强有力的资料证据来维护自己的合法权益，使发包人的"阴谋"不能得逞。

---

① (2020)苏10民终2316号。

第三节　实际施工人针对质量质疑的准备

发包人向总承包人提起工程质量抗辩、反诉的，如因工程确实存在质量问题，总承包人承担责任后一定会在实际施工人的工程款中予以扣减，或者以遭受损失为由起诉实际施工人追偿。对于总承包人而言，质量责任完全属于可转嫁风险，需要扣款了找实际施工人、需要维修了找实际施工人、需要赔偿了也找实际施工人，除了极少数管控不良的情况发生外，总承包人一般不会产生损失。质量问题对于实际施工人而言则属于不能转嫁的风险，需要从质量实质问题出发，切实寻找解决途径，规范施工过程，收集有利资料，有效防范相关损失的产生。

一、实际施工人在工程质量不合格时可能要承担的责任

工程的质量如果不符合合同约定及国家强制规定，实际施工人需要依约、依法承担责任，实践中实际施工人承担质量责任的方式可以是进行修复，也可以是向发包人支付维修费用。有发包人直接起诉实际施工人的情况，也有总承包人向发包人承担责任后再向实际施工人追偿的，总之一旦出现工程质量问题，实际施工人作为工程项目工程款的实际权利人，也是质量责任的最终承担人。

（一）承担维修及加固费用

实际施工人借用总承包人资质承接工程，施工完成的工程存在质量问题，发包人起诉实际施工人及总承包人，实际施工人需承担维修及加固费用，总承包人要承担连带责任。

例如，某商贸有限公司与某建设有限公司、贾某等建设工程施工合同纠纷案①中，工程发包人明知实际施工人系借用总承包人的资质与自己签订施工合同，存在一定的过错，因此发包人对工程出现的质量问题要承担一半的责任，包括鉴定费用、工程维修以及加固费用。虽然法院判决由总承包人承担连带责任，

① （2020）晋01民终3543号。

但是最终的责任承担人还是实际施工人。

(二)承担修复责任

因工程质量存在问题,发包人起诉实际施工人承担责任,经鉴定确定工程质量不合格,实际施工人要对工程进行修复。

例如,张某、河南某置业有限公司建设工程施工合同纠纷案[①]中,发包人向法院起诉,要求实际施工人及承包人承担质量不合格的责任,法院根据鉴定确定了工程确实存在与图纸设计不符,不符合合同约定,工程质量不合格,结合查明的事实,法院判决实际施工人承担修复的责任,承包人承担连带责任。

(三)赔偿发包人的损失

发包人因工程质量不合格向买受人承担赔偿责任遭受损失的,发包人可起诉实际施工人进行追偿。

例如,王某与吉林省某房地产开发有限公司建设工程施工合同纠纷案[②]中,实际施工人挂靠总承包人承接工程施工,发包人因工程存在质量问题向买受人承担责任而造成发包人损失,发包人起诉实际施工人要求赔偿其向买受人支付的维修费、案件受理费、鉴定费等损失,但发包人与买受人协商达成的租金损失不能约束实际施工人,不得向实际施工人主张。

(四)赔偿总承包人损失

因工程存在质量问题,总承包人向发包人承担责任后可向实际施工人进行追偿,实际施工人需根据双方约定承担全部损失。

通常情况下实际施工人进行工程项目施工,一旦出现质量问题发包人会及时通知总承包人、实际施工人进行修复、维修,最迟也会在工程结算或者承包人主张工程款时提出质量抗辩,在认定确实存在质量问题时会直接要求实际施工人承担维修责任或者直接从其剩余工程款中扣减维修费用,所以大多数情况下

---

① (2020)豫04民终1109号。

② (2019)吉08民终1482号。

不会出现总承包人先行承担责任再向实际施工人追偿的情况。当然也存在此类特殊情况,总承包人向发包人承担赔偿责任后,可以依约、依法向实际施工人进行追偿。

二、在合同不同履行阶段的质量问题

(一)竣工验收合格前的质量问题

竣工验收合格是处理质量问题的一个关键时间节点,也是一个非常重要的客观事实,竣工验收合格前后处理工程质量纠纷的依据及原则是存在一定的区别的。

1. 质量不合格,承包人不能依约履行交付合格工程的义务,承包人需无偿修理或者返工、改建,否则发包人可以请求减少支付工程价款。

根据《民法典》第七百九十九条、第八百零一条的规定,建设工程未经验收或者验收不合格的不得交付给发包人使用。因承包人的原因致使质量不合格的,承包人需无偿修理或者返工、改建。同时《建设工程司法解释(一)》第十二条作出解释,强调承包人拒绝修理、返工或者改建的,发包人可以请求减少支付工程价款。《建设工程质量管理条例》第三十二条也有类似规定。

2. 项目未全部施工完成,双方合同解除的,已完成部分工程质量不合格,经维修后合格的承包人承担修复费用,经修复后仍不合格的承包人无权请求发包人支付工程款。

《民法典》第八百零六条、第七百九十三条规定,如存在承包人将建设工程转包、违法分包的情况的,发包人有权解除合同,如果发包人提供的主要建筑材料、建筑构配件和设备不符合强制性标准,或者发包人不履行协助义务导致承包人无法施工且经承包人催告后在合理期限内仍不履行义务的,承包人可以解除合同。合同解除后,承包人已经完成的工程质量不合格的,经发包人修复后合格的承包人承担修复费用,修复后仍不合格的承包人无权请求发包人折价补偿。

3. 承包人交付工程虽未经竣工验收合格,但发包人实际使用的,除了地基基础工程和主体结构的质量外,承包人不承担其他部分的质量责任。

《建设工程司法解释(一)》第十三条规定,建设工程未经竣工验收,发包人擅自使用后,又以使用部分质量不符合约定为由主张权利的,人民法院不予支持;但是承包人应当在建设工程的合理使用寿命内对地基基础工程和主体结构质量承担民事责任。

典型案例 16.3.1

山东某海洋科技有限公司(以下简称某润公司)、山东某工程技术股份有限公司(以下简称某岐公司)建设工程施工合同纠纷案①

案例要点:发包人承认工程已经移交并已经投入使用,以使用部分质量不符合约定为由主张权利的,法院不予支持。

案情介绍

2019 年,某岐公司、某润公司签订《聚氨酯砂浆自流平施工合同》。合同签订后,某岐公司即组织开工建设。涉案工程已经于 2019 年 12 月开始投入使用。

一审法院认为:某润公司已经实际占有使用涉案工程,现又以使用部分质量不符合约定为由主张权利,不应予以支持。

一审判决:某润公司于判决生效后 10 日内支付某岐公司工程款 528 023.13 元及利息。

二审法院认为:案涉工程不属于《最高人民法院关于审理建设工程施工合同纠纷案件适用法律问题的解释》第十三条规定中的地基基础工程和主体结构工程,故某润公司关于涉案工程未经验收,质量不合格,不具备支付条件的主张不能成立,本院不予支持。

二审判决:驳回上诉,维持原判。

点评分析:案涉工程承包人虽未获取竣工验收证书,但是发包人承认工程已经移交并已经投入使用,由于发包人不能举证证明地基基础工程和主体结构工程存在质量问题,要求承包人承担质量责任的请求未得到法院支持。

---

① (2020)鲁 10 民终 2680 号。

实际施工人在合同履行过程中，如果存在发包人擅自使用工程的情况，一定要注意收集相关资料、证据，因为发包人自认已经投入使用的情况是不常有的。

（二）竣工验收合格后的质量问题

竣工验收合格后，承包人需要承担的质量相关责任主要是缺陷责任期内的质量缺陷责任和质量保修期内的保修义务。

1. 质量缺陷责任

经竣工验收合格后，在缺陷责任期内承包人需承担质量缺陷责任。根据《建设工程质量保证金管理办法》第二条、第八条、第九条的规定，在缺陷责任期内，因承包人导致工程质量存在缺陷的，承包人要负责维修并承担鉴定及维修费用。缺陷责任期最长不超过 2 年，一般为 1 年，承发包双方在合同中予以约定。一般缺陷责任期从工程通过竣工验收之日起计，但由于发包人原因导致工程不能正常竣工验收的，自承包人提交竣工验收报告后第 91 天起计算缺陷责任期。

2. 质量保修义务

质量保修期内如出现承包人原因导致的质量问题，承包人需履行质量保修义务。

（1）质量保修制度及质量保修书的内容。根据《建设工程质量管理条例》第三十九条的规定，建设工程实行质量保修制度，工程竣工验收合格后承包人需向发包人出具质量保修书，质量保修书中应当明确建设工程的保修范围、保修期限和保修责任等。

（2）质量保修期的最低期限。《建设工程质量管理条例》还对最低保修期限作出明确规定，其中基础设施工程、房屋建筑的地基基础工程和主体结构工程的保修期为设计文件规定的使用年限，屋面防水工程、有防水要求的卫生间、房间和外墙面的防渗漏的保修期最低为 5 年，供热与供冷系统、电气管线、给排水管道、设备安装和装修工程的保修期最低为 2 年（2 个采暖期、供冷期），承发包双方约定的保修期不得低于条例规定的最低期限，没有规定的其他项目的保修期由承发包双方进行约定。

（3）承包人未及时履行保修义务的责任。《建设工程司法解释（一）》第十八条规定，承包人未及时履行保修义务的，如导致建筑物毁损或者造成人身损害、财产损失的,承包人承担赔偿责任。

三、认定实际施工人交付工程项目存在质量问题的标准及依据

《民法典》第七百九十五条规定,施工合同的内容包括工程质量。承发包双方对工程质量也是非常重视的,特别是发包人,一般承发包双方签订的施工合同时均会对质量标准作出明确的约定,出现质量纠纷时也会优先适用双方约定的标准,但双方约定的标准是不能低于国家强制性标准的。

(一)强制性标准

实际施工人交付的工程项目首先必须要符合国家规定的强制性标准。

因为建筑工程的施工不仅关系到承发包双方的权利和义务,还关系到第三方买受人权益以及社会的公共利益,所以国家对工程质量标准进行了严格的规定。《建筑法》第三条规定:“建筑活动应当确保建筑工程质量和安全,符合国家的建筑工程安全标准。”《建设工程质量管理条例》第十条第二款规定:“建设单位不得明示或者暗示设计单位或者施工单位违反工程建设强制性标准,降低建设工程质量。”

司法实践中,出现质量纠纷时,一般均会启动质量鉴定程序,以什么标准作为鉴定的依据是非常关键的,在双方约定质量标准低于国家标准时则不能适用约定标准,只能适用国家标准。地方法院也有明确的规定予以说明,《江苏省高级人民法院建设工程施工合同纠纷案件司法鉴定操作规程》第四十二条就规定,在合同约定的质量标准高于国家规定的强制性标准时,鉴定时适用合同约定的质量标准,但是合同约定的质量标准低于国家规定的强制性标准时,就应当适用国家规定的强制性标准作为鉴定依据。《北京高院 2012 解答》第二十七条规定,合同中约定的质量标准低于国家标准的无效,合同中约定的质量标准高于国家标准的有效。

(二)约定标准

实际施工人交付工程的质量除了需要符合国家标准,还需要符合承发包双方合同约定的标准,否则会面临承担违约责任的风险。

典型案例 16.3.2

广东省某设备安装有限公司、广东某工业有限责任公司建设工程施工合同纠纷案①

案例要点：承发包双方明确约定以获得"某奖"为工程质量标准的，因承包人原因导致工程最终未达到约定标准，虽然工程符合国家标准并经验收合格，但承包人仍需承担违约责任。

案情介绍

2009年3月16日，广东某工业有限责任公司与广东省某设备安装公司签订《广东某烟工业有限责任公司广州生产基地易地技改项目第一标段机电安装总承包合同》，其中工程质量标准为必须一次验收合格，确保获广东省优良样板工程奖。广东省某设备安装有限公司曾多次催促广东某工业有限责任公司支付工程款，但广东某工业有限责任公司认为涉案工程未获评"广东省优良样板工程"。

一审法院认为：现涉案工程经竣工验收质量仅为合格，没有获广东省优良样板工程奖，质量标准没有达到合同约定的标准。现广东某工业有限责任公司选择在合同约定的有权扣除合同总价款的5%作为质量保证金范围内扣除广东省某设备安装有限公司2%的质保金以减少广东某工业有限责任公司应支付给广东省某设备安装有限公司的价款，没有超出合同的约定，也不违反法律规定，依法应予准许。

二审法院认为：广东省某设备安装有限公司施工完成的工程没有获得双方约定的广东省优良样板工程奖，不符合双方约定的质量标准，且广东省某设备安装有限公司承认没有申报广东省优良样板工程奖，故广东省工业设备安装有限公司构成违约且有过错。

二审判决：驳回上诉，维持原判。

点评分析：本案承包人起诉发包人支付剩余2%的质量保证金，但发包人以

① (2019)粤01民终2471号。

承包人交付工程不符合双方合同约定提出抗辩。虽然案涉工程经验收合格，但是双方合同约定需要达到“必须一次验收合格，确保获广东省优良样板工程奖”的标准，法院认为双方约定是合法有效的，因承包人原因未达到约定标准应承担违约责任，法院对承包人的诉讼请求未予以支持。

不管合同约定标准是否高于国家标准，也不管是以国家标准还是约定标准对工程项目进行质量验收，均会涉及验收的细节和项目的参考标准，实践中工程设计图纸、施工技术标准、封存样品均会作为认定工程质量的参考依据。

四、实际施工人向下游承包人主张质量违约责任的问题

实际施工人如将工程项目交由下游承包人施工的，出现工程质量问题的，一般情况下只有在实际施工人遭受损失后才可要求下游承包人承担责任。

典型案例 16.3.3

徐州市某木业有限公司与苗某、江苏某科技集团股份有限公司建设工程施工合同纠纷案①

案例要点：实际施工人向下游承包人主张质量违约责任的前提是实际施工人因工程质量问题遭受了损失，如总承包人未扣减实际收入的工程款、质保金，已向实际施工人支付了全部工程款，实际施工人也未因对工程进行维修而产生损失，实际施工人向下游承包人主张质量责任，无合同依据也无法律依据，不能得到法院支持。

案情介绍

2013 年 1 月 10 日，江苏某科技集团股份有限公司与苗某签订《采购合同》一份。2013 年 5 月 9 日，苗某作为甲方，某木业公司作为乙方，协商签订《合同书》一份。苗某在一审法院的释明下，于 2018 年 8 月 28 日提出对保修范围、修复方

① (2020)苏 04 民终 922 号。

案进行鉴定。2019 年 6 月 27 日，苗某又向一审法院提出修复工程造价鉴定申请，经鉴定，修复的工程总造价为 826 598.27 元。

一审法院认为：由于法律规定承担实施保修工程的单位应当具有相应的资质，本案中某木业公司和苗某均不具有法定资质，应委托有资质单位实施。鉴于某木业公司在保修期内未委托有资质单位代为履行保修义务，因此苗某委托有资质单位代为履行保修义务产生的修复费用及鉴定费用应由某木业公司承担。据此法院认定某木业公司应当承担修复费用 826 598.27 元及鉴定费 16 万元。

二审法院认为：苗某向某木业公司主张修复费用的前提应是，发包人在质保期内向承包人主张修复，承包人要求苗某修复，且苗某已经实际修复并产生了费用；或者是承包人以及苗某未修复，发包人将实际发生或者即将发生的维修费用在工程款、质保金中予以扣减，苗某的工程款、质保金因此也予以扣减，产生了损失。因此分包人苗某依据前述法条提出质量异议，主张扣减修复费用，既无合同依据，也无法律依据，二审不予支持。

点评分析：实际施工人承接工程项目后将工程再进行分包是实践中较常见的情况。下游承包人施工的工程质量若存在一定的问题，实际施工人向下游承包人主张质量违约责任前必须要因此已经实际遭受了损失。法院的理由是当时的合同法及司法解释规定将相关权利赋予的是发包人，而非承包人、分包人，新颁布的《民法典》及司法解释也有相同的规定，《民法典》第八百零一条规定，“因施工人的原因致使建设工程质量不符合约定的，发包人有权请求施工人在合理期限内无偿修理或者返工、改建”。《建设工程司法解释（一）》第十二条规定，“因承包人的原因造成建设工程质量不符合约定，承包人拒绝修理、返工或者改建，发包人请求减少支付工程价款的，人民法院应予支持”。对相关法律的理解上法院应当是相同的，实际施工人向下游承包人主张权益时不能适用该规定。

五、工程质量鉴定的启动

发包人向承包人主张工程质量责任的，需承担举证证明责任，经法院释明后明确表示不申请工程质量鉴定的，应承担举证不能的后果。

根据“谁主张，谁举证”的原则，发包人向承包人主张质量责任，负有举证证明的责任，证明的方式可以是通过一般的证据材料加以证明，也可以是通过专业机构的鉴定报告加以证明,在人民法院认为发包人提交的一般证据不足以证明其主张时,法院需向发包人释明,经释明后发包人明确表示不申请鉴定的,将可能要承担举证不能的责任。《建设工程司法解释(一)》第三十二条规定:"当事人对工程造价、质量、修复费用等专门性问题有争议,人民法院认为需要鉴定的,应当向负有举证责任的当事人释明。当事人经释明未申请鉴定,虽申请鉴定但未支付鉴定费用或者拒不提供相关材料的,应当承担举证不能的法律后果。"

六、实际施工人在合同履行过程中需要做的准备

(一)弄清国家标准及约定标准要求

实践中实际施工人签订施工合同时要认真、仔细地核对合同约定的质量标准,对国家规定的强制性标准也要心中有数,这是指导施工的前提和基础。合同约定的标准在处理双方质量纠纷时会起到决定性的作用,通过对合同质量条款的核对,判断条款是否符合双方商谈的一致意思,考虑自己是否能够达到约定的质量标准。施工过程中存在设计变更的,应及时获取变更后的图纸及发包人签证资料。

(二)严格按标准施工

实际施工人在施工过程中应时刻提醒自己,把约定的标准落实到施工过程中去,防止出现质量问题导致违约。在双方约定的施工技术标准高于国家标准的情况下,如发包人通知变更施工技术标准,可以变更,但要及时收集发包人通知变更的材料,且变更后的施工技术标准不得低于国家强制性标准。

(三)严格落实材料采购、验收制度

实际施工人应严格根据合同约定采购施工材料,做好材料进场检验工作及质量验收资料收集工作,做好取样、封存工作。施工过程中采购施工材料、配件、设备的要严格根据设计要求向正规供应商采购,依法进行进场前检验并取得合格证书,收集全部质量合格的证明文件、资料。如存在发包人提供、指定供应商的情况,需收集充分资料予以证明,同时仍应当对材料进行严格的验收,如有质量问题要及时通知发包人。

（四）注意收集相关文件、资料

为了应对质量追责，实际施工人除了要依法依约进行施工，确保工程质量合格外，还需要及时、全面收集以下资料、文件，维护自身合法权益。

（1）与发包人签订的建设工程施工合同及其附件资料。

（2）发包人移交的施工设计图纸及其他施工资料，需要有授权的专业人员签字移交。

（3）发包人通知设计变更的通知、设计变更图纸等资料，需要发包人及设计单位、勘察单位签字盖章。

（4）承包人发现设计图纸、发包人指令存在问题，经承包人向发包人提出意见、建议后，发包人要求继续按原设计继续施工的往来函件、书面通知等文件资料。

（5）承包人采购以及发包人提供、指定购买建筑材料、配件、设备进行检验合格的合格证明文件，与发包人往来沟通的资料、文件。

（6）发包人提出的、指令的其他影响工程质量的要求，保存相关通知、文件。

（7）工程施工完成经竣工验收合格的证明资料、发包人实际占有、使用工程项目的材料。

（8）发包人对承包人施工工程存在质量问题要求进行维修以及承包人予以维修的资料文件。

（9）对承包人施工工程进行质量鉴定的书面文件资料。

（10）发包人就保修期内质量问题通知要求承包人进行维修，承包人进行维修后经发包人验收合格的记录、资料。

（11）其他对工程质量认定存在关联的证据材料。

从工程的施工开始直到工程合理使用期间的全过程均可能存在工程质量问题，实际施工人作为工程项目的实际权利人，要对工程的质量问题承担最终的责任，即使总承包人承担了责任，也是可以向实际施工人进行追偿的。在不同阶段，实际施工人承担的质量责任以及影响也是不一样的，在竣工验收合格之前，质量如存在问题，则不能完成合同义务，不能取得全部工程款，严重的还将会被追究高额的赔偿费用。竣工验收合格交付给发包人后，承包人还需要在缺陷责任期内对工程质量承担缺陷责任，如存在质量问题则需要及时予以修复。根据双方的约定，承包人还需要在保修期内承担保修义务，不履行保修义务的，也将要承担违约责任而遭受损失。实际施工人既要担负起质量责任，也不能做“冤大头”承担不属于自己的质量责任，为了维护自己的合法权益，首先应按合同约定，根据标准、设计图纸以及施工技术规范进行施工，确保工程质量合格；其次要注意收集足以证明工程质量合格的证据、资料，即使工程质量不合格，也要收集非承包人原因导致工程质量不合格的证据、资料。

第四节 实际施工人违约金主张和索赔

建设工程施工是一个复杂而又漫长的过程，施工过程中充满了各种可能导致工程不能按期顺利完工的不确定因素，其中有发包人或者总承包人的因素，如发包人未提供符合开工条件的施工场地导致工程无法按时开工，也有非发包人或总承包人的因素，如异常恶劣天气、政府扬尘管控等客观原因。当这些不确定因素发生时便有可能会造成实际施工人的相关损失，那么实际施工人应如何维护自身的利益，此时便涉及实际施工人违约金主张及索赔的问题。

一、违约金及索赔的概念

违约金，是指按照当事人的约定或者法律的直接规定，一方当事人不履行合同义务或者履行义务不符合约定时应向另一方支付的金钱。违约金根据其性质可以分为惩罚性违约金与赔偿性违约金。惩罚性违约金的约定可以超过甚至几倍于违约方给守约方造成的损失，且不以守约方存在实际损失为前提，但是赔偿性违约金的约定需要以实际损失为基准，不得过分高于实际损失，若过分高于实际损失，违约方可以请求调整。我国民法上的违约金以赔偿性违约金为原则，惩罚性违约金为例外。违约金的约定可以是确定的金额，也可以是计算违约金的方法。

索赔，是指在施工合同履行过程中，合同当事人一方因对方不履行或未能正确履行合同或者由于其他非自身因素而受到经济损失或权利损害，通过合同规定的程序向对方提出经济或时间补偿要求的行为。索赔可以是承包方向发包方的索赔,也可以是发包人向承包人的索赔。索赔发生的原因并不限于因对方违约而引起的请求,还包括对方未违反合同,如发包人按照合同变更工程设计、不可抗力、原材料价格上涨等事由而引起的请求。另外,索赔的内容不仅包括费用索赔,还可能包括工期索赔。

二、违约金与索赔的关系

违约金与索赔具有一定的联系,二者均包含向合同相对方主张金钱补偿的意思,并且违约金不能过分高于实际发生的损失;二者的发生都可能是因为合同相对方的违约行为,在某些情形下,二者可能发生竞合,此时无法同时主张。相比于联系,其二者的区别要更多一些,主要体现在:

(一)内涵不同

违约金仅仅包括金钱上的补偿,而索赔不仅包含费用索赔,还包含工期索赔,即要求顺延工期。

(二)适用条件不同

违约金的适用条件是相对方发生违约行为,若相对方不存在违约行为,即使存在损失也不能向对方主张违约金;而索赔的适用条件是非因自己的原因产生了损失,不一定是因为对方的违约行为导致,因客观原因造成的损失亦可以向对方索赔。

(三)合同效力对其影响不同

违约金的适用前提是合同必须有效,合同若无效将导致违约金条款无效,合同一方便不能依据该违约金条款向对方主张违约金;而索赔是索赔的实际损失,其不受合同效力的影响,即使合同无效,遭受损失方也可以要求过错方承担相应的赔偿责任。

(四)举证责任不同

主张违约金的一方只需举证证明相对方存在相关违约行为,一般不需要证明自身的实际损失，若对方认为违约金过分高于实际损失，则对方应当举证证明；而索赔的一方需要举证证明实际损失、对方违约行为或客观情况的发生以及前二者间存在因果关系。

（五）程序、期限不同

主张违约金一般没有特别的程序要求，只需在违约行为发生之日起3年内向对方主张即可；而索赔通常都需遵循一定的程序，比如在索赔事件发生后28天内必须向对方提交索赔意向，否则便可能失去索赔的权利。

三、实际施工人主张违约金及索赔的路径

不同于一般有效合同下两方当事人之间的违约金主张及索赔，实际施工人的违约金主张及索赔具有特殊性。当总承包人或发包人出现违约情形，造成实际施工人产生相关损失时，而实际施工人无论是与总承包人还是与发包人都不存在合法有效的合同，此时实际施工人要想以自己的名义通过主张合同中的违约金条款来维护自身利益往往比较困难，唯有借用总承包人名义来主张违约金或以自己的名义向总承包人或发包人索赔损失才能获得法院支持。实际施工人向与其签订施工合同的总承包人索赔一般来说不存在障碍，但若要向发包人索赔，则可能存在不被支持的风险。实际施工人应当根据具体的情形采取适当的诉讼策略。

（一）以自己的名义向总承包人主张

1. 当由于总承包人的原因造成实际施工人损失时，实际施工人一般应向总承包人索赔实际损失，而非主张违约金。由于实际施工人与总承包人之间不存在有效的合同，因此当由于总承包人的违约行为造成实际施工人损失时，实际施工人不能依据无效合同中的违约金条款向总承包人主张违约责任。此时合同无效，对于实际施工人的相关损失，只能依据双方对造成损失的过错来承担责任。因此，在此情形下，实际施工人应当主要从自身的实际损失、总承包人的过错以及过错与损失之间的因果关系等角度去举证。

典型案例 16.4.1

江苏某河道疏浚工程有限公司与日照某建设工程有限公司等船坞、码头建造合同纠纷案[①]

案例要点:实际施工人依据违约金条款向违法分包人主张违约金,法院认为合同无效导致违约金条款无效,同时实际施工人未举证证明其因合同无效造成的实际损失,从而驳回了实际施工人索要违约金、损失的主张。

案情介绍

日照某公司与某港湾公司签订日照港岚山港区30万吨级原油码头二期工程施工合同,经日照某公司同意,某港湾公司将总包合同部分施工项目分包给某建港公司进行施工,后某建港公司又将部分工程分包给日照某建设工程有限公司(以下简称日照某建设公司)施工。2016年2月10日,日照某建设公司又与江苏某河道疏浚工程有限公司(以下简称江苏某河道疏浚公司)签订日照—仪征原油输送管道配套30万吨级油码头二期扩建工程分包合同。后因日照某建设公司未按约定支付工程款,江苏某河道疏浚公司向一审法院起诉请求判令日照某建设公司承担违约责任。

一审法院认为:关于日照某建设公司、某建港公司、某港湾公司、日照某公司对江苏某河道疏浚公司主张的违约金和基槽工程款应否承担责任。江苏某河道疏浚公司主张,日照某建设公司未按双方合同约定支付工程进度款,应向其支付违约金765.3004万元,其同意按照400万元进行索赔。因其与日照某建设公司之间的施工合同无效,其主张该部分款项缺乏事实和法律依据,本院不予支持。

二审法院认为:因日照某建设公司违法分包,且江苏某河道疏浚公司和日照某建设公司均无资质,双方签订的日照—仪征原油输送管道配套30万吨级油码头二期扩建工程分包合同无效,虽然按照《建设工程司法解释》第二条的规定,江苏某河道疏浚公司可以请求参照合同约定支付工程价款,但合同约定的违约金

① (2020)鲁民终1334号。

条款无效。合同无效后，当事人有权要求对方按照过错赔偿其因合同无效而遭受的损失，但该损失应是有证据证明已经实际发生的损失，而非是根据无效合同的约定计算的所谓违约金或违约损失。在本案中，江苏某河道疏浚公司诉请的损失并非因合同无效遭受的损失，而是按照违约金条款折算的损失，故其请求赔偿损失的依据不足，其该项上诉理由不成立，本院不予支持。

点评分析：本案中，案涉工程经过层层转包、违法分包，原告作为实际施工人与其上一手违法分包人之间签订的合同被法院依法认定为无效，其中的违约金条款亦归于无效。此时，实际施工人只有通过举证证明自身实际存在的损失，才有可能获得法院的支持。而本案中，因被告方未按约定及时付款，除了逾期付款的利息外，实际施工人难以证明其还存在其他相关的损失，故法院驳回了其要求支付违约金或赔偿损失的诉讼请求。

2. 在满足一定的条件下，实际施工人可向总承包人主张"违约金"。合同无效，并非合同内全部条款都无效。根据有关规定，合同无效并不影响合同内的结算、清理以及争议解决条款。实务中在一定的情形下，合同双方约定的所谓的"违约金条款"可能会被法院认定为结算条款，此时实际施工人主张按该结算条款结算就会得到法院支持。如在江苏高院审理的魏某与江苏某建设工程有限公司等建设工程施工合同纠纷案①中，法院认为江苏某建设公司与魏某在合同第二条中约定"总工期 240 天，使用期限截止日为最后一批钢管和扣件运离工地截止。如因建设公司原因超过规定时间，按整栋楼建筑面积每天每平方米 0.3 元计算租金"，从该条约定的内容来看，虽然约定了工期为 240 天，但同时亦对超出工期的使用期间作出约定，即对超出工期的实际使用期间并没有作为违约对待，而是对该期间的租金价格作出有别于工期内租金价格的约定。再从合同的其他条款来看，双方对于属于违约情形的逾期支付租金、逾期供货的违约金均作了明确约定，如双方认为超过约定工期未完工属于违约，对违约责任也应当作出相应的明确约定。故江苏某建设公司上诉认为 0.3 元的租金价格系约定的违约责任，该主张不能成立。虽然双方间的合同无效，但建设公司已实际使用魏某提供的外墙脚手架，故魏某可以依据合同约定的租金价格主张建设公司支付实际的

① (2014)苏民终字第 0275 号。

使用费用。

笔者在检索的实际案例中发现，超期费用的约定被认定为结算条款或违约金条款的情况都存在。在上述案例中，法院结合争议条款本身以及合同内其他违约责任条款的表述，认定该条款为结算条款，从而认定该条款有效，双方应按该条款结算付款。因此，实际施工人在与总承包人签订合同时，若可以将有关违约责任的处理在结算条款中约定，则在将来总承包人出现约定情形时主张按合同约定的结算方式处理，才有可能得到法院的支持。

3. 当由于发包人的原因或其他客观原因导致实际施工人损失，且总承包人拒不配合向发包人主张违约金或索赔时，在总承包人具备支付能力的情况下，应优先向总承包人索赔。

一般情况下，实际施工人不能直接向发包人索赔损失。无论是挂靠情形还是转包、违法分包情形，法律均未赋予实际施工人向非合同相对方的发包人索赔的权利，即使是《民法典》实施前的《建设工程司法解释》、《建设工程司法解释（二）》以及现行新的《建设工程司法解释（一）》，也只是赋予了转包、违法分包情况下的实际施工人直接向发包人主张工程款的权利，而此处的工程款通常认为并不包含实际施工人的损失，因此通常情况下，即使是因为发包人原因造成的损失，实际施工人也应当先向总承包人索赔，总承包人再向发包人索赔。

典型案例 16.4.2

肖某2等与衡山某房地产开发有限公司建设工程施工合同纠纷案[①]

案例要点：转包、违法分包情形下，实际施工人向发包人索赔损失，法院认为实际施工人与发包人之间不存在合同关系，且《建设工程司法解释》中规定的实际施工人可突破合同相对性向发包人主张的款项仅限于工程款而不包含损失，

① （2019）最高法民申1901号。

故驳回实际施工人该诉请。

案情介绍

2011年1月5日,衡山某房地产开发有限公司与某建筑公司签订了一份《建设工程施工合同》,约定将位于衡山县衡山大道、工业大道、先农路间的一期工程一标共13栋房屋交给某建筑公司承建,合同总价款暂定为3亿元,后实际动工的仅为6栋。2011年2月16日,某建筑公司衡阳分公司与某劳务公司签订一份《建筑工程劳务分包合同》,约定由某建筑公司衡阳分公司将建筑公司取得的案涉项目发包给某劳务公司承建,某劳务公司授权伍某为本工程授权代表,后肖某1从伍某处取得了上述工程的承包权之后,将该项目的7号楼、8号楼分包给肖某2负责施工。后因肖某2起诉要求衡山某房地产开发有限公司、某建筑公司、某建筑公司衡阳分公司支付临时设施费损失及停工8个月的损失。

最高院再审认为:逾期付款利息和临时设施费损失系违约损失赔偿性质,不属于《建设工程司法解释》第二十六条规定突破合同相对性原则向发包人追溯的工程款范围,肖某2为多层转包关系的最后实际施工人,不能援引该司法解释第二十六条规定向与其没有直接合同关系的某建筑公司、衡山某房地产开发有限公司主张非工程款性质的损失赔偿,而应当遵循合同相对性原则,向与其有合同关系的中间转包人主张权利。因此,肖某2主张逾期付款利息、赔偿临时设施费的请求,缺乏法律依据。

肖某2要求衡山某房地产开发有限公司支付8个月停工损失,未提供有效证据证实。从整改通知的内容来看,停工的原因主要是施工现场不符合安全管理规范要求所致,而非肖某2在一审中主张的"房地产公司管理机构重组以及未及时支付工程款等原因"。即使有停工损失,也不能认定房地产公司存在过错。此外,房地产公司与肖某2之间无合同关系,不能突破合同相对性要求房地产公司支付停工损失。二审判决驳回了肖某2的该项诉讼请求,没有漏判。

点评分析:本案中,最高院的观点很明确,即一般情况下,实际施工人是不能向与其没有合同关系的发包人或其他转包人索赔损失的,司法解释赋予实际施工人突破合同相对性向发包人主张权利的范围仅限于工程款,不包含停工损失、逾期付款利息等非工程款性质的款项。即使因为发包人的原因导致实际施工人产生了相关损失,实际施工人也只能向与其存在合同关系的转包人、违法分包人索赔。

(二)以总承包人的名义向发包人主张

当由于发包人的违约行为或其他非施工方原因造成实际施工人损失时,实际施工人可借总承包人的名义来向发包人主张违约金或索赔。在主张违约金更有利于实际施工人(如违约金约定的更高、实际损失较难证明等),且总承包人资信良好、愿意配合诉讼的情况下,实际施工人可以总承包人的名义起诉发包人。在此情形下,发包人与总承包人之间的施工合同通常可以被认定为有效,合同中的违约金条款从而得以适用,且在主张违约金的诉讼中守约方的举证责任明显小于主张实际损失时的举证责任。

当总包合同未约定违约金或违约金明显不足以弥补损失时,实际施工人可借总承包人名义向发包人索赔损失。实际施工人通过总承包人向发包人索赔损失,通常需要总承包人在实际施工人制作的索赔材料上盖章,总承包人盖章后再送交发包人,而如果发包人拒绝支付实际施工人的损失,那么实际施工人依据总承包人盖章确认的索赔材料再向总承包人索赔也会得到法院支持。如在最高院审理的中国某建设集团有限公司与李某建设工程分包合同纠纷[①]案中,法院认为:首先,建设集团公司在2006年向某路业公司提交的相关报表,已确认水损损失共计1 254 943.8元。建设集团公司提交上述文件时,是以自己作为承包人的身份提交而非代表实际施工人李某提交。这说明其已自认了2006年的水毁损失。二审庭审中,虽然建设集团公司只确认2006年的三次特大洪水已给李某施工造成了损失,并不确认三份报告中的损失数额,但是其并未就其所谓"帮李某索赔"的陈述提供证据加以证明,也未提供充分证据否认二审法院认定水毁损失所依据的上述文件的证明力。在分包人李某向建设集团公司提出2006年水毁损失的情形下,其作为分包工程发包人与其委托的监理单位共同盖章确认《损失清单一览表》的行为,说明其已确认承担该损失。而建设集团公司就该损失向发包人某路业公司提交相关报表的目的则是让某路业公司最终给付该笔损失费用。显然,如果建设集团公司不愿意承担该损失,则没有必要对其加以确认,更

---

① (2014)民申字第957号。

没有必要就该损失再向发包方某路业公司提出索赔要求。

因此,经总承包人盖章确认的向发包人索赔的资料,实际施工人可以将其作为向总承包人索赔的依据。实际施工人以总承包人的名义向发包人索赔后,若发包人无力赔偿实际施工人的损失,实际施工人可以向总承包人索赔。

(三)以自己的名义直接向发包人主张

1. 在总承包人资不抵债且怠于向发包人索赔的情况下,实际施工人可以自己的名义向发包人索赔。在此情形下,实际施工人的损失确实是由于发包人的过错导致,即使根据合同相对性原则应先由实际施工人向总承包人索赔,再由总承包人向发包人索赔,那么发包人也是实际施工人损失的最终承担者,因此在此情形下由发包人直接向实际施工人承担赔偿责任符合实体公平正义。如果在总承包人资不抵债且怠于向发包人索赔的情况下仍不允许实际施工人直接向发包人索赔,则可能造成发包人与实际施工人的利益失衡,有违公平正义的法律基本原则。此外,《民法典》第五百三十五条规定:因债务人怠于行使其债权或者与该债权有关的从权利,影响债权人的到期债权实现的,债权人可以向人民法院请求以自己的名义代位行使债务人对相对人的权利,但是该权利专属于债务人自身的除外。实际施工人也可依据该条在满足相关条件的情况下代位总承包人向发包人索赔。

基于上述考量,司法实务中还是倾向于支持实际施工人在总承包人怠于向发包人索赔且自身已经资不抵债的情况下,直接向发包人索赔相关损失。如在最高院审理的吉林市某房地产开发经营有限责任公司与陈某建设工程施工合同纠纷①案中,法院认为:依据《合同法》第五十八条“合同无效或者被撤销后,因该合同取得的财产,应当予以返还;不能返还或者没有必要返还的,应当折价补偿。有过错的一方应当赔偿对方因此所受到的损失,双方都有过错的,应当各自承担相应的责任”的规定,陈某有权要求某建筑公司对其损失承担赔偿责任。虽然涉案的3号楼项目工程是陈某由某建筑公司处分包而来,工程材料也约定由某建筑公司负责提供,但是某建筑公司系通过与某房地产公司签订建设工程施工合

① (2015)民抗字第36号。

同将3号楼项目工程承包而来的，工程材料按照约定也应当由某房地产公司负担。原判决考虑到涉案工程规划变更、施工时材料供应不足以及直到1997年才通知施工人撤离施工场地的根本原因均由发包人某房地产公司造成，依照《合同法》第二百八十三条"发包人未按照约定的时间和要求提供原材料、设备、场地、资金、技术资料的，承包人可以顺延工程日期，并有权要求赔偿停工、窝工等损失"和第二百八十四条"因发包人的原因致使工程中途停建、缓建的，发包人应当采取措施弥补或者减少损失，赔偿承包人因此造成的停工、窝工、倒运、机械设备调迁、材料和构件积压等损失和实际费用"的规定，再结合本案中某建筑公司早已被吊销营业执照且一直没有向陈某进行过赔偿，也未向某房地产公司要求赔偿等实际情况，直接判令某房地产公司与某建筑公司对陈某的损失及利息承担赔偿责任，并不存在适用法律错误的问题。

该案与最高院审理的肖某等与衡山某房地产开发有限公司建设工程施工合同纠纷案①中的不同之处在于，本案中总承包人已经被吊销营业执照，且一直怠于向发包人索赔，此时若再严格遵循合同相对性原则不允许实际施工人向发包人索赔，则会损害实际施工人的利益。鉴于本案中，实际施工人的损失确实是由于发包人的原因造成，而总承包人怠于行使对发包人的索赔权利损害了实际施工人的债权，因而法院判令发包人直接赔偿实际施工人的损失，一方面维护了实际施工人的权益，另一方面也减少了各方当事人的诉累，节约了司法资源。

2. 实际施工人在施工合同关系直接与发包人发生的情况下，可直接向发包人索赔损失。当实际施工人与发包人存在直接的施工合同关系时，实际施工人便取得承包人的地位，可直接向发包人索赔。《民法典》第八百零三条规定：发包人未按照约定的时间和要求提供原材料、设备、场地、资金、技术资料的，承包人可以顺延工程日期，并有权要求赔偿停工、窝工等损失；第八百零四条规定：因发包人的原因致使工程中途停建、缓建的，发包人应当采取措施弥补或者减少损失，赔偿承包人因此造成的停工、窝工、倒运、机械设备调迁、材料和构件积压等损失和实际费用。当实际施工人与发包人存在直接的施工合同关系，如发包人

---

① (2019)最高法民申1901号。

明知甚至要求实际施工人挂靠总承包人承接工程，则实际施工人才是实际上的承包人，其可以依据上述规定直接要求发包人赔偿相关损失。

典型案例 16.4.3

新疆某冷链集团有限公司与姜某、石河子市某建筑安装工程有限公司建设工程施工合同纠纷案[1]

案例要点：因发包人原因导致实际施工人停工损失，实际施工人未向总承包人索赔，而是直接要求发包人赔偿，法院依据《合同法》第二百八十三条、第二百八十四条的规定，将实际施工人认定为此规定中的“承包人”，从而判令发包人直接赔偿实际施工人的相关损失。

案情介绍

2013 年 7 月 17 日，新疆某冷链集团有限公司作为“新疆某仓储保鲜物流园高流量仓储 4#、5#项目”的发包人与石河子市某建筑安装工程有限公司（以下简称某建筑公司）签订关于建设该项目的《建设工程施工合同》。某建筑公司承接工程后，将该工程交由姜某承包施工，并于 2014 年 7 月 2 日与姜某签订《工程项目经济承包责任书》。责任书中约定姜某全面履行某建筑公司与建设单位签订的《建设工程施工合同》和相关协议。姜某承接该项目后，于 2013 年 7 月 26 日，其妻郑某通过银行转账给某冷链集团公司交纳保证金 1 500 000 元，某冷链集团公司向姜某出具收款收据一份。姜某按照合同约定进行施工，施工中于 2013 年 9 月 28 日接到监理工程师通知单，通知姜某工程停工，原因是业主要求该项目即日起全面停止施工。为此姜某于 2014 年 4 月 7 日、7 月 2 日向某冷链集团公司索要由于停止施工造成的各项损失。后 5#库工程项目基本完工，2014 年 10 月13 日交付某冷链集团公司使用。由于某冷链集团公司没有资金购买设备进行安装，致使 4#库后期施工无法完成。姜某向一审法院申请司法鉴定，要求对 4#、5#

---

① （2017）兵民终 37 号。

库因停工给姜某造成的损失进行鉴定。经鉴定,4#、5#库停工损失2 035 010元。

二审认为:某冷链集团公司认为依据《建设工程司法解释》第二十六条之规定,其作为发包人只在欠付工程款范围内承担责任,停工损失不属于工程价款,不应赔偿。从本案查明的事实看,姜某在工程施工中两次停工,第一次系某冷链集团公司要求全面停工,第二次是某冷链集团公司资金不到位而停工,两次停工均是某冷链集团公司的过错造成,非姜某的责任所致。依据《合同法》第二百八十三条的规定:"发包人未按照约定的时间和要求提供原材料、设备、场地、资金、技术资料的,承包人可以顺延工程日期,并有权要求赔偿停工、窝工等损失。"第二百八十四条规定:"因发包人的原因致使工程中途停建、缓建的,发包人应当采取措施弥补或者减少损失,赔偿承包人因此造成的停工、窝工、倒运、机械设备调迁、材料和构件积压等损失和实际费用。"某冷链集团公司应当赔偿姜某停工损失。

最高院再审后维持了上述判决。

点评分析:本案中,发包人抗辩依据《建设工程司法解释》第二十六条之规定,其作为发包人只在欠付工程款范围内承担责任,停工损失不属于工程价款,不应赔偿。而法院判令发包人承担实际施工人损失的法律依据并非此条规定,而是《合同法》第二百八十三条、第二百八十四条。本案中,实际施工人将履约保证金直接支付给发包人,发包人直接向其开具了收据,同时在施工过程中发包人均是与实际施工人个人直接进行联系,故可以认定发包人明知实际施工人的身份,其与实际施工人存在事实上的施工合同关系,据此将实际施工人解释为《合同法》第二百八十三条、第二百八十四条中的"承包人"便顺理成章,判令发包人向实际施工人支付损失也就不存在法律上的障碍。

综上,实际施工人应当根据造成自身损失的不同原因,并综合考虑主张违约金与索赔的利弊、总承包人的财务状况及配合程度等因素,选择最适合的权利主张路径来维护自身的权益。

四、实际施工人索赔的程序

索赔与主张违约金不同,若合同约定了索赔的程序,且合同有效的情况下,则索赔方通常都要遵循该程序,而主张违约金只需在诉讼时效内向相对方提出支付违约金的要求或者通过向法院起诉、向仲裁机构申请仲裁的方式来行使权利，其一般不需要在施工过程中履行一定的程序。《17 版建设工程示范文本》在第 19.1 条承包人的索赔部分规定了承包人向发包人索赔应该遵循的程序：

1. 承包人应在知道或应当知道索赔事件发生后 28 天内，向监理人递交索赔意向通知书，并说明发生索赔事件的事由；承包人未在前述 28 天内发出索赔意向通知书的，丧失要求追加付款和（或）延长工期的权利；

2. 承包人应在发出索赔意向通知书后 28 天内，向监理人正式递交索赔报告；索赔报告应详细说明索赔理由以及要求追加的付款金额和（或）延长的工期，并附必要的记录和证明材料；

3. 索赔事件具有持续影响的，承包人应按合理时间间隔继续递交延续索赔通知，说明持续影响的实际情况和记录，列出累计的追加付款金额和（或）工期延长天数；

4. 在索赔事件影响结束后 28 天内，承包人应向监理人递交最终索赔报告，说明最终要求索赔的追加付款金额和（或）延长的工期，并附必要的记录和证明材料。

对于该条约定中 28 天索赔期限的性质，理论及实务界观点不一。有观点认为是诉讼时效的约定，但由于诉讼时效是法定的，当事人在合同中的约定应属于无效，因而承包人仍然可以在索赔事件发生后 3 年内行使索赔的权利；也有观点认为索赔期限是除斥期间，当该期间经过时，承包人便丧失了向发包人索赔的实体权利；还有观点认为，索赔期限经过后，承包人并不丧失向发包人索赔的权利，其仍可以在 3 年的诉讼时效内向发包人索赔，但发包人可以该索赔期限的经过作为免责事由来抗辩。

就目前的司法实践而言，主流意见还是支持逾期索赔失权条款的效力。因而，如果发包人与承包人采用的是示范文本或者双方合同中对承包人的索赔约定了相关的期限、程序，则承包人在索赔时应当遵守该期限及程序，如果超过索赔期限，则承包人的索赔请求很可能被驳回。对于实际施工人来说，如果要以总承包人名义向发包人索赔，在索赔前一定要关注总包合同中对索赔程序的约定，避免未按程序索赔而导致索赔失败。

第十七章

实际施工人施工中产生的问题

CHAPTER 17

实际施工人承接工程后，会组织管理人员组建项目部，负责相关的合同谈判、项目分包、施工等。因实际施工人施工经验不足，管理混乱，施工过程中会遇到各种问题。比如，承接工程前只看中合同价款，对工程的风险没有足够的认识和判断，施工后才发现施工费用超过约定价格，面临亏损和违约；又或者实际施工人出于信任等原因随意向下游承包人付款，发生纠纷时因无法举证导致重复付款。

以总承包人名义对外签订合同、付款时也常常会被总承包人占据主导地位，被总承包人随意扣款。比如，总承包人会以各种理由拖延或者拒绝退还保证金；在对外付款中不经实际施工人同意直接代付，之后以超付实际金额或者包含了违约金等费用的金额向实际施工人追偿，导致实际施工人利润减少等。

本章就施工过程中实际施工人可能会遭遇的各类风险进行整理和分析说明，以引导实际施工人避开风险，切实维护好自身权益。

第一节　实际施工人对总承包人拒绝退还保证金的行为的应对

工程担保是防范和化解工程风险的重要措施，为了确保工程的顺利履行，发包人都会要求总承包人缴纳保证金,总承包人也会要求实际施工人向其缴纳保证金。目前来说,需要缴纳的就是投标保证金、履约保证金、工程质量保证金、农民工工资保证金。对于实际施工人来讲,保证金缴纳后的风险在于保证金的退还,因总承包人拒绝退还保证金而引起的诉讼层出不穷。

一、建筑施工领域保证金的缴纳背景及种类

为了确保工程的顺利建设与施工质量,避免承包人违约失控而蒙受损失,发包人会对施工企业进行约束,向施工企业收取保证金。但是由于缺乏规范管理,发包人往往随意规定保证金,常见的保证金种类有投标保证金、履约保证金、质量保证金、农民工工资保证金、安全保证金、预付款保证金、安全文明保证金、发票保证金、土地保证金、审计预留金、廉政保证金等,造成建设工程领域保证金缴纳种类繁多、标准不一。且多以现金的形式缴纳、预留,因此占用了建筑施工企业大量的流动资金,屡屡引发争议和纠纷。为清理规范工程建设领域保证金,减轻企业的负担,建设统一市场,国务院办公厅于2016年6月23日发布了《国务院办公厅关于清理规范工程建设领域保证金的通知》(国办发〔2016〕49号),对保证金的缴纳种类进行了规定:“除依法依规设立的投标保证金、履约保证金、工程质量保证金、农民工工资保证金外,其他保证金一律取消。对取消的保证金,自本通知印发之日起,一律停止收取。”至此,国家划清了政策界限,给出了收取保证金的政策底线,明确了施工企业应缴纳的保证金范围。

二、建筑施工领域保证金的退还现状

《国务院办公厅关于清理规范工程建设领域保证金的通知》(国办发〔2016〕49号)第三条规定:“按时返还保证金。对取消的保证金,各地要抓紧制定具体可行的办法,于2016年底前退还相关企业;对保留的保证金,要严格执行相关规定,确保按时返还。未按规定或合同约定返还保证金的,保证金收取方应向建筑业企业支付逾期返还违约金。”在实际履行过程中,保证金的退还遭遇了重重困难,尤其是对于实际施工人,因其无施工资质,需要挂靠总承包人进行施工,承受总承包人与发包人签订的合同,所有的资金也需要通过总承包人进行流转。实际施工人在申请退还保证金时,常常遭遇困难。一种原因是总承包人未审查合

同,导致保证金的退还期限被拉长。比如合同约定履约保证金需质保期期满后返还;另一种原因是总承包人在收到发包人退还的保证金后故意拖延,以各种原因拒绝向实际施工人返还。常见的理由就是发包人未实际退还保证金,主张自己只承担代收代付责任而拒绝向实际施工人退还保证金。但是该种理由是不能被支持的,只要保证金的退还条件成就,总承包人就必须予以退还。

典型案例 17.1.1

四川某公司、重庆某公司建设工程施工合同纠纷案[①]

案例要点:工程实际交付,保证金退还条件已经成就,总承包人必须退还保证金,不得以未实际收到发包人退还的保证金为由拒绝退还。

案情介绍

四川某公司承接了丰侨公司发包的工程,后将工程转包给了重庆某公司。合同签订后,重庆某公司按照合同约定于2016年3月18日向肖中伦(四川某公司负责人)账户汇入保证金100 000元,2016年3月31日按照合同约定向丰侨公司账户汇入保证金2 000 000元。后项目停工未复工。重庆某公司起诉,要求四川某公司支付工程款,退还履约保证金210万元并从2016年4月2日起按同期银行贷款利率向原告支付利息至保证金退还之日止,丰侨公司在欠付四川某公司工程款范围内对上述款项承担连带清偿责任。

四川某公司辩称,保证金不应当由四川某公司退还。保证金不是四川某公司收取,四川某公司只能代为追收,收到后才退还。

一审法院认为:关于保证金是否应当退还,退还的数额,保证金是否应当给付利息的问题。根据查明的事实,重庆某公司按照四川某公司的要求,将2 000 000元履约保证金汇入丰侨公司账户,将100 000元汇到项目负责人肖某伦账户上,该2 100 000元,四川某公司已经作为其向丰侨公司缴纳的履约保证金,并向丰侨公司主张权利。遂宁中院已经生效的法律文书已经确认该笔款项由丰侨公司向四

① (2020)川09民终22号。

川某公司支付,因此,重庆某公司要求四川某公司退还该保证金符合法律规定。双方在合同中明确约定保证金不计息,该保证金不应当收取利息。2017 年 2 月 16 日,丰侨公司通知四川某公司停工,四川某公司通知重庆某公司停工。2017 年 12 月 24 日,四川某公司与重庆某公司对工程量进行结算,表示应当支付前期费用,这时,保证金应当退还。四川某公司未退还保证金,应当支付资金利息。利息的支付标准按照中国人民银行同期同类贷款利率标准计算。

二审法院认为:关于保证金 2 100 000 元应当由谁退还,条件是否成就的问题。根据查明的事实,重庆某公司按照四川某公司的要求,将 2 000 000 元履约保证金汇入丰侨公司账户,将 100 000 元转入项目负责人肖某伦账户上,该 2 100 000元,四川某公司已经作为其向丰侨公司缴纳的履约保证金,并向丰侨公司主张权利。本院生效的法律文书已经确认该笔款项由丰侨公司向四川某公司支付,因此,重庆某公司要求四川某公司退还该保证金符合法律规定。由于 2017 年2 月 16 日停工后,已经将工程实际交付,且四川某公司根据生效判决已经申请执行丰侨公司欠付的工程款及保证金,其退还条件已经成就。应退还保证金 2 100 000元并支付资金利息(利息计算方式,以 2 100 000 元为基数,从 2017 年 12 月 24 日起至付清之日止,按照中国人民银行发布的同期同类贷款利率标准计算)。

点评分析:履约保证金的退还条件成就后,不论工程是否竣工使用,总承包人、发包人都有义务退还保证金,无故不退还的,还应当承担利息。

三、总承包人拒绝退还保证金对实际施工人的影响

保证金多以现金的方式进行收取,且数额较高。大量资金被总承包人占用的同时,实际施工人还需要不断在工程中投入资金,对外支付材料款、工人工资等。在保证金被总承包人扣留时,实际施工人一旦资金无法周转,就会陷入材料商的催款、工程进度停摆等旋涡中。再者,实际施工人为了避免工期违约,承担违约金,通过贷款缓解流动资金的不足,此时就会额外增加经营成本,直接影响其生存和发展。

四、总承包人拒绝退还保证金时实际施工人的应对与处理

总承包人一旦拒绝向实际施工人退还保证金,会直接导致实际施工人的利

益受损,因此实际施工人必须予以重视,对总承包人拒绝退还保证金的行为加以防范。

首先,实际施工人应当对总承包人进行背景调查,不能随意挂靠。除调查了解总承包人的资金状况以及履约状况外,还应查看总承包人是否常因保证金的退还而发生纠纷。

其次,实际施工人应当主动争取参与总承包人与发包人的合同洽谈和签订。很多实际施工人与总承包人签订的合同都是以总承包人与发包人签订的合同为参考依据的,或者直接承受总承包人与发包人签订的合同条款,一旦总承包人与发包人将保证金的退还条件加以限制将直接影响实际施工人的权力。

再次,实际施工人应与总承包人对保证金的缴纳及退还作出约定。通过总承包人缴纳保证金时,实际施工人可以争取协商保证金的缴纳时间,约定除投标保证金先行缴纳外,其他保证金在工程进场后再缴纳,避免遭遇虚假工程无法开工。争取将保证金缴纳方式从现金变为银行保函,避免资金被闲置。同时约定,保证金的退还条件成就时,总承包人需要及时返还,否则应当向实际施工人支付利息以及为实现债权而支出的其他费用。

最后,一旦出现总承包人拒绝退还保证金的情形时,实际施工人应及时诉讼。避免总承包人因资信不佳而陷入执行不能,无法收回保证金。

第二节　实际施工人对总承包人直接对外支付款项的行为的应对

建筑施工领域,总承包人为实际施工人代付款项的情形时有发生,且很多时候是在实际施工人不知情的情况下予以了支付,常有超付、多付行为存在。实际施工人又该如何应对总承包人直接对外支付款项的行为?

一、总承包人直接对外支付款项的原因

在建筑施工领域,直接由总承包人进行对外支付的原因主要有两种:一种是基于总承包人身份原因,所有的分包合同、材料买卖合同需要以总承包人名义进

行签订，公对公付款，此种情况下总承包人可能就会直接予以支付，之后直接从应给实际施工人的工程款中扣除。另一种是基于实际施工人原因，实际施工人在施工过程中可能会出现资金周转困难情形，无法按时支付材料款及工人工资等，导致材料商、分包商、工人直接向总承包人追讨，此种情况下总承包人为了不影响施工进度会直接支付。或是因为实际施工人在施工过程中问题不断，导致发包人进行工期、质量索赔，雇佣人员进行人身损害索赔，直接起诉总承包人，总承包人作为被告履行义务直接确认付款。

二、总承包人代为付款的法律性质

总承包人代替实际施工人付款，其行为究竟是第三人代为履行、债务转让、并存的债务承担，抑或是保证？司法实践中意见并不统一。其原因在于，总承包人代为付款时，其身份并不明确统一。有些案件中，总承包人是作为合同相对方付款；有些案件中，总承包人是受实际施工人委托指示付款；有些案件中，总承包人是基于担保关系对外付款。因此，在总承包人代为付款的案件中，首先需要明确的是请求权基础，然后再从当事人书面文件的文义分析出发，结合合同履行具体情况准确界定总承包人付款的意思表示，才能准确地对总承包人的代付行为作出界定。但不论是何种性质，实际施工人都需承担付款责任，接受总承包人代付后的追偿。

三、总承包人代为付款和实际施工人自行结算的区别

实际施工人因长期施工，对一般的工程造价、成本均有预判。其在挂靠总承包人时，已对预算作了大致划分。对外寻找材料商签订合同时，必然会经过磋商谈判，争取低价。对于材料数量，也是心中有数，收货退货时都会认真核对，严格控制成本。对外结算时，必然会严格统计计算，避免支出不必要的费用。而对于总承包人来说，其承接工程的目的就是收取管理费，对于材料价格和数量并不关心，也不会认真进行核对。在最终结算时，往往会草草接受，出现多付或者未按节点进行支付，导致实际施工人的应得工程款被扣减。

四、总承包人未经实际施工人确认直接对外付款，给实际施工人带来的影响

工程由实际施工人承建，工程款由实际施工人领取，施工过程中产生的各类费用也应当由实际施工人承担。总承包人代付后，终将会从应付给实际施工人的工程款中予以扣除。该流程本无问题，但是实践中，总承包人付款后，实际施工人常常会提出异议，认为总承包人故意多付、超付工程款，损害其利益。一旦法院认可总承包人的结算，实际施工人就要承担一些本不该承担的费用，其获得工程款也会相应减少，甚至会导致入不敷出。

（一）实际施工人面临被多扣工程款的风险

总承包人未经实际施工人确认与材料商结算，实际施工人无法举证证明总承包人超额付款的，超付部分也应当由实际施工人承担。

典型案例 17.2.1

周某与江阴某公司、江苏某公司等建设工程施工合同纠纷案①

案例要点：未经实际施工人确认、追认，总承包人直接对外支付材料款，结算价格超出合同约定价格 40 万元，在实际施工人无法举证证明结算错误的情况下，总承包人有权按照实际结算价格在应付工程款中扣除钢材款。

案情介绍

江阴某公司与江苏某公司签订了《联合承包协议》对锦绣山阳小区进行施工，后实际施工人周某挂靠江苏某公司进行施工。施工过程中，实际施工人周某作为江阴某公司经办人与华辰混凝土公司签订了混凝土买卖协议，约定混凝土价格为当地市场指导价下浮 12%，运费由华辰混凝土公司承担。后由江苏某公

---

① （2017）苏 08 民终 1133 号。

司与华辰混凝土公司进行了结算确认，江阴某公司按照结算单进行了付款。该结算单中未按照合同约定对价格进行下浮，还另算了厂外运输费。

后实际施工人周某起诉索要工程款，江阴某公司提出应扣除替周某结算的华辰混凝土款项，提供了江苏某公司与华辰混凝土公司结算时签订的《备忘录》及结算清单，记载了供货总价款 5 090 609 元，已付货款 4 442 129 元，尚欠货款 648 480 元，以及用房屋抵货款 583 278 元和现金 65 202 元付清尚欠货款 648 480 元的事实。周某提出异议，认为江阴某公司在该结算时多支付了厂外运输费 40 万元。

法院认为：因江阴某公司是依据江苏某公司与华辰混凝土公司签订的《备忘录》及结算清单付款的，而周某又没有就其主张提供充分的证据，故对周某主张被告江阴某公司多支付厂外运输费 40 万元，法院不予认定，该混凝土款项应当全额从周某的工程款中予以扣除。

点评分析：总承包人作为合同主体，有权对结算进行变更、确认，未经实际施工人确认即对外付款，其后果仍然需要实际施工人承受。该案经一审、二审、再审后，实际施工人仍不服该结果，又另行提起了诉讼要求返还。

（二）实际施工人面临承担不必要费用的风险

材料商根据合同起诉总承包人，判定总承包人承担付款责任后，总承包人未依法履行的，产生的违约金、执行费等费用是否由实际施工人承担，处理意见并不统一。有的法院认为，该费用系总承包人自行扩大的损失，应由总承包人自行承担，有些法院则认为需由实际施工人承担。

典型案例 17.2.2

王某与江阴某公司追偿权纠纷案[1]

案例要点：实际施工人以总承包人名义对外签订材料合同，后未按时付款，

---

① （2021）苏 08 民终 811 号。

导致总承包人被起诉，若无证据证明总承包人处有到期工程款未付，实际施工人不能以总承包人故意违约为由拒绝承担违约金、执行费等费用，该些费用总承包人均有权向实际施工人追偿。

案情介绍

实际施工人王某作为江阴某公司经办人与租赁站签订了钢管租赁协议，合同由江阴某公司盖章确认。后江阴某公司未按照合同约定付款，被租赁站起诉，被法院判决需支付租金及违约金。判决生效后，因江阴某公司未依法履行，租赁站申请强制执行，执行过程中江阴某公司与租赁站达成和解协议，给付租赁站租金、违约金、赔偿款共计270 000元，承担执行费3950元。总承包人支付后随即向实际施工人王某进行追偿。王某提出，其有工程款在江阴某公司处一直未支付，所以江阴某公司有义务向租赁站支付租赁费，江阴某公司就是合同主体，有付款义务，不存在有违约金，执行费、赔偿款等均系江阴某公司自行扩大的损失，应由江阴某公司自行承担。

法院认为：因王某未提供证据在租赁合同纠纷一案审理时，江阴某公司尚欠其到期工程款，故王某辩称不成立。江阴某公司与租赁站在执行中达成和解协议并给付租赁站270 000元，低于(2018)苏0804民初2729号民事判决确定租金及违约金、赔偿款总数额，江阴某公司缴纳执行费3950元，王某辩称不认可江阴某公司给付租金等各项费用270 000元、承担执行费3950元，无事实和法律依据，不予采信。判决王某向江阴某公司返还上述费用。

点评分析：总承包人作为合同主体，承担违约责任后，有权根据承担数额向实际施工人追偿，实际施工人无证据证明总承包人故意违约扩大损失的，需对总承包人支付的所有费用进行承担。

五、总承包人未经实际施工人确认对外付款，实际施工人的应对与处理

总承包人的付款与实际施工人的利益密切相关，总承包人多支付一块钱，实际施工人结算时就可能少一块钱。所以，实际施工人必须就付款与总承包人作出明确约定，避免总承包人多付、超付，损害其利益。

首先，实际施工人应当与总承包人就对外付款的条件作出约定，所有的对外

付款需事先经过实际施工人确认,总承包人不能擅自结算。如果发生了紧急情形总承包人不得不先行支付,则支付后应当立刻与实际施工人联系,与实际施工人核算,避免错付多付。总承包人擅自结算,事后实际施工人又不予认可的,不予认可部分由总承包人自行承担。

其次,实际施工人应当就总承包人的涉诉情形作出约定。总承包人若因案涉工程被起诉,应当告知实际施工人,通知实际施工人参加庭审,对赔偿事项、金额等进行确认。避免总承包人承担责任后拖延履行,增加不必要的费用。

第三节　实际施工人支付"分包工程款"的适当流程、途径

实际施工人作为项目的实际权利人,负责项目所需全部资金的筹集,负责全部施工人员的安排,机械设备的采购、租赁事宜也均由实际施工人具体安排。实际施工人需要实施原本总承包人需要实施的项目管理工作,但是实际施工人的管理能力与总承包人相比是存在一定不足的,对外付款的正规化就是其中比较突出的不足之处。

在实际施工人对外分包工程的情况下,施工过程中实际施工人会根据下游承包人的申请向其支付工程款,实践中实际施工人向下游承包人支付工程款的途径、模式多种多样,存在较大的法律风险,容易引起实际施工人与下游承包人之间工程款结算的纠纷。在确定已付工程款时,如实际施工人不能提交有力证据,将会面临巨额损失。

一、已付工程款举证证明责任

实际施工人对其向下游分包人支付工程款的金额承担举证证明责任,不能举证的由实际施工人承担不利后果。

根据《民事诉讼法》第六十四条第一款规定、《民事诉讼法司法解释》第九十条规定,当事人对自己提出的诉讼请求所依据的事实或者反驳对方诉讼请求所依据的事实,应当提供证据加以证明,当事人未能提供证据或者证据不足以证明

其事实主张的,由负有举证证明责任的当事人承担不利的后果。

下游承包人起诉总承包人或者实际施工人主张工程款,下游承包人承担对其施工完成工程量以及工程结算价款的举证证明责任,已付工程款的举证证明责任由总承包人或者实际施工人承担。

实践中下游承包人不管是起诉实际施工人还是起诉总承包人,因为实际施工人是项目的实际权利人,项目是由实际施工人实际管理的,工程款也是由实际施工人向下游承包人支付的,所以已付工程款的举证责任实际是由实际施工人承担,证明不能的后果最终也是由实际施工人承受,所以实际施工人需要重视对下游分包工程款的支付途径和方式。

二、工程款支付方式"不正规"的损失

支付工程款的方式不正规,使得举证证明已付工程款金额的难度就会有所上升,如不能证明,一方面会产生已付款项的损失,另一方面还需再承担逾期支付工程款的利息。

(一)已付款损失

通过现金支付、代付第三人等途径支付工程款,因手续不完备,法院对已付工程款因证据不足不予确认,造成已付工程款的损失。

典型案例 17.3.1

严某、新疆某建设工程有限责任公司与张某、新疆某房地产开发有限责任公司建设工程施工合同纠纷案[①]

案例要点:实际施工人向下游承包人支付工程款的途径、方式不正确,导致已支付的工程款不被法院认定,造成最终实际支付的工程款超过应付工程款,产

① (2017)新42民终923号。

生巨额损失。

案情介绍

2011年6月3日,案外人某公安局与被告天某公司签订了某派出所建设项目的建设工程施工合同。2011年6月10日,原告与被告严某签订《建设工程项目合作协议书》一份。被告严某虽称其已代原告向第三方支付材料款、扣除原告向案外人甄某借款65万元等方式支付原告工程款7 449 200元,但原告仅认可银行账户明细中的款项。

一审法院认为:严某虽称除银行转账外,还有现金支付及代原告向第三方付款。对于现金支付,严某应当提供相应的取款凭证以证明其现金支付的具体金额;对于代原告向第三方的付款,严某也应当提供相应证据予以佐证。但严某未提供银行取款凭证,故严某应当承担举证不能的法律后果。原告对就代付案外人甄某65万元借款出具的证明有异议,认为没有实际发生该借款。因该笔借款数额较大,严某应当举证证明基础借款关系存在,以及其确实向案外人甄某代付该65万元的事实,但因严某并未提供相应证据对以上事实佐证,无法核实是否存在借款事实、还款事实以及若确实存在借款,以及严某代还的具体数额,故严某应当承担举证不能的法律后果。因此,认定严某实际已付原告工程款数额为5 458 304元。

点评分析:本案实际施工人严某在向原告支付工程款时有银行转账、代付材料款、代付工程款、代还借款等方式,一审中因为严某提交的证据不足以证明实际向原告支付了相关款项,未作为已付工程款予以扣减。二审中虽通过补充证据使得二审法院认定了部分付款,但仍有部分已付款未被认定,一审判决欠付工程款1 362 792.59元,二审判决欠付工程款457 492.59元,相差约100万元,如二审中严某仍不能证明,则造成巨额损失。

(二)逾期付款利息损失

因已付款未被认可,导致产生逾期欠付工程款的,欠付主体需依法、依约支付逾期付款利息。承发包双方一般均会对付款时间及逾期付款的利息标准作出明确的约定,即使没有约定,下游承包人起诉总承包人或者实际施工人主张工程款的,法院认定欠付工程款后也会依法判决总承包人或者实际施工人支付逾期付款利息,如存在已付款未被认定,还要为这笔钱的逾期支付逾期付款利息,是双重损失，为了维护自身权益，实际施工人向下游承包人支付工程款时就要严格注意途径和方法。

三、支付工程款的正确途径和方法

为防止已付工程款不被认可，避免产生已付款损失及利息损失，实际施工人需要通过正确的支付途径进行支付，即使特殊情况下采用风险大的支付途径，也应当注意支付方法，完善支付手续。

（一）弄清收付主体

实际施工人进行项目管理，对外分包时，有的会以总承包人的名义对外签订书面合同，有的会以自己的名义签订书面合同，也有的不签订书面合同。合同的义务主体不明确，最容易产生支付风险，合同的权利义务主体一定要明确。建设工程合同是承包人进行工程建设、发包人支付工程款的依据，承包人负有按时向发包人交付合格工程的义务，发包人负有按时向承包人支付工程款的义务。实际施工人要考虑的是由谁付款、向谁付款的问题，支付主体或者收款主体弄错均会产生不必要的纠纷，甚至导致损失的产生。

（二）各类付款途径、方法，实际施工人应注意的事项

实际施工人与下游承包人本是存在很好信任基础的，要么是合作多年的朋友，要么是经他人介绍，相互之间非常信任。基于这种互相信任的关系，实践中实际施工人向下游承包人支付款项时会非常随意，一般均是通过口头沟通，都没有书面手续。实际施工人不知从法律角度分析，其向下游承包人的付款很多是不能被证明认定的。笔者并不强调必须通过银行转账付款，如果能够通过正确主体的银行账户付款是较好，如果不能实现，需要强调的是，通过其他途径付款时一定要完善并保存好支付手续。

1. 承发包双方签订书面合同的，合同对收款账户要有明确约定，且需严格按约定途径、方式进行支付。

实际施工人对外进行分包时，要与下游承包人签订书面的合同，对下游承包人的收款账户作出明确的约定。例如，“乙方收款账户信息：户名：××，账号：××，

开户行：××”。该账户最好约定为下游承包人本人（公司）名下银行账户。

2. 在合同履行过程中，下游承包人需改变收款方式或者账户的，必须要出具其签字（盖章）的书面通知、申请，每次付款需由下游承包人出具工程款收条。

3. 实际施工人通过支付“承兑”的方式向下游承包人支付工程款，需要办理完备的手续。

支付纸质承兑时，不能只交付，这样很难证明承兑的交付和收取主体，一方面需要下游承包人出具收取工程款收条，另一方面要将纸质承兑进行复印并要求下游承包人在复印件上签字收取原件（如“原件已收取”）。

目前，实践中已经普及电子承兑，但电子承兑的支付必须是企业对企业支付，这就需要实际施工人出具更加详细具体的收条，写明承兑编号、金额、委托支付、收取单位名称等。

4. 实际施工人通过代下游承包人对外支付工程款、欠款等方式向下游实际施工人支付工程款的。履行合同过程中，为了方便省事，下游承包人会直接让实际施工人代其向第三方支付工程款、归还借款，通过这种方式支付工程款的，一定要做好完备的手续。首先由下游承包人提交付款申请，写明付款的方式、金额及收款方账户信息；其次，根据申请通过实际施工人自己或者总承包人的银行账户进行支付，同时要求下游承包人出具工程款收条。

现实中还会存在其他种类的付款方式，此处不能穷尽列举，总之实际施工人负有对外支付工程款义务时，应对每一笔付款留存完备的手续，以证明对外支付工程款的事实。

第四节　工程总承包模式下的实际施工人

传统的承发包模式是发包人将工程的土建及安装发包给建筑施工企业施工，发包人另行委托设计单位对工程进行勘察、设计及设备采购。发包人还可能直接将消防、门窗、幕墙、装修单独进行发包。这样的承发包模式，发包人在施工过程中需要协调的事项有很多，如图纸由发包人负责等。在此种模式下发包人的风险相对而言比较大。

2016年住建部出台了《关于进一步推进工程总承包发展的若干意见》中明确:大力推进工程总承包,有利于提升项目可行性研究和初步设计深度,实现设计、采购、施工等各阶段工作的深度融合,提高工程建设水平;有利于发挥工程总承包企业的技术和管理优势,促进企业做优做强,推动产业转型升级。故而,工程总承包项目越来越多,传统只负责施工的实际施工人有部分转变成了工程总承包模式下同时负责设计的实际施工人。

一、工程总承包概述

(一)工程总承包的概念

《工程总承包管理办法》中规定,工程总承包,是指承包单位按照与建设单位签订的合同,对工程设计、采购、施工或者设计、施工等阶段实行总承包,并对工程的质量、安全、工期和造价等全面负责的工程建设组织实施方式。工程总承包也称EPC。

从其定义来讲,就是发包人也即建设单位,将整个工程的设计、采购、施工等均发包给工程总承包人,等工程完成即可投入使用,该模式又称为交钥匙工程。

(二)工程总承包模式的优点

1. 发包人将工程的设计、采购、施工发包给工程总承包人,由其负责组织实施,发包人减少了施工过程中的协调义务。

2. 设计、采购、施工均是同一家,出现问题时责任明确,不会互相推诿。

3. 总承包人更容易对整个工程进行把控,工期短,设计变更少。

4. 工程总承包大多采用固定总价合同,出现工期索赔及价款索赔的概率变小,发包人支付索赔费用的概率变小。

5. 有利于规范建筑市场秩序,遏制转包、违法分包、挂靠等违法违规行为。

工程总承包人对整个项目的成本、工期和质量负责,总承包人的合同责任大、风险高,这就要求工程总承包人提高自身的技术水平、项目管理水平和工程建设水平,以便保质、保量地完成项目的建设。

（三）承接工程总承包（EPC）项目的条件

《工程总承包管理办法》规定了工程总承包人双资质标准，也就是总承包人既要有设计资质也要有施工资质，并且鼓励设计单位申请施工资质、施工单位申请设计资质。同时也允许具有相应资质的设计单位和施工单位组成联合体承接工程总承包项目。

如此看来，双资质标准的确定，就是承接工程总承包项目的条件。对于不符合条件的，仍允许以联合体的名义承接工程，但是联合体各方应当共同与建设单位签订工程总承包合同，就工程总承包项目承担连带责任。

（四）工程总承包（EPC）发包阶段

《工程总承包管理办法》区分了政府投资项目的发包和企业投资项目的发包，两者的发包阶段是不同的，具体为：

1. 采用工程总承包方式的企业投资项目，应当在核准或者备案后进行工程总承包项目发包，需要核准的项目根据《企业投资项目核准和备案管理条例》第三条规定为：对关系国家安全、涉及全国重大生产力布局、战略性资源开发和重大公共利益等项目，实行核准管理。对前款规定以外的项目，实行备案管理。

2. 采用工程总承包方式的政府投资项目，原则上应当在初步设计审批完成后进行工程总承包项目发包。其中，按照国家有关规定简化报批文件和审批程序的政府投资项目，应当在完成相应的投资决策审批后进行工程总承包项目发包。

政府投资项目使用的是国家财政预算资金，项目的投资建设采用的是审批制，根据《政府投资条例》第十一条的规定：投资主管部门或者其他有关部门应当根据国民经济和社会发展规划、相关领域专项规划、产业政策等，对政府投资项目进行审查，作出是否批准的决定。

企业投资项目的发包不需要有初步设计，只需要经过核准和备案就可以，政府投资项目规定在初步设计完成后进行发包，承包人根据初步设计和招标文件等对工程的造价和风险进行一定的评估，以免后期承接工程后亏损。

二、工程总承包(EPC)模式下实际施工人应注意的问题

(一)提高对固定总价的风险防范意识

很多总承包人认为工程总承包项目合同价款总额高,利润也必然丰厚,以赚取超额利润的目的承接了EPC工程。殊不知,项目的设计也是总承包人的合同义务,且大多数的EPC工程发包或者招标时可能只有方案,实际要总承包人进行设计、采购、施工。而且EPC工程不同于施工总承包的按图施工,交付符合合同约定的工程才是EPC工程总承包人的终极目标,为了达到该目标,总承包人采取的所有措施产生的费用都包含在固定总价中,所以要提高风险预估的能力。

典型案例 17.4.1

浙江某建设集团有限公司与某大学建筑设计研究院有限公司建设工程施工合同纠纷案[①]

案例要点:因联合体各方对EPC工程的风险预估不足,施工过程中发现实际造价高于合同中标价,总承包人为避免更大的亏损提前解除合同撤场,经造价鉴定后,法院最终判决总承包人返还多支付的工程款,实际施工人产生亏损。

案情介绍

浙江某建设集团有限公司、某大学建筑设计研究院有限公司、联合工程公司签订《联合体投标协议书》,共同参与平阳某文化园主体工程设计采购施工总承包投标,浙江某建设集团有限公为牵头人。后联合体以51 500万元中标,签订的合同约定:合同价51 500万元,其中:建安工程费325 743 939元,设备费169 256 081元,设计费2000万元。省一建公司完成一小部分施工工程,后以平阳旅投未按合同约定支付预付款及进度款为由解除合同。

① (2019)最高法民申6462号。

温州中院一审认为：浙江某建设集团有限公司急于解除合同并匆忙撤场的主要原因系合同履行过程中发现实际造价远远高于合同中标价：（1）EPC总承包项目系新形式的工程建设项目，投标方对投资风险预估不足。虽然投标时有总体设计方案，但初步设计、概算未完成，土建估价存在较大误差。中标后联合工程公司进行初步设计与概算发现造价超过7亿元，远高于中标价。（2）合同履行中，各方对设计方案进行了多次调整与优化，设法减低造价；同时平阳旅投也需要优化方案以适应开馆运营，但修改后的方案概算仍超过6亿元。

关于设计费的支付。方案设计费1100万元、初步设计费270万元、施工图设计费398.82万元。根据合同约定，合同设计价款在合同签订后一次性支付25%；剩余的合同设计价款的75%在项目运营后以营业收入（每张门票抽取人民币5元）形式按二年分期支付，运营后第一年年末支付50%，第二年年末支付50%，投标人应充分考虑因素，如运营状况不佳，营业亏损，设计价款的75%发包人不再支付。由于本工程系双方合意解除合同，合同约定的75%付款条件未发生。且双方签订合同时承包方可以预见合理的商业风险，即项目即使按时完成，也可能存在运营状况不佳，营业亏损，剩余设计价款存在支付不能的风险。同时考虑到省一建对合同解除存在主要过错，因此对于合同解除后剩余部分设计费用不予支付。确定平阳旅投应支付方案设计费275万元，初步设计费67.5万元，施工图设计费997 050元。

判决：浙江某建设集团有限公司返还平阳旅投工程预付款14 000 307.71元以及利息；清华建筑设计院、联合工程公司对以上款项承担连带偿还责任。

浙江高院二审判决：驳回上诉，维持原判。

最高院裁定：驳回再审申请。

点评分析：上述案例则是总承包人因对投资风险预估不足，实际投资价款远高于合同价款，而总承包人采取了解除合同的办法止损，其解除合同既不符合约定解除也不符合法定解除，从而被法院认定违法解除合同。因该设计造价高于合同价款，发包人如继续采用该设计导致合同目的不能实现，法院核减了初步设计费及施工图设计费，又因75%的设计费与后期运营的效益有关，法院认定合同约定的75%付款条件不成就。设计费从2000万元到最后支持的350万元，总承包人产生了1600多万元的损失，而且总承包人还要返还发包人多支付的工程款。虽然该案例的主体是有资质的总承包人，但是该案例也给实际施工人以警示：承接EPC工程时需要加强对工程的风险评估，工程总承包合同一般采用固定总价的方式，总承包人负责设计、采购、施工等，最后提交一个符合合同约定的项目给发包人。此时，总承包人的风险是比较大的，按照合同约定的价款按期完成项目并保证项目的质量和安全。

所以，实际施工人不能只看到工程价款比较高而盲目承接工程，要意识到工程价款与风险是成正比的，价款高意味着风险大，如果对项目风险及造价没有合理预估而盲目承接工程，面临的可能是巨大的亏损。

（二）优化设计，提升盈利能力

总承包人作为设计和施工的承包人，设计方案可能包括土建的设计、暖通的设计、智能化的设计、绿化景观的设计、装修的设计等在内，设计的造型多，材料用的多，材料的品牌好，那么对应的工程造价就高。比如设计方案中外墙用涂料，与外墙设计中用幕墙或者铝板，其工程造价就相差很多。因工程总承包多是固定总价合同，设计的档次高，对应的造价就高，工程总承包人的利润就会随之降低。所以，设计在工程总承包中对造价的控制是起决定作用的，一定要对此引起足够的重视，不能只顾埋头施工。

典型案例 17.4.2

浙江某建设集团有限公司、浙江某大学工程设计集团有限公司合同纠纷案[①]

案例要点：联合体的施工方以联合体的设计方未在投标报价范围内进行合理设计，亦未采取必要的优化设计，造成施工费用远超投标价格为由，起诉设计方要求承担损失，法院认为因工程尚处于建设阶段，实际损失无法确定且设计方

① （2020）浙01民终9529号。

是否存在过错还不能作出认定，加上因果关系不能确定等为由驳回了施工方的诉讼请求。

案情介绍

浙江某大学工程设计集团有限公司与浙江某建设集团有限公司公司签订《联合体投标协议书》，约定双方组成联合体，共同参加公共租赁房设计、采购、施工（EPC）工程总承包投标，浙江某大学工程设计集团有限公司为牵头人，负责该项目设计及其施工总承包管理工作，浙江某建设集团有限公司负责项目施工、管理工作。后联合体中标。联合体与发包人签订《建设项目工程总承包合同》，约定合同价 339 508 686 元，其中设计费 3 880 000 元，建安工程费 317 618 686 元，部分工程建设其他费用 1 410 000 元，预备费 16 600 000 元。

施工过程中，浙江某建设集团有限公司认为浙江某大学工程设计集团有限公司作为联合体负责工程设计的一方，未在投标报价范围内进行合理设计，亦未采取必要的优化设计，造成施工费用远超投标价格，应承担 2179 万余元的损失，遂将浙江某大学工程设计集团有限公司诉至法院。

一审认为：浙江某建设集团有限公司在现阶段提出本案诉讼请求，缺乏依据，主要理由如下：（1）工程尚处于建设阶段，实际损失无法确定。从双方提交的证据看，建设单位所做预算审核的初审价为 343 514 168 元，而浙江某建设集团有限公司自行核算的工程造价 383 091 184 元。但两个价格均为预算价，与最终实际造价并非一个概念。在本案中，浙江某建设集团有限公司也提出了对工程预算造价进行审核的司法鉴定申请。但即使通过现有设计方案及图纸可以确定工程预算价，仍不能作为实际损失的确定依据。实际损失系工程结算款与项目建设成本之间的差额，在工程未完成的状况下，实际损失是无法确定的。（2）浙江某大学工程设计集团有限公司是否存在过错尚不足以确定。目前浙江某大学工程设计集团有限公司的设计方案和图纸系根据专家论证的要求进行的修改，目的在于满足项目工程建设的需要，并不能仅凭造价提高就推断出浙江某大学工程设计集团有限公司在合同履行过程中存在过错。对于成本和造价的问题，各方目前应着力于积极提出优化意见和方案，在符合项目建设要求的前提下降低建设成本，而非主张责任。同时，联合体双方也应通过合理途径将相关问题反馈建设方，寻求平衡各方利益的方法。（3）因果关系的联系尚不能明确。实际损失不仅取决于设计方案和正常成本,也与实际管理水平、成本控制等诸多因素有关。即使存在实际损失,也需要根据工程各项落实情况分析损失产生的不同原因,这在现阶段是无法确认的。

一审判决:驳回浙江某建设集团有限公司的诉讼请求。

二审判决:驳回上诉,维持原判。

点评分析:该案例是联合体的施工方起诉联合体的设计方,称设计原因造成施工费用远超投标价格2000多万元,法院认为因项目还在进行,其损失无法确定,故驳回了其诉讼请求。

如总承包人同时具有设计资质与施工资质,那么设计、施工是一家,该总承包人若有一定的经济实力与管理能力,可能不会出现设计造价超过合同价。但是如总承包人以联合体的名义承接EPC工程,一方负责施工,另一方负责设计,联合体是利益共同体,共同对发包人承担责任。因EPC工程发包的特殊性,在承接工程时可能只有方案或者初步设计,如合同约定固定总价,那么则要求联合体方进行设计方案的优化,以减少成本,否则,可能在图纸出来后,施工方就会意识到亏损。

实践中,实际施工人一般只懂施工不懂设计,其要承接工程总承包工程,要么找均具有设计与施工资质的单位,要么既找有资质的施工单位还要找有资质的设计单位组成联合体承接工程。

如果组成联合体承接工程,此时,实际施工人要高度重视设计的重要性,不要盲目地按照传统的施工总承包的方式进行施工,只管施工不管设计,否则可能会导致巨额的亏损。

如果实际施工人承接的是联合体施工一方的工程,那么,与设计方的衔接、联系、沟通就显得尤为重要,因为设计决定工程的成本及造价,所以实际施工人要协调好与联合体设计方的关系,这样才可能使得工程顺利进行进而产生盈利。

(三)交付符合合同约定及满足使用功能的项目

工程总承包的特殊性就在于不是按图施工,而是按约施工。所以实际施工人要充分地认识到,交付的工程需满足发包人的使用条件,满足其使用功能,否则发包人可能拒绝对工程进行验收并拒绝支付工程款。例如,北京某科技发展有限责任公司与某煤电集团有限公司施工合同纠纷案①中，因案涉项目未能通过达产达标测试，总体竣工验收的责任在于业主方某煤电公司。原料是否符合技术协议约定的原料参数指标，其举证责任在于某煤电公司，某煤电公司有义务证明原料参数指标符合技术协议约定的标准。某煤电公司既无证据证明原料参数指标符合技术协议约定的标准，也不同意鉴定，依法应当承担不利后果。因此，工程总承包人的主张于法有据，某煤电公司提供的原料不达标导致系统无法实现独立满负荷运行，应当承担全部责任，遂判决某煤电公司付款。该案中虽然是因为发包人原因导致未验收，没有满足使用功能，法院判决了发包人支付总承包人款项。但是该案例从反面也能说明，工程总承包人应交付一个符合合同约定、满足使用功能的项目给发包人，且工程总承包人承担该举证责任，否则发包人可拒付工程款。

（四）重视联合体对外的责任

1. 对发包人承担连带责任

《工程总承包管理办法》第十条规定，联合体各方应当共同与建设单位签订工程总承包合同，就工程总承包项目承担连带责任。该规定的上位法依据是《建筑法》第二十七条，大型建筑工程或者结构复杂的建筑工程，可以由两个以上的承包单位联合共同承包。共同承包的各方对承包合同的履行承担连带责任。《招标投标法》第三十一条规定，两个以上法人或者其他组织可以组成一个联合体，以一个投标人的身份共同投标。联合体各方应当签订共同投标协议，明确约定各方拟承担的工作和责任，并将共同投标协议连同投标文件一并提交招标人。联合体中标的，联合体各方应当共同与招标人签订合同，就中标项目向招标人承担连带责任。

联合体承担连带责任后，其内部责任的承担则可以根据双方签订的联合体协议进行确定。

2. 对分包人的责任

联合体中标后，联合体各方或者联合体牵头人与发包人签订 EPC 工程总承

① （2020）甘 01 民初 522 号。

包合同，负责施工的联合体一方组建项目部，并以项目部名义对外分包，此时责任如何承担？

典型案例 17.4.3

江苏某涂料有限公司与江西某建筑安装有限责任公司、中国某工程技术股份有限公司等建设工程施工合同纠纷案①

案例要点：联合体一方的设计方为牵头人负责设计和管理，另一方负责施工，施工方与分包方签订的合同范围属于总承包合同施工范围，签订分包合同是施工方作为联合体成员的工作和职责，也是对总承包合同的履行行为，法院判决联合体承担连带责任。

案情介绍

案外人淮安某控股有限公司（发包人）与被告中国某工程技术股份有限公司、被告江西某建筑安装有限责任公司签订轮窑安置小区工程优化设计、采购、施工工程总承包（EPC）工程总承包合同。之后，原告与被告江西某建筑安装有限责任公司项目部（甲方）签订外墙涂料施工合同。之后，项目部与原告进行了结算，并出具了欠条及承诺书。

江西某建筑安装有限责任公司与中国某工程技术股份有限公司之间组建联合体，投标并中标案涉项目，双方的内部分工是建工公司负责采购与施工，中国某工程技术股份有限公司负责设计，实际工程款支付过程是发包人将工程款先支付至中国某工程技术股份有限公司代收代支，再由中国某工程技术股份有限公司转付至江西某建筑安装有限责任公司。

一审法院认为：《建筑法》第二十七条规定：大型建筑工程或者结构复杂的建筑工程，可以由两个以上的承包单位联合共同承包。共同承包的各方对承包合同的履行承担连带责任。两个以上不同资质等级的单位实行联合共同承包的，

① （2019）苏08民终1694号。

应当按照等级低的单位的业务许可范围承揽工程。江西某建筑安装有限责任公司与中国某工程技术股份有限公司作为轮窑安置小区工程的共同承包人，中国某工程技术股份有限公司更是负责发包方工程款收取，系工程施工的受益方，两公司应对工程施工产生的工程欠款承担连带清偿责任。

一审判决：江西某建筑安装有限责任公司向江苏某涂料有限公司支付工程款511 832元及逾期利息，中国某工程技术股份有限公司承担连带责任。

二审法院认为：关于中国某工程技术股份有限公司应否承担连带责任问题。依据《联合投标协议书》第一条、第五条约定及总承包合同，中国某工程技术股份有限公司是牵头单位、总包人，负责项目总体协调管理和工程设计优化；江西某建筑安装有限责任公司是联合体单位、施工方，负责项目招标采购、施工、验收等，而轮窑安置小区 1#、2#、3#楼外墙涂料工程属于总承包合同施工范围，由此可见，江西某建筑安装有限责任公司与江苏某涂料有限公司签订外墙涂料施工合同既是江西某建筑安装有限责任公司作为联合体成员的工作和职责，也是对总承包合同的履行行为，故一审判决联合共同承包人中国某工程技术股份有限公司承担连带责任有事实和法律依据，并无不当。

二审判决：驳回上诉，维持原判。

点评分析：该案例法院以《建筑法》中“共同承包的各方对承包合同的履行承担连带责任”的规定及联合体的协议判决负责设计一方承担连带责任。所以，实际施工人在承接 EPC 工程时，要注意联合体协议的约定。联合体各方作为工程领域的设计及施工方，应当能够预见合同履行过程中存在工程的分包，因该行为产生相应的付款行为，如果建设方资金充足，付款也能及时支付给联合体，那么联合体通常也能按照合同约定支付给分包人；如果上游的建设方资金出现问题，就会直接影响联合体的对外付款，还可能会拖欠下游分包人的款项，这些情况联合体各方应当是能够预见到的，联合体可能因此对外承担连带责任，所以施工过程中要加强对外合同的管理及款项的支付管理。

3. 对商事主体的责任

EPC 工程总承包方为履行合同，对外需要签订如混凝土、钢材、设备等的买卖合同或者机械租赁合同，那么，对该商事合同，联合体另一方是否对此要承担连带付款责任？

例如，某钢工程技术集团有限公司与同济某集团有限公司建设工程合同纠纷案①中，法院以 EPC 工程总承包合同约定联合体共同的权利义务为由，判决联合体一方对另一方欠付的款项承担共同还款责任。

目前，法律法规对联合体各方是否要对分包人或者商事主体承担连带责任没有明确的规定。因此，实际施工人就要重视联合体协议的约定，可以在联合体协议中约定：联合体各方对各自的债务负责，他方债务与本方无关；如本方承担了责任，可向对方追偿。

三、实际施工人在工程总承包模式下，实际操作过程中应注意的问题

（一）工程的承接阶段

1. 实际施工人承接工程前，应找一家均具有设计、施工工程总承包资质的单位承接案涉工程，以便施工过程中施工与设计的沟通。如不能找到前述单位，则要分别找一家具有工程总承包资质的施工单位和设计单位组成联合体承接工程，并合理确定联合体牵头人。

2. 要对该工程的风险有足够的认识和判断，不能只看中合同价款，而忽略了风险。

3. 重视联合体协议的内容，约定各自的债务各自承担，并明确如发生债务承担，可向对方追偿。

4. 要加强与发包方的沟通，以书面的形式确定发包方的要求、建造的标准、档次，特别是装修、暖通、智能化等所涉材料及设备的品牌要求、档次等，防止施工过程中发包方提高标准，但又主张所有的材料及设备都应包含固定总价内，进而拒绝额外支付款项的风险。

（二）施工过程中

1. 要加强管理，控制好施工进度、质量、造价。

2. 要加强对外签订合同的管理及款项的支付管理。

3. 要加强与设计方的沟通，重视设计，要意识到优化设计才是获得利润的

① （2016）浙 0522 民初 6369 号。

关键。

4. 要认识到工程总承包工程是交钥匙工程，要交付一个符合合同约定、满足使用功能及条件的工程。

5. 如发包方提高建设的标准，则应及时签证，此项应作为合同外新增工程。建设方提高标准的举证责任在总承包人一方，也即实际施工人对此要进行举证证明，如举证不能的，则应承担不利后果。

综上，工程总承包中的实际施工人是有别于施工总承包中的实际施工人的，其比施工总承包的实际施工人所要担负的责任更重，因为其可能不只负责施工，可能还负责采购，以及决定工程造价和项目盈亏的设计。所以实际施工人不能贸然地承接工程总承包项目，在承接前要学习工程总承包模式，充分认识工程总承包，避免产生亏损。